ARCHITECTURE
FRANÇOISE,
OU
RECUEIL
DES PLANS, ELEVATIONS,
COUPES ET PROFILS

Des Eglises, Maisons Royales, Palais, Hôtels & Edifices les plus considérables de Paris, ainsi que des Châteaux & Maisons de plaisance situés aux environs de cette Ville, ou en d'autres endroits de la France, bâtis par les plus célébres Architectes, & mesurés exactement sur les lieux.

Avec la description de ces Edifices, & des dissertations utiles & intéressantes sur chaque espece de Bâtiment.

Par JACQUES-FRANÇOIS BLONDEL, *Professeur d'Architecture*.

TOME PREMIER,

Contenant une Introduction à l'Architecture, un Abrégé Historique de la Ville de Paris, & la description des principaux Edifices du Faubourg St. Germain.

Enrichi de cent cinquante-deux Planches en taille douce.

A PARIS, RUE DAUPHINE,

Chez CHARLES-ANTOINE JOMBERT, Libraire du Roi pour le Génie & l'Artillerie, à l'Image Notre-Dame.

M. DCC. LII.

AVEC APPROBATION ET PRIVILEGE DU ROY.

A MONSIEUR
DE VANDIERES,
CONSEILLER DU ROY EN SES CONSEILS,

Directeur & Ordonnateur Général de ses Bâtimens, Jardins, Arts, Académies & Manufactures.

noissance que les Arts & les Artistes doivent à la faveur singulière que Vous leur accordez, & à la bienveillance avec laquelle Vous attirez sur eux les regards & la protection de SA MAJESTÉ. Digne imitateur des Grands Hommes qui Vous ont précédés dans l'éminente Place que vous remplissez aujourd'hui, en marchant sur leurs traces Vous satisfaites le goût naturel que Vous avez pour les beaux Arts, & Vous vous plaisez à récompenser ceux qui s'y distinguent. Que ne doit-on pas espérer d'un tel ministere, & quel avantage pour les Arts d'être dirigés par un Supérieur qui a appris à les connoître & qui se trouve en état de juger avec un discernement sûr du mérite des Artistes qui ont le bonheur de travailler sous ses ordres! Le siécle où nous vivons, déja égal à celui de LOUIS LE GRAND par le nombre & la rapidité des Conquêtes de Notre Glorieux Monarque, pourra le surpasser un jour par l'émulation qu'inspire aux gens d'Art l'accueil favorable & les bontés dont Vous les honorez, & par l'encouragement que vous leur donnez en répandant sur eux avec abondance les bienfaits de SA MAJESTÉ.

J'ai l'honneur d'être très-respectueusement,

MONSIEUR,

Votre très-humble & très-obéïssant serviteur, C. A. JOMBERT.

PRÉFACE.

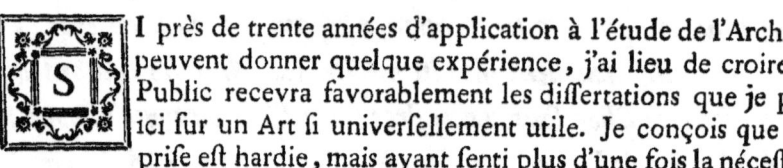

SI près de trente années d'application à l'étude de l'Architecture peuvent donner quelque expérience, j'ai lieu de croire que le Public recevra favorablement les dissertations que je présente ici sur un Art si universellement utile. Je conçois que l'entreprise est hardie, mais ayant senti plus d'une fois la nécessité d'un pareil ouvrage pour nos jeunes Architectes, j'ai cru pouvoir passer par dessus la crainte que je dois avoir de ne pas remplir l'attente des hommes éclairés en traitant une matiere aussi étendue & si sujette à la diversité des opinions.

D'un autre côté je me suis rassuré par l'accueil qu'a reçu mon Traité *de la Décoration des Edifices*, mis au jour en 1737, me trouvant d'ailleurs excité & encouragé à ce nouveau travail par plusieurs personnes d'un mérite véritablement reconnu, & qui m'honorent de leur amitié. Je me suis même fait un devoir en qualité de Citoyen d'offrir à ceux qui veulent faire leur profession des beaux arts, le fruit d'un travail assidu & les observations que j'ai eu occasion de faire depuis un tems assez considérable, en examinant par état nos plus beaux Edifices en France, avec un esprit non prévenu. De plus je trouve occasion par là de rendre en quelque sorte compte au public des principes que j'ai enseignés depuis quinze ans, tant dans mes leçons publiques que particulieres, & que j'avoue avoir puisé dans leur source chez nos meilleurs Auteurs qui ont écrit sur l'Architecture depuis son origine jusques à présent.

Je conviens même avoir emprunté de ces Ecrivains tout ce qui regarde l'histoire de cet Art, dont je ne donne ici que ce qui m'a paru le plus intéressant & le plus utile aux personnes pour lesquelles ce Recueil semble être fait, me contentant de les citer le plus souvent sans y renvoyer, tant à cause de la quantité des Editions de ces Ouvrages, dont la plupart sont écrits dans une langue étrangere, que parce qu'il n'appartient qu'aux hommes aisés & lettrés d'avoir recours aux Livres originaux. Ainsi on ne trouvera de moi ici que des observations que je me suis permis d'autant plus volontiers qu'il paroissoit nécessaire de suppléer au silence que la plupart des Architectes du dernier siécle ont gardé touchant leur maniere de penser sur la diversité des proportions de l'Architecture.

PREFACE.

Cet aveu donne assez à connoître que je n'ai pas prétendu faire un Livre ni me décorer du titre fastueux d'Auteur, mais seulement offrir des réflexions & non des leçons. J'avertis aussi que quoique de tous les tems la critique ait été regardée comme un bien nécessaire au progrès des Arts, ce n'est point dans cet esprit que je condamne l'exécution de certains bâtimens: toutes les personnes impartiales s'appercevront que j'approuve très-souvent par le plaisir raisonnable de louer ce qui est véritablement beau, & que si je blâme quelquefois, c'est parce que je suis convaincu que pour instruire ceux qui en ont besoin, il est en quelque sorte nécessaire d'examiner la source des défauts dans lesquels les autres sont tombés. Au reste j'explique autant qu'il est possible la cause de la médiocrité, & je propose des moyens sûrs pour l'éviter en examinant tous les édifices élevés pour la même fin, de même qu'en opposant aux licences trop hazardées les préceptes des Grecs & des Romains mis en parallele avec les exemples les plus célèbres que nous ont laissé les Architectes François du dernier siécle, & les plus habiles de ceux du tems où nous vivons.

Ce moyen m'a paru d'autant plus sûr que l'expérience nous a fait connoître que la comparaison est la véritable route de l'instruction. En effet, en vérifiant le rapport que deux Edifices élevés par deux Auteurs différens sous le même regne & dans le même siécle ont ensemble & avec les monumens de l'antiquité, & en les mettant en parallele, c'est-à-dire les ouvrages des anciens avec ceux des modernes, & ces derniers l'un avec l'autre, n'a-t-on pas droit d'espérer que l'on arrivera à l'excellence de son Art.

Peut-être l'esprit de comparaison répandu dans le cours de ce Recueil fera-t-il des mécontens, mais il s'agissoit d'instruire. Dans toute autre circonstance j'aurois sans doute usé de plus de circonspection; ici j'ai cru devoir préférer le langage d'un observateur sincere à celui d'un Ecrivain complaisant dont la retenue est souvent préjudiciable aux progrès d'un art libre. J'avertis donc qu'avec la meilleure façon de penser sur le compte de mes compatriotes, & plein d'une estime peu commune pour tous les Artistes qui se distinguent dans leur profession, je hazarderai mon sentiment avec franchise, persuadé que mon devoir dans la place que j'occupe m'autorise à regarder d'un œil bien différent les ouvrages défectueux & médiocres que ceux qui sont reconnus bons & excellens. D'ailleurs ce parti m'a paru d'autant plus nécessaire que relever les défauts d'un édifice avec une sorte de jugement est le véritable moyen de faire arriver les autres à la perfection, & qu'en général on doit se méfier de ceux qui n'apperçoivent que des beautés dans un bâtiment, cette maniere d'examen annonçant presque toujours un génie paresseux ou ignorant.

S'il n'avoit été question que de donner la description des bâtimens qui composent ce Recueil, des faits historiques & quelques citations auroient suffi, mais nos vûes se sont étendues plus loin; en faisant remarquer l'importance de la plupart de nos bâtimens François, & en rendant justice à la célébrité de quelques-uns de nos Architectes, on a voulu néanmoins éclairer ceux qui font bâtir & les hommes du métier. Pour cet effet il a fallu ranger dans une classe différente les beautés reconnues réelles & convaincantes & les distinguer d'avec celles qui ne sont qu'arbitraires pour en conseiller une application

PRÉFACE.

plication judicieuſe; enſuite découvrir la ſource de la médiocrité pour la faire éviter, & enfin montrer l'éloignement qu'on doit avoir pour les choſes reconnues défectueuſes.

Ce devroit du moins être là le but de ceux qui écrivent ſur leur art, & celui que François Blondel, Perrault, Desgodets, M. Boffrand, & pluſieurs autres grands Architectes ont eu pour objet dans leurs excellens Livres que l'on peut dire n'être pas aſſez lûs, & dont quelques-uns des nôtres ſont ſi peu d'uſage, qu'ils ne leur ſont, ainſi que la plupart de nos Edifices, d'aucune utilité. Cette raiſon qui eſt aſſez eſſentielle n'a pas peu contribué à me déterminer à entreprendre cet Ouvrage qui par ſa nouveauté fixera peut-être l'attention de nos Concitoyens, & fera concevoir aux Etrangers quelque eſtime pour l'Architecture Françoiſe en général.

Au reſte je n'ai pas la préſomption de vouloir me mettre en parallele avec les Auteurs célébres dont je viens de parler, je n'ai que des connoiſſances & du zèle, & ſi j'oſe tranſmettre à la poſtérité mes obſervations ſur l'Architecture, c'eſt dans la vûe d'être de quelque utilité; dûſſai-je même ne l'être qu'aux hommes de la ſeconde claſſe, il me ſuffit que ce ſoit un bien réel pour ne m'être pas rebuté. Dans cette vûe je me ſuis ſervi de termes & d'un ſtile familier, dans le deſſein d'être entendu & du particulier & de l'Artiſte, ayant remarqué d'ailleurs que la plupart des derniers Livres qui traitent de l'Architecture ſont ou diffus ou prolixes, & que quelques-uns de leurs Auteurs y ſont parade d'une vanité qui annonce l'homme prévenu au lieu d'annoncer un Architecte Auteur, dont la cordialité & la capacité ſans orgueil doivent être le véritable caractere.

Pour éviter cet abus qui décourage le plus ſouvent ceux qui ſe livrent à l'étude de cet Art, quel moyen peut être plus ſûr que de préſenter au public l'image des principaux Edifices François, dont la plus grande partie élevée ſous le regne de Louis XIV fait autant d'honneur à notre nation qu'aux Architectes de ſon tems? Quel ſuccès même ne doit-on pas eſpérer dans l'examen des bâtimens de nos jours, lorſqu'ils ſeront accompagnés d'obſervations critiques qui feront connoître les licences qu'on y peut remarquer? Il eſt vrai qu'à bien des égards ils ſont moins réguliers, quant à la partie de la décoration extérieure, que ceux du ſiécle précédent, mais ils n'en ſont pas moins intéreſſans; je dis plus, il eſt même utile pour établir de ſolides inſtructions de faire entrer dans ce Recueil des Bâtimens d'une certaine médiocrité, afin qu'étant comparés avec ceux univerſellement approuvés, nous nous trouvions à portée par ceux-ci de donner une juſte idée des regles de la bonne Architecture, & d'épuiſer par ceux-là tous les genres de préceptes utiles à l'art de bâtir. D'ailleurs on avoit promis en annonçant cet Ouvrage de donner la plus grande partie des Bâtimens François, on a été obligé de remplir cette convention, & l'on étoit ſans doute prévenu que dans une ſi prodigieuſe quantité d'Edifices ils ne pouvoient pas être tous d'un choix égal. Notre Recueil eſt ſemblable en cela aux collections connues ſous le nom de *Vitruve Danois, Suédois, Britannique, &c,* qui ont leur mérite, quoiqu'elles ſe trouvent dans le même cas que celle-ci; mais ce qui donnera toujours une ſupériorité à cet Ouvrage, c'eſt qu'on a pris ſoin de joindre aux deſcriptions des Bâtimens qui le compoſent des diſſertations capables non-feulement d'éclairer ceux d'entre nous qui veulent faire profeſſion de l'Architecture, mais encore de donner aux Etrangers une idée diſtincte de notre maniere de bâtir en France, qui dans bien des parties mérite l'eſtime des Nations dépouillées de toute prévention.

Je m'attends bien que quelques-uns de nos Architectes, habiles d'ailleurs mais qui ne font pas dans l'uſage d'écrire, & qui pour la plupart ſe font un mérite de voiler au vulgaire les principes de leur art, ſe révolteront contre cet Ouvrage, parce qu'ils prétendent que les livres ne ſervent qu'à multiplier les demi-ſçavans. Cependant il eſt certain que ſi les Manſard, les de Broſſe, les le Mercier, les Dorbay, les le Veau & quelques autres célébres Architectes du dernier ſiécle euſſent eu le loiſir de nous laiſſer leur opinion par écrit, il nous eut été plus aiſé de ſuivre la route qu'ils ont pratiquée dans les Edifices qu'ils nous ont donnés pour exemple. Bien loin donc que les livres ſoient inutiles, j'oſe avancer que dans le nombre de ceux qui ſont le moins eſtimés un Lecteur intelligent rencontre toujours de quoi ſatisfaire ſa curioſité & ſe dédommager de l'étude, en comparant ce qu'il y trouve de bon avec les Ouvrages qui ont précédé ou ſuivi. Cette conſidération me fait préſumer que celui que nous donnons ne ſera pas rangé dans la claſſe de ceux qui ſont regardés comme ſuperflus; car ſi d'un côté les principes qu'il contient n'avoient pas droit de plaire, il renferme de l'autre les Bâtimens les plus célébres de la France, & cet aſſemblage ſeul mérite le ſufrage des amateurs. Au reſte la varieté des exemples qui compoſent ce Recueil jettera dans cet Ouvrage une abondance d'objets qui ne pourra qu'être fort agréable à tous ceux qui en général font leur capital de l'art de bâtir.

Nous avertiſſons néanmoins que malgré le nombre conſidérable d'Edifices qui compoſeront ces huit Volumes, nous n'avons pas prétendu donner tous les monumens qui embelliſſent cette Capitale & ſes environs, & que ſi l'on remarque dans ce Recueil quelques Bâtimens qui paroiſſent ſi différens les uns des autres, quoique la plupart du même genre, ce n'eſt pas faute d'avoir pû leur en ſubſtituer d'autres, mais parce que le plus grand nombre de ces Planches étoit gravé & que ces bâtimens ſe ſont trouvés naturellement dans l'ordre des Quartiers que nous avons eu à décrire. D'ailleurs cette diverſité de maniere de bâtir préſentera les changemens auxquels l'Architecture a été ſujette en France ſous des regnes & dans des ſiécles différens.

Nous avons eu encore l'attention de joindre aux monumens de Paris & aux maiſons de plaiſance qui l'environnent, les principaux Edifices des Provinces de la France qui méritent quelque conſidération, dans l'intention de rendre ce Recueil d'Architecture civile le plus complet qu'il a été poſſible, & de prendre de là occaſion de parler de tous les genres de bâtimens, relativement à la convenance, à l'ordonnance, à la proportion, à la diſtribution, décoration & conſtruction de chacun d'eux.

Les deux premiers Volumes que nous offrons aujourd'hui, commencement d'un Ouvrage ſi étendu, annonceront aux Lecteurs l'univerſalité où l'on ſe propoſe de pouſſer cette entrepriſe, ſi le jugement que le public portera ſur cet eſſai témoigne quelque ſatisfaction de ſa part.

Pour donner ici une legere idée de l'ordre des matieres qui compoſent l'Ouvrage entier, nous allons expoſer un précis de ce que contiendra chaque Volume ſéparément.

PRÉFACE.

Le premier Volume est divisé en deux Livres : le premier contient quatre Chapitres, le deuxième en renferme trente-trois. Le premier Chapitre du premier Livre offre l'histoire abrégée de l'Architecture, les changemens auxquels elle a été sujette depuis les premiers siécles jusques à présent, avec des notes sur la description des principaux monumens de l'Egypte, de la Grece & de l'Italie, puisées dans nos plus célébres Auteurs tant anciens que modernes, qui ayant parlé de l'Histoire en général, m'ont fait naître le dessein de rassembler dans un ordre suivi ce qui regarde seulement l'Architecture & les anecdotes qui ne peuvent être raisonnablement ignorées d'un homme de la profession. Ce premier Chapitre, qui est assez intéressant pour nos jeunes Architectes, me fait demander ici l'indulgence de ceux qui liront cette partie avec des yeux d'Historiens ; c'est pourquoi je prie les sçavans de me passer, en faveur de l'utilité de cet Ouvrage, les erreurs qui pourroient m'être échapées dans l'ordre des tems & des citations que j'ai rapproché autant qu'il m'a été possible, pour les mettre à la portée des gens du métier.

Le même motif qui m'a conduit à parler de l'histoire de l'Architecture m'a déterminé à rassembler dans le second Chapitre un abrégé de l'origine & de l'utilité des Arts libéraux qui sont intimement liés avec la profession d'Architecte, tels que l'Agriculture, la Sculpture & la Peinture : origine que j'ai également puisée dans nos meilleurs Ecrivains, & que j'ai exposée en peu de mots & avec le plus de netteté qu'il m'a été possible.

Le troisième Chapitre contient une Introduction à l'Architecture, qui comprend des préceptes généraux sur la distribution des bâtimens & sur celle des Jardins de propreté, sur la décoration extérieure & intérieure des Edifices de differens genres, & sur la construction des diverses especes de Bâtimens. Je n'entreprendrai point ici de parler des principes que ce Chapitre renferme, il me suffit d'annoncer que j'y ai rapporté le sentiment des meilleurs Auteurs qui ont parlé pertinemment sur notre Art, & que j'y ai développé les différentes opinions des Architectes du dernier siécle qui n'ont point écrit de leur profession, mais qui, ainsi que je l'ai remarqué plus haut, nous ont laissé pour exemples, dans les Edifices sacrés, le Val-de-Grace, la Sorbonne, les Quatre Nations, les Invalides, &c ; pour les Palais, celui des Thuilleries, du Luxembourg, le Palais Royal, &c ; pour les Places publiques, celles de Vendôme, des Victoires, Royale, &c ; pour les Maisons Royales & de plaisance, le Château de Maisons, celui de Clagny, de Versailles, de Trianon, &c ; pour les Hôtels, ceux de Soubise, de Toulouse, de Carnavalet, &c ; sans compter une infinité d'autres Edifices qui font l'ornement de notre Capitale & l'admiration des Nations étrangeres.

Enfin le quatrième Chapitre contient une description abrégée & Historique de la Ville de Paris, qui m'a parue nécessaire à la tête d'un Recueil dont l'objet principal est de présenter les Bâtimens célébres qu'elle renferme, en faisant connoître les différens degrés de son accroissement, ses révolutions, le dénombrement des principaux Edifices dont nous n'avons pû faire mention dans ce Recueil, & les diverses circonstances qui peuvent intéresser tant le Citoyen que l'Etranger. Tous ces évenemens se trouvent à la vérité dans les antiquités de Paris, par Dom Philibien & Lobineau, dans le Traité de la Police, de la Mare, &c; mais ces Ouvrages sont si étendus & ce qui regarde l'Histoire de cette Capitale s'y trouve confondu avec tant de choses étrangeres à notre sujet, que nous n'avons pas cru devoir y renvoyer le Lecteur. Pour lui épargner ces recherches nous en donnons dans ce Chapitre un précis historique réduit avec tout l'ordre & la briéveté dont cette matiere étoit susceptible.

Le second Livre est composé de trente-trois Chapitres qui contiennent les principaux Edifices du Faubourg St. Germain, à commencer par la description de l'Hôtel Royal des Invalides, & finissant par celle de l'Hôtel de Choiseuil.

Les descriptions de ces Bâtimens sont précedées de ce que j'ai pû apprendre de particulier à leur sujet concernant le tems où ils ont été bâtis, les differens maîtres auxquels ils ont appartenu depuis leur édification, les noms de leurs Architectes & des principaux Artistes qui y ont travaillé, cela autant qu'il m'a été possible d'en apprendre quelque chose de satisfaisant, avouant ici que les recherches que j'ai faites à cet égard n'ont pas laissé que de me donner beaucoup de peine dans le peu d'espace de tems que j'ai mis à cet Ouvrage pour satisfaire à mes engagemens, ce qui me fait craindre qu'il ne me soit échappé bien des choses qui peuvent intéresser les propriétaires & les Architectes dont il est fait mention dans ce Recueil. C'est pourquoi dans le dessein de reparer ces erreurs & en attendant la Table alphabetique des matieres promise à la fin du huitiéme Volume, où je pourrai reprendre ce qui me sera échappé, je prie le Lecteur de me les faire connoître; bien loin que ses observations ou sa critique me désobligent, & malgré le besoin que j'ai de son indulgence, je souhaite que l'on ne me pardonne rien, l'amour du bien public m'étant plus cher que la ridicule vanité de paroître irrépréhensible.

Le second Volume contient la description des principaux Bâtimens du Quartier du Luxembourg, ainsi que ceux de la Cité & du Marais.

On donnera dans le troisiéme Volume ce que les Quartiers de St. Denys, St. Honoré, du Palais Royal, &c, offrent de plus intéressant.

Le quatriéme Volume sera rempli par la description du Louvre, des Thuilleries, & du Château de Versailles avec ses dépendances.

Le cinquiéme sera divisé en deux Livres; le premier comprendra les Maisons Royales telles que Trianon, Marly, Meudon, Choisi, &c; le second contiendra les Edifices les plus considérables des environs de Paris.

On trouvera dans le sixiéme Volume les Châteaux & Maisons de plaisance & les principaux monumens de la France.

Le septieme Volume sera divisé en deux Livres; le premier présentera la décoration des Jardins de propreté, tirée d'après les exemples de nos Maisons Royales, & l'on y parlera des differens genres de Jardinage dont on fait usage en France depuis le quinzieme siécle, aussi-bien que de la partie de la Serrurerie du ressort des Bâtimens en général. Le second traitera de la décoration intérieure concernant le revêtissement des lambris de Menuiserie, leur ornement de Sculpture, les meubles, &c, puisés dans ce que nos Edifices modernes nous offrent de plus intéressant à cet égard. On y trouvera aussi le développement, l'assemblage & les détails des pro-

fils

PREFACE.

fils de menuiferie levés & deffinés d'après la decoration des dedans des plus beaux Hôtels de Paris.

Enfin le huitiéme Volume fera divifé en trois Livres; le premier contiendra l'origine des Ordres d'Architecture, l'opinion des Architectes Grecs & Romains à cet égard, celle de nos plus célébres Architectes modernes, avec une application exacte concernant le développement de chacun de ces Ordres, la maniere de les accoupler, de determiner leur entrecolonnement, de les placer les uns au-deffus des autres, & de les faire entrer dans l'ordonnance des Bâtimens felon les loix de la convenance. Le fecond fera compofé d'un parallele des Ordres d'Architecture qui font partie de nos Bâtimens les plus célébres élevés par nos meilleurs Architectes avec leur opinion en particulier, & des obfervations générales fur chacun de leurs fiftêmes. Le troifiéme contiendra les développemens en particulier des parties les plus intéreffantes de nos Edifices concernant les profils de la maçonerie dans tous les genres, avec des obfervations fur leur differente fituation & fur la maniere mâle ou élégante qu'il y faut obferver felon les divers points de diftance d'où ils doivent être apperçus.

Ce dernier Volume fera terminé par une Table raifonnée qui donnera un précis des préceptes relatifs à chacun des Bâtimens contenus dans tout l'Ouvrage, les noms des Architectes & des principaux Artiftes qui ont eu part à ces Bâtimens, les Ouvrages qui les ont le plus diftingué dans leur profeffion, &c, le tout rangé par ordre alphabétique.

TABLE

DES CHAPITRES ET DES ARTICLES

Contenus dans le premier Volume de l'Architecture Françoife.

LIVRE PREMIER.

De l'Architecture en général.

Avant-propos; page 1

CHAPITRE PREMIER.

Hiftoire abrégée de l'Architecture depuis les premiers fiécles jufqu'à préfent.

Origine de l'Architecture.	3
Architecture Egyptienne.	5
Architecture Grecque.	7
Architecture Romaine.	9
Décadence de l'Architecture.	12
Progrès de l'Architecture en France.	13
Architecture Gothique ancienne & moderne.	15
Reftauration de l'Architecture en France fous François I.	16
Perfection de l'Architecture fous le Regne de Louis le Grand.	Ibid.

CHAPITRE II.

De l'Agriculture, de la Sculpture & de la Peinture en général.

Origine de l'Agriculture.	17
Origine de la Sculpture.	18
Divifion de la Sculpture en deux claffes.	Ibid.
Origine de la Peinture.	19
Des différens genres de Peinture.	Ibid.

CHAPITRE III.

Introduction à l'Architecture, contenant les principes généraux de cet Art.

Avantages de notre distribution sur celle des Anciens. 21
Dissertation sur le goût relativement à l'Architecture. 22
Ce que c'est que le goût en Architecture. 23
Que le bon goût consiste à réunir la commodité, la solidité, &c. 24
Différens caracteres de beauté suivant chaque espece d'édifices. *Ibid.*

Préceptes généraux concernant la distribution.

Regles sur la distribution. 26
Distinction de trois sortes d'appartemens. *Ibid.*
Du rapport que les dedans doivent avoir avec les dehors. 28
Des Vestibules. 29
Des Antichambres. *Ibid.*
Des Sallons. 30
Des différentes especes de Salles. 31
Des Chambres à coucher. 32
Des Cabinets. 35
Des Garderobes. 36
Des Galleries. *Ibid.*
Des Chapelles à l'usage des bâtimens civils. 38
Des Escaliers & de leur situation. 39
De la grandeur & de la forme des Escaliers. 40
De la maniere d'éclairer les Escaliers. 41
De la décoration des Escaliers. *Ibid.*
De la construction des Escaliers. 42
Des Perrons. 44
Distribution des dehors d'un Edifice. *Ibid.*

De la distribution des Jardins de propreté & des Jardins de plaisance.

Des Artistes qui ont excellé dans le Jardinage. 45
Maximes fondamentales sur le Jardinage. 46
Des Jardins de niveau. *Ibid.*
Des Jardins à mi-côte. 47
Des Jardins en terrasse. *Ibid.*
Des différentes especes de Parterres. 48
Parterres de broderie. *Ibid.*
Parterres en compartimens. 49
Parterres à l'Angloise. *Ibid.*
Des Boulingrins. *Ibid.*
Des Quinquonces. *Ibid.*
Des Terrasses. 50
Des Escaliers pour les Jardins. *Ibid.*
Des Cabinets de treillage. 51
Des Fontaines. 52
Des Allées. 53
Des Palissades. 54
Des Bosquets. 55

Préceptes généraux sur la décoration extérieure.

Rapport de l'Architecture avec la Musique. 56
Que la proportion est la source des beautés en Architecture. 57
Que les proportions sont puisées dans la nature. 59

Des différentes especes de bâtimens, relativement à leur décoration.

Des Bâtimens à un seul étage. 61
Des Bâtimens à un seul étage surmonté d'un Attique. 62
Des Bâtimens à deux étages réguliers. 63
Des Bâtimens avec soubassement surmonté d'un étage régulier. 64
Des Bâtimens composés d'un soubassement, d'un étage régulier & d'un Attique. 64
Des Bâtimens avec soubassement surmonté d'un Ordre Colossal. 65
Des Bâtimens où un seul Ordre embrasse deux étages. 66
Des Bâtimens composés d'un Ordre qui embrasse deux étages avec un Attique au-dessus. *Ibid.*
Des Bâtimens composés de deux étages réguliers & d'un Attique au-dessus. *Ibid.*
Des Bâtimens composés de trois étages réguliers. 67
Divers principes concernant la décoration extérieure. *Ibid.*
De la diminution des colonnes. 69
Des Colonnes isolées. *Ibid.*
Des Ordres mis les uns au-dessus des autres. 70
Des Ordres coupés par plusieurs étages. 71
Des Ordres pratiqués aux dômes des Eglises. *Ibid.*
Abus de l'usage des corniches interrompues. 72
Des Corniches rampantes des frontons. *Ibid.*
Des Corniches architravées. *Ibid.*
Des Portes & des Croisées. 73
Des Lucarnes. *Ibid.*
Des ornemens taillés sur les moulures. *Ibid.*
Des ornemens de Sculpture. 74
De la mode en Architecture. *Ibid.*
Des Caryatides & des Termes. *Ibid.*

Des licences qu'il faut éviter dans l'Architecture

Des Pilastres engagés les uns dans les autres. 75
Des Pilastres doublés. 76
Des Pilastres pliés. *Ibid.*
Des Pilastres diminués. 77
Des Pilastres ébrasés. *Ibid.*
Des Pilastres engagés dans un mur circulaire. 78
Des Colonnes engagées dans des Pilastres. *Ibid.*
Des colonnes engagées dans un mur. 79
Des Colonnes isolées au-devant d'un Pilastre. *Ib.*
Des Colonnes engagées dans un Pilastre angulaire. 80
Des Colonnes jumelles. *Ibid.*
Des Colonnes ovales. *Ibid.*
Maniere dont une colonne isolée doit être détachée de son pilastre. *Ibid.*
De la proportion des étages en soubassement. 81
Proportion de la corniche des étages en soubassement. 82

Dissertation sur l'Ordre Attique.

De l'Ordre Attique en général. 83
Proportions de l'Ordre Attique suivant les Anciens. 84
Maniere dont on employe le plus communément l'Ordre Attique. 88
Proportions de l'Ordre Attique moderne. 89
Des Balustrades en général. 90

Proportions des balustrades.	91
Des Balustrades rampantes.	95
Des Statues en général.	96
Proportion des Statues par rapport aux Ordres d'Architecture.	Ibid.
Des Niches en général.	98
De la proportion des Niches.	100
Des Frontons en général.	102
De la proportion des Frontons.	103
Des Portes en général.	108
De la proportion des Portes.	109
Des Croisées en général.	111
De la proportion des Croisées & de leur décoration.	114

Préceptes généraux sur la décoration intérieure.

Des Croisées.	117
Des Portes à placard.	118
Des dessus de portes.	119
Des Cheminées.	120
Des Trumeaux.	Ibid.
Des Lambris.	121
Des Tapisseries.	122
Des Meubles.	Ibid.
Des Corniches intérieures.	123
Des Plafonds.	124
Des Parquets.	126

Préceptes généraux sur la construction des Bâtimens.

De la Maçonnerie en général.	127
De la coupe des pierres.	128
De la pierre en général.	129
Des différentes especes de pierres dures.	130
Des différentes especes de pierres tendres.	131
De la pierre par rapport à ses qualités.	Ibid.
De la pierre par rapport à ses façons.	Ibid.
De la pierre par rapport à ses usages.	132
De la pierre par rapport à ses défauts.	133
Des Libages.	Ibid.
Du Moilon.	134
Du Grais.	Ibid.
Du Marbre en général.	135
Des Marbres antiques.	Ibid.
Des Marbres modernes.	136
Des défauts du marbre.	137
Du Marbre par rapport à ses façons.	138
De la Brique en général.	Ibid.
Maniere de fabriquer la brique.	Ibid.
Du Plâtre en général.	139
Du Plâtre par rapport à ses bonnes ou mauvaises qualités.	140
Maniere dont on employe le plâtre.	Ibid.
De la Chaux en général.	Ibid.
Maniere d'éteindre la chaux.	141
Du Sable.	142
Du Ciment.	143
Du Mortier.	Ibid.
De l'excavation des terres.	145
Maniere de planter un bâtiment.	147
De la construction des fondations en général.	Ib.
Des Fondations sur le roc.	148
Des Fondations sur le sable.	149
Des Fondations sur la glaise.	150
Des Fondations dans les lieux marécageux.	152
Des Fondations sur un terrain ferme.	Ibid.
Des Murs en général.	153
Des Murs de face & de refend.	Ibid.
Des Murs de terrasse.	155
Des Voûtes.	Ibid.
De la Charpenterie en général.	157
De la qualité des bois de Charpente.	Ibid.
Table de la grosseur des poutres & des solives relativement à leur longueur.	159
Des Planchers.	159
Des Pans de bois & des cloisons de charpente.	160
Des Combles en général.	161
De la construction des combles.	162
De la couverture des Edifices.	Ibid.
De la Serrurerie.	165
De la Menuiserie.	166
De la Peinture d'impression.	167
Du Pavé.	168
De la Vitrerie.	Ibid.

CHAPITRE IV.

Histoire abrégée de la Ville de Paris, son origine, ses progrès & ses accroissemens.

Causes qui ont occasionné l'aggrandissement de Paris.	170
Origine des Parisiens.	171
Description de l'ancien Paris & de ses environs.	Ibid.
Siege & prise de Paris par Jules César.	Ibid.
Premiere enceinte de Paris sous Jules César.	172
St. Denys vient prêcher la Religion Chrétienne dans les Gaules.	Ibid.
Martyre de S. Denys & de ses compagnons.	173
Origine de Notre-Dame de Paris.	Ibid.
Premier accroissement de Paris.	Ibid.
Conquête des Gaules par les Francs.	Ibid.
Paris déclarée Capitale du Royaume sous Clovis.	174
Extinction totale du Paganisme en France.	Ibid.
Seconde clôture de Paris.	175
Nouveaux accroissemens de Paris.	176
Description de Paris au commencement du regne de Philippe Auguste.	177
Troisiéme enceinte de Paris.	Ibid.
Nouveaux Edifices sous Philippe Auguste.	178
Fondation de divers Colleges dans le Quartier de l'Université.	179
Quatriéme enceinte de Paris.	180
Accroissement de Paris sous François I.	181
Fortifications de Paris.	182
Accroissement du Faubourg S. Germain.	183
Etat où se trouvoit Paris au commencement du regne de Henri IV.	Ibid.
Construction du Pont neuf.	184
Construction de la Place Royale.	Ibid.
Construction de la Place Dauphine.	185
Construction de l'Isle Notre-Dame ou de Saint Louis.	Ibid.
Cinquiéme enceinte d'une partie de la Ville de Paris.	186
Premieres limites de la Ville de Paris.	187
Dernier accroissement de Paris sous le regne de Louis XIV.	Ibid.
Division de Paris en Quartiers suivant leur ancienneté.	188
Nouvelle division de Paris en vingt Quartiers.	189

LIVRE SECOND.
Des principaux Edifices du Faubourg St. Germain.

CHAPITRE PREMIER. Description de l'Hôtel Royal des Invalides, situé à une des extrémités de Paris, à l'entrée de la plaine de Grenelle. 191

CHAP. II. Description de l'Hôtel de Madame la Duchesse du Maine, situé rue de Varennes, Faubourg S. Germain, près les Invalides. 205

CHAP. III. Description de l'Hôtel de Clermont, situé rue de Varennes, Faubourg St. Germain, près l'Hôtel du Maine. 209

CHAP. IV. Description de l'Hôtel de Villeroy, situé rue de Varennes. 212

CHAP. V. Description de l'Hôtel d'Etampes, actuellement Hôtel de Rohan, situé rue de Varennes. 215

CHAP. VI. Description de l'Hôtel de Matignon, situé rue de Varennes. 217

CHAP. VII. Description de la Maison de M. de Janvry, située rue de Varennes, Faubourg S. Germain. 222

CHAP. VIII. Description de la Fontaine de la rue de Grenelle, près la rue du Bacq, Faubourg St. Germain. 226

CHAP. IX. Description de l'Hôtel d'Estrées, rue de Grenele, Faubourg St. Germain. 230

CHAP. X. Description de l'Hôtel de Rotelin, situé rue de Grenelle. 232

CHAP. XI. Description de l'Hôtel de Noirmontier, rue de Grenelle. 234

CHAP. XII. Description de l'Hôtel de Pompadour, situé rue de Grenelle. 236

CHAP. XIII. Description de l'Hôtel de Conty, situé rue St. Dominique, Faubourg St. Germain. 238

CHAP. XIV. Description de la Maison de Madame de Varangeville, rue S. Dominique. 241

CHAP. XV. Description de l'Hôtel Amelot, situé rue St. Dominique. 242

CHAP. XVI. Description de l'Hôtel de Roquelaure, situé rue St. Dominique. 245

CHAP. XVII. Description de l'Hôtel de Béthune, situé rue St. Dominique. 249

CHAP. XVIII. Description de l'Hôtel du Ludes, situé rue St. Dominique. 252

CHAP. XIX. Description de l'Hôtel de Luynes, & de la Maison occupée par Mr. le Marquis de Galifé, rue St. Dominique, & de l'Hôtel de Pons, rue de l'Université. 255

CHAP. XX. Description de l'Hôtel de Maisons, aujourd'hui l'Hôtel de Saucourt, situé rue de l'Université. 257

CHAP. XXI. Description de l'Hôtel d'Auvergne, situé rue de l'Université. 261

CHAP. XXII. Description de l'Hôtel de Lambert, situé rue de l'Université. 263

CHAP. XXIII. Description du Palais de Bourbon & de l'Hôtel de Lassay, situés à l'extrémité de la rue de Grenelle, Faubourg S. Germain. 265

CHAP. XXIV. Description de l'Hôtel d'Humieres, situé rue de Bourbon. 273

CHAP. XXV. Description de l'Hôtel du Maine, situé rue de Bourbon. 276

CHAP. XXVI. Description de l'Hôtel de Torcy, rue de Bourbon. 280

CHAP. XXVII. Description de l'Hôtel de Seignelay, situé rue de Bourbon. 282

CHAP. XXVIII. Description de l'Hôtel d'Ancezune, situé rue de Bourbon. 284

CHAP. XXIX. Description de l'Hôtel de Belle-Isle, situé rue de Bourbon. 286

CHAP. XXX. Description de l'Eglise des Théatins, & de son nouveau Portail, situé sur le Quai Malaquais, proche le Pont Royal. 290

CHAP. XXXI. Description de plusieurs Maisons & Hôtels occupés par différens particuliers. Maison appartenant à M. le Comte de Vartenaer, située Quai Malaquais, au coin de la rue des Sts. Peres. 293
Maisons appartenantes l'une à M. de Bernage, l'autre à M. le Baron de Montmorency, sises rue des Sts. Peres. 294
Maison appartenante à l'Hôtel-Dieu, sise rue S. Guillaume, occupée par M. e Procureur-Général. Ibid.
Maison appartenante à M. le Duc de Mortemart, sise rue S. Guillaume. Ibid.
Hôtel de la Force, rue Tarann:, près la Fontaine de la Charité. 295

CHAP. XXXII. Description du Portail de l'Eglise de la Charité, situé rue des Sts. Peres. 296

CHAP. XXXIII. Description le l'Hôtel de Choiseuil, situé à la Croix-rouge, Faubourg S. Germain. 298

Fin de la Table.

ARCHITECTURE
FRANÇOISE.

LIVRE PREMIER.
DE L'ARCHITECTURE EN GENERAL.

AVANT-PROPOS.

A nécessité a donné naissance à l'Architecture*, ainsi qu'aux autres Arts. D'abord les premiers hommes se firent des huttes avec des feuilles ; quelques-uns, à l'imitation des hirondelles, construisirent avec des branches d'arbres & de la terre grasse des habitations pour les mettre à l'abri des injures du tems ; ensuite les hommes devenant plus nombreux, travaillerent à l'envi les uns des autres, & parvinrent par les différentes observations qu'ils firent & par la mutuelle comparaison des ouvrages de leurs voisins, à se former de solides cabannes. Cette maniere de bâtir a long-tems subsisté ; du tems de Vitruve on montroit encore à Athenes, comme une chose curieuse par

---

* L'Architecture se divise ordinairement en trois especes, sçavoir la Civile, la Militaire & la Navale.

On entend par *Architecture Civile* l'art de composer & de construire les bâtimens pour la commodité & les différens usages de la vie, tels que sont les Edifices Sacrés, les Palais des Rois, & les Maisons des particuliers, aussi bien que les Ponts, Places publiques, Théâtres, Arcs de triomphe, &c.

On entend par *Architecture Militaire* l'art de fortifier les Places & de les garantir par de solides constructions de l'in-

sulte de l'ennemi, de l'effort de la bombe, du boulet, &c.

On entend par *Architecture Navale* celle qui a pour objet la construction des Vaisseaux, des Galeres, & généralement de tous les Bâtimens flottans ; elle comprend aussi l'*Architecture Hydraulique* qui traite de la construction des Ports, Moles, Digues, Jettées, Fanaux, &c. érigés sur le rivage de la mer, & en général de toutes sortes d'Edifices qui ont rapport aux eaux.

Voyez ce que j'ai dit de l'origine de l'Architecture dans le *Dictionnaire Encyclopédique*, Tome I. page 617.

son antiquité, les toits de l'Aréopage faits de terre grasse, & à Rome dans le Temple du Capitole, la cabanne de Romulus couverte de chaume.

On construisit ensuite des maisons avec du bois & d'autres matieres, & les hommes étant continuellement obligés de vendre & d'acheter, se virent dans la nécessité de rassembler leurs demeures, & de former des sociétés différentes où ils pussent vivre sous des loix communes; voilà l'origine des Bourgades & des Villes; on travailla ainsi à assurer les possessions & les héritages; les Villes se fortifierent de remparts, & les Citoyens pourvûrent à leur santé par des demeures commodes qui les garentirent de la violence des vents, des exhalaisons de la terre & du ravage que peut causer le débordement des rivieres. Enfin l'Architecture ayant fait quelques progrès, après qu'on se fut appliqué à ce qui étoit seulement à l'usage de la vie, c'est-à-dire à la solidité, la salubrité & la commodité, on chercha à donner de la magnificence aux Temples qu'on éleva en l'honneur des Dieux, & aux monumens dressés pour conserver la mémoire des grands hommes; on trouva insensiblement des proportions & des régles. On fit les Temples sacrés plus vastes pour qu'ils pussent contenir les hommes qui s'y rassembloient; l'art leur donna ensuite une proportion convenable à la dignité du culte divin & des Mistéres de la Religion. A mesure que le luxe s'introduisit, on enrichit ces monumens des ornemens les plus précieux, soit que l'on crût en effet honorer la Divinité, soit que l'on voulût par là augmenter le respect du peuple, sur qui les objets sensibles ont tant de pouvoir. Tous ces ornemens passerent aux Palais des Souverains, & les premieres habitations rustiques, qui n'avoient auparavant pour objet que l'utilité, devinrent aussi susceptibles de quelque décoration.

CHAPITRE PREMIER.

Histoire abrégée de l'Architecture, & des changemens auxquels elle a été sujette depuis les premiers siécles jusqu'à présent. Avec une description succinte des principaux Monumens de l'Egypte, de la Gréce, & de l'Italie.

L'Ecriture Sainte fait mention d'une Ville que Caïn bâtit vers l'an 500 du monde, & qu'il appella Hénoc, du nom de son fils. C'est la premiere notion que l'histoire nous fournisse touchant l'Architecture, ce qui pourroit en quelque façon nous fixer le tems & le lieu où cet art a pris naissance. Les descendans de Caïn, à qui la même Ecriture attribue l'invention de presque tous les arts, porterent sans doute celui-ci à quelque degré de perfection; ainsi l'on peut, suivant ce Livre sacré, regarder l'Asie comme le berceau de l'Architecture, & juger que c'est de cette partie de l'Univers qu'elle s'est répandue dans les autres.   *Origine de l'Architecture.*

Babilone, dont les murailles (*a*) sont regardées comme la premiere des sept merveilles (*b*), fut bâtie vers l'an du monde 2860. Ce fut environ en ce tems-là qu'on vit paroître en Egipte les fameuses Villes de Thébes & de Memphis, & que les anciennes Villes de la Gréce & des autres païs commencerent à être fondées. Nemrod, arriere-petit-fils de Noë, jetta, selon la Genèse, les premiers fondemens de Babilone.

Semiramis, Reine d'Assirie, veuve de Ninus, travailla ensuite à embellir cette

---

(*a*) Ces murailles, qui, selon Vitruve, étoient toutes bâties de briques & de bitume, (le pays en produisant avec abondance,) avoient trente pieds d'épaisseur; on pouvoit faire passer sur elles deux chariots de front, & elles avoient deux cens pieds de hauteur, sans celle des tours qui les surpassoient encore de quarante pieds. La circonférence de Babilone, au milieu de laquelle passoit l'Euphrate, étoit d'environ soixante mille pas; les maisons y étoient tenues éloignées les unes des autres dans le dessein d'y laisser des terres labourables pour y semer de quoi se nourrir, en cas de siége. Hérodote dit que les murs de cette superbe Ville étoient percés de cent portes, dont les ventaux étoient de bronze & d'une grandeur extraordinaire. Mais ceci n'est rien en comparaison de la description que Pline & Pausanias nous ont laissé du Château Royal que cette Ville renfermoit, & que plusieurs Auteurs attribuent à Semiramis & d'autres à Belus. Son enceinte étoit fortifiée de tours de quatre-vingt pieds de haut: des jardins spacieux étoient soutenus par des murs voûtés de vingt-deux pieds d'épaisseur, qui élevoient ces jardins en forme de théâtre, de maniere qu'avec les eaux qui y abondoient, ils paroissoient autant de merveilles suspendues en l'air. Le mausolée de Bélus étoit superbe, & le Temple qu'on dédia à ce Roi étoit de la plus grande magnificence; dans son milieu s'élevoit une tour quarrée à huit étages en forme de terrasse; à son extrémité étoit un autre petit Temple qui, selon Diodore, a servi d'observatoire aux Chaldéens.

(*b*) Ordinairement on met au nombre des sept merveilles du monde, 1°. les murs de la Ville de Babilone, dont nous venons de parler.

2°. Les piramides d'Egipte. (voyez la note *d*).

3°. La Statue colossale de Jupiter Olimpien, faite d'or & d'argent, haute de soixante aulnes, selon Pline, & posée à l'extrémité du Temple dédié à ce Dieu, à Elis, aujourd'hui Languenisa, Ville située entre l'Achaïe & l'Arcadie. Cette figure étoit du fameux Phidias, qui étoit si fort en vénération chez les Lydiens, que pour l'amour de lui il fut défendu à tout Esclave d'apprendre la sculpture, crainte de l'avilir & de la profaner. Pausanias, qui en avoit vû cette Statue, est l'Auteur qui nous en a laissé la plus ample & la plus exacte description. (voyez celle du Temple de Jupiter, note *m*.)

4°. Le tombeau de Mausole Roi de Carie, que la Reine Arthemise son épouse fit bâtir à Halicarnasse. (voyez la note *n*.)

5°. Le Temple de Diane à Ephèse. (voyez la note *i*.)

6°. Le Colosse de Rhodes, dédié au Soleil par Théagones Prince de cette Isle. Cette figure, dont la hauteur prodigieuse de soixante-dix aulnes, donna le nom de colossale à toute statue au-dessus du naturel, fut achevée & dressée environ l'an du monde 3686 par Charès le Lydien; elle n'est restée debout qu'environ 56 ans, un tremblement de terre en renversa une grande partie, & ses débris qui resterent épars environ huit cens soixante-cinq ans, furent enlevés, selon la remarque de Scaliger, par l'ordre de Moavias Sultan d'Egipte & de Perse, qui en chargea neuf cens chameaux; voyez Strabon, Pline, &c.

7°. Le fameux Phare, que Ptolomée Philadelphe Roi d'Egipte fit élever l'an du monde 3670, à l'entrée du port d'Alexandrie, près de l'embouchure du Nil. La magnificence de ce bâtiment consistoit dans une tour prodigieusement haute, & dont les différens étages construits de pierre blanche, se terminoient en haut par une espece de lanterne. Ce monument qu'on assure avoir coûté 800 talens ou environ 1800000 livres, fut fait par Sostrate Gnidien. La Ville d'Alexandrie conserve encore des restes considérables de sa premiere magnificence, entr'autres les murs superbes & les canaux qu'Alexandre fit creuser pour conduire l'eau du Nil par de Ville; monument illustre des entreprises de ce grand Prince, & du sçavoir de Dinocrate. On y voit aussi, au rapport de Pline, deux obélisques de quatre-vingt-dix pieds de hauteur, dont l'un est renversé & l'autre debout, & d'autres restes remarquables tant d'un Amphithéâtre dont parle Strabon, que des Palais de Cléopatra, de César, & des anciens Rois d'Egipte. Le plus curieux monument est la Colonne de Pompée, dressée vers la Mer Marmorique; elle est d'un Ordre Corinthien, & de la hauteur de celle de Trajan.

Ville avec tant de magnificence qu'elle a fait l'admiration de toutes les Nations. Assur, fils de Nemrod, se signala aussi en bâtissant la Ville de Ninive (§) & celle de Resen entre Ninive & Chalée. L'Ecriture ne fait aucune mention qu'il y eut alors des Architectes particuliers, ce qui s'accorde avec ce que plusieurs Historiens nous assurent, que non-seulement Semiramis dressa le plan de Babilone, mais qu'elle se réserva aussi la conduite d'une grande partie des travaux qu'elle avoit ordonnés.

La Ville de Jérusalem, & sur-tout le Temple (c) célèbre que Salomon y fit bâtir, suivant la description que l'Ecriture nous en donne, mérite à bon droit d'être préféré aux autres merveilles du monde, tant par son excellente structure, que par la beauté de l'Ordre Corinthien dont il étoit décoré, selon la description que Vilalpande nous en a laissé, ce qui pourroit faire croire que l'Architecture Romaine doit ses perfections à cet Ordre, les Phéniciens en ayant fait connoître la beauté aux Grecs, & ceux-ci aux

(c) Salomon fit construire un Temple * dans la Ville de Jérusalem, la quatrième année de son règne, 3102 ans après la création du monde. Pour y parvenir, il ordonna à ses sujets de lui fournir 30000 ouvriers, dont 10000 travailleroient alternativement à ce monument sous la conduite d'Adoram, selon Josephe, ou Adoniram, selon la Bible. Outre quantité d'autres ouvriers qu'Hiram Roi de Tir avoit prêté à Salomon pour couper le bois nécessaire pour la construction de cet édifice, sur la montagne du Liban, & pour préparer d'autres matériaux, Salomon connoissant en cela l'habileté des Sydoniens.

Les fondations de ce monument furent faites très-profondes, & construites de pierres d'une grandeur immense & d'une parfaite blancheur, ainsi que le reste des murs de ce Temple. Il avoit 60 coudées de longueur, 20 de largeur & 120 de hauteur. Les bas côtés, à l'entour desquels étoient pratiqués trois étages de 30 chambres chacun, avoient 20 coudées d'élévation, & servoient par dehors comme d'arcs-boutant. Tout cet édifice ** étoit revêtu d'ornemens d'une très-grande richesse, & exécuté la plus grande partie avec du bois de cédre.

Lorsque ce monument superbe fut achevé, Salomon le fit diviser en deux parties ; l'une fut consacrée pour le sanctuaire, l'autre pour les Sacrificateurs, & c'est cette derniere partie que l'on nomma le Temple, & qui fut séparée d'avec le Sanctuaire par de grandes portes de bois de cédre couvertes de lames d'or. L'histoire nous rapporte que Salomon se servit particulièrement pour tous les ouvrages d'or, d'argent & de cuivre d'un ouvrier appelé Chiram, suivant Josephe, Tom. II. page 18., & Hiram, suivant le III. Liv. des Rois, Chap. VII. M. Rollin dans son Histoire ancienne, Tom. II. page 32. est de ce sentiment, ainsi que Félibien, page 17. qui regarde cet ouvrier comme un grand Architecte. L'Ecriture Sainte nous dit, en parlant du Tabernacle construit l'an du monde 2455, & faisant mention du Temple de Jérusalem qui fut substitué au Tabernacle, que Dieu voulut bien être le premier Architecte de ces deux grands ouvrages, qu'il traça en quelque sorte de sa main divine le plan du premier qu'il donna à Moïse, & celui du second qu'il remit à David, pour qu'ils servissent de modeles aux ouvriers qui devoient y être employés.

Après que ce grand Roi eut fini un monument si digne de sa piété, il fit construire un Palais aussi spacieux que magnifique, qui avoit de longueur 100 coudées ***, cinquante de largeur, & trente d'élévation. Ce même Prince fit élever beaucoup d'autres bâtimens remarquables par leur magnificence ****, mais on ne sçait pas si ce fut Hiram qui en fut l'Architecte.

Pour revenir au Temple de Jérusalem bâti par Salomon, tous les Auteurs s'accordent qu'il resta dans sa splendeur jusqu'à la fin du règne de ce Roi, qui dura quarante ans, & jusqu'à la cinquième année du règne de Roboam son fils, dans laquelle année Susac Roi d'Egipte vint assiéger Jérusalem, pilla le Temple & en emporta tous les trésors & les riches dépouilles. Ce Temple fut abandonné pendant le cours de plusieurs règnes, jusqu'à ce que Joas Roi de Judée, résolut de le faire reparer, ce qui s'exécuta, moyennant la contribution volontaire du peuple ; mais quatre cens soixante-dix ans après sa construction, Nabuchodonosor ayant conquis Jérusalem, ce Temple fut encore dépouillé par son Général qui y mit le feu, & ruina ensuite toute la Ville.

Soixante & dix ans après cet embrasement, Cyrus Roi de Perse, la premiere année de son règne, assembla les principaux des Juifs, leur permit de retourner en Judée & de rebâtir leur Ville & leur Temple, leur renvoyant toutes les dépouilles qui avoient été enlevées par Nabuchodonosor ; mais Cyrus étant mort, Cambises son fils & son successeur excité par les Samaritains & les autres Nations voisines, fit deffendre aux Juifs de continuer l'édification de leur Temple. Ce fut Darius Roi de Perse, qui au bout

(§) Quelques Auteurs prétendent que ce fut Icinus fils de Bélus & non Assur qui fit bâtir Ninive. Voyez dans l'Architecture Historique par Fischer, le dessein d'un Temple dédié au Soleil, proche la Ville de Ninive. Planche X.
* Si l'on en croit Hérodote sur l'origine des Temples, ce sont les Egiptiens qui en ont élevé les premiers, ainsi que des Autels & des Statues. Lucien est aussi de ce sentiment, & il assure que cette coutume passa des Egiptiens chez les Assiriens, mais tout cela paroit fort incertain. Le premier dont l'Ecriture Sainte nous fasse mention, est le Tabernacle, qui étoit une espece de Temple portatif ; on ne croit pas qu'il y en eut avant chez les Payens, du moins le premier dont parle l'Ecriture est celui de Dagon, Dieu des Philistins. Les Grecs qui étoient redevables aux Phéniciens de beaucoup de connoissances, pourroient bien tenir d'eux l'art de bâtir des Temples, comme les Romains pourroient avoir appris des Grecs le culte des Dieux & la forme de ces monumens. On croit que c'est Deucalion qui a le premier fondé des Temples chez les Grecs, & Janus chez les Latins ; d'autres prétendent que c'est Fanus, & que de là vient le nom de fanum, qui signifie Temple. Voyez l'Antiquité expliquée par le Pere Montfaucon.
** On voit dans le III. Livre des Rois (Ch. VI. y. 7.) que dans la construction de ce Temple on n'employa ni marteau ni coignée lors de la pose des matériaux. Suivant ce Livre saint, l'on doit juger que dès ce tems reculés l'appareil des pierres étoit poussé à une grande perfection, puisqu'on n'eut pas besoin de les ragréer.
*** La coudée est une mesure antique, prise depuis le coude jusqu'à l'extrémité de la main ; la plus ordinaire chez les Anciens étoit de la longueur d'un pied & demi du Roi. Voyez ce qu'en dit Perrault dans ses notes sur Vitruve, Philibert Delorme, D'Aviler, &c. Newton prétend que la coudée des Hébreux étoit de 22 pouces d'Angleterre, ce qui feroit vingt pouces, sept lignes & demi, du pied du Roi.
**** Voyez dans l'Architecture Historique le dessein des ruines de Palmire, ancienne République dans la Syrie, bâtie par Salomon, embellie par Seleucus successeur d'Alexandre, rétablie par l'Empereur Adrien, saccagée sous l'Empereur Aurélien l'an 270, & ruinée depuis par les Arabes, qui en rendent l'accès si difficile qu'on est obligé de s'en rapporter sur l'état actuel de ces ruines, au dessein que M. le Brun en a publié, & à celui que le Roi de Suede s'en est fait apporter de l'Orient par quelques Cavaliers Suédois.

Romains

ARCHITECTURE FRANÇOISE, Liv. I.

Romains. L'Architecture orna encore les autres parties de l'Univers de bâtimens somptueux & de monumens superbes, tels que ces ouvrages colossaux dont l'Egypte étoit remplie, ces édifices d'une ordonnance si belle & si réguliere qu'on a vû dans la Gréce, ces Théâtres & ces Amphithéâtres, ces Cirques & ces Arcs de triomphe dont on voit encore les restes précieux en Italie, en un mot, toutes ces productions qui sont autant d'images sensibles & immortelles de la puissance des peuples d'autrefois. L'Egypte, comme le raconte Hérodote, avoit peu de Villes qui ne fussent embellies d'édifices magnifiques & d'une surprenante grandeur. Quelques-uns ont triomphé du tems & de la fureur des Barbares ; telles sont ces fameuses Piramides (d) qui ont mérité de tenir le second rang entre les sept mer-

Architecture Egyptienne.

de quelques années accorda à Zorobabel la continuation de ce monument, qui malgré les sollicitations que les Samaritains faisoient pour sa ruine, fut achevé de bâtir environ la sixiéme année du régne de ce Roi : selon l'Histoire, ce Temple n'avoit de grandeur que la moitié de celui de Salomon.

Ce second Temple ne subsista que jusqu'au tems que le Roi Antiochus ruina Jérusalem, après y avoir été reçu, mit son Temple au pillage, & abolit le culte de Dieu. Judas Machabée ayant vaincu ce Roi impie & défait son armée, purifia & rétablit de nouveau ce Temple. Par une suite de révolutions malheureuses, Pompée ayant affoibli la puissance des Juifs, se rendit encore maître de leur Temple, mais Hérode le reprit de force, fit démolir celui qu'avoit édifié Zorobabel, pour en faire élever un troisiéme aussi grand que celui de Salomon, & bâti avec une somptuosité qui tenoit du prodige.

Ce tems de prospérité eut encore sa fin, & la division qui se mit entre les habitans de Jérusalem & les Iduméens leurs voisins, fut cause de la destruction totale de la Judée. Vespasien profitant de ces troubles, bloqua leur Ville, & ayant ensuite chargé Titus d'en continuer le siége, elle fut prise & ruinée jusques dans ses fondemens : le feu mis aux portes du Temple gagna jusques à la galerie, & malgré les ordres de Titus pour la conservation de ce monument, ce superbe édifice, bâti pour la troisiéme fois, fut entierement livré aux flammes, sans qu'il fut possible de les éteindre, sans doute à cause de la grande quantité de bois * de cédre dont il étoit construit. Tel fut le sort d'un Temple plusieurs fois rebâti si superbement ; & ce qui doit nous surprendre, c'est que les efforts des Juifs qui ont voulu travailler depuis à sa réédification, dans la vûe de confondre les Chrétiens, n'ont pû y réüssir, ayant été troublés par de fréquens tremblemens de terre, d'où sortoient des flammes qui les ont obligé de renoncer à cette entreprise ; circonstance qui nous est assurée non-seulement par les Peres de l'Eglise, mais même par les Auteurs Payens. Voyez ce que dit le Prophete Ezéchiel touchant le premier Temple ; les remarques du révérend Pere Villalpande, & le dessein qui s'en voit dans Fischer, Pl. 1 & 2 ; les remarques de Mallet qui donne les desseins de ce Temple, avec ceux du Palais de Salomon. Voyez Josephe, Jean Lightfoot dans son voyage de la Terre Sainte, Newton, dans sa Chronologie des anciens Royaumes, &c.

(d) Trois de ces piramides, qui par rapport à leur forme piramidale, ont eu cet avantage sur les autres édifices qu'elles ont résisté à la durée des tems, nous montrent la passion que les Egiptiens avoient de s'immortaliser, & nous font juger que ces peuples pensoient que leurs Tombeaux seroient pour eux des demeures stables, au lieu qu'ils regardoient leurs maisons ordinaires comme ne devant leur tenir lieu que d'hôtelleries dans cette vie passagere.

Mais sans nous arrêter à l'opinion des Egiptiens sur ce sujet, nous dirons que ces trois Piramides sont situées à en-

viron trois lieues du Caire, selon Strabon, & proche de l'endroit où étoit construite la Ville de Memphis ; elles sont distantes l'une de l'autre d'environ 300 pas, & bâties sur le roc. M. de Chaselles, de l'Académie des Sciences, qui a mesuré la plus grande, il y a environ 50 ans, dit l'avoir trouvée encore bien entiere, & y avoir vû la forme d'un triangle équilatéral, dont la perpendiculaire étoit de soixante & dix toises, trois quarts. Plusieurs Auteurs anciens rapportent que sa base est de quatre-vingt pieds, & que cette Piramide est bâtie extérieurement en forme de gradins jusqu'à son sommet, où se trouve une plate-forme d'environ 17 pieds ; qu'elle est bâtie de pierres dures d'une grandeur extraordinaire, & dont les moindres ont 30 pieds. Ces relations s'accordent avec ce que nous en apprend Thevenot, qui dit l'avoir montée par dehors, & y avoir trouvé deux cens huit degrés, dont la plûpart avoient trois pieds ; cet édifice a été environ 20 ans à bâtir, pendant lequel tems un nombre considérable d'ouvriers n'a pas cessé d'y être employé. Au milieu de son intérieur on voit une salle revêtue de compartimens de porphire fort bien conservés, où avoit été renfermé le corps d'un des Rois d'Egipte.

Cette description nous doit faire admirer les machines des Anciens, capables d'enlever si haut ces fardeaux les plus lourds, & contredit Diodore, qui dans sa Bible Historique avance que dans ces siécles reculés l'on ignoroit la Méchanique.

Il n'est pas fait mention que l'on ait vû d'ouvertures dans les deux autres Piramides. Au devant de chacune on trouve des vestiges de bâtimens quadrangulaires, que Thevenot juge avoir été des Temples. Assez près de la deuxiéme Piramide on voit encore la surprenante tête du Sphinx, taillée d'une seule pierre : sans doute le reste de celui dont Pline donne la description, Livre 36. Chapitre 12. & qu'il doit avoir eu la longueur de 343 pieds, & dont la tête avoit 102 pieds de circonférence ; ce qui s'accorde assez avec la masse de celle dont nous parlons. On voit dans l'Architecture Historique plusieurs desseins de Tombeaux & de Piramides, qui sont, suivant l'Auteur, près de la fameuse Ville de Thébes, & d'autres pareils monumens, dont les ruines se trouvent encore dans la Ville d'Héliopolis, dont parle l'Histoire ; voyez Fischer, planches 4. 13. 14. & 15. Après les Piramides d'Egipte, on ne trouve pas d'Architecture plus antique que deux Mausolées dont parlent Chardin, Thevenot & d'autres Auteurs, & qui sont, disent-ils, depuis 3000 ans témoins du culte des Payens & des anciens Perses. Ils sont situés au bas d'une montagne escarpée, de plus de 600 pieds ; ces monumens ont de largeur environ 60 pieds, & sont décorés extérieurement d'ordres de colonnes singulieres, dont les chapiteaux ont pour simboles des taureaux, des lions, des chevaux, &c. animaux que ces peuples sacrifioient au Soleil. Ce qui prouve que dans les tems les plus reculés, lorsque la Sculpture a été inventée, l'on a cherché à représenter les figures qui flattoient

*L'on attribue la ruine totale du Temple d'Ephese & de celui de Persepolis à la quantité de bois qu'on avoit employé dans leur construction, à l'exemple de celui de Salomon.

veilles du monde. Ce que nous apprend le même Auteur au sujet d'un Palais (e) trouvé presqu'entier dans l'Egypte, se rapporte assez avec la description que Thevenot nous donne dans ses voyages d'un Palais découvert dans la Thébaïde, nommé à présent le Saïde, dont la richesse étoit poussée jusqu'au suprême degré. On peut parler ici de ce fameux Labirinthe (f) d'Egypte, du Lac (g) de Mœris, au milieu duquel s'élevoient deux grandes Piramides, dont chacune portoit une Statue colossale. On peut également admirer ces Obélisques (h) dont nous avons encore des restes assez bien conservés dans quelques Villes de l'Italie, & qui font voir avec quel succès les Egyptiens ont réussi dans leurs entreprises.

Cependant ce n'est ni à l'Asie ni à l'Egypte que l'Architecture est redevable du degré de perfection où elle est parvenue : ces monumens dont nous venons de parler n'ont été admirés pour la plûpart qu'à cause de leur grandeur colossale, qui

le plus l'imagination des hommes, & que c'est de cette imagination, souvent déréglée, qu'on a vû depuis en Italie, & principalement dans l'Architecture Gothique, ces monstres & ces ornemens chimériques qui sont si peu d'honneur à l'esprit humain.

(e) Thevenot nous parle de plusieurs Temples trouvés presqu'entiers dans la Thébaïde, & dont les colonnes & les Statues sont innombrables. Dans cet endroit on remarque sur-tout un Palais, dont les restes, dit-il, semblent n'avoir subsisté que pour effacer les plus grands ouvrages; il avoit quatre allées à perte de vûe, & bornées de part & d'autre par des Sphinx d'une matiere aussi rare que leur grandeur étoit étonnante. Une salle, qui apparemment faisoit le milieu de ce Palais, étoit soutenue par cent vingt colonnes de six brasses de grosseur, entremêlées d'obélisques que tant de siécles n'ont pû détruire. La peinture y avoit étalé tout son art & toute sa richesse, les couleurs mêmes, qui éprouvent le plus le pouvoir du tems, se soutenoient encore parmi les ruines de cet édifice, & y conservoient toute leur vivacité; ce qui nous prouve combien les Egyptiens sçavoient imprimer un caractere d'immortalité à tous leurs ouvrages.

(f) Hérodote, qui assure avoir vû le Labirinthe d'Egipte, nous le décrit comme étant plus admirable que les Piramides; c'étoit moins, dit-il, un seul édifice que douze Palais assemblés & disposés régulierement, & qui se communiquoient ensemble. On ne sçait pas au juste dans quel tems, ni à quel sujet cet édifice a été bâti; quelques-uns croyent que ce fut le Roi Petésucus ou Thioës, qui le fit construire, plus de deux mille ans avant la prise de Troye. Hérodote prétend que tous les Rois d'Egipte eurent part à ce grand ouvrage, qu'il ne fut achevé que depuis le regne de Psammeticus, par un nommé Circammon, & que dans la suite le Roi Nectabis y fit faire des réparations considérables. Pline admire entr'autres la grosseur prodigieuse des colonnes que la rigueur des tems n'a pû ruiner; enfin cet édifice étoit si spacieux, qu'il étoit composé de 1500 chambres qui se communiquoient par des terrasses qui ne laissoient point de sortie à ceux qui risquoient d'y entrer. Il y avoit sous terre autant de bâtimens destinés à la sépulture des Rois. Pline, Diodore, Strabon rapportent la même chose, & parlent encore de trois autres Labyrinthes, sçavoir celui de Lemnos, bâti par Théodore, celui de Toscane, & celui de Dédale dans l'Isle de Crète, dont parle Plutarque, & dont on voit une médaille & le dessein, Pl. 17. de l'Architecture Historique.

(g) Le plus grand & le plus admirable ouvrage des Rois d'Egipte, a été le Lac de Mœris ou de Miris, selon Hérodote qui lui donne ces deux noms. L'Egipte étoit plus ou moins fertile, suivant qu'elle étoit plus ou moins inondée par le Nil, & que le trop ou le trop peu d'inondation étoit également nuisible à la culture des terres, le Roi * Mœris, pour empêcher autant qu'il se pourroit les inégalités de ce fleuve, fit creuser environ à dix stades ** de Memphis, à 300 pieds de profondeur, ce Lac, qui depuis a porté son nom; il avoit, selon Pline, 25000 pas de pourtour, cependant quelques modernes, d'accord avec Pomponius Mela, ne lui en donnent que 20000, qui font environ dix de nos lieues. Deux Piramides, de la hauteur d'une stade, placées sur une Isle au milieu du Lac, portoient chacune une Statue colossale de marbre, assise sur un Trône, & érigée à la mémoire du Roi & de la Reine; ce qui témoigne, ainsi que le pensent quelques Auteurs, que ce Lac & ces Piramides ont été construits sous le regne du même Prince. Entre ces Piramides étoit placé un Mausolée magnifique qui marquoit le milieu de l'Isle. Voyez le dessein de ce Lac, des Piramides & du Temple, Architect. Historique, Pl. XI.

(h) L'Egipte sembloit mettre toute sa gloire à élever des monumens pour la postérité; quelques-uns de ces obélisques font encore aujourd'hui, autant par leur grandeur que par leur antiquité, un des embellissemens de la Capitale de l'Italie.

Diodore rapporte que Sésostris avoit fait ériger dans la Ville d'Héliopolis deux Obélisques d'une pierre très-dure tirée d'une carriere située aux extrémités de l'Egipte, & que chacun de ces Obélisques avoit 180 pieds de hauteur.

L'Empereur Auguste, après avoir réduit l'Egipte en Province, fit transporter à Rome ces deux Obélisques, dont l'un fut brisé, & craignant qu'il n'en arrivât autant à un troisiéme qui étoit d'une grandeur extraordinaire & qui avoit été construit sous le regne de Ramassès, il aima mieux se priver de ce monument; mais Constance, plus entreprenant qu'Auguste, fit transporter avec succès cet Obélisque à Rome, où Caïus Céfar son prédécesseur en avoit déja fait venir un autre de 25 toises de haut & de 12 pieds de diametre, par le moyen d'un vaisseau d'une fabrique singuliere. Pline nous apprend qu'on avoit employé 2000 hommes à tailler celui que Constance fit transférer à Rome.

Toute l'Egipte étoit remplie de ces Obélisques; qui se construisoient pour la plûpart dans les carrieres de la haute Egipte, où l'on en voit encore qui sont à demi-taillés. Les Egiptiens avoient fait creuser dans ces carrieres, des canaux par lesquels l'eau du Nil s'élevoit dans les tems de son inondation, ce qui servoit à enlever les colonnes, les Obélisques, les Statues & tous les autres ouvrages colossaux, finis ou seulement dégrossis, sur des radeaux proportionnés aux fardeaux, pour les conduire de là dans la basse Egipte, par les saignées dont elle étoit remplie pour faciliter la circulation de l'inondation du Nil.

* Newton rapporte que ce Prince est le premier qui ait donné naissance à la Géométrie, en composant un Livre sur l'Arpentage.
** Les stades ordinaires sont composées de 625 pas Géométriques.

en faisoit le mérite principal : d'ailleurs les desseins & les descriptions que nous avons des ruines de Persépolis, font assez connoître que les Rois de Perse, dont l'Histoire a si fort vanté l'opulence, avoient réussi plutôt par l'immensité de leurs bâtimens, que par cette élégance & cette proportion qui s'est observée depuis dans les édifices élevés dans la Gréce & dans l'Italie.

La Gréce doit donc être regardée comme la source des régles de la bonne Architecture ; c'est sans doute une grande perte pour cet art que les premiers Architectes Romains ayent négligé de transmettre à la postérité les préceptes des Grecs, qui, ainsi que le remarque Vitruve (§), auroient pû aussi mettre au jour les ouvrages de leurs prédécesseurs. Cette négligence nous doit donc faire regarder cet Auteur comme le premier qui ait écrit sur son art, quoiqu'il rapporte qu'Hermogenes, après avoir bâti plusieurs Temples en différentes Villes de l'Asie mineure, composa sur l'Architecture un Volume que l'on voyoit encore du tems d'Auguste, & qu'il cite des Auteurs chez lesquels il dit avoir puisé ses productions, sçavoir Fuciscius, qui, comme il le rapporte, est le premier qui ait composé un excellent Livre d'Architecture ; Terentius Varo, qui entre neuf livres de sciences qu'il avoit écrit, en donna un sur cet art ; & Publius Septimius qui en avoit donné deux. Vitruve paroît d'autant plus étonné qu'il y eut eu un si petit nombre d'Ecrivains touchant l'art de bâtir, qu'il y avoit long-tems que Rome avoit produit de grands Architectes, qui auroient pû en traiter pertinemment. Nous ne sommes dédommagés du silence de ces grands hommes que par quelques restes des bâtimens qu'ils ont érigés, & dont les beautés universellement approuvées depuis 2000 ans, nous annoncent la grandeur & le bon goût qui régnoient dans la Gréce & dans l'Italie.

Architecture Grecque.

Parmi la prodigieuse quantité de ces édifices, on remarquoit entr'autres (§) chez les Grecs, quatre Temples qui étoient tous construits de marbre, & enrichis de si beaux ornemens, qu'ils étoient devenus comme la régle & le modéle des bâtimens, pour ce qui concernoit les trois Ordres d'Architecture. Le premier étoit le Temple (i)

(i) Il y a eu plusieurs Temples de Diane érigés dans tous les païs où l'idolâtrie a régné ; mais celui d'Ephese dont nous parlons, a surpassé tous les autres en grandeur & en magnificence *. Il fut élevé dans l'Ionie, contrée de l'Asie mineure ; il avoit 425 pieds de long & 220 de large, & il a passé pour la cinquiéme des sept merveilles du monde ; il fut, selon Pline, 220 ans à bâtir ; Chersiphron en fut le premier Architecte, son fils Metagenes lui succéda & plusieurs autres, tels que Demetrius & Péonius. Vitruve dit qu'il régnoit autour de ce Temple deux rangs de colonnes, en forme d'un double portique, & que c'est le premier monument où l'on ait introduit des bases aux colonnes : il rapporte, Liv. 10. Ch. 7. la façon singuliere dont on trouva la carriere de marbre qui servit à bâtir cet édifice. Ces colonnes étoient au nombre de 127, elles avoient 60 pi. de haut, & furent données chacune par autant de Rois ;

(§) Entre les Historiens qui ont écrit de l'Architecture, les uns croyent que Vitruve pouvoit être né à Formia, petite Ville de la Campanie, & les autres à Fondi, autre Ville située sur le chemin d'Appius, parce qu'il se trouve plusieurs inscriptions de la famille Vitruvia aux environs de ces deux Villes. On ne sçait guéres non plus le tems où il vivoit, ni combien il a vécu ; cependant il y a toute apparence qu'il dédia son Livre à l'Empereur Auguste, vers l'an du monde 3984, & qu'il étoit alors fort âgé, tant à cause qu'il dit dans cet Ouvrage avoir connu Julius fils de Massinissa, & s'être trouvé en conversation avec lui, que parce qu'il se plaint des incommodités de la vieillesse dont étoit affligé lorsqu'il travailloit à son Livre. Ses seuls écrits l'ont mis plus fait connoître que les bâtimens qu'il a élevé, n'ayant guéres eu le tems d'en conduire beaucoup, & ayant presque toujours été dans les Armées de l'Empereur où il servoit en qualité d'Ingénieur. Cependant il donne une description d'une Basilique ou Palais de Justice qu'il dit avoir construit à Fano, qui ne paroit pas être un morceau d'une grande importance ; ce qui contrediroit le sentiment de plusieurs Ecrivains, qui prétendent qu'il fut l'Architecte du Théâtre de Marcellus, morceau d'Architecture qui ne s'accorde pas avec la doctrine de cet Auteur qui condamne les denticules dans l'entablement de l'Ordre Dorique, & qui y admet par préférence des mutules. On ne peut disconvenir néanmoins que ce ne fut un grand théoricien à qui nous avons beaucoup d'obligation, & dont les mœurs & la qualité de l'esprit doivent être le modele de ceux qui veulent se vouer à la profession d'Architecte. Voyez Félibien dans son Recueil historique de la vie des Architectes, Liv. 2.

(§) Je dis entr'autres, car ce seroit entreprendre l'infini que de vouloir parler de tous ceux dont l'Histoire nous fait mention, leur origine nous étant presque inconnue ; ce que nous en sçavons de plus positif est ce que nous en dit l'Ecriture en parlant de la construction du Tabernacle, que l'on peut regarder comme un Temple portatif, qui avoit un lieu sacré appellé Sancta Sanctorum, & resembloit dans les Temples des Payens ce qu'on appelloit Adyta. On ne sçait pas, ainsi que nous l'avons déja remarqué, s'il y eut de ces Temples avant la construction du Tabernacle ; mais il est certain qu'il y en avoit avant celle du Temple de Jérusalem, Hérodote nous dit que ce fut les Egyptiens qui ont les premiers construit des Autels, des Statues & des Temples ; cependant il ne paroît pas qu'il y en eût du tems de Moyse. Lucien est de l'avis d'Hérodote, & ajoûte que cette institution passa des Egyptiens aux Assiriens. De tous ces Temples Payens, le premier dont l'Ecriture parle, est celui de Dagon, Dieu des Philistins, où étoit une statue humaine. On prétend, comme on l'a vû ci-devant, que Déucalion est le premier qui a fondé des Temples chez les Grecs, & Janus chez les Latins ; d'autres assurent que ce fut Fanus, & que c'est de là que vient le nom de fanum, qui signifie Temple ; car il est bon d'observer que les mots templum, fanum, sacrarium, ædes, delubrum signifioient en latin les monumens sacrés & destinés à honorer la Divinité, & que les Auteurs s'en sont servi indifféremment selon leur opinion. Voyez ce qu'en dit le Pere Montfaucon, Tome II. partie I. page 45.

* Les Statues les plus renommées de ce Temple, sont de Praxiteles. Quelques-uns prétendent que la Statue de Diane, de marbre blanc, qui est dans la Galerie de Versailles, aussi bien que quelques autres figures antiques qui s'y remarquent, vient de ce monument.

de Diane à Ephese; le second celui d'Apollon (k) dans la Ville de Milet; le troisiéme étoit le Temple de Céres (l) & de Proserpine à Eleusis; & le quatriéme, le Temple (m) de Jupiter Olimpien à Athenes, d'Ordre Corinthien, dont on voit encore, du côté de l'entrée, quelques colonnes avec leur entablement. On pourroit

36 d'entr'elles furent sculptées par les plus habiles Artistes de ce tems-là, & une entr'autres par Scopas. Spon, qui dans ses voyages, Tome I. dit avoir parcouru les vestiges de ce Temple, raconte avoir trouvé dans ses débris 5 ou 6 colonnes qui vraisemblablement venoient de sa démolition, & n'avoient que 40 pieds de hauteur sur 7 de diametre; il est vrai que le pied dont Pline s'est servi pouvoit être différent de celui de Spon, ce qui pourroit causer cette erreur; mais ce qui fait la plus grande contradiction, c'est le diametre de 7 pieds, qui ne va avec aucune proportion des Ordres de 40 pieds de hauteur; d'ailleurs Spon nous décrit ces 5 ou 6 colonnes comme étant d'Ordre Dorique, & l'on prétend, comme le dit Vitruve, qu'elles étoient Ioniques. Au reste ce défaut de proportion des colonnes, par rapport au caractere des Ordres, peut bien venir du peu de soin qu'on avoit alors d'observer une progression juste & précise entre les colonnes de différens genres, ou bien cette diversité de mesures que rapportent Pline & Spon dans ces tems différens, vient de ce que le Temple ayant été bâti jusqu'à sept fois, la proportion des colonnes avoit varié dans ses différentes édifications.

La remarque que nous faisons ici sur ces colonnes, peut s'appliquer à la diversité des figures de cette Déesse, que l'on trouve dans tous les Auteurs; Vitruve la dit d'or, Xenophon d'yvoire, d'autres de cédre, de seps de vigne, &c. les uns la représentent en chasseresse, ou entortillée de bandes, de maniere qu'elle paroît emmailloté: sur ces bandes sont distribués des symboles qui désignent la Nature; aussi la plûpart lui donnent-ils plusieurs mammelles, pour marquer qu'elle est la nourrice de tous les animaux & de toutes les plantes. Voyez Montfaucon, Tome I. page 156.

Au reste, s'en tenant à ce que Pline nous dit du Temple d'Ephese, l'on peut assurer que toute l'Asie contribua avec un incroyable empressement à la construction de cet édifice. Strabon rapporte qu'un nommé Erostrate, la même nuit qu'Alexandre naquit, y mit le feu, dans la vûe d'immortaliser son nom, vers l'an du monde 3594, après la fondation de Rome 397, & devant la naissance de Jesus-Christ 354 ans, & qu'il fut rebâti sous le régne de ce Prince avec une somptuosité incroyable par l'Architecte Cheremocrates; & que second Temple tint le deuxième rang parmi les plus beaux ouvrages de la Gréce, jusqu'à ce que les Goths l'eussent saccagé sous l'Empire de Gallien, avant lequel les néanmoins Néron en avoit pillé tous les trésors. Voyez ce qu'en disent Plutarque dans la vie d'Alexandre, Strabon Liv. 14, Pline Liv. 36. &c. Tous Auteurs parlent de plusieurs Temples de Diane érigés à Rome, d'accord avec le Pere Montfaucon & Félibien.

(k) Quelques-uns prétendent que ce Temple étoit dédié au Soleil, qui est le même qu'Apollon, quoique dans le culte ordinaire on les distinguât comme deux différens Dieux. Ce Temple étoit recommandable par son Architecture, comme nous l'apprend Pline, sans néanmoins l'emporter sur celui du Mont Palatin, qu'Auguste avoit fait ériger près de son Palais à Rome, & qu'il avoit fait orner de Statues des plus excellens Maîtres de son tems. L'Histoire nous parle d'une infinité d'autres Temples dédiés à ce Dieu, tant en Gréce que dans l'Occident, entre lesquels on distingue celui de Delphes comme le plus considérable

par rapport à l'Oracle qu'on y venoit consulter de toutes parts, & aux trésors immenses que les dons des Rois & des particuliers y avoient accumulés, & qui furent pillés depuis par les Goths. Ce Temple n'avoit d'ailleurs rien d'extraordinaire dans sa structure, autant qu'il est possible d'en juger par des médailles qui nous en restent, & qui nous donnent une idée assez imparfaite de sa forme quarrée entourée de portiques. Voyez le Pere Montfaucon, premiere Partie, Tome 2.

(l) Strabon, Liv. 9. dit que cet édifice étoit capable de contenir 30000 personnes; car, suivant lui, il s'en trouvoit autant & souvent davantage à la célébre Procession de la fête d'Eleusis. Ce Temple fut d'abord sans colonnes au dehors, pour laisser plus de place aux cérémonies des Sacrifices; mais dans la suite Philon * Architecte, au tems que Démétrius de Phalere commandoit dans Athenes, y mit des colonnes sur le devant pour rendre cet édifice plus majestueux. Le Pere Montfaucon, dans la description qu'il fait des Temples de l'antiquité, ne nous parle point de celui-ci; il nous rapporte seulement une médaille du cabinet de Brandebourg, que Berger croit être une espece de Tabernacle érigé en l'honneur de Proserpine, à cause, dit-il, qu'on voit à côté un épi de bled & un pavot, ce qui marqueroit plutôt un Temple de Céres que celui de Proserpine. Il ajoute que nous n'avons aucuns vestiges du Temple de Céres, bâti par Evandre sur le mont Palatin, non plus que d'un petit Temple qui avoit été élevé dans le Cirque en l'honneur de cette Déesse.

(m) Pausanias & Vitruve donnent chacun la description du Temple de Jupiter Olimpien; Vitruve, dans la description qu'il en fait, dit qu'il étoit d'Ordre Corinthien, & qu'il fut commencé à Athenes sous le régne de Pisistrate, mais il demeura, suivant lui, imparfait près de deux siécles après la mort de ce Roi, à cause des troubles qui survinrent dans la République. Au bout de ce long espace de tems Antiochus Epiphanes, Roi de Sirie, se chargea de faire la dépense nécessaire pour élever la nef du Temple & les colonnes du portique, & ce fut Cossutius ** Citoyen Romain, & célébre Architecte, qui fut choisi vers l'an du monde 3788 pour exécuter ce superbe édifice construit tout en marbre, & d'une grandeur qui le rendit aussi célébre que les plus fameux Temples dont nous avons parlé. Cossutius ne le finit cependant point, & on ne le continua que du tems d'Auguste, sous le régne duquel il resta encore imparfait, n'ayant été achevé que sous celui de l'Empereur Adrien.

Le Temple que Pausanias & les autres Ecrivains de son tems nous décrit, avoit 68 pieds de hauteur, 95 de largeur & 230 de longueur. Pausanias dit que ce fut Libon qui en fut l'Architecte, & que les Eliens employerent pour le bâtir & pour faire la Statue de Jupiter ***, toutes les dépouilles de ceux de Pise & de leurs voisins qu'ils avoient vaincus. Suivant la description de cet Auteur, on conçoit que la plus grande partie de la Mithologie y étoit représentée, soit en peinture, soit en sculpture; & sans doute c'est la grande quantité de ces excellens ouvrages qui l'ont fait nommer la troisième des sept merveilles du monde, plutôt que son immensité.

Ces deux opinions si différentes l'une de l'autre, nous doivent faire croire qu'il y a eu plusieurs Temples érigés

---

* Cet Architecte donna des descriptions de tous ses ouvrages, & mérita par là un rang considérable parmi les Auteurs Grecs; quelques-uns croyent que c'est ce même Philon qui étoit de Bisance, & qui a composé un Traité des machines de guerre, dont on voit le manuscrit à la Bibliotheque du Roi, & qu'on a depuis imprimé au Louvre. Voyez Félibien, Liv. I.
** Cossutius fut le premier qui, chez les Romains, bâtit à la maniere des Grecs.
*** Voyez la description de cette Statue, page 3. note 6.

parler

parler ici de quelques bâtimens superbes, dont Pline, Diodore, Strabon, & d'autres Auteurs célébres font mention, tels que furent le magnifique Palais (n) de Mausole Roi de Carie, que les Anciens ont considéré comme la quatriéme des sept merveilles du monde; le Temple de Diane *Alea*, qu'Aleus Roi d'Arcadie fit édifier dans le Péloponese, sur le dessein de Scopas (§), Architecte & Sculpteur fameux, qui le composa des Ordres Dorique, Ionique & Corinthien; l'Arsenal & le Port de Pyrée, ouvrages les plus grands qui ayent été faits sous le Gouvernement de Démétrius de Phalere, qui en donna la conduite à Philon vers l'an du monde 3666; enfin l'on peut dire que jamais l'Architecture ne fut plus florissante par toute la Gréce, que dans les tems dont nous parlons, & sur-tout après qu'Alexandre le Grand eut enrichi les Grecs des dépouilles de tant de Nations qu'il avoit vaincu, & dont Athenes, les Villes de la Macédoine, & tous les autres lieux qui étoient sous sa puissance, se ressentirent. La Ville d'Alexandrie, dont ce Prince fut le fondateur, pourroit aussi être citée comme très-recommandable par les aqueducs qu'il y fit faire, les fontaines, les canaux, une quantité infinie de maisons pour les Citoyens, & enfin les bâtimens magnifiques & les édifices publics, qui étoient en si grand nombre qu'ils occupoient presque le tiers de la Ville.

Aux merveilles de la Gréce succéderent les ouvrages des Romains, qui, par le commerce qu'ils eurent avec les Grecs, apprirent d'eux à élever des bâtimens plus réguliers; car auparavant leurs édifices n'avoient rien de considérable que leur grandeur & leur solidité. De tous les Ordres d'Architecture, ils n'employoient que le Toscan, selon Pline, & ils ignoroient presque entiérement la Sculpture, ils n'avoient pas même l'usage du marbre, du moins, dit-il, ils ne sçavoient ni le polir ni le placer avec goût dans les ouvrages où sa richesse naturelle auroit pû relever l'éclat des lieux où il auroit été employé; de maniere que ce ne fut guéres que sous le régne des Empereurs, & lorsque le luxe domina dans Rome, que l'Architecture y parut avec splendeur, & qu'on érigea une quantité presqu'innombrable de bâtimens. Ce qui nous donne occasion d'observer que les Grecs & les Romains ont formé eux seuls plus de grands Architectes que toutes les autres Nations de la terre, parceque ces peuples ont eu aussi plus de moyens de cultiver & de perfectionner les arts. D'ailleurs les cérémonies de leur Religion, qui se faisoient avec pompe, la foule des étrangers qui étoient appellés par des Fêtes solemnelles & par les différens exercices des Athletes & des Gladiateurs, les Théâtres, les Amphithéâtres, les Cirques, les Naumachies (†), les Bains, les Portiques où s'assembloient

Architecture Romaine.

à ce Dieu; ce qui est certain, c'est que peu de personnes ignorent l'édification du Temple que Pausanias nous décrit, que Dom Bernard de Montfaucon nous rapporte, & dont l'Architecture Historique fait mention comme d'un ouvrage d'une très-grande réputation. On sçait aussi qu'il y avoit à Rome plusieurs Temples de Jupiter sous différens noms, entr'autres celui de Jupiter Capitolin, ainsi appellé parce qu'il étoit bâti au Capitole; & qu'il y en a eu encore une infinité d'autres connus sous les noms de Jupiter le Propugnateur, de Jupiter *Redux*, de Jupiter *Vimineus*, de Jupiter *Stator*, de Jupiter *le Vainqueur*, & un grand nombre représentés sur les médailles Grecques & Romaines, dont le célébre *Sabbatini*, Antiquaire Romain, a fait une grande collection, & sur lesquels il a donné des dissertations fort curieuses.

(n) Vitruve dit que de son tems les murailles de ce Palais, qui étoient de briques couvertes d'un enduit si poli qu'elles ressembloient à du verre, étoient encore fort entieres; il décrit plusieurs Temples que le Roi Mausole fit bâtir, tels que celui de Mars qu'il fit élever au milieu de son Palais, & à l'extrémité duquel étoit une Statue colossale de ce Dieu, exécutée par Thelocarés ou Timothée, & celui de Venus & de Mercure, sans oublier le Tombeau de ce Roi, que son épouse Arthemise fit construire, vers l'an du monde 3651, à Halicarnasse, avec une extrême magnificence, & qui a été si célébre que dans la suite tous les Tombeaux dont la structure a passé une médiocre depense, ont retenu le nom de Mausolée. Les façades de ce Tombeau étoient ornées de 36 colonnes d'un marbre précieux, de bas-relief, & de Statues d'une exécution admirable; mais ce qui contribua à faire de ce monument une des sept merveilles du monde, ce fut la Piramide que le sçavant Pithéus entreprit d'élever au-dessus, & à l'extrémité de laquelle étoit un char que l'on dédia au Soleil. Toute la hauteur de cet édifice avoit 140 pieds, & il étoit construit d'un marbre Grec. Pline croit que c'est le premier édifice où l'on ait employé le marbre en incrustation, & que l'on est redevable à la Carie de cette invention. On compte entr'autres au nombre des Architectes célébres qui ont travaillé à ce monument, Satirus, Leochares, Scopas, Briaxes & Praxitele; voyez la Préface de Vitruve, Liv. 7.

(§) Scopas étoit de Paros, Isle de la Mer Égée.
(†) Suétone, Tacite, & plusieurs autres Auteurs nous décrivent plusieurs Naumachies, comme ayant le plus contribué à manifester la grandeur des Romains, qui pour y réussir ne se contentoient pas de creuser des Lacs entiers, de les remplir d'eau, de les border de pierres; mais qui les entouroient de Portiques & d'Amphithéâtres aussi magnifiques que commodes aux Spectateurs; telles fu-

les Philosophes, les Basiliques où se rendoit la justice, les Arcs de triomphe ; en un mot tout concouroit à faire fleurir l'Architecture, & à lui faire produire des monumens admirables & dont les vestiges nous étonnent encore. Les Architectes de ces tems-là avoient de fréquentes occasions de développer leurs talens, de perfectionner leur art & d'établir des principes certains, par l'habitude de voir de somptueux bâtimens qui accoutumoient leurs yeux à ne souffrir le médiocre que chez les autres nations, où ces augustes cérémonies, ces exercices & ces spectacles n'étoient point en usage, & où l'art de bâtir n'avoit pour objet que la salubrité & la solidité. Entre les monumens dont on voit encore quelques restes précieux en Italie, l'on compte le Temple (o) nommé Panthéon, qui s'est conservé fort entier ; les Thermes de Dioclétien (p), l'Amphithéâtre à présent nommé Collisée (q), le grand Aqueduc, qui témoigne si bien la magnificence Romaine, & qui fut construit sous le régne d'Auguste, après le rétablissement de Carthage (¶), les conduits souterrains (r) bâtis par l'ancien Tarquin, cinquiéme Roi de Rome, ces grands chemins (s)

(o) Le Panthéon est connu aujourd'hui sous le nom de la Rotonde, & il fut édifié par *Agrippa*, qui étoit gendre d'Auguste, & qui le dédia à tous les Dieux, mais particuliérement à Jupiter le Vengeur & à Cibele. Son portique ayant été ruiné par le tonnerre, il fut rebâti dans la suite par les Empereurs Severe & Marc Aurele. Le Pape Boniface IV, sous l'Empereur Phocas, dédia ce Temple à Dieu sous le nom de la Vierge & des Martirs. En 1627 le Pape Urbain VIII. fit applanir la place qui est devant cette Eglise, & restaurer le portique qui paroît avoir été ajouté après coup, & qui, au sentiment de Palladio, est la seule chose qu'Agrippa ait fait édifier à ce Temple, lequel, suivant le même Auteur, a été élevé dès le tems de la République, & non pas 14 ans après sa venue de Notre Seigneur, ou environ, tems auquel vivoit Agrippa.

Desgodets, dans ses édifices antiques, Chap. I. page &Pl. premiere, donne à l'intérieur de ce bâtiment vingt-deux toises de diamétre, la figure de son plan étant ronde, il semble (pour me servir de l'expression de Palladio,) représenter le globe de la terre, sa grandeur étant disposée de maniere que sa hauteur est égale à sa largeur prise diamétralement. Palladio, ainsi que François Blondel & Serlio, nous a donné les mesures de ce Temple, lesquelles ne s'accordent point avec celles de Desgodets, néanmoins les détails dans lesquels ce dernier est entré me font présumer qu'il a été plus exact que les autres, quoique ces mesures n'ayent aucun rapport avec les dimensions que François Blondel avance avoir été les régles certaines de la composition de cet édifice. Voyez le Cours d'Architecture de François Blondel, cinquième Partie, Chap. 9.

(p) Cet édifice fut commencé par les Empereurs Dioclétien & Maximien, & achevé par Constantin. Ces thermes étoient composés de beaucoup de bâtimens, dont il ne reste à présent que très-peu de chose. La forme extérieure de cet édifice est un parallelograme d'environ 73 toises de longueur sur vingt-sept de profondeur, au milieu duquel étoit un salon terminé en voûte d'arrête, soutenu par huit colonnes de granite, d'une seule piece, & dont les bases & les chapiteaux étoient de marbre blanc, aussi bien que l'entablement. Quatre de ces colonnes sont d'Ordre Corinthien, & les quatre autres d'Ordre Composite, sous

le même entablement, ainsi que le remarque Desgodets, Chap. 24. La férocité des Arabes a contribué le plus à la destruction de cet édifice ; cependant Serlio en a dessiné un plan, d'après les anciennes fondations, qu'on voit dans le cabinet du Roi, & qui est gravé dans l'Architecture Historique, Pl. 9. On y voit aussi le dessein du Palais de cet Empereur, Pl. 10, ainsi que le Temple de Jupiter qu'il y a fait élever, le dessein des aqueducs, les colonades, &c.

(q) L'Amphithéâtre de Rome, appellé le Collisée, fut bâti par les Empereurs Vespasien & Titus, au milieu de l'ancienne Rome, au même endroit où l'on dit qu'Auguste avoit eu dessein d'en bâtir un. On prétend que 15000 ouvriers y travaillerent pendant 10 ans, avant que l'on eut touché à la sculpture ; sa forme extérieure, de même que l'intérieure, est ovale, contenant hors d'œuvre environ 85 toises de longueur sur 70 de largeur. Voyez Desgodets, Chap. 21.

(r) Entre plusieurs bâtimens que Tarquin l'ancien fit faire, il ordonna la construction de celui dont nous parlons, lequel, quoique moins éclatant que la plupart des édifices que nous venons de décrire, ne cede cependant en rien, selon Tite Live, à tout ce qui avoit été fait auparavant, eu égard à l'utilité & au bien qui en revenoit aux Citoyens. Ces souterrains, en forme d'aqueduc, étoient destinés à recevoir toutes les immondices de Rome ; & il est difficile de concevoir comment ces voûtes conduites depuis les deux extrémités de la Ville jusqu'au Tibre, ont pû se soutenir pendant tant de siécles sans s'ébranler, & résister à la charge immense des voitures qui ont continuellement passé dessus. Pline, Liv. 36. Chap. 2. rapporte à ce sujet une histoire * qui sert à rendre croyable l'immuable solidité de cet ouvrage.

On doit convenir que de pareils travaux, quoiqu'ensevelis dans les ténébres, contribuent infiniment à la propreté des maisons & des rues, ainsi qu'à la salubrité de l'air, & que ce devroit être un des principaux objets des ouvrages publics.

(s) On voit encore en divers endroits de l'Italie, & principalement aux environs de Rome, quelques vestiges des anciens grands chemins construits par les Romains,

rent celles de César, de Claudius dans le Lac Fucien, de Néron & de Domitien près le Tibre. Dans ces spectacles on voyoit des flottes entieres équipées & ornées former des batailles, qui toutes sanglantes qu'elles étoient quelquefois, n'avoient cependant pour objet que l'amusement du Peuple ; il y paroissoit des monstres d'une grandeur surprenante, & qui étoient agités par des machines hidrauliques dont l'invention, selon ces Auteurs, étoit aussi étonnante qu'elle paroissoit incroyable. Voyez dans l'Architecture Historique, Pl. 6, la Naumachie de Domitien, dessinée par Fischer d'après une médaille que quelques Auteurs ont publié.

(¶) L'histoire ancienne, dans la description des monumens de l'antiquité, ne nous parle que de deux Aqueducs, sçavoir celui de Carthage & celui que l'Empereur Dioclétien fit bâtir dans son Palais. Voyez les desseins de ces Aqueducs, Pl. 2. & 9. de l'Architecture Historique.

* Scaurus, dit-il, pour orner la scene d'un Théatre qui ne devoit subsister que pendant six semaines, avoit fait préparer en moins d'un an 360 colonnes, dont celles d'en bas, qui étoient de marbre, avoient 38 pieds de haut, & étoient surmontées les unes sur les autres en trois rangs, & dont celles du troisiéme Ordre étoient de bronze doré. Le Théatre qui pouvoit contenir 80000 personnes assises, étoit encore embelli par un nombre prodigieux de Statues de bronze, &c. Après que le spectacle fut fini, il voulut faire amener chez lui tous ces riches ornemens ; mais l'Entrepreneur des ouvrages souterrains exigea de lui qu'il s'engageât à payer le

dont Palladio nous fait la description ; ce fameux pont (1) que Trajan fit bâtir sur

Auguste, comme nous l'apprend Dion, Liv. 53. voulut bien prendre lui-même le soin de celui de Flaminius, depuis Rome jusqu'à Rimini, dans la longueur duquel étoit ce beau pont, où l'on avoit élevé un arc de triomphe à la gloire de ce Prince. Plusieurs personnes Patriciennes, Consulaires, ou qui avoient reçu les honneurs du triomphe, furent chargées de la conduite des autres chemins & de les rétablir à leurs dépens : quelques-uns le firent de bonne volonté & par le zèle de contribuer à la gloire de l'état ; d'autres l'exécutèrent malgré eux, considérant comme un effet de la politique d'Auguste les dépenses extraordinaires où il les engageoit.

L'Empereur Domitien, entre plusieurs ouvrages publics qu'il fit faire à Rome, fit aussi construire le chemin appellé *Via Domitiana*, qui s'étendoit depuis Pouzzol jusques à Sinuësses, où il se joignoit au chemin d'*Appius* ; il avoit 13 lieues de longueur : comme le terrein en étoit fort mauvais, il fallut faire des dépenses prodigieuses pour l'affermir, & on n'épargna rien dans la construction du corps principal de l'ouvrage ; non-seulement il étoit composé de plusieurs assises de pierres qui faisoient un massif d'une largeur & d'une profondeur extraordinaire, qu'aucune autre nation que les Romains n'en avoit fait encore de semblables ; mais sur ce massif il y avoit au lieu de pavé ordinaire, de grands carreaux de pierre taillés régulièrement, & posés avec beaucoup de soin & de propreté sur toute la surface du chemin, dans la longueur duquel étoit le pont du fleuve Vulturnus. Domitien se fit élever un arc de triomphe à l'endroit où ce même chemin se joignoit à celui d'Appius. Le pont & l'Arc de triomphe étoient de marbre blanc, ils étoient richement ornés, ainsi qu'on peut l'apprendre plus particulièrement par les descriptions que le Tasse & quelques autres Auteurs en ont donné. Palladio vante beaucoup le chemin d'Appius Claudius, auquel celui dont nous venons de parler, venoit se joindre. Le chemin d'Appius étoit d'une très-grande magnificence ; il commençoit, dit Palladio, au Colisée, & alloit se terminer à Capoue, Ville d'Italie. Dans la suite, selon Plutarque, il fut continué bien plus loin par César. L'Empereur Trajan ayant voulu le réparer, fit applanir des montagnes, remplir des vallées, & bâtir des ponts par-tout où il en étoit besoin, ce qui rendit, quoiqu'à grands frais, beaucoup plus court & plus commode.

On met encore au nombre des plus célèbres chemins des Romains, celui que fit faire Aurélius, Citoyen Romain ; il commençoit à la porte Aurelia, nommée aujourd'hui porte St. Pancrace, & conduisoit jusqu'à Pise, en traversant tous les lieux maritimes de la Toscane.

Le chemin Numantan, celui de Prœneste, & le Libican étoient encore en très-grande réputation ; le premier partoit de la porte Viminale, nommée aujourd'hui de Ste. Agnès, & s'étendoit jusqu'à Numance. Le second tenoit à la porte Esquiline ou de St. Laurent, & le troisième à la Nevia ou porte majeure, & ces deux derniers conduisoient à la Palestrine. Il y en avoit encore d'assez célèbres, dont plusieurs Auteurs ont fait mention, tels que le Salare, le Collatin, le Latin, & divers autres, auxquels on a donné les noms ou de ceux qui les avoient fait faire, ou de la porte d'où ils commençoient. Voyez Palladio, Chap. 3.

Leon Bapt. Alberti nous parle aussi d'un très-beau chemin qu'on appelloit le Portuouze, qui conduisoit au Port d'Ostia, & qui étoit divisé en deux sentiers, au milieu desquels étoit un rang de pavé, de manière que par un de ces sentiers on alloit de la Ville au Port, & que l'autre servoit pour revenir du Port à la Ville, afin d'éviter ce moyen l'embarras occasionné par la multitude innombrable de peuple qui venoit de Rome ou qui s'y en retournoit.

(1) Ce pont bâti par l'ordre de Trajan, auroit seul suffi

pour l'immortaliser. Il fut édifié, selon Diodore, par Appollodore de Damas, fameux Architecte, & il avoit 20 piles, épaisses chacune de 60 pieds & hautes de 150, sans les fondations ; ces piles étoient distantes l'une de l'autre de 170 pieds, ce qui peut faire en tout 766 toises 4 pieds de longueur.

Comme ce pont étoit construit dans l'endroit le plus rapide & le plus profond du Danube, il fut impossible d'y fonder les piles par des bâtardeaux, au lieu desquels on jetta dans cette riviere une quantité prodigieuse de divers matériaux, qui à la fin formerent des especes d'empattements, sur lesquels on construisit ce pont. Adrien, successeur de Trajan, en fit abattre les arches, dans la crainte que les Barbares ne s'en servissent contre les Romains ; c'étoit cependant par un motif contraire que Trajan l'avoit fait bâtir. L'on peut à cette occasion parler aussi du pont que ce même Adrien fit construire auprès de son mausolée à Rome : les restes de ce mausolée ont pris depuis le nom du Château St. Ange, qui a été bâti de ses démolitions ; voyez dans l'Architecture Historique le dessein de ce pont fait d'après une médaille du Cabinet du Roi, ainsi que celui du pont qu'Auguste fit bâtir sur le Tibre, Pl. 3. & dont nous avons parlé note 5.

Les ponts que nous venons de citer, afin de donner une idée de la grandeur des Romains dans leurs entreprises, me conduisent à dire quelque chose de ceux qui sont encore aujourd'hui dans la Perse l'étonnement de toutes les nations, entr'autres celui d'Ispaham, sur la riviere de Sandrud, lequel est nommé Aliverdychan, du nom de celui qui l'a fait bâtir. La longueur de ce pont est de 300 pas géométriques & sa largeur de 20, sans compter une galerie de chaque côté, couverte d'une plate-forme dont le passage est aussi commode en haut, pour jouir de l'air, qu'au-dessous pour se mettre à l'ombre.

Nous pouvons aussi parler du grand pont Chinois situé entre la Capitale Xensi & le Fauxbourg Nantai, qui a 100 arches, d'une hauteur capable de laisser passer les navires à pleines voiles. Ce pont est construit de grandes pierres de taille, & terminé par une balustrade dont les piédestaux qui en séparent les travées, sont ornés de lions de marbre ; Fischer, Liv. 3. Pl. 13. 14. & 15. &c.

Celui de Loyang, dans la Province Chinoise Fokien, le plus grand & le plus surprenant dont les voyageurs fassent mention ; il est composé de 300 piles jointes sans arcs par des pierres de marbre noir de 18 pas de longueur, de deux de hauteur, & de deux de largeur, de manière que 7 de ces pierres jointes l'une à l'autre sur leur largeur forment celle du pont, qui est aussi orné à son extrémité de balustrades & de lions.

Celui de Ciantao, ou le chemin des piliers, dans la Province Xensi en Chine, où l'on a joint les extrémités supérieures des montagnes de cette contrée par un pont de 30 stades de longueur, afin d'éviter tous les détours qu'il falloit traverser par les autres routes pour arriver à la Capitale. Ce pont est soutenu en partie par des poutres, mais dans les endroits où les vallées sont profondes, il est porté par des piliers de pierre d'une hauteur si prodigieuse, que les passagers ne traversent ce pont qu'avec frayeur. Quatre chevaux peuvent passer de front sur sa largeur, & les côtés en sont garantis par des appuis de fer.

On voit très-fréquemment à la Chine des ponts de chaînes pratiqués pour communiquer du sommet d'une montagne à celui d'une autre. On pose sur ces chaînes des planches près à près, & l'on se sert communément de ces passages pour les gens de pied ou pour les voitures légères. Voyez les desseins de ces derniers ponts dans l'Architecture Historique, Planches 9. 13. 14. & 15. &c.

dommage que le transport des surdeux si pesans pourroit causer aux voûtes, qui depuis 800 ans étoient demeurées entieres, & qui malgré leur vétusté, soutinrent sans s'ébranler toutes les secousses que ce transport leur causa ; ce qui nous prouve combien les Romains sçavoient, par la solidité de leur construction, éterniser leurs édifices. Voyez ce que Vitruve en dit dans la préface, page 2.

le Danube, à propos duquel nous pouvons parler de la Colonne (*u*) que ce Prince fit élever ; le Pont qu'Auguste érigea sur le Tibre, vers le chemin de Flaminius, & au-dessus duquel on avoit posé un Arc de triomphe, tant à la gloire de ce Prince, que pour rendre l'entrée des Triomphateurs plus éclatante ; le Pont d'Ælius bâti par l'Empereur Adrien, & qui est auprès de son mausolée à Rome, dont les ruines ont servi depuis à bâtir le Château St. Ange, sans oublier le Palais (§) nommé la Maison dorée (*x*), dont nous parle Suétone, que Néron fit élever dans Rome, dont les jardins étoient d'un espace immense, & où la somptuosité des bâtimens, les pierreries, les perles, l'or & toutes sortes de matieres précieuses brilloient de toutes parts, outre une infinité d'autres monumens, dont la magnificence étoit surprenante, & que ce même Prince avoit fait édifier.

Ces prospérités furent suivies d'affreux revers ; ce que l'histoire nous apprend de la décadence des Romains, mérite bien qu'avant de passer plus loin nous disions quelque chose de la révolution dont se ressentit l'Architecture, tant en Italie que dans plusieurs autres parties de l'Europe.

Décadence de l'Architecture,

Ce fut vers le commencement du cinquiéme siécle que Radagaise entra en Italie, & que les ravages des Visigoths contraignirent le Peuple Romain de se sauver de la cruauté de ces Barbares, qui portoient par-tout le fer & le feu, & détruisoient les plus beaux monumens, sans excepter ceux dont Rome étoit remplie, ayant eu même le dessein de démolir cette Capitale de l'Univers, ce qu'ils auroient exécuté, si Alaric, après l'avoir prise d'assaut, n'eut empêché ses Soldats de ruiner les édifices qui étoient échappés à leur premiere fureur. Plusieurs autres nations se lierent ensemble pour ravager l'Empire, & se porterent aux mêmes excès que les Visigoths, renversant tout ce qu'ils trouvoient de bâtimens considérables, & por-

(*u*) La colonne Trajane est un des plus superbes restes de la magnificence Romaine ; elle subsiste encore aujourd'hui, & l'on peut dire que ce monument a plus immortalisé l'Empereur Trajan, que toutes les plumes des Historiens. Elle lui fut érigée par le Sénat & par le peuple Romain, en reconnoissance des services qu'il avoit rendu à sa patrie, & afin que la mémoire en fût présente à tous les siécles, & qu'elle durât autant que l'Empire, on fit graver sur le marbre dans le stile le plus sublime qui eût jamais été employé, de maniere que l'Architecture devint alors le témoin des tems les plus reculés ; & comme elle préconisoit un Romain, elle ne se servit point des Ordres Grecs, quoiqu'ils fussent les plus en usage en Italie. On voulut aussi prouver par là qu'il n'y a rien de si simple que l'art ne sçache embellir, & que d'une masse informe il peut faire naître le plus beau chef-d'œuvre de l'Univers. Cette colonne, qui a 113 pieds d'élévation, étoit autrefois terminée par une Statue pédestre de Trajan, laquelle étoit de bronze doré & avoit 19 pieds de hauteur. On voit aujourd'hui à la place de cette Statue celle de St. Pierre, qui a 13 pieds de hauteur & que Sixte V. fit mettre à la place de celle de Trajan, comme le trophée le plus glorieux de la Chrétienté.

Ce monument étoit autrefois situé au milieu d'une grande place, qui étoit ornée d'une basilique où se rendoit la justice, & où s'assembloient les Négocians ; le reste étoit fermé par un quarré, à l'imitation des places Grecques, & étoit décoré d'une grande quantité de Statues. La fameuse Bibliothéque de Trajan, dont il est parlé dans l'Histoire, faisoit aussi un des principaux ornemens de cette place, dont Apollodore fut l'Architecte, & de laquelle il ne reste aujourd'hui que la colonne ; voyez Fischer, Liv. 2. Pl. 7.

La colonne d'Antonin, qu'on voit encore présentement dans la Ville de Rome, a 175 pieds de hauteur, mais son travail est beaucoup moins estimé que celui de la précédente ; elle fut élevée par Marc Aurele, & subsiste presque dans son entier ; voyez Félibien, Liv. 2.

(*x*) Néron la fit bâtir après avoir mis le feu à la Ville de Rome, pour satisfaire la cruelle vanité de la rétablir avec plus de magnificence, & avoir assez de place pour étendre les limites de ce Palais. Une incendie ayant réduit ce superbe édifice en cendres, excita l'orgueil de Néron à y rebâtir un autre Palais encore plus somptueux, qu'il nomma la Maison d'Or, à cause de la magnificence des ameublemens & de l'assemblage de tout ce que la nature & l'art avoient pû produire de riche & de surprenant.

L'enceinte prodigieuse de ce vaste bâtiment donna lieu aux anciens de l'appeller une Ville, de sorte qu'au dire de Pline, Liv. 36. Chap. 5. Rome s'est vûe deux fois presque remplie par deux maisons, sçavoir celle de Caïus Caligula, & celle de Néron. Dans la seconde grande cour de ce vaste édifice, étoit un étang, dont la prodigieuse étendue l'a fait nommer par Suétone une mer : le terrain qu'il occupoit se trouve rempli à présent par les ruines de l'Amphithéâtre de Tite. Enfin, si l'on en croit les Historiens, personne ne pourra se figurer la magnificence du dedans de ce Palais, sans se former auparavant une idée juste des trésors immenses que Rome triomphante avoit remporté de toutes les nations vaincues. On y avoit sacrifié à la vanité de Néron, non-seulement ce que l'Orient & l'Occident pouvoient fournir de plus précieux en or, en argent, en nacre & en yvoire, mais aussi ce que l'antiquité avoit laissé de plus riche du Royaume d'Egipte ; voyez Suétone, Tacite, Martial, Pline, &c. & le dessein de ce monument par Fischer, Pl. 4.

(§) C'est, à ce qu'on croit, sur les ruines de ce fameux Palais que l'Empereur Vespasien fit élever le Temple de la Paix, & c'est sur ses vestiges que Serlio en a dessiné le plan & le profil dans le treiziéme siécle. Il avoit, selon cet Architecte, 340 pieds de longueur sur 150 de large. Pline, Liv. 36 parle de ce monument comme d'un des principaux ouvrages de Rome, & fait une description très-curieuse de tous les travaux des grands Maîtres qui ont été employés à la décoration de ce merveilleux édifice. Voyez le Pere Montfaucon, II. Partie.

tant

tant leur férocité jusqu'à réduire à une cruelle servitude ceux qui faisoient profession de l'art de bâtir, aussi bien que ceux qui s'appliquoient en général aux ouvrages d'esprit.

Théodoric, Prince des Ostrogoths, devenu Roi d'Italie, fut le premier qui fit rétablir à Rome & dans quelques Provinces circonvoisines, plusieurs monumens assez considérables, & qui ordonna non-seulement que dans la suite on prît soin de réparer les édifices qui étoient endommagés, mais aussi de rassembler les débris de ceux qui ne pouvoient être restaurés, & de les porter en divers lieux, où il fit ensuite construire de nouveaux bâtimens, auxquels on employa la plus grande partie de ces débris (y). Son goût pour les sciences ne dura pas jusqu'à la fin de son régne, il retomba vers l'an 526 dans sa férocité naturelle; mais sa fille Amalazonte qui avoit une très-grande connoissance des sciences & des arts, inspira, pendant sa Régence en Italie, au Roi Atalaric, son fils, l'amour qu'elle avoit pour eux, ce qui effectivement eut quelque succès. Les Goths ne furent pas les seuls qui dans la suite prirent du goût pour l'Architecture. Plusieurs Auteurs nous apprennent qu'Arcturus, autrement dit Arturus, ou Artus, qui régnoit dans les Isles Britanniques, y fit bâtir quantité d'Eglises & d'autres édifices considérables: les François qui s'étoient établis dans les Gaules, témoignerent aussi beaucoup d'inclination pour cet art, & construisirent quantité d'Eglises sous les régnes de Clovis, premier Roi Chrétien, & sous celui des fils de ce Prince, après qu'ils eurent partagé le Royaume de France.

On voit dans les antiquités de Paris que Clovis fit bâtir hors de cette Ville l'Eglise de St. Pierre & St. Paul, aujourd'hui celle de Ste. Geneviéve; que ce même Roi fit édifier celle de l'Abbaïe de St. Pierre de Chartres, & celle de St. Mémin près d'Orléans; que Childebert un de ses fils fit ériger l'Abbaïe de St. Germain des Prés, dans le même tems que Clotaire, frere de Childebert, fit bâtir celle de St. Médard de Soissons; & qu'après être entré en possession de tout le Royaume de son pere par la mort de ses freres, il donna ordre qu'on bâtît celle de St. Martin de Tours, qui vers l'an 564 avoit été entièrement brûlée avec la Ville.

Progrès de l'Architecture en France.

Vers l'an 628, le Roi Dagobert entreprit de bâtir l'Eglise de St. Denis en France. Je ne rapporterai point ici toutes les magnificences dont la piété de ce Prince l'a revêtue. Ce même Roi fit aussi achever, environ l'an 643, la grande Tour de Strasbourg (z), que Clovis avoit fait commencer en 510.

Enfin l'on peut dire que successivement presque dans chaque partie de l'Europe toutes les Puissances affectionnerent l'art de bâtir, principalement du côté de l'Italie, qui semble avoir été la premiere à triompher de l'ignorance & de la fureur des Barbares qui avoient inondé l'Empire; à Venise sur-tout il n'y eut gueres de Doges qui ne voulussent signaler leur Gouvernement par des édifices, soit sacrés, soit publics, soit particuliers; mais on reconnoît aisément, en parcourant l'Histoire, que Charlemagne est un des Princes qui a le plus contribué au rétablissement & à l'édification des Temples sacrés. L'Allemagne, l'Italie & la France conservent encore quelques restes précieux des édifices qu'il a fait élever, entre lesquels se remarque l'Eglise que ce Prince fit bâtir à Aix (&), qui a pris depuis le nom d'Aix-la-Chapelle.

Louis le débonnaire, qui lui succéda, fit aussi construire quantité d'édifices du même genre, & ce fut sous son régne qu'Ebon, Evêque de Rheims, entreprit de bâtir

(y) Simmaque & Boëce furent deux grands Architectes dont se servit Théodoric pour la restauration des bâtimens dont nous venons de parler; mais sur la fin de son régne ils éprouverent, par leur mort & la confiscation de leurs biens, la fureur du Prince sous lequel ils avoient vécu.

(z) L'Architecte de cette ancienne Tour fut Erwin. Elle fut brûlée depuis par le feu du ciel les années 1007, 1130, 1140, 1150, 1176, & 1198; enfin Werner, Evêque, la fit rétablir en 1277 dans l'état qu'on la voit aujourd'hui; voyez Félibien, Liv. 4.

(&) Ce fut cette même Ville que ce Prince choisit pour être la Capitale d'Occident. Il fit aussi construire un pont de bois sur le Rhin à Mayence, qui a passé pour un des plus grands ouvrages qui ait paru en ce genre; ce pont fut brûlé l'an 813, un peu avant la mort de cet Empereur, qui avoit commencé à le faire rétablir en pierre.

l'Eglife Cathédrale de fon Diocèfe (*aa*), qui fut achevée vers l'an 840, pendant l'Epifcopat d'Hincmart, qui, ainfi que fon prédéceffeur, apporta tous fes foins pour l'amener au point de perfection où on la voit aujourd'hui, cette Eglife pouvant être regardée comme un des beaux ouvrages Gothiques.

Si l'on voit d'heureux fiécles où les fciences & les arts paroiffent avec éclat, l'expérience nous montre affez que cette fplendeur s'obfcurcit bien-tôt, & que la durée de ces tems floriffans eft ordinairement renfermée dans un court efpace. L'état auquel la France fe trouva réduite fur la fin du régne de Louis le débonnaire, & fous celui de quelques-uns de fes fucceffeurs, retarda les progrès de l'Architecture dans tout le Royaume, fur-tout lorfque les Normands-Danois, fous la conduite de Harteing, entrerent dans la France, où ils détruifirent (*bb*) la plupart des monumens que nous venons de nommer, fçavoir l'Abbaïe de St. Germain des Près, l'Eglife de Ste. Geneviéve, la Cathédrale de Chartres, l'Eglife de St. Ouën à Rouen, &c. ce qui a fait regarder ces Peuples, auffi bien que les Sarrazins, comme le fleau des arts.

Sous le régne de Charles le Chauve, qui veilloit fans ceffe à l'embelliffement de la France, l'Architecture, malgré les troubles dont ce Royaume étoit agité, ne laiffa pas de reprendre le deffus, & elle continua toujours de profpérer, puifque fous le régne du Roi Robert en 1020, on a édifié, comme on le voit à préfent, l'Eglife de Chartres (*cc*). Kanut Roi de Dannemarc & d'Angleterre, Guillaume IV. Duc d'Aquitaine, Richard Duc de Normandie, fournirent des fommes confidérables pour augmenter la magnificence de cette Eglife, qui a de longueur 70 toifes dans œuvre, fur 18 d'élévation, & 35 de largeur dans la croifée. C'eft pendant ce même tems que le Roi Robert fit auffi bâtir celle de Senlis, celle d'Etampes, plufieurs à Orléans, celle de Notre Dame à Poiffi, celle de Ste. Geneviéve (*dd*), & celle de St. Nicolas des Champs à Paris, près de fon Palais, qui pour lors étoit bâti hors de la Ville. Enfuite Henri, fon premier fils, fit ériger auffi plufieurs Eglifes, entr'autres celle de St. Remi de Rheims (*ee*) & fon Monaftere, qui furent confacrés par le Pape Léon IX. qui excita plufieurs Prélats à faire réparer ou reconftruire les Eglifes ruinées dans tous les lieux de la Chrétienté. Ce fut par fes remontrances que Conftantin Monomaque, Empereur d'Orient, fit rebâtir l'Eglife du St. Sépulchre de Jérufalem, que les Sarrazins avoient détruite à la fin du dixiéme fiécle.

Nous ne finirions point fi nous entreprenions de nommer tous les édifices facrés qui ont été érigés dans l'efpace des fiécles & fous les régnes dont nous venons de parler ; nous nous fommes feulement propofé de donner, en parlant de l'origine de l'Architecture, les principales notions des différens revers qu'elle a fubi, & des diverfes manieres de bâtir qu'on a pratiqué dans les fiécles paffés ; en effet l'Architecture Gothique eft bien différente de la Grecque & de la Romaine qui l'avoient précédée ; celles-ci fimples, nobles, majeftueufes ; celle-là chargée d'ornemens frivoles, mal entendus, & déplacés, au point qu'on a vû des Architectes Gothiques pouffer le ridicule jufqu'à mettre les chapiteaux à la place des bafes ; au lieu des colonnes qui ont été introduites dans l'Architecture pour imiter les arbres, ces mêmes Architectes affectoient de n'en imiter que les branches, de forte que la hauteur exceffive de ces colonnes n'avoit aucune proportion avec leur groffeur, & ils mettoient toute leur induftrie à élever des monumens qui, quoique folides, paruffent plus étonnans que foumis aux régles de l'art. C'eft ainfi qu'ils ont traité la plupart des Eglifes dont nous avons fait mention, & dont quelques-unes font nean-

(*aa*) Ce fut Rumalde, Architecte, qui en donna les deffeins.

(*bb*) Ce fut dans le milieu du neuviéme fiécle.

(*cc*) Cette Eglife, lorfqu'elle a été rebâtie en 1020 ; avoit été brûlée pour la troifiéme fois par le feu du ciel, & ce fut Fulbert, Evêque, qui prit foin de la rétablir, & qui par fa piété intéreffa les Princes dont nous venons de parler à contribuer aux fonds néceffaires pour la reconftruire dans l'état où nous la voyons.

(*dd*) Cette Eglife n'a été achevée que vers le douziéme fiécle.

(*ee*) En 1409.

moins conſtruites avec tant de légéreté & de hardieſſe, qu'on ne peut leur refuſer de l'admiration. Ainſi nous diſtinguons deux manieres de bâtir dans l'Architecture que nous nommons Gothique; l'une eſt celle des monumens que nous avons dit avoir été élevés au commencement du ſixiéme ſiécle, & qui a duré juſques vers le onziéme; c'eſt cette premiere qu'on peut nommer Gothique ancienne, & qui conſervoit quelques traits de la belle Architecture; il paroît même que ceux qui l'ont miſe en pratique n'ignoroient pas abſolument les proportions, quoiqu'ils ne s'aſſerviſſent pas à les obſerver, ſans doute parce qu'ils étoient uniquement attentifs à rendre leur ouvrage durable, & qu'ils étoient plus ſoigneux de leur donner un air de merveilleux par leurs maſſes, que par leur élégance. C'eſt ce qui a fait dire à quelques Hiſtoriens que les Goths étoient peu touchés des beautés délicates, parce qu'étant ſortis des parties les plus ſeptentrionales de la terre, où ils étoient accoutumés par la néceſſité à ſe précautionner contre la violence des orages & des torrens, ils n'avoient pû qu'apporter dans des climats plus heureux le même goût pour l'Architecture, ſe réformant ſeulement un peu à la vûe des modeles que leur préſentoient les édifices Romains, dont la plupart néanmoins n'étoient pas ſans défaut, puiſque depuis l'Empire de Severe l'Architecture avoit beaucoup dégénéré; raiſon qui contribua peut-être à éloigner les Goths de la bonne maniere de bâtir.

Architecture Gothique ancienne.

La ſeconde Architecture Gothique nommée moderne, a duré environ depuis le onziéme ſiécle juſques vers le régne de François premier, & elle a une origine bien différente, ſuivant le ſentiment de quelques-uns qui l'attribuent aux Maures ou aux Arabes, qui ont eu dans leur Architecture le même goût que dans leur Poëſie, l'une & l'autre étant auſſi chargées d'ornemens ſuperflus qu'éloignées du naturel; ceux-ci n'ayant cherché à ſe diſtinguer des Goths que par l'exceſſive hardieſſe de l'élévation de leurs monumens, auſſi bien que par l'abondance, la fineſſe & la bizarrerie de leurs ornemens. Pour convenir de cette vérité, il ne faut que conſulter ceux qui ont vû ou donné les deſcriptions des Moſquées & des Cathédrales d'Eſpagne bâties par les Maures; & l'on verra que c'eſt de la région de ces peuples que cette Architecture a paſſé en Europe. En effet les Lettres fleurirent chez les Arabes dans le tems que leur Empire étoit le plus puiſſant, & ils cultiverent la Philoſophie, les Mathématiques & la Médecine: leur exemple ranima l'amour des ſciences dans les pays qu'ils avoient conquis aux environs de l'Eſpagne; on lut leurs Auteurs, leur Philoſophie ſe répandit dans l'Europe, & l'Architecture Arabe avec elle; enſuite l'on bâtit beaucoup d'Egliſes dans le goût Moreſque, ſans corriger même ce qui convenoit plutôt à des pays chauds qu'à des régions tempérées. Cette maniere a duré juſques vers la fin du quinziéme ſiécle, & c'eſt dans l'eſpace de ce tems que l'on a édifié en 1220 l'Egliſe Cathédrale d'Amiens, laquelle a 60 toiſes de longueur, 7 de largeur, & 22 de hauteur, & qui fut exécutée ſur les deſſeins de Cormont, Architecte; l'Egliſe St. Nicaiſe de Rheims fut auſſi élevée en 1229 par Hugues Liberger, Architecte: en 1351, Jean Ravi acheva de bâtir l'Egliſe Cathédrale de Paris, que l'on avoit commencé, ſuivant les Antiquités de cette Ville, ſous le régne de Charlemagne; & l'on vit élever la Sainte Chapelle de Vincennes, celle de Paris, &c. St. Louis, peu de tems après ſon retour de la Terre Sainte (*ff*), fit auſſi bâtir l'Hôtel-Dieu, les Chartreux, les Cordeliers, l'Abbaïe St. Antoine, les Jacobins, les Carmes (*gg*), & quantité d'autres Egliſes dont l'Hiſtoire de Paris fait mention; mais l'on peut dire que c'eſt ſous le régne de François Premier que l'Architecture commença à reprendre faveur en France, & qu'avant lui cet art avoit eu chez nous le même deſtin qu'il eut autrefois chez les Romains; ceux-ci dans leur commencement ſembloient n'avoir d'affection que pour les armes & la politique, le goût des ſciences & des arts ne leur vint que tard; de même les François ne furent occupés du-

Architecture Gothique moderne.

(*ff*) Qui fut en 1259.
(*gg*) Cette Egliſe fut d'abord érigée où ſont aujourd'hui les Céleſtins; ce ne fut qu'en 1318 qu'ils s'établirent au bas de la Montagne Ste. Géneviève.

tant plusieurs siécles que du soin de faire des conquêtes, & l'on ne reconnut que sous le régne de ce protecteur des sciences que l'amour de la guerre n'étoit pas incompatible avec celui des beaux arts, & que l'esprit & le courage pouvoient se trouver ensemble.

Restauration de l'Architec. en France sous le régne de François I.

En effet, avant François Premier l'Architecture ne consistoit qu'en Eglises, Forteresses, Tours, Pont-levis, &c. mais ce Monarque, restaurateur des Lettres & des Arts, fit fleurir toutes les professions; on n'eut pas besoin pendant long-tems du secours des étrangers, sur-tout pour l'Architecture, puisque Sébastien Serlio, que le Roi avoit fait venir d'Italie pour bâtir Fontainebleau, ayant reçu ordre de faire des desseins pour le bâtiment du Louvre, celui d'un de nos Architectes (*hh*) François fut préféré, & exécuté avec tant de succès que tous les connoisseurs conviennent que ce qui a été bâti alors au Louvre peut passer pour un des modéles de la bonne Architecture. Une préférence aussi honorable pour nos Architectes anima tous ceux qui se trouverent quelques dispositions pour cette science, de maniere que bien-tôt il se forma des hommes excellens dans l'art de bâtir, qui sçurent faire admirer leurs productions jusques dans l'Italie où ils firent des ouvrages que les Italiens mêmes reconnoissent être des chefs-d'œuvre. Philippe II, Roi d'Espagne, fit venir un François (*ii*) pour le bâtiment de l'Escurial. La Reine Catherine de Médicis, qui étoit Italienne, prit Philibert Delorme & Jean Bulant, Architectes François, pour la conduite du Palais des Thuilleries, & à son exemple, Marie de Médicis choisit Jacques Debrosse pour bâtir son Palais du Luxembourg.

Mais dans la suite les Architectes François s'appercevant que les occasions de bâtir étoient peu fréquentes en France, & que malgré la noblesse (*kk*) de leur art ils pouvoient à peine se distinguer des Artisans, ils aimerent mieux prendre un autre parti que de suivre une profession dans laquelle ils ne pouvoient contenter la passion qu'ils avoient pour la gloire.

Perfection de l'Architecture sous le régne de Louis le Grand.

Ce refroidissement pour l'Architecture a duré quelque tems, & elle n'a guéres repris son premier éclat que sous la glorieuse domination de Louis XIV. par les ordres duquel se sont élevés des monumens qui présentent à la postérité autant de marques éclatantes du goût que ce grand Prince avoit pour les arts. Il montra dans plus d'une occasion qu'il avoit sçu joindre à la capacité de se choisir d'habiles Architectes, une généreuse inclination à recompenser le mérite; il excita & soutint l'émulation des Artistes par la fondation des Académies de France & d'Italie, où non-seulement les Architectes expérimentés pussent conférer ensemble, mais où les éléves eussent la facilité de s'instruire sous des Professeurs d'un mérite distingué, de maniere que c'est par l'institution de ces illustres Ecoles que les Architectes François se sont efforcés de montrer à l'envi les uns des autres que le génie de notre nation ne cédoit en rien à celui des autres peuples, & qu'ils pouvoient réussir dans tout ce qu'ils entreprenoient, quand ils étoient excités par la protection d'un aussi grand Monarque. C'est enfin par cette émulation que l'on a vû naître tant de beaux édifices, dont l'examen ne contribue pas moins à perfectionner les Architectes de nos jours, que les ouvrages des Grecs ont servi autrefois à instruire les Architectes d'Italie. On peut même dire que ce sont ces édifices dans tous les genres qui attirent dans cette Capitale les nations les plus éloignées, pour y puiser la science de l'Architecture, ainsi que celle des autres arts, entre lesquels ceux qui se vantent le plus de dispenser l'immortalité, n'ont peut-être pas tant servi à la grandeur de Louis XIV. que les bâtimens superbes qu'il a fait ériger.

(*hh*) L'Abbé de Clagni.
(*ii*) Louis de Foix.
(*kk*) Au rapport de Vitruve, en Italie les Arts étoient révérés à un si haut point, qu'il n'étoit point d'Artiste de réputation qui ne fut mis au rang des hommes illustres par les plus célébres Ecrivains de leurs tems. Préface. p. 3.

CHAPITRE SECOND.

De l'Agriculture, de la Sculpture, & de la Peinture en général, & de leur origine.

DE L'AGRICULTURE.

ON peut avancer que l'Agriculture (a) eft auffi ancienne que le monde, que les hommes font nés pour le jardinage, & que la culture des fleurs & des fruits femble être leur premier état; ils fe partagent fur tout le refte, mais ils fe réuniffent dans l'amour qu'ils ont prefque tous pour les productions de la campagne. En effet, quelque diverfité que leurs intérêts ou les ufages de la fociété puiffent mettre dans leurs occupations ordinaires, il paroît qu'ils panchent toujours vers leur inclination primitive, & que toute autre les afferit : la pratique même de cet art pénible femble, malgré les travaux qu'il exige, n'être ni rebutante ni accablante pour l'ouvrier, parce que la Nature prend foin de lui faire trouver une récompenfe toujours proportionnée à fon labeur.

Perfonne n'ignore que c'eft par la maniere de cultiver la terre, & par l'expérience qu'on a fait de fes diverfes qualités, que nous jouiffons des productions de chaque climat ; que ce font ces productions qui entretiennent & font l'objet du commerce de toutes les nations, & que c'eft par le befoin mutuel que les hommes en ont qu'ils deviennent dépendans les uns des autres, & qu'ils forment une liaifon continuelle & réciproque entr'eux. Les Provinces les plus éloignées fe rapprochent, pour ainfi dire, en fe communiquant refpectivement leurs denrées ; en un mot l'Agriculture & le négoce, ces deux fources de la fociété, donnent lieu aux hommes de s'exercer fur la variation des faifons, & fur la qualité des ouvrages & des marchandifes ; par là ils ont occafion de faire paroître leur patience dans les travaux, leur fidélité dans les échanges, & l'œconomie dans l'ufage des chofes qu'il ne leur eft pas toujours facile d'acquérir.

De la fcience de l'Agriculture, fi utile à tous les hommes en général, eft né l'art du jardinage qui a pour objet la culture des jardins de propreté, & dont la connoiffance eft d'une néceffité prefque indifpenfable pour l'embelliffement des maifons de campagne deftinées à fervir de réfidence aux perfonnes aifées.

Ce font ces deux arts qui font que le Prélat, l'homme de guerre, & le Magiftrat trouvent une douceur infinie dans la vie champêtre ; qu'ils quittent dans la belle faifon le féjour de la Ville, & fufpendent leurs travaux pour aller dans leurs domaines jouir tranquilement de la fertilité & de l'abondance que produit l'Agriculture, & de la beauté qu'offre le jardinage.

Dans tous les fiécles nous avons vû les plus grands hommes fe diftinguer par leur attachement pour la culture des jardins. Cet exercice entre pour quelque chofe dans l'éloge de Salomon, de Cyrus le jeune, de l'Empereur Probus, de Charles V. de Louis XIII. & particulierement de Louis XIV. qui non-feulement s'eft plû à faire planter par M. le Nautre les jardins de Verfailles, de Marly, &c. mais qui a voulu lui-même façonner des arbres & cultiver des fleurs. Un tel exemple engagea, fous le régne de ce Monarque, tous les hommes du premier ordre à s'intéreffer au progrès du jardi-

Origine de l'Agriculture.

(a) Le mot d'Agriculture s'entend de l'art de cultiver la terre ; les Egiptiens faifoient honneur de fon invention à Ofiris, les Grecs à Cérès, & les Romains à Saturne ou à Janus ; de tous les tems ces derniers ont eu une grande vénération pour cet art. Hiéron de Siracufe, Attalus, Philopator de Pergamme, Archélaüs de Macédoine, & une infinité d'autres grands perfonnages, font loués par Pline & par Xenophon de l'amour qu'ils ont eu pour les travaux de la campagne ; & l'hiftoire fait mention que la culture des champs fut le premier objet des Légiflateurs des Romains, & qu'on a vû pendant plufieurs fiécles les plus célébres Héros de l'ancienne Rome, paffer du labour aux premiers emplois de la République, & retourner du triomphe à l'agriculture.

Tome I.

nage, & excita (*b*) les Architectes à rechercher des principes certains sur la proportion, le choix des formes, & l'élégance des contours dans les choses de goût, telles que les palissades, les boulingrins, les bosquets, les parterres, &c. l'expérience ayant déja fait connoître que la Nature ne peut donner seule cet arrangement que l'art procure aux jardins de propreté, & que c'est par le secours de celui-ci qu'on peut disposer avec régularité ce qu'elle feroit croître indistinctement autour de nous. En effet, si on laissoit aux tilleuls, aux maronniers, & aux arbrisseaux destinés à l'embellissement des maisons de plaisance, la liberté de pousser & de s'étendre, on se trouveroit bientôt environné de broussailles & de hautes futayes ; alors les lieux qu'une habile intelligence sçait convertir en jardins magnifiques, seroient impraticables. C'est l'art qui écarte de dessous nos yeux tout ce qui peut limiter leurs regards : c'est lui qui met à découvert un espace assez considérable, décoré de verdure, d'arbrisseaux, & de fleurs peu élevées, tels que les parterres, les boulingrins, les plate-bandes, &c.

Nous ne nous étendrons pas ici sur la maniere de distribuer les jardins de plaisance, les principes généraux qui les concernent trouveront leur place dans l'introduction à l'Architecture, & l'on verra les moyens d'y parvenir avec succès répandus dans le corps de cet ouvrage ; notre objet a été seulement de donner présentement une idée de l'origine de l'Agriculture & de son rapport avec la science du bâtiment concernant la partie des maisons de plaisance & des maisons particulieres.

DE LA SCULPTURE.

Origine de la Sculpture.

L'origine de la Sculpture remonte jusqu'aux premiers siécles ; il semble même que Dieu ait voulu être honoré par le ministere des Sculpteurs dans la construction de l'Arche d'Alliance dont il donna l'idée au Législateur des Hébreux, & par l'inspiration dont il éclaira les ouvriers destinés à bâtir & à orner le Temple de Jérusalem. Le témoignage qu'en rend l'Ecriture seroit sans doute bien honorable pour cet art, si dans la suite on ne l'eut vû se prostituer au service de l'Idolâtrie dont il est devenu la source, en quelque maniere, par l'excellence que les Sculpteurs s'efforçoient de donner à leurs ouvrages, & qui causoit au peuple une admiration, ou plutôt une espece d'enchantement, qui passant des sens à l'esprit, lui faisoit illusion, & entraînoit la multitude.

Mais sans nous arrêter à l'abus que les hommes ont fait de cet art, ne remarquons que les beautés dont il est susceptible, & disons que la Sculpture, par le secours du dessein & d'une matiere solide, imite tous les objets sensibles & palpables que produit la nature ; qu'elle se sert indifféremment des matieres les plus précieuses, & de celles qui le sont le moins, soit qu'elle les exécute en ronde bosse, en demi bosse, en bas relief, ou en creux.

Division de la Sculpture en deux classes.

On la divise ordinairement en deux classes, dont les Artistes font chacun une profession particuliere, c'est-à-dire que les uns font leur capital d'exécuter des Statues de différentes matieres pour la décoration des Eglises, des places publiques, des jardins de propreté, &c. & les autres seulement les ornemens à l'usage de la décoration extérieure & intérieure des bâtimens. L'on peut dire à l'avantage de ceux-ci qu'il n'est point de siécles où on les ait vû porter si loin la perfection de leur art, tant à cause de la légéreté, de l'élégance, & de la variété de leurs productions, qu'à cause de la beauté de l'exécution qu'on remarque aujourd'hui dans la plus grande partie des édifices modernes.

A l'égard des premiers, nous pouvons, sans faire tort à l'antiquité, avancer que les Statuaires de nos jours joignent dans leurs ouvrages à la simplicité naturelle & aux graces naïves des anciens une élégance & une touche séduisantes, & ca-

(*b*) Voyez la Maison Rustique, le Traité de la Quintinie, la Théorie & la Pratique du Jardinage, &c.

pables de faire mettre ce qu'ils produifent en parallele avec tout ce que les tems les plus reculés nous ont laiffé pour exemple.

Cette perfection de la part de nos Sculpteurs eft caufe que les amateurs ne fçavent fouvent s'ils doivent leur donner la préférence, ou l'accorder à ceux qui fe diftinguent dans la Peinture. Les premiers ont droit à la vérité de vanter la durée de leurs ouvrages, mais les autres peuvent leur oppofer l'effet du mélange & de la variété des couleurs. Sans entrer dans cette difcuffion, on peut regarder la Sculpture & la Peinture comme deux fœurs dont les avantages doivent être communs, & dont l'ame confifte dans le Deffein qui leur fert de regle fondamentale, quoique dans l'une il s'annonce différemment que dans l'autre, fçavoir dans la Sculpture, par le relief de la matiere, & dans la Peinture, par la perfpective & l'entente des couleurs; de maniere que le cizeau peut autant intéreffer que le pinceau, entre les mains de deux Artiftes d'un mérite égal dans l'une & l'autre profeffion. En effet, quelle merveille de voir qu'un Bouchardon, un le Moyne, un Couftou, &c. puiffent animer le marbre & le bronze, tandis que s'exerçant fur une toile, les de Troyes, les Vanloo, les Boucher, les Natoire, &c. fçavent imiter par des lignes, des lumieres, & des ombres les divers objets qui compofent l'Univers.

DE LA PEINTURE.

Les Egyptiens fe vantoient d'avoir donné naiffance à la Peinture; ce qu'il y a de certain, c'eft qu'elle étoit très-imparfaite dans fes commencemens, & que, felon Pline, Liv. 35. ce font les Grecs qui l'ont perfectionnée; du moins dans le dénombrement des habiles gens qui fe font diftingués dans cet art, ne nomme-t-il aucun Egyptien. Son origine a commencé par l'ombre des corps réguliers ou irréguliers, marquée fur une furface par des traits qui dans la fuite étant multipliés, ont formé le Deffein, auquel, par fucceffion de tems, on ajoûta des couleurs, fans en mêler enfemble dans un même ouvrage, ce qui s'appelloit alors *monocromate*, c'eft-à-dire, d'une feule couleur. Cet art fe perfectionnant de jour en jour, on y en introduifit de quatre efpeces, fçavoir le blanc de Melos, le jaune d'Athènes, le rouge de Sinode, & le noir, dont on a compofé pendant plufieurs fiécles, & même du tems d'Apelle, ces ouvrages fameux qui ont toujours fait l'admiration des connoiffeurs. Depuis des tems fi éloignés du nôtre, on y a joint le bleu, le verd & une infinité d'autres couleurs, qui par leur variété ont fait parvenir à mettre en ufage le clair-obfcur qui forme le coloris, par lequel nous voyons tant d'habiles gens fe diftinguer, & repréfenter d'une maniere fi précife les lumieres & les ombres, que la nature n'eft pas plus parfaite.

Origine de la Peinture.

L'on diftingue huit genres de Peinture. Celle à frefque, qui a été la premiere en ufage, & dont on fe fert encore aujourd'hui affez fréquemment; elle fe fait fur un enduit de mortier ou de plâtre encore frais, avec des couleurs détrempées dans de l'eau; ainfi lorfqu'il s'agit d'enduire la furface d'un mur ou d'une voûte fur laquelle on veut peindre, on ne le fait qu'à mefure que l'ouvrage s'avance. Cette maniere de peindre fe foutient pendant des fiécles entiers, ne périffant qu'avec l'enduit.

Des différens genres de Peinture.

La Peinture en détrempe, qui fe fait avec des couleurs délayées feulement avec de l'eau de colle ou de gomme.

La Peinture à l'huile, qui n'étoit pas connue du tems des Anciens, & dont on a l'obligation à Jean de Bruges, Peintre Flamand, qui la mit en ufage au commencement du quinziéme fiécle. On fe fert d'huile de noix ou de lin pour broyer les couleurs, & l'on peut avec elle peindre fur tous métaux & fur toile, ce qui eft maintenant fort ufité.

La Peinture en miniature, qui fe fait avec des couleurs très-fines, bien broyées, & que l'on emploie avec de l'eau & de la gomme fur du vélin.

La Peinture en pastel, qui n'est autre chose que des couleurs délayées avec de l'eau & réduites en pâte en forme de crayons, pour peindre sur le papier. Cette maniere est devenue fort en usage, mais elle ne peut s'exécuter que d'une grandeur proportionnée à celle des glaces qu'il faut mettre au-devant pour préserver les couleurs de la poussiere & de l'humidité.

La Peinture sur le verre, qui consiste dans le secret d'y incorporer la couleur sans en empêcher la transparence, & dont Félibien fait une description fort exacte, Livre premier, Chap. 21.

La Peinture en émail, espece de verre coloré dont la matiere fondamentale est de l'étain & du plomb, en parties égales, que l'on fait calciner au feu, à quoi l'on ajoûte séparément des couleurs métalliques. L'émail se dit aussi bien de la Peinture que du travail qui se fait avec des couleurs minérales qui se cuisent au feu. La porcelaine, la fayence sont autant d'especes d'émaux, dont l'usage est fort ancien, puisque du tems de Porsenna Roi des Toscans, on faisoit, au rapport de Pline, des vases émaillés de différentes formes.

Enfin la Peinture en mosaïque, qui est un ouvrage composé de plusieurs pieces de rapport de diverses couleurs mastiquées sur un fond de stuc, fait de chaux & de poudre de marbre blanc. Les Anciens s'en servoient pour orner les compartimens de leurs planchers & de leurs lambris, ensuite l'on en décora les murailles de la plupart des Temples d'Italie, dont on voit encore quelques fragmens à Rome & dans ses environs. Cette espece de Peinture s'est perfectionnée de nos jours au point que les Italiens sont parvenus à copier avec ces pieces de rapport & à imiter assez parfaitement les Tableaux des plus grands Maîtres.

Il est encore une sorte de Peinture que l'on nomme impression; on l'employe dans les bâtimens pour donner aux lambris de Menuiserie différentes couleurs, sur lesquelles on passe un vernis. Ces couleurs s'employent à l'huile ou en détrempe, ainsi que nous le dirons en son lieu, en parlant de la Dorure qui fait partie de cette Peinture.

CHAPITRE TROISIEME.
INTRODUCTION A L'ARCHITECTURE,
Contenant les principes généraux de cet Art.

S'IL ne s'agissoit que de rapporter les préceptes des Anciens concernant l'ordonnance de leurs édifices, ou de traiter des principes qui regardent notre distribution moderne, tant d'Auteurs de réputation nous ont laissé par écrit & ont donné les modeles les plus parfaits de l'antiquité, qu'il paroîtroit superflu d'en parler ici. D'ailleurs la quantité d'exemples des édifices François que nous offrons dans cet Ouvrage sembleroit suffire & être le moyen le plus propre à instruire de cette partie de l'Architecture, par les remarques qu'on peut faire sur chaque espece de bâtiment. Mais notre objet étant de concilier ces deux genres & d'enseigner la source de la beauté de l'un & de l'agrément de l'autre, on espere que l'étude que nous proposons aura lieu de plaire & d'être regardée comme le seul moyen d'atteindre à l'excellence de l'Architecture.

Personne n'ignore que les édifices des Grecs & la plupart de ceux des Romains étoient plutôt recommandables par la magnificence des dehors que par la commodité des dedans. Ce que nous en avons rapporté dans l'histoire de l'Architecture, & la description que tous les Ecrivains de leur tems nous en ont laissée, prouvent assez que ces peuples donnant aux édifices publics toute la perfection de l'Architecture, préféroient à tout autre objet dans les bâtimens particuliers la solidité & la salubrité, & qu'il s'en falloit beaucoup que l'intérieur de leurs demeures eut les commodités que les Architectes François ont sçû donner aux leurs. Il semble même que depuis environ cinquante ans ces derniers ayent à cet égard inventé un art nouveau ; tous nos voisins conviennent de ce que j'avance, & ceux qui font profession de l'Architecture reconnoissent qu'avant ce tems nos édifices en France, à l'imitation de ceux d'Italie, offroient à la vérité une décoration extérieure où l'on voyoit régner une assez belle Architecture, mais dont les dedans étoient peu logeables, & où il sembloit qu'on eut affecté de supprimer la lumiere ; on avoit même de la peine à y trouver la place d'un lit & des principaux meubles, les cheminées occupoient la plus grande partie des piéces, & la petitesse des portes donnoit une foible idée des lieux auxquels elles servoient d'entrée. Mais à présent que l'on fait consister la perfection de la distribution dans l'arrangement naturel des pieces de tout un édifice, & qu'on y recherche la noblesse, la grandeur & la proportion, relativement à l'esprit de convenance ; les appartemens, quoique moins vastes, sont mieux percés, & la simétrie y est observée avec plus de régularité. C'est de cette distribution que nous entendons parler, & non de celle qui a été imaginée par quelques Architectes, qui font consister la beauté d'un plan à donner à chaque piece des contours différens, à faire des murs circulaires, à en construire quelques-unes de forme quarrée, à faire celles-ci à pans, & à composer celles-là de toutes ces figures, ce qui donne à la forme intérieure d'un bâtiment l'apparence d'une piece de gazon découpée ; affectant d'ailleurs une simétrie mal entendue entre la droite & la gauche des appartemens, & qui est aussi peu essentielle dans l'intérieur qu'elle est importante à observer dans les dehors, pour que les formes extérieures ayent entr'elles un parfait rapport.

Quoique nous surpassions les Anciens dans la distribution, nous sommes forcés de reconnoître qu'ils l'ont emporté de beaucoup sur nous dans la partie de la décoration extérieure de leurs édifices : pour s'en convaincre il n'y a qu'à jetter les yeux

Avantages de notre distribution sur celle des Anciens.

sur les fragmens qui nous restent de l'antiquité, & nous serons contraints d'avouer que notre plus belle Architecture du dernier siécle n'est reconnue telle que parce qu'elle approche de ces excellens originaux.

Cependant malgré tous les préceptes que les anciens nous ont laissés pour les dehors, & la découverte qui a été faite par les Architectes François sur la distribution intérieure, il est certain que l'on voit peu de bâtimens où l'on ne remarque que les dedans ont été sacrifiés aux façades extérieures, ou qu'on a négligé celles-ci pour une distribution plus avantageuse des appartemens; de maniere qu'on voit dans les uns une ordonnance extérieure véritablement louable, tandis que la plupart des pieces du dedans sont sans commodité & sans simétrie, & qu'au contraire on observe dans les autres une distribution élégante, pendant que leurs dehors sont sans proportion & sans convenance : ce qui me porte à croire que le peu d'étude de la plupart des Architectes est la cause de ce défaut d'intimité qui se remarque dans quelques-uns de nos édifices.

S'il est vrai cependant que la distribution & la décoration soient les deux parties les plus importantes du bâtiment, & qu'elles soient déja poussées chacune en particulier à un si haut degré de perfection, il ne s'agit plus, pour exceller dans l'art de bâtir, que d'examiner quelles sont les beautés bien reconnues & les loix générales de l'une & de l'autre espece, & de réfléchir sur les genres de licences dont quelquefois on se trouve obligé de faire usage dans l'Architecture, d'après l'exemple des monumens les plus approuvés, ainsi que sur les abus qui se sont glissés dans nos bâtimens, par inadvertance ou autrement.

Pour y parvenir avec quelque succès, nous allons commencer cette introduction par examiner ces deux parties, leur liaison & leur rapport, suivant les loix du bon goût; ensuite nous établirons des préceptes généraux dont l'application aura pour objet la distribution, la décoration, & la construction, conformément aux dissertations qui se trouveront répandues dans tout le corps de cet ouvrage.

Dissertation sur le goût, relativement à l'Architecture.

Il est assez difficile de rien déterminer sur une chose qui paroît aussi arbitraire que le goût, cependant, relativement à l'Architecture, on peut réduire ses principes généraux à l'art de réunir la convenance (*a*), la proportion (*b*), la

(*a*) La convenance doit être regardée comme la partie la plus essentielle du bâtiment; c'est par elle que l'Architecte assortit la dignité & le caractere de l'édifice qu'il doit élever; elle enseigne le choix des emplacemens & celui des matériaux propres à chaque partie de la construction; c'est elle qui, selon l'objet du bâtiment, détermine à sacrifier plus ou moins de pieces principales ou de dégagemens dans un plan, soit pour la commodité personnelle du maître, ou de ceux qui sont en relation avec lui, soit pour celle des domestiques; c'est elle enfin la convenance qui détermine l'ordonnance, la richesse, ou la simplicité de la décoration extérieure & intérieure.

Ce que nous entendons ici par convenance est nommé par Vitruve bienséance, & c'est selon cet Auteur l'aspect d'un édifice dont la décoration est approuvée & l'ordonnance fondée sur quelque autorité; de maniere qu'on doit observer exactement dans l'Architecture les régles de la bienséance ou de la convenance, puisque c'est elle qui enseigne à ne se servir dans la décoration des édifices publics que de formes décentes, d'ornemens, de tableaux, de bas-reliefs & d'attributs qui représentent des actions de vertu, de générosité, de reconnoissance, & de justice. Elle apprend que dans un édifice grave tout doit inspirer la tranquillité, le respect pour les Loix & pour la Religion, & les égards qui sont dûs au public; qu'en général il faut éviter tout ce qui peut causer de la corruption dans les mœurs des Citoyens, blesser les honnêtes gens, & autoriser le libertinage; que même on ne doit jamais offrir aux yeux des objets méprisables & odieux, qui marquent de la rusticité & de la férocité, qu'au contraire il ne faut présenter à la vûe que des objets touchans qui mettent l'esprit en repos, & lui offrent l'image de la commisération, de l'équité & de l'innocence.

(*b*) Les Ordres d'Architecture ont donné naissance à la proportion, & déterminent assez précisément la maniere de bâtir, soit solide, soit moyenne, ou délicate, c'est suivant ces trois genres qu'ordinairement on construit, on distribue, & on décore les Palais des Rois, la demeure des Grands, & les maisons des Particuliers.

La proportion, à proprement parler, la science de l'Architecture; c'est par elle qu'on remarque les talens d'un Architecte, & que l'on reconnoît sa supériorité, lorsqu'il a sçu répandre dans l'exécution de ses bâtimens cette grace & cette élégance qui font tant d'honneur au dernier siécle. C'est en elle que consiste la beauté d'un édifice, non-seulement dans sa totalité, mais encore dans chacune de ses parties; c'est par son secours qu'on peut faire choix de la force ou de l'élégance de la sculpture, & qu'on apprend à unir cette derniere avec l'Architecture, de maniere que ces deux sœurs concourent unanimement à répandre dans l'ordonnance générale d'un bâtiment ce parfait accord qu'on remarque dans les édifices les plus approuvés.

simétrie (c), l'ordonnance (d) & l'harmonie (e). L'assemblage de ces parties, qui a seul droit de former un beau tout, nous a été transmis par les Grecs & les Romains, qui ont d'autant plus approché de la perfection qu'ils ont imité la Nature ; ils sont ensuite montés par degrés jusques à l'excellence de leur art, de maniere que de siécle en siécle leurs principes étant confirmés par l'usage, sont devenus comme des loix absolues. Mais parce qu'il est survenu des tems d'ignorance, il s'est introduit dans l'art de bâtir des licences, qui même de nos jours semblent autoriser chaque Architecte à se former un goût arbitraire, qui le plus souvent ne sert qu'à contredire le véritable, & à ralentir le progrès de l'Architecture. Ces licences sans doute ne sont entretenues que par la négligence qu'on a de comparer les édifices du même genre ; comparaison nécessaire pour apprendre la différence qui se trouve entre le médiocre & le bon, & entre celui-ci & l'excellent, ce qui ne peut s'acquérir que par les principes du goût dont nous allons essayer de donner la définition.

Nous avons emprunté de la sensation le terme de goût en Architecture, pour exprimer le jugement que nous formons des choses qui ne sont pas sujettes à des régles certaines, ou susceptibles de démonstrations évidentes. Cette métaphore est d'autant plus vraisemblable, qu'il paroît que le goût soit personnel & indéterminé ; aussi voit-on que ce qui plaît à l'un déplaît à l'autre, que la plupart des édifices qu'on aprouve en France, ne sont pas reçus en Angleterre, & que ceux que l'on admire en Allemagne, en Prusse, & en Portugal, nous touchent foiblement.

Ce que c'est que le goût en Architecture.

(c) La simétrie s'entend du rapport de parité qu'ont ensemble les hauteurs, longueurs, largeurs & profondeurs de toutes les parties d'un édifice ; elle se fait ressentir principalement dans l'union & la conformité du rapport des membres d'un ouvrage d'Architecture, & dans la totalité d'un bâtiment, qui peut en cela être comparée aux proportions du corps humain qui, pour plaire, a besoin que toutes les parties opposées les unes aux autres ayent une parfaite correspondance. Cette partie de l'Architecture est absolument requise dans les bâtimens de toute espece, car si la simétrie donne aux édifices d'importance cet air de dignité, qui est le vrai caractere des Palais des Grands, elle concourt aussi à donner de l'agrément aux bâtimens de moindre importance.

Au reste il faut sçavoir que la simétrie est plus essentielle dans la distribution extérieure, que dans l'intérieure. En cette derniere, l'usage des pieces semble exiger qu'on s'en éloigne, au lieu qu'elle devient absolument nécessaire dans la disposition des avant-corps, des pavillons, des ailes, des portes & des croisées ; celle-ci prouve la capacité & l'expérience d'un Architecte, l'autre ne montreroit que sa stérilité.

(d) L'ordonnance a été observée de tout tems dans la décoration des édifices. On remarque par les rites des anciens qu'ils exigeoient que l'expression des Ordres de colonnes fût relative au caractere de leurs bâtimens, ce qui a fait recommander à Vitruve de ne pas employer les Ordres délicats à l'édification des monumens érigés à des Divinités qui désignent la force & la valeur : raison pour laquelle il destine l'Ordre Dorique aux Temples de Mars, de Minerve, d'Hercule ; l'Ordre Corinthien à ceux de Vénus, de Flore & des Nimphes des fontaines ; l'Ionique à ceux de Bacchus, d'Apollon, de Cibele, de Diane, &c. & il ajoûte que par une raison de convenance ou de bienséance, ceux dédiés à Jupiter, à Saturne, au Soleil, à la Lune, doivent être découverts. D'où l'on doit conclure que si les Payens observoient ce rapport de convenance dans leurs monumens, nous ne pouvons apporter trop d'attention dans l'ordonnance de nos édifices sacrés, publics, & particuliers.

Au reste, l'on peut dire en général que le terme d'ordonnance dans l'Architecture signifie ce que l'on entend dans la Peinture par la composition totale d'un beau tableau ; aussi dit-on qu'un édifice est d'une belle ordonnance, lorsqu'il rassemble la richesse, la simétrie, l'harmonie & la beauté d'un ouvrage d'importance, tel que l'Eglise Royale des Invalides, le Château de Versailles, celui de Clagny, de Maisons, ou quelqu'autre morceau d'Architecture. Car il n'est point de bâtiment dans lequel on ne soit obligé d'observer les loix de l'ordonnance. C'est par elle qu'on peut mettre de l'élégance même dans un bâtiment rustique ; il ne s'agit que de faire choix d'un genre qui soit analogue à l'Ordre Toscan, tels que sont les bossages, les refends, les tables saillantes & certains ornemens où à la vérité il est plus permis d'user de licences que dans ceux qui sont destinés à la décoration des Temples, des Palais des Rois & des places publiques : ces derniers demandent une Architecture reguliere & grave, qui s'éloigne de la liberté dont on use dans les autres occasions, ou dans les décorations, qui en général sont de peu de durée.

(e) On se sert du terme d'harmonie en Architecture ; par comparaison à la Musique, afin d'exprimer le rapport & l'union que doivent avoir entr'elles toutes les parties d'un bâtiment. C'est par l'harmonie qu'un Architecte se distingue dans l'ordonnance des édifices du premier ordre, en tâchant d'accorder la distribution avec la décoration, le goût avec la simétrie, & en observant cette uniformité de proportions qui met chaque partie à sa place, de maniere que la désunion de quelques-unes d'elles formeroit une dissonance qui romproit l'accord que doit produire l'harmonie. Car si d'un côté la Musique peint les divers incidens de la nature, en excitant les passions les plus tendres ou les plus violentes, de l'autre l'Architecture doit être susceptible des différens genres qui rendent pour ainsi dire ses parties animées par les divers caracteres qu'elle annonce, de maniere qu'un édifice doit par sa composition exprimer que la scene est pastorale ou tragique, que c'est un Temple ou un Palais, un monument public destiné à certain usage, ou une maison particuliere. De même sa disposition, sa structure, & la maniere dont il est décoré doivent indiquer aux spectateurs sa destination, autrement il péche contre l'expression, il ne paroît jamais ce qu'il doit être, & loin de nous satisfaire, il empêche notre cœur de se conformer aux différentes impressions qu'on veut qu'il ressente, n'étant jamais bien affecté que par l'unisson.

C'est sans doute de la diversité des caracteres & des inclinations des peuples que naît la variation dans leurs goûts ; les uns ont l'esprit en partage, les autres le génie, très-peu ont ce qu'on appelle le goût : presque tous nos voisins le déferent aux François. Cependant il nous paroît plus facile d'exprimer ce qu'il n'est pas, que de dire ce qu'il est, du moins, si je ne me trompe, il est plus aisé de le peindre sous des images sensibles & particulieres, que d'en donner une définition métaphysique ; certainement il se communiqueroit plus facilement si on pouvoit le définir, mais il est du nombre de ces choses dont l'essentiel échappe presque toujours à l'esprit humain.

Les plus grands Architectes ayant parlé des défauts qui sont contraires au goût, & ne nous ayant presque rien dit sur ce qui lui fait distinguer & produire le vrai beau, j'ose avancer que l'ordonnance la plus conforme à la nature, tant dans les masses que dans la liaison des parties, peut seule constater les régles du bon goût dans l'Architecture, l'ordre & l'harmonie dans tous les genres de choses étant le fondement du beau ; d'où l'on peut conclure qu'un édifice a droit de plaire généralement & aux connoisseurs & au vulgaire, quand la similitude des parties d'un bâtiment réduit le tout à une espece d'unité qui satisfait notre raison. Il est vrai que le goût dont je veux parler ici exige la connoissance des principes de la bonne Architecture, mais il n'est pas moins certain que ces principes étant une fois connus, l'on peut s'écarter des régles, suivant le genre des édifices que l'on a à ériger, lequel demande, suivant l'occasion, plus ou moins d'effort, & dont le mérite capital ne consiste le plus souvent que dans une succession naturelle d'idées, dont l'enchaînement est plus aisé à sentir qu'à prononcer. Or pour parvenir à acquérir le goût dont nous avons besoin, examinons la conduite qu'ont tenu dans leurs bâtimens les plus célébres Architectes, dont on a reçu les préceptes comme des especes de beautés positives & dont on ne peut s'écarter raisonnablement.

Que le bon goût consiste à réunir la commodité, la solidité, & la beauté.

Ils nous enseignent à éviter la liaison du pesant avec le délicat, & la profusion des ornemens dans une Architecture simple ; ils nous apprennent que la commodité, la solidité & la beauté, étant les objets qu'on doit mettre en œuvre en toutes sortes d'occasions, ces trois choses doivent s'annoncer distinctement pour former des édifices réguliers, & où la convenance & le bon goût président : considération qui nous engage à nous servir de trois sortes de proportions en Architecture.

La premiere, a pour objet certaines parties destinées à la commodité & qui ont du rapport à l'usage des hommes, telles que sont les marches des escaliers, dans la proportion de leur hauteur & de la largeur de leur giron, sans avoir égard à leur longueur, ni à la grandeur & à la magnificence de leur cage ; aussi bien que les appuis des croisées, des balcons & des balustrades, qui doivent être par tout à peu près d'une même hauteur par le dedans, c'est-à-dire, proportionnée à celle du coude, afin de pouvoir s'y appuyer & regarder en dehors, tant aux grandes qu'aux petites croisées, de même qu'aux grands & aux petits bâtimens, où ces proportions doivent toujours être comparées à la grandeur humaine.

La seconde, qui regarde la solidité, consiste à donner une proportion relative à l'épaisseur des murs qui soutiennent les édifices, aussi bien qu'aux corps solides en général qui retiennent la poussée des terres, & assurent celle des voûtes, des arcs, des plate-bandes, &c.

La troisiéme sorte de proportion, qui concerne la beauté, dépend de l'union du tout avec ses parties, suivant les différens genres, especes, qualités & grandeurs qui ont relation avec la magnificence de la décoration ; les Ordres comprennent cette derniere sorte de proportion dont il sera parlé dans le huitiéme Volume.

Différens caracteres de beauté, suivant chaque espece d'édifice.

Nous dirons seulement ici que pour qu'elle soit observée dans l'Architecture, il faut avoir attention de donner à chaque bâtiment le caractere qui lui convient ; que pour cela les édifices militaires doivent avoir à leur extérieur peu d'ouvertures de portes

portes & de croisées, & paroître simples & massifs, ainsi que les murs des Villes & des remparts, où il faut peu de membres d'Architecture, afin d'exprimer une solidité capable de résister à l'insulte de l'ennemi.

Les Palais, au contraire, doivent avoir de grandes ouvertures de portes & de croisées, pour faciliter l'entrée & augmenter la lumiere dans l'intérieur des appartemens; leurs dehors doivent aussi être ornés d'une Architecture convenable à la magnificence du Prince qui les fait élever: on y peut exprimer la solidité ou la légéreté par le choix des Ordres d'Architecture & par la largeur des trumeaux, ainsi que par les ornemens qui doivent être relatifs au sujet qui leur a donné lieu; enfin ils doivent être distribués commodément, & décorés suivant la diversité des pieces qui les composent, & selon qu'elles approchent d'avantage de l'œil du maître.

Les Eglises doivent avoir de la majesté & de la bienséance dans leur décoration, être ornées d'Architecture grave & réguliere, & enrichies de Sculptures convenables à la piété. Leur extérieur doit avoir un air de solidité, & on doit éviter dans les dedans les corps massifs & inutiles afin de les rendre spacieuses à proportion du peuple qu'elles doivent contenir. On peut y entremêler avec les ornemens de Sculpture des sujets de Peinture placés dans des endroits distingués & élevés, pour leur donner un air de légéreté, en observant d'y affecter de grandes parties dans la composition générale, comme il s'en voit à Paris aux Invalides, au Val-de-Grace, à la Chapelle de la Vierge de St. Sulpice, & à Versailles, dont les surfaces des plafonds sont enrichies de Peinture par les plus habiles maîtres de l'Ecole Françoise; mais il est contre les principes du goût d'y introduire de la Sculpture en relief ou demie bosse colorée, ainsi qu'il s'en voit dans une de nos Paroisses de Paris, ce qui y produit un effet aussi désagréable que de peu de durée.

Malgré la solidité de ces préceptes donnés par les anciens, & pratiqués par les plus habiles modernes, plusieurs Architectes font consister le bon goût dans la fécondité de l'imagination, n'admettant pas qu'il y ait dans l'art de bâtir des régles & des proportions positives, mais la variété qu'ils affectent dans leurs ouvrages fait assez connoître qu'ils condamnent dans un tems ce qu'ils avoient approuvé dans un autre. Un Architecte doit se plier aux usages généralement reçus, & non à la mode; on a droit de trouver cette derniere ridicule quand une autre lui succéde. Il n'en doit pas être de même des bâtimens; l'exemple de l'Architecture Gothique qui a prévalu pendant plusieurs siécles sur l'antique, & qui ensuite a paru si extravagante, faute d'être fondée sur la convenance des proportions, en est une preuve sensible. Cette diversité d'opinions ne sert qu'à anéantir les proportions qui devroient être toujours les mêmes. On en peut cependant excepter les décorations pour les Arcs de triomphe, ou pour les réjouissances publiques, les pompes funébres & les autres solemnités de cette espece, dont la plupart se font à la hâte, & où, par rapport à la diligence avec laquelle il faut qu'elles soient exécutées, l'on peut donner carriere à son génie, & préférer le feu de l'invention aux préceptes; mais il faut bien se garder d'en user de même dans les édifices qui sont destinés à résister à la rigueur des saisons & à la durée du tems, car alors on y doit observer toutes les régles de la bienséance & les proportions établies par les anciens & les modernes, qui n'ont jamais fait consister la beauté de leurs édifices dans les matieres précieuses, ni dans un amas confus d'ornemens mal entendus, ce qui se remarque aisément dans la plupart des restes des bâtimens que l'on nomme antiques, aussi bien que dans ceux qui ont été érigés en France sous le régne de Louis XIV.

Ce n'est pas que le génie & l'invention ne soient nécessaires dans l'Architecture, on doit au contraire regarder ces deux parties comme l'ame des productions d'un Architecte; mais il faut qu'elles soient au moins guidées par les régles qu'on vient d'expliquer, & sur lesquelles on s'étendra dans la suite au sujet de la distribution, de la décoration & de la construction.

Tome I.

Préceptes généraux concernant la Distribution.

Regles sur la distribution.

La distribution (*f*) doit être le premier objet de l'Architecte ; la décoration même dépend absolument d'un plan déterminé ; c'est la distribution qui établit les longueurs, largeurs, & hauteurs d'un édifice. Lorsqu'on néglige la relation intime qui doit se rencontrer entre les dedans & les dehors d'un bâtiment, l'on ne peut se flater de plaire aux personnes intelligentes, parce qu'elles ne sont frappées d'une certaine joye secrete que lorsqu'un édifice satisfait l'organe de la vûe par l'harmonie de ses parties avec son tout-ensemble.

La convenance, que nous avons dit être le premier principe de l'Architecture, est autant essentielle à observer dans la partie intérieure d'un bâtiment, que dans son ordonnance extérieure. Pour que l'esprit de convenance régne dans un plan, il faut que chaque piece soit située selon son usage & suivant la nature de l'édifice, & qu'elle ait une forme & une proportion relative à sa destination ; par cette considération la demeure d'un particulier ne doit pas être distribuée comme le Palais d'un Souverain ; ni la résidence d'un Prince comme une maison de chasse. Ainsi dans la diversité des bâtimens, l'on en construit de simples, de semi-doubles, de doubles, ou même de triples, selon le besoin ; par exemple, on appelle un bâtiment simple, celui dont les principaux appartemens sont compris entre deux murs de face, tels que le Palais du Luxembourg, l'Hôtel de Toulouse, le Château de Clagny, &c. On appelle un bâtiment semi-double, celui qui entre deux murs de face contient un appartement du côté des jardins, & dont celui de la cour est seulement occupé par des pieces qui n'ont de profondeur que la moitié ou environ de celles qui leur sont adossées ; tels sont l'Hôtel de Maisons à Paris, l'Hôtel de Noailles à St. Germain en Laye, la maison de M. le Prince de Rohan à St. Ouen, &c. On entend par bâtiment double celui dont le principal corps de logis comprend entre deux murs de face deux pieces d'une égale profondeur, comme l'Hôtel de Matignon, le Palais de Bourbon, le Château de Montmorency, &c. On appelle bâtiment triple celui qui dans sa cage contient trois pieces enfermées par deux murs de face & deux de refend, tel que l'Hôtel de Duras, la maison de M. Crozat, &c ; sans parler de ceux qui quelque fois sont appellés quatruples ou quintuples, lorsque, comme le Château de Perigni, ils ont quatre ou cinq rangs de pieces dans leur profondeur ; & sans faire mention de ceux qui sont composés tout ensemble de plusieurs corps ou ailes de bâtimens simples, semi-doubles, doubles ou triples, ainsi que les Châteaux de Versailles, de Trianon, de Marly, ou les Hôtels de Noailles, de Lambert, &c.

Distinction de trois sortes d'appartemens.

En général on distingue trois sortes d'appartemens (*g*) dans un bâtiment ; ceux de société, ceux de parade, & ceux de commodité.

Un appartement de société est destiné à recevoir sa famille & ses amis ; pour cela il doit être situé dans un bel étage, de maniere que dans le besoin il puisse se joindre aux autres appartemens, pour de la principale enfilade ne former qu'un tout qui, en cas de fêtes, annonce la magnificence du propriétaire : on doit distribuer ces appartemens de façon qu'il ne se trouve dans leur alignement aucunes pieces destinées aux domestiques. Voyez l'alignement EF de l'Hôtel de Matignon, Livre II. Chap. 6. Pl. premiere.

(*f*) La distribution est nommée par Vitruve *ordonatio*, & s'entend de la division & de l'arrangement des diverses pièces qui composent le plan des différens étages d'un bâtiment.

On comprend encore sous ce nom l'arrangement, la forme, l'exposition, & la simétrie, tant des cours que des avant-cours, même des basses-cours & des terrasses, & les différentes ailes des bâtimens dans lesquels sont placées les orangeries, ménageries, cuisines, offices, écuries, remises, chenils, &c ; elle regarde aussi la beauté & la commodité des bâtimens érigés pour la demeure des hommes au-dessus du commun.

(*g*) Appartement, en latin *partimentum*, qui vient du verbe *partiri*, diviser.

Un appartement de parade est destiné pour la magnificence ou pour la demeure personnelle du maître ; il y traite d'affaires importantes, & y reçoit les personnes de considération ; il y renferme ses bijoux, ses tableaux & ses meubles de prix. Cet appartement doit être disposé de maniere que se joignant à celui de société, les différentes pieces qui les composent offrent d'un seul coup d'œil & par une même enfilade, la magnificence intérieure du principal corps de logis qui doit se manifester par la richesse de la matiere ou par le choix des ornemens, & attirer de dehors les étrangers qui se plaisent à visiter la demeure des grands Seigneurs. L'Hôtel que nous venons de citer peut être regardé, dans cette partie, comme un des plus considérables que nous ayons à Paris.

Un appartement de commodité est au contraire celui qui dans un bâtiment d'importance est rarement ouvert aux étrangers, étant destiné à la retraite du maître ou de la maîtresse du logis. C'est dans ces appartemens qu'ils couchent l'hiver ou qu'ils se retirent en cas d'indisposition, qu'ils traitent d'affaires particulieres, & reçoivent leurs amis & leur famille. Ces sortes d'endroits procurent aux personnes de dehors la liberté de voir les grands appartemens, sans qu'on soit obligé d'observer un cérémonial quelque fois gênant entre ceux qui sont de même rang. Lorsque l'étendue du terrain ne permet pas de pratiquer ces appartemens près de ceux de parade, on les place en entresole.

Les pieces qui en général composent les appartemens dont nous venons de parler, empruntent aussi les noms de parade, de société & de commodité ; par ces dernieres on entend celles qui semblent être d'une nécessité absolue & réelle, parce qu'il paroît indispensable qu'un édifice élevé pour la conservation des hommes soit pourvû des pieces nécessaires & relatives à l'état du maître qui le fait ériger. C'est de cette nécessité que naît la diversité des bâtimens, quoiqu'élevés pour la même fin, & que proviennent les différens étages que l'on est obligé de construire les uns sur les autres, quand un propriétaire se trouve contraint de faire bâtir dans un quartier serré, soit par rapport à ses emplois, soit à cause du voisinage des Grands avec lesquels il est en relation. C'est ordinairement dans cette partie de la distribution qu'un Architecte a toujours de nouvelles occasions de manifester ses talens, en sçachant accorder les choses de nécessité avec l'harmonie générale du tout, & en les tenant dans une relation directe avec les parties de la construction & de la décoration : la premiere exige que les vuides soient en rapport avec les massifs, & que les parties qui soutiennent soient relatives à celles qui sont soutenues ; la seconde demande que les portes qui donnent entrée au bâtiment, soient en proportion avec la totalité de l'édifice, & que les croisées qui l'éclairent soient d'une grandeur proportionnée & au diametre des pieces & à l'ordonnance des faces extérieures.

Les pieces qui regardent la société ont aussi leur sujettion, à cause du rapport qu'elles doivent avoir avec l'exposition générale du bâtiment, avec sa situation & sa disposition, & parce qu'il faut observer la relation que ces différentes pieces doivent avoir avec sa grandeur totale, de maniere que ces pieces, celles de parade, celles qui sont destinées au repos, soient suffisamment pourvûes d'antichambres & de dégagemens où les domestiques puissent se tenir & faire leur service, sans que les maîtres soient interrompus. Faute de cette prévoyance l'on ne jouiroit pas des commodités de la vie, & l'on ne satisferoit pas le désir naturel qui nous porte à chérir ce qui nous est propre, & à éviter tout ce qui peut nous nuire.

A l'égard de la distribution des pieces de parade ou de bienséance, il est difficile d'en parler méthodiquement, parce que ce genre de distribution, qui appartient tout à la magnificence, est sujet aux différens usages des nations, ce qui fait que ce que nous regardons tous les jours en France comme un principe de convenance, est traité différemment par nos voisins, tant à cause de la diversité des mœurs de chaque nation & de la variété des climats, que par rapport au préjugé.

Rapport que les dedans doivent avoir avec les dehors;

Mais fans avoir égard à ces différentes opinions, nous dirons que pour parvenir à bien concevoir le projet d'un bâtiment, & à déterminer la difpofition des pieces qui compofent un appartement, il faut effentiellement comprendre les rapports que les dedans doivent avoir avec les dehors, afin d'établir la correfpondance qui doit fe rencontrer entre la diftribution & la décoration. Nous ajoûterons que c'eft cette unité fi néceffaire dans l'Architecture, qui rend difficile la compofition d'un plan, principalement lorfqu'on veut, fuivant l'efprit de convenance, allier l'utile, le commode & le grand. Car quoiqu'il femble que la diftribution n'ait pour objet que de conftater les différens diamétres des pieces, leur forme & leur proportion, fuivant la diverfité de leurs ufages & le caractere du bâtiment, que deviendroient ces diamétres & l'élégance de ces formes, fi l'on ne concevoit pas en les déterminant l'effet qu'elles produiront relativement à leur hauteur les unes avec les autres, ou chacune en particulier, & fi on ne les faifoit pas répondre à la magnificence ou à la fimplicité des dehors, à la hauteur des étages, à la fimétrie extérieure & intérieure, à l'enfilade des portes, à la fituation des cheminées, auffi bien qu'aux principaux meubles confacrés à l'ufage de chaque genre de pieces? Comment enfin déterminer la largeur des croifées, des portes, des entre-colonnes, des trumeaux, des écoinçons, fi l'on ne fe rendoit pas compte des rapports que les largeurs doivent avoir avec les hauteurs, fuivant les principes de la bonne Architecture qui affigne à chaque genre de bâtiment une expreffion convenable & puifée dans les différens caracteres des Ordres ruftique, folide, moyen, délicat, & compofé?

Dans quelle irrégularité ne tombent pas tous les jours la plupart de nos Architectes, en plantant leurs édifices fur la premiere compofition d'un plan, fans confulter les loix de l'harmonie, qui doit avoir pour objet la totalité de ce même édifice; & ne peut-on pas dire que c'eft une négligence blâmable que d'attendre que le bâtiment s'éleve pour réfoudre les difficultés qui fe rencontrent dans la main d'œuvre, au lieu de commencer par faire non-feulement les dévelopemens néceffaires, mais même des modeles en grand des parties les plus effentielles? N'eft-ce point encore une erreur que d'avancer qu'il n'eft befoin ni de coupe ni d'élévation pour déterminer la forme d'un plan? Oui fans doute, c'en eft une, & il eft aifé de prouver que le génie le plus fécond & l'expérience la plus confommée ne peuvent difpenfer un Architecte, quelqu'habile qu'il foit d'ailleurs, d'entrer dans tous les détails qu'entraînent après elles les différentes fujettions de l'art de bâtir. En effet la plus petite inadvertance coûte toujours infiniment dans un bâtiment, foit par rapport à la dépenfe, foit à caufe du tems qu'il faut employer pour la réparer; & je ne crains point de répéter que quoique la diftribution ne foit qu'une partie de l'Architecture, il faut pour obferver feulement les loix de la convenance, beaucoup de jugement & de goût, & qu'il eft befoin d'avoir des principes fûrs pour donner à un appartement la fimétrie & les proportions analogues à la diverfité des bâtimens & aux différentes pieces qui les compofent, fans quoi un Architecte ne peut donner dans ce genre que des productions qui fe reffemblent, & malgré les diverfes occafions qu'il a d'exercer fon art, on reconnoît dans tous fes ouvrages l'homme fans principes & fouvent fans expérience.

Après avoir donné les définitions générales des appartemens & des différentes pieces qui les compofent, nous allons rapporter en particulier celles qui font les plus néceffaires dans la diftribution d'un plan, telles que les Veftibules, les Antichambres, les Sallons, les Salles d'affemblée, les Chambres à coucher, les Cabinets, &c.

Des Vestibules.

On compte ordinairement six especes de Vestibules (*h*) ; les premiers sont nommés simples, parce qu'ils n'ont aucun avant-corps, étant seulement décorés de pilastres & d'arcades dans leur pourtour, comme celui du Château des Thuileries. On nomme les seconds figurés ou à ressaut, parce qu'ils sont composés dans leur plan de renfoncemens & de corps saillans ; tel est celui du Château de Maisons. Les troisiémes sont appellés tetrastyles, parce qu'ils ont quatre colonnes isolées & respectives à d'autres qui leur sont opposées ; celui des Invalides est de cette espece. Les quatriémes ont le nom d'octostyles circulaires, parce qu'ils ont huit colonnes flanquées ou adossées, comme celui du Luxembourg, ou isolées, comme celui de l'Hôtel de Beauvais. Les cinquiémes sont dits en ailes, parce qu'indépendamment du passage du milieu pour les voitures, ils en ont deux autres séparés par des colonnes ; tel est celui du gros pavillon du Louvre. Les sixiémes sont appellés Vestibules en péristyles, parce qu'ils sont divisés en trois parties par quatre rangs de colonnes & de pilastres, comme on le voit à celui du Château de Versailles, au-dessus duquel est l'ancien appartement du Roi.

La forme générale des Vestibules, lorsqu'ils ne sont ni quarrés ni circulaires, mais rectangles, est d'être plutôt barlongs qu'oblongs, en évitant néanmoins de leur donner trop peu de profondeur eu égard à leur longueur, cette forme devant être réservée pour les péristyles, les galeries, &c.

Le revêtissement des Vestibules se fait ordinairement de pierre dure ; ces pieces donnant entrée aux escaliers construits de même matiere, & ne faisant souvent qu'un tout ensemble. Les Ordres d'Architecture en forment assez souvent la décoration, principalement lorsqu'ils sont ouverts du côté de l'entrée par un entre-colonnement, tel que celui de l'Hôtel de Clermont. Alors l'Ordre intérieur doit être le même que l'extérieur ; mais l'entablement peut être réduit au cinquiéme de la hauteur de l'Ordre, au lieu du quart ; & même on peut y substituer une corniche architravée, ou n'y faire régner seulement qu'un architrave, devant éviter d'introduire dans ces sortes de pieces des corniches d'un genre trop léger, & composées d'ornemens frivoles, qui ne doivent être tolérés dans l'Architecture que pour les corniches des lambris qui revêtissent les petits appartemens, & non pour servir de couronnement à une décoration où les Ordres président. Il est encore essentiel de ne pas répandre trop de richesses dans l'ordonnance de la décoration de ces Vestibules, parce que c'est une loi de convenance que depuis l'entrée du bâtiment jusques à la galerie l'on observe une gradation de richesse & de magnificence qui soit relative à la destination & à l'usage de chaque piece.

Des Antichambres.

Ordinairement les Antichambres (*i*) sont les secondes pieces d'un bâtiment, & c'est le Vestibule qui leur donne entrée. Il en est de plusieurs especes ; les premieres sont destinées pour la Livrée. Elles doivent être tenues simples dans leur décoration ; on y place des poëles au lieu de cheminées, & l'on y supprime les parquets, les tableaux & les meubles de prix. Les secondes servent de séjour aux Valets de chambre ; on y pratique de grandes cheminées sans glaces, & l'on y préfere les tapisseries au lambris. Quelquefois ces pieces servent de salles à manger ou de sal-

---

(*h*) Du latin *vestis* une robe & *ambulare* marcher, ce lieu étant dans un bâtiment considérable une piece où l'on commence de laisser traîner ses robes pour les visites de cérémonie. Martinius fait dériver ce mot de *Vesta stabu-* *lum*, parce que chez les Anciens les vestibules étoient consacrés à la Déesse *Vesta*.

(*i*) Antichambres ; Vitruve l'appelle *anti-thalamus*, piece qui précéde une chambre où l'on couche.

les du dais ; alors leur décoration doit se ressentir de la diversité de leurs usages. Les troisièmes Antichambres sont ordinairement destinées à recevoir les personnes de dehors, pour y attendre les audiences du maître du logis, ce qui les fait quelquefois nommer salles d'assemblée ; pour cela il faut qu'elles soient spacieuses & de forme régulière, afin de contenir une plus grande quantité de sièges. En ce cas leur décoration doit être relative à leur destination, mais la simétrie doit sur-tout y être observée avec exactitude ; il faut que les portes ayent de grandes ouvertures, que les croisées soient bien percées, & que les cheminées soient proportionnées au diamétre des pieces.

En général il faut éviter que les Antichambres fassent partie de l'enfilade des principaux appartemens, leur usage étant contraire à la liberté que doivent avoir les maîtres de communiquer d'un appartement à l'autre sans être apperçus ni troublés par les personnes du dehors ou par les domestiques.

Des Sallons.

Des Sallons.

Les Sallons (*k*) sont ordinairement les plus grandes pieces d'un édifice ; on les place au milieu des appartemens, ou aux extrémités d'une galerie. Ils sont assez communément de la hauteur de deux étages, comme celui de Marly, qui est à pans. On en voit de quarrés, comme celui de Clagny, ou de circulaires ou d'élliptiques, comme ceux des Châteaux de Vaux & du Rincy. Ces sortes de pieces semblent exiger que leurs plafonds soient terminés en calotte, tels que sont ceux dont nous venons de parler. Lorsque le diamétre de ces Sallons n'excede pas 25 à 28 pieds, on les réduit à un seul étage, où l'on pratique un attique au-dessus, comme à celui du Château de Meudon.

Ces sortes de pieces sont ordinairement destinées à recevoir les personnes de distinction, à donner des festins, des bals, des concerts, &c. Leur décoration se fait de marbre, de pierre de liais, ou de menuiserie, selon qu'elles sont habitées l'été ou l'hiver, ou selon leur multiplicité dans un édifice : il faut sur-tout avoir égard à leur exposition, à leur destination, à leur diamétre & à leur élévation, afin d'y placer convenablement des cheminées, des glaces, & d'y faire usage des bronzes, des tableaux & des meubles de prix, tels qu'on en voit à ceux de l'Hôtel de Soubise (*l*) à Paris, qui sont magnifiquement décorés.

En général, le point essentiel de la décoration des Sallons est la régularité, la simétrie, & la convenance de leurs ornemens ; il faut principalement observer qu'ils soient bien percés, & de les placer, autant qu'il se peut, au milieu du bâtiment, afin que de leur centre on puisse jouir de l'aspect des dehors & de l'enfilade intérieure des appartemens.

A l'égard des Sallons qui montent de fond dans toute la hauteur d'un édifice, il faut observer qu'ils soient éclairés à raison de l'espace qu'ils occupent, ce qui se peut ou en évitant de mettre des bâtimens qui environnent le premier étage de cette piece, ainsi que Mansard l'a observé avec beaucoup d'art au Château de Marly, ou bien en l'isolant de maniere qu'on puisse pratiquer des jours au premier étage dans tout son pourtour.

Ces genres de Sallons ne se pratiquent gueres en France qu'aux Maisons de plaisance ; les édifices bâtis dans les Capitales n'étant jamais assez considérables. L'Observatoire est le seul à Paris où l'on voye un Vestibule à pans, dont le premier plancher soit percé, & le trotoir soutenu par une voussure ; mais cet exemple n'est recommandable que par la beauté de l'appareil.

Ordinairement les calottes de ces Salons à double étage sont ornées de peinture

(*k*) Du latin *aula*.
(*l*) Du dessein de M. Boffrand, & qui sont gravés dans son Livre d'Architecture.

ou de sculpture ; cette derniere y est préférable lorsque leur revêtissement est de pierre, de stuc, ou de plâtre ; les tableaux coloriés se découpent trop sur une couleur uniformement blanche, & ne réussissent bien que lorsque l'Architecture est de marbre réel ou feint, ainsi qu'on l'a observé aux deux Sallons de Versailles, l'un nommé celui de la Chapelle, & l'autre celui d'Hercule.

Des différentes especes de Salles.

Il y a différentes especes de Salles (*m*), sçavoir les Salles des Gardes, les Salles d'Assemblée, d'Audience, du Conseil, &c. On appelle Salle des Gardes, dans une Maison Royale, une grande piece où se tiennent les Gardes du Prince, & contre les lambris de laquelle sont attachés des porte-mousquetons, pour déposer les armes ; on place aussi dans ces sortes de lieux des tambours, qui sont des especes de tables sur lesquelles se font les décomptes, & dont le dessous reçoit pendant le jour les lits où les Gardes du Corps prennent leur repos durant la nuit. Ces pieces doivent être spacieuses, fort élevées, avoir de grandes cheminées, & être décorées avec simplicité. Voyez celles de Versailles, de Meudon, du Château des Thuileries, &c.

Des différentes Salles.

On appelle Salle d'assemblée, celle qui dans un Hôtel sert à recevoir les personnes de distinction, pour y attendre l'heure du lever ou l'instant de pouvoir être introduites auprès du maître. Ces sortes de pieces sont ordinairement ornées de belles tapisseries, ou quelquefois décorées de lambris, de dorures & de glaces, selon qu'elles sont partie des enfilades principales des appartemens, ou qu'elles sont voisines de quelques pieces richement meublées. On appelle encore Salle d'Assemblée, celle qui, dans un appartement de société, sert à rassembler les personnes du dehors qui viennent rendre visite ; mais alors elles sont mieux nommées Salles de Compagnie ; dans ce cas elles doivent être décorées avec magnificence, & distribuées avec simétrie, parce que c'est là qu'on se retire après le repas, & où l'on tient cercle, jeu réglé, où l'on forme des concerts, &c. Pour cet effet les glaces, les bronzes, les meubles, les bijoux, & l'élégance des formes doivent y présider.

On appelle Salle du Dais, une piece à l'un des côtés de laquelle est placé un Dais fort élevé, sous lequel, chez un Ambassadeur, est posé le portrait du Prince dont il est le Ministre ; chez un Prélat, les ornemens sacerdotaux, &c.

On appelle Salle d'Audience, celle qui chez un Ministre ou un Magistrat sert à recevoir les personnes du dehors qui viennent lui présenter des placets, où il écoute leurs plaintes & prend connoissance des différends qui naissent dans les familles & entre les Citoyens. Sa décoration doit être réguliere & grave, & le lieu spacieux, selon l'importance de l'emploi du maître qui y tient ses Audiences.

On appelle Salle du Conseil, le lieu où s'assemblent, chez les grands Seigneurs, dans des jours marqués, plusieurs personnes de confiance & éclairées, pour y conférer ensemble de ses affaires particulieres, ou des intérêts publics, concernant la guerre, la marine, le commerce, &c. Ce lieu doit être décoré avec noblesse & dignité ; les tapisseries & les tableaux doivent faire son principal ornement.

On appelle Salle à manger, la piece destinée à prendre ses repas, soit à la Ville, soit à la campagne. Elle se décore ordinairement avec quelque magnificence, à moins qu'elle ne serve d'Antichambre, ainsi que cela se pratique dans la plupart des maisons particulieres ; alors on y supprime les glaces & les or-

---

(*m*) Ce nom vient, selon Vossius, de l'Allemand *Sahl*, qui a la même signification. Vitruve en définit de trois sortes ; il nomme les premieres tetrastyles, ou à quatre colonnes ; les secondes Corinthiennes, qui ont des colonnes engagées dans le mur ; les troisiémes Egyptiennes, qui dans leur pourtour ont un Péristyle de deux Ordres de colonnes isolées, l'un sur l'autre. Ce sont ces dernieres que nous nommons Sallons à l'Italienne. Voyez celui que j'ai donné dans le premier Volume de la décoration des édifices, Pl. V.

Des Salles. nemens ; mais autrement, depuis que l'on a regardé la table comme le lien de la société, on a rendu la décoration de ces pieces susceptible de richesse, & pour leur procurer plus de salubrité, on pratique des fontaines, des rafraîchissoirs & des cuvettes dans les Antichambres voisines, ou dans les Vestibules, où l'on dresse aussi les buffets & où l'on place des réchauffoirs ; après le service on reporte à l'office l'argenterie, les porcelaines, les cristaux, &c. On affecte encore, au lieu de paver les Salles à manger de marbre, qui est trop froid en hiver, de se servir de parquet. Il faut généralement éviter que ces pieces ne donnent dans l'enfilade principale du bâtiment, étant pendant plusieurs heures du jour livrées aux domestiques ou aux officiers de la maison, ce qui interromproit la communication des appartemens de maître, & seroit un défaut de convenance que nous avons blâmé en parlant des Antichambres.

On appelle Salle des festins, une piece qui, dans un Hôtel-de-Ville ou dans une Maison Royale, est destinée à donner des repas somptueux aux personnes de la premiere distinction à l'occasion de quelques fêtes publiques, ainsi que la Ville en a donné à Paris à Sa Majesté à son retour de l'Armée, au mariage du Dauphin, ou qu'elle a coutume d'en donner à la naissance d'un Prince, à une publication de paix, &c.

On appelle Salle du bal, une piece destinée à recevoir publiquement les personnes masquées de l'un & de l'autre sexe, à l'occasion de quelques réjouissances extraordinaires ; alors l'on choisit ou l'on bâtit exprès un lieu spacieux que l'on décore de Peintures à fresque & de Sculptures en carton, aussi bien que de tribunes, de gradins, de dorures, de lustres, de girandoles, &c.

On appelle Salle de spectacle, une piece bâtie exprès proche d'un Palais ou dans l'aile de quelque grand bâtiment, & où l'on pratique un théâtre, un orquestre, des loges & des gradins, pour y voir représenter des Opéra, des Comédies, & des Balets, telle que M. le Duc de Chartres vient d'en faire élever une au Château de St. Cloud.

On nomme Salle de concert, une piece qui, dans une Maison Royale ou chez un Prince, est destinée pour rassembler nombre de Musiciens certains jours de la semaine, & dans laquelle sont élevées des tribunes pour la Musique & des gradins pour placer les personnes qui viennent l'entendre.

On donne le nom de Salle des bains au lieu où l'on place des baignoires, pour y prendre les bains de précaution ou de propreté. Il est bon de mettre autant qu'il est possible, ces sortes de pieces au rez-de-chaussée, & d'avoir soin que leur exposition soit au midi, & que leurs revêtemens soient de pierre de liais ou de marbre.

On appelle Salle de billard, celle qui est destinée à jouer à ce jeu, & qui pour cette raison doit être décorée avec simplicité, sans tableaux ni glaces. Ces pieces tiennent quelquefois lieu d'Antichambres ou de Vestibules, ainsi qu'il est pratiqué au Château de Marly.

Enfin la Salle du commun est, dans un bâtiment, un lieu situé proche les Offices, & où mangent les Officiers, ou un lieu placé auprès des Cuisines, & où la Livrée prend ses repas ; ces pieces ne sont susceptibles d'aucune décoration.

Des Chambres à coucher.

Des chambres en général. On distingue dans la distribution d'un bâtiment considérable six especes de Chambres(*n*), sçavoir celles qu'on nomme simplement Chambre à coucher, celles de parade, celles en alcove, en estrade, en niche, & en galetas. Il faut néanmoins sçavoir qu'en

---

(*n*) Le mot de Chambres vient du latin *camera*, voûte surbaissée, & dérivé de *camurus* courbé ou cambré, parce qu'anciennement la plupart des Chambres étoient voûtées en arc de cloître.

pour qu'une piece soit nommée Chambre, elle doit servir au repos, toutes les autres pieces d'un appartement devant avoir des dénominations particulieres, relativement à leur usage, malgré l'opinion des Anciens à cet égard, qui appelloient indistinctement Chambres, toutes les pieces habitées par les maîtres, à l'exception des Vestibules, des Salons, des Péristyles & des Galeries, ausquels nous donnons avec plus de vraisemblance les noms d'Antichambres, de Salles d'assemblée, de Cabinet, &c.

L'on entend sous le nom de Chambre à coucher proprement dite, une piece dont le lit est isolé & toujours situé en face des croisées, à moins que par quelque sujettion involontaire on ne soit obligé de le placer dans un des angles de la piece, où la commodité devienne préférable à la régularité; mais à parler juste, cette situation n'est tolérable que dans la Chambre d'un appartement privé, & non dans une piece qui se trouve dans l'enfilade principale d'un bâtiment.

Des chambres à coucher.

On appelle Chambre de parade celle qui fait partie des appartemens connus sous ce nom, & dans laquelle on rassemble les meubles les plus précieux; aussi est-elle habitée par préférence, en cas d'indisposition, par la Dame du logis; elle y reçoit les visites de cérémonie, & y fait sa toilette par distinction; autrement elle se retire l'hiver dans de petits appartemens moins froids, & d'un service plus aisé pour les domestiques. Ordinairement les Chambres de parade sont ornées de colonnes qui renferment l'enceinte du lit, au-devant duquel est une balustrade, qui sépare cet endroit d'avec le reste de la piece, de maniere que cette enceinte est garnie d'étoffe, tandis que l'intérieur de la Chambre est revêtu de menuiserie. A propos de quoi nous dirons que l'éclat de l'or sur le blanc a fait préférer cette couleur à toute autre sur les lambris des appartemens, sans considérer néanmoins qu'en premier lieu elle est fort sujette à se noircir, lorsque dans une piece de parade, pendant l'hiver, il y a beaucoup de lumieres & grand feu; qu'en second lieu elle paroît hors de convenance dans un endroit destiné au repos, imitant trop le plâtre ou le stuc, qui donne une idée contraire à la salubrité requise dans une piece faite pour cet usage.

Les Chambres en alcove ne different des précédentes qu'en ce que le lit est enfermé dans des cloisons de menuiserie qui en resserrent l'espace, de maniere à ne lui laisser qu'une place suffisante pour quelques siéges à côté du chevet. Ces alcoves servent le plus souvent à corriger la trop grande profondeur des pieces, qui sans cela deviendroient trop obscures; elles ont encore l'avantage de fournir aux deux côtés de l'alcove des garderobes, qui lorsqu'elles ont des dégagemens, procurent de grandes commodités à ces sortes de pieces.

Les Chambres en estrade étoient celles qui avoient un ou plusieurs gradins qui élevoient le lit. Elles étoient en usage le siécle dernier; mais ayant reconnu que cette inégalité, qui interrompoit le niveau d'une piece, avoit des désagrémens, on les a supprimées. Ces pieces différoient des Chambres en alcove en ce que la largeur de la menuiserie qui enfermoit le lit, étoit égale à celle de la piece, à l'exception de quelques arriere-corps & chambranles, & que quelquefois l'on y pratiquoit une balustrade ou appui pour renfermer l'enceinte de l'estrade.

Les Chambres en niche sont rarement d'usage dans les grands appartemens; elles sont réservées pour ceux qu'on nomme de commodité ou privés: on leur donne ce nom, parce que le lit est niché dans une espece d'alcove qui le contient, & dont la largeur & la longueur sont égales à celle du lit, qui ordinairement est situé en longueur, & pratiqué à deux chevets. Ces Chambres ont cela de commode qu'elles fournissent aux deux côtés de la niche des dégagemens, des garderobes ou des toilettes pour le service de la personne qui les occupe. Elles sont ordinairement destinées pour les petits appartemens adjacens à ceux de parade, ou pour les seconds étages, parce que leur diametre & la hauteur de leur plancher ne peut

Tome I.   I

peut entrer en comparaison avec les grands appartemens, à moins que l'élévation de ces derniers ne permette de pratiquer des entre-foles au-dessus des Chambres en niche.

Des chambres à coucher.

Quoique ce genre de piece soit devenu fort à la mode en France, néanmoins il faut convenir que le service y est plus difficile que dans aucun autre endroit : raison pour laquelle on affecte souvent d'ouvrir le fond de ces niches par des coulisses ou par des stors, qui procurent aux domestiques la facilité de faire le lit du maître, sans le tirer au milieu de la Chambre, principalement quand le fond de cette niche se trouve adossé à des garderobes ou à des dégagemens convenables.

On appelle Chambres en galetas, celles qui, dans les mansardes ou les combles d'un bâtiment, sont destinées aux Officiers de la maison, ou aux principaux domestiques, & qui alors n'ont aucune sujettion particuliere, & dont la commodité seule fait l'objet.

Il y a quatre choses également intéressantes à observer dans la disposition d'une Chambre à coucher ; la premiere, que sa forme générale soit toujours plus profonde que large ; elle peut être quarrée depuis le devant des croisées jusques à l'estrade ; mais toute la profondeur de cette derniere doit excéder le quarré, ou, quand il n'y a point d'estrade, le pied du lit doit terminer à peu près l'un des cotés du quarré.

Secondement, il faut, ainsi que nous l'avons déja observé, que les croisées d'une Chambre soient toujours en face du pied du lit ; toute autre situation est désagréable, sur-tout dans un appartement susceptible de quelque décoration.

Troisiémement, que les cheminées soient placées de maniere qu'elles marquent le milieu de la piece, depuis les croisées jusques à l'estrade, & qu'elles soient situées du côté opposé à la principale entrée de la piece.

Quatriémement, il faut avoir attention que les portes, quoiqu'assujetties à l'enfilade de tout le bâtiment, soient assez peu distantes du mur de face pour laisser un écoinçon raisonnable entre le piédroit de la porte & la cheminée, autrement cette derniere ne peut être utile, comme on le remarque dans une des Chambres à coucher de l'Hôtel de Bellisle, où l'on n'a laissé aucun intervalle entre le chambranle de la porte qui y donne entrée, & celui du jambage de la cheminée.

Ordinairement sur les murs de refend on affecte des portes feintes, opposées à celles d'enfilade, qui par cette simétrie placent les cheminées au milieu de la piece, mais il en résulte un inconvenient ; c'est qu'alors il ne reste plus de place raisonnable pour mettre des sieges à cause de l'espace qu'occupe d'un côté l'estrade, & de l'autre les croisées ; je dis raisonnable, car il ne paroît pas vraisemblable de poser des sieges devant les venteaux d'une porte qui, quoiqu'elle soit feinte, semble aux étrangers devoir s'ouvrir. D'ailleurs la hauteur des meubles en altere la proportion, & interrompt l'ordonnance de la piece ; cependant c'est un défaut qu'il est difficile d'éviter ; aussi à l'Hôtel de Soubise a-t-on, pour s'en éloigner, affecté seulement le dessus de porte (*o*) ; mais comme ce dernier, pour satisfaire à la grandeur de celui qui lui est opposé, occupe beaucoup d'espace, il en résulte que la partie qui reste depuis le dessous de ce tableau jusqu'au-dessus du lambris d'appui, est trop peu élevée par rapport à sa largeur, & fait un panneau de mauvaise forme. Ce défaut doit porter indispensablement à éviter cette décoration du côté opposé aux portes, & à lui substituer un compartiment qui n'ait rien de commun avec son ordonnance, ou à souffrir peu de sieges dans ces sortes de pieces. Il est vrai que l'usage d'une Chambre à coucher semble en exiger moins que toute autre ; mais encore est-il de la décence qu'elle en contienne un certain nombre.

La hauteur des chambres à coucher, aussi bien que celle de toutes les pieces d'un appartement un peu considérable, doit être tenue d'une élévation proportionnée à leur

---

(*o*) Voyez la Planche 61, page 97 du Livre d'Architecture de M. Boffrand.

diamétre. Ordinairement l'on prend la longueur du plus grand côté, plus celle du plus petit, & la moitié de ces deux sommes la détermine, sur-tout lorsque l'on veut former ses plafonds en calotte, à l'imitation des voûtes ; alors ces calottes, avec la hauteur des corniches, peuvent avoir environ le quart de toute la hauteur de la piece. Ces voûtes étoient anciennement presque toutes ornées d'Architecture, de Peinture & de Sculpture ; aujourd'hui la Sculpture seule y préside ; cependant on ne peut disconvenir que la plusieurs de ces plafonds qu'on voit au Château des Thuileries, à Versailles, à Meudon, à Vincennes & ailleurs, n'ayent des beautés réelles, qui sont à la vérité un peu pesantes pour la plupart, mais qui néanmoins paroissent préférables aux ornemens trop légers & sans liaison qu'on affecte dans la plus grande partie de nos décorations intérieures. Presque tous les grands maîtres conviennent de ce que j'avance ; nos Architectes même admirent disent-ils, ces beaux ouvrages du siécle passé, cependant ils se laissent entraîner au torrent ; les Sculpteurs sçavent leur en imposer jusques dans nos Temples, où l'on a travesti les décorations autrefois nobles, simples & majestueuses, en des compositions remplies d'ornemens frivoles, bizarres, chimériques, & mal entendus.

Des chambres à coucher.

Les observations que nous venons de faire ne regardent que la décoration ; cette partie est sans doute très-intéressante dans l'Architecture, mais toute essentielle qu'elle paroisse, elle est insuffisante ici sans la commodité, puisque les pieces de maîtres les mieux décorées sont imparfaites, si elles ne sont accompagnées de celles destinées pour leur usage particulier, & tout ensemble de celles qui sont nécessaires aux personnes employées à leur rendre service, je veux dire de garderobes, de lieux à soupape, & enfin de dégagemens relatifs à la grandeur du bâtiment, à la destination des pieces, à l'état & à la différence des deux sexes, qui demandent plus ou moins de ces garderobes pratiquées, éclairées, & dégagées convenablement. L'on peut même dire que cette partie de la distribution est une des plus grandes épreuves où l'on puisse mettre l'expérience, l'intelligence, les ressources & le génie d'un Architecte.

Des Cabinets.

On comprend sous ce nom des pieces dont l'usage est différent, & qui sont de deux especes : de la premiere sont les Cabinets (*p*) où l'on traite d'affaires particulieres, où l'on tient Conseil (*q*), ceux qui servent à l'étude, ou qui sont destinés à recevoir des livres, des tableaux, des bijoux, des bronzes, &c. Il convient que ces derniers soient pratiqués en aile, qu'ils ne fassent pas partie de l'enfilade principale des appartemens de société, & qu'au contraire la garde en soit confiée à des personnes sûres, qui ayent soin de leur entretien. On doit observer dans leur ordonnance la simétrie, & la proportion ; leur exposition dépend absolument de la diversité de leurs usages, étant essentiel d'observer de placer les Cabinets d'étude au Levant, ceux de livres & de tableaux au Septentrion, le jour étant plus égal de ce côté-là, & devant venir directement du ciel, & non par réflexion, car les faux jours ou les jours glissans ôtent aux tableaux la plus grande partie de leur effet. A l'égard de leur proportion, il convient que leur hauteur corresponde à leur diamétre, & qu'on y fasse, autant qu'il est possible, venir le jour d'en haut, d'où il résulte deux avantages ; le premier, que l'on gagne de la surface pour ranger les livres & les tableaux ; le second, que ces ouvrages de l'esprit & de l'art reçoivent un jour plus uniforme, & que l'on est moins exposé à la distraction dans ces sortes de pieces, où le recueillement est nécessaire. Pour ce

Des Cabinets.

(*p*) Cabinet, en latin *tablinum* & *musaeum*, piece secrette.

(*q*) On dit néanmoins plus communément Salle du Conseil que Cabinet, cette piece étant sujette à recevoir une nombreuse assemblée.

Des Cabi-
nets.

qui regarde la simétrie, elle consiste dans l'arrangement des tableaux, qui doivent être distribués avec ordre & avec goût, & sans que l'on confonde les Auteurs ni les genres de Peinture, qui ordinairement se divisent par classes, & se placent en différentes pieces, comme on l'a observé dans les Cabinets de M. le Duc d'Orléans, de M. le Duc de Talard, de M. le Marquis d'Argenson, de M. de Gagny, de M. de Julienne, de M. la Boissiere, de M. de Thiers, &c : tous Cabinets très-curieux, & qui méritent l'attention des amateurs par la collection considérable des trésors qu'ils renferment, mais entre lesquels on n'en voit que deux au Palais Royal qui soient éclairés par en haut, & qui seuls suffisent pour faire sentir l'avantage de cette maniere d'éclairer les Cabinets d'un tel genre.

Les Cabinets de la seconde espece sont pour les Oratoires, les toilettes, les méridiennes, les aisances, &c. Leur exposition est plus indifférente, & leur décoration moins susceptible de gravité : il convient seulement d'y observer une élégance relative à leur usage ; & c'est dans ces sortes de pieces qu'un Architecte peut donner carriere à son génie, & introduire à son gré les ornemens de Sculpture & de Peinture, les glaces, les dorures, &c, qui en font autant de retraites amusantes & agréables.

En général on met au nombre de ces pieces les garderobes de maîtres ; elles sont connues sous le nom de petits appartemens, parcequ'on y pratique de petites Chambres à coucher & des dégagemens, soit au rez-de-chaussée, soit en entre-soles : voyez ce que nous avons dit à ce sujet en parlant des Chambres à coucher.

Des Garderobes.

Des Garderobes.

On distingue deux especes de Garderobes (r), l'une composée d'une partie des pieces que nous venons de nommer, l'autre à l'usage seulement des domestiques, telles que sont les Chambres où ils couchent la nuit près de leur maître, ainsi que les lieux où ils tiennent leur linge, leurs habits & autres ustenciles convenables à la propreté. Il n'est besoin que d'y observer qu'elles soient éclairées & pourvûes de cheminées selon leur destination, & qu'elles ayent des dégagemens qui puissent aider le service des domestiques, sans troubler les maîtres, avec des escaliers dérobés qui montent ou qui descendent aux Antichambres communes, sans que ces domestiques soient obligés de passer par les principales pieces d'un appartement.

Des Galeries.

Des Galeries.

Les Galeries (s) dans un bâtiment sont de grandes pieces dont la largeur doit être à la longueur au moins comme 1 est à 4, & au plus comme 1 est à 6. Les plafonds doivent en être voûtés pour plus de magnificence, ou tenus en calotte. Il en est de plusieurs especes ; les unes servent à contenir ce qu'on a de plus précieux, soit en meubles, soit en bijoux ; d'autres sont seulement destinées à contenir des livres ou des tableaux : quelques-unes à rassembler la société & à jouer ; celles-ci servent dans un grand Palais de lieu d'assemblée, & celles-là de passage pour la communication des grands appartemens. Selon leurs différens usages & leur décoration, on les nomme Galeries d'Architecture, comme celle du Louvre, qui a 243 toises de longueur sur 5 de largeur ; ou de Peinture, comme celle du Luxembourg peinte par Rubens ; ou de Sculpture, comme celle du Château de Clagny ; ou Galerie magnifique, lorsqu'elle réunit tous ces genres de beauté, telle que celle de Versailles, peinte par le Brun.

(r) Garderobe, en latin *vestiarium*, que Perraut entend dans Vitruve par *cella familiarica*, connue aujourd'hui sous le nom de Cabinet d'aisance. Garderobe chez les Italiens est pris pour Gardemeuble.
(s) Galerie en latin *porticus*.

Il faut obferver que les voûtes de ces Galleries foient par les deux extrémités Des Galleries. en arc de cloître, comme à la Gallerie de l'Hôtel de Touloufe, & non pas terminées en berceau, comme celle de Verfailles : & que les croifées qui les éclairent foient grandes, fpacieufes & terminées en voufsures, afin que la lumiere frappe fur les plafonds. La voûte de la Gallerie de St. Cloud, peinte par Mignard, eft mal éclairée, la hauteur des croifées n'ayant que la moitié de celle de la Gallerie. Lorfqu'on veut revêtir de tableaux les murs des Galleries, il faut éviter de les percer des deux côtés de leur longueur par des croifées, comme on l'a fait à celle du Luxembourg & à l'Hôtel de Villars : ces faux jours nuifent à la Peinture. Celle de l'Hôtel de Touloufe eft mieux éclairée, n'ayant que d'un côté des croifées, vis-à-vis defquelles font placées des glaces qui leur font fimétrie. On met rarement des cheminées dans les Galleries, principalement lorfqu'elles font fort grandes : celles de Verfailles, du Louvre, de Meudon, de St. Cloud n'en ont point. On en a placé à l'une des extrémités de celle du Palais Royal, de l'Hôtel de Touloufe, & de Villars, parce qu'elles ont moins de longueur. L'entrée de ces Galleries eft oppofée aux cheminées, dont la forme & la grandeur produifent un affez bel effet.

Pour échauffer des pieces de cette étendue, il faudroit néceffairement plus d'une cheminée, ainfi qu'on l'a obfervé dans une des grandes Salles du Palais du Luxembourg, où deux cheminées font rangées fur le même mur de refend ; ce qui n'eft pas à imiter, l'utilité devant s'accorder avec la fimétrie. Il faudroit du moins en pareil cas, qu'elles fuffent vis-à-vis l'une de l'autre dans les deux extrémités ; alors on feroit obligé d'entrer dans ces Galleries fur la longueur d'un des murs de refend, ce qui ne feroit jamais fi bien, parce qu'on feroit dans la néceffité de tourner à droite & à gauche, pour appercevoir l'enfemble de leur décoration.

Nous avons dit, en parlant des Cabinets de tableaux, qu'il conviendroit de les éclairer par en haut, comme ceux du Palais Royal, il feroit également à fouhaiter que les Galleries deftinées au même ufage, ou à fervir de Bibliotheque, le fuffent auffi, quoique je n'en fache aucun exemple ; on en tireroit un grand avantage pour la lumiere & pour la furface des murs qui refteroient libres, à l'exception des portes qui y donneroient entrée, & cela procureroit le moyen de pratiquer des Appartemens triples dans un bâtiment un peu confidérable. L'on ne devroit donc éclairer ces Galleries d'une autre façon que lorfqu'elles feroient deftinées à la fociété & à contenir une nombreufe affemblée, parce qu'en ce dernier cas elles demandent plutôt de la gayeté que le recueillement qu'on cherche dans les autres.

Il eft auffi fort bon d'obferver de placer les Galleries en aîle, & qu'elles ne foient pas comprifes dans le principal corps de bâtiment : ayant néanmoins attention, autant qu'il eft poffible, qu'elles faffent partie de l'enfilade générale. Non feulement on doit les fituer de cette maniere parce que l'entrée de ces grandes pieces ne doit pas être ouverte à tout le monde, mais auffi parce que, lorfqu'elles fe trouvent au rez-de-chauffée, on ne peut guere diftribuer des appartemens au-deffus, à caufe de la difficulté d'y élever des murs de refend pour placer des cheminées au premier étage.

Leur expofition, leur matiere, & leurs ornemens doivent être relatifs à leur ufage : Une Gallerie qui renferme des tableaux & des livres, ne doit pas être au Midi : Le marbre doit être préféré à la menuiferie dans une Gallerie publique : Les ornemens, les dorures, les glaces, doivent dominer dans celles deftinées à la Société, au Jeu, au Bal, aux Concerts, &c.

Il convient de placer aux extrémités de ces Galleries, des Sallons qui leur fervent d'iffue ; mais il faut obferver avec foin que ces pieces foient libres, qu'elles ne faſſent pas partie d'un appartement de commodité, ou qu'elles ne ſervent point de Cabinet paré, de Chapelle, &c. Autrement les coups d'œil de ces Galleries feroient limités ; il convient au contraire de les prolonger autant qu'il eſt poſſible, & de les terminer par une porte croiſée, qui réuſſit mieux que quelque décoration que ce puiſſe être.

Des Chapelles à l'uſage des bâtimens civils.

Des Cha-
pelles.

Sous le nom de Chapelle on entend ordinairement un lieu où eſt élevé un autel, qui fait partie d'une Egliſe, & qui eſt deſtiné à quelque dévotion particuliere, comme la Chapelle de la Vierge à St. Roch, ou à St. Sulpice ; c'eſt encore dans une maiſon Royale, ou dans un Château, une petite Egliſe au rez-de-chauſſée, avec Tribune pour la Muſique, comme à Verſailles & à Fontainebleau : ou enfin c'eſt dans un Palais ou une Maiſon de plaiſance, une piece près d'un appartement, & dans laquelle eſt un autel (*t*) où ſe célebre & s'entend la meſſe, ſans qu'il ſoit beſoin de ſortir. Telle eſt à Paris celle des Thuileries & celle du Luxembourg. Quelquefois l'on donne à leur décoration extérieure quelque marque de diſtinction ; mais on ne doit l'approuver, que lorſque cette Chapelle eſt contenue dans un Pavillon particulier & détaché du reſte du bâtiment ; car autrement le mélange des ſimboles de la Religion Chrétienne, qui ſe trouvent confondus avec les allégories d'un bâtiment civil, & ſouvent même avec les attributs du Paganiſme, eſt un défaut de convenance, qui doit bleſſer tout eſprit raiſonnable, ainſi qu'on le remarque au Palais du Luxembourg du côté du jardin.

Quelquefois ces Chapelles ſont pratiquées proche des principales pieces, ce qui eſt d'une grande commodité ; ou bien il faut traverſer tous les appartemens pour y arriver, comme à Verſailles, à Fontainebleau, & à Meudon ; ou deſcendre & monter des appartemens pour entendre la Meſſe, comme au Château des Thuileries & au Palais du Luxembourg : ce qui eſt une grande ſujettion, ſurtout en hiver, où l'on eſt expoſé à l'air froid pendant la longueur du trajet. Mais ſi d'un côté il s'y trouve de la difficulté, de l'autre il eſt contre la décence de placer trop près des appartemens de ſociété une Chapelle, dont l'uſage exige qu'elle ſoit éloignée de toute action mondaine, & je trouve que c'eſt manquer eſſentiellement à ce qu'on doit à la Religion, que de pratiquer ces Chapelles, comme on le fait aujourd'hui indiſtinctement dans nos bâtimens, près des Antichambres où ſe tient la livrée, ou dans des armoires, ou retranchemens placés dans la Salle à manger, dans la Salle de compagnie, &c. Cela ne me paroît tolérable que dans des bâtimens Epiſcopaux, où des perſonnes conſacrées à Dieu font leur réſidence, ou bien lorſque la néceſſité veut que des perſonnes pieuſes, ou infirmes, ayent près d'elles leur Oratoire & un Autel, pour y entendre le Service Divin.

La décoration de ces Chapelles ne demande pas moins de retenue dans ſon ordonnance, que de précaution pour leur ſituation. Leur grandeur doit être proportionnée à l'étendue du bâtiment, au nombre des maîtres & à celui des domeſtiques ; de maniere qu'on eſt obligé, ſelon le beſoin, de pratiquer par diſtinction des Tribunes pour les premiers, & des places particulieres pour les derniers ; conſidération qui détermine ſouvent à faire monter de fond ces Chapelles, comme à Choiſi-le-Roi, à Meudon, &c. Leur conſtruction doit être toute de pierre dure,

---

(*t*) Autel, en latin *altare*, qui vient d'*altus* haut, parce qu'il eſt élevé de terre. C'eſt chez les Chrétiens une table qui eſt ordinairement d'une ſeule piece, de marbre ou d'une autre pierre, ſur laquelle on célebre le Sacrifice de la Meſſe. On appelle grand Autel ou maître Autel celui du Chœur d'une Egliſe ; il y en a d'iſolés, de flanqués, à double parement, &c.
On appelloit Autel chez les Payens, une eſpece de piédeſtal quarré, rond, ou triangulaire, orné de bas-reliefs, d'inſcriptions, &c.

ou de liais, & leur ordonnance composée de grandes parties: il faut que les or- *Des Cha-*
nemens en soient distribués avec choix & sans confusion: la proportion & la *pelles.*
simplicité doivent y présider plus que dans toute autre décoration, ne convenant
point d'introduire dans un lieu de recueillement des ornemens frivoles ou des formes capricieuses, si contraires à la Majesté du lieu. Celles de Meudon, de Clagny,
& de Sceaux sont des modeles parfaits dans ce genre, & préférables à celles où
la peinture, la dorure, & la diversité des marbres produit de trop petites parties.
A cette occasion, je ne puis me lasser de répéter qu'il faut affecter de la convenance suivant le caractere & l'usage des pieces, non seulement dans le choix des
ornemens, mais aussi dans celui des matieres, aussi bien que dans l'accord des parties avec le tout, sans quoi on tombe dans une répétition mal entendue & dans
un désordre aussi désagréable que contraire aux préceptes de la bonne Architecture.

Des Escaliers.

Il en est de plusieurs especes dans l'art de bâtir; sçavoir des Escaliers à deux *Des Esca-*
rampes, comme celui de St. Cloud, à trois rampes, tel que celui des Thuileries, *liers.*
de triangulaires, ceintrés, à jour, sphériques, suspendus, à vis St. Gilles, en arc de
cloître, en fer à cheval, &c. Nous nous réduirons seulement à parler en général de
leur situation, de leur grandeur, de leurs différentes formes, de la lumiere qu'on
doit y ménager, de leur décoration, & de leur construction.

De la situation des Escaliers dans un bâtiment.

Anciennement on plaçoit les Escaliers hors œuvre, on les a mis ensuite dans
l'intérieur & au milieu d'un bâtiment: Tel est celui qu'on voit encore aujourd'hui
au Palais du Luxembourg. A présent on les place à côté du Vestibule, ainsi qu'on
le peut remarquer au Palais des Thuileries, parce qu'on a reconnu que les Escaliers
situés dans le milieu de l'édifice masquoient l'enfilade de la Cour avec celle des
jardins. Plusieurs Architectes regardent comme arbitraire de les mettre à la droite
ou à la gauche du bâtiment: quelquefois même ils les placent dans les ailes de leurs
édifices, ainsi qu'à l'Hôtel de Bellisle, au Palais Royal, &c. Il faut cependant convenir, que lorsque l'aspect du bâtiment nous indique plusieurs étages, il est nécessaire que l'Escalier s'annonce du vestibule, & plutôt à la droite qu'à la gauche,
parce qu'il semble que nous sommes naturellement portés à chercher de ce côté-là
ce qui nous est propre, soit préjugé, soit habitude; il est certain que nos meilleurs
Architectes nous ont recommandé cette situation pour les Escaliers, comme un
principe invariable. Il y a néanmoins des circonstances, où l'on peut passer par dessus
cette regle, principalement lorsque par rapport à l'intérieur du bâtiment & à
l'exposition de ses aspects, il convient de pratiquer à droite les appartemens de société, pour jouïr du point de vue, qui très-souvent, dans une maison de plaisance, ne se rencontre que de ce même côté; autrement on ne peut trop insister sur la
nécessité de placer les Escaliers comme nous le recommandons, & de les situer de
maniere qu'ils soient visibles dès le Vestibule, quoique nous ayons des exemples
anciens & modernes où ils semblent placés indifféremment. Ceux des Palais Far-
neze, Gaëtan, Altieri, Caffarelli, de la Chancellerie, & du Capitole à Rome
sont à gauche, de même qu'à Paris ceux des Hôtels de Toulouse, Amelot, la Vrilliere, du Maine, de Beauvais, &c. Au lieu que ceux du Palais du Pape au Vatican,
à *Monte Cavallo*, au Palais Borghese, & de Chigi, sont à droite, comme on l'a
pratiqué à Paris aux Château des Thuilleries, aux Hôtels de Matignon, de Soubise, de Rohan, au Château de Maisons, &c.

De la grandeur des Escaliers.

On peut dire en général, que la grandeur d'un Escalier dépend de l'étendue du bâtiment & du diametre des pieces. Rien ne seroit plus contraire à la convenance que de faire un Escalier principal trop petit, pour monter à des appartemens spacieux, ou d'ériger un trop grand Escalier dans une maison particuliere, puisqu'il est essentiel dans l'Architecture d'observer un rapport direct entre les parties & le tout.

Par la grandeur d'un Escalier, nous entendons l'espace qu'occupe sa cage, la longueur de ses marches (*u*) & le vuide qu'on observe entre les murs d'Echifre (*x*) ou le Limon (*y*) rampant ; car il est à remarquer, que dans tous les genres d'Escaliers pratiqués pour l'usage des Maîtres, leur giron (*z*), la hauteur des marches, & celle des appuis des balustrades & des rampes, doivent partout être les mêmes, en observant néanmoins que dans ceux qu'on nomme moyens, & qui sont aussi à l'usage des maîtres, la longueur des marches n'ait pas moins de quatre pieds, afin que deux personnes de front puissent descendre & monter commodément.

La grandeur des Escaliers ne signifie pas seulement la surface qu'ils occupent, mais aussi leur élévation, qui n'est jamais moindre que de deux étages, & qui souvent est beaucoup plus haute, ce qu'il faut éviter, étant mieux que les rampes ne montent qu'au premier étage, quoique souvent au-dessus de ces derniers on soit obligé de pratiquer un Attique ou une mansarde, pour le logement des personnes subalternes, ou pour distribuer de petits appartemens particuliers, parce qu'alors pour arriver à cet étage supérieur, il suffit d'un petit Escalier particulier, qui en même tems serve à monter aux terrasses. En ce cas le grand Escalier devient susceptible d'une plus grande élégance, & du rez-de-chaussée on en apperçoit mieux l'extrémité supérieure, qui ordinairement se termine en calotte, ou en voussure, avec corniches, ornées de Sculpture, &c.

De la différente forme des Escaliers.

L'on peut dire que la diversité des formes des Escaliers est aussi grande que celle

---

(*u*) Sous ce nom l'on entend la partie de l'Escalier sur laquelle on pose le pied, & qui tout ensemble signifie la longueur de la marche, sa largeur ou giron, & sa hauteur. On les appelle aussi degrés, du latin *gradus* ; il y a des marches qu'on appelle quarrées ou droites, d'autres qu'on nomme marches d'angle, gironnées, délardées, moulées, rampantes, &c.

Les quarrées sont celles dont le giron est contenu entre deux lignes parallèles.

Les marches d'angle, sont celles qui sont situées dans la plus grande longueur des quartiers tournans.

Les marches gironnées, sont celles des quartiers tournans d'un Escalier circulaire ou ovale.

Les marches délardées, sont celles qu'on a démaigries & chanfrinées par dessous, & qui portent leur délardement.

Les marches moulées, sont celles qui ont une moulure sur l'extrémité du devant de leur giron, & la partie supérieure de leur hauteur ; cette espece de marche est appellée par les Ouvriers quart-de-ronde, parce que généralement ils appellent ainsi tout contour en cercle ou demi cercle parfait, qui approche de cette figure ; mais dans une marche ornée de moulures, le nom de quart-de-rond est impropre, parce que jamais on n'en doit faire usage à l'extrémité supérieure d'une moulure, à moins qu'il ne soit renversé ; au contraire il faut y pratiquer une espece de tore ou grosse astragale, c'est-à-dire une moulure circulaire composée d'un demi cercle avec un filet & un congé.

Les marches rampantes, sont celles dont le giron est tenu fort large & incliné en devant.

(*x*) Echifre est le mur rampant qui porte les marches d'un Escalier, & sur lequel on pose la rampe de pierre ou de fer. Il est ainsi nommé, parce que pour poser les marches, on marque sur ce mur des chiffres qui expriment leur quantité, la largeur de leur giron, leur hauteur, &c. Vitruve nomme les Echifres *scapi scalarum*.

(*y*) Limon, du latin *limus*, qui signifie biais ou incliné, est une tablette rampante, qui dans un Escalier sert à porter les marches & les balustrades ou rampes de fer. Les limons sont aussi appellés par Vitruve *scapi scalarum*.

(*z*) Giron, sous ce nom l'on entend la largeur d'une marche sur laquelle on pose le pied ; il est ainsi appellé du latin *girus* un tour, parce que les anciens Escaliers sont la plupart circulaires ; il en est de droits, de triangulaires, & de rampans ; le premier est celui qui est continué entre deux lignes parallèles, soit que les marches soient droites, courbes, ou sinueuses : le second est celui qui se rétrécit vers le collet & s'élargit vers le mur de cage : le troisième est celui qui a une grande largeur & une pente assez considérable pour que les chevaux puissent en monter les marches, comme celui du grand Escalier en fer à cheval de Trianon.

des bâtimens; les anciens les faisoient assez souvent circulaires, ensuite on les a fait presque tous quarrés; aujourd'hui on leur donne indistinctement des formes variées selon que la distribution du bâtiment, l'inégalité du terrein, ou la sujetion des issues semblent l'exiger. Il est cependant certain que dans les bâtimens de quelque importance, les formes régulieres paroissent mériter la préférence, ce genre de pieces demandant beaucoup de retenue; autrement lorsque les rampes (&) sont irrégulierement circulaires, les girons des marches se trouvent inégaux, ce qui rend leur pratique peu sûre, notre pas étant naturellement réglé, ainsi que nous le dirons en son lieu.

La figure de ces sortes de pieces est du nombre des choses où la solidité des préceptes doit prévaloir sur le génie, le feu, & l'invention; c'est pourquoi, sans avoir égard aux exemples des Escaliers de la plupart de nos bâtimens modernes, nous ne pouvons trop recommander de sagesse dans leur composition; & si quelquefois on se trouve contraint d'arrondir les angles d'un rectangle, ou d'un quadrilatere (forme la plus en usage pour les Escaliers de quelque considération) ce ne doit être que pour donner plus de grace à la cage, & satisfaire à la simétrie des écoinçons, qui quelquefois deviennent irréguliers dans l'intérieur de l'Escalier, par la sujetion de la décoration extérieure, ou par celle de quelque forme triangulaire, ou circulaire des pieces de dégagement qui y sont adossées.

De la maniere dont on doit éclairer les Escaliers.

Quoiqu'on soit obligé de faire usage des Escaliers presqu'autant de nuit que de jour, il n'en est pas moins vrai qu'on doit être attentif à répandre une lumiere égale dans toute leur surface, autrement, lorsqu'on la fait venir seulement d'un côté de la cage, les rampes qui lui sont opposées, sont presque toujours obscures, comme on peut le remarquer au Château de Versailles, dans le grand Escalier des Princes. C'est pourquoi lorsqu'on se trouve dans un lieu serré, il conviendroit d'éclairer l'Escalier en lanterne, comme on l'a fait à celui des Ambassadeurs, du même Château, parce qu'alors la lumiere plonge sur chaque rampe, principalement lorsqu'elles ne montent qu'au premier étage, auquel cas elles ne se rencontrent jamais l'une sur l'autre. Par le nom de lanternes, je n'entends pas celles qui sont inclinées, telle qu'est celle de l'Escalier que nous venons de citer; cette forme convient d'autant moins dans ce lieu qu'il est vaste & qu'il appartient à une Maison Royale, où il auroit été convenable que cette lanterne eut été élevée perpendiculairement, dans le goût des coupoles de nos Eglises.

De la décoration des Escaliers.

En général, la convenance, ainsi que la simétrie, doit présider à la décoration d'un Escalier. Par le nom de convenance nous entendons la prudence avec laquelle on doit éviter la profusion des ornemens & des membres d'Architecture dans l'Escalier d'une maison particuliere, même dans ceux qui sont vastes & appartiennent à un bâtiment public, tel qu'un Monastere, un Hôpital, une Maison Religieuse, &c. où la douceur des rampes, la longueur des marches, la grandeur de

---

(&) Rampe, appellée par Vitruve *scalaria*; sous ce nom on comprend autant une suite de degrés sans interruption, entre deux palliers, que leurs balustrades à hauteur d'appui, soit que ces dernieres soient de marbre, de pierre, de fer, &c. On appelle rampe courbe une portion d'Escalier à vis suspendue, ou à noyau évuidé, laquelle se trouve par une cherche ralongée, pour former des quartiers tournans dans tous les différens genres d'Escaliers susceptibles de quelque portion circulaire.

On appelle rampe à ressaut, celle dont la continuité est interrompue par des crossettes ou piédestaux placés vers les palliers, comme à l'Escalier du Palais Royal, à Paris; ces rampes ne sont pas à beaucoup près si bien que celles qui sont continues.

Décoration des Escaliers.

la cage, & l'appareil de leur conſtruction doivent être les principaux objets. Cet eſprit de convenance doit même être exactement obſervé dans une Maiſon Royale, afin qu'il ſe rencontre une progreſſion ſenſible de richeſſes, entre la décoration de ces genres de pieces & celle des appartemens, qui chacun à part doivent être décorés ſuivant leur uſage & leur deſtination.

Les Eſcaliers des bâtimens de Paris qui me ſemblent le mieux décorés ſuivant les préceptes dont nous parlons, ſont ceux des Hôtels de Toulouſe & de Thiers: ceux des Hôtels de Soubiſe, de Luynes, de Tunis, &c. qu'on s'eſt apperçu après coup être trop ſimples, & où l'on a, par un excès oppoſé, répandu trop de richeſſes, montrent aſſez qu'il ne s'agit pas d'avoir pour objet de faire un bel ouvrage de Peinture. Il faut ici comme ailleurs de la vraiſemblance, & c'eſt pour cette raiſon qu'il eſt eſſentiel que l'Architecte examine tout ce qui ſe fait dans un bâtiment, en ſuppoſant qu'il ait la connoiſſance de tous les arts relatifs à celui de bâtir; ſeul moyen de mériter ce titre, & de s'attirer la confiance des hommes du premier ordre.

Plus il paroîtra néceſſaire d'introduire de la décoration dans un Eſcalier, plus il ſera important d'éviter que les palliers (a) du premier étage ne mettent à couvert celui du rez-de-chauſſée, & ne dérobent les coups d'œil de la cage & même de la calotte, qui quelquefois ſe décore de Peinture, à la place de laquelle néanmoins je voudrois plutôt employer des bas-reliefs de Sculpture, à moins que le revêtiſſement & les rampes ne fuſſent de marbre, comme il s'en voit quelques-uns en France; ſans quoi un ſujet colorié dans le plafond tranche trop ſur une décoration de pierre, comme on le remarque à celui de la Bibliothéque du Roi, où pour éviter de la Sculpture, j'aurois préféré une griſaille ou un camayeu, qui auroit eu plus d'uniſſon avec le ton de l'Architecture de pierre dont il eſt conſtruit.

Les rampes des Eſcaliers ajoûtent beaucoup à leur décoration; mais pour qu'elles faſſent un bel effet, il faut qu'il ne s'y trouve pas les reſſauts qu'on remarque à ceux du Palais Royal & du Luxembourg; pour obvier à l'obliquité des baluſtres, on peut ſubſtituer les rampes de fer, qui étant compoſées d'ornemens courans & légers, maſquent mieux cette irrégularité. Il faut néanmoins convenir que dans l'Eſcalier d'une maiſon d'importance, les baluſtrades doivent être préférées aux rampes, ces dernieres ne devant être miſes en uſage que dans les lieux ſerrés, parce qu'elles occupent moins d'eſpace, & communiquent plus de lumiere aux marches.

De la conſtruction des Eſcaliers.

La partie la plus eſſentielle d'un Eſcalier eſt la conſtruction, qui a pour objet la ſolidité, l'art du trait, & la beauté de l'appareil. En effet, l'on peut s'y diſpenſer de la décoration, mais il faut abſolument leur donner une ſolidité capable de réſiſter à la pouſſée des voûtes qui les compoſent, & au mouvement continuel des perſonnes qui fréquentent journellement les différens appartemens d'un édifice public ou d'un bâtiment un peu conſidérable. Cette conſtruction ſe fait de marbre, de pierre, ou de bois de charpente; ces derniers Eſcaliers ne ſont en uſage que pour ſervir de dégagemens aux appartemens d'un grand Hôtel, ou pour des maiſons à loyer; car les grands Eſcaliers d'une maiſon de quelque importan-

---

(a) Pallier ou repos, eſt un eſpace entre deux rampes, & dans les retours d'un Eſcalier. Sa largeur eſt ordinairement égale à la longueur des marches, & il ſert à ſe délaſſer de la fatigue d'avoir monté ou deſcendu de ſuite une certaine quantité de marches. Il y a des demi palliers qui n'ont de largeur que deux girons, & que Philibert de Lorme appelle double marche; mais il en faut éviter l'uſage, ſi ce n'eſt dans les Eſcaliers à vis, où de vingt en vingt marches on peut pratiquer ces palliers qu'on nomme triangulaires. Ces derniers ſont nommés par Vitruve *retractiones graduum*, & ceux des Amphithéâtres qui ſont circulaires, *diazomata*.

ce se construisent toujours en pierre, & sont composés de diverses manieres, soit en arc & voussure rampante ou droite, soit en tour creuse, avec des culs de four, des trompes, &c; & leurs grands palliers sont soutenus par des plate-bandes droites, en coupe, & par claveaux à tête égale.

Construction des Escaliers.

Ceux de marbre ont la même sujettion que ceux construits de maçonnerie, & ne different de ces derniers que par leur revêtissement, le massif des voûtes & des murs étant aussi de pierre, & seulement recouvert de marbre par compartimens, uni à la maçonnerie par des agraffes de bronze ou de fer scellées en plomb, comme ceux de Versailles, celui de St. Cloud, &c.

Quelquefois, par œconomie, l'on construit les grands palliers de charpente soutenue par un poitrail servant de marche de pallier, contre lequel viennent s'appuyer les arcs rampans des rampes : ces planchers alors se revêtissent de maçonnerie ornée de cadres qui imitent la pierre. Ce genre de construction, quoique moins estimé que ceux qui sont entierement de pierre, apporte beaucoup de légéreté dans la décoration des Escaliers & il est aussi solide, mais il résiste moins à la fatigue que souffrent ces sortes de pieces.

De quelque genre de construction qu'on veuille faire usage, il faut rendre la forme des voûtes légére, d'un beau galbe & sans jarrets, & pratiquer, autant qu'il est possible, des piédroits sous la naissance des rampes, pour en soutenir le poids & la poussée, sans néanmoins trop embarrasser le rez-de-chaussée de ces Escaliers, afin qu'il semble que ces voûtes portant en l'air, soient retenues seulement par l'art du trait.

Il faut observer cependant de la retenue dans ce genre de construction ; car quoique la théorie nous rassure contre la hardiesse de ces voûtes, il est de la prudence d'un Architecte de conserver de la vraisemblance dans ses productions, principalement dans la construction des Escaliers; autrement on n'y monte qu'avec crainte, & cette inquiétude peut nuire à l'usage de ces sortes de pieces, qui faute des précautions nécessaires deviennent semblables aux édifices Gothiques qu'on trouve plus singuliers que raisonnables. Les bâtimens ne devant être élevés que pour la conservation des hommes, il ne faut pas que dans l'art il paroisse de la magie ; trop de hardiesse étonne plus qu'elle ne satisfait, conséquemment une légéreté trop affectée, quoique reconnue solide, ne doit pas être plus recevable dans ce cas-ci que la pesanteur extravagante qu'on affectoit dans les Escaliers du dernier siécle.

Il ne suffit pas néanmoins de prendre un milieu entre la maniere de construire ces Escaliers avec trop de pésanteur, & celle de leur donner trop de légereté. L'art consiste dans la proportion des voûtes, soit par rapport à la forme de leurs courbes, soit par rapport à la relation de leur largeur avec leur hauteur. Par exemple, jamais les voûtes d'un Escalier ne feront un bon effet, si toute la grandeur de la cage n'est proportionnée à la hauteur du premier étage; car si pour faire un Escalier dont les rampes fussent douces on vouloit leur donner beaucoup de longueur, alors il faudroit allonger le côté du rectangle, sans que pour cela le plancher pût être plus élevé. Or cette nouvelle grandeur de cage, sous une hauteur de plancher donnée, feroit paroître les voûtes trop écrasées pour la grandeur de l'Escalier, de maniere que de quelque artifice dont on usât dans l'art du trait pour rendre cette voûte légere, les parties ne s'accordant pas avec la masse, cette union des contraires produiroit toujours un mauvais effet.

La beauté de la construction des Escaliers consiste encore dans l'art de l'appareil, c'est-à-dire, dans la régularité des assises établies dans une même hauteur, dans la précision & dans la propreté des joints, & dans le ragrément des paremens, des cadres, des moulures, &c. C'est par le secours de l'appareil, qui ajoute beaucoup à l'ornement d'un édifice, que la Chapelle de Versailles, l'Observatoire, la

Fontaine de la rue de Grenelle, & le Dôme des Invalides, à Paris, sont au-dessus de tous les autres monumens de cette Capitale, quoiqu'elle en renferme un grand nombre de beaucoup plus somptueux par leur étendue & leur magnificence.

Des Perrons.

Il est encore une sorte d'Escalier, que l'on appelle Perrons (*b*), qui sont toujours à découvert, & placés dans les dehors d'un bâtiment. Ces Perrons se font de différentes formes & grandeurs, selon l'espace & la hauteur où ils doivent arriver; de maniere qu'on les fait quarrés, ceintrés, à pans, doubles, &c. On appelle Perrons quarrés ceux qui sont d'équerre, comme à la Sorbonne, au Val de Grace, à Marly, &c.

Les ceintrés sont ceux dont les marches sont rondes ou ovales. Il y en a dont une partie des marches est en dehors & l'autre en dedans, ce qui forme un pallier circulaire, comme il s'en voit dans les jardins du Belvedere, à Rome; quelques-uns ont des palliers ovales, comme au jardin du Luxembourg, à Paris.

Les Perrons à pans, sont ceux dont les encoignures sont coupées, tel est celui du Portail du College des Quatre Nations.

Les Perrons doubles, sont ceux qui ont deux rampes égales qui arrivent à un même pallier, tel est celui du Capitole; ou qui ont deux rampes opposées, pour arriver à deux palliers, on en voit un pareil dans la cour des Fontaines, à Fontainebleau. Il en est d'autres qui ont ces deux dispositions, tel que celui du Château neuf de St. Germain, du dessein de Guillaume Marchand, Architecte de Henry IV. & ceux du jardin des Thuilleries, de le Nautre. L'usage de ces derniers est fort ancien, car au rapport de Délandes, dans son Livre des Beautés de la Perse, on voit encore les vestiges d'un Perron de cette espece, parmi les ruines de Tchelminar, près Schiras, dans le même Royaume.

Distribution des dehors d'un édifice.

Après avoir parlé des loix générales de la distribution concernant l'intérieur d'un Edifice, ce seroit ici le lieu de dire quelque chose touchant la distribution des dehors, qui regarde l'arrangement des avant-Cours, des Cours principales, des basses Cours, & des bâtimens qui les environnent, aussi bien que la distribution intérieure de ces mêmes bâtimens, dans lesquels sont comprises les Ecuries, les Remises, les Cuisines, les Offices, les Orangeries, les Appartemens des Bains, les Chenils, les Laiteries, les Ménageries, &c. Mais comme ce que nous avons à dire sur l'ordonnance de ces différens lieux & leur rapport avec tout l'Edifice, demande des figures qui peignent aux yeux beaucoup mieux que la spéculation la plus étudiée, nous nous réservons à parler de l'accord général de ces parties & de leur application en particulier, lorsque nous ferons la description de toutes les especes de bâtimens qui composent le Ve & le VIe volume de ce Recueil, & nous allons traiter d'une maniere générale de la distribution qui appartient aux Jardins de propreté; cette partie de l'Architecture ayant une relation assez intime avec la distribution intérieure des Edifices.

Je dirai seulement à propos des basses-cours & de leurs bâtimens, que la convenance doit y présider, comme par-tout ailleurs; c'est-à-dire, qu'indépendamment des différentes commodités relatives à l'usage de chacun en particulier, il faut les traiter avec plus ou moins de richesse, ou de simplicité, selon qu'ils font plus ou moins partie de l'ordonnance générale de l'Edifice. Car il n'y a point de doute que lorsque ces bâtimens se trouvent situés en aîle le long des avant-cours, ou qu'ils servent d'avenue au Château, il est à propos qu'ils se ressentent de la présence des maîtres, au lieu que lorsqu'ils sont enfermés par des murs de clôture, la simétrie leur suffit; considération œconomique, qui doit porter l'Architecte à distribuer son plan suivant l'importance, ou la fortune de celui pour lequel il bâtit.

(*b*) Perron, en latin *podium* & *suggestum*.

Principes généraux sur la distribution des Jardins de propreté, & sur ce qui concerne les Jardins de plaisance.

Nous ne nous proposons point ici de traiter de ce qui regarde la science de l'Hydraulique (*c*), ni de ce qui appartient à l'Agriculture (*d*), M. Belidor (*e*) a parlé de l'une en homme consommé, & M. de la Quintinie (*f*) a traité de l'autre à fond. Ce qu'on trouve dans le Livre qui a pour titre *la Théorie du Jardinage*, touchant les Jardins de propreté, sembleroit même devoir nous dispenser d'en parler dans cet Ouvrage, si notre objet n'étoit pas de faire des observations générales sur ce qu'on a exécuté en France dans ce genre, & d'en faire des applications particulieres, en en donnant la description. La comparaison qu'on en pourra faire alors, nous paroît le moyen le plus certain de parvenir à l'excellence de la distribution d'un Parc, relativement à la diversité des bâtimens & à l'inégalité du terrain, qui donne toujours à un Architecte de nouvelles occasions d'exercer ses talens.

Des Artistes qui ont excellé dans le Jardinage.

Les Architectes qui ont excellé dans la décoration des Jardins, sont entr'autres Messieurs le Bouteux, Cottart, le Nautre, le Blond, des Gots, &c. sans compter ceux qui sont actuellement vivans & qu'il seroit trop long de citer ici. On peut juger de la variété de leur génie par la distribution des Jardins des Maisons Royales, des Châteaux, & des autres édifices susceptibles de Jardinage qu'on trouvera dans ce Recueil.

Personne n'ignore que de tous les Auteurs que nous venons de nommer, M. le Nautre (*g*) n'ait été le plus habile de son siecle pour la partie des Jardins de propreté. Pour s'en convaincre, il n'y a qu'à parcourir les Jardins de Versailles, de Marly, de Meudon, &c. qui font l'admiration des Etrangers & l'étude de tous les Artistes qui veulent faire leur profession de cette partie de l'Architecture, & l'on conviendra aisément que rien ne peut être plus utile pour le progrès de cette science que les plans que nous offrons, qui sont levés exactement d'après les Ouvrages exécutés sous ce grand Maître, & qui seuls peuvent nous dédommager du silence que cet excellent génie a gardé touchant les préceptes de son art. Au reste, comme je l'ai déja dit, je ne rapporterai point ici les détails de la distribution de ces Jardins : Ils seront répandus dans le cours de ce Traité. Nous nous bornerons à pénétrer dans les moyens dont il s'est servi pour accorder avec tant de succès la beauté des masses avec les parties, la grandeur avec l'élégance des formes, & enfin la magnificence & la variété, qui dans tous les ouvrages qu'il a fait exécuter sont marquées du sceau de l'immortalité.

En général, nous dirons qu'il y a cinq observations essentielles à faire avant que

---

(*c*) L'Hydraulique est l'application de l'Hydrostatique aux machines propres à élever les eaux. Les Anciens s'en servoient pour leurs jeux d'Orgues & de Flûte ; ce que signifie proprement le mot d'hydraulique. Aujourd'hui il désigne non-seulement la connoissance de toutes les machines hydrauliques, mais encore celle de tout ce qui est propre à l'usage des eaux, & qui a pour objet leur dépense, leur vitesse, leur poids, leur nivellement, leur conduite, leurs réservoirs, &c ; voyez l'Architecture Hydraulique de M. Belidor.

(*d*) Voyez son origine, page 17.

(*e*) M. Belidor, Colonel d'Infanterie, ancien Professeur Royal des Mathématiques aux Ecoles d'Artillerie de la Fere, &c. est de tous les Auteurs modernes qui ont écrit sur les Mathématiques, celui à qui nous avons le plus d'obligation par rapport aux Arts, & qui a le plus contribué à faire prendre à nos Ingénieurs & à nos Architectes du goût pour cette science, par l'ordre & la clarté qui régnent dans ses ouvrages.

(*f*) M. de la Quintinie, directeur des Jardins fruitiers & potagers du Roi, cite dans son Livre plusieurs Auteurs dont l'antiquité n'a pas effacé la réputation, lesquels avoient écrit de l'Agriculture avant lui, tels que Columelle, Caton, Varron, Théophraste, Xenophon, Geoponna, dont il a tiré, dit-il, des préceptes fort utiles ; & il ajoute que M. Arnaud d'Andilly, Auteur moderne qui a traité de la culture des arbres fruitiers, sous le nom du Curé d'Henouville, lui a été d'un grand secours ; mais il blâme ouvertement quantité d'autres Ecrivains qui ont parlé fort obscurément sur cette science.

(*g*) André le Nautre, Chevalier de l'Ordre de St. Michel, Controlleur général des bâtimens du Roi, Arts & Manufactures de France, naquit en 1625, & mourut en Septembre 1700 ; il est enterré à St. Roch, dans la Chapelle St. André ; on voit sur le tombeau de cet Artiste son buste sculpté par Coysevox. On doit à ce grand homme la perfection du Jardinage en France, ce qui lui avoit acquis la confiance & les bienfaits de Louis XIV, & lui avoit fait une réputation dans toutes les Cours Souveraines, qui se sont adressées à lui, non seulement pour avoir des desseins & des conseils, mais qui lui ont envoyé d'autres éleves, pour pouvoir s'instruire sous un aussi habile maître.

Maximes fondamentales sur le Jardinage. d'entreprendre la distribution & la plantation des Parcs, ou des Jardins de propreté, sçavoir une situation (*h*) avantageuse, une exposition saine & salubre, la bonté du terroir, la commodité du lieu, & celle d'une eau abondante & pure. Après quoi, l'on peut établir quatre maximes fondamentales, concernant leur disposition. La premiere, de corriger la trop grande irrégularité d'un terrain par le secours de l'art. La seconde, d'affecter, autant qu'il est possible, de prolonger le coup d'œil que forment les enfilades principales d'un Parc. La troisiéme, de ne pas mettre toutes les parties à découvert, non seulement afin d'avoir de l'ombre pour aller du lieu de l'habitation aux pieces de verdure qui en sont éloignées, mais parce qu'il est bon d'exciter ceux qui se promenent dans un Parc, à visiter les différens Bosquets qu'il renferme, &, qui, chacun à part, peuvent contenir des curiosités dignes d'attention. La quatriéme exige enfin, qu'en donnant de la variété aux différentes pieces de verdure, on tâche qu'elles imitent la nature dans ses productions : imitation toujours préférable à la contrainte de l'art, & qui dans toutes les occasions & chez presque tous les Peuples, est regardée comme le principal objet du Jardinage. On reconnoîtra l'agrément de cette préférence par la comparaison que l'on pourra faire des Jardins de Marly, de Versailles, & de Trianon, où l'art paroît contraindre & soumettre par-tout la nature, au lieu que dans les Jardins de Meudon, de Sceaux, de Chantilly, & de Liancourt, la nature paroît présider, & n'avoir appellé l'art à son secours, que pour rendre ces lieux susceptibles de quelque régularité.

Quand je fais cette réflexion, ce n'est pas que je pense qu'il faille négliger d'embellir les Jardins des maisons de plaisance : il est sans doute nécessaire de marquer de la distinction entre eux & un Parc, une Forêt, un Bois. Mais j'ose avancer qu'une promenade n'est véritablement belle qu'autant qu'elle peut rassembler des points de vue vastes, interessants & variés ; de maniere qu'il me semble, qu'après avoir orné les parties qui environnent le bâtiment, l'on doit trouver dans la nature de quoi satisfaire la vue par des objets opposés, qui présentent par leur diversité autant d'intervalles pour passer alternativement de la régularité des formes à ce beau désordre que produisent les vallées, les côteaux, les montagnes, l'un faisant valoir l'autre par son opposition, & transportant, pour ainsi dire, le Spectateur de la vie tumultueuse à la vie tranquille. On est touché de ce sentiment à l'aspect des Jardins de St. Germain en Laye, de ceux de Meudon, & même de ceux de Marly & de St. Cloud ; mais il n'en est pas de même des Jardins de Versailles & de Trianon, qui sont limités de toutes parts, & qui deviennent tristes pour tous ceux qui ne sont pas amateurs des beaux arts. Tous les trésors qu'ils renferment présentent plutôt aux yeux l'effort de l'esprit humain, que la simplicité de la nature, suivant laquelle les taluts de gazon, les rampes, les escaliers, les berceaux & les palissades, où l'industrie ne paroît pas beaucoup, sont souvent préférables à l'affectation des murs de terrasse, aux grands escaliers de pierre, ou de marbre, aux fontaines revêtues de bronze, à quantité de berceaux de treillage élevés à grands frais, aussi bien qu'à une profusion de vases, de figures de diverses matieres précieuses, plus propres à manifester la magnificence d'un grand Prince, qu'à présenter à l'idée une promenade tranquille & une retraite convenable à la Philosophie.

Au reste, quelque magnificence ou quelque simplicité qu'on veuille affecter dans les Jardins de propreté, on en distingue de trois especes, sçavoir ceux d'un niveau égal, ceux en pente douce, & ceux qu'on nomme en terrasse.

Des Jardins de niveau. De tous ces Jardins, ceux de niveau & plantés dans les plaines, sont les plus commodes pour la promenade : leur entretien est moins coûteux & leur point de vue plus étendu ; mais ordinairement ces Jardins sont tristes & sans variété, à moins

---

(*h*) En Allemagne on préfére les situations des montagnes aux vallées ; en Angleterre, au contraire, on fait choix des fonds à cause des canaux ; en France les mi-côtes sont préférées, ainsi qu'on le remarque à Marly, à Bellevûe, à St. Cloud, &c.

que d'y faire une dépense très-considérable, & qui n'est pas toujours à la portée des Propriétaires. Quelque égalité de terrain qu'on ait, lorsque le lieu est spacieux il convient d'y observer toujours une pente imperceptible, pour faciliter l'écoulement des eaux de pluie, qui autrement séjournent dans les allées, & les détruisent en peu d'années. Pour donner quelque diversité au plan d'un Jardin de cette espece, & profiter de quelques points de vue, s'il est possible d'en avoir, on peut en égalisant le terrain & pratiquant les pentes nécessaires, construire des terrasses en pierre dans son pourtour, ainsi qu'on l'a pratiqué aux Thuilleries, ou des taluts & des gradins de gazon, comme il s'en voit dans le Parc de Choisy, ou des rampes douces, telles que celles des Jardins du Château de Montmorency.

Les Jardins plantés à mi-côte, sont les plus fatiguants. Lorsque l'on veut se passer, par œconomie ou autrement, de construire des terrasses, au moins faut-il former par intervalle des esplanades presque de niveau, de la largeur d'environ 100 toises, & à chaque extrémité pratiquer des taluts de gazon avec des gradins, en face de chaque maîtresse allée. C'est dans ces occasions qu'il faut sçavoir tirer avantage de ces taluts réitérés, en imaginant selon le besoin, des Amphithéâtres, des Vertugadins, des Rampes, &c. qui non seulement soutiennent le plein-pied des Bosquets ausquels ces rampes donnent entrée, mais qui doivent aussi s'accorder avec les pentes des allées principales; d'ailleurs lorsqu'elles sont trop roides, elles doivent être coupées par des chevrons de gazon, pour rejetter les eaux des deux côtés, ainsi qu'on l'a observé dans les Jardins du Château d'Issi, lequel est à mi-côte. *Des Jardins à mi-côte.*

Les plus magnifiques Jardins sont ceux en terrasse, tels que ceux de Meudon & de St. Germain en Laye, pratiqués sur le sommet d'une montagne assez élevée. Ces Jardins sont généralement estimés à cause des points de vue dont on jouit dans leur intérieur, quand on ne peut avoir recours à ceux des dehors, tant parce que du haut des éminences on voit les formes des parties découvertes, que parce qu'ils sont favorables à la chûte des eaux jaillissantes, chaque terrasse se servant mutuellement de reservoir. D'ailleurs la diversité de ces terrasses offre autant d'amphitéatres également satisfaisants, soit qu'ils soient vûs d'en bas, soit qu'on regarde de la plus grande élévation; ce sont autant de scenes différentes, qui leur font donner la préférence sur toutes les autres dispositions, pourvû néanmoins qu'on puisse avoir de longues esplanades d'une terrasse à l'autre. Il est vrai que ce genre de Jardins coûte considérablement à construire, & exige un entretien continuel, mais comme on ne les entreprend que pour l'embellissement des maisons de quelque importance, & dont la situation semble les exiger, l'agrément qui en résulte dédommage en quelque façon des frais qu'on est obligé d'y faire. *Des Jardins en terrasse.*

C'est à un Architecte à composer son plan sur la différente disposition de ces Jardins, de maniere à ne pas faire inconsidérément usage pour un terrain en pente, d'une forme qui conviendroit à un terrain de niveau. Il doit sçavoir que l'optique raccourcit toujours les longueurs situées horisontalement, & qu'à raison de la distance & du point de vue d'où l'on doit appercevoir ces formes diverses, il faut, par exemple, donner à un cercle, pour qu'il paroisse tel, comme seroit une piece d'eau, un tapis verd, &c. une forme Elliptique, dont le grand diametre soit parallele à la perpendiculaire qui vient se terminer au point de vue; qu'on doit former un quarré long, lorsqu'on veut appercevoir un quadrilatere, & rendre ces formes plus ou moins oblongues, selon que le terrain est tout-à-fait de niveau, en pente, ou en contrepente, & qu'en général il faut en user de même pour toutes les parties qui sont élevées les unes sur les autres, & qui forment des retraites, afin que vues d'en bas, les hauteurs apparentes ayent une proportion convenable avec les largeurs & la masse générale. Ces considérations exigent une intelligence au-dessus d'une pratique ordinaire, sans néanmoins qu'il suffise de s'en rapporter à la seule théorie, qui ne fournit souvent que des desseins élégants & d'assez bon goût en apparence, mais qui lorsqu'ils sont exécutés, deviennent quelquefois lourds & pésants, s'il n'arrive pas au contraire qu'ils aient le défaut opposé.

Après avoir parlé des loix les plus indispensables qui regardent la disposition générale des Jardins, nous allons passer aux différentes parties qui les composent, tels que sont les Parterres, les Boulingrins, les Palissades, les Bosquets, &c. & l'on en trouvera l'application dans la description des maisons Royales & de Plaisance qui sont contenues dans ce Recueil.

Des Parterres.

Des différentes especes de Parterres.

Les Parterres (*i*) sont de grandes pieces de verdure de peu de relief, entourées de plates-bandes (*k*) de fleurs, ou de bandes de gazon. Ils occupent ordinairement la largeur & l'espace découvert qui environne le Château, & ils entrent pour quelque chose dans la distribution générale des Jardins de propreté, leur forme dépendant de celle des charmilles & des palissades qui les enferment. Leur proportion, quoique moins scrupuleuse que celle qu'on observe dans la décoration des bâtimens, demande néanmoins une correspondance relative entre leur longueur & leur largeur, & entre leur grandeur totale & celle de l'espace qui les contient. En général il faut qu'ils soient composés de grandes parties, principalement dans un lieu vaste, devant avoir attention de mettre plus de détail dans leurs ornemens, à mesure qu'ils seront plus étendus, & au contraire que les contours qui les composent soient sans ressaut & peu chargés de compartimens, quand ils occupent un petit espace.

L'on en compte ordinairement de trois especes, les premiers sont nommés de Broderie, les seconds en Compartimens, & les troisiémes à l'Angloise.

Parterres de broderie.

Les Parterres de Broderie sont ceux dont les desseins sont composés de rinceaux, d'enroulemens, de fleurons, de palmettes, de volutes, d'entrelas, &c. dont les contours sont formés par des traits de buis nain, & dont les compartimens sont remplis de couleurs variées, qui imitent la Broderie. Il ne faut pas abuser de la diversité de ces couleurs; elles tranchent trop sur le fond, & elles sont d'une grande sujettion. Les plus beaux Parterres que nous ayons dans ce genre, sont ceux du Jardin des Thuileries, étant composés d'un dessein élégant & varié, qui fait un très-bon effet. Cette sorte d'ornement demande une étude particuliere: tel Architecte, qui d'ailleurs entend bien la décoration des bâtimens, se trouve novice dans cet art; ce qui fait que de tous les tems les hommes de mérite ont fait leur capital de cette partie de l'Architecture, & quoique l'on puisse regarder les Parterres comme la plus petite partie d'un beau Jardin, il n'en est pas moins vrai, qu'étant la plus proche du bâtiment, il y faut observer de la grace dans les formes, & du vrai-semblable dans la composition, contre l'opinion des Anciens, qui les chargeoient d'ornemens ridicules, tels que des chiffres, des armoiries, des animaux, &c. Aujourd'hui que l'on a reconnu que le dessein étoit l'ame de toutes les productions de l'art, on a senti qu'il n'est point de vraie beauté où regnent la confusion & le défaut de convenance; conséquemment que dans cette partie, comme par-tout ailleurs, on doit s'éloigner de

---

(*i*) Parterre vient du verbe latin *partiri*, diviser; il signifioit anciennement une place à bâtir, en latin *area hortensis*.

(*k*) Les plate-bandes servent dans les Jardins à contenir des fleurs, des arbrisseaux, des plantes, &c. On en compte de quatre especes; les premieres sont celles qui sont continues autour d'un Parterre, labourées en arcs de cercle bombé; elles doivent avoir au moins trois pieds de largeur; quand elles sont plus étroites, il est difficile d'y distribuer des fleurs de différentes saisons, qui dans un Jardin bien entretenu doivent se succéder sans intervalle; pour cette raison on peut leur donner jusqu'à six pieds & rarement au-delà, autrement il faudroit marcher dans ces platebandes pour les cultiver.

Les secondes, sont découpées en compartiment, à l'usage des Jardins fleuristes placés ordinairement près les croisées d'un appartement à rez-de-chaussée du principal corps de logis.

Les troisiémes, sont seulement formées de deux traits de buis avec un massif de gazon au milieu, & sont séparées par deux sentiers.

Les quatriémes, sont toutes plates, formées de deux traits de buis, sablées comme le fond du Jardin, & dans lesquelles on range alternativement des caisses, des vases, des ifs, &c.

tout

tout ce qui en apporte, dans les choses qui paroissent les moins susceptibles de régles & de principes.

Les Parterres à compartimens sont ceux dont le dessein se répéte avec simétrie, qui sont composés de massifs de gazon découpé, au lieu de Broderie, & entourés de plates-bandes de fleurs, tels que ceux du Jardin du Luxembourg. Ces Parterres sont devenus fort en usage, principalement à la Campagne, parce qu'ils coutent peu d'entretien & qu'ils sont faciles à rétablir; au lieu que ceux de Broderie, lorsque la naissance & les traits du buis viennent à périr, ou parce qu'ils sont devenus vieux, ou par la chaleur d'une année trop séche, demandent d'être replantés à neuf, sans quoi l'on a le désagrément, pendant plusieurs années, de voir des vuides considérables qui nuisent à la simétrie & au coup d'œil. Parterres en compartimens.

Les Parterres à l'Angloise différent de ceux à compartimens, en ce qu'ils ne doivent être composés que d'une seule piece de gazon entourée d'une plate-bande, & de sentiers qui partagent l'une & l'autre. Ils portent ce nom, parceque l'usage en est venu d'Angleterre. Ils sont à présent fort à la mode, composant de grandes parties, & étant propres aux Jardins publics, aux maisons de Campagne, & en général dans tous les lieux où la simplicité doit l'emporter sur la magnificence. Pour qu'ils soient agréables, il faut ainsi qu'à tous les tapis verds, y planter le gazon, & non le semer, & préférer au Printems, la fin de l'Automne pour cette opération, à cause des pluies abondantes de cette derniere saison, qui lui font prendre racine, de maniere qu'en Mars il peut être battu, tondu, & sarclé, & former un coup-d'œil agréable, pareil à celui des Parterres du Palais Royal, qui au lieu de plates-bandes, sont enfermés d'un treillage à hauteur d'appui. Parterres à l'Angloise.

Des Boulingrins.

Les Boulingrins (*l*) sont ordinairement placés près des Parterres, lorsque l'on veut décorer une grande partie découverte, au devant & en face d'un bâtiment, & qu'une trop grande quantité de pieces de broderie ne procureroit pas assez de variété. D'ailleurs ces Boulingrins qui sont renfoncés en forme de talut, produisent une agréable diversité dans la composition d'un plan. Ces piéces de verdure ont encore cela d'utile, que lorsque l'on veut pratiquer une piéce d'eau dans le milieu de leur renfoncement, cette inégalité de terrain donne de la chûte aux conduites, & procure plus de hauteur au jet; ou bien quand pour la magnificence on place un buffet, une nappe, une cascade, dans l'une de leurs extrémités supérieures, ce même renfoncement facilite la multiplicité des cuvettes, & produit une diversité dans ces genres de piéces, qui satisfait beaucoup. On en peut juger en considérant sur le plan général de Trianon, le Boulingrin nommé *le plafond*; c'est un des plus beaux morceaux de cette espece que je connoisse dans nos maisons Royales. Voyez la Planche premiere du Tome V. Des Boulingrins.

Des Quinquonces.

Les Quinquonces (*m*), quoique formés par des arbres de haute tige, peuvent être mis au nombre des piéces découvertes, parce que lorsque l'extrémité de ces

---

(*l*) Plusieurs Auteurs font dériver le nom de Boulingrin de boule, qui signifie rond, & de grain qui veut dire pré ou gazon; mais en général, comme la forme des Boulingrins est arbitraire, on doit entendre sous ce nom toute piece de verdure renfoncée en glacis de 3 ou 4 pieds de profondeur, & ornée d'un tapis verd au milieu, ainsi qu'on en voit plusieurs au Jardin des Thuilleries.

(*m*) Quinquonce ou Quinquonge, du latin *quinque*; qui a cinq onces ou parties, s'entend d'un plan d'arbres disposés de maniere qu'à chaque angle d'un quarré il y en ait un, aussi bien que dans le milieu, de sorte que cette simétrie répétée réciproquement, forme un bois percé à jour d'allées paralleles en tout sens. Aujourd'hui l'on supprime celui du milieu, ou ne l'on ne le plante que pour quelques années, pour jouir promptement du couvert que produisent ces arbres mis près à près, & lorsqu'ils ont pris une certaine force, on les supprime; les allées alors deviennent plus larges : on élague la chevelure des arbres, & l'on en laisse monter la tige, ce qui produit plus d'air & d'agrément à la promenade.

Des Quinquonces.

arbres est élaguée, la vûe perce au travers des allées que forment leurs tiges, sans que pour cela ces allées empêchent d'appercevoir les charmilles ou palissades, qui sont derriere. Quelquefois on gazonne le dessous de ces arbres, à la réserve seulement de quelques allées de traverse. Lorsqu'on y employe des lizieres de charmilles, il faut avoir attention qu'elles n'excedent pas la hauteur d'appui. Au milieu de ces Quinquonces, qui ne sont d'usage que dans les formes régulieres, on peut pratiquer des Cabinets ou des Salles ornées de tapis verds : alors les charmilles de hauteur d'appui, dont nous venons de parler, forment des massifs, tels qu'il s'en remarque dans les Jardins de Marly ; de maniere que lorsque ces Salles sont assez grandes pour y pratiquer des Boulingrins, & que ces derniers se trouvent entourés de ces charmilles reçepées à hauteur d'appui, cela forme une agréable diversité, d'où dépend la plus grande partie du succès des Jardins de propreté.

Des Terrasses.

Des Terrasses.

On employe les Terrasses dans les Jardins où les bâtimens sont situés sur le sommet d'une montagne, ou à mi-côte. De toutes les dépenses qu'exige l'art du Jardinage, celle des Terrasses est la plus considérable par les travaux immenses qu'occasionnent le transport des terres, leur déblay & leur remblay ; dépense qui après la perfection de l'ouvrage, ne s'apperçoit qu'à peine de la part de ceux qui n'avoient pas connoissance du terrain avant qu'il fut dressé ou planté. Mais aussi faut-il convenir que rien n'annonce tant de magnificence que ces Terrasses quand elles se trouvent disposées de maniere à former des amphitéatres embellis d'Escaliers & de murs de revêtissement, & traitées dans un genre relatif à celui du Jardinage qu'elles environnent, & au bâtiment qui les accompagne. On voit un des plus parfaits modeles en ce genre, dans la Terrasse & les Escaliers de l'Orangerie de Versailles, dont l'ordonnance, la grandeur & la dépense égalent celles des Romains dans la plûpart de leurs édifices. Celle de Meudon, du côté des Jardins, est encore d'une très-grande beauté, quoique traitée dans un genre différent, aussi bien que celle du Château neuf de St. Germain en Laye, sans parler de beaucoup d'autres, qui parce qu'elles ne sont pas si considérables, n'en doivent pas moins être imitées.

L'on compte trois especes de Terrasses ; la premiere est celle que l'on soûtient par des murs de maçonnnerie revêtus de membres d'Architecture, ornés de bossages, de refends, de tables, de rocailles, de congellations, de pétrifications, de masques, de fontaines, & couronnés de balustrades. Dans les secondes, au lieu de murs, l'on pratique des taluts en glacis, qui soûtiennent les terres revêtues de gazons, où l'on forme des gradins, & qu'on orne d'arbrisseaux, d'arbres en boule, de figures, de vases, &c. Les troisiémes n'ont ni murs ni taluts ; mais elles sont composées d'estrades, de vertugadins, de cavaliers, de gradins, & de rampes douces, avec de fréquens palliers de niveau, chantournés & ornés de compartimens disposés avec simétrie.

Des Escaliers pour les Jardins.

Des Escaliers de Jardins.

De même que les Terrasses dont nous venons de parler se construisent de trois manieres, l'on compte aussi trois sortes d'Escaliers dont on fait usage dans les Jardins de propreté, selon que l'exige la magnificence du lieu : sçavoir, les Escaliers de maçonnerie, composés de rampes, avec des marches & des palliers ; ceux qui sont en rampes douces, sans marches, mais toujours appuyés par des murs de maçonnerie ; & ceux qui sont tout de gazon en forme de gradins, soûtenus de taluts inclinés & garnis de verdure.

Les Escaliers de pierre, ou de marbre, comme il s'en voit à Versailles, peuvent être variés à l'infini, selon la disposition du terrain, la hauteur des terrasses, & l'étendue qu'on a pour en prolonger la surface; mais en général il faut observer que les marches n'excedent pas le nombre de 11 ou 13, sans compter les repos, & qu'elles ayent de giron au moins 14 pouces, & au plus 18 sur 5 ou 6, y compris trois lignes de pente, qu'on est obligé de donner à toutes les marches qui sont à découvert, & l'on doit avoir soin de les faire d'une grande longueur, principalement quand les murs de Terrasse se trouvent fort élevés, & qu'on ne veut pas mettre en usage des balustrades, pour servir d'appui aux rampes & aux palliers; ce qui ne se pratique qu'aux terrasses de la plus grande élévation, telle que celle de l'avant-cour du Château de Meudon; encore celle de St. Germain en Laye n'en a-t-elle point, quoiqu'elle soit d'un assez grande hauteur.

Des Escaliers de Jardins.

Les Escaliers à rampe douce doivent être d'un facile accès, afin que non seulement on les puisse monter ou descendre aisément, mais encore pour que le transport des terres, des orangers, des cariolles, &c. puisse s'y faire. Quelquefois l'on pratique des marches en talut, dont la hauteur est au plus de trois pouces, & dont la pente est du quart du giron, qui ordinairement se fait de 3 à 4 pieds. Telles sont celles du Jardin de Trianon, du côté du grand canal de Versailles.

Les Escaliers de gazon ne peuvent ni être si considérables que les précédens, ni aussi durables; mais ils ont cela d'agréable, qu'ils sont toujours verds, qu'ils sont faciles à exécuter, qu'ils coûtent peu à construire & à entretenir; il s'en voit de cette derniere espece & en amphithéatre, dans les Jardins de Marly. Ils sont un chef-d'œuvre dans ce genre.

Comme toutes ces différentes parties sont découvertes, elles doivent environner le principal corps de bâtiment, & en former le point de vûe principal, ainsi que les figures & les vases de différentes matieres, dont les allégories doivent répondre au genre des piéces qui leur servent de théatre, afin de ne pas transporter inconsidérément des Nayades, des Nymphes, &c. dans les bois & les bosquets, ni placer avec autant d'imprudence, les Silvains, les Faunes, &c. dans la décoration des Fontaines. D'ailleurs, comme les grandes esplanades sont limitées par des charmilles & des palissades, qui servent de fond à ces figures, elles y font toujours un bel effet; ainsi qu'on le remarque dans les Jardins de Versailles, où l'on en voit une si grande quantité qu'on a peine à comprendre que dans un si court espace de tems, la France ait pû trouver assez d'Artistes pour produire tant de merveilles; il semble même qu'ils se sont efforcés à l'envi les uns des autres, de seconder les vûes de Louis XIV qui a voulu faire de ce Palais une des merveilles de l'Europe.

Des Cabinets de treillage.

Les Cabinets de treillage font encore partie de la décoration des esplanades, & quoiqu'on en puisse mettre dans des parties éloignées du Château, on affecte du moins de les placer à l'extrémité de quelques grandes allées qui alignent les principales enfilades, de maniere qu'elles paroissent faire partie du tout ensemble lorsqu'on les apperçoit. Leur excessive dépense les a fait supprimer dans la plupart de nos jardins, quoiqu'on en voye encore quelques-uns d'une grande beauté dans ceux de Clagny, de Chantilly, & dans le Labirinthe de Versailles. Les Cabinets différent des Portiques, en ce que ceux-ci servent de frontispice à l'entrée de quelque grande allée. C'est ainsi que sous le nom de berceau l'on entend ces allées construites artificiellement avec du treillage garni de verdure, telles que sont celles des jardins de Sceaux, de Marly, & du jardin de Silvie à Chantilly, qui ne différent des berceaux naturels, qu'en ce que ce sont seulement les arbres & la verdure qui font les frais de ces derniers.

Des Cabinets de treillage.

Si les figures, les vases, les treillages, les parterres de broderie, & les palissades servent à l'embellissement des jardins de propreté, il faut cependant convenir que rien ne contribue plus à leur magnificence que les canaux, les fontaines jaillissantes, les cascades, &c; & que par cette raison on les rassemble, autant qu'il est possible, près du bâtiment, pour former un tout-ensemble avec les autres parties que nous venons de nommer.

Des Fontaines.

Des Fontaines.

Je ne parlerai pas ici de l'origine des Fontaines; l'Auteur de la Théorie du Jardinage a rapporté, page 318, l'opinion de plusieurs Philosophes à cet égard; je m'arrêterai seulement à la décoration de celles qui, ainsi que nous venons de le remarquer, contribuent le plus à l'embellissement des jardins des maisons de plaisance.

On comprend sous ce nom les bassins, les cascades, les buffets, &c, ainsi que les fontaines jaillissantes, ornées d'Architecture, de figures & d'ornemens, construites en pierre, en marbre & en bronze. L'ordonnance de ces dernieres consiste premierement dans la distribution des eaux amenées du réservoir par des tuyaux de différens calibres, qui produisent des chutes & des jets de diverses especes; c'est cette science qu'on appelle Hydraulique. Elle consiste secondement dans la beauté de leurs formes, dans le choix de leurs attributs & dans la diversité de leurs matieres; cette partie exige la connoissance du bon goût qui se manifeste par le dessein qui en est l'ame. Lorsque ces deux parties se trouvent réunies dans la composition d'une Fontaine, elle présente aux yeux des spectateurs un genre de beauté qui les enchante, & qui se joignant au murmure des eaux jaillissantes, sert à rendre la promenade d'un Parc plus intéressante & plus agréable.

Entre toutes les Fontaines, les cascades tiennent le premier rang; elles sont de deux especes, les unes qu'on nomme naturelles (n), les autres artificielles. Les premieres sont appellées naturelles, parce qu'à l'imitation de la nature, on y profite de l'inégalité du terrain, pour produire des chutes & des bouillons, sans que l'art paroisse y prêter d'autre secours que quelques verdures & rocailles, ou parce que des eaux de source les font jaillir continuellement, telles que la plupart des Fontaines de Chantilly & de Liancourt; alors ces Cascades, quoiqu'à l'usage des jardins de propreté, sont nommées champêtres. Les secondes sont appellées artificielles, parce qu'elles sont construites à grands frais, par chute, comme celles de St. Cloud, en pente douce comme celles de Sceaux, ou en buffet comme celles de Trianon, & qu'elles sont composées avec beaucoup d'industrie de napes, de bouillons, de moutons, de champignons, de girandoles, de gerbes, de jets, d'ardens, &c; chacune de ces parties demande une attention & une méchanique particuliere. Les napes, par exemple, doivent être peu élevées, lorsqu'on veut qu'elles soient sans interruption, autrement l'on seroit obligé d'affecter des ressauts au bord du bassin d'où elles s'échapent, & alors leur hauteur n'auroit point de régles certaines ni déterminées. Les bouillons doivent différer d'un jet, en ce qu'ils sont beaucoup plus gros, & qu'ils s'élevent beaucoup moins. Les moutons au contraire sont des especes de bouillons beaucoup plus larges, qui ont encore moins de hauteur, & qui sont formés par une table de plomb qui arrête la rapidité d'une eau abondante amenée par un conduit de plomb incliné; on en voit de semblables à la cascade champêtre de Marly. Le champignon ne différe gueres du bouillon qu'en ce qu'il s'éleve d'une coquille, & qu'en tombant dans un autre bas-

(n) Les Cascades naturelles sont appellées par les Italiens cataractes; c'est ainsi que sont celles de Tivoli & de Terni, faites à l'imitation de celles du Nil & du saut de la riviere de Niagara en Canada, qui a 156 pieds de hauteur.

fin

fin il forme une nape déchirée qui se précipite en bouillonnant. Les girandoles (*o*) sont des especes de gerbes, qui en s'élevant imitent par leur agitation la neige & la grêle ; on affecte même quelquefois de mettre à côté des tuyaux d'où ils s'élancent d'autres tuyaux particuliers, dans lesquels sont renfermés des vents, qui lorsqu'ils s'échappent, excitent l'eau à bouillonner, & font un bruit égal à celui d'une assez forte artillerie ; c'est ainsi qu'on en voit à la cascade nommée des vents, en face du Château de Marly. Les gerbes différent des girandoles en ce qu'elles sont composées d'un faisceau de plusieurs tuyaux de différens calibres, ou formées d'une platine percée de trous circulaires ou oblongs, qui s'élevent en piramide. Enfin les jets d'eau sont poussés perpendiculairement à une très-grande hauteur ; tels sont ceux de St. Cloud, de Marly, & de l'Encelade à Versailles, qui ont chacun environ 70 pieds, & qui pour cette raison sont nommés grands jets. Il en est d'une autre espece qu'on appelle jets dardans, tels que ceux qui en montant décrivent une parabole, pour former, avec d'autres qui leur sont opposés, un berceau d'eau, comme il s'en voit dans le bassin qui est au milieu du bosquet des trois Fontaines, à Versailles.

Des Fontaines.

Des Allées.

Toutes les parties dont nous venons de parler n'auroient aucun agrément, si dans un Parc (*p*), ou grand Jardin, on n'avoit pas du couvert, non seulement pour la promenade, mais encore pour parvenir à la faveur de l'ombre, à ces différens genres de beautés ; c'est pourquoi il est essentiel de pratiquer des allées, tant dans les parties découvertes, qui alors se rangent sur les extrémités de la largeur du terrain, que dans les massifs des bois (*q*), où sont distribués les Sallons, les Cabinets, les Salles de verdure, &c. On compte environ huit sortes d'Allées, les couvertes, les découvertes, les simples, les doubles, les blanches, les vertes, les sous-allées & les contr'allées, qui toutes servent, dans les Jardins, de communication d'un lieu à un autre ; ainsi que dans une Ville les rues communiquent à ses différens quartiers.

Des Allées.

Les Allées couvertes, sont celles dont les arbres se joignent par en haut en forme de berceau naturel, & qui par ce moyen sont en plein midi impénétrables aux rayons du Soleil ; mais elles ne peuvent servir de maîtresse Allée, parce que pour jouir de ce couvert, il faut qu'elles ayent moins de largeur que les autres, ainsi qu'on le voit à celle qui est en face du Château des Thuileries, laquelle, pour être couverte, n'a que 45 pieds de largeur ; ce qui ne suffit pas pour découvrir le Château d'une des extrémités de cette Allée. Cette considération doit en pareil

---

(*o*) Les Girandoles sont appellées par les Italiens Girandes : il s'en voit plusieurs à *Frescati*, dans les Vignes Aldobrandine, *Ludovisi, Monte-dragone*, à *Tivoli*, &c. On y a pratiqué des ventouses qui, lorsque le vent s'en échappe, imitent les coups de tonnerre.

(*p*) Parc, du latin *parcus*, lieu clos, s'entend ordinairement d'un bois entouré de murailles, dépendant d'une Maison Royale ou Seigneuriale, & où l'on tient des bêtes fauves, &c. Assez communément on en distingue de deux especes, l'un que l'on nomme petit Parc, faisant partie de la promenade, & dans lequel sont distribués les différens bosquets d'un jardin : l'autre que l'on nomme grand Parc, & dans lequel sont percées les grandes avenues où l'on a pratiqué des routes, des réservoirs, des décharges, &c ; on y construit les Ménageries, les Laiteries, les Faisanderies & des remises ou retraites pour le gibier. On dit le petit Parc & le grand Parc de Versailles, de Chantilly, &c.

(*q*) Sous ce nom l'on entend les forêts, les grands bois de haute futaye, les bosquets à haute palissade, ceux qui sont découverts, ceux qui sont plantés en Quinquonce, &c.

Les grands bois de haute futaye ou forêts, sont ainsi appellés à cause de leur hauteur & de leur étendue considérable ; ils sont plantés d'arbres près à près, formant des touffus fort épais, & percés de routes pour la chasse ; tel est celui de Fontainebleau, qui contient 30285 arpens, celui de Compiegne qui en contient 28000, celui de Villers-Cotterets qui en contient 24556, celui de S. Germain en Laye qui est de 5198 arpens, celui de Chambor qui en renferme 480 ; le bois de Boulogne qui en comprend 4305, celui de Vincennes qui est de 1500, &c.

Les bois taillis ne different des bois de haute futaye, que parce qu'on les coupe les premiers rez-terre tous les neuf ans ; c'est de là qu'ils prennent le nom de taillis.

Les bois de moyenne futaye, appellés bois marmenteaux ou touchu, autrement gaulis, sont ceux dont on fait usage dans les jardins de propreté, parce qu'ils ne parviennent jamais à une si grande hauteur que ceux de haute futaye, étant percés & ornés de cabinets de verdure, de palissades, de portiques, & d'allées bien dressées, sablées, &c.

Tome I.

Des Allées.
cas faire élaguer perpendiculairement ces maîtresses Allées, de la maniere qu'on l'a pratiqué à celle du milieu du Jardin du Palais Royal. Les Allées découvertes, ou à Ciel ouvert, sont telles que cette derniere, ou ce sont celles qu'on taille en demi-berceau de chaque côté, de maniere qu'il reste une ouverture au milieu de la largeur des Allées. Les Allées simples ne sont composées que de deux rangs d'arbres. Les Allées doubles en ont quatre : on appelle Allées blanches celles qui sont sablées, & Allées vertes celles qu'on orne d'un tapis verd, pour éviter la dépense & l'entretien. Les Sous-allées sont celles qui se pratiquent dans le fond d'un Boulingrin, ou à côté d'un canal renfoncé : elles sont nommées ainsi, par rapport aux Allées supérieures qui leur sont paralleles, telles qu'il s'en voit à Marly, à Meudon, & ailleurs. Enfin les Contr'allées sont celles qui sont placées à côté des grandes dont elles n'ont que la moitié de la largeur, & qui pour cette raison doivent toujours être couvertes, pendant que les maîtresses Allées sont taillées en palissade.

A l'égard de la forme & de la différente figure des Allées, elle dépend de la composition du plan. C'est par rapport à cette composition, qu'elles sont tantôt circulaires, tantôt en zig-zag, en spirale, en talut, en rampe douce, en terrasse, &c. On doit seulement observer qu'elles ne soient pas trop de niveau, & qu'elles n'ayent pas non plus une pente au-delà de trois pouces par toise ; autrement elles seroient fatiguantes, & l'on seroit obligé, pour éviter la chûte des ravines, de mettre des marches de gazon de distance en distance, comme il s'en remarque dans tous les Jardins à mi-côte.

Des Palissades.

Des Palissades.
Après les allées, les Palissades procurent à un Jardin de propreté un ornement considérable. C'est par leur secours qu'on redresse les inégalités des murs de clôture, & qu'on soustrait aux yeux les objets désagréables, ou qui nuiroient à la simétrie. Elles servent à former des contr'allées, & à border les massifs des bois & des bosquets. Leur agrément principal consiste à être bien dressées, & garnies depuis le pied jusqu'au sommet. Elles sont susceptibles de diverses formes, suivant les lieux où elles sont situées, & doivent, pour offrir une belle verdure, être de charmille. Celles d'érable, d'ifs & de buis, ne sont pas d'un si facile entretien, & ne produisent pas à beaucoup près un aussi beau coup-d'œil. Leur hauteur en général doit avoir les deux tiers de la largeur des allées. Lorsqu'on veut les faire plus élevées à l'usage de la clôture des esplanades un peu considérables, il faut laisser monter la chevelure des arbres de haute futaye qui sont placés derriere, & qui alors semblent se réunir avec la hauteur de la charmille, & ne faire qu'un tout ensemble, en les couvrant en demi-berceau, comme nous en avons déja parlé ; mais on doit observer de ne jamais enclaver ces arbres dans les Palissades, parce que lorsqu'un d'eux vient à mourir, on est obligé d'arracher une partie de la charmille, qui est un tems considérable à se rétablir. Il faut encore moins mettre ces arbres devant les Palissades, leur tige qui est rarement droite, produit un effet désagréable, ainsi qu'on le peut voir à la grande allée du tapis verd, à Versailles, & à Trianon. Ils sont beaucoup mieux derriere, à la distance de deux ou trois pieds des charmilles. Il est encore fort essentiel d'observer de ne pas laisser surpasser la chevelure des arbres au-delà de l'aplomb des Palissades lorsqu'on veut placer des figures ou des vases au devant de ces dernieres, parce que l'eau qui tombe abondamment de ces arbres, ruine ces ornemens ; défaut qui se remarque à presque toutes celles des Jardins de Versailles ; ce qui devroit déterminer à élaguer perpendiculairement du côté de ces figures la chevelure supérieure de ces arbres.

Des Bosquets.

Les allées & les palissades dont nous venons de parler, auroient peu d'agrément, si entr'elles on n'observoit pas des massifs d'une certaine épaisseur pour leur procurer de l'ombre & de la fraîcheur. Ce sont ces massifs qu'on nomme bois de moyenne futaye, & c'est selon leur étendue qu'on distribue des Bosquets (r), dont la forme peut être variée à l'infini, & dont le relief sert à faire valoir les piéces découvertes dont nous avons aussi parlé. Ces bosquets prennent différens noms, selon l'usage auquel ils sont destinés & selon leur grandeur, leur situation, & leur décoration. Relativement à leur grandeur, on les appelle Salles ou Sallons, & ils prennent quelquefois le nom des fontaines ou des principales figures qui en font l'ornement ; ainsi l'on dit Salle de Diane, Salle des Antiques, Sallon de Neptune. On les nomme aussi en général Cabinets de verdure. Par rapport à leur usage, ils prennent le nom de Salle de Bal, Salle de Comédie, Salle des festins, &c. Selon leur situation, on les appelle Belvéderes, Vertugadins, Amphithéatres, &c. Suivant leur décoration, on les qualifie de Salles en portique, en étoile, couvertes, découvertes, &c.

Le succès de ces différentes pieces de verdure dépend de la beauté des formes, du choix de leurs ornemens, de leur communication & de leur variété : nous en traiterons en particulier dans les différentes observations que nous aurons occasion de faire en parlant des jardins dons nous donnons les plans. Comme en général ils sont sur une petite échelle, il faudra avoir recours pour les détails à la Théorie (s) du Jardinage, dont la composition & l'élégance des desseins sont d'un goût exquis, & dont les préceptes sont aussi excellens qu'utiles. A l'égard des développemens & des parties de la décoration de ces Jardins plus en grand, voyez la premiere partie du Tome IIe de la Décoration des Edifices, que j'ai mis au jour en 1737. L'accueil que le public a fait à cet ouvrage semble m'autoriser à le citer ici.

Nous ne parlerons point dans ce Traité des Jardins potagers, fruitiers & légumiers : d'autres Auteurs semblent avoir épuisé cette matiere ; d'ailleurs, ainsi que nous l'avons remarqué, notre objet dans cet Ouvrage n'est que de parler des différentes parties du bâtiment qui ont plus de rapport à l'art & à la science du goût qu'à la nécessité de la vie civile.

Préceptes généraux concernant la décoration extérieure.

Si la décoration des plus beaux édifices consistoit dans l'art d'élever des colonnes accouplées, par entre-colonnement, ou placées les unes sur les autres, la science de l'Architecture n'auroit pas une grande étendue ; mais je ne crains pas de dire que les préceptes de cet art, qui à la vérité émanent de ces mêmes Ordres, ouvrent un champ beaucoup plus vaste, & qu'il est plus difficile qu'on ne pense d'observer dans un bâtiment toute la sévérité des régles, principalement lorsqu'on veut satisfaire tout ensemble à la décoration extérieure & intérieure, à la distribution & à la construction ; parties d'où dépend l'harmonie d'un édifice, & sans la réunion desquelles l'Artiste n'est plus qu'un Artisan.

Nous avons traité des loix générales de la distribution avant que de parler de la

---

(r) De l'Italien *Boschetto*, qui veut dire un petit bois.
(s) Cet Ouvrage est du sieur le Blond, né à Paris, & mort en Moscovie, en 1719. Architecte du Czar Pierre Premier. Il a été publié & mis au jour par M. d'Argenville, qui en 1747 en a donné une quatriéme Edition considérablement augmentée. Le sieur le Blond a bâti à Paris en 1707 l'Hôtel de Chaulnes, dont les plans & les élévations sont gravés dans le d'Aviller, page 209, ainsi que plusieurs autres bâtimens qui sont de lui ; c'est aussi par cet Architecte que l'Hôtel de Clermont a été bâti en 1708 ; on en trouvera les plans & les élévations dans ce Volume, Liv. II. Chapitre troisiéme.

construction; nous allons à présent passer aux principes généraux de la décoration, & commencer, 1°. par la recherche de ce qui fait que certaines parties nous plaisent plus que d'autres dans l'Architecture : 2°. nous démontrerons que les proportions sont la source de cette beauté : 3°. que les proportions des plus beaux édifices ont été puisées dans la nature.

Recherches de la cause qui fait que certaines parties nous plaisent plus que d'autres dans l'Architecture.

Rapport de l'Architecture avec la Musique.

On peut avancer avec Vitruve que la véritable cause qui nous porte à admirer un édifice préférablement à un autre, quoiqu'élevé pour la même fin, provient de ce que dans le premier l'on se sent intérieurement affecté & touché par l'aspect d'un bâtiment auguste, construit suivant les proportions de la bonne Architecture; au lieu que dans l'autre, où les régles ne sont pas observées, on remarque avec inquiétude la désunion des parties avec le tout; inquiétude qui fait que notre ame ne trouvant rien de constant où elle puisse s'arrêter, & étant partagée en même-tems par mille objets qui ne lui donnent pas le loisir de former aucune idée d'unité qui puisse la satisfaire, elle se révolte pour ainsi dire à la vûe d'un tel édifice : rien n'étant en effet si choquant qu'un bâtiment sans harmonie, sans régularité, & plein de confusion.

Au contraire, un monument érigé suivant les régles des Anciens, qui exigent que ses parties soient disposées dans l'ordre, la situation, l'arrangement, la forme, le nombre, les grandeurs, les distances & la simétrie, offre à notre œil, ou pour mieux dire, à notre ame, cette unité par laquelle chaque partie nous paroît à sa juste place, & nous avons la facilité de découvrir la relation qu'elle a avec les autres, de maniere que par une idée universelle, nous voyons & connoissons en même-tems & sans peine la correspondance des proportions, & les rapports du tout aux parties, & des parties au tout; rapports qui engendrent cette belle harmonie, qui est la source de tout le plaisir que nous recevons en contemplant un édifice élevé par les soins d'un homme sçavant. C'est ainsi que nos oreilles sont pour ainsi dire enchantées lorsqu'un habile Musicien a sçu unir avec art les sons & les voix dans un concert, & qu'il les a disposés par consonnances dans des intervalles qui ont entr'eux les proportions des nombres harmoniques; parce qu'alors ces sons frappent notre ouïe dans des espaces de tems proportionnés, & produisent par l'ordre, la vitesse, & l'intelligence de leurs percussions, cette unité de concert harmonique & cette volupté que fait ressentir une excellente Musique.

Or comme on ne peut disconvenir que la beauté de ces accords ne soit réelle, convainquante, & fondée dans la nature, quoiqu'elle n'ait d'autre existence que celle de l'ordre & des proportions, il en résulte qu'un bâtiment où l'on a observé, comme on l'a dit, l'ordre, la forme, l'arrangement & les proportions, est également susceptible de beautés positives, réelles, & qu'on ne peut contester.

De cette harmonie naît l'admiration, & nous ne devons point être étonnés si la plupart des hommes qui ont quelque idée du bâtiment, sans en sçavoir à fond les principes & les régles, sont plus ou moins affectés à l'aspect de tel ou tel édifice; la connoissance qu'ils ont des autres sciences les porte à més-estimer celui qui est élevé au hazard, quoiqu'ils ne puissent pas rendre raison des parties qui leur y déplaisent; pendant qu'au contraire ils admirent ceux qui sont érigés selon les principes des proportions, & élevés d'après les exemples des plus beaux monumens de la Gréce & de l'Italie. De là je conclus que pour parvenir à acquérir les connoissances des véritables beautés de l'Architecture, il n'est qu'un moyen, qui est d'examiner & de mesurer exactement les différens genres

d'édifices

d'édifices qui nous affectent agréablement, même ceux qui nous déplaisent, en se rendant par ce moyen l'interprete du silence des grands Architectes qui nous ont laissé leurs ouvrages pour exemple sans nous apprendre par écrit la route qu'ils ont suivie pour réussir. C'est par là qu'on peut les atteindre, cherchant à découvrir par les combinaisons & les rapports, ce qui nous satisfait dans leurs productions, & tâchant au contraire de développer la cause des défauts qui nous frappent dans les autres ouvrages, sans pouvoir dire pourquoi.

L'expérience m'a confirmé plus d'une fois ce que j'avance ; presque toutes les personnes que j'ai conduites dans nos bâtimens François, soit qu'elles fussent habiles, soit qu'elles n'eussent qu'une légére connoissance de l'Architecture, ont été comme enchantées devant le Péristyle du Louvre, à la vûe du Val-de-Grace, des Invalides, du Château de Maisons, de celui de Clagny, &c ; pendant que ces mêmes personnes n'ont témoigné qu'une médiocre satisfaction lorsque nous nous sommes trouvés vis-à-vis de quelques autres édifices qui n'avoient pas comme les précédens le caractere de la perfection : je dis plus, je n'ai pû parvenir moi-même à réduire en principes les parties les plus essentielles de l'Architecture, qu'en cherchant, par la comparaison, les rapports des parties au tout, & en me rendant compte d'où provenoient ces rapports, pourquoi ils manquoient, & par quelle substitution il y falloit rémédier. Je ne crains donc point d'avancer que la route la plus sûre pour parvenir à sçavoir d'où vient que certaines parties nous plaisent plus que d'autres dans l'Architecture, est celle que nous indiquons, & que c'est par elle seulement que nous pouvons acquérir du génie, échauffer notre imagination, & nous signaler dans toutes les occasions que nous aurons d'exercer la profession d'Architecte.

Que la proportion doit être regardée comme la source de toutes les beautés de l'Architecture.

On ne peut disconvenir que les proportions sont les sources de la beauté dans l'art de bâtir : s'il étoit possible de démontrer les principes de l'Architecture comme on démontre la science des Mathématiques, il seroit plus aisé de convaincre l'esprit humain de cette vérité.

<small>La proportion est la source des beautés en Architecture.</small>

Pour se persuader de ce que j'avance, il ne faudroit que considérer avec attention la plus grande partie des édifices élevés en France le siécle dernier ; mais sans exiger qu'on porte les yeux jusques là, je désirerois seulement qu'on pût réfléchir avec attention sur l'abus que font la plupart en regardant les proportions de l'Architecture comme arbitraires. En effet, parmi nos Architectes, les uns osent se frayer à leur gré une route nouvelle, & inventer des sistêmes singuliers ; les autres au contraire, par une ignorance volontaire, se contentent d'ériger des bâtimens sans art, sans simétrie, & sans goût, de maniere que la plupart évitant l'étude & la recherche de la véritable & solide beauté, cet art si intéressant pour la société, & si capable d'augmenter la gloire du Prince & de faire fleurir l'Etat, semble tomber peu à peu dans l'oubli & se ressentir des siécles où le goût Gothique a dominé, par la raison, disent quelques-uns, qu'il n'y a point de démonstrations convaincantes en faveur des proportions. Mais si ce raisonnement a quelque apparence de fondement, ne peut-on pas répondre avec Vitruve à ces hommes superficiels, que du moins il n'y a pas de démonstrations qui prouvent le contraire. C'est ce qui peut nous induire à croire que les proportions des parties des édifices sont la cause principale & essentielle de la perfection qu'on remarque dans les monumens du siécle précédent.

Combien de découvertes se sont faites dans les sciences, sans d'abord avoir le poids d'une démonstration stable, constante & indubitable. De ce nombre sont les Mécaniques, la Catoptrique, la Dioptrique, la Musique, &c. L'Architecture qui

La proportion est la source des beautés en Architecture.

seule embrasse toutes ces sciences & tous les arts en général, peut donc aussi être dans ce cas, non qu'on ait négligé d'y mettre des proportions, mais sans qu'on en ait connu la véritable cause. Car il est aisé de concevoir que rencontrant dans nos édifices des ordonnances agréables, & d'autres qui déplaisent, ce sont ces proportions, qui dans les premiers ont droit de plaire, tandis que les derniers choquent la vûe, faute d'en avoir; c'est ce que nous allons tâcher de développer, du moins par induction.

En remontant à la source, nous sçavons qu'avant les Grecs les colonnes étoient la plupart sans proportions, & que leur hauteur étoit arbitraire, d'où il étoit résulté un déréglement dans tous les édifices des Egyptiens, qui les avoient précédés, & que c'est pour avoir suivi les régles prescrites par les Athéniens, adoptées par les Romains, & transmises chez nous, que nous voyons avec admiration nos plus beaux édifices entourés d'Ordres d'Architecture, qui nous satisfont plus ou moins, selon qu'ils y sont exécutés avec ces heureuses proportions universellement approuvées depuis 2000 ans. Or si les proportions des colonnes forment dans notre œil un effet capable de contenter notre raison, n'est-il pas conséquent que lorsqu'on affectera dans les masses générales, aussi bien que dans les parties d'un édifice, une relation intime entre ces mêmes parties & l'ordonnance des Ordres de colonnes, on parviendra encore avec plus de succès à faire passer dans notre ame une extrême satisfaction à l'aspect d'un édifice dont les parties réunies concourent à engendrer un beau tout, ainsi qu'on satisfait la vûe lorsqu'on lui offre un tableau où les couleurs sont employées avec cette union & cette entente que produit la science du coloris, ou que l'on charme l'ouïe dans un concert par l'accord des sons & l'harmonie qui provient des différentes modulations des octaves & des intervalles.

Si donc entre plusieurs édifices, soit anciens, soit modernes, il en est qu'on regarde avec plaisir, & d'autres dont l'aspect nous blesse; il est aisé de conclure qu'il est des productions élégantes & agréables, & d'autres qui leur sont opposées. Or il s'agit par conséquent d'examiner quelles sont les parties agréables dans un édifice qui plaît, & qui ne se rencontrent jamais dans les autres, & l'on trouvera sans doute la cause primitive de l'agrément ou du désagrément que font ressentir les ouvrages d'Architecture, & en quoi consiste leur perfection ou leur imperfection.

Pour parvenir à cette connoissance, j'ai recherché avec application les dimensions générales & particulieres des bâtimens qui ont le plus de réputation, & comme dans l'examen que j'en ai fait, j'ai trouvé qu'il y avoit de certaines proportions entre la grandeur de la masse & celle de ses parties, que d'ailleurs j'ai reconnu que ces proportions étoient communes à tous les édifices approuvés, & ne se trouvoient que très-rarement dans les bâtimens médiocres; j'ai regardé comme un principe solide, stable & constant que la cause de la beauté & de l'élégance dans l'Architecture consiste dans les proportions, & quoiqu'elles ne soient point démontrées avec évidence par rapport à la multiplicité des circonstances, elles n'en sont pas moins reconnues par l'expérience, & confirmées par l'usage ainsi que par la recherche des motifs de l'admiration que s'attirent certains édifices, & du mépris qu'on a pour d'autres.

La plupart de ceux qui prétendent que les proportions ne peuvent être la cause de cette harmonie dont nous parlons, croyent bien appuyer leur idée en disant que la proportion n'est pas une beauté qui s'apperçoive, & qu'il soit facile de sentir; mais un pareil discours ne doit pas décréditer la découverte qu'on peut faire dans cet art concernant les proportions; car si l'on considere que les rapports réciproques des poids aux distances dans la mécanique, l'égalité des angles d'incidence & de réflexion dans la Catoptrique, celle des raisons des sinus des angles d'incidence & de réfraction dans la Dioptrique, & celle des raisons des consonnances dans la Musique, ne sont pas plus visibles que les proportions des parties de l'Architecture, quoique les effets qu'elles produisent soient très-sensibles; il en faut conclure qu'il n'est pas plus possible de faire un bel édifice sans proportions, que de former un concert agréable avec des sons discordans & sans harmonie.

La proportion est la source des beautés en Architecture.

D'autres avancent que l'habitude a beaucoup de part au plaisir que nous ressentons à l'aspect d'un bâtiment, ou que les beautés que nous regardons comme réelles, ne nous paroissent telles que parce qu'elles sont accompagnées d'autres beautés positives, comme la matiere & la délicatesse du travail; mais ces deux opinions sont également fausses. Car 1°. si l'habitude nous suffisoit pour trouver un édifice agréable, les personnes de goût ne seroient point choquées à la vûe de la plupart de nos bâtimens, & généralement nous serions moins mécontens des objets que nous connoissons être imparfaits, & en faveur desquels l'habitude ne peut rien. En second lieu, si la beauté de la matiere & la perfection du travail sont regardés par quelques-uns comme une beauté réelle, du moins elle ne peut que se faire estimer à part, sans détruire notre mépris pour la masse du bâtiment, si les proportions en sont bannies ou seulement négligées, parce qu'alors on considere en particulier le choix des matériaux, l'ouvrage des Artisans & le travail de l'Artiste dans les ornemens; mais l'on blâme l'ignorance de l'Architecte qui a rendu ses productions d'autant plus monstrueuses, qu'il a pris soin d'assembler plusieurs parties estimables qui composent un tout mal concerté.

Je dis plus, je crois qu'il n'appartient qu'à un génie superficiel de faire consister la beauté de son ouvrage dans la qualité de la matiere & la richesse des ornemens; cette sorte de beauté veut être assortie avec la convenance; elle est, pour ainsi dire, étrangere à ce qu'on appelle masse, grandeur & proportion. Nous avons des édifices construits de matiere fort ordinaire, sans ornemens ni presque aucune moulure, qui dans leur simplicité ne laissent pas que d'étonner le spectateur; tels sont l'Eglise de Ste. Sabine, à Padoue, dont parle le Chevalier Wauton, l'Observatoire, à Paris, &c, qui malgré leur simplicité, sont regardés chacun par les connoisseurs comme un miracle de notre art. D'où je conclus que toute la beauté d'un bâtiment provient de la justesse des mesures & des proportions dont les Architectes de ces édifices ont fait usage, pendant qu'au contraire les monumens où les proportions ne sont pas exactement observées, & qui n'ont d'autre avantage que la profusion des ornemens, paroissent d'autant plus difformes que ces mêmes ornemens ont plus de richesse dans leur matiere & d'affectation dans leur travail.

Que les proportions des plus beaux édifices ont été puisées dans la nature.

Pour se convaincre de la nécessité des proportions dans l'Architecture, il n'y a qu'à examiner le rapport des masses aux parties, & des parties au tout, que les anciens Architectes ont observé dans leurs édifices, sur lesquels Leon-Baptiste Alberti, Palladio, & Serlio ont écrit, & dont Desgodets nous a donné les mesures avec une précision scrupuleuse.

Les proportions sont puisées dans la Nature.

Il est certain, ainsi que nous le dirons en son lieu, que les proportions dans la nature ont donné naissance à celle des colonnes; nous démontrerons aussi comme un précepte invariable, que la proportion des Ordres doit donner le ton à l'Architecture, selon la diversité du choix que l'on peut faire, avec convenance, de ces mêmes Ordres, soit que l'on employe des colonnes dans un bâtiment, soit qu'on s'y serve seulement de leur expression. Conséquemment toutes les parties d'un édifice doivent être établies suivant les productions de la nature, qui ont toutes de justes rapports, & sur cette beauté que nous recherchons dans le nombre des parties

Que les proportions sont puisées dans la Nature.

que nous appellons en général *finitions* (t), que produit leur arrangement & leur situation : c'est de leur assemblage que naît cette simétrie, cette correspondance, & cette grace d'où résulte l'harmonie.

En effet, la nature, quoique variée dans ses productions, ne présente rien qui ne soit selon les loix de l'ordonnance, d'où provient la simétrie ; son objet le plus pressant est de faire en sorte que tous ses ouvrages soient parfaits. Or cette perfection est impossible sans l'harmonie : cette derniere manquant, plus de concert dans les parties, d'où il provient une imperfection visible dans toutes sortes de productions.

L'Architecture ne peut donc être belle sans l'harmonie (u), c'est par elle qu'un édifice acquiert la grace, la dignité, l'autorité & le prix. C'est pour cette raison que les anciens Architectes, persuadés que leurs édifices n'auroient d'approbation qu'autant qu'ils seroient conformes aux loix de la nature, se sont appliqués à la recherche de la perfection de ses œuvres, afin de s'en faire des régles pour la construction de leurs bâtimens, & qu'ils ont disposé leurs édifices en divers genres, selon leurs différens usages & les fins différentes de leur construction. Considération qui leur en a fait imaginer de solides, désignés par l'Ordre Dorique ; d'autres plus délicats désignés par l'Ordre Corinthien ; & d'autres qui, participans des propriétés de l'un & de l'autre, ont été signifiés par l'Ordre Ionique : ces noms leur ayant été imposés, ainsi que nous le dirons ailleurs, ou de ceux de leurs auteurs, ou des nations qui les ont le plus mis en usage. Ces Architectes firent les colonnes, les angles, & les autres parties solides de leurs édifices en nombre pair (x), & au contraire ils mirent toujours les ouvertures en nombre impair. Enfin, étant parvenus à considérer que les dix premiers nombres avoient chacun un caractere de perfection, ils se servirent également des uns & des autres, selon le besoin qu'ils en eurent, prenant garde néanmoins que le nombre de dix qu'ils ont cru le plus parfait entre les pairs, fût aussi le plus grand de ceux qu'ils pouvoient employer à leurs colonnes, & que celui de neuf qu'ils ont reconnu pour le plus parfait entre les impairs, établit la proportion moyenne, connue sous le nom d'Ionique, qui se trouve à la suite de la proportion Dorique fixée par le nombre de huit ; de façon que cette progression arithmétique des trois Ordres Grecs exprime parfaitement le genre solide, moyen & délicat.

Après qu'ils eurent déterminé les hauteurs, les longueurs & les largeurs générales de leurs édifices, comme les parties les plus essentielles, ils ne regarderent pas comme moins important de régler l'arrangement de chaque membre en particulier, qui devoit concourir à une simétrie parfaite : connoissance à la vérité, qu'ils acquirent plutôt par le travail & par l'expérience, que par les préceptes de la théorie. Car quoique la science de l'Architecture enseigne à bien distribuer toutes les parties d'un édifice, il est néanmoins certaines régles générales qui tirent leurs exemples de la nature, laquelle nous avertit de pourvoir jusqu'aux plus petites parties, & de les placer géométriquement selon leur nombre, leur grandeur & leur forme ; de maniere que celles qui sont à droite répondent parfaitement à celles qui sont à gauche, & celles de dessus à celles de dessous, & à tenir cel-

(t) L'on entend par finition, le rapport & la correspondance des lignes qui servent aux dimensions des parties d'un bâtiment, c'est-à-dire de la longueur, de la largeur & de la hauteur ; moyen certain par lequel la nature se manifeste clairement à nous dans toutes ses productions. C'est ce qui a fait dire à Pitagore, *que la nature est toujours la même en toutes choses*, parce que, comme le fait entendre Alberti, il est indubitable que les nombres qui sont que les voix différentes frapent également nos oreilles dans un concert, sont les mêmes qui sont que les objets remplissent nos yeux, ou plutôt notre ame, d'un plaisir merveilleux à l'aspect d'un bâtiment dont les masses & les dimensions sont dans un parfait rapport ; c'est ce même rapport que les anciens Architectes ont cherché à imiter dans leurs ouvrages, sans en excepter les Gothiques.

(u) Voyez la définition du mot harmonie, note *e*; page 23.

(x) Alberti prétend que les Anciens ont évité de mettre les parties solides de leurs édifices, qu'ils appelloient les os du bâtiment, en nombre impair, parce qu'il n'y a point d'animal qui se soutienne ou qui marche sur des pieds en nombre impair ; & qu'ils n'ont pas fait les ouvertures en nombre pair, parce que la nature a placé la bouche dans le milieu.

les qui font près les unes des autres dans une parfaite simétrie. Elle nous enseigne encore que celles qui sont égales doivent être justes & précises entr'elles, pour la perfection du tout ; sans excepter les statues, les bas-reliefs, les ornemens & tout ce qu'on peut mettre de remarquable dans un édifice, afin que les masses soient si bien proportionnées, que chaque membre à part semble engendré de l'ouvrage entier. Attention que les Anciens ont poussée jusqu'au scrupule, dans l'intention, disoient-ils, de surpasser la nature, toujours variée dans ses productions ; de maniere qu'il est aisé de remarquer dans leurs ouvrages que les proportions, la simétrie & l'ordonnance ont été la base des beautés qui ont fait admirer leurs monumens depuis tant de siécles.

Les proportions sont puisées dans la Nature.

Vitruve, *Palladio*, *Scamozzi*, & plusieurs autres Auteurs nous ont transmis ces préceptes, que les traditions les plus reculées & les exemples qui nous restent des vestiges de l'antiquité, nous confirment ; d'où il faut conclure que les proportions sont une beauté reconnue pour satisfaisante, que les édifices modernes les plus parfaits ne sont trouvés tels qu'autant que les beautés des masses & celles des parties se sont rencontrées parfaitement d'accord. Cette raison, quoique inconnue à la plupart des hommes ordinaires, leur cause cette admiration qu'ils ressentent à la vûe du Péristyle du Louvre, du Château de Maisons, & de celui de Clagny, aussi bien qu'à l'aspect de la Porte St. Denis, un des chefs-d'œuvres de François Blondel, célébre Architecte, qui a écrit très-sçavamment sur les proportions de l'Architecture, & sur la relation qu'elles ont avec la nature.

Après avoir insisté sur la nécessité des proportions, & supposant la connoissance de celles de chaque Ordre en particulier, nous allons parler en général des différentes manieres dont on décore nos bâtimens. Nous réduirons leurs especes au nombre de dix ou environ ; sçavoir ceux élevés seulement d'un étage, tels que le Palais Bourbon, l'Hôtel de Lassay, &c ; ceux composés d'un rez-de-chaussée surmonté d'un attique, tels que l'Hôtel de Clermont, de Noirmontier, &c ; ceux composés de deux étages réguliers, tels que l'Hôtel de Villeroy, de la Vrilliere, &c ; ceux composés d'un soubassement au rez-de-chaussée, & d'un premier étage régulier, tels que l'Hôtel de Toulouse, l'Observatoire, &c ; ceux composés d'un soubassement au rez-de-chaussée, d'un étage régulier au-dessus, & ce dernier couronné d'un attique, tel que le Château de Versailles du côté des jardins, celui de St. Cloud, &c ; ceux composés d'un soubassement & d'un Ordre colossal au-dessus qui embrasse deux étages, tels que ceux de la Place des Victoires, de la Place de Vendôme, & du Péristyle du Louvre ; ceux composés d'un seul Ordre qui embrasse deux étages, tel que l'Hôtel Amelot, à Paris, le Château neuf de Meudon, &c ; ceux composés d'un Ordre qui embrasse deux étages, qui sont couronnés d'un attique, tel que l'Hôtel de Lambert dans l'Isle, les gros pavillons des Thuilleries, &c ; ceux composés de deux étages réguliers & d'un attique au-dessus, tels que le Palais du Luxembourg, une partie de l'intérieur du Louvre, &c ; & ceux enfin qui sont composés de trois étages réguliers, tels qu'une partie de l'intérieur du Louvre, à Paris, le Château de Maisons, &c ; sans parler de plusieurs autres qui différent peu de ceux-ci, & où seulement, à la place des attiques, on a substitué des mansardes, ainsi que nous le dirons en son lieu.

Des différentes especes de bâtimens.

Des Bâtimens à un seul étage.

Les bâtimens à un seul étage sont assez rares dans une Capitale, malgré l'exemple du Palais Bourbon, de l'Hôtel de Lassay, de Pompadour, de Béthune, de Montbason, &c ; parce qu'ordinairement la surface du terrain est resserrée dans une Ville un peu considérable, ce qui oblige de multiplier les étages dans les maisons ordinaires, & que d'ailleurs il semble que les édifices de quelque importance exigent une

Des bâtimens à un seul étage.

Tome I.   Q

Des bâti-mens à un seul étage. ordonnance plus majestueuse que celle d'un seul étage, ainsi qu'on le remarque au Palais Bourbon, dont nous venons de parler ; de sorte que cette maniere de bâtir ne paroît convenable que pour un logement particulier à la Campagne, ou pour une petite maison de plaisance, telle que celle de M. le Prince de Soubise à St. Oüen, ou pour un édifice qui sert de retraite à l'extrémité du Parc d'une maison Royale, comme le Château de Trianon près de Versailles, &c.

De toutes les manieres de bâtir, celle-ci est la moins sujette, parceque n'étant pas obligé d'y élever des Ordres les uns sur les autres, on trouve moins d'obstacles à la réunion des parties avec le tout. Il ne s'agit que de faire choix de l'expression d'un des Ordres le plus analogue au caractere du bâtiment que l'on veut ériger, & ce genre étant une fois choisi par les principes de la convenance, il faut seulement que tous les membres d'Architecture & leurs proportions soient relatifs à cet Ordre. Supposons à présent que par œconomie ou par quelqu'autre motif, on ne veuille pas faire usage d'un Ordre de colonnes ou de pilastres dans un bâtiment, il est certain qu'il ne faudra pas moins exprimer le caractere de l'un d'eux dans la proportion des croisées, des trumeaux, des entablemens, des archivoltes, impostes, chambranles, &c, ainsi que dans les ornemens ; parceque sous le nom d'ordonnance nous n'entendons pas seulement l'assemblage du piédestal, de la colonne, & de l'entablement, mais aussi la forme & la richesse des portes, des croisées, des niches, des balustrades, des frontons, des figures, des trophées, &c ; afin que par l'aspect de cet édifice, dont les Ordres sont supprimés, l'on puisse reconnoître son ordonnance rustique, solide, moyenne, délicate, ou composée, par la raison que l'on aura dû puiser ses proportions dans l'Ordre Toscan, Dorique, Ionique, Corinthien, ou Composite.

Pour satisfaire à ce que nous exigeons, il s'agit de connoître la hauteur de l'étage où l'on veut composer une ordonnance ; hauteur qu'on ne peut déterminer que relativement au diametre des pieces de l'intérieur du bâtiment, en ajoûtant à cette mesure l'épaisseur du plancher du premier étage. Il faut ensuite que cette grandeur étant donnée, & en ayant soustrait environ un pied pour la retraite ou socle, le reste soit divisé en cinq, dont un cinquiéme constatera la hauteur de l'entablement, & l'excédent sera pour celle des croisées, y compris leur appui & leur claveau.

Ordinairement les bâtimens à un seul étage se couronnent d'une balustrade à laquelle on donne de hauteur celle de l'entablement, plus une sixiéme partie, & on les soutient par un socle continu, dans lequel est comprise la quantité des marches qui montent du sol des cours & des jardins à celui du rez-de-chaussée des appartemens.

Des Bâtimens à un seul étage, surmonté d'un attique.

Des édifices à un étage surmonté d'un Attique. Ces bâtimens sont en usage lorsqu'un lieu se trouve resserré, & que le terrain borné ne fournit qu'un espace suffisant pour distribuer au rez-de-chaussée les pieces de société, ou un appartement de parade, de maniere qu'on se voit obligé de placer au-dessus les appartemens de commodité, dont les pieces ayant un diametre qui n'exige pas une grande hauteur, permettent de n'élever qu'un Attique au-dessus du rez-de-chaussée (y), ainsi qu'on l'a pratiqué aux Hôtels de Clermont, de Noirmontier, de Roquelaure, de Rotelin, à la maison de M. Dargenson, & comme on l'avoit projetté pour le bâtiment du Palais Bourbon. La proportion de l'étage qu'on nomme attique, est d'avoir de hauteur la moitié de celui de dessous, de façon que toutes les parties en sont raccourcies, & n'ont aucun rapport avec

---

(y) A l'Hôtel de Montbason on a pratiqué une mansarde, ce qui ne réussit pas à un bâtiment d'un seul étage susceptible de quelque ordonnance.

ARCHITECTURE FRANÇOISE, Liv. I.

les Ordres d'Architecture ; l'entablement qui couronne cet étage ne devant avoir qu'un huitiéme au lieu du quart, & étant suffisant que les croisées ayent de hauteur une fois & demie leur largeur (z), au lieu de deux fois, &c. En général il est essentiel d'observer que l'ordonnance de cet attique ait une expression & une richesse relatives à l'Ordre qui le soutient, & d'éviter de mettre un genre d'attique Toscan sur une ordonnance Corinthienne, & un genre d'attique Ionique sur une ordonnance Toscane, ainsi qu'on l'a fait dans plusieurs de nos bâtimens ; étant raisonnable que puisqu'il y a cinq Ordres d'Architecture d'une différente expression, il y ait aussi cinq ordonnances d'attique, ainsi que cinq genres de niches, de balustrades, de frontons, d'amortissemens, de soubassemens, &c.

Des édifices à un étage surmonté d'un Attique.

Au reste il ne faut pas faire un trop fréquent usage des attiques, ils réussissent rarement bien dans les bâtimens civils, leur proportion étant tout-à-fait contraire aux préceptes de l'art, & n'ayant d'abord été imaginés que pour servir d'amortissement, & recevoir des inscriptions ou bas-reliefs dans les ouvrages publics, tels que les portes de Ville, les fontaines, les arcs de triomphe, &c. S'ils semblent avoir pris faveur dans nos bâtimens, c'est parcequ'on les a substitué dans les maisons particulieres aux mansardes, à la place desquelles ils paroissent mieux faire ; mais dans les édifices considérables il faut en user avec plus de retenue, malgré le fameux exemple du Château de Versailles, où il semble être autorisé pour les raisons que nous dirons en son lieu.

L'étage qui soutient cet attique doit être conforme à ce que nous avons dit concernant les bâtimens à un seul étage, c'est-à-dire se ressentir des proportions d'un Ordre régulier, dont on aura fait choix selon l'usage & la destination du bâtiment qu'on aura à ériger.

Des Bâtimens à deux étages réguliers.

Par les bâtimens à deux étages, nous entendons deux Ordres réguliers élevés l'un sur l'autre dans un même édifice, soit qu'il y ait des colonnes ou pilastres, soit qu'il n'y en ait point. Ce genre convient à une maison qui ayant une surface resserrée dans des bornes étroites, par œconomie ou autrement, exige cependant une quantité d'appartemens suffisante pour qu'il y en ait de parade, de société, & de commodité. De sorte que ne pouvant dans l'espace du rez-de-chaussée distribuer tous ces genres d'appartemens, le premier étage doit en contenir une partie, & pour cela il faut qu'il ait une hauteur convenable, afin que par le seul aspect des dehors, les deux étages annoncent visiblement l'usage intérieur du bâtiment, comme on le remarque aux Hôtels de Villeroy, de Matignon, de Soubise, d'Humieres, de la Vrilliere, du Ludes, &c.

Des bâtimens à deux étages.

De tous les édifices dans ce genre que nous venons de nommer, l'Hôtel de Soubise est le plus régulier ; le rez-de-chaussée est d'un Ordre Composite, & le premier étage d'un Corinthien couronné d'une balustrade : raison pour laquelle on auroit pû supprimer les combles, ou du moins ne les pas rendre apparens, parce que dans une maison de quelque importance & décorée comme celle-ci, il ne faut pas faire parade de greniers, ainsi que nous le remarquons plus particuliérement dans la description de cet Hôtel, Tome II. Livre IV ; nous dirons seulement ici d'une maniere générale, que la proportion du premier étage doit être à celle du rez-de-chaussée, comme 19 à 20 ; c'est-à-dire qu'il faut que l'Ordre supérieur soit d'un module moins élevé que celui de dessous, sans avoir égard aux socles, aux appuis, ni aux piédestaux, soit que l'on fasse usage des Ordres, soit qu'on les y supprime.

(z) Voyez ci-après, dans cette Introduction, les proportions de l'Ordre Attique, suivant le sistême des anciens & des modernes.

Comme nous supposons ici la connoissance des Ordres, du choix qu'on en doit faire dans les différentes especes de bâtimens, & de leur expression, nous passerons sous silence les genres de profils qui conviennent à chacun, le choix des impostes, des archivoltes, aussi bien que la proportion des architraves, frises, corniches, &c. renvoyant pour cette partie de l'Architecture, aux dévelopemens donnés dans le huitiéme volume, où tous les cas possibles se trouveront détaillés. A l'égard de la proportion des portes, des croisées, des frontons, des balustrades, &c. nous en parlerons en particulier à la suite de ces principes généraux.

Des bâtimens à deux étages.

Des Bâtimens dont le rez-de-chaussée est un soubassement, & au-dessus duquel est élevé un étage régulier.

Des bâtimens avec soubassement surmonté d'un étage régulier.

Ce genre de bâtiment est assez en usage lorsque dans un lieu serré on est obligé au rez-de-chaussée de distribuer les cuisines, les offices, & autres lieux subalternes : ou bien, dans une maison de plaisance, lorsque la situation & les principaux points de vûe ne peuvent être apperçus du rez-de-chaussé, de maniere qu'on se trouve obligé d'élever le bel étage au dessus du soubassement. Alors il suffit de pratiquer au rez-de-chaussée un vestibule & un escalier, dont la décoration réponde à l'importance du bâtiment & à la magnificence des appartements du premier étage : l'Observatoire, l'Hôtel de Carnavalet, l'Hôtel de Toulouse, le Château de Bercy, &c. sont à peu près dans ce genre. Je dis à peu près, parce que dans quelques-uns de ces soubassements on a introduit de petits Ordres d'Architecture, tel qu'on peut le remarquer à l'Hôtel de Toulouse à Paris ; ce qui est contraire aux principes de l'art & aux proportions qui exigent qu'on ne donne à la hauteur des soubassements que les deux tiers de l'Ordre supérieur. De sorte que selon ce principe, il est contre la convenance de vouloir introduire un genre d'Ordre dans un soubassement, puisqu'il ne ne peut avoir aucun rapport avec celui qui le surmonte, & que l'idée générale qu'on doit se former d'un tel étage, est qu'il sert de stylobate continu à toute l'ordonnance supérieure, quand même on n'y employeroit ni colonnes ni pilastres.

Le même esprit de convenance nous enseigne aussi que l'ordonnance de ces soubassements doit être traitée de maniere qu'ils représentent une Architecture solide, si l'Ordre de dessus est moyen, ou au contraire qu'ils soient moyens, si l'ordonnance du premier étage est délicate : ainsi de suite. Pour y parvenir, il faut emprunter les membres d'Architecture dont on compose ces soubassements de ceux des piédestaux des Ordres supérieurs, & tenir la proportion des portes & croisées de cet étage de façon qu'elles soient racourcies d'un sixième moins que toutes celles placées dans l'ordonnance d'un Ordre régulier.

Des Bâtimens qui sont composés d'un soubassement au rez-de-chaussée, d'un étage regulier au-dessus, & dont ce dernier est couronné d'un Attique.

Des bâtimens composés d'un soubassement, d'un étage régulier & d'un Attique.

Nous avons déja dit qu'il ne falloit pas faire un trop fréquent usage de l'Ordre Attique dans l'Architecture, qu'en général il ne sembloit devoir être employé que dans une maison particuliere à la place des mansardes, ou dans les édifices publics pour servir d'amortissement à quelque partie essentielle que l'on veut rendre pyramidale ; cependant l'exemple que Mansard nous a donné de cette espece d'Ordre à la façade de Versailles, du côté des Jardins, nous montre qu'on peut tirer parti d'un Attique avec une sorte de succès dans l'ordonnance des Palais des Rois.

En effet, il semble que l'aspect d'un bâtiment de ce genre ne peut exprimer mieux la demeure d'un Monarque, que quand le bel étage où il fait sa résidence se trouve élevé sur un soubassement qui préserve sa personne des humidités de la terre, & de l'importunité des hommes du commun, & lorsque ce bel étage est

couronné

couronné d'un attique qui semble mettre à couvert l'intérieur de ces appartemens de l'ardeur du Soleil, des eaux du Ciel, &c. On peut même avancer que dans la décoration d'une Maison Royale, l'Ordre Attique est plus convenable qu'un Ordre régulier, parceque ce dernier annonce dès dehors un étage habité; ce qui est contre la bienséance, qui semble exiger qu'aucune autre personne n'habite au-dessus du lieu où une tête couronnée fait son séjour. D'ailleurs, dans une Maison Royale, comme il se rencontre des pieces spacieuses, par le moyen de cette hauteur d'attique jointe à celle du premier étage, les Galeries, les Sallons & les grandes Salles d'assemblée ont une proportion relative à leur diamétre. Sans cela, ou les calottes de ces piéces occuperoient une partie de la hauteur de l'étage régulier qu'on auroit placé au-dessus, ou l'on se trouveroit contraint d'introduire des combles au-dessus du bâtiment, ce qui seroit encore un plus grand défaut de convenance, malgré les exemples des édifices du siécle précédent; n'étant pas naturel de pratiquer au dessus de la demeure d'un Souverain, des greniers dont les toits nous donnent l'idée, & qui, quelque forme & quelque élégance qu'on leur donne, ne conviennent qu'aux bâtimens subalternes, ou aux basse-cours. Cette considération doit faire estimer la façade de Versailles, parce qu'il régne une balustrade au-dessus de l'étage attique, & que les combles ne sont pas apperçus, ayant été construits de maniere que leur sommet est peu élevé, ainsi qu'on l'a observé au Château de Trianon, au Palais Bourbon, &c.

Des Bâtimens composés d'un soubassement & d'un Ordre colossal au-dessus, lequel embrasse deux rangs de croisées l'une au-dessus de l'autre.

Malgré les exemples de ce genre qu'on voit en Italie, & l'opinion de plusieurs Architectes modernes, qui font usage des Ordres qui embrassent deux étages, il semble que ce n'est que dans la décoration des places publiques qu'on peut les employer convenablement, parceque le diamétre de ces places étant considérable, & l'intérieur des bâtimens qui forment leur enceinte étant occupé par des particuliers, dont les appartemens sont d'une hauteur ordinaire; si chaque étage exprimoit un entablement avec un Ordre d'Architecture, il seroit à craindre que ces Ordres d'une grandeur proportionnée à ces bâtimens ne parussent trop peu considérables, relativement à l'espace & au diamétre de la place. C'est ce qu'on peut remarquer aux bâtimens de la cour du vieux Louvre, qui est à peu près de même diamétre que les Places Royales & de Vendôme; un Ordre colossal réussit beaucoup mieux à ces dernieres que les trois Ordres élevés l'un sur l'autre dans la cour du Louvre, par la raison qu'il n'y a point de spectateur éclairé qui ne s'apperçoive que cet Ordre à double étage, répondant par son ordonnance à l'usage public, est pratiqué dans l'intérieur pour être habité par des particuliers; pendant, au contraire, que dans une autre circonstance, où l'on affecte le genre d'Ordre à deux étages, la premiere idée de vraisemblance semble annoncer que la façade de ce bâtiment avoit été commencée pour un édifice public, & qu'ensuite il a passé à des hommes ordinaires, qui en ont divisé la hauteur relativement à leurs besoins.

Une autre observation doit encore empêcher d'user trop fréquemment des Ordres colossaux: car comment concilier la proportion qui doit être entre la grandeur des portes & des croisées, ainsi que nous l'avons dit ci-devant, avec celle du diamétre de ces colonnes ou pilastres? Ces croisées & ces portes étant placées dans des entrecolonnemens que la construction oblige de mettre les uns près des autres sous une grande élévation, on n'y peut voir qu'un défaut de rapport entre les parties & le tout qui paroît dans tous les édifices érigés dans ce genre; la façade du Louvre du côté de la riviere en fournit un exemple qui autorise à croire que la convenance paroît

Tome I. R

trop négligée dans l'Architecture, quoique fans elle il foit difficile de mettre de la vraifemblance dans la décoration des façades. C'est fans doute cette négligence qui fait que les préceptes de l'Architecture font regardés par quelques-uns comme arbitraires, & qu'il est presque impossible que les Architectes de nos jours, ayant continuellement fous les yeux de telles licences, puissent parvenir à cette excellence qui rend si recommandable la mémoire des Architectes Grecs, lesquels à bien des égards l'ont emporté fur nous pour ce qui regarde la décoration extérieure.

Des Bâtimens où un feul Ordre embraffe deux étages.

Des bâtimens où un feul Ordre embraffe deux étages.

Ce genre de bâtimens est moins fréquent que ceux dont nous venons de parler ; aussi paroît-il moins convenable pour l'ordonnance d'un édifice. Car lorsqu'un Ordre colossal se trouve élevé fur un foubassement, du moins, ainsi que nous venons de le remarquer, décore-t-il avec convenance les façades extérieures d'une Place publique, & peut-il avoir quelque forte de succès dans la construction d'un grand Palais, d'un édifice facré, &c. Mais lorsqu'il est fans foubassement, qui semble lui tenir lieu de stilobate, ce grand Ordre approche trop du fol du rez-de-chaussée, & il donne au bâtiment une fausse idée de grandeur, laquelle fe trouve contredite par la petitesse des croisées & des autres membres d'Architecture ; ce qui lui ôte toute cette vraifemblance fans laquelle un édifice ne fçauroit plaire, malgré l'autorité que peuvent lui donner en ce genre le Château neuf de Meudon, du côté des cloîtres, le Château de Marly, celui du Rincy, celui de Montmorency, l'Hôtel Amelot, à Paris, &c.

Des Bâtimens compofés d'un Ordre qui embraffe deux étages couronnés d'un Attique.

Des bâtimens compofés d'un Ordre qui embraffe deux étages avec un Attique au-deffus.

Ces especes de bâtimens ont les mêmes inconvéniens que les deux précédens ; avec cette différence que l'Ordre Attique est encore moins vraifemblable fur un Ordre colossal que fur les Ordres qui caractérifent chaque étage ; parceque si l'on donne à la hauteur de l'étage Attique la moitié de l'Ordre de deffous, il a l'air d'un Ordre régulier, ainsi qu'on le remarque au gros Pavillon des Thuileries, & comme il n'en a pas les proportions, la difformité de cet Ordre en devient plus monstrueuse. Si au contraire on ne lui donne que le quart de l'Ordre de deffous, ainsi que l'ont pratiqué la plupart des Anciens, il paroît incapable d'entrer en comparaison avec un Ordre auquel on a voulu donner un caractere colossal ; de maniere que si l'on se voit obligé indispensablement d'élever un Attique fur un pareil Ordre, il faut éviter de lui donner des chapiteaux & des bafes, afin d'en allonger le fust & de lui donner un caractere d'amortiffement & non d'étage, obfervant néanmoins que cet attique, bien loin d'être continu fur toute la longueur de la façade, ne couronne que quelque partie du bâtiment, ainsi qu'on l'a pratiqué à l'Hôtel de la chaife, &c.

Des Bâtimens compofés de deux étages réguliers & d'un Attique au-deffus.

Des bâtimens compofés de deux étages réguliers & d'un Attique au-deffus.

Plusieurs de nos édifices d'importance font élevés à Paris dans ce genre, ainsi qu'une partie de celui du Luxembourg, de l'intérieur du Louvre, & quantité de belles maifons, comme l'Hôtel de Rohan, de Noailles, de Beauvais, la façade du Bureau des Marchands, & plusieurs autres bâtimens. Quoique les Ordres qui font caractérifés en ceux-ci foient fupprimés en d'autres, on ne laiffe pas d'y reconnoître cette ordonnance ; c'est ce qu'on peut voir aux Hôtels du Maine & de

Torcy, au Château de Boufflers, &c. Ce genre d'ordonnance réussit toujours bien dans une maison particuliere, lorsque le peu d'étendue du terrain oblige de multiplier les étages : c'est là que l'attique doit être préféré aux mansardes, qui ne conviennent qu'aux bâtimens subalternes, & qui n'ont pris faveur que depuis qu'on a reconnu qu'on ne pouvoit pratiquer des logemens dans les combles construits à deux égoûts.

Des Bâtimens composés de trois étages réguliers.

Pour n'omettre aucune des especes de décorations qui concernent les façades, nous finissons par les bâtimens qui ont trois étages réguliers élevés les uns au-dessus des autres, tels que sont le Palais du Luxembourg, le Château de Maisons, &c, où l'on doit observer que ces trois Ordres ne régnent pas dans tout le pourtour du bâtiment, & que le troisiéme Ordre ne soit admis que dans les principaux avant-corps du milieu pour les faire piramider ; ce qui paroît produire un meilleur effet que si ces trois étages étoient continus, comme on le remarque dans l'intérieur du vieux Louvre, à Paris. On peut en juger sur la moitié de ce bâtiment, qui est décoré comme on vient de le dire, & sur l'autre moitié qui n'a que deux Ordres couronnés d'un attique : il est aisé d'y décider du succès de l'une ou l'autre décoration.

Des bâtimens composés de trois étages réguliers.

Ce que nous venons d'observer concernant ce dernier genre de bâtimens, ne regarde à la rigueur que ceux de quelque importance ; car lorsqu'il s'agit d'une maison particuliere ou à loyer, la nécessité d'élever plusieurs étages les uns sur les autres dans un terrain borné, semble autoriser indifféremment cet usage de l'une ou l'autre façon, étant néanmoins à propos de ne pas négliger l'ordonnance ni le choix des proportions ; raison pour laquelle, quand on veut exercer avec honneur la profession d'Architecte, on doit approfondir les préceptes de son art & remonter à la source, afin que dans les plus petites occasions on puisse faire voir que l'art a prévalu sur le métier.

Après avoir parlé en général de l'ordonnance extérieure des différentes especes de bâtimens, nous allons donner en particulier divers principes applicables à la décoration des édifices dans tous les genres, soit pour tendre à leur perfection, soit pour faire éviter les licences ou les abus qui se sont glissés dans l'art de bâtir.

Principes concernant la décoration extérieure des édifices.

I.

Il faut que ce qui porte ait un caractere de solidité relatif à ce qui est au-dessus ; que le délicat & l'orné ne soit pas sous le rustique & le simple ; que les grands édifices & les lieux vastes soient composés de grandes parties, le grand & le mesquin ne pouvant aller ensemble. Toutes les parties d'une même décoration doivent avoir du rapport & de la proportion entr'elles, & être d'un même genre. Il ne convient pas de mettre en un même étage de bâtiment, ou dans l'intérieur d'une même piece, des membres d'Architecture ou des ornemens rustiques & simples avec d'autres parties d'un caractere délicat, quoique les uns & les autres puissent être réguliers placés séparément ; le rustique & le simple doivent avoir peu d'ornemens, le délicat & le svelte doivent être plus ornés.

Divers principes sur les décorations extérieures.

II.

Quelque variété qu'on donne aux profils, il faut se servir toujours des moulures usitées, & se garder d'y en introduire dans le goût Gothique, sous prétexte de

Divers principes sur la décoration extérieure.

nouvelle invention. La beauté des profils consiste dans la distribution des moulures, dans la proportion convenable à leurs différens caracteres, & dans l'art de mêler alternativement les rondes avec les quarrées, & les petites avec les grandes, en observant de les faire ressentir plus ou moins, selon qu'elles sont plus proche ou plus loin de l'œil du spectateur, ou placées dans des lieux spacieux ou resserrés.

III.

Lorsqu'on employe les Ordres d'Architecture dans un bâtiment, il faut observer de ne jamais s'écarter des proportions générales établies par les maîtres de l'art. On s'en éloigne lorsque sur un Ordre régulier, à la place d'un entablement, on substitue une corniche architravée, ou lorsqu'on mutile quelques-uns de ses membres, ce que de véritables Architectes ont grand soin d'éviter; autrement ce seroit faire parade de ce que l'Architecture a de plus régulier, sans craindre d'en défigurer les parties. De cette observation l'on doit conclure que si la hauteur d'un bâtiment ne suffit pas pour mettre une ordonnance de colonnes dans tout son éclat, il est plus prudent de le supprimer tout-à-fait, & de chercher à tirer avantage de sa décoration d'une autre maniere, parce qu'on doit être convaincu que lorsqu'on ne peut donner à un Ordre la proportion qui lui est convenable, & à laquelle les yeux se sont accoutumés depuis tant de siécles, on s'expose à une juste critique, & qu'il est rare qu'on ne tombe dans quelque médiocrité toujours condamnable au jugement des connoisseurs.

IV.

Les faces des pilastres & des colonnes ne doivent jamais être interrompues par aucun membre d'Architecture horizontal & étranger à leur fust, ne convenant pas que les plinthes, corniches, ou impostes, qui se placent assez souvent dans les entrecolonnemens, excédent le demi diametre du devant des colonnes, ou desafleurent la surface du devant des pilastres, ces membres d'Architecture divisant la hauteur de leur fust, ce qui est une licence toujours défectueuse.

V.

Le bon goût exige que les colonnes ne soient point engagées les unes dans les autres, ni même dans les pilastres, aussi bien que leurs bases & leurs chapiteaux qui doivent être absolument détachés & séparés les uns des autres. Si dans des cas particuliers on se trouve obligé d'engager des colonnes, ce qui ne peut être souffert que par licence, il le faut faire avec tant de prudence & de circonspection, qu'on puisse connoître visiblement qu'on n'a pû faire autrement par rapport à la solidité ou au dégagement des lieux; ce qu'il faut néanmoins éviter autant qu'il est possible, parce que les licences, quoique usitées, sont toujours une irrégularité plus ou moins vicieuse.

VI.

Dans l'antique on ne voit gueres de colonnes accouplées que celles du Temple de Cisi & de Trévi, dont parle Palladio, de maniere qu'on peut dire qu'il n'y a que les modernes qui ayent introduit cette méthode, & même, selon le sentiment de ceux qui se vantent d'avoir puisé leurs principes dans l'antique, elle n'est qu'une tolérance où l'habitude a plus de part que la vraisemblance.

VII.

VII.

De la diminution des colonnes.

La plupart des anciens Architectes, tels que Vitruve & plusieurs de ses commentateurs, sont d'avis que plus les colonnes ont de hauteur, moins elles doivent avoir de diminution ; leur grande élévation, disent-ils, leur en donnant une apparente ; mais ce raisonnement ne peut pas toujours avoir lieu. Car si l'on considere qu'une colonne Corinthienne de 40 pieds de hauteur a 4 pieds de diamétre, & que celle de vingt du même Ordre n'en a que deux, il s'ensuit que la diminution doit être égale dans toutes les deux, en supposant, comme cela se doit, que l'on prenne un point de distance proportionné à la différente hauteur des objets que l'on doit regarder ; car alors les angles visuels sont égaux. Ainsi leur sentiment n'auroit lieu que lorsque l'on ne pourroit, comme au portail de St. Gervais & à celui de St. Sulpice, avoir qu'un point de distance commun pour les objets de différente grandeur ; à moins qu'ils ne prétendent changer toutes les proportions des Ordres, & augmenter leur parties, à mesure qu'elles sont plus élevées, ce qui ne se peut sans blesser les loix de la bonne Architecture. En effet on doit regarder comme un principe constant que les objets apperçus d'un rayon visuel égal, ne doivent souffrir aucune altération ; autrement il s'ensuivroit que la façade d'un bâtiment vû sur sa longueur, & dont le point de station seroit dans le milieu, obligeroit d'aggrandir toutes les parties horisontales qui s'en éloigneroient, afin qu'en apparence elles fussent toutes d'une hauteur égale.

Ce qui détruit encore ce raisonnement, c'est que si l'on devoit augmenter les parties les plus élevées à proportion de leur éloignement, pour leur donner une apparence d'égalité, il faudroit nécessairement, dans les édifices où l'on éleve plusieurs Ordres les uns sur les autres, que le dernier eut un diamétre plus fort que ceux de dessous, ce qui seroit contre toute régle de convenance : ou bien donner plus de hauteur aux Ordres supérieurs, ce qui les feroit paroître trop sveltes & détruiroit l'opinion de ceux qui prétendent qu'on doit donner moins de diminution aux grandes colonnes qu'à celles qui sont plus petites. Or l'une & l'autre méthode seroient également absurdes, puisqu'on ne peut raisonnablement s'écarter des régles qui ont été établies par les Architectes de l'antiquité, qui ont été goûtées de siécle en siécle, & qui sont parvenues jusques à nous avec un consentement unanime, & avec l'applaudissement de toutes les nations civilisées. Ces regles sont autant de titres pour la proportion des Ordres d'Architecture, & doivent être aussi invariables que les proportions de la belle nature, qui représentées par un habile Statuaire, soit dans une Divinité, soit dans un Héros, d'une grandeur naturelle ou colossale, sont toujours les mêmes, & ne doivent pas, suivant le sistême que nous condamnons, avoir les parties supérieures plus allongées parce qu'elles sont plus élevées que celles d'une figure dont la proportion est moins gigantesque ; car l'œil étant accoutumé à juger de la grandeur des objets par leur distance, il ne sçauroit être trompé considérablement, à cause de la comparaison qu'il fait des parties qui lui sont inconnues avec celles dont il sçait la proportion.

VIII.

Des colonnes isolées.

Il ne faut pas inconsidérément faire usage des colonnes isolées dans l'intérieur d'un édifice ; elles diminuent la capacité du lieu. Ce défaut se remarque sur-tout lorsqu'on les employe dans des Temples qui ne sont pas d'une grandeur considérable, ainsi qu'on l'a fait dans les Basiliques de St. Paul & de Ste. Marie Majeure, bâties sous le régne de Constantin, des ruines des plus beaux édifices de Rome, mais néanmoins érigées dans un siécle incapable de produire quelque cho-

Des colonnes isolées. se qui approchât de l'antiquité; & dans l'Eglise de Ste. Marie *in Capitelli*, bâtie par Rainaldi. Du moins celles qu'on a élevées à St. *Salvator in Lauro*, bâti par Octavien *Mascherini*, qui les a engagées d'un tiers, & celles des quatre Chapelles au dôme des Invalides, sont plus supportables, mais elles n'égalent pas les colonnes du Panthéon qui font un meilleur effet, non-seulement parce qu'elles sont employées dans un lieu vaste, mais parce qu'elles portent l'entablement qui régne au pourtour de la rotonde, sans interrompre l'espace qui lui est destiné. Il faut néanmoins convenir qu'il vaut mieux en user comme on a fait au Vatican, où le grand Ordre Corinthien est de pilastres, & dont l'entablement devient l'imposte d'une voûte de onze toises trois pieds; considération qui doit faire présumer que si dans une si grande ordonnance on les a omis, à plus forte raison doit-on les éviter dans un lieu d'un moindre espace, & les supprimer dans une Chapelle, qui n'a d'apparence & de grandeur réelle, qu'autant qu'il y a peu de parties qui l'embarassent. Mais en supposant qu'on soit obligé d'employer des colonnes isolées dans l'intérieur d'une Eglise, d'une Chapelle, ou ailleurs, il faut au moins craindre deux choses, sçavoir qu'en faisant retourner l'entablement sur une colonne seule, cet entablement ne forme un avant-corps trop étroit, comme aux arcs de triomphe de Septime Severe & de Constantin, aux thermes de Dioclétien, & comme on le voyoit au Temple de la Paix: ou qu'au contraire, s'il est continu, il ne devienne trop massif, principalement pour un Ordre délicat, ainsi qu'on le remarque dans presque tous nos édifices François.

IX.

Des ordres mis les uns au-dessus des autres. Aux Palais des Princes, aux grands Hôtels, on peut, à l'exemple de l'antiquité, mettre un Ordre d'Architecture à chaque étage, pour décorer les faces extérieures des bâtimens de cette espece; mais selon l'usage des Anciens, il ne convient pas de mettre l'un sur l'autre plusieurs Ordres dans la hauteur des grandes pieces, tels que sont les grands Sallons, les grandes Salles, les Galeries, &c; à moins que l'on n'affecte un trotoir, un corridor, ou un passage retenu par une balustrade ou balcon de fer, qui annonce le plein pied du premier étage, & qui divise celui ci d'avec le rez-de-chaussée, parce que chaque Ordre doit dénoter un étage particulier. Cette sévérité regarde non-seulement les bâtimens civils, mais aussi les Temples sacrés, dont la grande élévation ne comprend qu'un seul étage dans l'intérieur. Selon cette opinion, il faudroit se contenter d'élever un grand Ordre sur un soubassement, sur lequel on placeroit les tribunes inférieures, comme à la Chapelle de Versailles; mais comme il faut une corniche ou un plinthe pour couronner ces soubassemens, & que cela divise la hauteur intérieure de la nef, on pourroit, dans un lieu vaste, lorsque l'on voudroit des tribunes, les élever assez du sol de l'Eglise pour y placer un premier Ordre au-dessous; autrement, dans un lieu serré, il faut s'en tenir à un soubassement d'environ les deux tiers de la hauteur de l'Ordre de dessus, étant contre les régles de la bonne Architecture de voir ces tribunes couper la hauteur des entre-colonnes ou pilastres, comme il s'en voit aux Invalides, aux Théatins, à Saint Louis du Louvre, &c. En pareil cas, il vaut mieux se passer de tribunes, ainsi qu'on a fait dans la plupart de nos Eglises Paroissiales modernes, comme à St. Roch, St. Sulpice, St. Louis dans l'Isle, &c. Il est vrai qu'elles sont d'une grandeur médiocre, en comparaison de quelques-unes de nos Eglises Gothiques, telles que Notre Dame, St. Eustache, &c, qui en faveur de leur grande élévation, ont autorisé leur constructeur à introduire des tribunes fort exhaussées, même jusques au-dessus du sanctuaire; élévation qui pourroit se pratiquer encore aujourd'hui, si l'on étoit dans l'usage d'édifier des Temples assez vastes pour pouvoir y placer un premier Ordre au-dessous des tribunes, & un second au-dessus, afin de recevoir la naissance de la voûte.

X.

De tout tems les Architectes ont été d'opinion différente lorsqu'il s'est agi de sçavoir s'il étoit supportable qu'un Ordre fût coupé par un plancher, & conséquemment contenu dans plusieurs étages. Si l'on a égard à l'origine de l'Architecture & à l'ordre de la construction, il semble convenable que chaque étage ait son Ordre séparé. Vitruve, en parlant des bâtimens particuliers & des cours des anciens, n'admet point deux Ordres, mais un seul qui porte l'entablement, au-dessus duquel est le comble, & il interpose un plancher entre deux pour séparer le rez-de-chaussée d'avec l'étage de dessus. Il est vrai qu'il fait ses colonnes isolées ; mais les pilastres qui sont derriere & attachés au nud du mur, donnent lieu à la dispute. Dans sa Basilique de Fano il met aussi un grand Ordre qui coupe les bas côtés & les galeries en tribunes, ainsi il est aisé de conclure qu'il ne faisoit pas de difficulté sur cette question. Il faut donc avoir recours à d'autres exemples pour la décider ; mais comme la plupart des fragmens qui restent des édifices antiques sont presque ruinés, comme le Palais Major à Rome, dans les jardins Colonne, on ne peut que tirer des conjectures, ainsi que Palladio & Desgodets l'ont fait dans leur plan des Thermes de Dioclétien, ne pouvant assurer s'il y avoit des planchers au milieu des colonnes, ou non. A l'égard des Temples, il est plus certain qu'ils n'avoient qu'un seul Ordre ; c'est ce qu'on peut remarquer à ceux de la Paix, de la Concorde, d'Antonin, de Faustine, & à une infinité d'autres qui restent de l'antiquité. Celui de la Rotonde même peut être regardé comme tel, l'Attique qui le surmonte n'étant pratiqué que pour atteindre à la proportion orbiculaire de cet édifice, dont le diametre est égal à la hauteur. Enfin dans l'antique on ne voit aux arcs de triomphe qu'un seul Ordre, de sorte qu'il n'y a donc que le Collisée, le Théâtre de Marcellus, & les autres Arênes de Nimes, de Verone & de Paule, qui puissent faire croire que ce n'étoit pas l'usage des anciens de mettre deux étages en un seul Ordre dans ces sortes d'édifices. On a cependant lieu de supposer que les maîtres de l'art qui ont établi les préceptes de l'Architecture, n'ont point eu d'autre intention que de poser les colonnes sur le rez-de-chaussée, ou tout au plus sur quelque piédestal, socle, retraite, &c. Ce qu'il y a de certain, c'est que dans un petit bâtiment les Ordres colossaux ne paroissent avoir aucun rapport avec lui, & que dans un grand édifice plusieurs Ordres l'un sur l'autre paroissent chétifs, au lieu qu'un grand Ordre dans un Palais ou dans une Place publique les distingue d'une maison particuliere, quoiqu'à Venise il y en ait peu d'un seul Ordre, comme on le voit à la Place de St. Marc, du côté de la Monnoye, au Palais Grimani, &c. Tant d'exemples de l'une & l'autre maniere sont sans doute devenus la source de la diversité des opinions des Architectes à cet égard ; d'où je conclus que les raisons de vraisemblance ne détruisent pas toujours une innovation, lorsqu'elle n'est pas absolument contre les régles, & que c'est de là que tous les jours nos Architectes François au lieu de choisir des beautés positives, prennent pour modele & pour principe des beautés arbitraires, qui bien loin de fixer des régles constantes dans l'Architecture, autorisent les hommes ordinaires à s'abandonner au préjugé & à blâmer dans un tems ce qu'ils ont fait eux-mêmes dans un autre.

Des ordres coupés par plusieurs étages.

XI.

Lorsque les Eglises ont des dômes portés par un corps séparé, & élevés au-dessus de la voûte du milieu de l'Eglise, l'on peut mettre raisonnablement un se-

Des ordres pratiqués

aux dômes
des Eglises.
cond Ordre d'Architecture fur le révêtissement des murs du dedans & du dehors de ces dômes, & même en ajoûter un troisiéme à la lanterne, qui termine ordinairement ces édifices, parce que le corps de l'Eglise, celui du dôme, & celui de la lanterne sont visiblement séparés les uns des autres.

XII.

Abus des corniches interrompues.
Lorsqu'il y a deux Ordres d'Architecture l'un sur l'autre, ou un Ordre Attique au-dessus d'un grand Ordre, ou enfin un seul Ordre au-dessus d'un étage en soubassement, il faut absolument éviter qu'aucune des corniches de ces Ordres ou étages ne serve d'imposte ou de retombée au ceintre d'une grande arcade, & cela pour trois raisons principales ; la premiere, parce que le dessus de ces corniches exprime celui des planchers des différens étages, dont le ceintre de l'arcade couperoit le plein pied. La seconde est, que ce grand arc se rencontrant avec les piédestaux de l'Ordre d'Architecture, ou de l'Attique, interromproit l'ordonnance des socles des balustrades, & celle des bases des colonnes, ou des pilastres ; ce qui seroit contre les régles de l'art. La troisiéme enfin, parce que l'espace qui seroit entre le dessus du ceintre de l'arcade & le dessous de l'architrave de l'Ordre supérieur, formeroit un massif pesant : ce dessus ne pouvant raisonnablement avoir aucune ouverture proportionnée au reste du bâtiment ; & en supposant qu'on voulût supprimer un vuide au-dessus de cette corniche circulaire, ce seroit toujours pécher contre la convenance que de masquer le milieu d'un édifice par un plein, quelque ornement qu'on pût y mettre.

XIII.

Des corniches rampantes des frontons.
Les corniches rampantes des frontons doivent être continuées sans interruption depuis leur naissance jusqu'à leur sommet : il est absolument contre les régles du bon goût, non-seulement de les interrompre par des ressauts, mais aussi de les couper, de les enrouler, ou d'en supprimer quelques parties dans leur longueur, parce que ces corniches représentant dans leur origine un comble à deux égouts, le fronton n'en peut être ouvert en son extrémité supérieure, sans nous donner une fausse idée de la solidité du comble, de son faîtage, &c. L'entablement horisontal qui passe sous le fronton, ne doit pas non plus être coupé dans aucune partie de sa longueur, & s'il se trouvoit un arriere-corps au-dessous, il faudroit observer que l'architrave passât tout droit & fît plafond sur l'arriere-corps, ou si par un cas inévitable on étoit obligé de faire retourner par licence dans l'arriere-corps du milieu l'entablement horisontal qui porte le timpan, on ne pourroit, suivant les régles de la convenance, faire continuer ce renfoncement au-delà des moulures qui portent le larmier supérieur des corniches rampantes.

XIV.

Des corniches architravées.
Les corniches architravées font aussi bien dans un Ordre Attique qu'elles sont condamnables dans les Ordres réguliers, parce que son pilastre ayant moins de modules en hauteur que les colonnes, il convient aussi que son entablement paroisse assujetti à sa proportion racourcie. Elles font aussi fort bien dans l'intérieur des Péristyles & des Vestibules, où une seule corniche, quelquefois même un architrave semble suffire, mais il faut absolument les éviter dans une ordonnance extérieure régulière, malgré l'exemple qu'on en voit à l'Eglise des Religieux Prémontrés, à l'Hôtel de Clermont, à Paris, au Château de St. Cloud, du côté des jardins, &c.

XV.

X V.

Les portes & les croisées ne doivent jamais excéder en hauteur le dessous des architraves des entablemens, ni couper, sous quelque prétexte que ce puisse être, les corniches ou les plinthes qui expriment les différens étages intérieurs, & c'est en cela qu'un Architecte est obligé de soumettre l'ordonnance de sa décoration extérieure aux raisons de convenance qui ont donné lieu à la distribution du dedans.

Des portes & des croisées.

X V I.

Les croisées connues sous le nom de lucarnes, destinées à éclairer les logemens que l'on pratique dans les combles, doivent être faites de maniere qu'elles n'interrompent point les égouts ni le faîtage de ces combles; leur forme peut être quarrée, en plein ceintre, bombée, ronde, ou ovale; mais elles doivent être décorées d'une maniere relative à leur espece, & toujours recouvertes de plomb, ou d'une couleur qui l'imite. Celles que l'on fait de pierre au-dessus des murs de face ne sont tolérées que pour les maisons à loyer, & pour celles où la hauteur des murs de face est prescrite par la Police; car lorsque rien n'oblige à cette nécessité, il vaut mieux préférer un étage quarré en forme d'attique, qui est plus commode par le dedans & plus agréable par le dehors, quand on sçait lui donner une proportion relative à la hauteur des étages sur lesquels il est élevé. Il faut sur-tout éviter, dans tous les cas où l'on ne peut se dispenser de faire usage des lucarnes, de couper les corniches de l'entablement pour faire descendre leur appui plus bas & au-dessous de ces mêmes corniches; on ne doit pas même mutiler les moulures du haut de ces corniches pour les réduire en plinthes, dans l'intention de conserver à ces lucarnes la vûe d'en bas, parce que les corniches qui couronnent les bâtimens, représentant l'égout des combles, ne doivent jamais être interrompues.

Des Lucarnes.

X V I I.

Dans les ornemens de Sculpture dont on fait usage pour accompagner l'Architecture, il faut observer que ce n'est pas leur quantité qui augmente la beauté de la décoration, mais qu'elle vient du discernement avec lequel on les place aux endroits où ils conviennent, & qu'on doit y éviter la confusion, & faire en sorte qu'ils soient d'accord & relatifs en forme, en force, en élégance, en attributs, & en allégories avec le caractere de l'Architecture, ou des membres qui doivent les recevoir. On prendra garde aussi, lorsque l'on taillera des ornemens sur des moulures, de ne les pas appliquer indifféremment sur des concaves ou sur des convexes, sur des petites ou sur des grandes; on affectera des repos ou moulures lisses entre celles qui sont ornées, & l'on évitera les petites parties dans celles qui sont élevées, afin qu'elles puissent se distinguer aisément, & sans qu'il soit besoin de les sculpter d'une maniere seche & trop recherchée. On ne taillera point d'ornemens sur les petites moulures quarrées, telles que les filets & listeaux; enfin on en fera rarement sur les grandes moulures de cette espece, telles que les larmiers, plate-bandes, gorgerins, &c.

Des Ornemens taillés sur les moulures.

X V I I I.

Quand on met des ornemens ou figures en bas-relief dans la frise d'un entablement, dans des tablos rentrantes, dans des métopes, &c, cette Sculpture ne doit avoir de saillie que la moitié de celle du litteau supérieur de l'architrave, ou de profondeur que celle des corps sur lesquels elle est adaptée.

XIX.

Des ornemens de Sculpture.

Dans la décoration des dehors & des dedans des édifices, l'Architecture doit prévaloir ; il faut que les ornemens lui soient assujettis, qu'ils ne soient pas confus entr'eux, que des parties unies & qui leur fassent opposition, les séparent & les fassent valoir ; on doit sur-tout tâcher que loin de paroître postiches, ils ne semblent faits que pour accompagner l'Architecture, & non pour l'accabler ; c'est-à-dire que cette derniere doit subsister sans altération dans ses proportions. Enfin lorsqu'on introduit des ornemens dans une façade de bâtiment, ou en tout autre ouvrage d'Architecture, il faut qu'ils soient en relation avec les parties qu'on a voulu en décorer.

XX.

De la mode en Architecture.

La mode dans l'Architecture (selon M. Boffrand, célébre Architecte de nos jours,) est le tiran du goût ; il est certain que de tous les tems elle a été un grand obstacle à la perfection de cet art, parce que la nouveauté plait au vulgaire, & que les véritables principes ne sont connus que d'un petit nombre d'Architectes, tandis que la plupart donnent le nom de génie aux bisarreries produites par une imagination déréglée. C'est elle qui, dans un même siécle, fait varier à l'infini la forme & le genre des ornemens qui prennent la place de l'Architecture, quand ils ne devroient en être que les accessoires. C'est à la mode enfin que l'on doit attribuer l'usage où l'on est depuis environ 30 ans d'employer un mélange confus de lignes courbes & de lignes droites, tant dans les plans que dans les élévations, sans distinction pour les endroits où l'on peut s'en servir à propos, & sans penser que ces différentes lignes ne doivent être dans l'Architecture que ce que sont dans la Musique les sons, qui sur différentes cordes expriment la joye, la tristesse, l'amour, la haine, les graces, la terreur, &c, & dont on ne fait usage que lorsqu'il est nécessaire de faire ressentir ces divers sujets.

Ce désordre dans l'Architecture ne provient sans doute que du défaut de connoissance des propriétés des différentes lignes, & d'une mauvaise application des principes ; ce qui éloigne également de la perfection & du bon goût. A la mode succede l'usage, qui dans bien des occasions n'est pas plus tolérable, parce que de tous les tems, dans l'Architecture, il a autorisé chez les différentes nations des défauts de vraisemblance contraires aux principes du goût. Tels sont ceux qui se voyent aux ornemens à jour des ouvrages Gothiques, aux voûtes d'ogives en tierspoint, aux tours des Eglises, de forme bisarre & singuliere quoique élégante & solide, aux ornemens ou aux couvertures à l'Indienne, aux frontons réguliers mais interrompus, dont les formes sont plus ou moins condamnables, selon qu'elles s'éloignent des principes généraux de la bonne Architecture.

XXI.

Des Cariatides & des Termes.

Après avoir parlé des principes les plus essentiels qui concernent le bon goût, nous conclurons en recommandant de fuir ce qui est contraire à la nature & à la convenance, & par conséquent de ne pas faire porter dans des édifices réguliers des entablemens, des voûtes, ou autres fardeaux par des figures humaines, connues sous le nom de cariatides : ce qui, malgré les exemples des Anciens, peut à peine se tolérer dans les décorations des fêtes publiques. Vitruve rapporte que les Architectes Grecs ont été les premiers à la vérité qui ayent imaginé ces fortes de statues ; mais qu'ils ne les substituerent aux colonnes que pour couvrir d'ignominie les habitans de la Ville de Carie, qui avoient eu la lâcheté de contracter alliance avec les Perses. Il est encore plus vicieux de mettre des Anges à la place des colonnes, cette situation servile ne convenant point à des esprits célestes. Les Termes, qui sont des statues mutilées & dont le bas est enfermé dans des gaines, doivent aussi être rejettés lorsque dans une Architecture grave il s'agit de porter des fardeaux. En général, il ne faut point admettre une infinité d'autres ornemens arabesques, frivoles & contraires à cette sagesse que la plupart des Anciens ont observée. Enfin ces sortes d'ornemens sont peu propres à caractériser la solidité, la régularité, la convenance, & sont opposés aux préceptes du goût.

Des licences dont on se trouve quelquefois obligé de faire usage dans l'Architecture, & qu'il faut éviter autant qu'il est possible.

De tout tems il a été dangereux dans l'art de bâtir d'introduire des licences, par l'abus qu'en peuvent faire ceux qui n'ont qu'une médiocre intelligence. J'ai pensé long-tems qu'il conviendroit mieux de passer sous silence celles qui se pratiquent dans le bâtiment; cependant comme nos meilleurs Architectes n'ont pas toujours assujetti leur décoration aux principes qu'ils ont établis, & que nous regardons tout ce qu'ils ont fait comme de véritables beautés, il est survenu de là un nombre infini de licences, par rapport à la nécessité dans laquelle ils se sont quelquefois trouvés de s'accommoder à de certaines circonstances, & de passer alors par-dessus les regles, en quoi ils ont été suivis par presque toutes les nations. Ce sont de ces licences dont nous allons traiter ici, afin que ceux qui s'appliquent à cet art ne les prennent pas pour autant d'autorités qu'il faille suivre, sans qu'on ait auparavant pénétré la véritable cause de leur usage dans la décoration.

Des licences en Architecture.

Des Pilastres engagés les uns dans les autres, de ceux qui sont pliés à angles droits, obtus, &c.

La forme des pilastres devant être quarrée suivant leur origine, (parce qu'ils représentent les pieces de bois debout, dont les premiers hommes faisoient usage pour soutenir les poitrails de leurs habitations,) on doit convenir que lorsque cette idée, dont le principe est naturel, ne se rencontre pas dans l'ordonnance & dans l'accouplement de ces pilastres, leur décoration apporte de la confusion non-seulement dans l'Architecture, mais encore dans l'imagination même de ceux qui sont le plus versés dans l'art de bâtir. Cependant comme les licences qu'on prend à cet égard sont de quelque utilité, & qu'il est quelquefois nécessaire de les mettre en pratique, les figures suivantes nous présenteront celles dont on pourra faire usage, en se ressouvenant néanmoins de les éviter autant qu'il sera possible, & qu'il en est même qu'il faut rejetter absolument.

La figure A représente un pilastre angulaire, à côté d'une des faces duquel est enclavé un autre demi pilastre, dans le dessein de regagner le peu de largeur du dosseret, ou piédroit opposé de l'arcade, en supposant que le milieu de cette arcade fut assujetti par une enfilade qu'il fallût conserver. Je ne m'arrêterai point à citer tous les édifices où se rencontrent de pareilles licences, je donnerai seulement un exemple de chaque espece, & St. Sulpice me suffira pour celle dont nous parlons. J'avouerai qu'un pilastre placé dans l'angle d'un mur étant fait pour porter l'encoignure & du mur de face & de celui de retour, le demi pilastre (a) qui s'enclave dans celui qui est entier nous donne une fausse idée de la so-

Des pilastres engagés.

Des pilastres engagés.

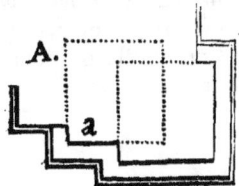

lidité du pilastre angulaire, puisque celui-ci le pénétre jusqu'à la moitié. Cependant ce défaut, quoiqu'essentiel, n'est pas le seul qui s'offre ici, car en n'envisageant les choses que par l'exécution, c'est-à-dire n'ayant égard qu'à la matiere, prévenu que ces pilastres font parpain avec les piédroits, on ne regarde pas toujours cette pénétration de pilastre comme un défaut. Mais en abandonnant l'origine des pilastres, examinons la décoration qui est essentielle dans le cas dont il s'agit, & qui devient une circonstance d'autant plus grave que les pilastres & les colonnes n'entrant pour rien dans la construction des édifices, puisqu'ils n'ont que la magnificence pour objet, ils doivent par conséquent être exempts de toutes licences, c'est-à-dire qu'ils doivent paroître placés si naturellement dans l'ordonnance générale des bâtimens, qu'aucune partie essentielle n'en soit altérée. Or comme il est impossible d'éviter l'altération & la pénétration des bases & des chapiteaux dans l'assemblage de ce demi pilastre (a) avec le pilastre entier, conséquemment on ne peut mettre en usage cette méthode que par licence; encore faut-il que ce soit dans des cas indispensables & dans une nécessité visible & apparente parce qu'il n'y a pas de vraisemblance à cacher la moitié du fust de la base & du chapiteau d'un pilastre derriere un autre; d'ailleurs cette méthode est contraire aux principes du goût, qui ne veut rien que de naturel, & qui exige la suppression des chapiteaux tronqués, jumeaux, & enclavés, qui font toujours un effet désagréable, dans quelque occasion qu'on les introduise.

Des pilastres doublés.

La figure B offre deux pilastres doublés, c'est-à-dire unis l'un à l'autre par leur extrémité; elle montre assez comment, en suivant l'origine des pilastres, il est

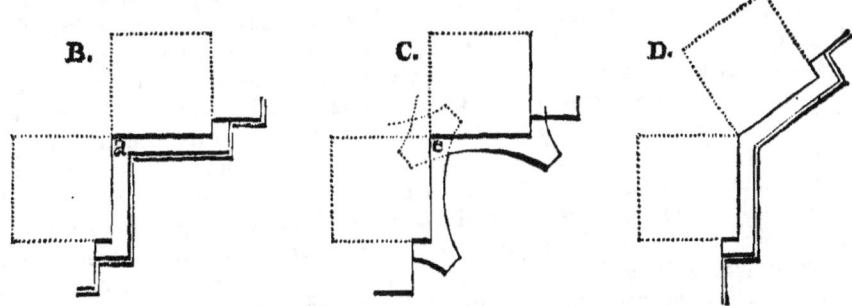

impossible d'en lier deux ensemble par l'angle rentrant marqué (a). D'ailleurs, en considérant leurs chapiteaux, on en conçoit la pénétration indispensable; car quoique les pilastres soient dans leur entier, il est constant que la saillie des deux chapiteaux qui excedent le fust des pilastres, venant à se rencontrer dans l'angle rentrant (e), comme on peut le voir sur la figure C, présente un effet contraire aux principes de l'art; c'est ce qu'on peut remarquer dans le premier Ordre du dôme des Invalides, où les pilastres sont doublés à angle obtus rentrant, ainsi que le montre la figure D.

Des pilastres pliés.

La figure E offre un pilastre plié; en remontant toujours à l'origine des pilastres, qui doivent être quarrés, celui-ci annonce un pilastre dont on auroit retranché un quart de la solidité, ou deux pilastres qui se pénétreroient l'un l'autre; ce qu'on peut remarquer dans le rond-point de l'Eglise de St. Roch, & dans la croisée de celle des petits Peres. Cet exemple est moins vicieux que les précédens, aussi est il plus usité, les chapiteaux ni les bases de ces pilastres ne se pénétrant pas; néanmoins il faut user de cette licence avec prudence, & toujours dans des

cas

ARCHITECTURE FRANÇOISE, Liv. I.

cas indispensables, parce que les chapiteaux étant pliés, une partie de leurs ornemens est altérée, ou leurs moulures, selon le caractere de l'Ordre; ce qui fait que lorsque l'on se trouve obligé d'employer les pilastres pliés, on affecte de donner quelques parties de plus à chaque demi diametre, afin que la saillie des moulures ou des ornemens se trouve moins diminuée.

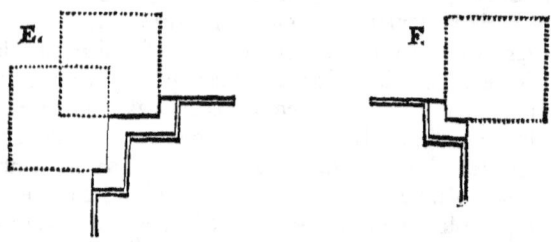

La figure F n'offre qu'un sixiéme de pilastre, mis en usage dans la décoration pour recevoir la saillie de l'architrave dans un angle rentrant, ainsi qu'on peut le remarquer dans l'intérieur du Péristyle du Louvre. La seule idée du porte-à-faux des entablemens, ou plutôt des architraves, a fait introduire dans la décoration cette sixiéme partie de pilastre, n'étant pas vraisemblable que pour la seule décoration on aille engager un pilastre à un sixiéme près dans le massif d'un mur: cette partie de pilastre n'offrant qu'une altération de ce que l'Architecture a de plus recommandable. Je conviens que les angles rentrants, par rapport à la saillie des architraves, paroissent exiger quelque corps qui les soutienne, sur-tout dans la nature de l'angle dont nous parlons: mais il semble qu'il seroit préférable, dans le cas dont il s'agit, d'employer les pilastres pliés dont nous avons parlé à l'occasion de la figure E, plutôt que de mettre en pratique les sixiémes de pilastre.

Des pilastres diminués.

C'est dans le choix des licences, comme dans celui des proportions de l'Architecture, que l'on reconnoît le sçavoir & la capacité d'un Architecte; car ainsi que toutes les beautés reconnues pour bonnes à imiter ne conviennent pas à toutes les especes de bâtimens, de même telle licence qui seroit tolérable dans une occasion, ne le seroit pas dans une autre. Ce ne peut être que l'expérience & l'exemple des choses exécutées avec plus ou moins de succès qui peuvent déterminer un Architecte à en user avec prudence, & à éviter de faire des choses outrées & de mauvais goût sur l'autorité de celles qu'il aura vues, & qui n'auront été exécutées par les plus habiles, que parce qu'ils regardoient ces licences comme un objet de nulle importance, en comparaison de la totalité de l'édifice.

Les figures G & H offrent l'exemple des pilastres ébrasés; celle G représente deux pilastres en retour d'équerre, avec un troisiéme à pans, qui est celui qu'on nomme ébrasé, & qui laisse appercevoir la sixiéme partie de l'épaisseur des deux premiers. On voit leur pénétration par les lignes ponctuées, & l'on peut remarquer dans la figure H la difficulté d'ajuster leurs chapiteaux & leur tailloir qui se pénetrent les uns dans les autres, de maniere qu'on apperçoit plutôt un désordre dans ce que la Sculpture a de plus régulier, qu'une beauté réelle. Cette figure H offre deux pilastres entiers & deux tiers de pilastre en retour, & celle G montre le pilastre qu'on nomme ébrasé, à l'exemple de ceux qui portent les pendentifs des coupoles intérieures de St. Roch, des petits Peres, de St. Sulpice, &c.

Des pilastres ébrasés.

Cette multiplicité de pilastres pliés & retournés est une licence presque inévitable dans la construction des gros pilliers qui soutiennent les dômes des monumens que nous venons de nommer, à cause de l'ordonnance des pilastres qui décorent l'intérieur de ces Eglises; de maniere que les pilastres entiers portent

Tome I. V.

78 ARCHITECTURE FRANÇOISE, Liv. I.

Des pilastres ébrasés.

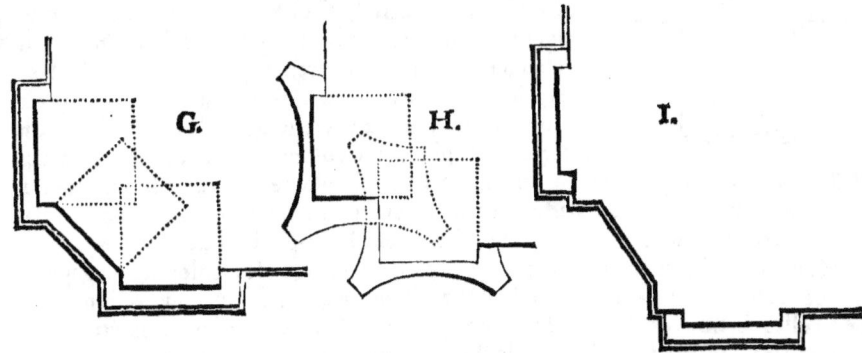

les arcs doubleaux de la voute de la nef du chœur & de la croifée de l'Eglife; & que chaque pilaftre ébrafé foutient les panaches des pendentifs. C'eft pourquoi quiconque voudroit éviter cette licence, feroit obligé de fupprimer les Ordres dans l'ordonnance d'une décoration de cette efpece ; ce qui feroit une trop grande fujettion, & obligeroit de fe priver de ce que l'Architecture a de plus majeftueux & de plus convenable pour les Temples facrés. D'ailleurs en fupprimant ces pilaftres pliés & ébrafés pour y fubftituer des corps d'Architecture, comme il eft exprimé dans la figure I, ou en voulant éviter que les chapiteaux des pilaftres des figures G, H fe pénétrent, il feroit à craindre que ces piliers angulaires ne devinffent trop maffifs, & ne cachaffent par leur diamètre une partie des cérémonies, ce qui dans l'ufage moderne feroit oppofé à une des beautés effentielles des Eglifes Paroiffiales dont nous parlons. C'eft dans ces occafions qu'un habile Architecte doit prendre fon parti fur ces licences, & préférer l'harmonie générale de fon bâtiment à ces acceffoires, qui par rapport au tout deviennent de peu de conféquence, & qui ne peuvent être apperçus que par des yeux intelligens dans l'art de bâtir.

Des pilastres engagés dans un mur circulaire.

La Figure K offre un pilaftre engagé des ⅚ dans un mur dont le plan eft circulaire, dans l'intention de rapporter le fentiment de ceux qui regardent comme

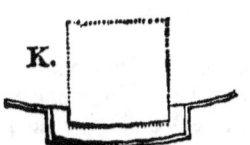

licence de faire fuivre au diamètre apparent du pilaftre une portion de cercle parallele à la furface du mur dans lequel il eft engagé. Ils prétendent que la nature du pilaftre, qui eft d'être quarrée, fe trouve affoiblie par la convexité que l'on eft obligé de donner à fon diamètre apparent; cependant j'eftime que cette licence, qui apporte peu d'altération à la nature du pilaftre, fait un meilleur effet que fi on le laiffoit quarré fur une portion circulaire, parce que l'entablement, qui doit naturellement fuivre la circonférence fur laquelle eft adapté le pilaftre, doit déterminer à rendre fa furface circulaire.

Des colonnes engagées les unes dans les autres, ou dans des pilaftres : de celles qui font ifolées au-devant, & de celles qui font ovales.

Des colonnes engagées dans des pilastres.

La Figure L offre une colonne engagée dans un pilaftre, contre la nature des colonnes, qui eft d'être ifolée, tenant leur beauté principale de leur relief, au contraire des pilaftres, dont le principe eft d'être engagés par quelques-uns de leurs côtés dans l'épaiffeur des murs. Ce ne doit être fans doute que dans des cas indifpenfables que l'on peut engager les colonnes, dans la décoration des édifices où l'on voudroit admettre tout enfemble de la richeffe & de la folidité, comme

ARCHITECTURE FRANÇOISE, Liv. I. 79

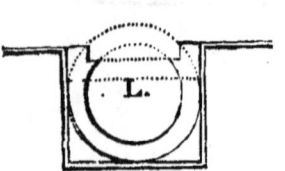

dans la décoration des terrasses, des portes de Ville, *Des colonnes enga-*
des Arsenaux, Phares, Casernes, ou tous autres ou- *gées dans*
vrages militaires ou civils, qui peuvent selon l'occasion *un pilastre.*
demander une solidité apparente que les colonnes isolées
n'exprimeroient pas assez. Cependant lorsqu'il s'agiroit
de donner du relief à ces ouvrages d'Architecture, on
pourroit à la place des colonnes engagées admettre des
pilastres en saillie, qui seroient du ressort de la simplicité convenable aux monumens dont nous venons de parler, & leur conserveroient cette ordonnance relative aux principes de l'art, qui exige absolument la suppression de tout corps d'Architecture mutilé ; ce qu'on ne peut éviter dans l'usage des colonnes engagées, puisque malgré leur nature qui est d'être cilindrique, elles ne nous offrent plus, lorsqu'elles se trouvent enfoncées d'un quart ou d'un tiers de leur diametre, qu'un cilindre tronqué par son plan. De là il est aisé de conclure que toutes ces colonnes engagées sont irrégulieres, quoique les Architectes anciens nous en ayent laissé de fréquens exemples en Italie, ainsi que la plûpart des modernes, à Paris, comme au Portail de St. Roch, de St. Gervais, &c.

Quelques Architectes, lorsqu'ils engagent leurs colonnes par nécessité, préfé- *Des co-*
rent de le faire dans l'épaisseur des murs plutôt que dans un pilastre, par la rai- *lonnes en-*
son, disent-ils, d'éviter la pénétration des chapiteaux des pilastres dans ceux des *gagées*
colonnes. Il est certain que leur sentiment est de quelque autorité, mais on n'est *dans un*
pas toujours le maître de ne pas prendre le dernier parti. Par exemple, si dans *mur.*
l'étendue d'une façade de bâtiment l'arriere-corps 2 (Fig. M.) se trouvoit décoré de pilastres, que l'on voulut former un avant-corps au milieu, & qu'il fallût

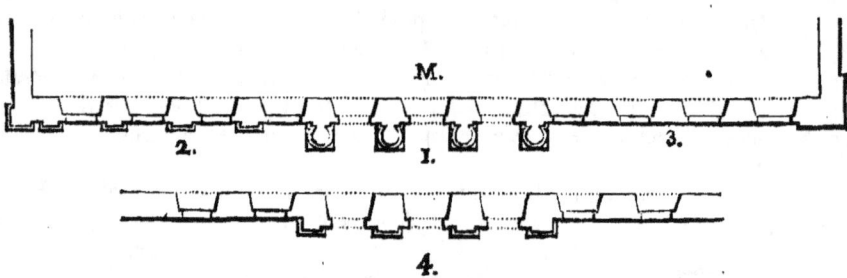

que cet avant-corps fut décoré de colonnes, comme 1, que l'on tiendroit engagées ; pour ne pas trop anticiper sur la voye publique, il feroit alors nécessaire d'encastrer ces colonnes dans des pilastres, comme on l'a fait à la place Vendôme ; au lieu que si les arriere-corps de cette façade étoient sans pilastres, comme dans l'arriere-corps 3, l'on pourroit engager les colonnes dans l'épaisseur des murs de face. Dans ces différentes occasions il vaut mieux néanmoins introduire des pilastres en avant-corps, comme l'exprime celui 4, afin de s'éloigner de tout esprit de licence ; ou bien, lorsque le lieu est serré, il faut n'employer que des pilastres ausquels on donne de saillie le quart de leur diametre, au lieu de colonnes flanquées, tel qu'on l'a pratiqué avec succès à la Place des Victoires.

La Figure N offre une colonne isolée au-devant *Des co-*
d'un pilastre, mais qui n'a pas un écart suffisant pour em- *lonnes iso-*
pêcher la pénétration de la base & du chapiteau de la co- *lées au-de-*
lonne. Une infinité d'exemples dans les bâtimens d'une *vant d'un*
certaine réputation, tels que le Portique Toscan du Châ- *pilastre.*
teau de Vincennes, nous offrent une pareille licence.
Ce que nous avons désapprouvé au sujet de la pénétration des bases & des chapiteaux des pilastres, peut s'appliquer à cette figure.

80 ARCHITECTURE FRANÇOISE, Liv. I.

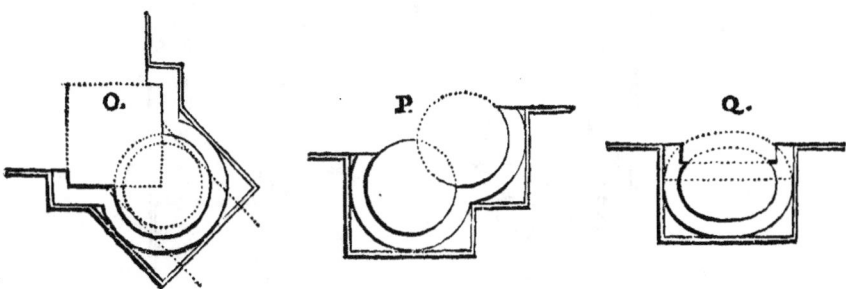

Des colonnes engagées dans un pilastre angulaire.

La Figure O offre un pilastre angulaire, dans l'angle duquel est engagée une colonne, afin de former l'extrémité d'un avant-corps circulaire, à l'usage d'une colonnade, d'un porche, d'un péristyle, ou d'un vestibule. Cette licence de colonnes enclavées a le même défaut que les précédentes, par rapport aux pénétrations des bases & des chapiteaux; mais le plus grand inconvénient qui en résulte est que la corniche porte à faux dans l'angle intérieur & dans l'extérieur qui joignent les demi pilastres à la colonne, ainsi que l'expriment les lignes ponctuées; ce qui est non-seulement un défaut de solidité, mais encore une licence contraire aux principes de l'art, & qui ne doit jamais être introduite, si ce n'est dans des édifices de peu d'importance, dans des décorations théâtrales, ou dans des fêtes publiques, où le feu de l'imagination peut prévaloir sur les préceptes.

Des colonnes jumelles.

La Figure P offre deux colonnes nommées jumelles, parce qu'elles se pénétrent chacune d'un quart de leur diamètre: ce qu'il ne faut jamais pratiquer, malgré l'exemple de celles que l'on remarque dans les avant-corps des façades de la grande cour du vieux Louvre, & de celles de la Place de Vendôme, à Paris.

Des colonnes ovales.

La Figure Q fait voir une colonne ovale engagée dans un pilastre, à l'exemple de celles qui se remarquent au Portail de la Mercy, & à celui de la Culture-Sainte-Catherine. Cette licence est absolument contraire à la proportion des Ordres; parce que du côté de leur petit diamètre leur fust paroît trop élevé. La nécessité de faire des avant-corps qui caractérisent les frontispices des Temples sacrés, ou des édifices publics à qui on ne peut donner beaucoup de saillie, a fait introduire ces colonnes de peu de relief; mais cette considération ne doit point autoriser cette licence, que l'on peut appeler vicieuse. Celle des pilastres pliés seroit plus supportable, ainsi qu'on l'a pratiqué au Portail de l'Eglise des Barnabites, & à celui des Petits Peres, où l'on a voulu non seulement éviter la dépense des colonnes isolées, mais aussi jouir en entier des terrains assez bornés qui donnent issue à ces monumens.

Maniere dont une colonne isolée doit être détachée de son pilastre.

La Figure R représente une colonne isolée & détachée de son pilastre, comme il convient qu'elle le soit selon l'Architecture régulière. Je n'en parlerai ici que pour avoir occasion de faire sentir la difficulté qu'il y a d'accorder les retours de l'entablement, qui naturellement doit porter à plomb du fust supérieur de la colonne & du pilastre. Cependant lorsque les pilastres qui sont placés derriere les colonnes ne sont pas diminués, il est nécessaire de pourvoir à la différence qui se trouve entre le diamètre supérieur de la colonne & celui du pilastre, qui ne diminue pas, & de partager cette différence en deux également, pour en faire porter à faux une partie sur la colonne, & l'autre en retraite sur le pilastre; ou bien il faut prendre le parti de faire les pilastres de derriere les colonnes plus étroits, comme il est exprimé par la Figure S. Il est vrai que c'est toujours une licence, à laquelle quelques Architectes ont préféré de diminuer les pilastres comme les colonnes; mais ce défaut me paroît encore plus considérable, malgré l'exemple du portail des quatre Nations.

De

ARCHITECTURE FRANÇOISE, Liv. I. 81

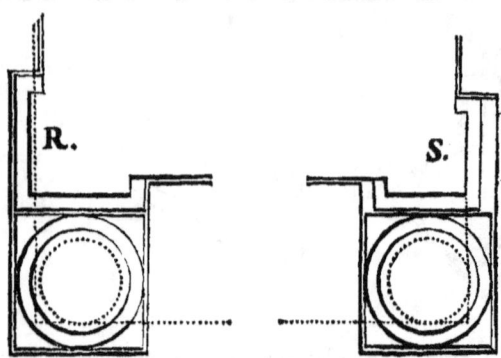

De la proportion que doit avoir un étage au rez-de-chaussée, connu sous le nom de Soubassement.

Il est assez ordinaire, lorsqu'on décore un édifice d'un seul Ordre d'Architecture, de l'élever sur un étage que l'on nomme Soubassement, (*&*) ainsi qu'on l'a exécuté avec succès à la façade de Versailles du côté des Jardins, à celle du Louvre du côté de St. Germain l'Auxerrois, aux Places de Vendôme, des Victoires, &c. Ces Soubassements sont couronnés seulement d'une corniche, pour désigner la hauteur du plancher du premier étage, qui se reconnoît extérieurement par ces sortes de membres d'Architecture, tant dans les Palais des Grands, que dans les maisons des particuliers.

De la proportion des étages en soubassement.

Ce n'est pas que l'on ne puisse décorer d'un seul Ordre la hauteur de deux étages, ainsi que nous en avons déja parlé, mais il en arrive ordinairement plusieurs inconvéniens ; premièrement que les croisées étant l'une sur l'autre, elles n'ont point de proportion avec la grandeur de l'Ordre ; en second lieu, que les secondes croisées ne peuvent avoir aucune proportion avec celles de dessous, ni avec les bandeaux & les ornemens qui les couronnent, parce qu'on est obligé, pour leur donner une hauteur relative à leur largeur & à la décoration des dedans, de les élever presque immédiatement au-dessous de l'architrave de l'Ordre, ainsi qu'il est pratiqué au Château de Marly ; ce qui détermine souvent à ne faire que les croisées d'en bas d'une proportion relative à l'Ordre, & à donner à celles d'en haut une forme ovale, ronde, ou quarrée (mais alors ces croisées n'expriment qu'un étage d'entresole, dont l'apparence dans un édifice d'importance, fait un mauvais effet) ; ou à n'y admettre que des médaillons, comme au Péristyle du Louvre. Car il est absolument contre les principes du goût d'interrompre l'architrave de l'entablement d'un grand Ordre, pour faire monter les secondes croisées jusques sous la corniche, ainsi qu'il se remarque aux Pavillons des extrémités de la façade des Thuileries du côté des Jardins. Troisièmement, si ce grand Ordre étoit posé au rez-de-chaussée, l'étage supérieur ne se trouveroit pas assez éclairé, étant compris dans le même Ordre, & les dedans n'en pourroient être décorés convenablement, à cause de l'entablement qui occuperoit la plus grande partie de sa hauteur. En quatrième lieu, si l'étage du rez-de-chaussée est en soubassement surmonté d'un grand Ordre, les croisées du bas de ce dernier éclaireront bien le bel étage, mais le peu de distance qui se trouvera entre ces croisées & celles du haut ne pourra laisser une hauteur suffisante pour la décoration des corniches & des plafonds des appartemens du principal étage.

(*&*) Soubassement, du latin *stereobata*, selon Vitruve. On donne ce nom à tout étage tenu moins élevé qu'un étage régulier, à l'exemple des Stéréobates, ou Socles continus, qui sous une colonne ou un pilastre n'ont ni bases ni corniches.

82　　ARCHITECTURE FRANÇOISE, Liv. I.

Proportion des étages en soubassement.

Pour éviter ces inconvéniens dans les bâtimens considérables, qui ordinairement sont composés de trois étages, il est donc à propos que chacun d'eux soit distingué par une décoration particuliere. Par exemple, on pourroit mettre trois Ordres d'Architecture l'un sur l'autre, comme au-dedans de la Cour du Louvre, ou faire la décoration de l'étage du rez-de-chaussée en forme de soubassement & mettre aux autres étages deux Ordres d'Architecture l'un sur l'autre, comme à la Place Royale à Paris ; ou enfin faire l'étage du rez-de-chaussée en soubassement, un Ordre d'Architecture à l'étage du milieu, & un Ordre attique au-dessus pour le couronner, comme au Château de Versailles du côté des Jardins : ce qui incontestablement forme une décoration plus convenable que les autres ; quoique chacune de ces manieres en particulier puisse être employée selon les différents sistêmes de nos Architectes, & suivant la diversité des occasions que l'on a de bâtir.

Pour revenir à la proportion des étages en soubassement, nous dirons qu'ils doivent en avoir une déterminée avec l'Ordre d'Architecture qu'ils soutiennent, sans avoir égard s'il y en a deux élevés l'un sur l'autre, si l'Ordre est colossal, ou si cet Ordre est seulement couronné d'un Attique ; la proportion de l'étage en soubassement dépendant absolument de la hauteur de l'Ordre qui pose immédiatement dessus.

De quelque espece que soit l'Ordre d'Architecture du premier étage, que ce soient des colonnes ou des pilastres, la proportion de l'étage en soubassement doit avoir les deux tiers de l'Ordre de dessus, y compris l'entablement & un socle sous la base, qu'on suppose de la hauteur d'un diametre, soit que l'Ordre ait des piédestaux, soit qu'il n'en ait point. Cette proportion doit être observée à tous les soubassemens qui se trouveront placés sous l'étage principal d'un bâtiment, quoiqu'à ce principal étage l'on n'ait point désigné d'Ordre de colonnes ou de pilastres, pourvû qu'on y ait seulement observé la proportion des entablemens, des portes & des croisées, suivant le caractere d'un des Ordres, ainsi qu'on le pratique assez ordinairement aux bâtimens particuliers de quelque importance.

Ce n'est pas que cette proportion ne soit susceptible de quelque variation. Dans nos plus beaux édifices en France, elle n'est observée à la rigueur qu'à la Place des Victoires, & au Château de Saint Cloud ; au lieu que le soubassement de la façade de Versailles du côté des Jardins, a les $\frac{2}{3}$ de l'Ordre Ionique de dessus plus $\frac{1}{17}$; celui du Peristyle du Louvre, les $\frac{2}{3}$ moins $\frac{1}{17}$; celui de la Place de Vendôme les $\frac{2}{3}$ moins $\frac{1}{19}$; celui de la Fontaine des Innocens les $\frac{2}{3}$ moins $\frac{1}{19}$, &c : variation qui souvent provient de la hauteur des retraites, de la pente du pavé, de la hauteur des Perrons, &c.

Proportion de la corniche des étages en soubassement.

La hauteur de la corniche de ces étages en soubassement doit être d'un module ou demi-diametre des colonnes de l'Ordre de dessus, & le caractere de son profil, semblable à celui du piédestal de l'Ordre, en supposant qu'il y en ait un ;

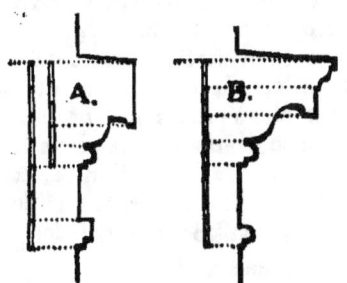

ou cette hauteur doit être telle qu'elle auroit été si au lieu de socle on y avoit mis un piédestal. La hauteur de la frise ou gorgerin, non compris l'astragale, sera égale à la moitié de celle de la corniche, & la hauteur de l'astragale ou architrave, sera égale à la moitié de celle de la frise dans le cas d'un Ordre solide, comme celui de la Figure A ; elle pourra être réduite aux $\frac{1}{3}$ dans le cas d'un Ordre léger, comme celui de la Figure B. La retraite ou socle du bas de cet étage, aura deux modules, & le second socle au dessus, (quand des raisons de convenance en feront mettre un) sera égal au tiers de la hauteur du premier.

Il faut obſerver de donner la proportion Toſcane aux arcades & croiſées qui éclairent l'étage en ſoubaſſement, lorſque l'Ordre de deſſus eſt Dorique. Si au contraire l'Ordre de deſſus étoit Ionique, on donneroit aux arcades ou croiſées du ſoubaſſement, une proportion Dorique, & ainſi des autres Ordres juſques au Compoſite, dans l'intention de conſerver un caractere de ſolidité à ce qui porte, par préférence à ce qui eſt porté. On remarquera auſſi que ſi l'on met un ſoubaſſement ſous un Ordre Toſcan, la corniche de ce dernier doit être ſans larmier & ſans aſtragale, mais faite en forme de plinthe, ſans empêcher pour cela que ce plinthe n'ait toujours un module ou demi-diametre de l'Ordre de deſſus, ainſi que celui marqué A. Il faut encore affecter de laiſſer le nud du mur de ce ſoubaſſement liſſe & uni, à moins qu'au contraire on ne veuille y mettre quelques boſſages ou des tables ſaillantes, qui ajoûtent à l'Ordre Toſcan qui ſeroit deſſus, une ruſticité viſible & apparente, comme devant lui ſervir de ſoûtien.

Diſſertation ſur l'Ordre Attique. (a)

Indépendamment des cinq Ordres d'Architecture réguliers, dont nous traiterons à fond dans le huitiéme volume, il eſt une autre eſpece d'Ordre dont Vitruve parle ſous le nom *d'Atticurge*. Comme ſes propoſitions particulieres n'ont rien de commun avec les autres Ordres, nous avons cru pouvoir lui faire trouver place dans cette introduction, ſuppoſant toujours que le Lecteur a la connoiſſance des Ordres Grecs & Romains.

De l'Ordre Attique.

Vitruve nous donne auſſi dans ſon troiſiéme Livre, une baſe qu'il nomme Attique, & qui n'a cependant rien de commun avec celle de l'Ordre dont il eſt ici queſtion, ſon profil étant trop compoſé, & nos Architectes modernes l'ayant employée preſque indiſtinctement dans tous les Ordres, à l'exception du Toſcan; mais l'élégance de ſon profil (que l'on nous donne comme de l'invention des Athéniens,) n'en permet pas l'uſage pour l'eſpéce d'Ordre dont nous parlons, quoique De Broſſe l'ait employé à ſon Ordre Attique du Luxembourg.

Le même Auteur, dans ſon quatriéme Livre, traite encore de cet Ordre, en donnant la deſcription des portes des Temples, & Pline, après avoir parlé des Ordres Toſcan, Dorique, Ionique, & Corinthien, en cite un cinquiéme qu'il nomme Attique, & dont il dit que les colonnes étoient quarrées. Cet Ordre ſe trouve diverſement employé dans la plûpart des monumens qui ſe voient encore de nos jours en Italie, comme aux veſtiges de la Place de Nerva, aux arcs de triomphe de Septime Severe, & de Conſtantin, & au petit arc *Boario*, appellé communément l'arc des Orfévres à Rome. Ce dernier exemple eſt plus conforme à l'idée que nous avons de l'Ordre Attique que les autres, par ſes pilaſtres ravalés en maniere de panneaux renfoncés, quoique leurs chapiteaux imitent l'Ordre compoſé, & qu'ils paroiſſent trop ſurchargés d'ornemens pour le caractere & la proportion de l'Ordre Attique.

Le goût ayant été long-tems l'arbitre de ſa proportion, on peut dire que l'on doit aux Architectes modernes ſon inſtitution dans l'Architecture, parce qu'ils ont ſçu lui donner une forme (b) déterminée, avec un caractere particulier qui ne le confond point avec les autres, ce qui eſt d'autant plus à propos qu'il ne peut être employé aux mêmes uſages, parce qu'il lui manque abſolument la partie la plus eſſentielle, qui eſt la proportion de ſon fuſt, eu égard aux autres Ordres, & que pour cette raiſon il doit toujours être en pilaſtres adoſſés contre le nud du mur des édifices où l'on veut le mettre en œuvre : conſidération qui doit faire

(a) Attique, bâtiment fait ſuivant l'uſage des Athéniens, où il ne paroiſſoit point de toits En France c'eſt un petit étage où l'on introduit quelquefois des pilaſtres. D'Aviler blâme l'uſage des combles ſur ces petits étages ; en effet ils ſemblent l'accabler, ainſi qu'on le remarque au gros pavillon des Thuilleries & ailleurs.

(b) Quoique ceux du vieux Louvre, des Thuilleries, des quatre Nations, du Château de Verſailles, & celui du Clagny, &c, ayant des proportions toutes différentes.

De l'Ordre Attique. observer que cet Ordre ne peut jamais être employé en colonnes, ni au rez-de-chauffée d'un bâtiment, mais qu'il doit servir seulement d'amortissement & de couronnement aux autres Ordres.

La plupart des Architectes sont d'avis contraires sur la proportion de cet Ordre, & ce qu'ils ont trouvé de plus parfait dans les exemples antiques n'a pu les accorder; quelques-uns lui ont donné les deux tiers de la hauteur de l'Ordre sur lequel il est posé, d'autres ont déterminé sa proportion à la moitié. Cette derniere me paroît la plus convenable, & me fait adopter le sentiment de Mrs. Bruant & Desgodets, sans compter l'autorité de la façade de Versailles, du côté des jardins, bâtie par Hardouin Mansard. Ainsi je ne parlerai ici de cet Ordre que suivant cette derniere proportion, en avertissant néanmoins que je suppose le cas où l'on voudra donner à cet Attique un caractere d'Ordre; car s'il s'agissoit d'en faire seulement un piédestal ou amortissement continu, comme il s'en voit dans la plupart des édifices d'Italie, il suffiroit de lui donner un tiers au plus, ou au moins un quart, ainsi qu'on l'a observé aux Portes Saint Antoine, Saint Martin, Saint Bernard, &c.

Proportions de cet Ordre.

Proportion de l'Ordre Attique. La hauteur de cet Ordre, compris son piédestal E, ou son socle F, & sa corniche C, doit avoir la moitié de la hauteur de l'Ordre sur lequel il est élevé, soit qu'il y ait des piédestaux ou qu'il n'y en ait point; c'est-à-dire que si l'Ordre qui est sous l'Attique a des piédestaux, on prendra la moitié de toute la hauteur de l'Ordre, y compris le piédestal & l'entablement, pour la hauteur de l'Attique, auquel on fera aussi des piédestaux pris dans une partie de cette hauteur (voyez la Figure premiere): & si l'Ordre de dessous n'a qu'un socle sans piédestal, la moitié de cet Ordre avec le socle & l'entablement, sera pour la hauteur de l'Attique, auquel on ne fera aussi qu'un socle. Voyez la Figure seconde.

Lorsqu'on admet des piédestaux à cet Ordre, ils ont le quart de toute la hauteur de l'Attique (c): les trois autres quarts se divisent en 14, on en prend deux parties pour la largeur du pilastre H dont on fait deux modules; la base I en doit avoir un, y compris son listeau, le chapiteau K un autre, & la hauteur de la corniche un module $\frac{1}{2}$, de maniere qu'il reste 10 modules $\frac{1}{2}$ pour la hauteur du fust du pilastre H, y compris l'astragale du chapiteau. S'il n'y a qu'un socle sous les bases des pilastres de l'Attique, on divise toute sa hauteur en huit parties (voyez la Figure deuxiéme); en ayant donné une à la hauteur du socle F, la largeur du pilastre se fait d'une de ces parties, & son épaisseur L est du sixiéme de sa largeur, ainsi qu'aux pilastres avec piédestaux; le reste des proportions de cet Ordre se détermine comme celles du précédent.

On ne peut rien établir pour la largeur des entre-pilastres de l'Ordre Attique, parce qu'ils dépendent des entre-colonnes de l'Ordre de dessous, ne pouvant y avoir ni plus ni moins de pilastres dans l'étage Attique, qu'il y a de colonnes ou pilastres à l'Ordre sur lequel il pose. On doit observer à l'Ordre Attique ce qui se pratique lorsque l'on éleve à un second étage des pilastres posés sur des colonnes, c'est-à-dire que s'il y a des colonnes isolées à l'Ordre qui est sous l'Attique, il faut reculer celui-ci à plomb de ceux qui sont derriere les colonnes, & poser des figures ou autres ouvrages de Sculpture sur l'axe de l'Ordre de dessous, ainsi qu'il s'en voit à Versailles.

A l'égard des croisées de l'Ordre Attique, il s'en fait de deux especes, celles où l'Ordre a des piédestaux, devant différer de celles où il n'y a qu'un socle.

(c) Ceux de l'intérieur du vieux Louvre n'ont que le cinquiéme, mais ils sont sans base.

Lorsqu'il

ARCHITECTURE FRANÇOISE, Liv. I.   85

Lorſqu'il y a des piédeſtaux, le deſſus de leur corniche doit ſervir d'appui aux croiſées; la hauteur entre le deſſus de cette corniche & le deſſus de l'aſtragale du haut du fuſt du pilaſtre étant diviſée en douze parties, on en donne une pour la hauteur de la corniche B, qui couronne ordinairement ces eſpeces de croiſées, une autre à la largeur du chambranle A, & les dix reſtantes ſont pour la hauteur de la croiſée, dont la largeur étant de ſix de ces parties, la proportion pour ſa hauteur ſe trouve d'une fois & ⅔ de ſa largeur. A l'égard de la largeur du chambranle, elle eſt de la ſixiéme partie de celle de la croiſée. On met un petit ſocle M au bas des montans des chambranles, dont la hauteur eſt égale à celle du plinthe de la baſe du pilaſtre, parce que rarement y fait-on des croſſettes, quoiqu'il s'en voye à l'Attique du vieux Louvre.

Des croiſées de l'Ordre Attique.

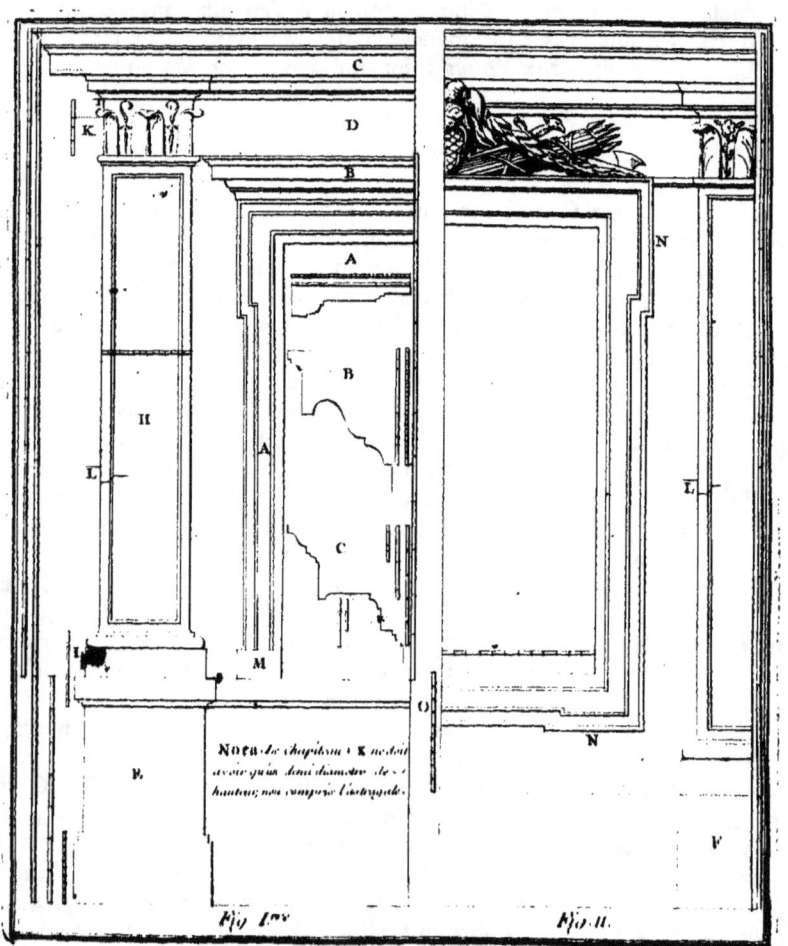

Cette Planche repréſente l'Ordre Attique avec & ſans piédeſtal, ſelon les dimenſions & le ſiſtême de M. Deſgodets.

Quand il n'y a point de piédeſtaux à l'Ordre Attique, on ſupprime ordinairement les corniches qui couronnent les croiſées, & l'on fait ſeulement régner leur chambranle au pourtour de leur baye, comme dans la Figure deuxiéme, où l'ex-

Des croisées de l'Ordre Attique. trémité supérieure des piédroits est quelquefois ornée de crossettes N, aussi bien que le dessous de l'appui. Le dessus du chambranle supérieur de la croisée doit être d'alignement avec le dessus de l'astragale des pilastres; la largeur de la croisée doit être, comme la précédente, égale à la moitié de la hauteur depuis le dessus du socle de l'Ordre jusqu'au-dessus de l'astragale. Cette largeur de croisée étant divisée en 24 parties, on en donne 9 pour la hauteur de l'appui O au-dessus du socle, & 4 pour la largeur du chambranle, qui égalera la sixième partie de celle de la croisée. Si on fait des crossettes, leur saillie ou ressaut sera de la sixième partie de la largeur du chambranle, & leur longueur sera égale au quart de toute la hauteur & de toute la largeur hors œuvre du chambranle. Il n'y aura que les moulures vers le dehors du chambranle qui suivront le contour des crossettes, celles du dedans devant suivre le pourtour de la baye de la croisée.

La hauteur du piédestal, qui est de 4 modules $\frac{1}{2}$, se divise en 7 parties; la base en a deux, le dé 4, & la corniche 1. La base du piédestal est composée d'un socle & d'un listeau par le haut: sa hauteur se divise en 10 parties; le listeau en a une, & le socle 9. La hauteur de la corniche du piédestal, qui est composée d'une platebande & d'un talon au dessous, se divise en 5 parties; la platebande en a 4 & le talon 1. Le dé est ordinairement lisse, sa largeur a 2 modules $\frac{1}{2}$; cette largeur détermine la saillie de la base: la saillie du socle du piédestal & de la corniche est égale au quart de la hauteur de cette derniere.

La base du pilastre est composée d'un plinthe, d'un tore, & d'un listeau; sa hauteur, qui est d'un module, se divise en trois parties, dont le plinthe en a deux; l'autre partie étant divisée en 4, le tore en a 3, & le listeau 1.

Le ravalement de la face du pilastre H contient une table renfoncée (d) dans la hauteur du fust, ornée d'un talon, & accompagnée d'un listeau qui forme le corps du pilastre. Pour avoir la proportion de ces moulures, il faut diviser le diametre du pilastre en vingt parties; les listeaux en auront chacun deux, les talons chacun une, & la table du milieu 14. Cette table sera renfoncée d'une vingtième partie de la largeur du pilastre. Quelques-uns ajoûtent dans ce ravalement une table saillante, telle qu'on en voit au vieux Louvre; mais il est à craindre que cette multiplicité de moulures n'apporte de la confusion dans l'Architecture, surtout lorsque l'Ordre Attique est d'une moyenne grandeur.

La largeur des chambranles des croisées se divise en 27 parties; la platebande inférieure vers l'ouverture de la baye en a 6, le petit talon 2, la platebande supérieure 12, le filet au dessus 1, le quart de rond 3, & le listeau de dehors 3. La platebande inférieure répond au nud du mur, & la saillie du chambranle est égale au cinquième de sa largeur. Voyez le profil marqué A. Figure premiere.

La hauteur de la corniche au dessus du chambranle des croisées se divise aussi en 27 parties, le listeau du haut en a deux, le talon 3, le larmier 10, la doucine au dessus 5 (elle remonte dans le dessous du larmier de 2 parties); le filet en a 2, & le cavet 5: toute la corniche a de saillie les $\frac{22}{27}$ de sa hauteur; voyez le profil marqué B. Figure premiere.

Le pilastre de l'Ordre Attique doit avoir le même diametre par le haut que par le bas; son chapiteau est composé d'un gorgerin, dont le nud est droit & aplomb du pilastre, & les moulures inférieures de la corniche lui servent de tailloir. Ce gorgerin est orné de trois feuilles sur chaque face, sçavoir d'une entiere au milieu, & de deux moitiés, qui font retour par les côtés. Entre ces feuilles sont des culots qui doivent être plus ou moins ornés, selon que les feuilles en seront plus ou moins refendues. La hauteur du gorgerin, qui est, comme nous avons dit, égale à la

---

(d) On ne ravale pas toujours les pilastres Attiques; au Luxembourg ils sont divisés en bossages, ainsi que tous les Ordres de ce Palais, au contraire au College des quatre Nations il y a des tables saillantes, & au portail des Invalides ils sont lisses & unis.

moitié de la largeur du pilaftre, (e) doit fe divifer en 4 parties. La hauteur des feuil- De l'Ordre Attique. les en aura 3, non compris leur revers & une petite diftance 1 entre le deffus des feuilles & le deffous du tailloir, qui laiffe paroître le nud fupérieur du gorgerin, & dégage les feuilles de ce chapiteau d'avec la cimaife inférieure de la corniche. L'aftragale aura de hauteur la huitiéme partie de celle du chapiteau, & après avoir fait retour par les côtés du pilaftre, il régnera fur le nud du mur. Lorfqu'il fe trouvera des croifées, cet aftragale fera interrompu par le chambranle, ou par la corniche qui le couronne; autrement la diftance qui refte entre l'aftragale & la corniche de l'Ordre, & qui eft de la même hauteur du gorgerin du chapiteau, fervira de frife, & donnera à la corniche de cet Ordre un caractere d'entablement compofé.

La hauteur de la corniche C fe divife en 5 parties. Les 3 d'enhaut font pour le larmier & la cimaife fupérieure, & les deux d'enbas, qui font pour la cimaife inférieure, fe partagent en 3 parties, dont une pour le talon & le filet: les deux autres étant encore partagées en trois, on en prend une pour le cavet, la hauteur du filet étant prife dans le fophite du larmier. Ces moulures font retour de l épaiffeur du pilaftre, ainfi qu'il eft exprimé par des lignes ponctuées, pour former le tailloir du chapiteau. La hauteur deftinée pour la cimaife fupérieure fe divife en trois parties, dont une fert pour le talon & le filet placés fous la doucine, le refte fe régle par aproximation. Toute la faillie de cette corniche, à compter du nud des pilaftres, eft égale à fa hauteur, le larmier eft moins faillant de la hauteur de la cimaife fupérieure, non compris le lifteau, &c. voyez le profil C de la Figure premiere.

Si l'entablement de l'Ordre qui eft fous l'Attique eft enrichi d'ornemens, on peut auffi orner le quart-de-rond & le talon de la corniche de celui dont nous parlons, & on peut mettre des trophées dans la frife de la corniche au deffus de celle des croifées à la place marquée D. Les feuilles & les culots du chapiteau peuvent être auffi refendues à l'imitation de celles de céleri ou de perfil.

Il faut fe reffouvenir que pour que l'Ordre Attique puiffe convenir avec chacun des cinq Ordres en particulier, on doit en retrancher plus ou moins les ornemens; car fi l'Ordre Attique étoit immédiatement au deffus d'un Ordre Dorique, comme au Luxembourg & au Portail des Invalides, il ne faudroit ravaler ou renfoncer qu'une fimple table dans la face des pilaftres, fans y mettre de talon au pourtour, & faire les lifteaux qui fervent de champ à cette table de la huitiéme partie de la largeur des lifteaux. Il ne faudroit auffi orner que les chapiteaux de feuilles & de tigettes refendues, & laiffer tous les autres membres de cet Ordre liffes & unis. Si cet Ordre Attique étoit pofé fur un Tofcan, il faudroit fupprimer les tables renfoncées dans les pilaftres, n'en mettre de faillantes qu'au cas que les colonnes fuffent furchargées de boffages, & ne point refendre les feuilles du chapiteau, mais les laiffer par maffes en maniere de feuilles d'eau, au lieu qu'aux Attiques pofés fur les Ordres Ionique, Corinthien, & Compofite, on peut enrichir les moulures principales, en évitant néanmoins la profufion des ornemens qu'on remarque à celui du vieux Louvre.

Comme l'Ordre Attique dont nous venons de parler eft en général felon le fiftême des Anciens, & que celui que nos Architectes modernes mettent en ufage a reçu quelques changemens, nous allons donner les proportion de l'Ordre Attique nommé moderne, ne fachant pas qu'on ait rien écrit à fon fujet, & la plûpart des Architectes eftimant que cet Ordre, qui eft fujet à des variations infinies, non feulement ne peut être réduit en principes, mais ne doit être mis en ufage que

---

(e) Ce chapiteau qui n'a de hauteur qu'un module, fuivant le fiftême des Anciens, paroit trop écrafé. La plûpart des modernes lui donnent un diamétro, ce qui paroit auffi trop élevé; il eft mieux qu'il a t un module & deux tiers, comme au portail des Invalides.

rarement, quoiqu'on le voye employé prefque dans tous les édifices de réputation.

Maniere dont on employe le plus communément l'Ordre Attique.

De l'Ordre Attique moderne. Les proportions que l'on voit dans les Figures premiere & feconde, font les plus ufitées dans les édifices modernes auxquels la plûpart de nos Architectes ont affecté une corniche architravée, pour couronner cette efpece d'Ordre ; ce qui réuffit mieux que de faire fervir la frife de fon entablement pour y encaftrer le chapiteau, comme on l'a fait dans les Figures précédentes, cette frife ne fe détachant pas affez de la corniche, furtout lorfqu'on introduit des ornemens continus dans cette frife, ou feulement au deffus des croifées, comme au Château de Verfailles, à celui de Clagny, &c.

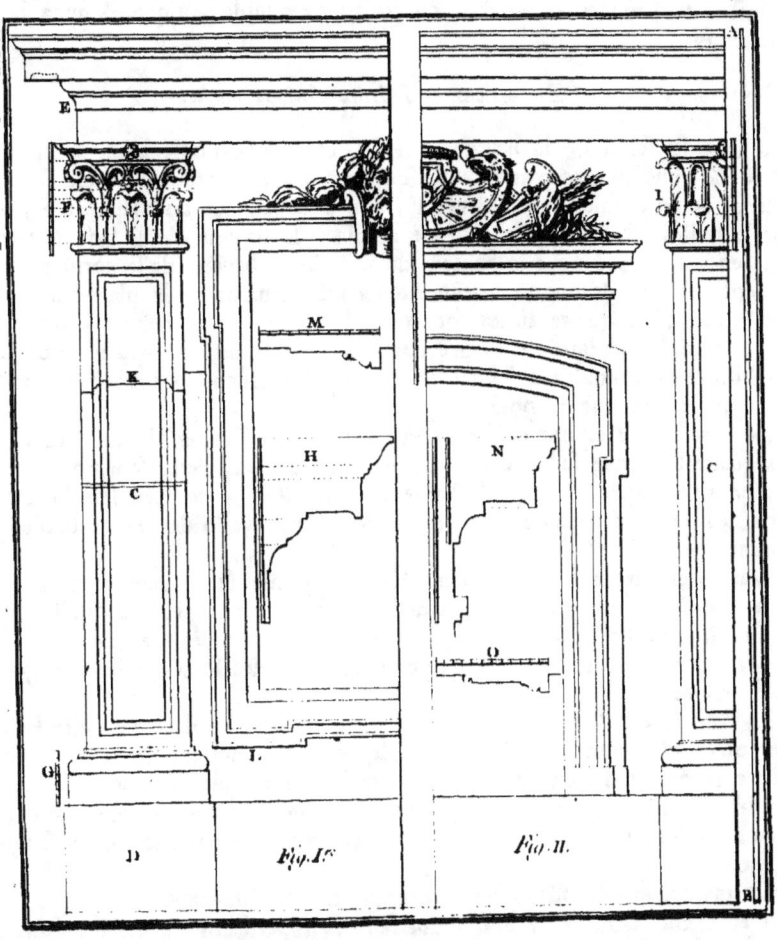

Cette Planche repréfente l'Ordre Attique fans piédeftal, felon les proportions & le fiftême des Architectes modernes.

Il eft peu d'exemples dans les édifices bâtis de nos jours que l'on admette un piédeftal aux Attiques : ceux de Verfailles & de Clagny n'ont qu'un focle d'un diametre de hauteur, même celui des Quatre Nations n'a qu'un module.

La fuppreffion des piédeftaux dans l'Ordre Attique, fuivant le fiftême des Modernes

dernes, vient de ce que très-souvent la baluſtrade de l'Ordre de deſſous lui en tient lieu ; néanmoins lorſque l'Attique ſe trouve de beaucoup en retraite derriere les colonnes, on ajoûte un ſocle au deſſus de la baluſtrade, afin que du rez-de-chauſſée le fuſt de l'Attique puiſſe être apperçu dans ſon entier ; alors la hauteur de ce nouveau ſocle doit être déterminée par le point de diſtance.

Ordre Attique moderne.

Les croiſées d'un étage Attique, en général, doivent avoir de largeur un ſixiéme moins que celles de deſſous, & il faut que leur hauteur ſoit, comme dans le précédent, d'une fois & un tiers de leur largeur, ou d'une fois & demie au plus, lorſqu'on fait deſcendre les croiſées juſques ſur le ſocle, ce qui eſt quelquefois utile pour éclairer plus convenablement l'intérieur de ces attiques : le claveau devenant alors plus conſidérale, eſt rempli par une corniche, ſur laquelle on introduit des trophées, comme on l'a pratiqué à l'Attique du Portail des Invalides, où le linteau des croiſées eſt bombé, contre tout exemple antique. Voyez la Figure deuxiéme.

Proportions de l'Ordre Attique moderne.

Il faut diviſer toute la hauteur A B (f) en huit parties égales, & faire le diamétre C d'une de ces parties, en donner une à la hauteur du ſocle D, une à la hauteur de la corniche architravée E, une à la hauteur du chapiteau F, y compris le tailloir & l'aſtragale, & une demie à la hauteur de la baſe G ; en ſorte qu'il en reſtera 4 ½ pour la hauteur du fuſt C. La hauteur de la corniche ſe diviſe en ſept parties, dont on en donne deux à la hauteur de la plate-bande qui ſert d'architrave ; les quatre autres ſont pour les moulures de deſſus. Voyez le profil H, Figure I. La ſaillie de cette corniche profile ſur ſon quarré, non compris l'architrave ; les moulures des cimaiſes doivent ſe reſſentir du caractere des Ordres ſur leſquels l'Attique eſt poſé.

Le chapiteau F eſt compoſé d'un ſeul rang de feuilles, & de caulicoles, comme aux quatre Nations ; ſa hauteur ſe diviſe en 12 parties, deux ſont pour le tailloir, une pour l'aſtragale, ſix pour la hauteur des feuilles, y compris leur revers, deux pour la hauteur des caulicoles, & une pour l'intervalle de ces caulicoles, & le ſommet des feuilles.

L'autre chapiteau I, Figure deuxiéme, eſt compoſé de deux rangs de feuilles, comme aux Invalides ; ſa hauteur ſe diviſe auſſi en 12 parties, 2 deſquelles ſont pour le tailloir, une pour l'aſtragale, quatre pour la hauteur des premiers rangs de feuilles, y compris leur revers, & cinq pour la hauteur des ſecondes feuilles, y compris auſſi leur revers.

La baſe G eſt d'un profil Dorique ; quelquefois à la place de cette baſe on ne met qu'un filet comme à Clagny ; quelques-uns y mettent un cavet, comme aux quatre Nations ; d'autres y font régner la baſe nommée Attique, comme aux Invalides. La hauteur de celle que nous propoſons ſe diviſe en ſept parties ; on en donne quatre au plinthe, deux au tore, & on en réſerve une pour la baguette & le filet.

Le ravalement du pilaſtre ſera compoſé d'une plate-bande ou liſteau, d'un talon & d'une table en relief. Pour faire la répartition de ces moulures, ayant diviſé le diametre en huit, on donnera une de ces parties à chaque liſteau, & une autre à chaque talon, y compris l'eſpacement de la table en relief. (voyez le profil K, Figure premiere.)

Le deſſous du linteau de la croiſée de la Figure premiere, doit s'aligner au-deſſous de l'aſtragale du chapiteau, & ſa hauteur étant à ſa largeur comme 3 eſt à 2, il arrivera que le deſſous de la croiſette L s'alignera avec le deſſus de la

(f) Cette hauteur, comme dans l'Attique précédent, doit être la moitié de celle de l'Ordre de deſſous.

Ordre At-tique mo-derne.

base du pilastre; le chambranle de cette croisée aura le sixiéme de sa largeur, & se divisera en 12 parties, trois seront pour la plate-bande vers le tableau, cinq pour la seconde, une pour la baguette, deux pour le talon, & une pour le listeau; voyez le profil M.

La hauteur de la croisée de la Figure deuxiéme se trouve comme la précédente, c'est-à-dire qu'elle a de hauteur une fois & demie sa largeur, à commencer sur le socle de l'Attique: la hauteur du dessous du linteau jusques sur la corniche qui alligne le dessus de l'astragale se divisera en huit; trois de ces huit parties seront pour la hauteur générale de la corniche.

Cette corniche se divisera en 7 parties, (voyez le profil N,) une partie sera pour l'astragale quarré, deux pour le gorgerin; les quatre autres se diviseront en trois, une sera pour la cimaise inférieure, une pour le larmier, & une pour la cimaise supérieure.

Le chambranle de cette croisée étant divisée en 12 parties, (voyez le profil O,) trois seront pour la plate-bande proche le tableau, une pour la baguette, cinq pour la seconde plate-bande, deux pour le talon, & une pour le listeau.

Des Balustrades en général.

Des Balus-trades.

Les Balustrades (g) sont ordinairement destinées pour terminer le haut des édifices couverts en terrasse, ou du moins dont les combles ne sont point apparens, ainsi qu'on en voit au Château de Versailles du côté des jardins, à celui de Trianon, au Palais Bourbon, à Paris, &c; elles servent aussi d'appui au-devant des terrasses & aux autres endroits semblables, dont l'éminence exige un mur de deux pieds & demi ou trois pieds au-dessus duquel la vûe puisse s'étendre, comme à la grande avant-cour du Château de Meudon.

Les Balustrades embellissent la décoration des bâtimens quand elles sont placées où elles conviennent, & lorsqu'elles ont une proportion & une richesse relatives au caractere de l'édifice, aussi bien qu'une apparente nécessité d'être mises en usage; car elles font mal si elles sont engagées dans le massif d'un mur, au milieu de la hauteur d'une façade, sans qu'il paroisse un passage libre entre la Balustrade & le nud du mur de face, ou bien si on les fait servir à porter un comble ou autre massif.

Comme il y a deux sortes de situations qui exigent des Balustrades, elles ont aussi deux sortes de proportions, qui ont quelque différence; leur premiere situation est lorsqu'elles sont employées au rez-de-chaussée, ou tout autre sol où elles servent d'appui; en ce cas leur hauteur doit être assujettie à celle du coude qui est au moins de deux pieds & demi, & au plus de trois pieds $\frac{1}{2}$; en sorte qu'aux plus grandes hauteurs des murs de terrasse, les Balustrades ne peuvent gueres excéder trois pieds au-dessus du sol des terrasses, à compter du dessus de leur socle, jusqu'au-dessus de leur tablette. On peut dans ce cas, comme par-tout ailleurs, supprimer le socle à quelques pouces près du côté de la terrasse, étant suffisant de le faire paroître par le dehors, pour satisfaire à l'ordonnance extérieure de la balustrade, & tout ensemble au mur de revêtissement, en supposant que ce mur surpasse de vingt ou trente pieds; mais lorsque ces terrasses sont assez peu élevées, on pourra supprimer le socle en dehors & en dedans de la Balustrade, c'est-à-dire le réduire intérieurement & extérieurement, au quart de la hauteur de tout l'appui; hauteur qui, comme nous venons de le dire, doit être

---

(g) Balustrade nommée par Vitruve *podium* ou *pul-tius*, s'entend d'une ou de plusieurs travées de balustres séparés par des piédestaux de hauteur d'appui. Baluste, du Latin *balaustrum*, fait du Grec *balaustion*, fleur de grenadier sauvage, à laquelle il ressemble, est une espece de petite colonne dont la hauteur est proportionnée à la grosseur du fust des colonnes, c'est-à-dire qu'elle a dans tous les cas au moins le diametre du fust supérieur, & au plus le diametre de l'inférieur.

relative à la grandeur humaine : étant toujours indispensable de mettre un socle aux Balustrades, quand il devroit être réduit à la huitiéme partie de la hauteur de l'appui, afin que ce socle puisse servir de retraite aux dés des piédestaux qui séparent ordinairement les travées des Balustres.

La seconde situation des Balustrades est celle qui sert à la décoration des façades ; en ce cas elles doivent être proportionnées aux différens Ordres ou étages sur lesquels elles sont posées, & leur hauteur n'a plus de relation avec la grandeur humaine, mais elle doit être en proportion avec les statues, qui tiennent la leur des Ordres d'Architecture ; en sorte que la hauteur des balustrades, y compris leur socle, doit être en relation avec la hauteur du coude des statues.

Proportions des Balustrades.

Pour donner aux balustrades une proportion relative aux différens Ordres & à leur différente hauteur, supposons ici des colonnes de 10 pieds & de 60 pieds, afin de connoître les hauteurs extrêmes des balustrades comparées aux petites & aux grandes colonnes, & commençons par celles de 10 pieds, selon chaque espece d'Ordre.

A l'Ordre Toscan, la hauteur de la balustrade aura deux diamétres & un tiers du fust inférieur de la colonne ; elle aura, à l'Ordre Dorique, deux diamétres & demi ; à l'Ordre Ionique, deux diamétres & deux tiers, & aux Ordres Corinthien & Composite, deux diamétres & cinq sixiémes.

Les balustrades qui seront posées sur des colonnes Toscanes de soixante pieds, auront un diamétre un sixiéme ; sur l'Ordre Dorique, un diamétre & un quart ; sur l'Ordre Ionique, un diamétre & un tiers ; & aux Ordres Corinthien & Composite, un diamétre & cinq douziémes.

Entre ces hauteur de colonnes de 10 & de 60 pieds, il sera aisé de régler par proportion arithmétique celle des balustrades ; on observera seulement que les balustrades au-dessus des Attiques doivent avoir un sixiéme de moins de hauteur que celles qui couronnent l'Ordre régulier qui est dessous.

La proportion des balustrades étant ainsi déterminée, il en faut diviser la hauteur générale A, B en neuf parties, en donner quatre au socle C, quatre à la hauteur des balustres D, qui sera aussi celle du dé des piédestaux, & une pour l'épaisseur de la tablette E.

Les piédestaux des balustrades doivent être à plomb des colonnes & des pilastres qui les soutiennent : la largeur de leur dé doit être à plomb du fust supérieur des colonnes, & le socle doit porter à faux, autrement si les socles n'étoient pas plus larges que les fusts supérieurs des colonnes, le dé deviendroit trop étroit pour recevoir des figures ou des vases. D'ailleurs, comme il arrive ordinairement que dans l'ordonnance d'une façade il y a des pilastres & des colonnes, alors les dés des piédestaux des balustrades, qui porteront à plomb des pilastres, seront en retraite, c'est-à-dire auront un sixiéme de moins de largeur que leur diamétre, & ce sera le socle qui portera à plomb du fust ; ce qui satisfera à la simétrie générale de l'ordonnance, la saillie de l'entablement sur lequel les balustrades posent masquant le porte-à-faux des piédestaux au-dessus des colonnes.

Le dé des piédestaux peut être orné de tables saillantes ou rentrantes, selon que l'ordonnance du bâtiment est solide ou légere ; mais en général il faut éviter les rentrantes, dans quelqu'ordonnance que ce puisse être, à moins que l'on n'ait occasion d'y introduire de la sculpture, qui paroîtroit à couvert par ce renfoncement ; circonstance qui arrive assez souvent dans la décoration des arcs de triomphe, ou dans l'intérieur des édifices sacrés.

Des Balustrades.

Les travées des Balustrades entre les piédestaux ne doivent guere avoir plus de onze balustres, ni moins de cinq, si ce n'est dans quelques cas particuliers autorisés par la distribution de l'Ordre de dessous : du moins il faut éviter de n'en mettre qu'un ou deux, comme on l'a pratiqué au Château de Maisons, à Clagny, à St. Cloud & ailleurs. Il est mieux alors de préférer les piédestaux continus, & d'affecter de ne mettre des travées de balustres qu'à plomb des vuides ou percés, & non sur des massifs, à moins que ces Balustrades ne se trouvent couronner des murs de terrasses ; encore est-il bon d'observer des corps d'Architecture ou des bossages, qui répondent à plomb de chaque piédestal.

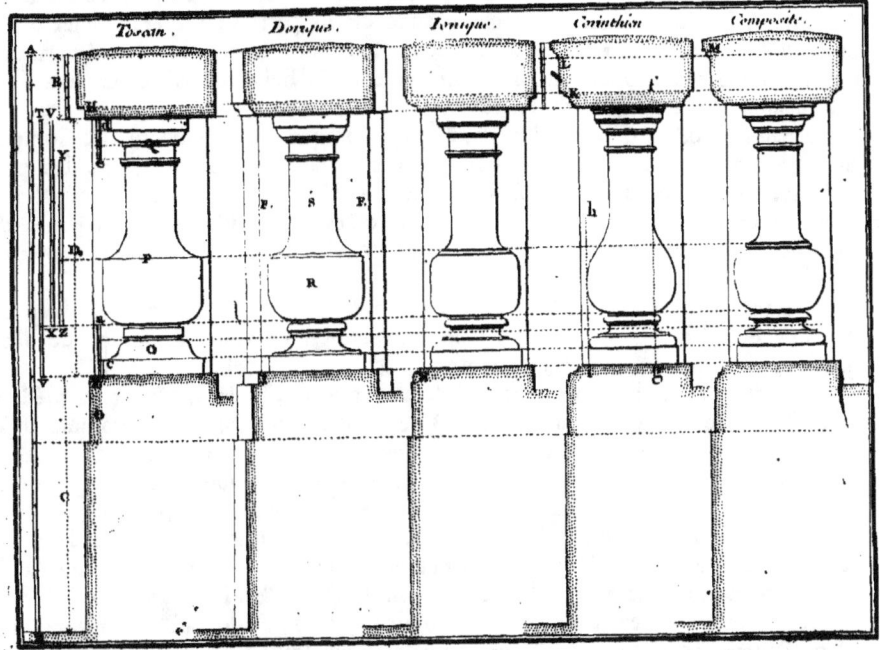

Cette Planche représente les cinq especes de balustres, relatifs à chaque caractere d'Ordre, avec le profil de leur socle & de leur tablette, entre lesquels se voit l'épaisseur de l'alette qui soutient la tablette à chacune de ses extrémités. À la balustrade Dorique seulement on a fait voir l'épaisseur du retour des piédestaux qui ont ordinairement de saillie celle des pilastres, c'est-à-dire la sixiéme partie de leur diametre.

Il faut aussi observer, autant qu'il est possible, que les Balustres soient en nombre impair, & que la distance qui les sépare, soit égale à la moitié de leur plus gros diametre, afin que le vuide égale le plein ; les Balustrades ayant pour objet de représenter des murs évuidés, à travers lesquels on puisse jouir de la proportion des arcades ou croisées, où le plus souvent on préfere les Balustrade de pierre ou de marbre aux balcons de fer, principalement dans les édifices graves & réguliers. Il est mieux aussi de mettre une alette à chaque côté des piédestaux pour porter les extrémités de la tablette, que d'employer une demi-Balustre. La largeur de ces alettes doit être au moins par le devant de la moitié du plus gros diametre du Balustre, & leur épaisseur doit avoir au moins un sixiéme de plus que la largeur du Balustre, ainsi qu'il est exprimé en F.

Les proportions des balustres & leur galbe doivent répondre aux différens caractere racteres des Ordres d'Architecture sur lesquels ils sont posés ; le profil des tablettes & celui des socles doit aussi y être assujetti ; & s'ils sont placés au dessus d'un Attique, c'est l'Ordre qui est dessous qui doit régler le genre & la richesse qu'il faut donner à ces Balustres & Balustrades. C'est pourquoi l'on trouvera sur cette Planche cinq especes de proportions & de manieres de profiler les Balustres, aussi bien que leur socle & tablette. Par exemple la Balustrade Toscane n'aura pour socle qu'un plinthe uni G, & la tablette ne sera composée que d'une seule plate-bande & d'un filet H : son Balustre sera plus massif & peu chargé de moulures. La Balustrade Dorique sera plus ornée, & ainsi des trois autres.

Des Balustrades.

A l'égard des proportions particulieres des Balustres & Balustrades, les tablettes Toscane & Dorique seront divisées chacune en six parties ; on fera le filet de la tablette Toscane & le talon de la Dorique d'une de ces parties, les cinq autres seront pour la plate-bande ; le filet I du socle de la Balustrade Dorique sera égal à la hauteur du talon de sa tablette.

La hauteur de la tablette des Balustrades Ionique, Corinthienne, & Composite sera divisée en neuf ; les moulures inférieures K en auront deux ; les plate-bandes L, cinq ; les moulures supérieures M, deux ; les moulures N qui couronnent les socles de ces mêmes Balustrades auront les deux neuviémes de la hauteur des tablettes ; leurs saillies seront égales chacune à la hauteur de leurs moulures.

Chaque Balustre en général a trois principales parties ; sçavoir, la base ou piédouche O, la tige ou vase P, & le chapiteau Q. Le vase est composé de deux parties, l'une que l'on nomme la panse R, & l'autre le col S.

Pour trouver les hauteurs générales du chapiteau Q, de la tige P, & du piédouche O, toute la hauteur du Balustre D se divisera en cinq parties comme T V. On en donnera une à la hauteur du piédouche O, les quatre autres parties se diviseront en cinq, comme V X, une sera pour la hauteur du chapiteau Q. On divisera encore en cinq l'espace entre le chapiteau & le piédouche, comme Y Z, & on donnera à la hauteur du col S trois de ces parties, & deux à la panse R. La hauteur du piédouche O ayant été partagée en 3 parties, comme (a b) ; une de ces parties sera pour la hauteur du plinthe (c), &c. La hauteur du chapiteau Q se divisera aussi en trois parties, comme (d e), & le tailloir en aura une, &c. Toutes ces proportions sont générales pour les cinq especes de Balustres ; mais les moulures seront en plus ou moins grande quantité & d'une expression plus ou moins légere, aussi bien que le galbe du col & de la panse, selon que ces Balustres seront rustiques ou délicats.

Le Balustre Toscan est le plus gros, le moins composé de moulures, & presque toujours quarré par son plan. Sa hauteur T V étant divisée en cinq parties, on en donnera deux pour le diametre de sa panse. Le Balustre Corinthien étant plus svelte, son diametre ne sera que du tiers de sa hauteur, les trois autres Balustres Dorique, Ionique, & Composite, à proportion. Par exemple, ayant divisé T V en soixante parties, la grosseur de la panse du Balustre Toscan en aura vingt-quatre, celle du Dorique vingt-trois, celle de l'Ionique vingt-deux, celle du Corinthien & du Composite vingt-un. Ensuite on divisera le diametre d'une de ces panses en deux parties égales ; on en donnera une à la grosseur du col, du gorgerin du chapiteau, & des scoties du piédouche, comme (f g.) La largeur du plinthe de ces piédouches aura le même diametre que la panse, comme (h i), & celui du tailloir aura un cinquiéme ou un sixiéme moins que la largeur de la panse, selon que l'exigera l'expression solide ou legere des Balustres.

Le plinthe du piédouche & le tailloir du chapiteau de toutes les especes de Balustres doivent être quarrés par leur plan, (quoique dans les Jardins du Luxembourg & dans le bâtiment du Château de Sceaux, on en voye de circulaires com-

Des Balustrades. me le Baluftre,) à l'exception quelquefois du Tofcan, dont on fait le baluftre entierement quarré lorfqu'on l'employe pour fervir d'appui aux murs de revétiffement des terraffes, des fontaines, des grottes, &c.

Lorfque les intervalles des Baluftres ne s'accordent pas avec les efpacemens dont nous avons parlé, il vaut mieux mettre de la différence dans ces efpacemens que d'altérer le diamétre du Baluftre; cependant il feroit également dangereux de faire toucher leur panfe que de leur donner un diamétre d'intervalle, parce qu'il convient d'affecter, autant qu'il eft poffible, & comme nous l'avons déja obfervé, que le folide de ces Baluftres égale leur efpace.

Nous n'entrerons point ici dans le choix des moulures dont peuvent être compofés les cinq efpéces de Baluftres, ni dans leurs divifions particulieres, le goût & la convenance fervant de guides en pareilles occafions. Il arrive même affez fouvent que le Baluftre nommé ici Corinthien, s'employe indiftinctement fur tous les Ordres, excepté au Tofcan, ainfi qu'on l'a pratiqué au Portique de Vincennes fur l'Ordre Dorique, au Château de Trianon au-deffus de l'Ionique, au Periftyle du Louvre au-deffus du Corinthien, & au Château de Clagny au-deffus du Compofite, mais où l'on a toujours obfervé les proportions générales dont nous venons de parler; ce qui les peut faire regarder comme invariables.

Les cinq efpeces de Baluftres ci-deffus, ne font pas les feules que l'on puiffe mettre en ufage: leur diverfité peut être infinie; mais à l'exemple des moulures, il faut éviter trop de contrafte dans leur compofition. Les formes renverfées, telles qu'on en voit dans les Jardins de S. Cloud, ou celles qui font variées par leur plan & par leur élévation, & ornées de fculpture, telles qu'il s'en remarque dans le Traité d'Architecture de Le Clerc, pages 159 & 160, & dans d'Aviler, page 355, ne convenant pas dans les dehors, & ne pouvant être mifes en ufage qu'aux eftrades des appartemens de parade, ou dans les décorations de Théâtres, &c, où l'on peut fimbolifer diverfement ces baluftres, & les exécuter en bronze, en plomb, en bois, ou toute autre matiere. Quelquefois à la place des Baluftres on employe des entrelas (*h*), comme on en voit un modele en plâtre au Périftyle du Louvre, & ailleurs; mais quand les Ordres préfident dans un bâtiment, les Baluftres doivent être préférés, & l'on ne doit pas craindre, fuivant l'opinion de quelques-uns, que la répétition de plufieurs Baluftrades foit un défaut; car dès qu'il eft reçu en Architecture d'employer plufieurs Ordres dans un bâtiment, pour exprimer la diverfité des étages, de même les baluftrades qui repréfentent les appuis des croifées de ces mêmes étages, peuvent être multipliées. Il eft vrai que pour que ce fiftême foit approuvé, il faut obferver de donner un caractere diftinctif à chaque baluftrade & à chaque baluftre, ainfi que nous l'avons déja recommandé; & j'eftime que les entrelas ne doivent avoir leur place que dans les bâtimens de peu d'importance, ou pour les appuis des rampes, ou enfin pour la décoration intérieure qui jamais n'eft fujette à cette gravité qu'on doit obferver dans les dehors, foit par rapport à la dignité du bâtiment, foit à caufe de la folidité de la matiere.

Dans les efcaliers où les limons rampans font inévitables, & où l'on veut faire ufage des baluftrades de pierre ou de marbre, par préférence aux rampes de fer, (ces dernieres étant peu convenables à la décoration d'un grand efcalier,) il en réfulte deux inconvéniens, ou que les moulures des baluftres foient inclinées comme A, ce qui eft la maniere la plus approuvée, ou que les piédroits & les cha-

---

(*h*) Entrelas, en latin *implexus*, ornemens de fculpture & d'Architecture, compofés de lifteaux & d'enroulemens croifés les uns fur les autres qui fe taillent fur les moulures droites. On appelle ornemens d'appui ceux qui font évuidés, & dont on voit des deffeins de différens genres dans d'Aviler, page 361, & dans le Clerc, pages 162 & 163.

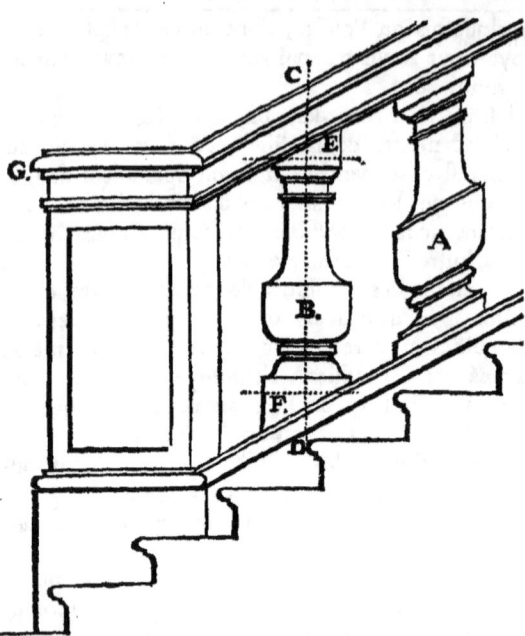

 Des Balustrades rampantes.

piteaux soient horisontaux comme B, ainsi qu'il se remarque au grand escalier du Palais Royal, à celui de l'Hôtel d'Auvergne, à celui de la belle terrasse de Meudon, & que le Cavalier Bernin l'a même affecté aux bases & aux chapiteaux du grand escalier du Vatican à Rome. Voyez *Fontana*, Livre IV. Chapitre 14, page 239.

 Le sentiment de ceux qui préfèrent les moulures inclinées est appuyé sur ce qu'il convient d'observer le parallelisme dans un ouvrage de même genre, & cela est vrai à bien des égards; cependant il semble qu'il vaut mieux que cette inclinaison se remarque seulement dans le sommet du tailloir & dans la base du plinthe, que dans les membres du balustre en général.

Il est vrai qu'alors ces balustres deviennent d'une proportion plus petite, parce que sous la hauteur de l'appui donnée, & qui ordinairement est de deux pieds & demi ou trois pieds, comme C D, il faut déduire celle des deux triangles E, F, ce qui rend ce balustre moins considérable; mais comme les tablettes & les socles en sont obliques, la comparaison qu'on en peut faire avec les travées horisontales est moins perceptible que si l'on faisoit des balustres d'inégale grandeur, sous une même hauteur de balustrade tout horisontale. Les profils des tablettes & des socles dans les rampes des escaliers, ne sont pas toujours assujettis aux profils des piédestaux des Ordres, les becs de corbin G, dans l'intérieur des bâtimens, sont souvent préférés à tout autre; mais je crois devoir avertir qu'il ne faut pas abuser de ce genre de moulure dans l'Architecture en pierre, en marbre, &c; principalement dans la décoration d'un lieu où les balustrades serviroient d'appui à quelque Ordre d'Architecture. Nous l'avons dit ailleurs, chaque Ordre a ses profils qui lui sont propres, & dont il ne faut jamais s'éloigner, non-seulement dans les membres qui composent l'ordonnance d'une colonne ou d'un pilastre, mais même dans ceux qui les accompagnent.

 Pour revenir à la diversité des opinions touchant les balustres dont les moulures sont inclinées ou horisontales, nous dirons que l'exemple des bâtimens élevés sur une demi-côte ou sur une pente sensible, comme l'aile du nord à Versailles, & dont les plinthes & les corniches sont tenues horisontales, doivent servir d'autorité pour ne point admettre d'obliquité dans l'Architecture, sur-tout dans le cas dont il s'agit. Car ces balustres dont les moulures sont rampantes, offrent une idée contraire à la solidité, qui seule exige que leur axe étant perpendiculaire pour porter le poids des tablettes, leurs moulures soient horisontales, au lieu que lorsque les lignes qui les composent sont rampantes, il semble que les balustres glissent de dessus leur socle, ce qui porte l'esprit à concevoir la destruction prochaine de toute la balustrade: considération qui peut, pour éviter l'un & l'autre cas, porter à faire usage des entrelas par préférence aux balustres, ou bien des rampes de fer, leur contour moins sévere autorisant une variété dans les formes, qui en rend le biais moins sensible.

Des Statues en général.

Proportion des Statues.

Les Statues (*i*) qui servent à la décoration des édifices, doivent avoir un rapport de proportion avec la grandeur des Ordres d'Architecture, & une convenance relative à l'usage des bâtimens ; c'est de leurs proportions dont nous allons parler. Nous dirons seulement, touchant la convenance, qu'en général aux Edifices Sacrés, les Statues doivent représenter les vertus Célestes, les Saints, & autres sujets de piété ; qu'aux Palais des Princes, elles doivent caractériser leurs vertus, leurs actions, leurs triomphes, & leurs inclinations pour les arts, ou bien leurs occupations, ou leurs amusemens dans la société civile ; qu'aux Edifices publics, s'ils sont destinés pour y rendre la justice, les vertus Cardinales & Héroïques doivent présider ; & qu'enfin à un Hôtel de Ville il convient que les Statues représentent le commerce terrestre ou maritime. Il faut qu'aux Fontaines, les rivieres ou les fleuves de l'endroit où ces monumens sont élevés, soient désignés, & ainsi des autres édifices, sans en excepter les bâtiments particuliers, où l'Architecte doit s'appliquer à exprimer par des allégories ingénieuses, le caractere de ces édifices, ou le motif qui les aura fait ériger.

De la proportion que les Statues doivent avoir par rapport aux Ordres d'Architecture.

A l'égard de la proportion des Statues avec les Ordres, il faut considérer les différentes grandeurs & situations des colonnes ou pilastres & la diversité de leurs diamétres, chacun en particulier, afin de pouvoir faire en même tems la comparaison des Statues par rapport aux Ordres, & celle de leur grandeur relativement au corps humain qu'elles représentent, en sorte qu'elles ne paroissent ni trop petites, ni trop gigantesques, dans l'Ordonnance d'un édifice.

Les Statues doivent différer de proportions, suivant qu'elles sont admises dans des Ordres de diverse espece, quoique de même hauteur ; parce que ces colonnes ou pilastres n'ayant pas un diamétre égal, alors les Statues qui se trouveroient en rapport avec l'Ordre Toscan, deviendroient trop massives pour le Corinthien, de même que la proportion d'une Statue qui réussiroit sur un Ordre de 60 pieds, ne conviendroit pas sur un qui n'en auroit que 20, quoiqu'il fût de la même espece.

Lorsque l'on place des Statues sur différens Ordres élevés les uns sur les autres, il faut, selon M. Desgodets, que celles d'en haut soient de même hauteur que celles d'en bas, quoique les Ordres des étages supérieurs soient d'un plus petit diamétre & moins élevés ; car, dit-il, la comparaison que l'on fait des Statues, les unes avec les autres dans un même bâtiment, est plus frapante que celle que l'on feroit de ces mêmes Statues avec les Ordres. Du moins est-il certain qu'il faut éviter l'opinion de ceux qui prétendent, par un faux raisonnement d'optique, que les Statues placées au haut d'un édifice, doivent être plus colossales que celles d'en bas, dans l'intention de les faire paroître de même grandeur. Ils ne considerent pas, ajoûte-t-il, que le Spectateur juge des unes & des autres selon leur éloignement, & que la différence qui se rencontreroit entre elles, chacune à part, & les colonnes qui les porteroient, feroit paroître les unes trop gigantesques, & les autres trop chétives, ainsi qu'on le remarque à St. Gervais, aux Feuillans, au Luxembourg, &c.

Or suivant cette opinion, qui n'est pas sans fondement, pour trouver les proportions extrêmes de la grandeur des Statues avec celles des Ordres, c'est-à-dire,

---

(*i*) Statue, on appelle ainsi une figure en pied, du latin *statura*, la taille du corps, ou de *stare*, être debout ; on donne plus communément le nom de figures à celles qui sont assises, à genoux, ou couchées.

eu égard aux différentes espéces de colonnes, supposons d'abord les cinq genres d'Ordres érigés chacun en particulier de dix pieds de hauteur, comme nous l'avons observé en parlant des balustrades : le diamétre du bas de la colonne Toscane aura dix-sept pouces, celui de la colonne Dorique sera de quinze, celui de la colonne Ionique de treize pouces six lignes, & ceux des colonnes Corinthienne & Composite, d'un pied. Suivant cette grandeur de colonnes de dix pieds d'élévation, on donnera à la Statue de l'Ordre Toscan quatre diamétres inférieurs qui font 5 pieds 8 pouces, à celle de l'Ordre Dorique quatre diamétres un tiers qui font 5 pieds 5 pouces, à celle de l'Ordre Ionique quatre diamétres deux tiers qui font 5 pieds 2 pouces, & aux Statues des deux derniers Ordres 5 diamétres qui font 5 pieds.

Proportion des Statues.

Supposons à présent des colonnes de 60 pieds ; le diamétre de la colonne Toscane aura 8 pieds 7 pouces, celui de la Dorique aura 7 pieds 6 pouces, celui de l'Ionique 6 pieds 8 pouces, & ceux des Ordres Corinthien & Composite, 6 pieds ; alors la Statue de l'Ordre Toscan aura 2 diamétres qui font 17 pieds 2 pouces, celle de l'Ordre Dorique deux diamétres un sixiéme qui font 16 pieds 3 pouces, celle de l'Ordre Ionique deux diamétres un tiers qui font 15 pieds 6 pouces, & les Statues des Ordres Corinthien & Composite deux diamétres & demi, qui font 15 pieds.

Ayant égard à ces deux extrêmes de 10 pieds pour les plus petites colonnes, & de 60 pour les plus grandes, on se servira d'une progression arithmétique entre 10 & 60, pour avoir les différentes hauteurs des Statues, selon celles des colonnes : par exemple, à l'Ordre Corinthien, la Statue ayant 5 pieds pour une colonne de 10, & 15 pour une colonne de 60, les Statues pour celles de 20 seront de 7 pieds de hauteur, celles pour une colonne de 30 seront de 9 ; celles pour une colonne de 40 en auront 11 ; & celles pour une de 50 en auront 13 ; ainsi des autres, tant au-dessus qu'au-dessous de ces différentes hauteurs de colonnes ou pilastres.

Les Statues qui couronnent les Attiques, doivent avoir de hauteur un sixiéme de moins que la proportion des Statues des Ordres qui seront sous l'Attique.

A l'égard des Statues placées avec les Ordres d'Architecture surmontés les uns sur les autres, on trouvera par la régle ci-dessus les différentes hauteurs des Statues de l'Ordre inférieur & supérieur, par rapport aux différentes hauteurs & grosseurs des colonnes, & on additionnera la hauteur de la Statue du premier Ordre avec celle du dernier. On prendra la moitié du produit, pour constater la hauteur commune de toutes les Statues, tant des Ordres inférieurs, que des supérieurs, &c.

Suivant cette opinion de M. Desgodets, il est aisé de conclurre que puisqu'il donne la moitié de la hauteur des colonnes aux figures qui accompagnent les Ordres de 10 pieds, & le quart seulement à celles qui accompagnent des ordonnances de soixante pieds, les Statues en général peuvent être réduites aux $\frac{1}{4}$ au moins, ou à un tiers au plus de la hauteur des colonnes, y compris les bases & les chapiteaux ; puisque, ainsi que nous l'avons déja remarqué, les colonnes de 10 pieds de hauteur ne doivent pas raisonnablement trouver place dans la décoration extérieure de nos édifices, & qu'il est très-rare que nous ayons occasion d'en employer de 60 pieds ; (voyez l'application de cette derniere proportion concernant les figures, dans la description des Niches.)

Des Niches en général.

Les Niches (k) font partie de l'embellissement des édifices, elles y apportent même un ornement considérable lorsqu'elles sont placées avec convenance dans la décoration extérieure & intérieure des Eglises, des Vestibules, des Escaliers, des Péristyles, des Sallons, des Galleries, & autres lieux spacieux.

Il est néanmoins bon d'observer de n'en pas faire un trop fréquent usage dans les bâtimens civils, leur multiplicité y deviendroit aussi désagréable que les frontons, qui pour être trop réitérés, interrompent la dignité des Ordres, lesquels dans un bâtiment d'importance doivent avoir la prééminence sur le reste de l'édifice, tous les autres membres d'Architecture devant leur être assujettis. Ce n'est pas que dans la plûpart des anciens édifices & dans quelques modernes on ne voye les niches employées quelquefois avec profusion, mais il faut s'éloigner de cet excès, & éviter sur-tout d'en placer dans la décoration des édifices aux endroits où elles ne peuvent recevoir naturellement des figures, ainsi qu'on le remarque à la plûpart de celles du vieux Louvre: car autrement les niches ne forment plus que des cavités inutiles aussi bien qu'une altération apparente pour la construction. On peut dire même en général qu'elles sont plus propres à la décoration des édifices sacrés qu'à tout autre bâtiment, quoiqu'il ne s'en voye pas une aux quatre Nations, aux Filles Sainte Marie de la rue Saint Antoine, ni dans tout l'intérieur du Val-de-Grace, &c; au lieu qu'à la Sorbonne & ailleurs on en voit jusques à trois l'une sur l'autre, ce qui est contre toute regle de bienséance, ainsi que nous le remarquerons dans son lieu.

Or puisque les niches sont destinées à recevoir des statues, il doit donc y avoir un rapport & une proportion entre l'une & l'autre, de maniere que toutes les deux soient relatives aux différentes proportions des Ordres, & à leurs diverses expressions.

La forme la plus ordinaire des niches est d'être enfoncées en demi cercle dans l'épaisseur des murs, & ceintrées en cul de four, à l'extrémité supérieure de leur élévation. Il s'en fait cependant quelquefois de quarrés, tant par leur plan que par leur élévation; mais ces dernieres ne sont pas si généralement reçues, & ne font bien que dans l'ordonnance Toscane & Dorique, ainsi qu'on l'a pratiqué à ces deux Ordres dans la cour Royale du Château de Vincennes, & qu'on le remarque sur la Figure huitiéme.

Il est de grandes, de moyennes, & de petites niches; les premieres sont destinées à recevoir des groupes de figures, & descendent jusques sur le rez-de-chaussée des Ordres ou des étages où elles sont placées, ayant, ainsi que l'exprime la Figure premiere, les mêmes grandeurs & dimensions des arcades avec lesquelles elles simétrisent; mais comme quelquefois ces arcades deviennent fort élevées, soit à cause de leur usage, soit pour satisfaire à l'ordonnance générale, on enferme alors dans ces arcades des niches, qui ne descendant pas jusques sur le sol, reçoivent une moindre grandeur ainsi que les statues; telles sont celles de la Figure deuxiéme, qui sont toujours comptées, malgré cette diminution, au nombre des grandes niches, en faveur des arcades feintes, dans lesquelles elles sont contenues.

Les moyennes niches sont celles qui commencent au-dessus des socles ou piédestaux des Ordres, & où le dessus de l'Imposte des arcades sert de ligne diamétrale, pour décrire le cul de four & l'archivolte; telle est la Figure troisiéme.

Les plus petites niches commencent aussi au-dessus des socles & piédestaux des

---

(k) Niche, de l'Italien *nichio*, conque marine, parce qu'elle renferme ordinairement une statue, ou bien parce qu'elles souvent on orne son cul de four d'une coquille, en latin *oculamentum*.

ARCHITECTURE FRANÇOISE, Liv. I.   99

Des Niches.

Ordres; mais leur ceintre ou archivolte est au-dessous des impostes des arcades, ainsi que l'exprime la Figure quatriéme. Comme ces niches ainsi disposées dans un petit entre-colonnement, ne sont capables de contenir qu'une seule figure, & que leur hauteur proportionnée à leur largeur, qui est moindre que celle des précédentes, laisse au-dessus d'elles un fort grand intervalle, ces espaces se revêtissent d'une table, d'un médaillon, d'un trophée, &c. Quelquefois au contraire, au lieu de pratiquer une niche à la partie inférieure de l'Ordre, on l'éleve vers les chapiteaux, & l'on place au-dessous une table saillante, qui par sa solidité semble être plus convenable au rez-de-chaussée, au-dessus duquel le vuide est placé, que dans cette Figure où le solide se trouve porté par le vuide de la niche. Néanmoins il est à craindre que la niche ainsi élevée, quoiqu'avec plus de vraisemblance, ne puisse avoir aucun rapport ni avec le linteau, ni avec le vuide des croisées, non plus que le plinthe qui sépareroit la niche & la table du dessous, à la place de laquelle dans ce cas l'on pourroit substituer une frise, si la hauteur de l'Ordre le permettoit.

Cette Planche offre les différentes espèces de niches dont on peut faire usage en général dans les diverses ordonnances des édifices sacrés, publics, ou particuliers.

Toutes les différentes sujettions dont nous venons de parler doivent avertir qu'il faut de la retenue pour le choix & l'usage des Niches dans la décoration des bâtimens, & qu'il est souvent beaucoup plus convenable dans l'extérieur, de placer les Statues sur des piédestaux, derriere & au-dessus desquels on pratique de grandes tables, qui selon la richesse du bâtiment & l'ordonnance de l'Ordre, peuvent être enrichies de trophées, &c; & que ces petites Niches ne doivent avoir lieu que dans l'intérieur des galleries ou dans un endrot resserré qu'il est convenable d'orner, & où il seroit néanmoins préférable de mettre à leur place des trophées, ou tout autre ornement de sculpture.

De la proportion des Niches.

De la proportion des Niches.

Il n'est point de grandeur déterminée pour les grandes & les moyennes Niches, c'est l'ordonnance générale de la décoration, la hauteur des portes & des arcades, qui établissent leur proportion. Le principe de la bonne Architecture exige seulement qu'elles soient contenues dans la hauteur d'un seul Ordre, & que leur archivolte ne surpasse jamais le dessous de l'architrave : ce dernier ne pouvant raisonnablement prendre le contour supérieur de la Niche, comme on le remarque dans quelques édifices qui semblent n'avoir été élevés que pour offrir aux Spectateurs intelligens des exemples de ce qu'il faut éviter.

A l'égard des plus petites Niches, on observera les proportions suivantes ; d'autant qu'il faut qu'elles soient assez élevées pour que l'œil de la figure soit à la hauteur du centre qui aura servi à décrire le cul de four de la Niche ; observation qui doit être générale pour toutes les espéces de Niches.

Aux Ordres qui n'ont que dix pieds d'élévation, compris les piédestaux & les entablemens, la hauteur des niches ne doit pas avoir moins de cinq diamétres pour l'Ordre Toscan, cinq diamétres cinq douziémes pour l'Ordre Dorique, cinq diamétres cinq seiziémes pour l'Ordre Ionique, & six diamétres un quart pour les Ordres Corinthien & Composite.

Aux colonnes ou pilastres qui auront 60 pieds de hauteur, les plus petites Niches ne doivent pas avoir moins de trois diamétres de hauteur pour l'Ordre Toscan, trois diamétres un tiers pour l'Ordre Dorique, trois diamétres deux tiers pour l'Ordre Ionique, & quatre diamétres pour les Ordres Corinthien & Composite. Les deux extrêmes étant trouvés pour la hauteur des Niches dont nous parlons, relativement à chaque Ordre de 10 ou de 60 pieds, on trouvera par progression arithmétique la proportion des Niches du même genre, lesquelles Niches seront capables de contenir des Statues dans les proportions dont nous avons parlé précédemment, suivant le sistême de Desgodets ; mais, comme nous l'avons déja observé, ces figures, selon cet Auteur, doivent avoir pour extrême le quart ou la moitié de la colonne, & nous avons remarqué, page 97, qu'elles peuvent être réduites aux cinq seiziémes au moins, ou au tiers au plus, parce que cette dimension est la plus généralement approuvée par nos Architectes. Les figures des différens desseins de Niches que nous offrons ici sont déterminées suivant ce principe.

Pour avoir la proportion des Niches, la regle générale des moyennes & des petites est que leur hauteur ait deux fois & demie leur largeur, mais pour leur donner une expression plus ou moins élégante, relativement au caractere des différens Ordres, la hauteur de la Niche Toscane se divisera en 28 parties, celle de la Dorique en 29, celle de l'Ionique en 30 (voyez la Figure III), & celles des Corinthienne & Composite en 31 ; & l'on donnera douze de ces parties à la largeur de chaque Niche. Par ce moyen chacune d'elles se ressentira en particulier d'une ordonnance rustique, solide, moyenne, délicate, ou composée.

Les grandes Niches destinées à recevoir des groupes, doivent être moins élevées que les précédentes, & il faut diviser leur largeur en 12 parties, en donner 27 à la hauteur des Niches de l'Ordre Toscan, 28 à celles de l'Ordre Dorique,

voyez

(voyez la Figure I), 29 à celles de l'Ionique, & 30 à celles des deux der- De la proniers Ordres. Les impostes & les archivoltes de ces grandes Niches doivent être portion les mêmes que ceux des arcades des Ordres. des Niches.

Les impostes & archivoltes des moyennes & petites Niches peuvent se réduire à la septiéme partie de la largeur de la Niche, ainsi qu'il est exprimé en A Figure II ; mais il faut affecter que les moulures supérieures des impostes & archivoltes des arcades soient les mêmes que celles des moyennes Niches, & supprimer seulement une des plate-bandes inférieures des grandes impostes, ainsi qu'on l'a pratiqué au Portique Dorique du Château de Vincennes, &c.

Quelquefois, au lieu d'impostes, on fait régner l'Archivolte sur les deux piédroits de la Niche, en forme de chambranle, comme dans la Figure V, & selon que l'Ordre est plus ou moins orné, on tient ce chambranle lisse à l'imitation des bandeaux, ainsi qu'on l'a observé au Portail du Val-de-Grace, quoique ces Niches se trouvent faire partie de l'ordonnance Corinthienne & Composite ; ce qui est contre toute idée de vraisemblance. D'ailleurs il faut sçavoir que les chambranles ou les bandeaux autour des Niches, ne doivent être pratiqués que lorsqu'il est à craindre que l'imposte de ces Niches ne divisât trop fréquemment la hauteur de l'Ordre, & qu'il ne vint mourir à la hauteur du tiers inférieur de la colonne ou pilastre. On peut néanmoins éviter cet inconvénient, en enfermant ces Niches circulaires dans une autre niche qui soit quarrée & renfoncée, dans l'épaisseur de laquelle vienne se terminer la saillie de l'imposte, ainsi qu'on l'a observé dans tous les exemples que nous donnons ici, non seulement à cause de ce que nous venons de dire, mais aussi pour que cette niche renfoncée, dont le sommet est en plate-bande, puisse recevoir des tables au-dessus, qui font toujours un meilleur effet étant droites, que lorsqu'elles sont circulaires, ou qu'elles suivent le contour des archivoltes.

L'on ne doit pas mettre l'une sur l'autre plusieurs hauteurs de Niches dans un même Ordre, quelque colossal qu'il puisse être, ainsi qu'on le remarque dans l'intérieur de la Sorbonne : il ne le faut pas même quand on auroit pratiqué dans les dehors du bâtiment deux hauteurs de croisées entre chaque entre - colonne ou pilastre, parce que la statue de la Niche supérieure, qui ne paroît pas séparée par un plancher, semble avoir ses pieds posés sur la tête de celle de la Niche inférieure, quoique la distance du mur qui sépare ces Niches soit ornée de membres d'Architecture. Au contraire, aux bâtimens où chaque Ordre désigne un étage particulier, on peut mettre des Niches à chacun de ces étages, l'entablement de chaque Ordre annonçant extérieurement différens planchers.

Il faut éviter aussi de poser les pieds des Statues sur la base des niches, ils doivent toujours en être séparés par un plinthe de la hauteur d'une demie tête, comme il est exprimé dans les Figures quatriéme & septiéme, les Sculpteurs ayant soin de l'observer dans le bloc même, afin que ce plinthe pris dans la masse de la statue, puisse leur servir de terrasse & d'un empattement qui soutienne leurs draperies ou leurs allégories, & en garantisse la fragilité. Si au contraire les niches se trouvent plus grandes que la hauteur des statues ne le requiert, eu égard à la proportion des Ordres, on doit mettre au-dessous de ces statues un piédestal, comme dans la Figure premiere, ou un piédouche, comme dans les Figures deuxiéme & cinquiéme, ou enfin un socle, comme dans les Figures troisiéme & sixiéme, afin d'élever les yeux de toutes les statues à la hauteur du centre qui sert à décrire le cul de four de la niche ; mais principalement il faut éviter, comme un défaut essentiel, de faire porter ces figures en saillie au-delà du devant des niches, & de les soutenir par des consoles, ainsi que l'affectent la plûpart des Italiens. Cette maniere est contre les principes de l'art, & ne doit pas même être mise en usage dans les décorations théâtrales ou des fêtes publiques ;

Tome I. Cc

la vraisemblance devant toujours être préférée dans tout ce qui est du ressort de l'Architecture. Il ne convient pas non plus, quoiqu'il n'y ait pas de niches, de faire porter ses figures sur des cul-de-lampes au-devant du nud d'un mur, d'une table, ou d'un pilastre, comme on vient de le pratiquer dans l'Eglise de St. Sulpice; car non-seulement ces statues, quelque bien exécutées qu'elles soient, altèrent la proportion des pilastres auxquels elles sont adossées, mais elles semblent avoir été placées ainsi plutôt pour étaler le mérite du Sculpteur, que pour satisfaire à l'ordonnance générale de l'édifice.

Des Frontons en général.

Des Frontons.

L'origine des Frontons nous vient de la forme des couvertures des Temples de la Gréce, où une médiocre pente suffisoit pour faire écouler les eaux de la pluye; mais comme la hauteur des combles varie suivant la différence des climats, & qu'ils exigent plus de pente dans les pays froids & sujets aux neiges, que dans les pays chauds, la hauteur des frontons depuis ces tems reculés n'a plus rien de commun avec la proportion des combles: de maniere qu'aujourd'hui pour éviter les deux formes triangulaires des frontons & des combles, lorsque ces derniers sont plus élevés que le fronton, on les construit en croupe par le devant, en sorte qu'il n'y ait que le fronton qui soit apparent du point de distance, ainsi qu'on l'a pratiqué au frontispice de l'Eglise de St. Roch.

L'excès dans lequel ont donné les Anciens & la plûpart des Architectes modernes, au sujet de la multiplicité des frontons, est si choquant, qu'on ne peut s'empêcher d'applaudir à ceux qui en ont usé avec plus de retenue dans leurs décorations. Quoiqu'en examinant leur origine & l'obliquité de leur corniche rampante, il semble qu'ils devroient être soustraits d'une décoration vraiment régulière; cependant comme on en a introduit avec quelque succès dans ce que l'Italie nous offre de plus excellent en Architecture, & qu'on en a fait usage en France dans nos plus beaux édifices, sans en autoriser la multiplicité, nous traiterons des occasions où ils peuvent être visiblement nécessaires, en rapportant les exemples que nous en ont laissés nos plus habiles Architectes, tels que Perraut au Péristyle du Louvre, Mansard aux Invalides, Le Mercier & Le Muet au Val-de-Grace, &c.

D'après ces exemples, nous dirons qu'il est à propos de ne les employer que pour couronner l'extrémité supérieure des grands avant-corps, contre l'opinion de ceux qui en placent sur les croisées, sur les niches, & même quelquefois sur des tables saillantes, & qui conseillent, lorsque ces frontons sont fréquemment réitérés, d'en placer alternativement de triangulaires & de circulaires, ainsi qu'on l'a pratiqué sans succès à la façade de la grande Gallerie du Louvre du côté de la riviere, où leur grandeur & leur multiplicité n'ont rien de gracieux ni même de supportable. Car il est aisé de concevoir que le cours du comble, qui s'apperçoit au-dessus de ces frontons, n'exigeoit pas cette décoration, qui est d'ailleurs sans convenance, & à la place de laquelle une balustrade auroit beaucoup mieux réussi. C'est ce qu'on a observé dans les ailes du Château de Clagny, de Maisons, au Palais du Luxembourg à Paris, &c, aussi bien qu'à la façade de Versailles du côté des jardins, où l'on a supprimé tout-à-fait les frontons, sans qu'il paroisse manquer quelque chose d'essentiel à l'ordonnance de sa décoration. C'est pourquoi leur usage devroit être seulement du ressort de la décoration des frontispices des Eglises, qui représentent le pignon d'un monument beaucoup plus profond qu'il n'est large, ainsi que l'étoient les Temples de la Gréce & de l'Italie; & si dans les bâtimens civils cette décoration peut entrer raisonnablement pour quelque chose, ce ne doit être qu'à l'extrémité supérieure d'un avant-corps qui a une saillie considérable, & à qui un fronton semble servir de comble à deux égouts pour Des Frontons. faire gagner aux eaux la pente de celui qui régneroit sur toute la façade du bâtiment, ou seulement de celui de l'avant-corps.

Quelque usage, en général, qu'on veuille faire des frontons, l'on ne doit jamais en placer deux l'un sur l'autre dans le même avant-corps d'un édifice, à moins que celui qui est inférieur ne couronne un corps particulier, ainsi qu'on l'a pratiqué au porche du frontispice de l'Eglise du Val-de-Grace, parce qu'alors ce premier fronton semble exprimer la couverture de ce premier avant-corps, & le second la croupe du devant de la couverture de l'Eglise.

Il se fait des frontons de plusieurs formes, dont nous parlerons en leur lieu; nous dirons seulement ici que les frontons triangulaires sont les plus approuvés, & qu'après ceux-ci, ceux qui sont décrits d'une portion de cercle peuvent quelquefois être employés avec succès dans la décoration des édifices, pourvû qu'on ne les fasse pas servir à terminer l'extrémité supérieure d'un frontispice, comme on l'a pratiqué au portail des Minimes, tant à cause qu'un fronton circulaire ne ressemble pas si bien à un comble à deux égouts, qui en est l'origine, que parce que son aspect apporte plus de pesanteur que le triangulaire.

De la proportion des Frontons.

Quoiqu'il y ait une proportion générale pour les Frontons, cependant selon Proportion des Frontons. le sentiment de quelques Auteurs & les exemples que nous en ont laissés les anciens & la plûpart des modernes, ils sont susceptibles de variation suivant la hauteur & la largeur des avant-corps qu'ils couronnent. Par exemple, si l'avant-corps d'un bâtiment à un étage avoit plus d'étendue que de hauteur, il faudroit que le Fronton fût moins élevé que si l'avant-corps avoit beaucoup plus d'élévation que de largeur, parce que la comparaison que l'œil fait de la hauteur du Fronton avec celle du corps qui le soûtient, semble rendre le sommet du premier trop élevé pour couronner un édifice tenu plus large que haut, & qu'au contraire il paroîtroit trop surbaissée sur un bâtiment tenu plus élevé & qui auroit une médiocre étendue. Il ne faut pas néanmoins que ces différences de hauteur soient trop considérables, mais elles peuvent être déterminées relativement aux proportions qui suivent.

La plus belle proportion qu'on puisse donner à un Fronton qui couronne un avant-corps dont la hauteur & la largeur sont à peu près les mêmes, est de partager la longueur de la corniche horisontale en 24 parties, dont la moitié est 12 (Figure premiere), & d'en donner cinq à la hauteur du Fronton, non compris la cimaise horisontale ; proportion relative, à peu de chose près, à la maniere de diviser la longueur de la base en deux également, de décrire un demi cercle, pour du point C (Figure seconde) tracer la portion de cercle A D, & de prendre le point D pour la hauteur du sommet du Fronton. Si l'on vouloit élever le Fronton pour les raisons susdites, il faudroit diviser la longueur de la corniche horisontale (Figure troisième) en 23 parties, & en donner 5 à la hauteur du Fronton, non compris la cimaise : alors cette proportion seroit convenable pour un avant-corps qui auroit de hauteur le double de sa largeur. Si au contraire on vouloit surbaisser ce Fronton pour l'approprier à un avant-corps qui n'auroit de hauteur que la moitié de sa largeur, il faudroit diviser sa base (Fig. quatriéme) en 25, & en donner 5 à la hauteur du Fronton, toujours non compris la cimaise horisontale. Suivant ces trois manieres d'établir la hauteur des Frontons, leur plus haute proportion est à leur largeur comme 5 est à 23. La moyenne, qui est la plus généralement reçue, est comme 5 à 24 ; & la moins élevée, comme 5 est à 25. D'après ces principes, on pourra faire les Frontons plus ou moins élevés, selon que les avant-corps auront plus ou moins de largeur.

Proportion des Frontons.

Les Frontons sont composés de deux parties principales, sçavoir du timpan E, qui est la partie du nud du mur qui s'éleve au-dessus de l'entablement, & des corniches rampantes K, qui mettent à couvert le timpan par leur saillie, (voyez la Figure cinquiéme). Quelques Architectes y ajoûtent une troisiéme partie, sçavoir les acroteres, ou petits piédestaux L, dont Vitruve parle, & qu'il dit être destinés à porter des statues. On voit encore des exemples de ces acroteres aux vestiges du Portique du Panthéon, au Frontispice de Néron, à celui du Temple de la Fortune virile, & à d'autres édifices antiques; mais cette troisiéme partie peut être supprimée & regardée comme indifférente à l'usage & à la proportion des Frontons, les balustrades que nous faisons régner assez ordinairement à l'extrémité supérieure des bâtimens un peu considérables, leur en tenant lieu. On se contente seulement de poser quelquefois un socle horisontal M sur le sommet du Fronton, lorsqu'on y veut élever quelques figures, trophées, ou vases, comme on l'a pratiqué à la façade du Château de Sceaux, du côté de l'entrée, & ainsi qu'on l'a exprimé par la Figure dixiéme.

Il faut que le nud du timpan E soit à plomb de la frise de l'entablement, comme il est exprimé dans la Figure sixiéme. La corniche rampante des Frontons, marquée K, doit être composée des même moulures, & être de la même proportion que celle de l'entablement horisontal B qui sert de base au triangle, à l'exception de la cimaise supérieure, qui sera supprimée à cette derniere dans toute la longueur du Fronton, mais qui doit régner sur les corniches rampantes, pour s'accorder à angle obtus, comme en N, avec celle qui régne sur les ailes de l'édifice, où le Fronton placé sur l'avant-corps aura pris naissance.

Il ne suffit pas de faire choix des proportions des Frontons dont nous avons parlé, il faut sçavoir, qu'en général il convient que la corniche horisontale B, qui est sous le timpan E, soit continuée sans interruption, évitant la licence de la couper, ou de l'interrompre, soit en la faisant tourner en portion de cercle, comme dans la Figure XII, soit en la profilant en arriere-corps, comme à la Figure XIII, cela étant absolument contraire aux principes de l'art. Si, par une nécessité indispensable, on se trouve obligé de faire ressauter cette corniche, il faut que cette licence annonce une obligation absolue, encore n'en faut-il pas user dans une façade principale, contre les exemples de presque tous nos bâtimens d'une certaine importance. Car il est aisé de sentir, que c'est une absurdité que d'interrompre ce que l'Architecture a de plus régulier, pour y substituer une partie accessoire, telle qu'un morceau de sculpture, comme à la Figure XI, qui auroit pû être placé sur le sommet du Fronton, comme on le voit à la Figure X. La nécessité de faire monter une croisée ou une arcade plus haut que les autres, dans l'avant-corps d'un bâtiment, pour éclairer l'intérieur d'une Chapelle, d'une Gallerie, d'un Sallon, &c, est même une mauvaise excuse, dont tout homme versé dans l'art ne doit point se servir; & bien loin que ce que nous avons à Paris dans ce genre serve d'autorité, il doit au contraire faire sentir l'abus que présente cette licence dans la Figure XII.

A l'égard des corniches rampantes des Frontons, il est encore plus absurde de les enrouler ou de les interrompre, comme on le voit (Figure XI). On doit même observer que lorsqu'on se trouve obligé de donner une certaine saillie aux extrémités de l'avant-corps, il faut, autant qu'il est possible, terminer cette saillie sous l'architrave, comme l'exprime la ligne G (Figure V), ou si ce ressaut terminé sous l'Architrave, donnoit une proportion trop courte à la partie de l'arriere-corps O, on pourroit à la rigueur monter ces ressauts ou avant-corps jusques sous le sofite du larmier de la corniche horisontale, comme l'expriment la ligne & le profil H, & même par licence, jusques dans le timpan & la cimaise inférieure de la corniche rampante du fronton, comme le marquent la ligne

ARCHITECTURE FRANÇOISE, Liv. I.

ligne & le profil I ; alors le sofite du larmier supérieur du fronton sera plus large dans l'arriere-corps O que dans les parties saillantes P : néanmoins il ne faut pas que ces arriere-corps soient trop profonds, ainsi qu'on le remarque au portail de St. Roch, de crainte que la saillie du sofite ne paroisse trop pesante. On doit éviter sur-tout que les larmiers & les cimaises supérieures des corniches rampantes des frontons ayent des ressauts tels que les font voir la ligne & le profil R. Ce genre de fronton, quoique moins vicieux que celui de la Figure XI, n'en seroit pas plus tolérable dans une Architecture réguliere, principalement lorsqu'il y a des modillons & des mutules dans les corniches, parce qu'il en résulteroit un défaut de simétrie dans la distribution des cassettes & des ornemens qui feroit toujours un mauvais effet.

Proportion des Frontons.

Cette Planche représente la diversité des proportions des Frontons, leurs ornemens, & les abus dont quelques-uns ont usé dans cette partie de la décoration des édifices.

Proportion des Frontons.

Lorsque l'on met des mutules ou des modillons dans la corniche horisontale d'un fronton, il est indispensable d'en mettre aussi dans les corniches rampantes, quoique Vitruve rapporte que les Anciens n'approuvoient pas ces sortes d'ornemens, & qu'il dise que les modillons n'ayant été imaginés que pour représenter les extrémités des chevrons, il les y falloit supprimer ; mais aujourd'hui que l'on regarde ces ornemens plutôt comme propres à soulager la saillie des larmiers que relativement à ce qui leur a donné naissance, on les admet volontiers. Quelques Architectes sont du sentiment de les retourner d'équerre sur la corniche oblique, comme ceux marqués Q, (Figure VII) ; d'autres veulent que leurs côtés soient perpendiculaires à la corniche horisontale comme S, d'après les exemples du Panthéon, du frontispice de Néron, à Rome, du Péristyle du Louvre, à Paris, des quatre Nations, de la Sorbonne, du Val-de-Grace, &c. Cependant il est certain que lorsqu'ils sont perpendiculaires à la corniche rampante comme Q, ils ont plus de rapport à leur origine, & qu'aussi lorsqu'on voudroit enrichir par des ornemens les moulures de ces corniches, il seroit désagréable de voir des oves, des denticules, des rais de cœur, &c, & principalement la tête des consoles des modillons, qui pour être perpendiculaires à la corniche horisontale, se trouveroient situés obliquement sur les corniches rampantes, ainsi qu'on le remarque à plusieurs de nos édifices.

La cimaise supérieure de la corniche horisontale, & qui doit être supprimée dans l'étendue de la base du timpan, doit régner sur les corniches rampantes, & avoir la même hauteur que celle qui régne sur les arriere-corps, comme N, (Fig. V.) mais il faut éviter que vers les extrémités du fronton elles forment une crossette, ainsi qu'il est exprimé plus en grand en T (Fig. VIII.) ce qu'on ne pourra faire sans tenir la saillie de cette cimaise plus camuse aux extrémités du fronton que partout ailleurs, comme il est marqué en U (Fig. IX.), & ainsi qu'il est pratiqué au portail des Minimes. Cette irrégularité est moins perceptible que l'usage des crossettes, ou que de tenir la cimaise supérieure de la corniche rampante plus élevée, comme l'exprime la ligne ponctuée Y, ce qui seroit d'autant plus mal que la corniche horisontale, étant affoiblie par la suppression de la cimaise, feroit paroître trop de disproportion entre les corniches rampantes & l'horisontale : considération qui ne doit jamais autoriser à supprimer, dans l'entablement qui sert de base au fronton, la frise & l'architrave, parce que ces deux membres étant retranchés, cette partie se trouve affoiblie de maniere qu'elle paroît incapable de porter le poids des deux corniches rampantes.

Lorsqu'on veut orner les timpans des Frontons, (ce qui est assez souvent indispensable) il faut que ces ornemens soient en rapport avec l'usage des édifices. Il seroit prudent, par exemple, de supprimer les armoiries que l'on met presque toujours sans convenance dans les Frontons des Façades des Edifices Sacrés : cette ostentation mondaine ne devroit point être du ressort des Temples destinés à la Religion. Des bas-reliefs allégoriques aux principaux motifs de l'édification de ces monumens, devroient y être préférés, & l'on pourroit, ce me semble, reserver cette marque de la vanité humaine pour les édifices publics ou particuliers ; encore convient-il d'en user avec prudence, & du côté de l'entrée seulement. Sur-tout il faut éviter dans ces ornemens les cartels de forme chimérique, inclinée, & frivole, dont on use dans notre siécle, lesquels ne sont ni du ressort de la convenance, ni relatives à la matiere avec laquelle ces espéces d'ornemens sont exécutés. Il n'est pas plus tolérable de remplacer ces ornemens par plusieurs Frontons les uns dans les autres, comme il s'en voit dans l'un des gros pavillons du vieux Louvre, cette répétition étant aussi disgracieuse que peu vraisemblable.

Pour donner une idée de la décoration des Frontons, soit qu'on ait dessein

ARCHITECTURE FRANÇOISE, Liv. I.

d'orner leur timpan, soit qu'on veuille enrichir l'extrémité supérieure des corniches rampantes, soit enfin qu'on préfére les amortissemens aux Frontons, l'on trouvera dans les trois desseins qui suivent différens ornemens à l'usage de la décoration extérieure, dont on pourra faire choix selon la diversité des occasions.

Proportion des Frontons

Cette Planche représente l'Ordonnance de trois frontispices. La figure premiere d'Ordonnance Dorique est destinée pour la porte d'un Hôtel, & est terminée par un amortissement à la place d'un fronton. La figure seconde d'Ordonnance Corinthienne peut servir pour le frontispice d'un Palais. La figure troisième d'Ordonnance Ionique peut être employée pour la porte d'une Maison de plaisance.

Nous avons déja dit que les Frontons triangulaires étoient préférables aux circulaires; cependant quelques-uns sont du sentiment que lorsqu'on veut mettre

Des Fron-
tons.
deux Frontons l'un fur l'autre dans un même bâtiment, on doit les faire chacun d'une différente forme, ainfi qu'on l'a pratiqué aux Minimes ; mais comme en général celle des Frontons circulaires eft pefante, il faut s'en fervir peu : je crois même pouvoir avancer qu'en pareille occafion, ou je répéterois les frontons triangulaires, ou je préférerois leur fuppreffion. Au refte, comme nous l'avons déja remarqué, de tous les édifices du reffort de l'Architecture civile, les Temples font prefque les feuls où les Frontons puiffent être admis convenablement.

Il faut obferver qu'un Fronton triangulaire peut couronner dans un avant-corps, trois croifées ou arcades, & jamais cinq, comme au Château de Saint Maur ; que fi par quelque raifon indifpenfable, on vouloit employer un Fronton circulaire, il n'en doit jamais couronner qu'une feule, & que le centre qui aura décrit l'archivolte de l'arcade de deffous, doit auffi être le centre de ce Fronton.

Des Portes en général.

Des Portes.
Il fe fait de trois efpeces de Portes ; celles en Plein-ceintre, les Quarrées, & les Bombées. Quelques Architectes modernes en ont introduit une quatriéme efpece appellée furbaiffée, ou en anfe de panier ; mais le mauvais ufage que plufieurs d'entr'eux en ont fait, les a exclu de tout genre de décoration réguliere, auffi bien que les furmontées que les Gothiques avoient introduit dans leurs bâtimens : & fi quelquefois l'on fait des Portes furbaiffées, ce ne doit être que pour des étages en foubaffement, comme on l'a pratiqué à la Fontaine de la rue de Grenelle, afin de rendre leur hauteur plus en rapport avec leur largeur. Nous ne parlerons point ici de la proportion de ces portes ; nous dirons feulement, que lorfqu'on eft obligé de les mettre en ufage, il faut éviter de les décorer d'impoftes & d'archivoltes, qu'il faut avoir foin de rendre leur cherche coulante & fans jarrets, & ne les appliquer qu'aux bâtimens ruftiques, tels que les baffes-cours en général, les orangeries, les terraffes, &c ; ces fortes d'édifices n'étant pas fufceptibles de la févérité des regles qu'on eft obligé d'obferver dans les édifices facrés & publics, où il convient de n'admettre que les Portes en plein ceintre, quarrées, ou bombées.

Des Portes en plein ceintre.
Les Portes en plein ceintre, font celles qui doivent avoir le plus rigoureufement leurs proportions en rapport avec les Ordres d'Architecture, non feulement eu égard à leur baye, mais auffi pour la richeffe des membres d'Architecture & des ornemens qui doivent les accompagner.

On doit convenir que les Portes en plein ceintre, font les plus belles & les plus capables de faire partie de la décoration d'une Architecture grave & réguliere, comme aux frontifpices des Eglifes, aux avant-corps des maifons Royales & des Places publiques, aux portes cocheres, ou toutes autres parties faillantes, qui doivent fe diftinguer dans un édifice, ainfi qu'on en voit à la plûpart des bâtimens modernes de la France & de l'Italie : je dis modernes, car Vitruve dans fon fixiéme Livre, Chap. IV. nous dit expreffément que les portes de la plûpart des Temples de la Grece & de l'Italie étoient à platebande droite, & plus étroites par le haut que par le bas ; & il nous enfeigne même les regles de ce retreffiffement, fans rendre néanmoins raifon de cette bifarrerie. Il eft certain que ce qui nous refte des veftiges du Temple de Vefta à Tivoli, nous offre l'exemple non-feulement des portes dont parle Vitruve, mais auffi des croifées qui font pratiquées de la même maniere. Cet Auteur n'eft pas le feul qui nous ait parlé de ces portes retreffies par le haut, Jean Bulant dans fon Livre, en donne auffi de cette efpece, avec des proportions particulieres pour chaque Ordre.

Philibert Delorme donne au contraire la proportion d'un porte antique, qui eft à Ste. Sabine, fur le mont Aventin à Rome, laquelle eft plus large par en haut que

que par en bas, ayant à son extrémité supérieure 14 palmes, 2 minutes, 3 onces ; *Des Portes.*
& en bas 13 palmes 14 minutes, sur 24 palmes de hauteur. Ce même Architecte, qui dit aussi avoir mesuré la porte de la Rotonde, prétend qu'elle est exécutée à peu près de même, lui ayant trouvé 26 palmes un tiers de largeur par en bas, & 26 palmes deux tiers par en haut, sur 53 un tiers d'élévation ; & il applaudit l'Architecte qui a fait cette porte plus large par en haut que par en bas, à cause, dit-il, qu'étant fort grande, sa partie supérieure diminue à l'œil. Mais ce prétendu raisonnement d'optique est détruit par Desgodets, qui dit dans son Livre, page 18, qu'il a mesuré cette porte à Rome avec beaucoup de soin, & qu'il en a trouvé les piédroits paralleles, & ayant de proportion 18 pieds 4 pouces & demi, sur 36 pieds 1 pouce & demi de haut. Ce qu'il y a de vrai, c'est que le plus grand nombre des Architectes, même de ces tems-là, ont négligé d'imiter l'une & l'autre maniere de faire les portes dont nous venons de parler, ainsi qu'on le remarque à Rome dans nombre d'édifices anciens, où les portes à la vérité sont à platebande droite, mais dont les piédroits sont élevés perpendiculairement, comme au Panthéon, au Temple de Bacchus, & aux vestiges du Collisée, & que depuis ces tems reculés les portes ont été faites en plein ceintre, en Italie, ainsi qu'en France, à l'exception des Invalides & du Val-de-Grace, à Paris, où les principales portes des frontispices sont à plate-bande droite ; ce qui n'est pas le plus à imiter dans leur ordonnance.

De la proportion des Portes.

La proportion générale des portes, selon Vignole & plusieurs Auteurs de ré- *De la proportion des* putation, est d'avoir leur hauteur double de leur largeur ; néanmoins j'estime que *Portes.* cette proportion doit être en relation avec la différence des Ordres, & il est même nécessaire d'observer, lorsqu'on croit devoir faire usage des portes en plein ceintre, de leur donner plus de hauteur qu'à celles en plate-bande & aux bombées, parce que la forme en plein ceintre paroît toujours plus courte que toute autre, à cause du plein que laissent les arcs aux deux côtés supérieurs des piédroits. Dans ce cas, pour qu'elles paroissent à l'œil du spectateur avoir les mêmes proportions que les portes à plate-bande & bombées, dont nous allons déterminer les dimensions, il faut donner à la hauteur de celles en plein ceintre, pour le Toscan deux fois leur largeur, pour le Dorique deux fois & un sixiéme, pour l'Ionique deux fois & un quart, pour le Corinthien deux fois & demi, & pour le Composite deux fois & un tiers, ainsi que l'expriment les Figures premiere, seconde & troisiéme de différentes ordonnances en proportion, à l'usage de la décoration des portes cocheres, & où l'on a introduit différens ornemens relatifs à leurs expressions Dorique, Ionique & Corinthienne. (Voyez la page 107.)

Pour avoir les différentes proportions des portes à plate-bande droite, il faut *Des Portes* diviser leur largeur en douze parties, en donner 23 à la hauteur de la porte Tos- *quarrées.* cane, 24 à la Dorique, 25 à l'Ionique, 26 à la Corinthienne, & vingt-cinq & demi à la Composite ; ainsi la porte Toscane sera moins haute que le double de sa largeur d'un douziéme, la Dorique aura sa hauteur double de sa largeur, l'Ionique aura un douziéme plus que le double, la Corinthienne sera plus haute d'un sixiéme que le double, & la Composite d'un huitiéme.

La proportion de l'ouverture de la baye des portes à plate-bande droite qui sont accompagnées de colonnes ou pilastres, dont la base pose seulement sur des socles, & non sur des piédestaux, doit se trouver comme il suit. Il faut que le dessus des chambranles A alligne celui de l'astragale du fust supérieur des colonnes, & ajouter un module en contrebas pour l'épaisseur du chambranle, comme B ; après quoi, pour la proportion de la porte Dorique, on divisera la hauteur,

Tome I. Ee

Des portes quarrées.   depuis le dessous du claveau jusques sur le sol, en vingt-quatre parties, & on en donnera douze à la largeur de la porte. Voyez la Figure IV, &c.

    Lorsque les colonnes ou pilastres ont des piédestaux, les colonnes paroîtroient trop petites si les portes occupoient toute la hauteur de l'Ordre, & il faut alors ne faire la hauteur des bayes que des quatre cinquièmes de tout l'espace depuis le dessous de l'architrave A jusques sur le rez-de-chaussée B, (Fig. V.) c'est-à-dire qu'ayant divisé toute cette hauteur en cinq parties, on en donnera quatre à celle de la porte, en observant d'orner le dessus de ces portes d'une maniere convenable au caractere de l'édifice, à l'espece d'Ordre qui y régnera, & aux différentes sujettions qui se rencontrent dans un bâtiment composé de plusieurs étages. Car puisque la décoration de la porte d'un édifice à un seul étage ne doit tenir sa proportion que de l'Ordre qui y préside, celle d'un étage couronné d'un autre Ordre, ou souvent de plusieurs, doit être en relation, non-seulement avec l'Ordre qui lui établit ses proportions, mais aussi emprunter un caractere plus ou moins léger, relativement à l'expression des Ordres qui seront au-dessus ou au-dessous dans tout l'édifice.

    On met ordinairement un chambranle ou un bandeau au pourtour de la face extérieure des portes à plate-bande droite, & leur largeur doit être la sixiéme partie de celle de la baye, comme dans la Figure IV, pourvû néanmoins que cette largeur n'excede point le demi diamétre de l'Ordre; car autrement il faut restraindre la largeur des chambranles à un module, comme dans la Figure V, afin qu'ils ayent les mêmes largeurs que les impostes & archivoltes destinés aux arcs en plein ceintre, & affecter que les profils de ces chambranles soient les mêmes que ceux des archivoltes des cinq especes d'arcades, qui empruntent les leurs des architraves des Ordres.

Des Portes bombées.   Les portes bombées doivent avoir les mêmes dimensions que celles dont nous venons de parler; mais il est bon de remarquer que si par quelque cas particulier il n'est pas possible de leur donner la même hauteur, leur proportion en général peut souffrir quelque altération, parce que le contour de leur arc les fait paroître moins écrasées que les portes à plate-bande droite, ces dernieres ne devant jamais avoir moins que les proportions que nous venons de donner, & pouvant souffrir au contraire quelque augmentation, sans s'écarter des principes de l'art, & sans pour cela avoir les proportions des portes en plein ceintre que l'on vient de décrire.

    Nous avons dit, à l'occasion de la Figure V, qu'on pouvoit donner depuis le dessous du linteau de la porte jusqu'au-dessous de l'architrave, le cinquiéme de toute la hauteur depuis A jusqu'à B, quand l'ordonnance est massive; on peut aussi lui donner, comme dans la Figure VI, le quart de la hauteur C D; mais l'on doit regarder cette hauteur comme la plus grande élévation de claveau qu'on puisse donner à une porte, & celle de la Figure IV, comme la moindre dont on puisse faire usage dans une Architecture réguliere.

    La maniere de tracer les arcs d'une porte bombée, est de les décrire du sommet d'un triangle équilatéral, au moins, comme E (Figure VI), ou du sommet d'un triangle isoscelle, au plus, dont la perpendiculaire soit le double de la base, comme D, même Figure: variation qui doit dépendre de leur ouverture. Mais en général il faut sçavoir que cet arc étant rendu trop sensible, produit à l'œil un mauvais effet, parce qu'il ressemble à un plein ceintre corrompu, de même qu'en le faisant trop méplat il ressemble à une plate-bande droite dont l'exécution est vicieuse.

    Si l'on vouloit donner à la hauteur de ces portes une proportion plus élégante que deux fois leur largeur, au lieu de faire l'intrados des claveaux F de la hauteur du quart de toute celle C D, on feroit la corde de l'arc de deux fois juste, & la profondeur de l'arc seroit prise aux dépens du claveau. Cette différence paroît Des portes peu de chose, mais il est très-certain que si la justesse des proportions fait le bombées. mérite de l'Architecture, ainsi que nous l'avons démontré, on ne peut trop s'appliquer à découvrir les moyens de plaire aux hommes intelligens dans cet Art, principalement lorsque dans une ordonnance simplement régulière, on n'a pour se faire admirer que le secours des proportions, les ornemens & la beauté de la sculpture ne pouvant pas toujours entrer pour quelque chose dans l'édification des bâtimens; encore ne faudroit-il pas, avec le pouvoir d'en user à discrétion, négliger ce que l'Architecture a de plus recommandable dans l'ordonnance de la décoration, je veux dire la proportion.

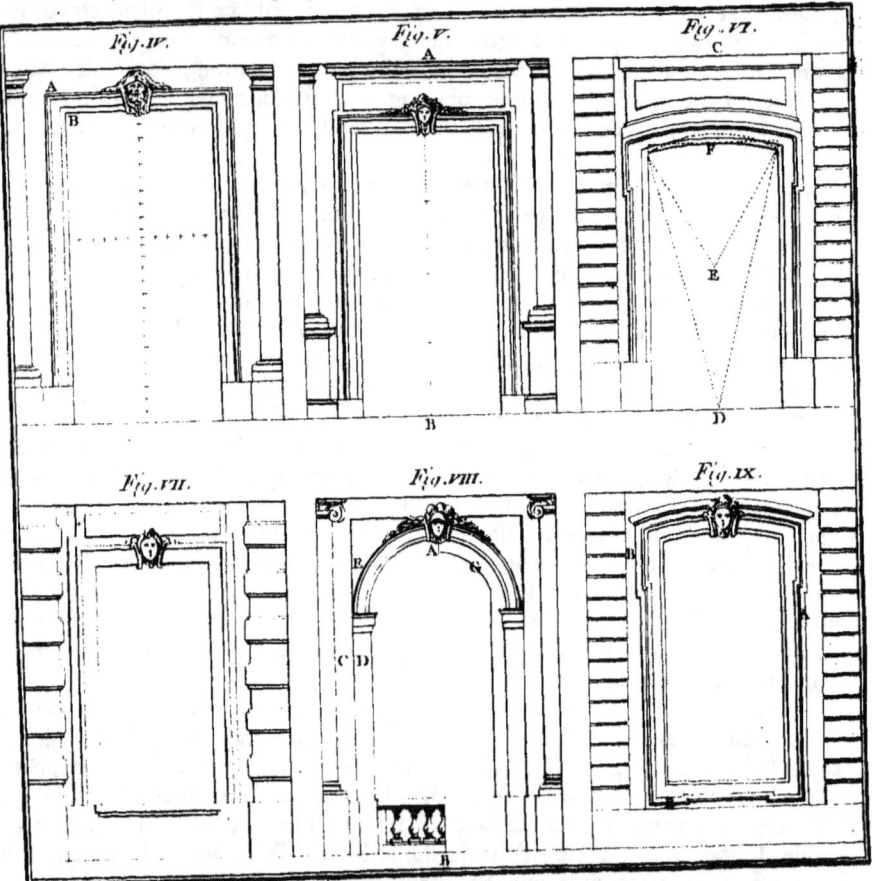

Cette Planche représente les trois principales formes des portes & des croisées, relativement aux proportions de l'ordonnance des Ordres, accompagnées des membres d'Architecture qui conviennent à chacune, suivant l'application qu'on en peut faire dans la diversité des occasions qu'on a de bâtir.

Des Croisées en général.

Après avoir parlé des portes relativement à la décoration extérieure, nous dirons que les Croisées sont de toutes les parties de l'Ordonnance d'un édifice, celles qui exigent le plus de relation avec la distribution intérieure. Un Architecte qui n'auroit pour objet que la décoration des dehors, & qui négligeroit le rap-

Des Croisées.

port qui doit se rencontrer entre l'extérieur & l'intérieur d'un bâtiment, ne pourroit être regardé que comme un Décorateur, & non comme un Architecte dont le devoir est de s'appliquer à satisfaire aux loix de la simétrie, pour que ces Croisées, qui du côté des murs de face, doivent répondre à l'expression des Ordres, soient toutes ensemble relatives au rapport qu'exige dans le bâtiment chaque piéce en particulier, afin que les trumeaux deviennent d'une égale largeur dans l'intérieur d'un sallon, d'un cabinet, d'une salle de compagnie, &c ; que leurs écoinçons soient égaux, que leurs formes soient semblables, & que dans une même piéce il ne se trouve pas une Croisée quarrée avec une ceintrée, ou bombée. Car pour masquer ce défaut de simétrie, on est obligé d'avoir recours aux voussures de Marseille, ou de St. Antoine, mais cela n'empêche pas qu'on n'y apperçoive toujours quelque difformité qui est à peine tolérable dans les anti-chambres, & qui ne doit jamais se rencontrer dans les piéces de parade ou de société. En effet si l'on néglige la correspondance des formes générales dans les appartements d'importance, la science de l'Architecture se trouvera confondue avec l'ignorance du quatorziéme & du quinziéme siécle, où la nécessité de percer un jour dans une piéce sans aucune relation avec les dehors, n'arrêtoit point ceux qui exerçoient alors l'Architecture, quoique presque toujours ces Croisées, ainsi placées pour l'utilité intérieure, n'eussent aucun rapport avec la décoration extérieure, ni avec celle des autres étages, ainsi que cela se remarque dans la plûpart des anciens édifices. Aujourd'hui que la simétrie tient le premier rang dans l'ordonnance des bâtimens, on exige plus de retenue, & l'art de bâtir est devenu une science pour ceux qui veulent se distinguer dans l'Architecture, de maniere que non seulement on observe que toutes les croisées tombent à plomb les unes sur les autres, mais aussi qu'elles ayent un rapport de proportion entre elles, ce qui fait qu'on affecte dans tous les bâtimens de quelque importance, des croisées feintes, au-dessus, au-dessous, à côté, ou vis-à-vis de celles qui sont reconnues nécessaires, afin de conserver dans les façades extérieures, les loix de la simétrie si recommandables dans la décoration des bâtiments.

Vitruve, Palladio, Scamozzi, Philibert Delorme, & plusieurs autres Architectes, ont parlé diversement de la proportion des croisées ; mais leurs opinions à cet égard ne peuvent pas toujours être suivies, n'étant guere possible d'accorder ces différentes proportions à nos usages. Philibert Delorme est celui qui approche le plus de celle qu'on observe en France. Il veut que les piéces qui auront 20 pieds de largeur, ayent des croisées larges de 5 pieds entre leurs tableaux ; que celles qui éclairent des piéces de 24 à 25 pieds, ayent 5 pieds & demi, & que celles qui en éclairent de vingt-huit à trente, en ayent six. Cette régle, fort bonne dans bien des occasions, est cependant difficile à mettre en pratique ; car la nécessité dans laquelle on se trouve de faire les croisées des dehors d'un bâtiment d'une même grandeur dans les avant & arriere-corps, ne peut exiger qu'on tienne d'un même diamétre les piéces intérieures d'un édifice, ni les autres destinées à différens usages. Par exemple, les Salles des Gardes, celles d'assemblée, du Conseil, d'Audience, &c, devant être plus grandes & plus spacieuses que les chambres à coucher, les cabinets, &c, il résulteroit de l'opinion de Philibert Delorme, que pour satisfaire à la grandeur des croisées, il faudroit extérieurement les faire de proportions inégales, selon la diversité des diamétres des piéces ; ce qui seroit un défaut très-considérable, & auquel on peut remédier par le nombre des croisées, pouvant en mettre jusques à trois, quatre, ou cinq dans une même piéce, selon que le diamétre de ces dernieres sera plus ou moins considérable, & n'en perçant au contraire que deux, ou seulement une dans les plus petites.

A l'égard de la hauteur des croisées, Philibert Delorme veut qu'elles soient le plus élevées qu'il est possible du côté du tableau, & conseille d'y pratiquer en

dedans

dedans des arriere-voussures, lorsque la hauteur des planchers le peut permettre. *Des croisées,* Cette pratique est très-bonne à suivre, principalement lorsque les plafonds sont en calotte & ornés de peinture & de sculpture, comme à Versailles, à Saint Cloud, à Chantilly, &c; autrement la richesse de ces plafonds ne fait pas d'effet, le jour ne frappant sur eux que par reflet, mais nous dirons en général que les croisées se font de différentes grandeurs, selon les climats où l'on bâtit. En France on les a long-tems faites fort petites, aussi bien que les portes, pour se garantir des accidents auxquels on étoit sans cesse exposé par les guerres civiles dans les derniers siécles, & à l'exemple de celles d'Italie, que l'on tient ainsi à cause des grandes chaleurs. Mais à présent on les fait beaucoup plus grandes, même dans les maisons de Plaisance où la chaleur, le froid & la lumiere, se font sentir avec violence selon la diversité des Saisons. Cette considération exige néanmoins quelque attention, & nous fait avancer qu'il faut de la prudence pour l'ouverture des croisées, car souvent pour procurer beaucoup de lumiere dans les appartements, on tombe dans le défaut de faire les trumeaux trop foibles, & de les rendre par-là incapables de résister à la charge de l'édifice. Ce défaut se remarque presqu'à toutes les maisons des particuliers, où pour donner deux croisées à chaque piéce, ordinairement d'un petit diamétre, on n'a aucun égard à la solidité, qui cependant exige que les pleins égalent pour le moins la moitié des vuides; de même la convenance des dehors, & la nécessité de la lumiere dans les dedans, demande que les pleins ne surpassent jamais l'ouverture des croisées: à l'exception des parties angulaires d'un bâtiment, ou du retour de quelques avant-corps, qui peuvent avoir jusques à une fois & demie, ou deux fois de ces mêmes croisées.

La distribution des croisées doit toujours être en nombre impair dans la décoration d'un bâtiment, principalement à l'égard de celles qui sont pratiquées dans les avant-corps d'une façade, afin qu'au milieu de ces avant-corps il se trouve un vuide & non un trumeau, qu'il faut absolument éviter, malgré l'exemple du Palais Bourbon, à Paris, de l'Hôtel de Toulouse, &c. Cette sévérité n'est pas si nécessaire dans les arriere-corps, dans les ailes, ou même dans les pavillons des extrémités d'un bâtiment, aussi ne l'a-t-on point observée à l'Hôtel de Clermont, à l'Hôtel du Maine & ailleurs; il faut néanmoins affecter autant qu'il est possible dans ces pavillons de ne faire usage que d'une seule ouverture, comme on le remarque à l'Hôtel de Noirmontier, & de ne pas mettre dans leur milieu un trumeau. Lorsque l'étendue de l'avant-corps du milieu du bâtiment ne permet d'y placer que deux croisées, il est à propos de le plier, afin que sans l'élargir on puisse en aggrandir la surface. Alors on y pratique des croisées ou des portes, au nombre de trois, soit dans des portions circulaires, soit dans des pans coupés, comme à l'Hôtel de Matignon, &c; & l'on doit éviter de ne faire qu'une seule croisée pour ne pas placer un trumeau dans le milieu, quand l'avant-corps est d'une certaine largeur, comme on le remarque à l'Hôtel de Villeroy. En effet, quelque raison qu'on ait de donner un caractere mâle à un avant-corps, sa décoration devient trop massive, sur-tout lorsque l'Ordre moyen préside dans son ordonnance.

Pour nous conformer à l'usage de la décoration Françoise, qui est l'objet de *Des différentes espéces de Croisées,* ce Traité, nous dirons que pour établir aux croisées une proportion relative au caractere de chaque édifice, il faut avoir égard à la diversité de leurs formes, lesquelles, ainsi que les portes, doivent se réduire à trois espéces, sçavoir celles en plein ceintre, celles à plate-bande, & celles qu'on nomme bombées; devant rejetter absolument les surbaissées, qui doivent encore moins faire l'objet de la décoration extérieure des croisées que celle des portes, malgré l'exemple qu'on en voit au nouveau bâtiment de l'Abbaye de St. Denis, & malgré la licence dont on use quelquefois de les faire à oreille, ainsi qu'on en remarque dans plusieurs maisons à Paris.

Tome I. Ff

Des Croisées.

Les croisées en plein ceintre ne sont autre chose que des portes que l'on nomme portes croisées, c'est-à-dire qu'elles peuvent servir à l'un & à l'autre usage, étant destinées le plus souvent à éclairer, & à donner entrée aux vestibules, aux grands Sallons, aux Galleries, ou à toute autre grande piece d'un appartement. Celles qui se trouvent placées extérieurement dans l'étendue d'une façade, dont la décoration exige une même ordonnance, doivent répondre à la forme des bayes des arcades en plein ceintre qui décorent les principaux avant-corps d'un édifice. Ce genre de croisées en arcades ne convient néanmoins qu'au rez-de-chaussée, lorsqu'un grand perron en terrasse régne au pourtour, ou devant une façade de bâtiment, ou bien dans le premier étage d'un édifice, où alors l'on place une balustrade F, Fig. VIII, pag. 111, comme on l'a observé à la façade de Versailles, du côté des jardins; mais lorsque le diamétre intérieur des pieces n'exige pas de si grandes ouvertures que celles des portes en plein ceintre, on affecte des croisées enfermées dans les bayes de ces arcades, que l'on tient alors d'une largeur proportionnée à la lumiere dont on a besoin dans les dedans, & l'extrémité supérieure de ces croisées s'éleve jusques sous l'intrados: ou si elle descend en contre-bas, comme en G, elle doit être décrite du même centre que celui qui a servi à tracer le plein ceintre. Pour proportionner la hauteur de ces croisées à leur largeur ainsi rétressie, on éleve un appui de pierre H, & l'arcade n'est que feinte, pour satisfaire à l'ordonnance générale des autres portes croisées en plein ceintre.

De la proportion des croisées.

Proportion des Croisées.

La proportion des portes croisées en plein ceintre se trouve, ainsi que nous l'avons dit à l'article des grandes niches, en divisant leur hauteur depuis le dessous du claveau A jusques au rez-de-chaussée B en vingt-huit parties pour l'Ordre Ionique, comme dans la Figure VIII, en trente pour le Corinthien, en vingt-neuf pour le Composite, en vingt-six pour le Toscan, & en vingt-sept pour le Dorique. On donnera douze de ces parties pour la largeur de chacune de ces portes, & on observera de tenir les piédroits en proportion avec le demi diamétre des colonnes. En supposant que l'espacement des modillons ou denticules détermine un entrecolonnement assez large pour qu'on soit obligé de subdiviser le piédroit en deux parties, comme C, D, il faudra observer de tenir D un peu plus large que l'alette marqué C, afin que la ligne de la niche quarrée ne soit pas tangente avec l'extérieur de l'archivolte E, devant faire en sorte que les corps ne se pénétrent jamais, & ne se touchent même que le moins qu'il est possible.

On doit observer de ne pas faire usage des portes croisées en plein ceintre lorsque leur diamétre ne peut surpasser quatre pieds ; il faut au moins leur donner cinq ou six pieds de largeur, pour que les impostes ou archivoltes dont on les décore ordinairement, soient les mêmes que ceux des arcades.

Les croisées à plate-bande & bombées sont celles dont on fait le plus d'usage ; les quarrées s'employent plus ordinairement dans les ordonnances Toscane & Dorique. Leur proportion est d'avoir en hauteur le double de leur largeur pour l'Ordre rustique, comme la Figure VII, & un douziéme de plus pour l'Ordre solide, comme la Figure IX. Les croisées en général différent des portes en ce qu'elles peuvent souffrir une proportion plus élevée.

Les croisées bombées peuvent être plus élégantes que celles à plate-bande droite, mais il faut sçavoir que jamais, dans quelque ordonnance que ce puisse être, elles ne doivent surpasser en hauteur deux fois & demi leur largeur. On employe les premieres assez indistinctement à tous les Ordres, à l'exception du Toscan, faisant attention que l'arc de cercle qui termine leur partie supérieure ne

soit pas trop reſſenti, ainſi que nous l'avons recommandé (page 110) en parlant des *Décoration des Croiſées.*
portes de cette eſpece, Fig. VI. même Planche.

La décoration de ces différentes croiſées doit être ornée extérieurement d'une maniere convenable aux édifices de genres différens. Peu d'Architectes ſe ſont accordés ſur la maniere de les décorer; les uns par retenue les ont dépourvues de membres d'Architecture, qui doivent naturellement les accompagner relativement à chaque ordonnance, mais cette retenue eſt ſouvent un défaut de convenance, parce qu'il faut ſçavoir que tous les membres qui font partie d'un tout, doivent avoir une relation uniforme avec la maſſe générale. Les autres au contraire ont ſi fort ſurchargé leurs croiſées de chambranles, d'avant corps, de croſſettes, de conſoles, de corniches, de frontons, &c, que chacune de ces croiſées forme autant de corps particuliers qui n'ont aucune correſpondance ni avec l'expreſſion de l'Ordre qui leur devroit donner le ton, ni avec la totalité de l'édifice.

Il ſemble qu'un ſeul chambranle compoſé de moulures relatives au caractere de l'Ordre, eſt ſuffiſant pour orner une croiſée; que cependant, ſuivant la largeur des piédroits, on peut y ajoûter une arriere-corps, comme A, Figure IX, & qu'on doit éviter en général les croſſettes B, malgré les exemples antiques, comme autant de retours qui expriment plutôt une compoſition Gothique, qu'une Architecture ſimple & réguliere. Cependant on peut en faire uſage dans certains genres de bâtimens, mais au moins faut-il éviter de les multiplier dans une même croiſée, & d'en mettre des quatre côtés du chambranle, comme on en voit à pluſieurs édifices, qui d'ailleurs ont quelque réputation. Les corniches, que quelques-uns ont affecté de mettre ſur les croiſées, ſont auſſi déſagréables dans l'ordonnance d'un bâtiment, que leur multiplicité eſt peu néceſſaire. En général les conſoles qui portent ces corniches, paroiſſent inutiles & peu vraiſemblables, & ne ſervent qu'à interrompre les repos abſolument indiſpenſables dans la décoration d'un édifice. Les Frontons que d'autres introduiſent au-deſſus de ces croiſées, pour les couronner, ſont un ornement étranger à l'Architecture dans cette partie de la décoration, & doivent être regardés comme hors de convenance, & tout-à-fait contraires à leur origine. Il eſt vrai que l'intention des premiers Architectes qui ont décoré leurs croiſées de frontons triangulaires, ou circulaires, étoit de décharger le plein qui ſe trouve ordinairement au-deſſus du vuide; mais on peut obſerver ce principe de ſolidité lors de la conſtruction des murs de face, ſans pour cela qu'on ſoit obligé dans l'ordonnance d'un édifice, d'y affecter de ces ſortes d'ornemens que quelques-uns appellent décoration, & que d'autres plus ſenſés appellent confuſion, principalement lorſque les membres d'Architecture dont nous parlons n'ont aucun rapport de convenance. Il eſt même à croire, que la ſimplicité que nous recommandons dans cette partie de la décoration, doit contribuer à faire valoir la richeſſe des Ordres, qui dans l'ordonnance d'un bâtiment de quelque importance doit dominer, & que lorſqu'on ſupprime ces mêmes Ordres dans un bâtiment particulier, on doit éviter également tous les membres qui y apporteroient trop de richeſſe; la proportion, la beauté des formes, & l'eſprit de convenance devant y être préférés.

Quelque ſimplicité néanmoins qu'on affecte aux croiſées, l'on décore preſque toujours leur claveau de quelques ornemens; mais il eſt mal d'y introduire des repréſentations de têtes humaines; cette imitation repugne à la vraiſemblance, n'étant pas naturel qu'un corps ſolide & toujours d'un grandeur médiocre ait aſſez d'eſpace pour contenir un ſemblable ornement, qui n'a preſque jamais de proportion avec les les ſtatues qui ſe trouvent diſtribuées dans l'ouvrage entier. Il n'eſt pas même plus naturel d'y introduire des maſques de figure hideuſe, malgré les exemples que nous en ont laiſſé les Architectes qui nous ont précédés.

On s'eſt corrigé dans l'Architecture Françoiſe d'employer les figures humai-

Décoration des Croisées.

nes à porter des fardeaux confidérables : on a auffi retranché dans la décoration de nos Temples facrés, tous les attributs profanes & les inftruments dont les Idolâtres fe fervoient dans leurs cérémonies ; on devroit par une fuite de vraifemblance, s'abftenir d'employer dans la décoration des claveaux, des têtes qui quoiqu'elles repréfentent par leur allégorie des attributs relatifs au bâtiment, n'offrent toujours qu'une idée imparfaite de ces mêmes attributs, qui font bien plus fenfibles en des fujets entiers, tels que les ftatues, les bas-reliefs, les trophées, &c. Les exemples que les Anciens & les Modernes nous ont laiffés touchant les claveaux, ne doivent pas dans ce genre paffer ici pour des autorités ; car ils ont auffi fait des clefs & des agrafes compofés d'ornemens graves & réguliers, auxquels nous devrions nous fixer pour la décoration des claveaux de toutes les efpeces de portes & de croifées, fans pour cela imiter les formes extravagantes que l'on remarque dans quelques-unes de nos décorations. Nous avons déja reproché cette inadvertance dans le Traité *de la décoration des édifices*, Tome II. page 81, auffi bien que le peu de vraifemblance qu'il y avoit de placer des ornemens pictorefques & chimériques fur le parement des têtes des claveaux ; nous y avons démontré en même tems que la conftruction exigeant que ces mêmes claveaux fuffent pofés perpendiculairement & dans un équilibre parfait, fans lequel ils ne pourroient retenir la coupe des contre-clefs, & des vouffoirs des portes ou croifées à plein ceintre, à plate-bande droite, bombées, &c ; il étoit vicieux par conféquent de donner à cette partie de la décoration une idée fauffe de la conftruction.

D'après ce principe, nous dirons qu'il faut éviter toutes formes irrégulieres, principalement dans la fculpture qui accompagne ou revêtit une ordonnance d'Architecture, qui annonce une folidité néceffaire ; que par conféquent la principale étude d'un Architecte, confifte à donner plus ou moins de force & d'élégance, de fimplicité, de mouvement ou de richeffe aux confoles, agrafes, ou claveaux, dont nous parlons, à l'imitation de ceux que l'on remarque dans la décoration des Châteaux de Maifons & de Clagny, du Val-de-Grace, des Invalides, &c, qui peuvent être imités dans tous les genres d'édifice, felon la différente expreffion des bâtimens.

Verfailles, à la vérité, & quantité d'autres édifices de réputation, nous offrent dans la décoration des claveaux, des têtes d'une exécution eftimable & d'un caractere expreffif ; mais il n'en eft pas moins vrai que ce genre de beau eft plus capable d'illuftrer le génie du Sculpteur, que d'honorer l'Architecture ; cette féduction même de la part de la Sculpture, a fouvent caufé de grandes révolutions dans la décoration des bâtimens. Il eft vrai que les hommes raifonnables fe revoltent d'abord contre ces prétendues beautés ; mais la nouveauté entraîne le plus grand nombre, & fait paffer en ufage, par fucceffion de tems, ces fortes de licences ; de maniere que les plus habiles fe trouvent comme forcés de céder au torrent, & que loin d'éviter les chofes qui nous déplaifent dans les commencemens, à peine dans la fuite nous appercevons-nous que nos productions tombent dans le même déréglement. Par une femblable raifon, nos fucceffeurs nous imitent ; on donne du crédit aux chofes médiocres dans ce qui concerne la fculpture, & l'on tombe peu à peu dans un genre d'ornemens frivoles. Ne feroit-il pas à craindre qu'à l'imitation des Goths, cette conduite ne nous attire un jufte reproche de la part de ceux qui nous fuccéderont dans les fiécles à venir, fur-tout à la fuite d'un régne où le génie & le goût fe font développés dans tous les genres, & où les Architectes qui vivoient alors nous ont laiffé pour exemples tant de monumens, & d'images immortelles de leur fçavoir. Oui fans doute, & nous devons nous attendre à un jufte blâme, principalement pour la décoration extérieure, de paroître préférer ces ornemens fans convenance, fans choix, & fur-tout fans proportion, aux maffes générales, aux repos, aux formes piramidales, à cette fimétrie, à cette fimplicité mâle, &

enfin

enfin à cette harmonie générale que l'on remarque dans la plûpart des édifices dont nous parlons.

N'espérons pas venir à bout de désabuser le vulgaire de ce déreglement, si nous n'opposons à ces licences des productions vraiment estimables, si nous ne cherchons à puiser nos principes dans la source du vrai beau ainsi que dans la comparaison des choses universellement approuvées, & si nous ne nous appliquons à remonter au motif qui a fait ériger les édifices que nous voulons imiter. Pour y réussir, ne quittons point de vûe que l'Architecture ne doit ses proportions qu'à la nature & à la relation du tout avec ses parties ; que la sculpture ne doit lui être qu'accessoire, qu'elle peut lui donner du relief à la vérité, mais que jamais elle ne doit la surcharger, ni en interrompre les formes principales ; que lorsqu'un seul de ces défauts régne dans la décoration, l'Architecture & la sculpture ne sont plus qu'un tout monstrueux, quoique composé souvent de parties estimables chacune à part, & que les vices qui résultent de ce désordre, seront capables un jour non-seulement de deshonorer l'Architecture, mais même la Nation, qui jusques au commencement de ce siécle s'étoit acquise de tous les Peuples une réputation capable d'entrer en comparaison avec ce que l'Italie nous a laissé de plus conforme aux préceptes des Grecs.

Préceptes généraux concernant la décoration intérieure.

Après avoir parlé en général des proportions de l'Architecture, à l'usage de la décoration extérieure des Edifices, & avoir recommandé de la convenance & de la modération dans les ornemens des dehors, nous allons traiter ici de la décoration interieure, qui, quoique moins sévere dans son ordonnance, éxige cependant de la retenue dans les formes, & du choix dans les parties qui la composent. Nous avons dit ailleurs que nos Architectes François excelloient dans ce genre de décoration, mais que souvent pour favoriser cette derniere, ils sembloient négliger celle des dehors de leurs bâtimens. Nous ajoûterons ici que pour réussir dans la décoration intérieure, les meilleurs préceptes, sans la partie du goût, seroient insuffisants, de même que dans l'ordonnance des déhors, le goût sans principes, ne produit souvent que des parties desunies. Ainsi pour traiter la décoration des appartemens d'une façon convenable, il faut joindre aux proportions des piéces, la beauté des ornemens, selon que leur usage semble l'exiger ; car il n'est pas à propos de décorer un appartement destiné pour la résidence d'un Prélat, ou pour celle d'un Ministre, comme celui d'une personne du monde : enfin il faut que dans un bâtiment, les piéces qui doivent servir de parade, de société, ou de commodité, soient décorées relativement à leur destination.

De la convenance nécessaire dans la décoration des appartemens.

Comme sous le nom de décoration intérieure l'on entend non-seulement le revêtissement des lambris, mais aussi les portes, les croisées, les cheminées, les corniches, les plafonds, les parquets, &c ; aussi bien que les principaux meubles, dont la place, la forme & l'usage doivent entrer pour quelque chose dans la distribution d'un plan ; nous allons donner en particulier la proportion de ces différentes parties, dont l'application se pourra faire à la décoration intérieure en général.

Des Croisées.

On distingue deux especes de croisées dans l'intérieur des appartemens, sçavoir celles qui ne sont qu'à hauteur d'appui, & celles qui descendent jusques dessus le parquet. Ces dernieres sont appellées portes croisées, parce qu'elles servent d'entrée & de sortie, & qu'elles éclairent l'intérieur des pieces ; leur proportion & l'élégance de leur forme doit se ressentir du choix de l'ordonnance de toute

des Croisées.

Tome I,

Des Croi-sées. la piece. Elles doivent, autant qu'il est possible, être en nombre impair, & ne jamais être dissemblables sous quelque prétexte que ce soit, ni par leur hauteur & leur largeur, ni par leur forme, ou du moins il faut de l'uniformité dans les chambranles qui forment l'intérieur des embrasures, ce qui souvent détermine à feindre des arcades tout au pourtour d'une piece (ainsi qu'on l'a observé dans les deux sallons elliptiques de la Maison de Madame de Moras, occupée aujourd'hui par Madame la Duchesse du Maine) dans lesquelles on enferme alors des croisées, des portes à placard, des cheminées, des glaces, &c; au lieu de croisillons on affecte de placer des glaces de toute la largeur des ventaux, & l'on se contente de mettre deux ou trois traverses dans leur hauteur, ainsi qu'on le remarque au Palais Bourbon, ce qui produit un bien plus grand effet, & procure plus de lumiere aux appartemens. Les guichets des croisées ne doivent jamais surpasser en largeur l'épaisseur des murs, & l'on doit, autant qu'il est possible, cacher leur épaisseur par les chambranles, ainsi qu'on le remarque aux deux Sallons de l'Hôtel de Soubise; mais il faut néanmoins observer que pour couvrir les brisures de ces guichets par les chambranles intérieurs des croisées, il ne faut pas leur donner une trop grande hauteur, ne devant jamais excéder leur largeur de deux fois & demie. Quelquefois pour donner à ces croisées une proportion convenable, on les termine en voussure, ainsi qu'on le remarque à celles de la Gallerie de l'Hôtel de Toulouse, & cette maniere de couronner les croisées intérieures est très-agréable. On orne alors ces voussures, qu'on nomme de Marseille ou de St. Antoine, selon leur forme, avec de la Sculpture que l'on a soin de tenir d'une richesse proportionnée à la décoration de la premiere, & lorsque les guichets sont ouverts, ils paroissent s'unir avec les ornemens de la voussure, ce qui fait en général un tout-ensemble très-ingénieux.

Des Portes à placard.

Des portes à placard. L'on entend par portes à placard les ventaux de menuiserie qui ferment la baye des portes d'enfilades des appartemens; on les nomme ainsi lorsqu'elles sont d'assemblage; & l'on dit cette porte est à double ventail (*l*) & à double parement, lorsqu'elle est en deux feuilles & qu'il y a des moulures des deux côtés, sans que pour cela il soit besoin que ces moulures soient semblables. On dit qu'une porte n'a qu'un seul parement lorsque l'autre est arrasé par derriere, soit parce que ce dernier côté donne dans une piece de peu d'importance, soit au contraire qu'il soit fait pour recevoir des glaces, comme il s'en voit à l'Hôtel de Bellisle, de Tunis, &c.

La proportion de ces portes doit être relative à celle des croisées, leur ornement & leur forme doivent aussi être assujetties à la richesse des pieces, aussi bien que leur chambranle & leur embrasure; mais il faut essentiellement observer qu'elles soient placées avec simétrie dans un appartement: raison pour laquelle on en pratique de feintes dans leur côté opposé pour rendre la décoration plus réguliere. Néanmoins il est bon de sçavoir qu'il ne faut pas faire un trop fréquent usage de ces portes feintes, principalement dans les pieces de société, parce qu'alors elles occupent la plus grande partie des surfaces des murs, & ne laissent plus de place pour les meubles, qui doivent être en plus ou moins grande quantité dans une piece selon sa destination. Mais lorsqu'on est obligé de pratiquer des portes de dégagement pour la commodité de ces mêmes pieces & que leur étendue permet l'usage des portes feintes, il est très-bien d'en user, parce qu'alors un des ventaux de ces portes feintes est dormant, & l'autre mobile; ce qui est beaucoup mieux que de pratiquer ces portes de dégagement dans les compartimens des lambris, leur usage continuel faisant toujours dans la suite un mauvais

(*l*) Vitruve nomme *bifores* les portes à deux ventaux.

effet, quelque précaution qu'on apporte dans leur assemblage.

    Lorsque dans la décoration des portes à placard l'on veut faire les traverses des panneaux chantournées, il faut affecter que ces contours soient faits de maniere que les ferrures, telles que les bascules, les palastres des serrures, &c, soient composées l'une pour l'autre. Les chambranles doivent aussi, autant que cela se peut, mettre à couvert l'épaisseur des ventaux des portes, lorsqu'ils sont ouverts; mais pour cela il faudroit ou que l'épaisseur des murs eut naturellement la moitié de la largeur des portes, ou que l'on avançât le lambris de revêtissement, de maniere que la largeur des ventaux se trouvât logée dans l'épaisseur de l'embrasure. Or cette précaution, quoiqu'essentielle, est souvent impossible, parce que pour rendre les écoinçons de la piéce égaux, l'on n'est pas toujours le maître d'avancer les lambris suffisamment, à moins que lors de la composition générale du bâtiment on n'ait prévû toutes ces difficultés. Il est encore essentiel d'observer de ferrer les portes à placard sur ou derriere les chambranles, selon que l'embrasure fera plus ou moins un bon effet dans l'intérieur de la piece que l'on veut décorer, excepté lorsque les embrasures deviennent assez profondes pour pratiquer de doubles portes dans une même baye, soit pour la sureté, le recueillement, ou pour conserver la chaleur.

    Nous ne parlons pas ici des portes à un seul ventail, parce qu'ordinairement elles ne sont que pour les étages en galetas ou pour de petits appartemens; il suffit de sçavoir qu'en général, lorsqu'on en fait usage, elles ne doivent pas avoir plus de trois pieds de largeur : au-delà, leur ventail occupe trop d'espace dans les pieces. Au contraire les portes à double ventail ne peuvent avoir moins de quatre pieds & demi, parce qu'il convient que lorsqu'un de ces ventails est fermé, on puisse passer commodément par celui qui est ouvert, & qui alors se trouve avoir deux pieds & un quart, ce qui est la moindre ouverture que l'on puisse donner à un passage principal, qui en cas de visite devient double, lorsque ces deux ventaux sont ouverts.

Des dessus de porte.

    Quelques grands que soient les appartemens, les portes à placard, ainsi que nous venons de le dire, ne pouvant avoir moins de quatre pieds & demi, ne doivent pas non plus excéder six pieds de largeur. Nous avons aussi enseigné que la hauteur de ces portes devoit avoir une proportion relative à leur largeur, & conséquemment qu'il doit rester toujours un espace suffisant entre le dessus du chambranle des portes & la corniche du plafond. C'est cet espace qu'on nomme dessus de porte, ou Attique, & que l'on décore de menuiserie, de sculpture, ou de peinture, & quelquefois de l'une & de l'autre. Les ornemens de ces Attiques doivent être composés de maniere qu'ils piramident avec la forme du chambranle, & que ce dernier leur serve de stilobate; les ornemens de sculpture semblent devoir être préférés aux tableaux, ceux-là se lient d'avantage avec l'ordonnance de la piece, la peinture est moins vraisemblable. Si les sujets en sont petits, à peine alors les apperçoit-on; s'ils sont trop grands, on voit des demi figures qui sont désagréables à l'œil; si ce sont des paysages, il n'est pas naturel de faire voir des vallées, des bois, &c. au-dessus de l'ouverture d'une porte. Sans doute la mode a prévalu à cet égard, de même que pour les glaces qu'on a substituées dans les appartemens aux bas-reliefs que l'on plaçoit dans le dernier siécle sur les Attiques des portes & des cheminées. Ce qui est certain, c'est que l'illusion des tableaux sur les portes est abusive, malgré le préjugé où l'on est à présent sur ce sujet; on devroit réserver la peinture, qui en soi est très-estimable, pour les plafonds & pour orner un cabinet, encore faut-il éviter qu'un appartement ressemble à la boutique d'un marchand de tableaux; cette profusion ne semble permise que dans une ou plusieurs piéces destinées à rassembler les ouvrages des grands maîtres, & alors elles doivent composer un appartement particulier.

Des Cheminées.

Des Cheminées.

Les cheminées sont ordinairement la partie où l'on affecte le plus de décoration. On a vû dans le dernier siécle des cheminées de marbre ornées d'Architecture & de Sculpture, qui coûtoient des sommes considérables ; aujourd'hui les glaces, les bronzes, & les ornemens ont pris la place de cette décoration, qui à la vérité étoit un peu pesante, ainsi qu'on le remarque dans nos anciens édifices, & dans les Œuvres de le Pautre : d'ailleurs elle occupoit beaucoup plus d'espace que celle d'à présent, & elle rendoit les lieux obscurs. J'ai ouï dire à feu M. Decotte, premier Architecte du Roi, qu'il a été le premier qui ait introduit les glaces sur les cheminées, que d'abord on s'est révolté contre cette innovation, mais qu'ensuite ayant reconnu qu'elles réfléchissoient la lumiere, & qu'elles agrandissoient les pieces, cette pratique a passé en usage au point qu'il n'y a pas aujourd'hui de maisons à loyer où l'on n'exige des glaces. Il faut cependant observer que pour que ces glaces réfléchissent bien la lumiere, il faut que les bougies soient placées vis-à-vis d'elles ; autrement lorsqu'on les attache seulement sur leur bâtis, elles paroissent obscures, & ne produisent aucun effet. Comme les glaces représentent un vuide, leur proportion doit être analogue à celle des portes & des croisées, & la largeur du manteau de la cheminée doit être égale, autant qu'il est possible, à l'intérieur des jambages, afin que la tablette fasse un retour de chaque côté, égal à la saillie qu'elle fait sur le devant. Le chambranle de la cheminée ne doit jamais surpasser trois pieds un quart de hauteur dans les appartemens de société ; mais dans les grandes Salles, les Antichambres, les Salles des Gardes, les Galleries, &c, elles peuvent être de six pieds de hauteur, ainsi que celles du Palais Royal, de l'Hôtel de Toulouse, &c, qui sont les plus remarquables de Paris, & qu'on peut proposer pour exemple, non-seulement pour la beauté de leurs ornemens & du choix de leur matiere, mais encore à cause de leur tout-ensemble. On peut y reconnoître que plus les masses sont grandes & plus les parties doivent se ressentir de cette grandeur ; principe qui doit s'observer dans tous les différens genres de décoration intérieure.

La situation des cheminées n'est pas indifférente dans les piéces d'un appartement ; il faut non seulement affecter qu'elles se trouvent à droite de la principale porte d'entrée, mais qu'elles soient placées dans le milieu de la piéce, afin que vis-à-vis on puisse leur opposer un trumeau de glace de la même largeur que celle de la cheminée, & enrichi des mêmes ornemens, à l'exception des chambranles, à la place desquels on met une table, ou tout autre meuble principal ; & c'est par le secours mutuel de ces deux glaces placées vis-à-vis l'une de l'autre, & dans une direction bien parallele, que la réflexion des lumieres se perpétue & donne aux pieces un air de grandeur, qui forme un agréable effet, lorsqu'elles sont placées avec cette précaution, & qu'elles sont réitérées dans le pourtour d'une piéce, ainsi qu'on le remarque dans le grand cabinet de l'Hôtel de Bellisle, du côté de la riviére, dans le magnifique sallon de l'Hôtel de Tunis, Place Vendôme, &c.

Des Trumeaux.

L'on appelle trumeau, dans une piéce, le revêtissement de lambris qui se trouve entre deux croisées, & que l'on orne le plus souvent de glaces contre toute idée de vraisemblance ; car ainsi que nous l'avons dit, les glaces représentant un vuide

vuide, il ne paroît pas raisonnable, qu'entre deux croisées, qui sont des percés réels, on en affecte un apparent; cependant aujourd'hui par le bien qui en résulte pour la lumiere, l'on passe par-dessus le principe incontestable en Architecture, qui veut que toutes les parties qui la composent ne soient trouvées belles qu'autant qu'elles sont vraisemblables. Cet usage fait aussi passer tous les jours par-dessus la proportion qu'on doit donner aux glaces, faisant celles-ci très-hautes pour leur largeur, & les assujettissant à celle des trumeaux, qui dans notre maniere de bâtir, ont souvent à peine la moitié de la largeur des croisées. Sous ces glaces, on place assez ordinairement des tables de marbre avec des pieds en consoles; mais il faut observer alors que les écoinçons des portes à placard ayent au moins la largeur de ces tables, sans quoi la direction des enfilades des appartements se trouveroit interrompue, ainsi qu'on le remarque dans les grands appartemens de Versailles, du côté du Nord.

Des Trumeaux.

Des Lambris.

On distingue deux sortes de lambris; l'un qu'on nomme de hauteur, & l'autre d'appui. Les premiers servent au revêtissement des piéces où l'on ne fait point usage de tapisseries, les autres servent seulement d'appui, & sont tenus au moins de deux pieds & demi, & au plus de trois pieds un quart, selon l'élévation des planchers ou la hauteur des tapisseries, que l'on met au-dessus. En général on comprend sous le nom de lambris, les croisées, les portes à placard, les Bibliotheques, & tout ce qui se fait en menuiserie d'assemblage & à compartiment, tels que sont les panneaux, les cadres, les bâtis, les frises, les plinthes, les cimaises, dont les profils sont nommés embrevés, ravallés, ou à petit cadre, & dont les moulures different de celles qu'on exécute en marbre, ou en pierre, en ce qu'elles sont plus ressenties & plus dégagées; à moins que l'on ne voulût donner à ces lambris la couleur de la pierre, du plâtre, ou du marbre, parce qu'alors il faudroit que ces profils, quoiqu'exécutés en bois, exprimassent la solidité des matieres qu'on suppose y avoir été employées. La forme & la proportion des panneaux doivent aussi se ressentir de l'élégance, de la richesse, ou de la simplicité qu'on aura jugé à propos de choisir pour la décoration d'une piéce, selon sa destination; de même le goût des ornemens dépend de son usage, & l'on doit éviter avec soin leur profusion. Dans cette partie de l'Architecture, comme par-tout ailleurs, il faut de la prudence, affecter des parties lisses, afin de faire valoir celles qui sont ornées, & ne pas confondre indistinctement les attributs, ni les allégories, dans toutes les piéces. La dorure doit aussi être employée avec ménagement, & lorsque l'on veut dorer tous les ornemens, au moins faut-il mettre de ces derniers avec discretion, non par œconomie (dans les bâtimens d'une grande importance), mais parce que cette sculpture que l'on affecte quelquefois dans le milieu des pilastres, des frises, ou des panneaux, cause une trop grande confusion, ainsi qu'on peut le remarquer dans l'intérieur des appartemens du Palais Bourbon. La quantité d'ornemens n'est pas une beauté, & jamais l'on ne peut espérer que les petites parties fassent un bon effet dans un grand lieu, ni même dans un petit. Elles y sont désagréables, parce qu'elles en occupent tout l'espace. C'est pour cette considération que dans les piéces de médiocre grandeur, au lieu de dorure, l'on peint les lambris d'une seule couleur, & l'on en réchampit les ornemens plus pâles, ce qui tient lieu de dorure, découpe moins, & forme plus de masses, ainsi qu'on le remarque dans les petits appartemens de l'Hôtel de Toulouse, dont on verra les desseins dans le septiéme volume, où nous parlerons plus particuliérement des préceptes de cette partie de l'Architecture.

Des Lambris.

Des Tapisseries.

Des Tapisseries.

Les tapisseries entrent pour beaucoup dans la décoration des appartements, elles apportent une agréable diversité avec les piéces qui sont revêtues de menuiserie; d'ailleurs elles doivent avoir la préférence dans les chambres à coucher, les salles d'assemblée, du dais, les cabinets de tableaux, les antichambres, &c. Elles meublent davantage que les lambris; elles rendent les lieux plus chauds en hyver, & l'été elles semblent leur donner plus de fraîcheur, lorsqu'on en employe de légeres. Le changement qu'on en fait donne à une maison un air de nouveauté, deux fois l'année; d'ailleurs tous les meubles qui se font d'une même étoffe, forment un ensemble, dont l'uniformité est agréable, ainsi qu'on le pratiquoit souvent dans le dernier siécle, où les lambris étoient peu en usage, ce qui a donné occasion à ces belles tapisseries des Gobelins, dont la Manufacture fait tant d'honneur à la France. Or comme dans nos maisons Royales, & dans les bâtimens un peu considérables, la magnificence exige qu'il y ait des appartemens décorés de belles tapisseries, cela a fait naître le dessein d'élever encore à Beauvais un nouvelle Manufacture, qui seconde les travaux de la premiere, & qui produit également des chef-d'œuvres dans ce genre d'ouvrage. Cependant à la place de ces belles tapisseries, on employe souvent le velours, le damas, &c, pendant l'hiver, & en été le taffetas. Lorsque les piéces sont de petit diamétre, & près les unes des autres, de maniere qu'elles ne composent qu'un seul appartement, l'on affecte d'y mettre des tentures de même couleur, & cette uniformité sert à faire paroître les lieux plus spacieux qu'ils ne le sont en effet.

Des Meubles.

Des Meubles.

Il n'y a point de doute que les meubles ne doivent entrer pour quelque chose dans la composition d'un plan, & il est certain que c'est depuis qu'on a reconnu que la simétrie étoit indispensable dans la distribution, qu'on a trouvé moyen de pratiquer des armoires, des garderobes, des bibliothéques, &c, dans l'épaisseur des lambris, afin que ces genres de meubles ne pussent dans les appartemens nuire à la forme des pieces, qu'ils n'en occupassent pas le plus grand espace, & que par leur saillie ils ne masquassent point la surface des murs & des autres meubles, tels que les sophas, les fauteuils, les banquettes, &c.

Il est vrai que l'amour de la simétrie occasionne une dépense considérable pour ces derniers genres de meubles, & qu'il n'est presque plus possible de faire usage de ceux d'une piéce pour une autre, à cause de la diversité des formes qu'elles ont entr'elles, en sorte que lorsqu'on vend à présent en France un Hôtel bâti à la moderne, il faut que l'acquéreur en achete aussi les meubles & se défasse des siens, ainsi que cela est arrivé depuis vingt ans dans plusieurs belles maisons à Paris, parce que les meubles, tels que les sopha, les fauteuils, les tables de marbre, les bronzes, les estrades, les cheminées, les trumeaux de glace, ne peuvent être séparés des appartemens pour lesquels ils sont faits; de maniere qu'il n'y a que les lits de parade, les lits en niche, les duchesses, les tapisseries, les bureaux, les tableaux de curiosité, les livres, &c, qui puissent être transportés sans nuire à l'ordonnance générale de la décoration intérieure. Au reste il faut convenir que cette uniformité de rapport entre les meubles & la forme des pieces est très-agréable, & que l'on ne sçauroit trop louer l'intelligence de quelques-uns de nos Architectes, dont le goût exquis pour ces sortes de choses, aussi bien que pour les distributions des appartemens, attire la curiosité des étrangers, qui viennent puiser chez nous cette partie de l'Architecture qui est si intéressante, & qui a pour objet la commodité & la magnificence. Les bois de ces meubles sont dorés ou scu-

ARCHITECTURE FRANÇOISE, Liv. I.

lement peints de la même couleur des lambris, ce qui fait également un bon effet, selon la convenance de la piece. On a poussé encore l'industrie jusqu'au point de pouvoir changer d'étoffes les fauteuils, les canapés, &c, de même que les tapisseries, par le secours de faux fonds & de faux dossiers qui se démontent avec des vis, ou sont attachés avec des tourniquets, de maniere qu'il n'y a qu'à appliquer les étoffes selon la diversité des saisons, sans que les fonds occupent le garde-meuble, dont l'on n'a plus besoin que pour conserver les dessus, qui alors se serrent dans des armoires, sous la garde du Valet-de-chambre tapissier.

Des Corniches intérieures.

Les Corniches dans les appartemens ajoûtent beaucoup à leur magnificence, quand elles sont d'une proportion relative à la hauteur des planchers & au diamétre des pieces, & lorsque leurs ornemens sont allégoriques à ceux des lambris. Elles sont, ainsi que ces derniers, à l'usage des Sallons, Salles de compagnie, Cabinets, Chambres à coucher, &c.

<small>Des corniches des appartemens.</small>

Dans les pieces moyennes on leur donne ordinairement la sixiéme partie de leur hauteur; dans les grandes pieces, elles doivent avoir jusques à la cinquiéme partie, y compris les calottes & voussures; mais dans les petites on leur donne au plus la huitiéme partie, & très-souvent beaucoup moins: de maniere que par ces différentes hauteurs de corniches de diverses formes, on remédie au défaut de rapport qui se peut trouver entre la proportion de la hauteur d'une piece avec sa largeur, défaut qui ne peut pas toujours s'éviter dans celles d'un appartement élevé sous une même hauteur de plancher, quoique leur diamétre soit de forme variée, relativement à leur usage. De sorte que dans une piece dont le plancher est trop peu élevé, eu égard à son diamétre, bien loin de faire la corniche aux

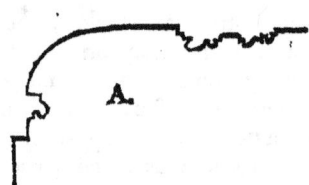

dépens de toute la hauteur du lambris, on ne prend que l'architrave & une partie de la gorge, & le reste est pris dans la surface du plafond, comme l'exprime la Figure A. L'on observe de peindre ces corniches de la même couleur des lambris, afin que par cette unité de ton la surface des plafonds paroisse d'une moins grande étendue, & qu'au contraire le lambris paroisse avoir plus de hauteur. On tient les moulures lisses, & l'on orne seulement la gorge d'ornemens courans, qui peuvent être dorés, ou réchampis de la même couleur des lambris. Lorsqu'au contraire les pieces ont une hauteur relative à leur diamétre, on fait un entablement, composé d'un architrave, d'une frise & d'une corniche, auquel on donne la sixiéme partie de la hauteur, & l'on orne la frise de consoles & de métopes enrichis de trophées, ainsi qu'on le voit à la Gallerie de Versailles, au Sallon d'Hercule, à l'Hôtel de Toulouse, & au Palais Royal à Paris, &c, & qu'on l'a exprimé par la Figure B. Ces sortes de corniches ont plus de gravité, & doivent être essentiellement préférées dans les grandes pieces, principalement lorsque les Ordres y président, ainsi que dans les grands Sallons, les Vestibules, les Galleries, les Salles du Conseil, &c. Il n'est cependant pas nécessaire d'observer dans ces corniches les mêmes membres d'Architecture des entablemens des Ordres, à moins que l'on ne veuille leur donner de hauteur le cinquiéme au lieu du quart qu'on leur donne dans les dehors: autrement les moulures peuvent varier, être formées de contours plus ressentis, être toutes dorées, ou selon l'usage ou la destination de la piece, être seulement peintes en blanc, ainsi que tous les lambris, tels que le sont

124　　　ARCHITECTURE FRANÇOISE, Liv. I.

Des corniches des appartemens.

ceux du Château de Trianon, qui comme il n'est habité que dans la belle saison ne sont pas sujets à se noircir pendant l'hiver par la fumée des bougies, &c. D'ailleurs indépendamment de cette observation qui est assez essentielle, cette couleur ne meuble pas suffisamment, & elle paroît froide, imitant le stuc ou le plâtre, qui pendant l'hiver donne aux appartemens un air peu salubre.

Lorsqu'on voit que les planchers deviennent trop élevés pour leur diamétre, à la hauteur de ces corniches on ajoûte une calotte, comme dans la Fig. C, qui rabaissant les corniches diminue la hauteur des lambris, & semble donner moins d'élévation aux pieces; quelquefois même, lorsque la calotte ne suffit pas, l'on en fait une double séparée par des cadres, ou enfin lorsque ces calottes ainsi multipliées deviennent trop pesantes, ou qu'elles égaleroient avec la corniche la moitié de la hauteur, ce qu'il faut toujours éviter, on doit pratiquer un faux plancher, ou mettre en usage les entresoles, ainsi que nous en avons déja parlé.

Il est encore une espece de corniches dont on fait usage dans les petits appartemens, laquelle consiste dans un seul architrave & une gorge qui vient s'unir au plafond, comme la Figure D. Alors on met sur cette gorge des ornemens courans de sculpture, ainsi qu'on le voit exécuté en plusieurs endroits; il ne faut pas pour cela en faire un trop fréquent usage, elles ne sont pas approuvées des hommes intelligens, & il n'y a que la nécessité de faire paroître la surface des plafonds plus grande, qui puisse autoriser cette espece de corniche. Ces ornemens qui ne sont point enfermés entre deux moulures, marquent trop de légereté, paroissent trop maigres, & ne conviennent que dans de petites pieces, où l'élégance peut l'emporter sur la beauté des formes, qu'on doit toujours préférer dans l'Architecture. La beauté des profils, la grace des contours, & la proportion dans les corniches devant faire leur principal agrément : les ornemens n'y doivent être admis qu'avec prudence, & je ne conçois pas par quelle fatalité l'on préfére de nos jours les ornemens courans, les oreilles & les enroulemens dans nos corniches à celles où l'on voit des consoles bien distribuées, qui marquent l'extrémité supérieure de chaque partie principale d'une piece, c'est-à-dire celle des portes, des cheminées, &c, & qui en même-tems servent à les couronner avec grace, & à les distinguer des panneaux, des frises, & des pilastres. La nouveauté & l'inconstance, sans doute, sont la source de cet abus, ou le plaisir de placer dans les angles & dans les milieux des figures en bas-relief, dont souvent la proportion est trop forte pour les ornemens, & qui d'ailleurs font toujours un effet désagréable à l'œil, parce qu'elles sont trop inclinées, & qu'il n'est personne qui ne s'apperçoive du peu de vraisemblance qu'il y a de situer ainsi des figures dont les allégories paroissent ordinairement hors de place.

Des Plafonds.

Des Plafonds.

Les plafonds ont à présent le même sort des corniches ; ils ne sont composés pour la plûpart que d'une sculpture trop légere ; les Roses ont long-tems pris la place de la peinture & de cette sculpture raisonnée & bien compartie qu'on remarquoit dans nos Palais & dans nos maisons Royales ; ce qui devroit cependant bien nous apprendre que ce genre de décoration est préférable à tout autre. Il est vrai que la plûpart des plafonds dont sont décorés les appartements des Thuileries, de

Versailles

Versailles, de Vincennes, &c, sont un peu pésants; mais pour cela devoit on Des Plafonds. tomber dans un excès opposé, & substituer à l'union de la sculpture, de l'Architecture, & de la peinture qui y est observée, la frivolité des ornemens qui décorent nos plafonds? Si ceux que nous venons de nommer ont réellement le défaut que nous leur reprochons, la Gallerie d'Appollon, au Louvre, & celle du Château de Clagny, qui sont des chefs-d'œuvres dans ce genre, & qui en général ont l'approbation de tous les connoisseurs, devroient nous éclairer sur la maniere dont on peut terminer la partie supérieure de nos appartemens. Quelques Architectes modernes ont substitué aux roses des espéces d'arcs doubleaux, composés d'ornemens continus, dont à la vérité le travail est estimable, & où le choix des ornemens est élégant; mais enfin ce sont toujours de petites parties que l'œil apperçoit à peine, & auxquelles des plafonds unis devroient être préférés, principalement lorsque leur surface est plane: lorsqu'ils sont en voussure, la peinture y convient davantage. Au lieu de sculpture, l'on feint des ornemens de stuc, qui leur tiennent lieu de bordure, ainsi qu'on l'a exécuté à Versailles, au plafond du sallon d'Hercule, peint par M. Le Moine, un des ouvrages modernes le plus estimé, & dont l'exemple auroit dû déterminer à en user ainsi dans plusieurs de nos beaux Hôtels, & à rejetter les ornemens & la dorure qu'on y remarque.

Il est vrai que cette maniere d'enrichir les plafonds est très-coûteuse, mais aussi je n'entens parler ici que de ceux destinés aux bâtimens du premier Ordre, où il est aisé de convenir que la richesse qu'on y admet approche de la dépense du genre de peinture que nous recommandons, sans en avoir la beauté, la magnificence & la majesté. D'ailleurs l'on peut réduire ces ouvrages à des nuages avec des Génies, & à quelque belle grisaille qui en forme les extrémités; décoration préférable à ces riches, mais peu vraisemblables, peintures grotesques, dont on voit d'ingénieux desseins d'Audran, & qui sont exécutées avec un succès étonnant dans quelques appartemens de Meudon, aussi bien que dans les plafonds & sur les lambris du Château de la Ménagerie: seul bâtiment où ce genre de peinture soit convenable.

Le peu de vraisemblance qui porte à blâmer l'usage de ces derniers plafonds, devroit aussi, diront quelques-uns, faire rejetter en général les plafonds peints; parce que le bons sens, qui veut que dans ces parties élevées on n'affecte pas des sujets terrestres, semble aussi condamner que dans une piéce habitée, l'on affecte de percer par des nues les plafonds, & de donner à un appartement l'aspect d'un lieu découvert, contre toute idée de salubrité. Mais l'on peut répondre à cela, que puisque dans cette occasion, comme dans une infinité d'autres, l'usage prévaut souvent sur la régle & les préceptes, il vaut mieux pour l'embellissement que ces plafonds peuvent procurer, les préférer du moins à l'usage des plafonds d'une sculpture maigre & dépourvue de principes & de retenue. D'ailleurs la sculpture, qui malgré la beauté de l'art, est toujours regardée comme une matiere solide, semble exiger plus de sagesse dans la composition qu'un morceau de peinture, qui quoique peint avec toute la magie de l'art, fait rarement illusion.

Pour prendre un parti raisonnable sur ces différentes opinions des Architectes, examinons les divers moyens dont on a fait usage jusques à présent, & disons, que s'il est vrai, qu'en laissant les solives apparentes, quoiqu'ornées de peinture & de sculpture, telles qu'on en voit au Luxembourg dans la Gallerie de Rubens, à celle de Fontainebleau, & ailleurs, cette décoration soit trop triste & désagréable à l'œil; que les plafonds dont nous avons parlé, qui sont exécutés aux Thuileries, à Versailles & à Vincennes, soient trop surchargés; que ceux de la Gallerie de Clagny & de celle d'Appollon au Louvre, soient regardés comme peu vraisemblables, quoique beaucoup plus légers que les précédens; que de plus, les plafonds peints présentent une idée contraire à la fin qu'on se propose en bâ-

Des Pla-fonds. tissant, laquelle exige que l'intérieur d'un appartement soit préservé par un plancher, des influences célestes; & qu'enfin les plafonds de plâtre sans ornemens soient trop nuds, pour couronner des piéces d'une richesse un peu considérable, il faut prendre le parti, pour obvier à ces divers inconvéniens, d'affecter de faire les plafonds en forme de voûte de cloître, posés sur un socle continu, & d'y peindre des membres d'Architecture, des arcs doubleaux & des bas-reliefs seulement en grisaille, en marbre, ou en bronze, rehaussés en or, selon que le demande l'ordonnance de la piéce. De toutes les manieres, celle-ci est la plus vraisemblable, parce qu'il est naturel qu'une piéce qui doit être fermée de toutes parts, paroisse terminée par une voûte réelle, ou feinte, & il seroit à propos de réserver les grands ouvrages de peinture coloriés, pour les voûtes des Eglises, ou pour les Temples, qui selon l'ancien usage, étoient tenus découverts.

Des Parquets.

Des Parquets. Les parquets sont fort en usage à présent, pour servir de sol aux appartements; l'on ne se sert de carreaux de terre cuite, que pour les appartements de peu d'importance; & à l'égard des piéces à rez-de-chaussée, qui ne sont pas habitées par les maîtres, on y employe des planches refendues. Néanmoins il est bon d'observer que les vestibules, les premiéres antichambres, les salles à manger en été, aussi bien que les sallons de même genre, & les salles des bains, dans tous les cas, au lieu d'être parquetés, sont pavés de marbre, ou de pierre de liais, & de carreaux à compartimens, avec des plate-bandes, des ornemens, & des enroulemens, tels que ceux qu'on voit dans nos Eglises, comme aux Invalides, à Notre-Dame, à la Sorbonne, &c. Partout ailleurs on se sert de parquéterie, & de menuiserie d'assemblage, avec frises & panneaux; ce qui donne un grand air de propreté aux appartements, & est d'un entretien peu coûteux quand ces ouvrages sont bien fabriqués. Quelquefois l'on fait ces parquets de bois de palissandre avec des ornemens & des compartiments très-ingénieux, ainsi qu'il s'en remarque au Château de Maisons, & à l'Hôtel de Soubise à Paris, lesquels sont d'une très-grande beauté. On observe seulement devant le chambranle des cheminées, de pratiquer sur toute la largeur des jambages, un foyer de marbre, qui a deux pieds de largeur au moins, pour préserver des accidents du feu dans les appartements qui sont habités l'hiver. Quoique les parquets soient bien moins froids que le marbre, & la pierre de liais, l'on pose dessus de grands tapis, qui rendent les piéces beaucoup plus chaudes, & donnent un air de propreté & de magnificence digne de la décoration des Palais des Rois.

Préceptes généraux concernant la construction des bâtimens.

Préceptes sur la construction. Par construction, l'on entend l'art de bâtir, par rapport à la matiere: on dit également qu'un bâtiment est d'une bonne construction, lorsqu'on veut parler de l'ouvrage entier, mais en général ce terme exprime la main-d'œuvre de la maçonnerie, de la charpenterie, de la menuiserie, de la serrurerie, &c. C'est la construction qui exige davantage ce qu'on appelle la pratique du bâtiment, sans laquelle l'Architecte le plus habile d'ailleurs ne peut répondre de l'exécution de ses desseins. C'est par son secours que les Architectes de l'Egypte, de la Grece & de l'ancienne Rome, ont rendu leurs ouvrages immortels; c'est enfin par la beauté de l'appareil, & de la construction dans la maçonnerie, que les édifices traités avec le plus de simplicité, sont souvent préférés à ceux qui n'ont de recommandable que la profusion des ornemens. De ce premier genre est celui de l'Observatoire à Paris, qui par une exécution admirable & une solidité capable de triompher du tems, est estimé de tous les connoisseurs, pendant qu'au contraire nous avons vû en France plusieurs édifices d'une somptuosité digne de la grandeur des Princes qui les ont fait élever, subsister à peine cinquante années, la magnificence ayant été le seul but de leur édification, par préférence à la solidité.

De la Maçonnerie en général.

La Maçonnerie tient aujourd'hui le premier rang entre les arts mécaniques qui servent à la construction des édifices. Avant que de connoître l'usage des pierres, le bois avoit paru la matiere la plus commode; mais dans la suite la nécessité ayant comme forcé les hommes d'employer la pierre au lieu du bois, parce que la nature leur fournissoit plus de carriéres que de forests, la Maçonnerie prit faveur, au point que du tems même des Egyptiens, dont on voit encore des restes d'édifices, construits avec des pierres d'une grandeur étonnante, cette maniere de bâtir se répandit dans toutes les parties de l'Univers qui sont connues, & qu'à présent, à l'exception de quelques contrées où la pierre est peu commune, comme en Suede & ailleurs, tous les édifices sont construits de Maçonnerie unie avec le bois, le fer, &c.

Sous le nom de Maçonnerie, on comprend non seulement l'emploi des pierres de différentes qualités, mais aussi la façon d'employer le plâtre, la chaux, le sable, le moilon, la brique, la glaise, le roc, &c; aussi bien que les excavations des terres pour les fouilles des bâtimens, & pour la construction des terrasses, des taluds, & des autres ouvrages de cette espece.

La théorie & la pratique sont également nécessaires pour cette partie essentielle du bâtiment: la premiere pour se rendre compte du poids, de la poussée & du détail de chaque genre de construction, par le secours du calcul, de la géométrie, des mécaniques, &c. La seconde pour acquérir une expérience capable de conduire la main dans l'opération, & de pouvoir enseigner la qualité, les propriétés & l'usage des différens matériaux qui doivent être unis ensemble dans la batisse. Sans ces deux parties, il n'est point d'Architecte, ni d'Entrepreneur habile; car la théorie, très-essentielle en elle-même, ne suffit pas seule pour la construction des bâtiments, elle feroit tomber dans des défauts d'inadvertance, que l'expérience apprend à éviter, tels que sont le double emploi, la mauvaise qualité de la matiere, les mal-façons, &c. D'un autre côté la pratique devient inutile sans le secours de la théorie, puisque ne possédant point cette derniere, on ne peut se rendre compte des détails, des développements, & du prix de l'ouvrage entier, aussi bien que du rapport & des proportions si recommandables dans l'Architecture, dont la Maçonnerie est l'objet principal. En un mot la seule pratique est insuffisante dans l'art de bâtir; la théorie doit en être regardée comme l'ame, & l'expérience comme le corps, qui ne se peut mouvoir sans elle.

Pour parler avec ordre de la Maçonnerie, & faire voir la maniere dont les Anciens en ont usé à cet égard, nous exposerons ici ce que dit Vitruve dans le huitiéme Chapitre du Livre second, où il nomme la Maçonnerie *Structura* & ce que rapporte Palladio, dans son premier Livre, Chapitre neuviéme, en parlant de la construction des murs, sçavoir, que les Anciens avoient six sortes de Maçonnerie; la premiere en échiquier, ou maillée, dont les joints étoient obliques; la seconde de carreaux de brique de plat, garnis de moilon; la troisiéme avec des cailloux de montagne, ou de riviere, à bain de mortier; la quatriéme de pierres incertaines ou rustiques, comme étoient pavés les grands chemins; la cinquiéme de carreaux de pierre de taille en liaison; & la sixiéme de remplage, qui se faisoit par le moyen de certains coffres semblables aux batardeaux, que l'on remplissoit de moilons avec mortier. Mais comme notre maniere de bâtir differe en

De la maçonnerie en général. quelque sorte de celle dont parle cet Auteur, nous décrirons seulement les cinq manieres qui sont le plus en usage en France, renvoyant pour celle des Anciens à Palladio, page 20.

La premiere est, construite de carreaux & boutisses de pierres bien posées en recouvrement les unes sur les autres : elle est communément nommée Maçonnerie en liaison, du mot latin *Insertum*, dont se sert Vitruve.

La seconde est celle de briques, appellée en latin *Lateritium*. La brique est une espéce de pierre rougeâtre, faite de terre grasse, qui après avoir été jettée en moule, de la longueur d'environ huit pouces sur quatre de largeur, & deux pouces d'épaisseur, est mise à sécher pendant quelque tems au Soleil, & ensuite cuite au four, &c.

La troisiéme est de moilons, en latin *Cœmentitium* ; ces pierres doivent être bien équarries, bien gissantes, de même hauteur, exactement posées de niveau, en liaison, & piquées en leurs parements : elles servent à la construction des murs de caves, mitoyens, &c.

La quatriéme est celle de Limosinage, que Vitruve appelle *Emplecton*. Elle se fait de moilons posés sur leurs lits, en liaison, sans être dressés ni équarris, & elle est d'usage pour les murs que l'on enduit de mortier de chaux & de sable, ou de plâtre.

La cinquiéme se fait de blocage, en latin *Structura Ruderaria*, c'est-à-dire, de menues pierres, qui s'employent avec du mortier, dans les fondations, & avec du plâtre dans les ouvrages hors de terre.

De tous les matériaux compris sous le nom de la Maçonnerie, la pierre tient le premier rang ; c'est pourquoi nous allons expliquer ses différentes espéces, ses qualités, ses façons, ses usages, & ses défauts, après avoir cité les Auteurs qui ont écrit de l'art de les assembler, pour former une solide construction, soit en enseignant les développemens de leur coupe, relativement à la pratique, soit en démontrant géometriquement la rencontre des lignes, la nature des courbes, les sections des solides, &c, qui demandent une étude particuliere ; nous renvoyons d'autant plus volontiers à ces Auteurs que cette partie de l'Architecture seule exige une application particuliere.

De la coupe des Pierres.

De la coupe des pierres. Vitruve distingue deux choses également intéressantes dans l'art de la coupe des pierres, sçavoir l'ouvrage & le raisonnement. L'un, dit-il est la partie de l'Ouvrier, l'autre celle du Sçavant ; mais comme il ne nous a rien laissé par écrit sur cette matiere, nous pouvons regarder Philibert Delorme comme le premier qui en ait dit quelque chose dans son Traité d'Architecture, qu'il publia en 1567 ; ensuite Mathurin Jousse en 1642 donna sur cet art quelques découvertes, qu'il intitula le Secret de l'Architecture. En 1643 le Pere Derand traita cette matiere plus profondément, & relativement aux besoins de l'Ouvrier. La même année Abraham Bosse mit au jour le Sistême de Désargues. Mr. De la Rue en 1728 redonna le Traité du Pere Derand, avec plusieurs additions. Enfin en 1737 Mr. Frezier, Ingénieur d'une très-grande réputation, & Mathématicien célébre, en a démontré la théorie d'une maniere capable d'illustrer cette partie de l'Architecture & la mémoire de ce sçavant Auteur ; ainsi on peut avoir recours à cet excellent Ouvrage pour le développement & la perfection de cet art, si intéressant dans la construction. Personne n'ignore qu'avant que la géométrie & la mécanique fussent la base de la coupe des pierres, on ne pouvoit s'assurer précisément de l'équilibre, ou de l'effort de la poussée des voûtes, aussi bien que de la résistance des piédroits, des murs, des contreforts, &c ; on rencontroit alors dans l'exécution des difficultés qu'on

n'avoit

n'avoit pas prévû, & qu'on ne pouvoit résoudre qu'en démolissant ou retondant en place les parties défectueuses, jusqu'à ce que l'œil fût moins mécontent de leur difformité : de-là il résultoit souvent que ces ouvrages coûtoient beaucoup & duroient peu, sans satisfaire les hommes intelligents.

C'est donc à la théorie qu'on est redevable de la légéreté qu'on donne aujourd'hui aux voûtes, ayant abandonné la maniere de bâtir des derniers siécles, qui étoit trop difficile par l'immensité des poids qu'il falloit transporter, de maniere que sans s'écarter des régles, l'on préfére l'assemblage de plusieurs pierres d'une grosseur moins considérable ; c'est même ce qui a déterminé dans la décoration des édifices à abandonner la méthode des Anciens, qui faisoient leurs colonnes & la plus grande partie de leurs architraves d'un seul morceau, & à préférer de faire ces mêmes ouvrages de plusieurs pierres bien plus aisées à mettre en œuvre.

Les Architectes Gothiques ont été ceux qui ont poussé le plus loin la témérité dans la coupe des pierres, se persuadant que leurs ouvrages hardis ne pourroient s'attirer que de l'admiration. A présent qu'on est devenu plus sage, on s'éloigne de ces hardiesses bizarres, & l'on ne se sert de la facilité que donne le trait que pour des cas indispensables, & relativement à la sujetion qu'exige la diversité des bâtimens qu'on doit élever. En effet les préceptes ne demandent pas une singularité présomptueuse dans les productions qui regardent la construction; la simplicité & le vraisemblable doivent être préférés dans les arts qui ne tendent qu'à la solidité ; & l'on peut dire que les Gothiques ne se sont peut-être éloignés des beautés de l'Architecture que parce qu'ils n'avoient dans leur décoration que la hardiesse de l'exécution pour objet. Nos habiles Architectes & nos Ingénieurs de réputation pensent aujourd'hui plus convenablement à cet égard, & n'affectent point trop d'unité aux voûtes qui sont partie de la décoration d'un ouvrage d'Architecture de quelque importance, ni trop de richesse dans ceux qui n'exigent que de la solidité, parce que les principes de la convenance les accompagnent dans toutes leurs productions, & que dans cette partie de l'Architecture comme dans toutes les autres, sans la convenance, les principes, & l'expérience, il ne faut pas espérer d'atteindre à l'excellence de l'Architecture.

De la Pierre en général.

La Pierre est reconnue pour être la matiere la plus utile dans l'art de bâtir. On la tire dure ou tendre de la carriere où elle a pris naissance : tous les pays ont leurs différentes especes de pierre, auxquelles on s'assujettit pour la construction des bâtimens, de maniere que pour en connoître la qualité, il faut après s'être informé des personnes du lieu où l'on pourroit trouver de bonnes carrierer, en faire ouvrir plusieurs. Après en avoir tiré une certaine quantité de pierres, & en avoir exposé quelques quartiers à la gelée sur une terre humide, si ils résistent à cette épreuve, ce sera une marque indubitable de leur bonne qualité.

Il faut avoir pour principe de poser dans les bâtimens les pierres sur leur lit; c'est-à-dire dans la même situation qu'elles se sont trouvé placées dans la carriere lors de leur formation : c'est le seul moyen de les faire résister aux plus grands fardeaux.

La pierre dure est celle que l'on employe dans les grands édifices, supportant mieux que toute autre un poids considérable, aussi bien que les injures du tems, l'humidité, &c ; quoique néanmoins l'expérience ait souvent fait connoître qu'elle résiste moins à la gelée que la pierre tendre. Pour qu'en général la pierre soit reconnue bonne, il faut qu'elle soit pleine, sans moyes ni meulieres, & qu'elle ne soit ni coquilleuse ni veinée ; elle se tire par gros quartiers, que l'on débite

De la pierre en général. dans le chantier, suivant le besoin que l'on en a; les plus petits morceaux servent de Libages, ou de Moilons, à l'usage des murs de fondation, mitoyens, de refend, &c. Ces pierres s'unissent les unes aux autres par le secours du mortier fait de sable ou de ciment, délayé dans de la chaux, ou avec du plâtre, selon la nature du lieu où l'on bâtit. L'on doit sçavoir qu'avant que d'employer aucune de ces pierres, il faut en avoir abattu tout le bousin, qui n'étant pas encore bien formé ni consolidé avec le reste de la pierre, est sujet à être dissous par la pluye ou l'humidité, de maniere que les pierres, dures ou tendres, dont on n'a pas pris soin de retrancher cette partie mal conformée, tombent au bout de quelque tems en poussiere, & que leurs arrêtes sont égrainées par le poids de l'édifice : ce qui fait dire à quelques Ouvriers, pour couvrir leurs malfaçons, que c'est l'effet de la Lune qui influe sur la qualité de la pierre. La plupart de ces pierres se vendent à la voye, ou au tonneau, qui contient quatorze pieds cubes.

Des différentes especes de Pierres dures.

De la pierre dure. La premiere pierre dure est celle de liais, qui porte ordinairement 6 à 8 pouces de hauteur de banc (*m*), & dont on trouve quelques carrieres vers le Fauxbourg St. Jacques, à Paris; cette pierre s'employe ordinairement pour la construction des plus beaux édifices. Il y en a de deux especes, l'une que l'on nomme liais franc, & l'autre liais féraut; cette derniere est plus dure que l'autre, & s'employe par préférence dans les dehors, ainsi qu'on s'en est servi pour la Chapelle de Versailles, celle de Meudon, &c. Ce liais, aussi bien que le franc, est propre à revêtir les dedans des appartemens que l'on veut tenir frais & où l'on veut éviter la dépense du marbre, ces deux especes de pierres recevant aisément la taille de toutes sortes de membres d'Architecture, ainsi que de Sculpture : raison pour laquelle l'on en fait communément les chambranles des cheminées des maisons particulieres, le pavé des Antichambres, des Salles à manger, &c. Il y a encore deux especes de liais, l'un que l'on nomme liais rose, qui reçoit très-bien le poli : il se tire vers St. Cloud; l'autre qu'on nomme franc liais de St. Leu, qui se tire vers les côtes de la montagne de ce nom, & dont les bancs sont de la même hauteur que les deux précédens.

La seconde pierre dure, & qui est la plus en usage dans toutes les especes de bâtimens, est celle d'Arcueil près Paris; elle porte depuis environ 14 jusqu'à 20 ou 22 pouces de hauteur. On trouve près de ce lieu une pierre que l'on nomme lambourde, qu'on employe dans les bâtimens, quoique moins dure que celle d'Arcueil, & qui porte environ depuis 2 jusqu'à 5 pieds de hauteur de banc.

La pierre de Tonnerre en Bourgogne, qui porte environ 18 pouces de hauteur de banc, est la plus estimée à cause de son grain fin & serré. Cette pierre est très-propre pour la Sculpture; l'on en fait des figures, des vases, des Termes, &c. La fontaine de la rue de Grenelle est toute bâtie de cette pierre, aussi bien que la plupart de ses ornemens; les Statues de la nef & du chœur de St. Sulpice, & plusieurs autres ouvrages de cette nature, sont aussi de la même pierre.

Il est une infinité d'autres especes de pierres dures qui portent plus ou moins de hauteur de banc, & dont on fait usage dans la construction, selon la diversité des bâtimens ou la proximité des carrieres, telles que sont celles de Bellehache près Arcueil, qui est une pierre dure mais caillouteuse; celles de Bonbanc près de Vaugirard; celles de la chaussée près de Bougival, proche St. Germain en Laye; celles de Cliquart près d'Arcueil; celles de St. Cloud, de Meudon, de Montesson, de Senlis, de Souchet près la Porte St. Jacques; celles de Ver-

(*m*) On appelle banc la hauteur des pierres qui sont reconnues parfaites dans la carriere, & qui sont inégales selon l'espece de la carriere & la différente qualité de la pierre.

non, de Vergelée, & enfin celles de Caën en Normandie : cette derniere espece est couleur d'ardoise, & sert assez souvent de pavé pour les compartimens des Antichambres, Salles à manger, Salles des bains, &c.

Des différentes especes de Pierres tendres.

De toutes les pierres tendres, celle de St. Leu est employée le plus communément dans les bâtiments : elle porte de hauteur de banc, depuis environ deux pieds jusques à quatre, & se trouve aux environs de St. Leu près Paris. Sa nature, qui est d'être tendre, doit faire éviter de l'employer dans des lieux humides, & sous des fardeaux considérables : c'est pourquoi l'on s'en sert dans les étages supérieurs, comme on vient de le faire au second Ordre du Portail de St. Sulpice, tant pour affoiblir le poids d'une pierre plus ferme & plus serrée, que parce qu'elle est d'un travail facile, & qu'elle ne laisse pas de résister & de se durcir à l'air. Au reste, il y a du choix dans la qualité de cette pierre ; car il s'en trouve sur les côtes de la Montagne de St. Leu, qui peut passer pour dure, & dont le grain est fin & uni. On trouve aussi vers ce lieu la pierre de Maillet & de Trocy, que les Entrepreneurs employent le plus souvent sous le nom de pierre de St. Leu.

De la pierre tendre.

La pierre de craye est une pierre tendre, avec laquelle on bâtit en Champagne, & dans une partie de la Flandre. Cette pierre porte depuis 8 pouces jusqu'à environ 14 ou 15 de hauteur : on s'en sert aussi pour tracer au cordeau, & pour dessiner.

De la Pierre par rapport à ses qualités.

Les qualités de la pierre sont d'être dure, ou tendre, & capable d'être taillée, soit qu'elle soit vive, franche, ou poreuse. On appelle pierre vive celle qui, selon Palladio, se durcit dans la cariere comme dehors, tels que sont les marbres, la pierre de liais, &c. On nomme pierre franche, celle qui est la plus parfaite qu'on puisse tirer de la carriere, & qui ne tient ni de la dureté du ciel de la carriere, ni de la qualité de celles qui sont adhérentes à la terre. La pierre pleine est celle qui n'est sujette à aucuns coquillages, moyes, ni bousins, telles que sont le liais, la pierre de Tonnerre, &c. On appelle pierre poreuse celle qui est sujette à être trouée dans ses parements, lorsqu'elle est taillée, comme la pierre de Tuf (*n*), celle de Meuliere (*o*), &c.

Des différentes qualités de la pierre.

On dit aussi par rapport à la qualité de la pierre, qu'elle est verte, lorsqu'elle sort de la carriere, & qu'elle n'a pas encore jetté son eau ; qu'elle est fiere, lorsqu'elle résiste à l'outil, comme le liais, le marbre, &c.

On dit encore pierre à chaux, pierre à plâtre, ainsi que nous le dirons en son lieu.

De la Pierre par rapport à ses façons.

On entend par façons, non seulement les différentes formes que reçoit la pierre, par le secours de l'appareil, & de la place qu'elle occupe dans un bâtiment, mais encore la premiere forme qu'elle reçoit au sortir de la carriere, en arrivant dans le chantier. Par exemple, on appelle pierre d'échantillon, un bloc de pierre assujetti à une mesure envoyée par l'Appareilleur au Carrier, à laquelle ce dernier est obligé de se conformer avant que de livrer ce bloc à l'Entrepreneur ; autrement toutes les pierres livrées au maître Maçon sans aucune mesure particuliere,

Des différentes façons qu'on donne à la pierre.

(*n*) Du Latin *sophus*, pierre rustique qui est tendre & trouée.
(*o*) Meuliere, pierre de roche trouée comme le tuf.

font autant de carreaux de diverses grandeurs, qui se livrent à la voie, & ont un prix courant fixé.

On appelle pierre de grand & bas appareil, celles qui portent plus ou moins de hauteur de banc. On donne en général le nom de pierre velue, à celle qui est brute, telle qu'on l'amene de la carriere au chantier, & qui n'est pas encore ébouzinée. Pierre bien faite, celle où il se trouve peu de déchet en l'équarissant. Pierre en chantier, celle qui est callée par le Tailleur de pierres, avant que d'être façonnée. Pierre débitée, celle qui est sciée. Pierre faite, celle qui est entiérement taillée, & en état d'être mise en place par le Poseur. Pierre fichée, celle dont les joints sont remplis de mortier ou de plâtre. Pierre de parpain, celle qui traverse l'épaisseur d'un mur de face, ou de refend, en faisant double parement. Pierre de refend, celle qui représente la hauteur égale des assises, & dont les joints sont refendus de diverses manieres. Pierre d'attente, celles posées pour en recevoir d'autres, & être mises en liaison avec elles, ou pour attendre des membres d'Architecture, de Sculpture, &c.

De la Pierre par rapport à ses usages.

Des différens usages de la pierre.

On doit entendre par l'usage de la pierre, sa destination dans le bâtiment, soit qu'elle soit taillée, ou seulement dégrossie, ou brute. Par exemple, on appelle premiere pierre, celle qui, avant que d'élever les murs de fondation, est destinée à y graver les armes de la personne par les ordres de laquelle on construit un édifice. Cette cérémonie se fait avec plus ou moins de somptuosité & de magnificence, selon la dignité du personnage, & la destination du bâtiment, ainsi qu'on l'a observé avec pompe, lorsque Sa Majesté a posé la premiere pierre de St. Louis à Versailles (p) le 10 Octobre 1740, en présence d'une partie de la famille Royale. On renferme dans ces premieres pierres, des médailles d'or frappées relativement au sujet de chaque monument; & c'est par cet usage, qui étoit du tems des Grecs, que l'on a pû apprendre le tems de la fondation de leurs principaux édifices; époques, qui sans cette précaution, seroient tombées dans l'oubli, la plûpart de leurs anciens bâtiments ayant été détruits dans la révolution des premiers siécles.

On appelle derniere pierre, au contraire, celle qui se pose sur l'une des faces d'un édifice public, & sur laquelle on grave des inscriptions, qui indiquent à la postérité le motif de son édification, ainsi qu'on l'a pratiqué sur les piédestaux des statues des Places des Victoires, de Louis le Grand, & Royale à Paris, aux Fontaines publiques, aux portes St. Martin, St. Antoine, St. Denis, &c.

Les pierres d'attente, sont celles qui, lors de la construction d'un mur de face, laissent des harpes ou arrachements, pour attendre la construction de celui du voisin, lorsque les Propriétaires bâtissent dans des tems différents.

On appelle pierre percée, celle destinée à donner du jour & de l'air à une cave, & qui se pose ordinairement sur le pavé d'une cour, d'une remise, d'un passage, &c; & pierre à chassis, celle qui a une ouverture quarrée, ou parallelogramme, de quelque grandeur que ce soit, avec feuillure, pour recevoir un grillage de fer maillé, destiné au même usage que la pierre percée.

On entend par pierres jectisses, toutes celles qui se peuvent poser à la main dans toutes sortes de constructions, & où l'on n'est pas obligé de se servir de machines, pour les transporter de l'atelier sur le Tas (q).

(p) Cette Eglise se construit actuellement sur les desseins & sous la conduite de M. Mansard, de l'Académie Royale d'Architecture.

(q) Tas, du Latin *tassus* monceau. On appelle ainsi le bâtiment qu'on éleve; c'est pourquoi l'on dit retailler ou retondre une pierre sur le tas avant que de la poser à demeure.

On donne le nom de pierres perdues à celles que l'on jette dans quelques fleuves ou rivieres, lorsque l'on veut y construire quelques piles, & que la profondeur, ou la qualité du terrain ne permet pas d'y enfoncer des pieux.

Des differens usages de la pierre.

Les pierres irrégulieres, ou incertaines, sont celles qu'on employe sans y travailler du marteau, au sortir de la carriere.

Enfin chaque pierre, sans avoir égard à sa qualité, porte le nom de l'usage auquel elle est destinée dans un bâtiment. On appelle évier (*r*) une pierre creusée, que l'on place dans un lavoir, ou une cuisine, pour faire écouler l'eau dans les dehors. On nomme une auge (*s*), celle que l'on place dans les basses-cours, pour abreuver les chevaux. La pierre à laver est une espece d'auge plate, dans laquelle on lave la vaisselle. Les bornes (*t*) sont des pierres qui se placent vis-à-vis les piédroits d'une porte cochere, d'une remise, &c; on dit un seuil (*v*), un banc, un appui, &c.

De la Pierre par rapport à ses défauts.

De toutes les pierres dont nous venons de parler, il n'en est pas qui n'ayent des défauts, capables de les faire rebuter pour la construction. Par exemple, il faut éviter d'employer celles qui forment le premier banc dans les carrieres, étant souvent défectueuses, ou seulement composées de bousin, qui n'est d'aucune valeur; celle qui est coquilleuse, parce que lorsqu'elle est taillée, son parement ne peut être beau; celle qui est humide, parce qu'elle est sujette à se geler ou à se feuilleter, &c.

Des défauts de la pierre.

Ces défauts ne sont pas les seuls à éviter; il en est qui regardent la taille, qui doivent faire rebuter les pierres, telles que celles reconnues gauches au sortir de la main de l'Ouvrier, n'ayant pas les parements opposés paralleles, lorsqu'ils doivent l'être suivant l'épure, ou le calibre, & celles dont les surfaces ne se bornoyent pas, & qui ne se peuvent retailler sans déchet. Il faut aussi éviter avec soin d'employer celle qui est taillée de maniere à pouvoir être posée sur son parement & non sur son lit, &c.

Des Libages.

Les Libages (*x*) sont de gros quartiers de pierres, qui ne peuvent être fournis à la toise par le Carrier, étant trop brutes & trop irréguliers pour être équarris: on les employe ordinairement dans les fondations, parce qu'ils sont durs, provenant le plus souvent du ciel de la carriere.

Des Libages.

La pierre de Meuliere sert aussi dans les fondations, le ciment s'acrochant facilement à ses cavités; mais il y a lieu de craindre l'affaissement à cause de la grande quantité de mortier qu'il faut employer pour en remplir les interstices, ce qui empêche cette construction de sécher aussi promptement que lorsque le lit des pierres est uni. Cependant il faut convenir que ce mortier étant une fois bien pris, l'on peut être assuré d'une solide construction, parce que s'y insinuant mieux que dans toute autre sorte de pierre, il ne fait plus qu'un corps avec elle, qu'il est presqu'impossible de détruire, ainsi qu'on le remarque dans les démolitions des anciennes constructions de cette espece.

(*r*) En Latin *emissarium*.
(*s*) En Latin *lavatrina*.
(*t*) Espece de cône ou piramide tronquée, de deux ou trois pieds d'élévation.
(*v*) En Latin *limen*, partie inférieure d'une porte, comprise entre ses deux tableaux, formant feuillure pour servir de battement à la traverse inférieure du battant & du chassis de Menuiserie.
(*x*) On les paye à la voye qui en contient 5, quelquefois 6 à 7.

Du Moilon.

Le Moilon (*y*) n'étant autre chose que l'éclat de la pierre, en est la partie la plus tendre. Sa qualité principale est d'être bien équarri, & bien gissant ; parce qu'alors il a plus de lit, & consomme moins de plâtre ou de mortier.

On l'employe de quatre manieres différentes dans la construction. La premiere est de le poser horisontalement sur son lit, & en liaison, pour la construction des murs mitoyens, de refend, &c. Dans la seconde on le pose en coupe, c'est-à-dire, sur le champ, pour la construction des voûtes. Dans la troisiéme on nomme moilon piqué celui qui, après avoir été équarri, est piqué sur son parement, pour la construction des voûtes de caves, des murs de basses-cours, de clôture, &c. La quatriéme, qu'on nomme d'appareil, exige qu'il soit équarri & choisi de hauteur égale, pour la construction des murs de face, de terrasse, &c.

Le moilon, ainsi que la pierre, a besoin d'être ébousiné, cette partie tendre & humide n'ayant aucune consistance, empêchant le mortier, ou le plâtre de s'accrocher, & arrêtant par cette humidité l'activité des sels de ces agents, qui seuls forment les liens de tous les minéraux.

Du Grais.

Le Grais peut être rangé au nombre des pierres : l'on en distingue de deux especes ; l'un tendre, que l'on employe à la construction des bâtiments (*z*), pour les grottes, les fontaines, &c ; l'autre dur qui sert à paver les rues, les cours, les places publiques, les grands chemins, &c.

Comme le grais, dans son principe, est un composé de grains de sable unis ensemble, qui s'attachent successivement les uns aux autres, pour se former par la suite des tems en blocs, il est évident que sa constitution aride exige lors de la construction, un mortier tout composé de chaux & de ciment, au lieu de sable, parce qu'alors les différentes parties angulaires du ciment s'insinuant avec une forte adhérence dans le grais, unissent si bien par le secours de la chaux, tous les sels de ces différents minéraux, qu'ils ne font, pour ainsi dire, qu'un tout ; ce qui rend cette construction indissoluble. Il faut néanmoins user de la précaution de former des cavités en zig-zag dans les lits de cette pierre, afin que le ciment puisse y entrer en plus grande quantité, & n'être pas sujet à sécher trop promptement, par la nature du grais, qui s'abreuve volontiers des esprits de la chaux ; parce qu'alors le ciment se trouvant dépourvû de cet agent, n'auroit pas seul le pouvoir de s'accrocher, & de s'incorporer dans le grais, qui pour contracter une union immuable a besoin de tous ces secours.

Une des causes principales de la dureté du grais, provient de ce qu'il se trouve presque toujours à découvert, & qu'alors l'air le durcit extrêmement ; ce qui doit nous instruire qu'en général toutes les pierres qui se trouvent dans la terre, sans beaucoup creuser, sont plus propre aux bâtiments que celles qu'on tire du fond des carrieres. C'est à quoi les Anciens apportoient beaucoup d'attention ; car pour rendre leurs édifices d'une plus longue durée, ils ne se servoient que des premieres pierres des carrieres : précaution que nous ne pouvons avoir en France, la plupart de nos carrieres étant presque usées dans leur superficie.

(*y*) Du Latin *mollis*, tendre, nommé par Vitruve *cementum*. L'Entrepreneur paye au Carrier le moilon à la voie ou à la toise cube, & dans ce dernier cas le charge de le faire entoiser.

(*z*) Fontainebleau nous offre des ouvrages d'Architecture construits de cette matiere, qui sont d'une solidité à l'épreuve du tems, & d'une assez belle ordonnance, quoique ancienne.

Le caillou de roche est encore employé pour la construction, dans certaines Provinces, ainsi qu'une infinité d'autres minéraux, qui ne peuvent trouver leur place dans cette Introduction.

Du Marbre en général.

Le Marbre est une espece de pierre ou roche, qui porte le nom des diverses Provinces où se trouvent les carrieres d'où on le tire. Comme il n'a point de lit, il est conséquemment sujet à s'éclater, & n'est pas toujours d'une dureté égale. L'on en distingue de deux sortes, l'un que l'on nomme antique, & l'autre moderne. On entend par les marbres antiques, ceux dont les carrieres sont perdues, ou inaccessibles, & dont nous n'avons connoissance que par quelques ouvrages des Anciens. Par le marbre moderne, on entend celui dont les carrieres sont existantes, & dont on fait actuellement usage dans nos bâtiments. Il s'employe le plus communément par incrustation, ou par revêtissement, étant rare qu'on en fasse usage en bloc, qui fasse parpain, à l'exception des colonnes, des figures, des vases, &c. Versailles, Trianon, & Marly, fournissent d'assez beaux exemples de l'emploi de cette matiere dans la décoration intérieure & extérieure de leurs bâtiments, aussi bien que dans les différents bosquets de leurs Jardins.

La diversité des marbres est presque infinie, néanmoins on les réduit en deux especes, l'une que l'on nomme marbre veiné, & l'autre breche : ce dernier, au lieu d'avoir des veines, est composé de plusieurs petits cailloux de diverses couleurs, de sorte que lorsqu'il se casse, il s'en forme autant de breches ; ce qui lui a fait donner ce nom.

Des Marbres antiques.

Le Porphire passe après le Lapis (&) pour être le plus beau marbre antique, & est estimé le plus dur. Il tire son origine de l'Afrique. D'Aviler rapporte que les colonnes de Ste. Sophie à Constantinople, sont de ce marbre, & passent 40 pieds de hauteur. L'on en voit des vases & des bustes d'une moyenne grandeur, dans la Gallerie de Versailles, dans celle de Meudon, & dans les Jardins de Marly. Sa couleur est d'un rouge foncé, & moucheté de fort petites taches blanches. Il y a aussi du porphire gris, mêlé de taches noires ; il est moins dur que le rouge.

Le Serpentin est un marbre qui se tiroit des carrieres d'Egypte : ce marbre est fort rare, & la grandeur de ses blocs est fort petite ; ce qui fait qu'on ne peut l'employer que par incrustation : sa couleur est d'un verd brun avec de petites taches quarrées & rondes, mêlées de quelques veines jaunes & verd de ciboule : sa dureté imite celle du porphire. On en voit quelques tables dans les Magasins du Roi.

L'Albâtre est un marbre fort estimé ; le blanc sur-tout est le plus recherché pour les figures de moyenne grandeur & pour les vases ; il est fort tendre sortant de la carriere, mais il se durcit beaucoup à l'air. On en trouve communément dans les Alpes & les Pirénées : celui qui est de couleur variée, se nomme Oriental, & il est mêlé de veines roses, jaunes, bleues, & d'un blanc fort pâle : on en fait des vases d'une moyenne grandeur, tels qu'on en voit dans la grande Gallerie de Versailles.

Le marbre Afriquain est tacheté de rouge brun, & a quelques veines de blanc sale, & couleur de chair, avec quelques filets verds ; on en voit quatre consoles au tombeau du Marquis de Gêvres, aux Célestins à Paris.

(&) Le lapis est bleu foncé, moucheté de bleu plus clair, tirant sur le céleste & entremêlé de quelques veines d'or. On en voit quelques pieces de rapport à plusieurs tables dans les appartemens de Trianon & de Marly.

Des Marbres antiques.

Le marbre antique, dont les carrieres étoient dans la Grece, est celui dont on voit de si belles statues aujourd'hui en Italie. Le moderne se tire de Carare, où il s'en trouve des blocs de telle grandeur que l'on veut : on le tire en France des Pirenées. En général ils ne sont pas si durs que l'antique, mais ils ont le grain extrêmement fin, & reçoivent très-bien le poli, principalement celui des Pirenées.

Le marbre blanc & noir antique, dont les carrieres sont perdues, reçoit très-bien le poli : on en voit trois colonnes Composites dans une des Chapelles de l'Eglise des Feuillans, rue St. Honoré à Paris, & deux Corinthiennes dans la Chapelle de St. Roch, aux Mathurins.

Le marbre noir antique est d'un noir pur & sans tache, les carrieres s'en trouvent dans la Grece : l'on en a vû des colonnes de trente-huit pieds de haut dans le Palais que Marcus Scaurus se fit bâtir à Rome. Les Egyptiens en ont tiré d'Ethiopie, mais qui n'étoit pas si noir. L'Empereur Vespasien en fit faire la figure du Nil.

Le marbre de Brocatel est mêlé par petites nuances de couleur isabelle, jaunes, rouges, pâles, & grises : on appelle ce marbre Brocatel d'Espagne, venant de Tortose en Andalousie, où on le tire d'une carriere antique. Les quatre colonnes Composites du maître Autel des Mathurins, & les colonnes Composites de Ste. Genevieve du Mont, sont de ce marbre. On en voit encore quelques blocs d'une moyenne grandeur dans les magasins du Roi, & quelques chambranles de cheminées dans les appartements de Trianon.

Le marbre de Jaspe antique est verdâtre, mêlé de petites taches rouges : il y a aussi du jaspe noir & blanc par petites taches, qui est très-rare : on appelle en général marbre jaspé, celui qui approche du jaspe antique, dont on voit communément des chambranles dans les appartements de Versailles, de Meudon & autres maisons Royales.

Le marbre de Paros est un marbre blanc antique, qui étoit fort estimé chez les Anciens, qui en faisoient de belles statues : on en voit quatre beaux vases dans la salle des Maronniers du Jardin de Trianon.

Le Marbre verd antique est mêlé de verd de gazon & de noir par taches d'inégales formes & grandeurs ; il est à présent fort rare, les carrieres en étant perdues ; on en voit quelques chambranles de cheminée au vieux Château de Meudon. Le marbre verd moderne, connu sous le nom de marbre d'Egypte, se tire d'auprès de Carare, sur les côtes de Gênes ; il est d'un verd foncé & taché de gris de lin, & d'un peu de blanc : le verd de mer, qui est un marbre moderne fort estimé, est d'un verd plus clair avec des veines blanches : on en voit quatre colonnes Ioniques aux Carmelites du Fauxbourg St. Jacques.

Il y a une infinité d'autres marbres antiques, qui ne different que de quelques couleurs plus ou moins foncées, & que l'on connoît en général sous les noms des Provinces dans lesquelles se trouvent les carrieres qui les ont produit, & qui étant de la même espece & de la même qualité, nous dispensent d'en parler ici.

Des Marbres modernes.

Des Marbres modernes.

Le marbre de Languedoc est le plus commun ; aussi l'employe-t-on en général dans les revêtissements de la décoration intérieure, ainsi qu'on le voit aux retraites de l'Eglise de St. Sulpice ; ou bien l'on en fait les colonnes des décorations extérieures, telles que sont celles du bâtiment de Trianon. Ce marbre a le fond d'un rouge de vermillon un peu sale, & il est mêlé de grandes veines ou taches blanches entremêlées de quelqu'unes bleuâtres, & de grises : l'Autel de Notre-Dame de Savone dans l'Eglise des Peres Augustins déchaussés, est de ce marbre.

Le marbre nommé Bourbonnois, est d'un rouge sale, & d'un gris tirant sur le bleu, mêlé de veines d'un jaune sale : on en fait ordinairement les compartiments des Sanctuaires, des sallons, péristyles, &c. La Gallerie du Nord à Versailles, de plein-pied à la Chapelle, est parée de ce marbre.

Le marbre de Rance est d'un rouge tirant sur le pourpre, mêlé de veines & de taches blanches & bleuâtres : il s'en trouve de différente beauté. Les six grandes colonnes du maître Autel de la Sorbonne, sont de ce marbre.

Le Seracolin (*a*) a pour fond une couleur grise, jaune, mêlée d'un rouge couleur de sang ; il est sujet à être filandreux : le beau marbre de cette espece est fort rare, la carriere en étant épuisée. Le pied du tombeau de M. Le Brun, à St. Nicolas du Chardonnet, est de ce marbre. On en voit d'assez beaux chambranles de cheminées dans le Palais des Thuileries, &c.

Le marbre de griotte est de couleur de chair foncée, veinée de taches rouges. On l'appelle ainsi, parce que ce rouge tient de la couleur des griottes ou cerises : on en voit de beaux chambranles dans les appartements de Trianon.

Le marbre verd campan est rouge, blanc & verd, mêlé par taches & par veines ; il y en a dont les veines sont d'un verd plus vif, mêlé de blanc seulement : c'est ce dernier qu'on nomme verd campan ; l'autre s'appelle verd campan rouge, isabelle, &c. Le plus beau, & qui soit du plus grand calibre, se voit aux huit colonnes Ioniques du Château de Trianon, du côté de la cour. Les carrieres de ce marbre se trouvent près de Tarbe en Gascogne.

Le marbre de Breche violette, est celui qui en général a le fond brun sale, avec de longues veines & taches violettes, entremêlées de blanc : les plus belles colonnes qui se voyent de ce marbre, sont deux de celles de la colonnade à Versailles : on en voit des blocs assez considérables dans les magasins du Roi. On appelle breche blanche celle qui est mêlée de violet, de brun & de gris avec de grandes taches blanches. On appelle breche dorée celle qui est mêlée de taches jaunes & blanches. La breche coraline est celle qui a quelques taches couleur de corail, & qu'on nomme breche seracolin.

On nomme grosse breche celle qui est par taches rouges, noires, grises, jaunes, bleues, & blanches, & qui généralement a les autres couleurs de toutes les breches. Deux des colonnes Ioniques de la châsse de Ste. Genevieve sont de ce marbre.

Le marbre blanc veiné est mêlé de grandes veines, de taches grises & bleuâtres sur un fond blanc. On se sert de ce marbre au défaut de celui de Carare & des Pirenées, pour la sculpture, ainsi qu'on en remarque plusieurs belles statues dans les jardins de Versailles, des Thuileries, &c.

Il y a sans doute une infinité d'autres marbres, mais comme ils different peu de ceux dont nous venons de parler, l'exercice du bâtiment suffira pour en acquérir la connoissance.

Des défauts du Marbre.

Les marbres, ainsi que la pierre, ont chacun des défauts qui doivent les faire rebuter. On compte parmi ces marbres défectueux, celui qui est trop dur, & que les Ouvriers appellent fier, étant sujet à s'éclater : le filandreux, parce qu'il a des fils qui le traversent, ainsi qu'on le remarque aux marbres de diverses couleurs, comme le Rance, le Seracolin, &c : le terrasseux, qui est celui où l'on reconnoît des tendres par endroits ; tels sont la plûpart des breches, le Languedoc, & autres, que l'on est souvent obligé de remplir de mastic ou de stuc : le cameloté, celui qui après avoir reçu le poli, paroît tabisé, ou terne ; ce qui le fait mésestimer pour des ouvrages d'importance : enfin le marbre qui a le défaut que les Ouvriers appellent *Pouf*, c'est-à-dire, qui étant de la nature du grais, ne peut former

(*a*) Il se tire du lieu appellé le Val d'or ou la Vallée d'or, proche Seracolin, aux pieds des Pirenées.

de vives arrêtes ; ainſi des autres défauts qui regardent plutôt la pratique que la théorie.

Du Marbre par rapport à ſes façons.

Façons du Marbre.

On appelle marbre brut, celui qui arrive de la carriere en bloc d'échantillon, ou ſeulement par quartier.

On nomme marbre dégroſſi, celui qui ſe débite dans le chantier, à la ſcie, ou au marteau, ſelon le calibre, qui détermine ſes ſurfaces, ou ſon cube.

On entend par marbre ébauché, celui qui a déja reçu quelques membres d'Architecture ou de Sculpture travaillés à la double pointe, pour la premiere façon, ou approchés avec le cizeau pour la ſeconde.

On appelle marbre fini ou terminé, celui qui eſt prêt à être poſé en place, ayant reçu dans le chantier toute la main d'œuvre néceſſaire pour remplir l'objet qu'on ſe propoſe ; ce qui fait qu'on peut comprendre ſous ce nom, celui qui eſt poli, matte, piqué, &c.

On entend par le marbre poli, celui qui après avoir été frotté avec le grais, ou le rabat (*b*), eſt enſuite repaſſé avec de la pierre ponce, & enfin poli au tampon de linge à force de bras avec la potée d'émeril pour les marbres de couleur, & la potée d'étain pour les marbres blancs, parce que l'émeril les rouſſiroit.

On entend par le marbre matte, celui qui eſt préparé & frotté avec de la peau de chien de mer & de la preſle, à deſſein de détacher des membres d'Architecture, ou des ornemens, de deſſus un fond poli.

On appelle marbre piqué, celui qui dans des ouvrages ruſtiques, eſt piqué avec la pointe du marteau, pour détacher les corps ſaillants de deſſus les rentrants, ainſi qu'on en uſe aux grottes, fontaines, caſcades ; &c.

De la Brique en général.

De la Brique.

La Brique eſt une pierre artificielle, dont l'uſage eſt très-néceſſaire dans le bâtiment : non ſeulement l'on s'en ſert utilement au défaut de la pierre & du plâtre, mais même il eſt des genres de conſtruction où elle eſt préférable à tous les autres matériaux, ſoit pour conſtruire des voûtes légeres qui exigent des murs d'une moindre épaiſſeur que des voûtes en pierre, ſoit pour des tuyaux de cheminées, des foyers, des contre-cœurs, &c. Nous avons dit que cette eſpece de pierre étoit rougeâtre ou jaunâtre, & qu'elle ſe jettoit en moule : nous allons donner la maniere de la fabriquer, ſe trouvant peu de terrains qui ne fourniſſent de quoi en faire ; ce qui eſt d'autant plus néceſſaire, que très-ſouvent dans vingt lieues de pays il n'y a aucunes carrieres, ni à pierre, ni à plâtre, & qu'à la place de ces matériaux, on employe la brique, la chaux, le gravier, les cailloux, &c.

Maniere de fabriquer la Brique.

La terre propre à faire de la brique doit être graſſe & forte, de couleur griſe, ſans caillou ni gravier ; il y en a de rouge, mais elle n'eſt pas eſtimée la meilleure, l'expérience ayant fait connoître que lorſqu'elle eſt employée elle ſe réduit en poudre, ou eſt ſujette à ſe feuilleter à la gelée.

En général on reconnoît qu'une terre eſt bonne à faire de la brique, lorſqu'après une petite pluie on s'apperçoit qu'en marchant deſſus elle s'attache aux pieds, ou bien lorſqu'en la pétriſſant avec les mains on ne la peut diviſer qu'avec peine. Cette terre étant une fois reconnue bonne, il faut l'amaſſer par monceaux à la gelée à diverſes repriſes, & dans des tems différens la remuer avec le rabot, juſqu'à ce qu'elle ſoit bien corroyée ; on choiſit les mois de Janvier & Février pour la pré-

(*b*) Pierre de Ourlande, qui a le grain plus fin que le grais.

paration de cette terre, afin qu'enfuite en la fabriquant, fuivant la grandeur du moule qu'on aura préparé, elle ait le tems de fécher pour être cuite au four vers les mois de Mai ou de Juin. Il eſt bon d'obferver de plus que ces pierres artificielles ne doivent jamais avoir une grandeur ni une épaiſſeur trop confidérable, parce que l'action du feu s'y communiqueroit inégalement, & que le cœur étant moins atteint que leur fuperficie, cela les feroit gerfer au four. Au rapport de Vitruve, on ne ſçauroit croire combien les Anciens prenoient de foin pour la perfection de la brique, dont ils faifoient un très-fréquent ufage, ainſi qu'on le remarque dans les veſtiges de leurs monumens.

De la Brique.

La meilleure maniere de connoître la brique avant que de l'employer, eſt de l'expoſer à l'humidité & à la gelée pendant l'hiver, car ſi elle réſiſte à cette épreuve, on ſera non-ſeulement ſûr qu'elle fera une ſolide conſtruction, mais qu'elle réſiſtera à la charge, ce qui ne peut arriver que par la bonne qualité de ſa cuiſſon. On peut encore connoître ſa bonté ſi en la frappant elle produit un ſon aigu, ſi ſa couleur n'eſt ni trop claire ni trop foncée, & ſi elle eſt d'un grain ſerré compact, &c.

Du Plâtre en général.

Le Plâtre (c) eſt un minéral d'une propriété très-importante dans le bâtiment, ſa cuiſſon fait ſa vertu principale, plus elle eſt parfaite & mieux il vaut; l'on peut dire que c'eſt le feu qui lui communique cette qualité ſpécifique de s'attacher lui-même & d'attacher enſemble les autres corps. L'action du plâtre eſt extrêmement prompte, il ſe ſuffit auſſi à lui-même pour faire un corps ſolide, à la différence de la chaux, dont nous parlerons dans ſon lieu.

Du Plâtre.

Le plâtre croît dans la terre, ainſi que toutes les autres pierres; Montmartre, Meudon, & pluſieurs endroits près de Paris fourniſſent des carrieres d'où l'on tire de cette eſpece de pierre aſſez abondamment : elle eſt à la ſortie de la carriere d'une couleur griſâtre, & n'acquiert ſa blancheur que lorſqu'elle a paſſé par le feu.

La cuiſſon parfaite du plâtre conſiſte à donner un degré de chaleur qui peu à peu deſſeche l'humidité qui lui ſervoit d'aliment lorſqu'il étoit dans la carriere, & qui faſſe évaporer le ſoufre qui ſervoit de liaiſon à toutes ſes parties; elle conſiſte encore à diſpoſer le feu de façon qu'il agiſſe également ſur lui.

La meilleure maniere de faire cuire le plâtre eſt d'arranger dans le four toutes les pierres qui doivent être calcinées, en ſorte qu'elles ſoient toutes également embraſées par le feu; il faut prendre garde cependant que le plâtre ne ſoit pas trop cuit, parce qu'alors il perd la qualité que les Maçons appellent l'amour du plâtre, d'ailleurs la trop grande chaleur détruit en lui preſque tous les ſels qui le compoſent, ce qui fait que les pierres que l'on voudroit joindre enſemble par ſon moyen ne peuvent plus ſe lier intimement. Il arrive la même choſe à celui qui auroit conſervé trop d'humidité pour s'être trouvé pendant la cuiſſon à l'extrémité ſupérieure du four.

Il faut employer le plâtre au ſortir du four autant qu'il eſt poſſible, & ne l'expoſer jamais au trop grand air, à l'humidité, ni au ſoleil; celui-ci l'échauffe, la pluie le détrempe, & l'air l'évente. Le plâtre étant cuit devient une eſpece de chaux dont les eſprits ne peuvent être trop vifs; or pour qu'il les conſerve, on ne ſçauroit trop tôt les fixer en l'employant; du moins faut-il le tenir à couvert. L'air, ainſi que l'humidité, abſorbe ſes ſels en les diſſolvant, ce qui fait qu'on ne peut jamais le mettre en œuvre utilement pendant l'hiver, ni dans les lieux humides qui anéantiſſent ſon activité.

(c) En Latin *gypſum*, pierre cuite & miſe en poudre, qui ſe vend au muid ou au ſac.

Après avoir parlé de la cuisson du plâtre, examinons ses diverses qualités ; nous donnerons ensuite la maniere de s'en servir dans l'art de bâtir.

Du Plâtre par rapport à ses bonnes ou mauvaises qualités.

Des qualités du Plâtre.

Le plâtre, pour être mis en œuvre, doit premierement être cuit, ensuite après en avoir expulsé toutes les parties hétérogenes par le moyen du feu, on le réduit en poudre & on le passe au panier ou au sas, suivant l'ouvrage où il doit être employé. On appelle celui qui n'a pas encore été cuit au four, & dont on se sert quelquefois dans les fondations, plâtre crud, & alors pour qu'il soit bon dans la construction il faut le laisser long-tems sécher à l'air : il est à propos d'observer la même chose avant que de le faire cuire.

La bonne qualité du plâtre est d'être gras & blanc ; ses défauts sont d'être verd & éventé.

On appelle plâtre gras celui qui étant d'une bonne cuisson est doux & facile à employer, quoique prompt à prendre & à faire liaison.

On nomme plâtre blanc celui dont on a trié le charbon provenant de la cuisson, précaution que l'on prend pour les ouvrages de sujettion ; on nomme plâtre gris celui pour lequel on n'a pas pris ce soin, étant destiné aux ouvrages de maçonnerie ordinaire.

Le plâtre verd est celui qui ayant été mal cuit se dissout en l'employant, qui ne fait pas corps, & est sujet à se gerser, à se fendre, & à tomber en morceaux à la moindre gelée.

On entend par plâtre éventé, celui qui ayant été trop exposé à l'air ou à l'humidité après avoir été pulvérisé, a de la peine à prendre dans l'auge, & fait une mauvaise construction.

De la maniere dont s'employe le Plâtre.

Emploi du Plâtre.

Le plâtre s'employe de trois manieres : la premiere, comme on le tire du four, ou de la plâtriere, après avoir été seulement concassé, pour s'en servir dans la construction des fondations, ou des gros murs bâtis de moilons ou de libages, ou bien pour ourdir les cloisons, les bâtis de charpente, ou tout autre ouvrage de cette espece. La seconde, au pannier, c'est-à-dire, passé dans un mannequin d'osier clair ; celui-ci est propre aux ouvrages de crépit, de renformis, &c. La troisiéme, passé au sas, destiné pour les enduits, les membres d'Architecture, la Sculpture, &c.

Ces trois manieres d'employer le plâtre dans la construction, exigent aussi qu'on lui donne des façons différentes, c'est-à-dire, qu'il soit gâché plus serré, plus clair, ou tout-à-fait liquide ; le premier sert pour les gros ouvrages, comme enduits, scellements, &c. Le second, pour traîner au calibre des membres d'Architecture, tels que des cadres, des corniches, &c ; & le troisiéme, où l'on met beaucoup d'eau, est destiné pour couler, caller, ficher, ou jointoyer les pierres.

De la Chaux en général.

De la Chaux.

La chaux (*d*) differe du plâtre en ce qu'elle ne peut agir seule pour la liaison des pierres, & qu'il lui faut d'autres agents pour la faire valoir, tels que le sable ou le ciment, dont nous définirons les propriétés, après avoir parlé de celle de la chaux.

(*d*) Chaux, du Latin *calx*. On appelle vive celle qui bout dans le bassin en la détrompant ; & fusée ou éteinte, celle que l'on conserve après qu'elle a été détrompée.

La pierre la plus dure est la plus propre à faire de bonne chaux (*v*), & l'on ne doit se servir de pierre tendre, qu'au défaut de l'autre. La bonne ou médiocre qualité de la pierre, une fois reconnue, on la fait cuire, ou calciner au four; ensuite on la détrempe avec de l'eau, & on la mêle avec du sable, ou du ciment, pour en faire du mortier. Le charbon de terre vaut beaucoup mieux pour la cuisson de la chaux, que le bois; car non seulement la cuisson en est plus prompte, mais la chaux en est plus grasse & plus onctueuse. Les effets de la chaux sont de lier, d'attacher, & d'accrocher ensemble les différens matériaux que l'on veut unir les uns avec les autres. Le moyen de connoître sa bonne qualité après la cuisson, c'est de mêler un peu de cette chaux réduite en cendre avec de l'eau, que l'on bat un certain tems; & si l'on s'apperçoit qu'après avoir été ainsi battue, elle s'unisse comme de la colle, ce sera une preuve de sa perfection; au contraire, si après avoir été battue, elle ne se lioit point, ce seroit une preuve qu'elle auroit été dépourvûe d'une trop grande partie de ses sels par la cuisson.

De la chaux en général.

Selon Philibert Delorme, la meilleure maniere de connoître la qualité de la chaux, c'est d'examiner, lorsqu'elle est cuite, si elle est blanche & grasse, si elle sonne comme un pot de terre, si étant mouillée, sa fumée est abondante & fort épaisse, & si elle s'attache fortement au rabot lorsqu'on la détrempe : ce sont, selon cet Auteur, les signes ordinaires de sa bonté.

La qualité de la pierre peut contribuer beaucoup à la bonté de la chaux; car il est certain que la grande abondance de sels que contiennent certaines pierres, contribue à la rendre meilleure, mais aussi l'on peut dire que la maniere d'éteindre la chaux, avant que de la lier avec le sable ou le ciment, peut réparer les vices de la pierre, qui ne se rencontre pas également bonne dans tous les lieux où l'on a occasion de bâtir; c'est pourquoi après avoir considéré que la pierre à chaux, avant que d'être cuite, est d'une consistance solide, & qu'au sortir du four elle devient tendre & farineuse, examinons-là dans la maniere de l'employer, afin de nous rendre compte comment elle reprend son premier état par le secours du sable ou du ciment.

De la maniere d'éteindre la Chaux.

La premiere attention que l'on doit avoir pour éteindre la chaux, est de nétoyer le terrain que l'on destine pour son bassin, ensuite d'avoir une quantité d'eau suffisante pour la bien dissoudre. L'usage ordinaire pour les ouvrages de précaution, est de la broyer dans un premier bassin que l'on tient plus élevé que le second destiné à contenir une provision proportionnée à l'importance du bâtiment que l'on doit construire. Ce premier bassin sert à retenir les corps étrangers, qui auront pû se trouver dans la chaux vive, afin de ne faire passer dans le second bassin que ce qui doit y être reçu. Pour cela on a soin de mettre dans la tranchée qui communique aux deux bassins, une grille de bois ou de fer, qui retient toutes les parties grossieres. Ces précautions une fois prises, l'on tourmente la chaux à force de bras avec un grand bâton, au bout duquel est une espece d'arc de cercle, que les Ouvriers appellent rabot. Après avoir été ainsi agitée pendant un certain nombre de jours, on la peut employer sur le champ, ou bien l'on a soin de la couvrir avec du sable; ce qui fait qu'on peut la garder plusieurs mois sans qu'elle perde sa qualité.

De la maniere d'éteindre la chaux.

La maniere de l'éteindre demande beaucoup d'attention, trop d'eau la noye & l'affoiblit, & trop peu la brûle; d'ailleurs toutes les eaux ne sont pas propres à

(*v*) Lorsque l'on peut employer du marbre pour faire de la chaux, elle est beaucoup meilleure que toute autre. Les cailloux qui se trouvent dans les montagnes ou dans les torrens, les ravines, &c. sont aussi fort propres à faire de la chaux, aussi bien que certaines pierres dures qui se trouvent dans les campagnes, & qui imitent celle de meuliere; Boulogne près de Paris fournit aussi une pierre jaunâtre fort propre à faire de bonne chaux.

Tome I.

De la chaux.

éteindre la chaux, celles de riviere & de source sont les plus convenables, celles de puits ont leurs défauts : elles peuvent cependant être de bon usage, mais il ne faut pas s'en servir au sortir du puits ; il est nécessaire de les laisser séjourner quelques jours, pour leur ôter leur premiere fraicheur qui ne manqueroit pas de resserrer les pores de la chaux, & de lui ôter son activité. Il faut éviter principalement de se servir d'eau bourbeuse ou croupie. Celle de la mer, selon quelques-uns, n'est point propre à détremper la chaux, ou l'est bien peu, par la raison qu'étant salée, le mortier fait de chaux détrempée de cette eau, seroit difficile à sécher. D'autres au contraire, prétendent qu'elle fait de bon mortier, pourvû que la chaux soit forte & grasse, parce qu'alors les sels marins, quoique de différente nature, concourent à la coagulation du mortier ; au lieu que si elle est foible, ces sels détruisent ceux de la chaux, comme leur étant inférieurs. La chaux n'étant pas capable par elle-même d'unir les pierres ensemble, à cause de sa fluidité naturelle, l'expérience a fait connoître qu'il étoit nécessaire d'y joindre d'autres matieres pour la seconder : le ciment & le sable sont les agents que l'on a reconnu les plus propres à faire valoir la propriété de la chaux. Examinons leur vertu commune dans la construction.

Du Sable.

Du Sable.

Le sable (*f*) est une matiere qui differe des cailloux & des pierres, & que l'on connoît sous le nom de gravier. Il est diaphane ou opaque, gros, moyen, ou petit, rude, âpre, raboteux, & sonore, selon la différente qualité des sels dont il est formé, & des différents terrains où il se trouve.

Il y a deux especes de sable, l'un de riviere qui est jaune, rouge, ou blanc ; & l'autre qui se tire des sablonnieres, ou des fouilles des terres, lorsque l'on construit les fondations d'un bâtiment ; ce qui lui fait donner le nom de sable de cave ; celui-ci est noir, & peut être bon lorsqu'il a été séché quelque tems à l'air. On en distingue aussi de deux sortes ; l'un que l'on nomme sable mâle, qui est d'une couleur plus foncée & plus égale dans un même lit ; l'autre de couleur plus pale & inégale, que l'on nomme sable fémelle.

Le sable de riviere est le plus estimé pour faire de bon mortier, ayant été battu par l'eau, & se trouvant par-là dégorgé de toutes les parties grossieres dont il tire son origine. Il est aisé de concevoir, que plus le sable est graveleux, & plus il est propre par ses cavités & la vertu de la chaux, à s'agrafer dans la pierre, ou le moilon, à qui le ciment fait de chaux & de sable, sert de liaison ; que si au contraire on ne choisit pas un sable dépouillé de toutes parties terrestres, il est plus doux, & par conséquent plus humide & capable alors d'amortir & d'émousser les sels de la chaux, en empêchant le ciment fait de ce sable, de s'incorporer aux pierres qu'il doit unir ensemble & rendre indissolubles. Le sable de la mer n'est pas plus propre à faire de bon mortier, que son eau n'est bonne à faire de de la chaux, étant naturellement plus limoneux que graveleux ; ce qui fixe trop tôt les esprits ignés de la chaux.

Pour que le sable à faire du mortier soit de bonne qualité, il faut qu'il soit assez sec pour qu'après l'avoir manié il ne reste aucunes parties terreuses dans la main. On peut encore en faire l'épreuve, en jettant de ce sable dans un vase d'eau claire : si après l'avoir brouillé, l'eau est bourbeuse, ce sera une preuve qu'il est terreux, si au contraire cette eau reste nette, ou peu trouble, on pourra le mettre en usage.

(*f*) Du Latin *sabulum*, terre graveleuse.

Du Ciment.

Le ciment (*g*) n'est autre chose que de la tuile concassée : à son défaut, l'on se sert de brique, que l'on pulvérise ; mais comme par sa nature elle est plus terreuse & plus tendre que la tuile, elle est moins capable de résister au fardeau, & moins estimée que le ciment, qui dans son origine est fait de terre glaise, dont il est bon de dire quelque chose, à cause de son analogie avec la tuile dont le ciment est fait.

La glaise (*h*) est une masse de terre, qui par les pluies, ou les sources soutéraines, a été changée de simple terre qu'elle étoit, en un corps lié & visqueux, rempli de sels vitrioliques & de soufre. Ce changement se fait par les pluies qui tombant sur la terre, la pénétrent, l'imbibent, & y portent tous les sels & les soufres dont elles sont empreintes, lesquels s'y filtrant, viennent à se fixer sur les terres disposées à se convertir en glaise : elles deviennent massives & grasses, tant par l'assemblage de ces parties salines & sulphurées, que par leur humidité naturelle, qui resserre leurs pores, de façon que cette terre glaise, ainsi formée, reste toujours humide & fraîche. Or il est aisé de concevoir qu'étant composée de sels piquants & caustiques, elle acquiert par le secours de la chaux, la faculté de s'agrafer à tous les autres minéraux, lorsqu'elle a été cuite au four, & ensuite pulvérisée, pour devenir ciment ; d'où il faut conclure que le ciment ayant pour principe la glaise, & retenant la causticité de ses sels, il ne peut manquer d'être fort tenace, & bien plus propre à faire du mortier que le sable. En un mot, la fermeté de sa substance le rend plus propre à résister au poids le plus lourd. Par la pulvérisation & le concassement, il reçoit différentes configurations, & conséquemment ses inégalités & la multiplicité de ses angles font qu'il peut mieux s'encastrer dans les différents minéraux qu'il doit unir, principalement lorsqu'il est chargé de la chaux dont il soutient l'action par ses sels, & qui l'ayant entouré lui communique les siens, de façon que les uns & les autres s'animent, & par leur onctuosité mutuelle, s'insinuent dans les pores de la pierre, & s'y incorporent intimement.

En considérant les sels de ce dernier, & l'esprit de la chaux, qui agissent de concert, il est aisé de concevoir qu'ils coopèrent à recueillir & à exciter ceux des minéraux auxquels on les joint, de maniere qu'un mortier fait de ciment & de chaux de bonne qualité, est capable, même dans l'eau, de rendre toute la construction indissoluble.

Du Mortier.

Par le mortier (*i*), nous entendons la réunion de la chaux avec le sable ou le ciment : c'est de cet alliage que dépend toute la bonté de la construction. Le premier soin consiste à bien éteindre la chaux, comme nous l'avons expliqué. Le second, à choisir du sable de la meilleure qualité. Le troisième, à défendre aux ouvriers, lorsqu'une fois ils ont mêlé le sable ou le ciment avec la chaux, de remettre de l'eau nouvelle pour corroyer le mortier ; car si l'on y en introduit de nouvelle, elle surcharge & assoupit les esprits de la chaux.

La dose du sable avec la chaux, est encore une qualité essentielle du mortier. On se trompe lorsqu'on dit qu'une partie de chaux vive suffit sur deux (*k*) de

---

(*g*) En Latin *testa tufa*.

(*h*) Glaise, du Latin *gleba*, motte de terre, ou *argilla*, argille, terre grasse.

(*i*) Du Latin *mortarium*, qui signifie selon Vitruve, plutôt le bassin où l'on détrempe le mortier, que le mortier même.

(*k*) Trois cinquièmes de sable suffisent quelquefois sur deux cinquièmes de chaux, selon qu'elle soitonne plus ou moins ; car lorsqu'elle est faite de cailloux ou de pierres très-dures, l'on peut mettre jusqu'à trois quarts de sable sur un quart de chaux ; mais il est rare d'avoir de la chaux assez grasse pour porter tant de sable.

Du mortier.

sable, parce que quelquefois le sable dont on est obligé de se servir, est d'une telle aridité, que l'un & l'autre, moitié par moitié, feroient à peine de bon mortier. Quelquefois aussi, la chaux peut n'être pas assez bonne pour la mettre par tiers, & cela arrive, lorsque par un trop long séjour la plus grande partie de ses esprits s'est exhalée. La précaution qu'on doit prendre à l'égard de la qualité du sable & de la chaux, pour en déterminer la mixtion qui fait le mortier, doit s'observer pour celui qui est composé de chaux & de ciment. En cas que ce dernier fût fait avec de vieux tuileaux auxquels on reconnoîtroit quelques parties terrestres, ou que ses parties fussent plus émoussées & moins caustiques, l'abondance de la chaux d'une bonne espece seroit seule capable de remédier aux défauts de la qualité du ciment, ainsi que nous venons de dire qu'elle le seroit pour ceux du sable.

Sans s'arrêter ici à la quantité de l'un & de l'autre, qui ne doit se déterminer, qu'après avoir connu la différente qualité de chacun en particulier, nous dirons qu'il y a trois manieres différentes de faire de bon mortier : la premiere est de le faire avec de la chaux éteinte sur-le-champ, & dans laquelle on corroye le sable ou ciment, pour être employé incontinent : la seconde est de ne mettre en œuvre la chaux avec le sable ou le ciment, que quelque tems après qu'elle a été éteinte : & la troisiéme est de ne se servir de la chaux, que plusieurs années après son extinction ; mais il faut se ressouvenir que dans les deux derniers cas, il faut composer le mortier fait avec cette ancienne chaux à force de bras, sans y introduire d'eau nouvelle, ainsi que nous l'avons recommandé.

On pourra donc, suivant l'occasion, & selon la nature des ouvrages, se servir de ces trois especes de mortier, en observant néanmoins de n'en pas employer d'une qualité, lorsqu'il en faut d'une autre ; parce qu'alors il ne produiroit pas l'effet qu'on en auroit attendu, chaque genre de construction exigeant des précautions particulieres.

Il y a des cas où lorsque l'on veut que le mortier prenne promptement, on le délaye avec de l'urine, dans laquelle on a détrempé de la suie de cheminée ; & pour rendre le ciment plus solide, on y ajoûte de ces petites écailles de fer qui tombent au bas des forges. Quelques uns estiment qu'en faisant dissoudre du sel armoniac dans l'eau avec laquelle on délaye le mortier, cela lui donne une action aussi prompte que celle du plâtre ; ce qui peut être d'un grand secours pour les ouvrages qui demandent de l'accélération ; d'autres prétendent, que pour faire du mortier impénétrable à l'eau, il faut détremper la chaux avec de l'huile, avant que de l'unir avec le sable ou le ciment ; on peut se servir de cette composition pour les bassins, reservoirs, &c. Enfin le mortier fait avec la chaux, le sable, ou le ciment, n'est pas le seul auquel on puisse recourir : il s'en fait encore avec de la pozzolane, espece de poudre, nommée ainsi parce qu'elle se trouve dans le territoire de Pouzzol, en Italie : cette poudre est rougeâtre, & n'est autre chose que de la terre brute mêlée avec le tuf, par les feux souterrains qui sortent des montagnes, aux environs desquelles on la tire. Le mortier fait de cette poudre, est admirable pour les ouvrages de Maçonnerie qui se construisent dans l'eau, aussi bien que celui dans lequel entre la terrasse de Hollande, qui est une terre de couleur grisâtre qu'on trouve près du bas Rhin en Allemagne, & dans les Pays-Bas : elle se fait comme le plâtre, & on l'écrase ensuite, pour la détremper avec de la chaux : voyez ce que M. Belidor a dit à ce sujet, dans *la Science des Ingénieurs*, Liv. III. Chap. III, IV & V, & dans la seconde Partie de l'*Architecture Hydraulique*, Livre III, Chapitre X, Section I.

De l'excavation des terres.

La fouille des terres & leur transport, sont toujours un objet très-considérable dans la construction d'un édifice. Faute d'avoir l'expérience nécessaire à ce sujet, on multiplie souvent les fouilles d'un bâtiment, & loin de veiller à une œconomie très-importante dans la bâtisse, les excavations des terres, leur transport & les fondations coûtent très-souvent la somme que l'on s'étoit proposé de dépenser pour l'ouvrage entier. Ceux qui méprisent la pratique donnent pour excuse que cette partie du bâtiment est tout-à-fait du ressort de l'Entrepreneur; néanmoins il faut convenir que si un Architecte entre dans ce détail, il en résultera deux avantages: le premier, d'empêcher de faire beaucoup plus d'ouvrage qu'il n'en est besoin; le second, que s'il se trouve obligé de bâtir dans un lieu où il n'y a pas d'Entrepreneur habile dans cette partie, il peut ordonner & conduire des hommes qui n'ont souvent d'autre mérite que la main d'œuvre. D'ailleurs il arrive quelquefois que, par œconomie ou autrement, l'Architecte est chargé personnellement de toute la bâtisse, alors il faut qu'il soit instruit au moins que les fouilles d'un bâtiment se font ou dans toute son étendue, c'est-à-dire dans toute la surface intérieure de ses murs de face, ou en partie; que dans le premier cas, après en avoir déterminé la profondeur, il faut en enlever toutes les terres, & que dans le second il faut seulement faire des tranchées pour fonder l'épaisseur des murs de face ou de refend, où il ne sera pas nécessaire de faire des caves, & qu'ensuite on tracera au cordeau toutes ces tranchées, que l'on marquera avec des repaires, &c; enfin qu'après avoir déterminé & marqué toutes les parties qu'il convient de fouiller dans un bâtiment, c'est dans le transport des terres que l'intelligence est nécessaire, pour obvier à toutes les difficultés qui se rencontrent en pareille occasion; & que le moyen le plus sûr pour les éviter & pour ménager la dépense est de transporter les terres le moins loin qu'il sera possible, ces travaux étant fort longs & très-dispendieux.

La maniere la plus ordinaire pour transporter les terres, lorsqu'il y a loin & que ce sont des édifices bâtis dans un Ville, est de les faire voiturer au tombereau, qui contient environ 11 à 12 pieds cubes (*l*) de terre, ce qui est plus prompt & moins coûteux que si l'on employoit douze hommes avec des hottes, qui ne portent gueres qu'un pied cube, ou douze hommes se servant de brouettes, de bannaux, &c.

La différente situation des lieux, la rareté des hommes, ou le prix des fourages doivent décider de la différente maniere de transporter les terres, car il est certain que lorsque l'on bâtit sur une demie côte, les tombereaux ne peuvent être mis en usage à moins que de former des chemins en zig-zag qui adoucissent les pentes, ce qui se pratique dans des ouvrages d'une certaine importance. Il est encore essentiel dans ces occasions d'éviter les détails embarassans, d'avoir des Inspecteurs habiles, exacts, entendus, & de préférer aux travaux à la journée ceux qui se payent à la toise; autrement les Ouvriers surs de leur gain sont paresseux, les ouvrages traînent en longueur, de sorte que ces fouilles qui doivent précéder la construction, ne se trouvant pas faites dans le tems où les saisons permettent de mettre la main à l'œuvre, la bâtisse en est retardée, & l'on se voit bien avant dans l'hiver avant que d'avoir pû sortir les fondations hors de terre. La saison où l'on fait ce travail, la qualité du terrain d'où l'on tire ces terres, l'éloignement de leur décharge, la vigilance des Inspecteurs, la connoissance du prix de la journée de chaque homme, la provision suffisante d'outils & leur entretien, les relais, le soin

---

(*l*) Le pied cube de terre commune pese environ 95 livres, celui de terre grasse 115, &c. Voyez ci-après le poids des autres matieres qui ont rapport à la construction des bâtimens, page 147.

d'appliquer la force ou l'activité des hommes aux ouvrages plus ou moins pénibles ; toutes ces considérations font le bon ordre & la science de cette partie de la construction, & peuvent seules déterminer le prix d'un bâtiment & le tems qu'il faudra pour mettre ses fouilles en état de recevoir la construction qu'on a résolu de faire, suivant l'importance de l'édifice.

Il faut prévoir deux inconvéniens qui arrivent ordinairement quand on néglige de se rendre compte des différentes observations dont on vient de parler, & que dans l'idée d'aller plus vite & de sauver le coût des excavations d'un bâtiment, on commence par en fouiller une partie sur laquelle on se met d'abord à construire. Le premier, que l'attelier se trouve surchargé d'ouvriers & d'équipages de différentes especes qui demandent néanmoins chacun un ordre particulier ; que d'ailleurs ces Ouvriers qui le plus souvent appartiennent à divers (*m*) Entrepreneurs dont les intérêts sont différens, s'embarassent les uns les autres, ce qui nuit également & à l'accélération de la fouille des terres & à la construction des fondations. Le second inconvénient est que les tranchées n'étant pas faites de suite, les murs sont faits en des tems & dans des saisons différentes, d'où il arrive que toutes les parties d'un bâtiment qui devroient être élevées ensemble pour tasser également, ayant au contraire été bâties à diverses reprises, on voit des affaissemens, des surplombs, des lézardes, &c, dans la plupart des édifices les plus importans où l'on a préféré la diligence à la solidité.

Sous le nom d'excavation, on ne comprend pas seulement la fouille d'un bâtiment, l'on entend aussi toute celle qu'il convient de faire pour unir & dresser les terrains des avant-cours, des cours & des basses-cours, aussi bien que les terrasses & les jardins des maisons de plaisance, ou de celles qu'on fait bâtir à la ville ; car il n'est gueres possible qu'un terrain que l'on choisit n'ait des inégalités qu'il faut corriger, pour en rendre l'usage plus commode ou plus agréable ; alors il faut, ou le mettre tout de niveau, ou le dresser seulement suivant sa pente naturelle. Dans ce dernier cas, l'on se contente d'abattre les buttes, & de remplir les cavités ; dans le premier, il faut se servir d'un instrument appellé *niveau*, qui facilite le moyen d'en dresser la surface avec tant de précision qu'il ne reste aucune pente dans toute son étendue. Nous n'entrerons point ici dans la pratique de cette opération, on la trouvera dans tous les Auteurs qui ont écrit sur la Géométrie pratique ; nous remarquerons seulement que lorsqu'il s'agira d'un ouvrage de quelqu'importance, où l'on aura beaucoup de terres à remuer, pour s'assurer de la fidélité des Entrepreneurs, on doit les obliger à laisser des témoins sur le tas, jusqu'à ce que les travaux soient entièrement finis. Ces témoins servent à toiser les vuidanges, ou surcharges des terres qu'il leur a fallu enlever ou rapporter suivant l'occasion, lesquelles lui sont payées à la toise cube, contenant 216 pieds, & plus ou moins cher, selon que ces fouilles sont de terres franches (*n*), de rocailles, ou de roc, que l'on estime de trois manieres : sçavoir, que toute terre, où l'on n'a besoin que du louchet, ou bêche, pour l'enlever, est reconnue terre franche, ou ordinaire ; celle où il suffit de la pioche & du pic, est regardée comme rocaille ; & celle où il faut se servir de pic, de coin, de masse & d'éguille, est considérée comme roc.

(*m*) L'Entrepreneur chargé de la fouille des terres s'appelle Terrassier, ainsi que les hommes qu'il a sous lui à la journée ou à la tâche.

L'Entrepreneur chargé de la construction de la maçonnerie, s'appelle Maçon, du Latin *macchio* un Machiniste, à cause de l'intelligence des machines qu'un Entrepreneur doit avoir dans l'art de bâtir ; quelques-uns donnent au Maçon le nom Latin *structor*.

(*n*) On distingue deux sortes de terres reconnues franches, l'une qu'on appelle terre hors d'eau, qui est celle qui peut se travailler à sec ; l'autre, terre dans l'eau, qui ne peut s'enlever sans beaucoup de difficulté ; alors on donne des prix particuliers pour leur fouille & leur transport.

De la maniere de planter un bâtiment.

Planter un bâtiment est une science qui s'acquiert par l'expérience, aussi bien que par la connoissance de la Géométrie; c'est par le secours de cette derniere que l'on peut tracer méthodiquement les tranchées des fondations, & qu'on observe de le situer d'alignement aux principaux points de vûe, qui en embellissent l'aspect. Cette observation est si essentielle, qu'il y a des occasions où il vaudroit mieux prendre sur l'exposition pour préférer l'alignement direct des principales issues, que de vouloir, pour ne rien céder à l'exposition, rendre oblique la situation de son édifice.

Outre cette attention, l'art de cotter les desseins est d'une grande utilité: deux choses y sont également nécessaires, l'une que les parties s'accordent avec les mesures générales, l'autre d'éviter la confusion. On doit exprimer avec exactitude l'ouverture des angles, & donner d'abord des desseins au trait, y supprimer toutes les saillies, qui doivent n'être apparentes qu'au dessus des fondations, ayant soin néanmoins d'exprimer les empattements nécessaires pour recevoir les retours des corps saillants, ou rentrants, ou tout autre corps qui peut contribuer à la décoration ou à la distribution intérieure ou extérieure. Quelques Architectes tracent la cage de leurs bâtiments d'après les mesures du plan du rez-de-chaussée; mais j'estime que les fondations étant une fois élevées, il convient de recommencer les opérations d'alignement pour servir de preuves aux premieres, & s'assurer de ne s'être pas trompé; alors on enfonce des piéces de bois assez avant en terre, & à quelque distance des murs de face, pour faciliter les opérations & la main d'œuvre. Ces pieces de bois bien équarries, servent à recevoir des cordeaux (*o*), qui bien tendus, constatent les épaisseurs des murs & la hauteur des assises, qui s'étalonnent sur ces pieces de bois, pour assurer les cordeaux, afin qu'ils se tiennent à demeure de niveau, parallèles, à angles droits, obtus ou aigus, selon que l'expriment les cottes du plan. Lorsque ces pieces de bois sont assez près les unes des autres, on les lie ensemble par des plabords qui leur tiennent lieu d'entretoise, pour les empêcher de se déverser, malgré la précaution que l'on auroit pû prendre de les sceller dans la terre par des massifs de Maçonnerie.

De la construction des fondations en général.

La construction des fondations exige une attention infinie. Pour parvenir à leur donner une solidité convenable, il faut considérer leur profondeur & la hauteur des murs qui s'élevent dessus, afin de régler leur épaisseur: c'est de cette derniere que dépend tout le succès de la construction d'un édifice. *Palladio* recommande de donner d'épaisseur aux murs des fondations, le double de ceux qui sont élevés au dessus, mais l'on a reconnu l'abus de cette pratique: cette grande épaisseur est souvent aussi inutile que leur trop grande profondeur. M. Bruant, à l'Hôtel de Bellisle, leur a donné les deux tiers, & Messieurs Mansard, aux Invalides & au Château de Maisons, leur en ont donné la moitié. En général l'épaisseur des murs de fondation doit se régler sur celle des murs du rez-de-chaussée, ayant égard à leur élévation totale; mais lorsqu'il ne s'agit pas d'un édifice considérable, il suffit de donner aux murs de fondation un sixième d'empattement de chaque côté, c'est-à-dire quatre pouces au moins, & six pouces au plus, de plus que l'épaisseur du mur de dessus.

(*o*) Il faut éviter de se servir de la ficelle ordinaire, parce qu'elle est sujette à s'allonger, le fouet ou la ficelle qu'on nomme ligne est la meilleure. On se sert encore de til qui est fait d'écorce d'arbre, & ce til est préférable, parce qu'il ne s'allonge point.

La différente qualité des matériaux qu'on employe pour la construction, est la considération la plus importante pour constater l'épaisseur des murs de fondation, de face, & de refend, leur diversité étant aussi infinie que l'espece des terres sur lesquelles on est obligé d'asseoir les fondations est différente. En général ces terres se réduisent à trois especes, sçavoir, celle de tuf ou de roc, celle de sable, & celle de terre ordinaire. La premiere est facile à connoître par la résistance que les ouvriers trouvent en la fouillant : la seconde se distingue en deux sortes, l'une qu'on nomme sable ferme & dur, sur lequel on n'hésite point de fonder, l'autre qui est le sable mouvant, dont le peu de solidité ne permet pas de risquer de fonder dessus, sans la précaution d'user de plateformes. La troisième qui se divise en quatre, sçavoir, la terre ordinaire ou franche, la grasse, la glaise, & la tourbe : cette dernière ne se trouve que dans les lieux aquatiques, & est une espece de terre grasse noire & bitumineuse, qui se consume au feu, après l'avoir fait sécher, &c.

Des fondations sur le roc.

Des fondations sur le roc.

Les fondations sur le roc sont celles qui paroissent les plus aisées à fonder, par la sûreté du fond ; mais il n'en faut pas moins de grandes précautions, telles que d'encastrer les assises de pierre dans le roc, de maniere que le ciment puisse les unir ensemble. Lorsque l'on connoît par expérience la solidité du roc, l'on peut réduire les murs à une moindre épaisseur, & y adosser la Maçonnerie, en pratiquant des arrachements suffisants pour recevoir les harpes des pierres, qu'on doit avoir soin de piquer au marteau, afin que dans leur cavité, le mortier employé en certaine quantité, puisse se faire jour, & consolider la nouvelle construction avec le roc.

Lorsque l'on veut bâtir sur des rochers dont la surface est très-inégale, & éviter d'employer une certaine quantité de pierres que l'on destine à la construction des murs de face, on employe toutes les menues pierres, qui avec le mortier remplissent très-bien toutes les sinuosités du roc, & débarassent l'attelier. Il y en a même qui prétendent que cette construction étoit fort estimée des anciens, & même préférée dans presque toutes les especes de constructions. M. Belidor paroît en faire grand cas & dit l'avoir mise en pratique, & que lorsqu'elle est une fois durcie, elle ne compose qu'un tout si ferme & si solide, qu'elle est exempte de tout affaissement, soit qu'elle se trouve inégalement chargée par le poids des murs qu'on peut élever dessus, ou que certaine partie du terrain, moins solide que l'autre, céde, ou se détache, comme cela peut arriver dans les différentes occasions de la construction des fondations. Néanmoins j'estime que la construction de pierre de taille, ou de libages, est la meilleure, surtout pour fonder des murs de face, de refend, ou de pignon ; l'on peut à la vérité faire les remplissages de moilons avec du mortier de chaux & de sable, dans le cas où l'on bâtit sur un roc d'inégale hauteur dans l'étendue d'un bâtiment, où l'on a observé de bander un arc, dont une retombée pose sur ce roc, & l'autre sur un pie-droit ou massif, qui atteigne le bon fond, principalement après avoir affermi le terrain à force de le battre, ou avoir posé des plateformes sur sa superficie. Ces pierres même se posent le plus souvent sans mortier (*p*), en les frottant les unes sur les autres avec du grais & de l'eau, jusqu'à ce que leurs surfaces se touchent dans toute leur étendue, ce qui se continue jusqu'à la hauteur du roc : après quoi l'on bande l'arc, au-dessus duquel on peut élever telle construction qu'il sera nécessaire.

Quand ce sera un mur de terrasse, il faudra affecter des retraites dans le roc, de la hauteur de chaque assise, afin que la construction se trouve posée horison-

---

(*p*) On en a usé ainsi dans la construction des fondations de l'Arc de triomphe du Fauxbourg St. Antoine, à Paris.

talement

talement, d'un poids égal, & toujours à pierres féches, excepté les extrémités des pierres, qui doivent faire liaison avec le roc.

Fondation sur le roc.

Avant que de fonder sur le roc, il faut s'assurer de sa solidité ; ce qui peut se faire avec une sonde, pour sçavoir s'il n'y auroit pas de cavités dessous, ou quelque carriere qui par le peu d'épaisseur qu'elle auroit laissée au roc, dans l'endroit où l'on voudroit asseoir les fondations, ne permettroit pas d'élever dessus un poids considérable. Dans ce cas, il faut construire des piles, & bander des arcs dans ces cavités ou carrieres, afin de soutenir le fardeau (*q*) de la construction que l'on voudroit élever sur le roc, & d'éviter ce qui est arrivé en bâtissant l'édifice du Val-de-Grace, où l'Entrepreneur ayant trouvé le roc, crût y asseoir avec sûreté ses fondations ; mais leur poids fit fléchir le ciel d'une carriere qui se trouvoit dessous, de maniere qu'on fut obligé de percer le roc, & de fonder par sous-œuvre des piliers de distance en distance dans la carriere, pour soutenir le poids de l'édifice que l'on voit aujourd'hui. Quelques Architectes, ainsi que Leon Baptiste Alberti & Philibert Delorme, se sont trouvés dans ce cas ; & ce dernier rapporte qu'en bâtissant le Château de St. Maur, il se trouva des terres rapportées de plus de 40 pieds de profondeur, que pour éviter la dépense considérable de ces fouilles, ainsi que d'une construction continue, il se contenta de faire faire des excavations d'un diamétre plus ou moins considérable, selon l'épaisseur des murs, & qu'il y fit construire jusque sur le bon fond, des piles distantes de 12 pieds les unes des autres ; qu'ensuite il fit bander dessus des arcs en plein ceintre, sur lesquels il fit élever son bâtiment.

Leon-Baptiste Alberti propose cette même maniere de fonder des piles avec des arcades, principalement pour les édifices où il se trouve beaucoup de colonnes, afin, dit-il, d'éviter la dépense de faire des fondations au dessous des entrecolonnemens, & il veut que ces arcs soient renversés, parce qu'il est impossible de cette maniere, que ces piles ne se contretiennent pas les unes avec les autres, en observant que l'extrados de ces arcs soit posé sur le terrain solide ; ou sur d'autres arcs bandés en sens contraire.

Des fondations sur le sable.

Pour pouvoir fonder sur du sable avec sûreté, il faut qu'il soit mêlé de cailloux, & que sa masse serrée forme un corps solide & stable. Il arrive quelquefois, malgré cette qualité requise, qu'en fouillant jusqu'à une certaine profondeur, l'on trouve des sources qui bouillonnent & soulevent le sable, ce qui fait nommer ce dernier, sable bouillant. Alors il ne faut ouvrir les tranchées que partie par partie, & avoir soin de tenir près de soi de la chaux vive & sortant du four, avec du moilon, & lorsqu'on s'apperçoit qu'une source veut s'élever, ou qu'elle commence à suinter, on jette dessus cette chaux, qui en se détrempant, bouche la source en la détournant : sur cette chaux on pose du moilon ou des libages, que l'on scelle avec du mortier, & après avoir surmonté cet obstacle, on éleve ses fondations comme à l'ordinaire. Autrement, si l'on est surpris par une source, & qu'on n'ait pas les matériaux dont nous venons de parler, il n'est plus possible de fonder sans épuisement.

Fondation sur le sable.

Il est nécessaire, avant que de fonder sur le sable, quoique d'une apparence solide, de sonder le terrain sur lequel on veut bâtir ; car souvent très-près d'un fond qu'on a crû assez stable pour y asseoir ses fondations, il se trouve des sour-

---

(*q*) C'est une chose indispensable que de considérer le poids des matieres qui doivent être soutenues afin de proportionner la résistance des corps destinés à supporter : raison pour laquelle nous donnons ici le poids des principaux minéraux qui s'employent diversement dans la maçonnerie. Le pied cube de sable de terre pese 120 livres, celui de sable de riviere 132, le ciment 127, la chaux vive 79, l'eau douce 70, le mortier 120, l'argile 135, la brique 130, le plâtre 86, la pierre tendre 115, la pierre dure 156, le marbre 252, &c.

Fondation sur le sable. ces qui rendent ce sable mouvant, & causent un enfoncement total (r) aux fondements; c'est pourquoi de distance en distance, dans l'étendue de la surface qu'on doit fouiller, il faut pratiquer des cavités, non seulement de la profondeur dont on a besoin, mais encore de quelques pieds au dessous; ce qui peut s'éprouver utilement, en faisant la fouille d'un ou de plusieurs puits.

Lorsque les sables sont trop mouvants, ou que leur profondeur considérable ne permet pas de parvenir au bon fond par une excavation suivie, l'on enfonce aux deux côtés de la tranchée des palpanches A pointues par un de leurs bouts, comme B, que l'on fait entrer de quelques pieds, dans le terrain solide F : leurs extrémités supérieures sont assemblées à tenon & mortoise, dans des chapeaux C, entretenus de distance en distance par des liernes D, pour soutenir la poussée des sables E. Ensuite on continue les excavation jusqu'à ce qu'on soit parvenu à la solidité du fond, & on construit à l'ordinaire.

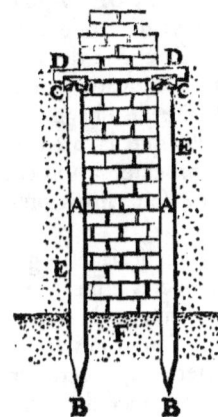

Si le bon fond F étoit très-profond, & que la hauteur du sable E fût si considérable que la plus grande longueur des palpanches ne pût y atteindre, il faudroit avoir recours à des caisses faites avec des madriers cloués sur des châssis de charpente, que l'on réitéreroit à mesure qu'ils s'enfonceroient jusques à la parfaite solidité du terrain sur lequel on voudroit asseoir sa Maçonnerie. Si l'on trouvoit, en fouillant aussi profondément, une eau abondante, il faudroit pratiquer une grille de bois de charpente, qu'on placeroit dans le fond de la tranchée, & après en avoir rempli les intervales avec du moilon, du caillou ou de la meuliere, on poseroit des plate-formes sur ces grilles, & on éleveroit sa fondation : à moins que par œconomie l'on ne voulût se passer de plate-formes ; mais il faut observer lorsque le terrain est reconnu d'une mauvaise consistance, de faire ces grilles d'un pied au moins plus larges de chaque côté que l'épaisseur des murs en fondation.

Des fondations sur la glaise.

Fondation sur la glaise. Il faut éviter autant que l'on pourra de fonder un bâtiment sur la glaise, on en sera plus certain de sa solidité, la glaise étant sujette à des inconvéniens si considérables qu'il seroit mieux de l'enlever avant que de fonder, à moins qu'elle ne se trouvât en si grande quantité que les frais n'en devinssent trop considérables. Mais quand on se trouve forcé par quelque raison essentielle de planter un bâtiment dans un terrain glaiseux, il faut sçavoir qu'il est dangereux de tourmenter la glaise, raison pour laquelle les pilotis sont inutiles dans cette occasion ; car l'expérience a appris qu'en enfonçant un pieu dans une des extrémités de la fondation où l'on croyoit avoir atteint le bon fond, lorsqu'on en enfonçoit un autre à l'autre bout, le premier sautoit avec violence par le gonflement de la glaise

(r) Pareille chose est arrivée en fondant le bâtiment de la Manufacture de M. Van Robais à Abbeville ; après avoir été fondé dans sa totalité, il s'enfonça également d'environ 6 pieds en terre. Cet événement parut surprenant, & donna occasion de chercher la cause d'un affaissement si subit & si général ; on parvint à découvrir qu'ayant fini de percer ce jour-là un puits, cette ouverture avoit donné de l'air aux sources, & l'on se détermina à le combler, ce qu'on ne put faire, malgré la grande quantité de matériaux qu'on jetta dedans, qu'en enfonçant un rouet de charpente de la largeur du puits, & qui n'étoit pas percé à jour, de sorte qu'après avoir été descendu jusques au fond, on jetta dessus de nouveaux matériaux jusqu'à ce qu'il fut comblé, mais on s'apperçut en le remplissant qu'on avoit consumé une bien plus grande quantité de matériaux qu'il n'en auroit dû contenir. Après cette opération on continua l'édifice avec succès, & il subsiste encore aujourd'hui. Ce fait m'a été attesté par des personnes du lieu, & Mr. Briseux, homme aussi sage qu'éclairé, fait mention de cet événement singulier dans son Traité de l'Art de bâtir les maisons de campagne, page 62.

qui fe trouvant ferrée, & étant d'une matiere vifqueufe qui n'avoit pas le pouvoir d'agrafer les furfaces du pilotis, le défichoit à mefure qu'on enfonçoit celui qui lui étoit oppofé. D'ailleurs il fe trouve fouvent fous les lits de glaife un fi mauvais terrain qu'il faudroit des pieux d'une longueur trop confidérable pour pouvoir atteindre un fond ftable & folide.

Tous ces inconvéniens, lorfqu'on a fait l'épreuve d'un terrain de cette nature fur lequel on veut affeoir un bâtiment, font prendre le parti de creufer 3 ou 4 pieds feulement d'un parfait niveau dans la profondeur de la glaife, & d'y pofer une grille compofée de longues pieces de bois de 10 à 11 pouces de groffeur, affemblées tant plein que vuide & à queue d'aronde, fous toute l'étendue des murs de fondation, fur laquelle on pofe de plat des madriers de trois à quatre pouces d'épaiffeur chevillés fur la grille. On y affied fa maçonnerie faite de libage avec uniformité, de forte que l'on ne pofe pas une deuxiéme affife que la premiere ne foit conftruite dans tout le pourtour du bâtiment, afin de procurer à fon édifice un taffement égal, & que le terrain de deffous l'argile ne foit jamais preffé plus d'un côté que de l'autre.

Lorfque le bâtiment qu'on veut élever fur un terrain que l'on fçait être glaifeux, n'eft pas confidérable, l'on en pofe quelquefois les premieres affifes fur la terre ferme, qui ordinairement fe trouve fur la glaife de la hauteur de 3 ou 4 pieds, cette terre fe trouvant quelquefois affez affermie par la liaifon des racines & des herbes qui en occupent la furface; néanmoins il faut obferver que cette pratique n'eft bonne que pour une aile de bâtiment de peu d'importance dépendant d'un grand édifice pour lequel on auroit pris la précaution dont nous avons parlé.

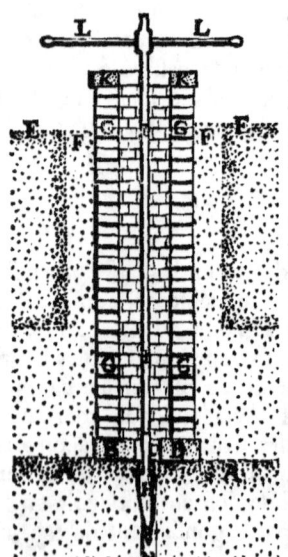

Au refte les terrains de glaife ont cela d'avantageux qu'il eft rare que les eaux incommodent dans la batiffe, la glaife arrêtant l'eau par-deffus & par-deffous, de maniere qu'il n'eft pas étonnant de la voir féjourner en affez grande abondance fur le fommet des montagnes, pendant qu'il eft difficile de pratiquer des puits dans les vallées fans une dépenfe très-confidérable.

Pour y réuffir il faut premierement percer ce puits jufques à la glaife ferme A, qui a quelquefois 20 ou 30 pieds de profondeur, puis y pofer une pierre bien horifontale B, & percée à jour d'un trou D de 8 à 9 pouces de diametre, & affeoir fur cette pierre la conftruction du mur G qu'on éleve jufques à trois pieds au deffus de l'extrémité fupérieure de la terre E, en obfervant de faire un conroi de glaife F de deux pieds d'épaiffeur entre le mur G & la terre E. Après cela par le trou D on enfonce un gros tarier H dont le poinçon ou effieu I s'éleve jufques au-deffus de la margelle K, où fe trouvent placés les bras de la manivelle L qui étant tournée à force d'hommes fait percer la glaife qu'on enleve au mannequin jufqu'à ce qu'il fe trouve de l'eau M : cette eau monte avec abondance dès qu'elle a pris l'air par le trou de la glaife N. Lorfqu'on veut nettoyer le puits, on rebouche le trou D avec un tampon, on en épuife l'eau, & on la laiffe revenir enfuite en ôtant le tampon. Quand la profondeur de la glaife à percer eft beaucoup plus confidérable qu'on ne fe l'étoit imaginé, alors on allonge l'axe de l'effieu I avec des barres de fer bien clavetées & boulonnées ; la longueur de cet effieu eft entretenue par des chaffis de charpente de 10 à 12 pieds d'intervalle, felon que la profondeur du puits l'exige.

Des fondations dans les lieux marécageux.

Fondation dans des lieux marécageux.

De tous les terrains dont nous avons parlé, les lieux marécageux sont les plus impraticables, les plus mal sains & les plus dispendieux. Lorsque par une nécessité indispensable on est obligé de fonder dans ces sortes de terrains, il faut premierement faire les tranchées des fondations très-larges, & pour empêcher l'éboulement des terres, il en faut soutenir les côtés par des dosses (s) & des clayes bien étrésillonnées, & enduites de limon de terre grasse, de mousse, &c; secondement en épuiser l'eau avec une pompe jusqu'à ce qu'on en trouve le fond; troisiémement, couvrir de sable le fond ou la bourbe; quatriémement enfin, former plusieurs files de pierres pour y recevoir une grille & des plate-formes, & fonder ensuite comme dans toute autre occasion. Au défaut de pilotis, l'on peut se contenter d'encaissemens, ainsi que nous en avons parlé en décrivant la maniere de fonder sur le sable; mais comme l'eau peut être fort abondante, & qu'alors l'on est obligé de faire des épuisemens continuels, & de construire des batardeaux, les pilotis dans ces occasions sont une suite nécessaire de ce genre de construction. Presque personne n'ignore la maniere d'enfoncer les pilots au refus du mouton, de les récéper, de les revêtir de leur chapeau & plate-forme; c'est pourquoi nous n'entrerons pas ici dans ce détail; d'ailleurs ceux qui n'en auront aucune connoissance trouveront suffisamment à s'instruire sur cet article dans les Livres qui traitent de la construction, & principalement dans l'Architecture Hydraulique de M. Belidor, qui a donné sur cette partie du bâtiment, ainsi que sur la maniere de fonder dans toutes sortes de terrains, des principes & des dissertations aussi utiles qu'intéressantes. Nous dirons seulement ici que le bois de chêne est reconnu le meilleur pour les pilots, qu'il se durcit à l'eau, & qu'il dure par conséquent plus que tout autre; cependant, selon le sentiment de quelques-uns, le bois d'aulne qui croît dans les lieux humides y est aussi très-propre lorsqu'on l'a fait passer au feu avant que de l'employer. Malgré cette opinion on ne doit néanmoins en faire usage qu'au défaut du chêne, excepté seulement pour les racinaux, les chapeaux, les plate-formes, &c. Quand la charge du bâtiment doit être considérable, il faut donner au diamétre des pieux la douziéme partie de leur longueur, à moins qu'il ne faille employer des pieces de 18 ou 20 pieds, à qui alors 13 à 14 pouces de diamétre suffisent, en observant de les planter plus drus que lorsqu'ils ont une grosseur proportionnée à leur longueur. Ces pieux doivent être frétés par le haut, & armés d'une pointe de fer à trois branches par le bas, &c.

Des fondations sur un terrain ferme.

Fondation sur un terrain ferme.

Après avoir parlé de la sujettion des différens terrains sur lesquels on se trouve obligé de fonder, il paroît nécessaire de dire quelque chose de celui qui ne présente pas tant de difficultés. Ayant pris connoissance de la hauteur & de l'épaisseur des murs qu'on doit fonder, on fera les tranchées auxquelles on observera des taluds intérieurs de la douziéme partie de leur largeur, & lorsqu'on aura trouvé le tuf, on posera une assise de libage à pierres séches, & l'on élevera ensuite alternativement jusques à fleur de terre, des pierres à carreaux (t) & boutisses (u), & dont les interstices seront remplis de moilons posés à bain de

---

(s) Dosses, que Vitruve appelle en Latin *matrices*, grosses planches comme des madriers, qui servent pour échafauder.

(t) Carreau, que Mr. Belidor appelle panneresse, est une pierre dont le parement a plus de largeur que la queue n'a de profondeur, & qui se pose alternativement avec la boutisse pour faire liaison.

(u) Une pierre boutisse est celle dont la plus grande longueur est dans le corps du mur, & qui a plus de queue que de parement; l'on observe même, lorsque les murs n'ont pas une trop grande épaisseur, que la boutisse fasse parpain, c'est-à-dire qu'elle fasse les deux paremens du mur.

mortier

mortier. Lorsque ces murs de fondation renferment des caves dans l'intérieur du bâtiment, leurs parements se font de moilons piqués, ou bien équarris, & jointoyés avec soin. Quand, pour trouver le fond, on est obligé de fouiller très-avant, l'on pratique de doubles caves les unes sur les autres, ou pour éviter la dépense, on construit dans les fondations des arcades, ainsi que nous en avons déja parlé, page 149. Elles épargnent la matiere, & assurent une solidité immuable à tout l'édifice, &c.

Après avoir parlé des différents terrains sur lesquels on peut fonder un bâtiment, nous allons donner quelques détails particuliers concernant la construction des murs, des voûtes, &c.

Des murs en général.

Nous avons dit que selon la qualité du terrain & la diversité des Provinces, l'on faisoit usage pour la construction des murs, de pierre de taille, de moilon, de brique, de grais, de cailloux, &c. De tous ces différens matériaux, les pierres sans contredit tiennent le premier rang; mais comme il n'est pas toujours possible d'en avoir une assez grande quantité à sa disposition, & que d'ailleurs ce genre de construction coûte fort cher, on a très-souvent recours aux autres, devant néanmoins observer dans les murs faits de moilon ou de brique, de pratiquer des chaînes de pierre de taille, dans les encoignures & sous les poutres, qui à cet effet sont nommés jambes sous poutre.

Pour réussir à donner une parfaite solidité aux murs, il y a cinq observations essentielles à mettre en pratique : la premiere, que les premieres assises hors de terre, soient de pierre dure, afin qu'elles résistent à l'humidité : la seconde, que les pierres d'un même rang d'assises, soient de même qualité, afin que le poids de la partie supérieure, qui charge également sur la partie inférieure, trouve une résistance égale : la troisiéme, que toutes les pierres & moilons soient bien liaisonnées, & employées dans un parfait niveau : la quatriéme, que lorsqu'on employera du plâtre pour les scellemens du moilon, on doit laisser un intervalle entre leur arrachement & celui des chaînes de pierre, afin de donner la facilité aux pierres de faire leur effet, le plâtre étant sujet à pousser pendant les premiers jours qu'il est employé, & lors du ravalement général, on remplit ces interstices : la cinquiéme, que quand les murs ont une très-grande élévation, & que l'on craint que la réitération du poids des planchers qui portent dessus ne les affoiblissent, ou n'affaisent leur construction, il faut, principalement dans les murs mitoyens, pratiquer des arcades, qui servent de décharge ; pour cela l'on peut se servir des chaînes de pierre, ou jambes sous poutre, pour les piédroits de ces arcades, ainsi qu'on l'a observé au Louvre. Les anciens, à la place de ces arcs, traversoient leurs murs par de longues piéces de bois d'olivier, tout autre ne pouvant sympatiser avec le mortier, ou le plâtre.

Des murs de face & de refend.

Lorsque l'on construit des murs de face en pierre de taille, il est mieux de faire en sorte que les assises soient d'une égale hauteur, & il faut observer, que les joints des parements (x) soient les moins ouverts qu'il est possible. Les anciens apportoient beaucoup d'attention pour les parements de leurs murailles, ils en rendoient les joints presque imperceptibles, les bâtissant pour la plûpart sans mortier, & les appareillant avec tant de précision, que leur propre poids leur procuroit une fermeté suffisante. Quelques-uns croyent au contraire qu'ils laissoient

(x) On entend par parement d'une pierre, la partie extérieure ou intérieure apparente du mur.

Des murs de face & de refend.

lors de la bâtisse, sur tous les paremens de leurs façades un pouce de charge, qu'ils remettoient à retondre dans le ravalement total; ce qui paroît se contredire avec la description des anciens ouvrages dont l'Histoire fait mention. Quoiqu'il en soit, il est certain que l'appareil est une des parties essentielles de la construction, & qu'il est dangereux de laisser trop de joint aux pierres, non seulement parce qu'ils font un effet désagréable à l'œil, mais aussi parce qu'ils sont contraires à la solidité. Car si l'on se sert de mortier, pour jointoyer les pierres, & que ces dernieres soient d'une qualité tendre, le mortier d'une espece plus dure, se fait autant de cellules dans les pores de la pierre; ou si au contraire l'on fait usage du plâtre, cette matiere plus tendre que toutes les especes de pierres, se trouve pulvérisée par le poids de l'édifice, de maniere que venant à tasser, les arrêtes des assises, qui viennent à se toucher, s'éclatent (*y*). C'est ce qui fait que pour accélérer dans les bâtimens qui ne sont pas d'une grande importance, on calle chaque assise avec du bois, & que dans ceux qui sont plus considérables on se sert de lames de plomb (*z*), après quoi l'on fiche & jointoie entre ces calles, ce qui n'est jamais ni aussi solide ni aussi agréable à la vûe, ainsi qu'on peut le remarquer dans la plûpart des édifices modernes, à l'exception du bâtiment de l'Observatoire que nous avons déja cité, & de la Fontaine de la rue de Grenelle, toute bâtie de pierre des carrieres de Conflans-Sainte-Honorine, qui ne cede en rien pour la beauté de l'appareil & la solidité de la construction à tout ce que l'antiquité nous a laissé de plus parfait pour la bâtisse.

L'épaisseur des murs de face doit être proportionnée à leur hauteur; cependant il suffit de leur donner (lorsqu'ils sont bâtis suivant l'art) deux pieds d'épaisseur sur dix toises d'élévation, en observant de les élever à plomb par dedans, & de leur donner environ six lignes par toise de retraite en dehors, & en supposant qu'on soit obligé de leur donner des retraites des deux côtés, il est nécessaire d'observer que l'axe du mur tombe à plomb de celui des fondations. Au reste il ne suffit pas de proportionner l'épaisseur des murs de face & de refend à leur élévation, il faut encore considérer la charge qu'ils ont à porter, telle que le poids du comble, celui des planchers, la poussée des voûtes, aussi bien que dans les premiers le vuide des arcades & des croisées, & dans les autres les percemens des portes, les tuyaux des cheminées, le scellement des poutres, des solives, des sablieres, des corbeaux, &c, considérations qui doivent déterminer à donner des épaisseurs dissemblables à tous ces murs, quoique d'une même espece. Par exemple les encoignures des murs de face, des avant-corps, des pavillons & des extrémités d'un bâtiment, doivent non-seulement être construites en pierre de taille, ainsi que nous l'avons déja observé, mais aussi elles doivent avoir plus d'épaisseur à cause de la poussée que produisent les croupes des combles pour la décharge des eaux, &c; inégalité qui se repare dans l'intérieur du bâtiment par les revêtissemens des lambris, & en dehors par les saillies des corps qui entrent dans l'ordonnance de la décoration extérieure. Les murs de refend doivent aussi recevoir différentes épaisseurs, selon que, relativement au diamétre des pieces, on sera obligé d'employer des bois d'une grande longueur & d'une grosseur proportionnée, ce qui conséquemment procurera une charge plus considérable & une portée qui étant plus grande traverseroit le mur s'il étoit d'une épaisseur ordinaire. Ou bien lorsque l'un de ces murs étant destiné à recevoir dans son épaisseur plusieurs percemens de tuyaux de cheminées qui montent de fond, qui ne sont séparés que par des languettes, & dont les souches s'élevent toujours fort au-dessus des entablemens, il doit par conséquent avoir une plus grande épaisseur que ceux

---

(*y*) Pour empêcher cette défectuosité, lorsqu'on s'apperçoit qu'un mur de face vient à tasser, avant le ravallement on donne un coup de scie de deux pouces environ de profondeur.

(*z*) Comme on l'a pratiqué à la construction du Péristyle du Louvre, au Château de Maisons, à celui de Clagny, &c.

qui n'auroient à porter que leur propre poids & quelques fcellemens qui pour l'ordinaire font comptés pour peu de chofes ; ou enfin lorfque ces murs de refend fervent de cage à des efcaliers dont les voûtes, les rampes, & le mouvement continuel qu'ils fouffrent, exigent qu'ils foient retenus par des murs dont l'épaiffeur réponde à leurs différentes fujettions.

Des murs de terraffe.

Les murs de terraffe différent des précédens en ce que non-feulement ils n'ont qu'un parement, mais parce qu'ils doivent foutenir les terres contre lefquelles ils font adoffés. Il s'en fait de deux efpeces, les uns que l'on tient fort épais, mais qui coûtent extrêmement ; d'autres que l'on fortifie avec des contreforts (*b*) ou éperons pratiqués pour foutenir une partie des terres, auffi bien que pour en retenir la pouffée.

Lorfque l'on veut conftruire un mur de terraffe dont l'objet eft de retenir les terres d'un fol fort élevé, comme celles de la grande avant-cour du Château de Meudon, il faut prendre la précaution de rapporter les terres dont on aura befoin à quelques pieds près du mur qu'on doit élever, ayant foin de les affermir en les battant, & en les arrofant autant de fois qu'on en aura amené de la hauteur d'environ un pied, en obfervant de les incliner du côté du terrain pour les empêcher de s'ébouler, & fi ces terres rapportées font de différentes qualités, il faut avoir attention d'en charier & d'en mettre à part une certaine quantité d'une même efpece pour remplir les cavités voifines du mur de terraffe. Sans cette précaution, s'il falloit affermir les terres rapportées après la conftruction de ce mur, il feroit à craindre que cette opération n'en ébranlât la folidité. Les murs de terraffe doivent être à plomb du côté des terres, & inclinés du côté oppofé. Quelques-uns leur donnent de talud la huitième partie de leur hauteur ; mais comme cette pente eft confidérable, & qu'elle expofe leur parement à la rigueur des faifons, il fuffit de leur donner la feptiéme partie, & d'établir leur épaiffeur à l'extrémité de leur fommet à la fixiéme partie de leur hauteur, lorfque l'on ne fera point ufage de contreforts, autrement l'on pourra réduire leur épaiffeur à la neuviéme partie de la hauteur, en obfervant de ne donner d'écartement à ces contreforts que la hauteur totale des murs, &c.

Des Voûtes.

En général l'on compte trois efpeces de voûtes, celles en plein ceintre, celles furbaiffées, & celles furmontées (*a*). Nous avons dit ailleurs que les deux premieres font les plus ufitées, néanmoins la plupart des Auteurs qui ont écrit de la conftruction relativement à la pratique, ont donné une régle commune pour trouver la largeur des piédroits des trois efpeces de voûtes, elle fe fait de cette maniere.

(*b*) Contreforts ou Eperons, appellés par Vitruve *anterides* & *erifma*.

(*a*) Quoique dans la conftruction les voûtes fe réduifent à ces trois efpeces, elles empruntent différens noms, felon la diverfité de leur figure & de leur ufage. On les diftingue par grandes voûtes, petites voûtes, & doubles voûtes. On entend par les premieres celles qui couvrent les principales pieces d'un bâtiment confidérable, tel que la nef d'une Eglife, une grande Chapelle, un grand Sallon, une Gallerie, &c. Les fecondes ne font faites que pour couvrir quelques-unes des parties de ces grandes pieces, telles qu'un paffage, une porte, une croifée, une rampe, &c ; & l'on entend par les troifiémes celles qui étant conftruites au-deffus d'une autre pour la décoration extérieure & intérieure d'un édifice, forment une fection entre la convexité de l'une & la concavité de l'autre, comme au dôme des Invalides, à Paris. Toutes ces efpeces de voûtes font ceintrées par leur profil, & fe foutiennent en l'air par l'art du trait dont elles font compofées.

Conformément à la diverfité de leur figure & à leurs différentes fujettions, on les appelle voûtes à lunettes, biaifes, rampantes, fphériques, voûtes d'arrête, en arc de cloître, fur le noyau, d'ogive, à compartimens, &c.

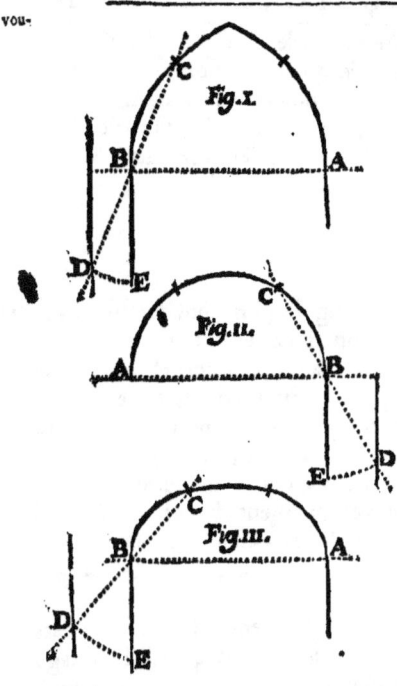

Partagez les arcs A B en trois parties égales & de B C tirez la sécante C D, en faisant B D égal à C B; du point B comme centre, décrivez l'arc E D, alors cet arc donnera l'épaisseur du piédroit. Par cette pratique, il est aisé de concevoir que le piédroit de l'arc surmonté, Figure premiere, a moins d'épaisseur que celui du plein ceintre, Figure deuxiéme, & celui-ci moins que le surbaissé, Figure troisiéme, mais cette pratique n'est bonne à suivre que lorsque la hauteur des voûtes est à leur largeur comme 3 est à 2; car il est très-essentiel dans toute autre occasion, ainsi que le remarque M. Belidor, d'avoir égard à l'épaisseur des voûtes & à la hauteur des piédroits, qui variant selon la diversité des occasions, doivent par conséquent donner aussi plus ou moins d'épaisseur aux piédroits. J'avois dessein d'entrer dans le détail de cette partie de la construction, mais les bornes que je me suis prescrites dans cette Introduction ne me le permettent pas; d'ailleurs cette partie est traitée avec toute la clarté possible dans *la Science des Ingénieurs* de M. Belidor, relativement à la théorie & à la pratique; c'est pourquoi je renvoye d'autant plus volontiers à cet excellent Ouvrage, qu'il se trouve répandu dans les mains de tous les amateurs, & qu'il ne sçauroit être acquis avec trop d'empressement par les personnes qui font ou veulent faire leur profession de l'Architecture Civile ou Militaire.

Il se fait aussi des voûtes plates qu'on nomme à platebande, & qui sont d'usage dans les grands édifices où l'on introduit des Péristyles, tels que celui du Louvre, ou des plafonds très-méplats, tels que celui du Vestibule de l'Hôtel de Matignon, à Paris, dont les claveaux doivent être décrits du sommet d'un triangle équilatéral, ainsi que ceux des arcs en plein ceintre & surbaissés qui doivent tendre aux foyers qui en ont déterminé la cherche. Pour la propreté de l'appareil dans les platebandes droites du côté de leur parement, on affecte que les joints soient perpendiculaires, comme on le remarque au Louvre, ce qui n'affoiblissant pas la solidité, donne à l'édifice une hardiesse apparente qui tient du merveilleux. (*b*)

Les caves, les puits, les citernes, les chausses d'aisances, &c, exigent en particulier différentes sujettions dans leur construction. Pour s'en instruire, on pourra avoir recours aux Auteurs qui en ont traité; cependant, pour rendre plus intéressante la description des édifices qui composent ce recueil, je me réserve de parler de cette partie du bâtiment, selon que les matieres s'en présenteront, & j'aurai soin de les rassembler dans une table alphabétique, ainsi que je l'ai annoncé dans la Préface.

Pour finir la partie de la Maçonnerie, j'ajouterai qu'en général on en distingue

(*b*) Pour la satisfaction des curieux, & aider l'intelligence des personnes qui me sont confiées pour l'instruction des arts, relativement à la pratique qu'ont enseignée Philibert Delorme, le Pere Dérand, La Rue, &c, & aux principes de la théorie de Messieurs Belidor & Frezier, j'ai rassemblé une collection complette de toutes les pieces du trait qui appartiennent à l'art de bâtir, lesquelles présentent à l'esprit sous les genres de voûtes, trompes, descentes, &c, avec des dissertations & des remarques utiles & intéressantes, dont la plus grande partie sont exécutés en France, & dont je me propose de rendre l'examen public vers la fin de l'année prochaine: cette partie de l'Architecture demandant une étude particuliere & étant reconnue généralement trop intéressante, pour en laisser rien ignorer à ceux qui font profession de l'Architecture.

de deux sortes : l'une que l'on appelle grosse Maçonnerie, qui consiste dans la construction des gros murs, des voûtes, &c; l'autre qu'on connoît sous le nom de légers ouvrages qui s'applique principalement aux enduits, aux renformis, aux languettes, plafonds, corniches, &c : celle-ci se paye à la toise superficielle, différant en cela de la premiere qu'on paye à la toise cube, selon les diverses especes, qualités, & sujettions.

De la Charpenterie en général.

Après la Maçonnerie, la Charpenterie tient le rang le plus considérable dans l'art de bâtir : c'est le premier genre de construction dont les hommes ayent fait usage, & comme nous l'avons dit ailleurs, il y a encore des contrées où, par nécessité ou autrement, le bois est préféré à la pierre. En France, on employe l'un & l'autre ; ainsi, ayant parlé de la Maçonnerie en général, nous allons dire quelque chose de la Charpenterie, relativement à nos usages, & toujours autant que cette Introduction pourra nous permettre de nous étendre sur cette partie de l'Architecture, renvoyant pour la théorie & le développement de cet art, à Messieurs Belidor & Blanchard, qui en ont donné quelques définitions, & pour la pratique, aux ouvrages de Le Muet, Mathurin Jousse, Caron, Roux, Mesange, &c.

Sous le nom de Charpente, ou de la Charpenterie, l'on entend aussi bien l'art d'assembler les différentes pieces de bois les unes avec les autres, que l'assemblage même pour la construction des pans de bois, des combles, des planchers, des équipages, des ceintres pour les ponts, de leurs pilotis, &c.

De la qualité des bois de Charpente.

De toutes les especes & qualités de bois que les forests fournissent avec abondance, le chêne est reconnu le meilleur, étant le plus capable de résister au fardeau, & acquérant dans l'eau un tel degré de dureté qu'il n'est plus possible de le travailler à l'outil ; ainsi qu'on l'a éprouvé plus d'une fois sur celui qu'on a trouvé sous de vieilles démolitions des ouvrages des Romains.

Dans les derniers siécles l'on faisoit usage du châtaignier : la plûpart des couvertures de nos anciennes Eglises sont de ce bois. Il s'équarrit très-bien, & n'est pas sujet aux vers ; mais ce qui fait qu'on lui préfere le chêne, c'est que le premier ne vaut rien, lorsqu'il est posé dans la Maçonnerie, & lié avec du plâtre ou du mortier, comme aux extrémités des poutres, dans la construction des planchers, des pans de bois, &c. D'ailleurs, depuis le grand hiver de 1709, cette espece a manqué en France, & l'on ne s'en sert aujourd'hui que pour le cerceau, les échalats, &c.

L'orme ne s'employe gueres que dans les ouvrages de charonnage, n'étant pas assez commun pour la charpente, & étant sujet, lorsqu'il est enfermé, à se pourrir en peu d'années ; ce qui ne le doit faire employer, ainsi que le châtaignier, que pour la construction des combles.

Le sapin étoit plus en usage dans le dernier siécle qu'à présent, l'expérience ayant fait connoître qu'il est sujet aux vers & à s'échauffer ; cependant il est roide, étant posé de champ, & il a l'avantage d'être fort droit, léger (c), & d'une

---

(c) Le pied cube de bois de sapin pese 47 liv. celui de bois de chêne verd 80, de bois de chêne sec 60, de châtaignier 58, de bois d'aulne 37, & de bois d'osier 38 livres.

De la qua-
lité des
bois.

grande longueur. On l'employe communément pour la menuiserie des bâtimens de peu d'importance.

Nous ne parlerons point ici du hêtre, du noyer, du charme, du pin, de l'épicea, du tilleul, du frêne, de l'aulne, du buis, ni des autres especes de bois reconnus très-durs, & dont la rareté, ou les qualités peu propres à l'art de bâtir, les font employer à tout autre usage, renvoyant pour la connoissance & l'emploi de ces sortes de bois au *Traité des Arbres* par M. Roux.

Le bois de chêne, choisi de la meilleure qualité pour le bâtiment, se divise en deux especes, l'une que l'on nomme dure & grossiere, l'autre appellée tendre, & qui est incapable de résister au fardeau. La premiere espece est propre à la Charpenterie, étant difficile à travailler : l'autre est bonne pour la Menuiserie, parce qu'elle est plus traitable pour l'assemblage, & beaucoup moins difficile à corroyer. Cette différence dans une même espece de bois, provient de la nature du terrain où les chênes ont été plantés : ceux d'un lieu aride & pierreux sont fort durs, ceux qui ont crû dans un terrain humide & aquatique, sont plus tendres. En général ceux qui sont exposés au Midi, sont les plus estimés, ils viennent plus droits, plus gros, & ont très-peu d'aubier.

On fait usage des chênes depuis l'âge de 60 jusqu'à 200 ans. Passé ce tems ils dépérissent, & avant soixante ans ils sont trop jeunes, & n'ont pas assez de force. Pour connoître l'âge d'un arbre, après l'avoir coupé par le pied, il faut compter le nombre des circonférences concentriques qui se trouvent dans son tronc, elles marquent assez précisément le nombre de ses années.

Le tems le plus propre pour abattre les arbres, est depuis le mois d'Octobre jusques en Mars : on observe aussi d'en faire la coupe dans le dernier quartier de la Lune ; néanmoins avant que de les abattre, il faut les percer par le pied jusques à leur axe, afin d'en laisser écouler l'humidité pendant quelque tems par cette ouverture ; autrement elle se corromproit dans le bois, ce qui le feroit tourmenter, & le rendroit peu propre aux ouvrages de sujettion.

Quoiqu'en général on appelle le bois de charpente bois quarré, ou d'équarrissage, il est nécessaire d'observer dans son usage, que la base de son rectangle soit à son côté, à peu près comme 5 à 7, parce qu'il a bien plus de force en portant sur son champ, que lorsqu'il pose sur son plat, ou même sur son quarré, quand les côtés ne sont pas dissemblables.

La grosseur des bois, par rapport à leur longueur, est de toutes les précautions la plus importante dans le bâtiment, ainsi que leur portée. Il est assez difficile de prescrire une grosseur déterminée aux pieces de bois ; parce que premierement il faut considérer celles qui doivent porter quelque fardeau, ou celles qui n'ont que leur propre poids à soûtenir ; cependant nous allons donner ici une table de la grosseur des poutres (*d*) & des solives (*e*), par rapport à leur longueur, telle qu'on la trouve dans Bullet, Jousse, &c. A l'égard de leur portée, il faut considérer si ce sont des poutres, des poutrelles, des enchevêtrures, ou des solives. La portée du tenon de ces dernieres, qui s'assemblent ordinairement dans les poutres ou dans les sablieres, leur suffit ; mais pour les poutres, &c, il est nécessaire de les asseoir sur toute l'épaisseur des murs de refend, ou si on étoit obligé de les faire porter sur des murs mitoyens ordinaires, de 18 pouces d'épaisseur, alors elles ne pourroient avoir que 14 pouces de portée, parce qu'on doit toujours laisser 4 pouces de charge en plâtre du côté du voisin.

(*d*) En Latin *trabs*.
(*e*) Solive, du Latin *solum*, plancher. On en distingue de deux especes, celles de sciage & celles de brin. On appelle soliveau, une moyenne piece de bois plus courte qu'une solive, & qu'on nomme en Latin *tigillum*.

TABLE
De la grosseur des Poutres & des Solives, relativement à leur grandeur.

Grosseur des Poutres, de trois pieds en trois pieds.			Grosseur des Solives, de trois pieds en trois pieds.		
Longueur.	Largeur.	Hauteur.	Longueur.	Largeur.	Hauteur.
12. pieds..	.10. pouces..	.12. pouces..	9. pieds..	..4. pouces..	..6. pouces..
15......	.11......	.13......	12......	..5......	..7.
18......	.12......	.15......	15......	..6......	..8.
21......	.13......	.16......	18......	..7......	..9.
24......	.14......	.18......	21......	..8......	.10.
27......	.15......	.19......	24......	..9......	.11.
30......	.16......	.21......	27......	.10......	.12.
33......	.17......	.22......	30......	.11......	.13.
36......	.18......	.23......			
39......	.19......	.24......			
42......	.20......	.25......			

Les solives de remplissage peuvent être de cette grosseur, mais lorsqu'elles serviront de linçoirs ou d'enchevêtrures, il faut qu'elles soient proportionnées au poids des travées qu'elles auront à porter.

Des Planchers.

Il y a 40 ou 50 ans qu'on faisoit un plus fréquent usage des poutres qu'aujourd'hui. Quand on est obligé d'en mettre en œuvre, on les place dans l'épaisseur du plancher (*f*). Lorsque les pieces n'ont pas plus de 24 pieds dans œuvre, on se contente d'employer des solives de bois de brin de 9 pouces sur 11 de grosseur ; mais comme ces pieces de bois sont sujettes à avoir du flâche, n'étant pas d'équarrissage, l'on a imaginé de plafonner les planchers, qui alors durent beaucoup moins que quand les bois sont apparents ; raison pour laquelle l'on préfere ces derniers dans les lieux publics, où la solidité doit l'emporter sur la magnificence ; mais lorsqu'on est obligé de mettre les plafonds en usage, du moins est-il nécessaire d'observer de latter les solives à lattes jointives, & de les enduire ensuite de plâtre. Il faut auparavant examiner si ces planchers sont bien assemblés, s'ils ont une portée suffisante, s'ils n'ont ni aubier ni flâche considérable & enfin s'ils ne sont pas trop forts. Car il est bon de sçavoir que depuis que les Entrepreneurs fournissent ces bois au cent, ils en négligent souvent l'assemblage, pour ménager la façon, & fournissent des bois d'un trop gros calibre, pour multiplier la quantité des pieces ; ce qui charge si considérablement les murs, qu'à moins d'y veiller de près, ils leur occasionnent en très-peu d'années des fractions par leur pesanteur, ainsi qu'aux plafonds, par la négligence de l'assemblage.

On doit aussi observer pour la solidité des planchers, de ne point faire usage des bois verds, ou nouvellement coupés : l'humidité qu'ils contiennent, feroit pourrir les solives en peu d'années, lorsqu'elles se trouveroient enfermées de toutes parts, & l'on doit avoir attention de sceller le bout de chaque solive avec de la terre grasse & du tuileau, le plâtre & la chaux causant leur destruction.

(*f*) On entend par plancher autant la travée de solives qui sépare les différens étages d'un bâtiment, que la surface sur laquelle on marche, ou le dessous des solives, lorsqu'elles sont apparentes. Vitruve nomme les planchers *tabulatum*, *contignatio*.

Des Plan- Quelques-uns, au lieu de terre graſſe, les garniſſent de plomb, à moins qu'elles
chers. ne poſent ſur des ſablieres.

Il faut que les ſolives ſoient poſées de champ, & que leur eſpace ſoit d'un quart plus large que leur épaiſſeur, & quelquefois d'un tiers, quand les pieces ont un petit diametre. On doit obſerver de mettrre des chevêtres & des enchevêtrures, ſous tous les âtres des cheminées, & de remplir leur vuide par des bandes de trémie & des chevêtres de fer. Lorſqu'on eſt obligé de poſer les ſolives ſur les murs de face, il faut mettre au droit des croiſées, des linçoirs engagés dans des ſolives de forte qualité, qui alors ſe placent dans chaque trumeau, &c.

Des Pans de bois & des Cloiſons de Charpente.

Des Pans La ſûreté publique devroit empêcher la conſtruction des bâtimens de charpente,
de bois. principalement dans une Capitale où la pierre, le moilon & le plâtre ſont très-communs. On a même rendu des ordonnance à cet égard: néanmoins la diligence de l'exécution, ou l'œconomie du terrain font paſſer par deſſus cette conſidération, quoique l'on ſoit bien convaincu du peu de durée de cette conſtruction, qu'on devroit au moins reſerver pour des édifices de très-peu d'importance & éloignés de la ſociété, ou enfin pour des petites ailes de bâtiment ſituées dans des cours, des baſſes-cours, &c.

Les cloiſons de charpente devroient être auſſi rejettées dans la conſtruction des bâtimens; cependant comme il n'eſt pas toujours poſſible de faire des murs de refend de Maçonnerie, nous allons dire quelque choſe des pans de bois & des cloiſons de refend.

Les principales pieces de charpente des pans de bois, ſont les poteaux d'encoignure, qu'on nomme poteaux corniers, & dans leſquels viennent s'aſſembler les ſablieres qui diviſent chaque étage. Ils commencent ordinairement au premier, & s'élevent juſques ſous l'entablement du bâtiment. Toute la hauteur du rez-de-chauſſée ſe conſtruit en Maçonnerie couronnée par un poitrail (eſpece de groſſe poutre) mis de longueur, qui porte ſur les piédroits, dont l'extrémité ſupérieure eſt terminée par des encorbellemens.

Ces poitrails doivent être bien poſés de niveau, & un peu en talud ſur le devant, afin d'éviter le ſurplomb lorſque la façade vient à taſſer par ſa charge. Sur ces poitrails regne une ſabliere, ſur laquelle viennent s'aſſembler les poteaux d'huiſſerie des croiſées, les potelets, &c, dont la groſſeur des bois eſt proportionnée à leur uſage dans ces ſortes d'ouvrages.

Des Cloi- A l'égard des cloiſons de charpente, lorſqu'elles portent des planchers, elles
ſons de doivent monter de fond, & poſer à rez-de-chauſſée ſur des parpains de pierre de
Charpen- taille, poſés ſur des fondations aſſiſes ſur un terrain ſolide : ces parpains doivent
te. avoir environ 9 à 10 pouces d'épaiſſeur, & leur fondation 14 à 15 pouces. La groſſeur des poteaux doit être proportionnée à leur longueur & au fardeau qu'ils doivent porter, & il faut qu'ils ſoient aſſemblés ſur une ſabliere qui poſe ſur le parpain, & enclavés dans une autre qui leur ſerve de ſommier. Lorſque ces cloiſons ne ſervent que de ſéparation, on les fait creuſes, pour les rendre plus légeres; c'eſt-à-dire, qu'au lieu de les ourdir en plein avec du plâtre, on enduit ſur des lattes ſeulement leur ſurface. Mais comme ce genre de cloiſons fait qu'on eſt aiſément entendu d'une piece à l'autre dans les lieux qu'elles ſéparent, il faut ne les mettre en uſage que dans les galetas, & les enduire en plein dans les autres occaſions, en obſervant alors de conſtruire les planchers qui les ſoutiennent de maniere à n'être pas accablés par le poids de ces cloiſons.

Il ſe fait quelquefois des cloiſons à claire voie, pour les rendre encore plus légeres. Elles ſe conſtruiſent avec des plabords, des madriers, ou enfin avec des
planches

planches de batteau ourdies des deux côtés ; mais ce genre de cloisons regarde plutôt la Menuiserie que l'art de la Charpenterie, à moins que pour plus de surdité l'on ne fasse usage des tiers-poteaux, qui ne portent environ que trois pouces sur cinq, qui se façonnent ordinairement par les Charpentiers, & qui alors, pour plus de solidité, sont entretenus par des entretoises, des liens, des décharges, &c.

Des Cloisons de Charpente

Les planchers, les pans de bois, & les cloisons, dont nous venons de parler, doivent être entretenus par des armatures de fer, telles que des ancres, des tirans, des étriers, des boulons, des clavettes, &c, dont nous dirons quelque chose en décrivant les gros fers qui appartiennent à la Serrurerie.

Des Combles en général.

Sous le nom de Combles (*g*), l'on entend tous les genres de couvertures à l'usage des bâtimens sacrés, publics, & particuliers, & qu'on appelle relativement à leur forme, comblés à deux égouts, en croupe, brisés, ou à mansarde, en dôme, en terrasse, à l'impériale, &c. Comme ici il n'est question que de leur usage dans les bâtimens & de leur construction, sans nous arrêter à la partie de leur décoration ni à leur origine, nous dirons qu'en général on les tient plus ou moins inclinés, selon les climats où l'on bâtit. Dans les régions septentrionales on les doit tenir fort roides à cause des neiges qui tombent en abondance ; au contraire dans le Levant on couvre les bâtimens en terrasse ; en Italie on fait les couvertures très-plates ; en France, où la nécessité oblige de les tenir plus élevés, on fait leurs côtés égaux à leur base. Ce qui marque une grande variété à cet égard, c'est que dans les derniers siécles l'on faisoit les toits si élevés, ainsi qu'on le remarque au Château de Meudon, à celui de Maisons, au Palais des Thuileries, à Paris, & ailleurs, que leur poids immense exigeoit une construction aussi dispendieuse qu'inutile, & que dans le même-tems l'on a bâti des Châteaux considérables où au lieu de combles l'on a fait usage des terrasses, comme à St. Germain en Laye. Les bâtimens de Versailles du côté des jardins, le Château de Trianon, & plusieurs édifices à Paris ont été couverts depuis avec des combles dont la hauteur est à la base comme 2 est à 5.

Des combles en général.

De toutes les formes de combles, ceux à deux égouts sont les plus usités & les plus convenables pour les bâtimens simples ou semi-doubles, parce qu'alors leur hauteur étant la moitié, hors œuvre, de la profondeur du bâtiment, ils ne paroissent pas trop élevés, au lieu que lorsque ces mêmes combles couvrent un bâtiment double, cette hauteur devenue plus grande paroît souvent hors de proportion avec celle de la façade : attention qui n'est pas peu importante dans l'ordonnance d'un bâtiment de quelque considération.

Cette raison de convenance a fait imaginer les combles brisés connus sous le nom de Mansardes, du nom de Mansard, qui dit-on, en a été l'inventeur (*h*), du moins en a-t-il fait usage au Château de Clagny, & aux Ecuries de Versailles qui sont de cet habile Architecte. Ces combles terminent avec plus d'élégance, selon le sentiment de plusieurs, l'extrémité supérieure d'un bâtiment, & procurent plus de logement dans les combles pour les galetas, & moins de profondeur aux jouées des lucarnes. Il faut néanmoins convenir qu'ils ont deux inconvéniens insurmontables quant à l'usage, sçavoir que le faux comble est trop peu incliné pour procurer la chute des neiges, & que l'autre est trop roide pour les recevoir, de sorte

---

(*g*) Comble, du Latin *culmen* sommet, ou *culmus* chaume. L'on appelle aussi les combles toits, du Latin *tectum*, fait de *tegere* couvrir. On les nomme aussi en général couvertures, en Latin *tegmina*.

(*h*) Quelques-uns prétendent que les Architectes du dernier siécle ont trouvé cette forme de combles d'après l'armature que *Viola* avoit imaginée pour ceintrer ses arcades, & qu'il rapporte dans son Traité d'Architecture, Livre premier.

qu'elles s'échappent avec trop de vitesse dans les chêneaux, les remplissent, & en se fondant les débordent, dégradent les entablemens, & pourrissent le pied des chevrons, des plate-formes, &c, malgré le plomb dont ces chêneaux sont revêtus : considération qui fait préférer les Attiques, auxquels les faux combles semblent suffire pour couverture, ainsi qu'on le pratique en Italie ; alors l'Attique a sur la Mansarde l'avantage d'être quarré.

De la construction des Combles.

Construction des combles.

La grosseur des bois dont on a parlé n'a rien de commun avec ceux qu'on employe pour la construction des combles, parce que la plupart des pieces de bois, soit qu'elles portent de bout, soit qu'elles se placent inclinées, ont beaucoup plus de force que celles qui sont posées de niveau pour soutenir quelque fardeau. Bullet prétend que les pieces inclinées par un angle de 45 degrés doivent porter la moitié plus que celles qui sont horisontales ; de là il s'ensuivroit par exemple qu'une piece de bois horizontalement posée, & qui auroit 18 pieds de long sur 12 à 15 pouces de gros, pourroit être réduite à 6 pouces sur 7 & demi, ce qui est contre toute expérience. Cependant il est certain (& cette même expérience nous le confirme) que les bois inclinés qui sont retenus par une partie de leur extrémité ont plus de force pour porter une grande charge que ceux qui sont horizontaux, & qu'une piece de bois dans cette situation peut conséquemment être réduite environ au tiers de l'horizontale, mais non à la moitié.

Les assemblages des combles se font différemment, selon la diversité de leur forme & de leur grandeur ; ordinairement ceux à deux égouts & brisés, qui sont le plus en usage, se font par travées de 9 pieds d'intervalle au moins, & de 12 pieds au plus. On met une ferme à chacune de ces travées, laquelle pose sur un tirant, qui dans ses extrémités reçoit l'un des bouts des arbaléstriers (i), & les autres s'assemblent dans le poinçon qui porte le faîtage. Ces arbaléstriers reçoivent les pannes, & celles-ci les chevrons, qui posent d'un bout sur des plateformes & de l'autre sur le faîte, de maniere que ces pannes sont réitérées en plus ou moins grande quantité, selon la longueur du comble, les chevrons ne devant gueres avoir au-dessus de 9 pieds de longueur sur quatre pouces environ de grosseur, & ne devant être écartés que des quatre à la latte. Lorsque l'on fait usage des chêneaux, qui sont toujours préférables aux égouts, l'on pose sur la saillie de l'entablement deux cours de plateformes, l'une sert à recevoir le pied des chevrons, l'autre le chêneau. Ces plateformes doivent être entretenues par des blochets pour plus de solidité, & lorsque, par œconomie ou autrement, l'on préfére les égouts, sur le bas des chevrons on assemble des coyaux qui arrivent jusques sur la saillie de la corniche, pour recevoir la tuile ou l'ardoise, qui forment l'égout & jettent loin du pied du bâtiment les eaux du comble. Cependant malgré cette précaution, ces eaux ne laissent pas au bout de quelques années d'endommager le sol de l'édifice, ainsi que nous le remarquerons en parlant de la Maison de M. de Moras, aujourd'hui l'Hôtel de Madame la Duchesse du Maine.

Les combles brisés différent des combles à deux égouts, en ce qu'à la place des arbaléstriers l'on fait usage des jambes de force, qui par un de leurs bouts sont assemblées dans le tirant portant plancher, & de l'autre soutiennent la panne de brisis sur laquelle porte le faux comble entretenu par un entrait portant le poin-

---

(i) Nous ne parlons point ici de la grosseur des bois, c'est à l'expérience qu'il faut avoir recours pour se rendre habile à cet égard ; d'ailleurs plusieurs Auteurs en ont donné les proportions, mais ils différent si considérablement de la pratique, que j'aurois, ainsi que la plupart d'eux, écrit inutilement sur ce sujet, & sans que pour cela je fusse d'aucun secours à ceux qui sont peu initiés dans l'art de la construction. Néanmoins on peut avoir recours à ces Auteurs, ne me croyant pas obligé de répéter ce qu'ils ont donné sur cette partie qui exige des démonstrations particulieres, suivant la diversité des genres de construction.

çon, &c. La proportion de ces combles, selon quelques-uns, se fait de cette maniere : ayant divisé le demi cercle A B C D E en quatre parties égales, A B

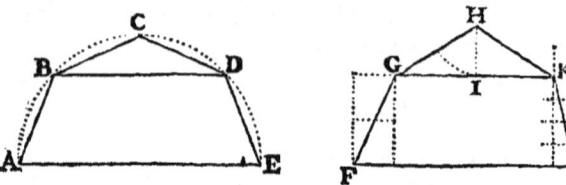

& D E sont pour la mansarde, & B C D pour l'égout du faux comble ; d'autres inclinent la mansarde F G de la moitié de sa hauteur, & donnent au poinçon H I la moitié du côté G H. Cette derniere maniere est trop inclinée, & lorsqu'on veut faire usage de ces combles il suffit de donner de pente à K L le quart de sa hauteur, autrement ils paroissent donner trop de poussée aux murs de face, & procurent trop d'inclinaison dans l'intérieur des mansardes.

Je finirai par convenir que l'une & l'autre maniere de combles doivent être employées avec convenance dans les bâtimens & selon la dignité de l'Edifice, qu'en général ils ne conviennent qu'aux maisons particulieres. Versailles, Marly, Trianon, le Château de St. Ouen, le Palais Bourbon, à Paris, & quantité d'autres monumens nous montrent assez qu'on peut réussir à faire de beaux édifices, sans faire parade de combles qui doivent être réservés (avec plus de vraisemblance) pour les monumens publics, tels que les Eglises, les Hôpitaux, les Greniers à sel, à bled, &c, où il conviendroit néanmoins qu'on substituât les voûtes aux combles, l'œconomie ne devant pas avoir lieu lorsqu'il s'agit de bâtimens qui intéressent les Citoyens & la magnificence d'une Capitale : de sorte qu'ils ne devroient être employés, comme nous venons de le dire, que dans les maisons à loyer ou de peu d'importance, étant sujets aux mêmes inconvéniens que les pans de bois.

Je ne parle point ici de la construction des escaliers de charpente, ne devant avoir lieu dans un bâtiment de quelque importance que pour le dégagement des domestiques; si d'ailleurs on en vouloit une exacte explication, leur assemblage, leur débillardement, & leur coupe demanderoient un détail qui n'appartient point à cette Introduction.

De la couverture des Edifices.

La pierre, l'ardoise (*k*), la tuile (*l*), le cuivre, le plomb, sont autant de matieres qui servent indifféremment pour la couverture (*m*) des édifices. La pierre ne s'employe que sur les voûtes, comme au Château de St. Germain en Laye, sur le dôme des Invalides, & sur une partie de la Cathédrale, à Paris. Néanmoins

(*k*) Le pied cube d'ardoise pese 156 liv. celui de la tuile 127, de cuivre jaune 548, de cuivre rouge 648, de plomb 828.

(*l*) La tuile se fabrique avec de la terre grasse séchée & cuite au four ; celle qui est plate se distingue en grand & petit moule tenu d'une certaine épaisseur. On y laisse derriere un petit crochet pour les retenir à la latte. Suivant la diversité de leur forme & de leur usage on les appelle tuile faîtiere, Flamande, vernissée, &c. Vitruve appelle les tuiles *hamaia tegula*.

(*m*) Sous le nom de Couvertures, l'on entend non-seulement les différentes matieres dont l'on couvre un bâtiment, mais aussi la charpente du comble. Anciennement l'on se servoit de chaume pour couvrir les maisons, aujourd'hui l'on en fait usage pour les glacieres, ce genre de toit les rendant impénétrables au soleil. Quelquefois on en fait encore usage pour les Fermes de campagne & éloignées de la Capitale, aussi bien que du bardeau ou de la tuile à claire-voie, ce qui en consomme un tiers moins que les autres. Vitruve appelle le bardeau *scandulæ fisciles*. Les Anciens en faisoient un assez fréquent usage ainsi que du chaume.

Couverture des édifices.

lorsqu'il s'agit de quelqu'aile de bâtiment de peu de profondeur, on peut faire usage de dales de pierre un peu inclinées ou convexes, sur des planchers de Charpenterie; mais comme cette couverture est fort pésante, l'on préfere le plomb, qui ayant moins besoin d'inclinaison pour écouler les eaux, procure des terrasses au-dessus de ces mêmes ailes, ou pavillons, ainsi qu'on en voit au Château de Maisons du côté de l'entrée, &c.

De toutes les couvertures la tuile est la plus ordinaire; mais comme elle est beaucoup plus pésante que l'ardoise, à cause de son épaisseur, & qu'elle n'est pas agréable à la vûe, on ne l'employe que dans la construction des maisons particulieres, ou pour les basses cours, les fermes, les métairies, &c.

La couverture d'ardoise (*n*) est la plus estimée, la plus légere & la plus propre à couvrir les combles, lorsqu'on les veut rendre apparens. La meilleure ardoise est celle qui est la plus noire, la plus luisante, la plus unie, & qui est d'une égale épaisseur: l'ardoise d'Angers est préférée à celle de Méziere & d'Angleterre, cette derniere étant d'une moins bonne qualité, & celle de Méziere se feuilletant à l'humidité. On taille l'ardoise sur différens échantillons, dont on fait usage selon la pente des combles: elle s'attache avec du clou sur de la latte, qui doit être de cœur de chêne, sans aubier, & dont 25 de 4 pieds de longeur, composent la botte: la latte pour la tuile est beaucoup plus étroite que celle pour l'ardoise, mais il s'en trouve 50 à la botte, sur la même longueur. L'une & l'autre s'attachent sur les chéneaux avec du clou, qu'il ne faut pas épargner, autrement les vents un peu violens dégradent les couvertures en peu d'années; ce qui les fait donner ordinairement à l'entretien à un Entrepreneur.

Les couvertures de cuivre (*o*), quand on ne craint pas la dépense, sont préférables à toute autre matiere: le cuivre est plus léger que le plomb, & n'a pas besoin de beaucoup de soudure. Il s'employe en tables fort minces, & pour les unir ensemble dans leurs joints montans, on les replie l'une sur l'autre d'environ un pouce, ainsi qu'on l'a observé à l'une des ailes du Château de Versailles du côté du Jardin. Cette couverture est fort en usage en Suede, où cette matiere est très-commune: en France on en employe fort peu, à cause de sa rareté, qui le rend fort cher.

Les couvertures de plomb (*p*) sont fort en usage dans les bâtimens d'importance, lorsque l'on ne peut donner aux combles une pente suffisante, & que dans un climat sujet aux neiges, l'on auroit lieu de craindre qu'elles ne séjournassent trop sur les toits qui seroient couverts d'ardoise. Le plomb est plus léger que la pierre, mais beaucoup plus lourd que le cuivre, la tuile, & l'ardoise. Son entretien & sa dépense font hésiter à le mettre en œuvre dans les bâtimens d'œconomie, d'ailleurs il est cassant, & sujet à se gersir à la gelée, & il consomme beaucoup de soudure: en général il s'employe noir ou blanchi, coulé, ou laminé. Ce dernier, depuis quelques années, a la préférence en France, les tables en étant plus larges, l'épaisseur moins considérable & fort égale & étant par conséquent beaucoup moins pésant que l'autre, qui cependant est d'un meilleur usage pour les descentes, les goutieres, & généralement pour tous les ouvrages qui demandent de la résistance. Le plomb laminé au contraire est d'un très-bon service pour les couvertures, les cheneaux (*q*), les noües (*r*), les arêtiers, les enfaîtages, les bourseaux, les ennusures, &c: ces ouvrages, pour la plûpart, se font de

(*n*) L'ardoise, du Latin *ardosia*, est une pierre d'un bleu noirâtre qui se débite par feuilles; on la distingue en ardoile fine, grosse, quarteletre, & dure; les trois premieres servent pour les couvertures, la derniere pour du carreau & des tables.

(*o*) Métal dont les Anciens faisoient usage pour couvrir leurs édifices; ils donnoient la préférence à celui de Corinthe, æs *Corinthium*.

(*p*) Métal tendre qui sert non-seulement à couvrir des bâtimens, mais encore dans les jardins, aux fontaines, conduites, tuyaux, bassins, &c.

(*q*) Nommés par Vitruve *compluvium*.

(*r*) Nommés par Vitruve *colliquia*.

plomb

plomb étamé avec de l'étain fondu, frotté avec des étoupes ; ainsi le plomb fondu par tables y est plus propre, étant plus brute que l'autre, qui est trop lissé par le laminoir. Quelquefois au lieu d'étamer le plomb, on le dore à l'huile, tel qu'on en voit sur les combles du Château de Versailles, du côté de l'entrée, sur le dôme des Invalides, de la Sorbonne, &c.

De la Serrurerie.

Par le nom de Serrurerie (s), l'on entend le fer (t) qu'on employe dans le bâtiment pour la solidité, & la sûreté, ou pour la décoration. Le premier s'appelle gros fer, & sert dans la construction, pour entretenir & lier la Maçonnerie avec la Charpenterie, par des ancres, des tirans, des linteaux, des platebandes, des boulons, des étriers, &c. On en fait aussi des manteaux de cheminées, des bandes de trémie, des chevilles, des corbeaux, des potences, &c, lorsqu'il est tout brute, & tel qu'il sort de la forge, à l'exception des façons qu'il convient de donner à ce fer, selon ses différentes formes & usage. Le second s'appelle Serrurerie, & a pour objet la sûreté : on en fait les grilles, les barreaux des croisées, les serrures, les pentures, les équerres, les verroux, targettes, &c, qui après avoir été forgés se travaillent au carreau, & s'assemblent à tenons, à mortoises, à entaille, ou autrement, & s'attachent ensemble par des goupilles, des prisonniers, &c. Le troisième s'appelle menu fer ; il a pour objet la décoration, & consiste dans les balcons, les rampes, les banquettes, les bascules & les Espagnolettes, qui se blanchissent & s'équarrissent à la lime pour plus de propreté, & pour mieux recevoir une couleur à l'huile que l'on passe dessus, principalement lorsque ces ouvrages sont exposés dans les dehors, ou à l'humidité des dedans.

La perfection de tous ces différens ouvrages dépend non seulement de la capacité de l'ouvrier, mais encore de la qualité du fer dont on s'est servi. Le meilleur est celui des mines de Berry : cette Province en fournit de deux especes, l'une est le fer battu, l'autre est le fer étiré : ce dernier est beaucoup meilleur, n'a presque point de grain, & se casse difficilement à froid. Après le fer de Berry, celui de Roche & de Nivernois ont la préférence sur celui de Normandie, de Champagne, &c, aussi bien que sur ceux qui nous viennent de Suede & d'Allemagne, sur la qualité desquels on est fort partagé.

En général, le fer se distingue suivant ses défauts, ses grosseurs, ses façons & ses usages. Il est défectueux, quand il est trop aigre, trop tendre, cendreux, pailleux, &c. On l'appelle par rapport à ses grosseurs, quarré ou gros fer, lorsqu'il a depuis un pouce jusqu'à trois pouces de gros, aussi bien que celui de huit ou dix lignes, qu'on nomme carillon. D'autres se nomment fer plat ou corette, méplat, fer applati, en lame, fer rond, fer en feuilles, qu'on appelle tôle, &c. Par rapport à ses façons il prend les noms de fer étiré, corroyé, coudé, enroulé, ambouti, fondu, &c: On l'appelle par rapport à ses usages, fer de pieu, maillé, d'amortissement, &c.

Quoique le fer fût assez commun chez les Anciens, on a observé qu'ils n'en faisoient pas un si fréquent usage que nous dans leurs édifices, principalement dans l'intérieur de la construction, & qu'à la place de ce métal, pour faire des crampons, ils employoient le bronze, qui à la vérité, s'il coûtoit moins, seroit plus propre que le fer, celui-ci se rouillant à l'humidité ; ce qui fait éclater les pierres, & endommage leurs vives arrêtes.

Au reste, au défaut de bronze, il faut observer de ne pas trop employer de fer dans les murs d'une médiocre épaisseur : il en détruit la liaison, & coûte fort

---

(s) Serrurerie se dit aussi bien des différens ouvrages en fer, que de l'art de les travailler.
(t) Fer, métal qui se fond, se forge & se travaille au ciseau, & dont on fait de l'acier.

Tome I.

cher à cause de son poids ; mais dans les bâtimens considérables où la Maçonnerie est d'une forte construction, la place qu'occupe le fer n'est pas si importante, & il est reconnu indispensable, principalement pour empêcher les platebandes de s'affaisser. L'expérience a fait connoître, par la démolition de quelques édifices Gothiques modernes, que les Architectes de ces tems-là n'étoient parvenus à donner une grande légereté à leurs bâtimens, que parce que toutes leurs pierres étoient scellées en plomb, avec des goujons de fer, des goupilles, des boulons, &c.

De la Menuiserie.

De la Menuiserie.

Sous le nom de Menuiserie, l'on comprend tous les revêtissemens des appartemens faits en bois, aussi bien que les portes, les croisées, les cloisons, &c. La Menuiserie s'appelle dormante ou mobile : la premiere à l'usage des lambris, l'autre pour toutes les especes de fermetures. On la distingue encore en deux espéces, l'une d'assemblage, qui consiste en bâtis, cadres & panneaux assemblés à tenons & mortoises, rainures & languettes, collées, chevillées, &c : l'autre qui se fait de bois de diverses couleurs, débité par feuilles très-minces qu'on applique par compartiment sur de la menuiserie ordinaire, & qui est mise en œuvre par les Ebénistes, au lieu que la premiere est travaillée par les Menuisiers qui la fournissent à la toise courante ou superficielle, selon qu'il est spécifié par les devis, ou marchés que l'on fait avec eux.

Le bois le plus convenable pour la menuiserie est celui de chêne, choisi le plus tendre, comme plus doux à employer : il doit être de droit fil, sans nœuds vicieux, aubier, malandre, ni flâche : il faut sur-tout qu'il soit bien sec, & qu'il ait été débité & scié cinq ou six ans avant que d'être employé. On le distingue selon ses façons & ses défauts. Par ses façons on entend le bois en grume, de brin, d'équarrissage, de refend, méplat, d'échantillon, &c : suivant ses défauts, on l'appelle bois roulé, carié, vermoulu, tourmenté, rouge, &c.

Après la connoissance des bois, l'art de les assembler est une des principales qualités de la menuiserie : ses assemblages se font quarrément, à boüement, en onglet, en fausse coupe, à clef, à queue d'aronde, à queue perdue, &c, soit pour les revêtissemens à demeure, soit pour les fermetures.

L'art de profiler est encore regardé comme une partie essentielle dans la menuiserie, l'on ne doit y employer que les profils qui sont usités & approuvés par les Maîtres de l'art, tels que sont les gorges, les boudins, les boüemens simples, ou ceux à baguette, les becs de corbin, les doucines, &c, qui selon leur application, font appeler la menuiserie à petits cadres, ravallée, embreuvée, & à divers compartimens composés de bâtis, montants, traverses droites ou chantournées, susceptibles de la plus grande richesse de sculpture & de dorure, selon que les lambris forment le revêtissement de quelques appartemens d'importance.

Quelquefois par œconomie on employe pour la menuiserie, au lieu de chêne, du bois de sapin, de tilleul, &c, que l'on imprime à l'huile, de diverses couleurs, mais on ne le doit mettre en usage que pour les bâtimens peu considérables, & même il faut l'éviter dans des lieux humides, aussi bien que lorsqu'on veut vernir la menuiserie, la dorer, l'enrichir de sculpture, &c.

Comme nous aurons occasion de parler dans le septiéme Volume de l'assemblage des profils, & de la décoration de la menuiserie, concernant les lambris à hauteur d'appui, & ceux des portes, des croisées, des trumeaux, &c, nous nous y étendrons sur cette partie qui est assez intéressante aujourd'hui dans les bâtimens pour être traitée plus à fond.

De la Peinture d'impreſſion.

On appelle impreſſion la maniere de peindre d'une ou pluſieurs couches d'une même couleur à l'huile, les ouvrages de Charpenterie, de Menuiſerie, ou de Serrurerie, expoſés à l'air : on ſe ſert auſſi de la détrempe pour l'embelliſſement de la décoration des lambris, &c.

La Peinture à l'huile a l'avantage ſur la détrempe, en ce qu'elle nourrit le bois, le préſerve de l'humidité, l'empêche de ſe gerſer & de ſe tourmenter, de maniere que dans les lieux humides l'on doit prendre la précaution avant que de poſer les lambris de hauteur, ou d'appui, de paſſer derriere une ou pluſieurs couches à l'huile, il n'importe de quelle couleur ; ce qui, par expérience, les empêche de ſe coffiner, & de ſe pourrir auſſi promptement qu'ils le feroient ſans cette précaution.

La peinture en détrempe n'a d'autre avantage que de réunir ſous une même couleur, le revêtiſſement des lambris faits de bois de différentes eſpeces, dont le coup d'œil & les tons diſſemblables, quoiqu'ils ſoient d'une bonne qualité, interrompent l'uniformité néceſſaire dans l'ordonnance d'une même décoration. Il faut dire néanmoins à l'avantage de la détrempe, qu'elle eſt beaucoup plus tranſparente que la peinture à l'huile, qu'elle s'adoucit mieux & reçoit le vernis & la dorure avec plus d'éclat. Cependant on doit obſerver de n'en faire uſage que dans les lieux exempts d'humidité, & où l'on voudra faire une certaine dépenſe ; car la précaution de cette peinture d'impreſſion, deſtinée à recevoir du vernis, de la dorure, ou du rechampiſſage, coûte beaucoup plus cher que celle à l'huile, quoique vernie ; à moins qu'on ne veuille dans des veſtibules, des périſtyles, des antichambres, &c, ſe ſervir de la détrempe, employée ſeulement avec de la gomme ou de la colle, ſoit pour réunir les lambris en une ſeule couleur, ſoit pour leur donner le ton de la pierre, du plâtre, &c.

Nous aurons occaſion de parler de la diverſité des couleurs dont on fait uſage depuis quelques années dans la décoration des appartemens, lorſque dans le ſeptiéme Volume nous traiterons de l'ordonnance, de l'aſſemblage, & de l'union que doivent avoir enſemble la menuiſerie, la ſculpture, la peinture, la dorure, les glaces, les meubles, &c : nous dirons ſeulement ici, que les principales couleurs dont on ſe ſert pour les impreſſions, ſont le blanc de céruſe, le blanc de plomb, le blanc de Rouen, l'ocre rouge & jaune, le noir d'Angleterre, le verd de montagne, le verd de gris, la terre d'ombre, la graine d'Avignon, &c, que l'on broye bien, & que l'on employe ou avec de l'huile de lin, de noix, de térébentine, de l'huile graſſe, & du vernis, &c, ou avec de la colle faite de rognures de gands & de raclures de parchemin, ou à la gomme, &c.

Ces différentes couleurs s'employent ſéparément, ou mêlées enſemble, pour faire des tons uniformes, couleur de jonquille, de paille, bleue tendre, verd d'eau, ou céladon, lilas, &c. Voyez l'art de bâtir les maiſons de Campagne, Tome II, page 174.

Tous les ouvrages d'impreſſion ſe payent à la toiſe ſuperficielle, ainſi que la dorure, qui s'applique en feuilles ſur pluſieurs couches de blanc en détrempe, & que l'on brunit, ou tient matte, pour imiter les luiſans du bronze doré d'or moulu, ou ſur de l'huile, qu'on appelle alors or à l'huile, lorſqu'on le veut expoſer à l'air, pour enrichir les dômes, les combles, les ouvrages de fer & du plomb dans les jardins, &c.

Du Pavé.

Du Pavé. Nous avons expliqué la nature du grais, en difant qu'on en faifoit ufage dans la conftruction des bâtimens, au défaut de pierres dures ; qu'il fervoit à paver les grands chemins, les rues des grandes Villes, les cours, &c. Il fuffit de dire ici qu'il s'en employe de deux fortes, l'un qu'on nomme gros pavé, qui fe tient de différents échantillons, deftiné pour les rues & les grandes routes, que l'on pofe feulement fur du fable avec une pente fuffifante pour l'écoulement des eaux ; l'autre qu'on nomme petit pavé, portant quatre à cinq pouces quarrés, dont on pave les cours, les cuifines, les écuries, les remifes : on l'employe à chaux & à ciment, pour plus de folidité, & pour empêcher l'humidité de paffer dans les caves, lorfqu'il s'en trouve fous les cours, les cuifines, &c.

En général on dit auffi paver une gallerie, une falle à manger, &c, lorfque l'on fait ufage du marbre à compartimens, au lieu de pavé ou de carreau, pour en revêtir le fol, comme on l'a pratiqué au bas du dôme des Invalides, dans le chœur de Notre-Dame, dans la Chapelle de Verfailles, &c : ou feulement de pierre de liais, & de marbre noir, ou de Caën, comme on le remarque dans tous les veftibules de nos maifons de quelque importance ; ou enfin lorfque l'on fait ufage des carreaux de terre cuite. Ces derniers font aujourd'hui fort ufités, & fe font de diverfes formes & grandeurs ; les plus ordinaires font à fix pans, grands ou petits, & fervent à carreler les Manfardes ou les Attiques des grandes maifons, ou généralement toutes les pieces d'une maifon particuliere, où l'on ne veut pas faire la dépenfe du parquet (*u*). Ces carreaux font faits avec de l'argille, pétrie, féchée, & cuite au four ; mais on ne doit pas les employer dans les lieux humides & renfermés, car alors ils fe feuilletent & fe broyent à l'ufé, principalement lorfqu'ils n'ont pas acquis affez de dureté par la cuiffon.

De la Vitrerie.

De la Vitrerie. Le verre eft une matiere tranfparente dont on garnit les croifées & les portes croifées d'un bâtiment. Les Anciens, qui n'en connoiffoient point l'ufage, fe fervoient d'albâtre refendu fort mince, pour les lieux qui exigeoient quelque magnificence, ou de corne fondue pour ceux qui en demandoient moins ; mais comme ces matieres étoient moins diaphanes que le verre, elles rendoient les lieux obfcurs, imitant le papier huilé, dont on fait quelquefois ufage pour la fermeture des ouvertures des atteliers où la tranfparence du verre feroit inutile, ou pour les bâtimens de quelques Provinces, où le verre eft rare, & où l'on ne fe fert de verre que pour les édifices de quelque importance.

Il y a plufieurs fortes de verres : le blanc, le demi-blanc, & le verd : ce dernier ne s'employe que dans les lieux les plus ignorés d'un bâtiment : le demi blanc pour les maifons Bourgeoifes, & le blanc pour les Hôtels, ou les maifons Royales, où l'on ne veut pas admettre les glaces, qui cependant aujourd'hui font fort en ufage, parce qu'elles annoncent plus de grandeur & de magnificence. C'eft cette raifon qui engage à faire les ventaux des croifées & des portes croifées, divifées par peu de croifillons, ainfi qu'on le remarque au Palais Bourbon & dans une infinité de nos beaux Hôtels, à Paris ; au lieu que dans le dernier fiécle l'on fe contentoit de mettre à la place des carreaux de glaces de douze ou

---

(*u*) Parquet eft un affemblage de menuiferie, par feuilles d'environ trois pieds en quarré, compofé d'un chaffis & de traverfes, difpofées quarrément ou diagonalement. Ces traverfes font remplies de panneaux retenus avec rainures & languettes ; les feuilles de parquet font entretenues par des trites, le tout enfemble attaché fur des lambourdes avec des clous à tête perdue.

quatorze

ARCHITECTURE FRANÇOISE, Liv. I.   169

quatorze pouces de haut, sur neuf ou onze pouces de large, ainsi qu'on le remarque dans les appartemens du Château de Meudon, de la Ménagerie à Versailles, &c.

Les plus beaux verres de France viennent du Comté d'Eu (x) & de la Forêt de Lions : ils sont plus estimés que ceux de Lorraine, parce que ces derniers sont graveleux & sombres : ils different des verres de France, en ce qu'ils se jettent au sable par tables barlongues, & se vendent au balot composé de 25 liens ; chaque lien est de 6 tables, dont chacune fait deux pieds & demi quarrés de verre ; au reste ils ont l'avantage d'être plus épais que ceux de Normandie, ce qui les fait préférer dans les bâtimens exposés à un vent impétueux.

Le verre de France se vend à la somme, ou au panier (y), qui comprend 24 plats de verre circulaires de 30 ou 32 pouces de diametre, avec un nœud ou boudine au milieu ; ce qui fait qu'en général on paye le verre aux vitriers, au pied quarré pour les grosses entreprises, ou à la piece pour les réparations.

On se sert aussi de fort beaux verres blancs de Bohême (z) beaucoup plus grands & plus forts que ceux de France & de Lorraine. Il est vrai qu'ils ne sont pas aussi unis, & qu'ils sont sujets à de petits bouillons, mais leur grandeur de 40 pouces de hauteur sur 30 pouces de largeur, & leur grande blancheur, les font mettre, au lieu de glaces, en usage aux endroits où l'on a besoin de beaucoup de lumiere : on s'en sert aussi pour conserver les desseins, les estampes, & le pastel, & pour les mettre à couvert de l'humidité, de la poussiere, &c.

Les carreaux de verre commun s'attachent avec quatre pointes de fer dans des feuillures pratiquées dans les croisillons, & on colle tout au tour du papier pour plus de solidité. Afin de préserver les appartemens de l'air du dehors, on contre-scelle chaque carreau dehors & dedans. Depuis quelques années, à la place du papier, qui est de peu de durée, l'on se sert de mastic fait de blanc d'Espagne réduit en poudre, détrempé avec de l'huile de noix ou de lin, & qui encore mol, s'étend & entretient les carreaux d'une maniere immuable ; mais ce mastic a cet inconvénient qu'il faut nétoyer les carreaux de verre sur les chassis, au lieu que lorsqu'ils ne sont entretenus qu'avec du papier, on peut les enlever ; ce qui préserve les chassis de l'humidité & en conserve les dorures ou les peintures, lorsqu'on les en a embellis.

Anciennement l'on faisoit usage de panneaux de verre enchassés à compartimens dans des tringles de plomb à languette, pour épargner la grandeur des carreaux, mais l'on a reconnu que cette maniere de vitrer les croisées étoit désagréable, & que la main d'œuvre & le plomb revenoient à peu près au même prix que les carreaux dont on fait usage à présent. Le seul avantage qu'on en pouvoit tirer, étoit que lorsque quelques-uns de ces carreaux venoient à se casser, il en coûtoit moins pour les réparer qu'aujourd'hui, qu'il faut dans un lieu susceptible de quelque décoration des carreaux d'une grandeur considérable. D'ailleurs on ne souffre presque plus, même dans les maisons à loyer, ni plomb, ni boudines aux chassis à verre.

Nous n'avons pas prétendu épuiser ici ce qu'on pourroit dire sur toutes les parties de la construction, de la distribution, & de la décoration, ni donner des préceptes fort étendus sur chacune des matieres qui y sont traitées ; notre but a été de présenter seulement à l'esprit une idée générale de l'Architecture, accompagnée de notions suffisantes sur les différens détails dont elle est susceptible. Les

―――――――――――――――――――――

(x) On les tiroit auparavant de Cherbourg en Normandie, mais depuis environ quarante ans l'on n'y fait plus que des glaces qui sont plus estimées aujourd'hui que celles de S. Gobin.

(y) Par un Arrêt rendu en 1734, le pannier de verre a été taxé à 25 livres ; avant ce tems il se vendoit 50 à 55.

(z) Le verre de Bohême paye d'entrée à Paris 30 liv. le cent pesant, celui de Lorraine ne paye que 3 livres le ballot.

Tome I.   V v

personnes versées dans l'art n'ignorent point que ces trois parties demandent chacune un traité particulier qu'il n'auroit pas été possible de renfermer dans les bornes étroites d'une Introduction. D'ailleurs, comme notre objet principal dans cet Ouvrage est de rapporter les divers monumens qui ornent cette Capitale & ses environs, ainsi que ce qu'il y a de remarquable dans les Villes les plus considérables de nos Provinces, on ne doit regarder ce qui vient d'être dit que comme un préliminaire qui sert à remplir le plan que nous nous sommes proposé. En effet il ne suffisoit pas de donner de simples descriptions des édifices qui composent ces huit Volumes, mais il étoit nécessaire de les rendre fructueuses & intéressantes par des dissertations générales sur les beautés que l'on remarque dans la plûpart de ces bâtimens, & même sur les défauts qui peuvent s'y rencontrer. C'est pourquoi nous avons crû devoir faire précéder ces descriptions par des élémens dont les amateurs & les éleves pussent tirer également des instructions justes, précises, & capables de faire sentir aux premiers l'importance de l'art de bâtir, & aux autres la nécessité de l'étude & l'étendue des connoissances qu'il est essentiel d'acquérir pour se distinguer avec honneur dans la profession d'Architecte.

CHAPITRE QUATRIEME.

Histoire abrégée de la Ville de Paris, son origine, ses progrès & ses différens accroissemens, relativement à l'Architecture & aux principaux edifices dont il est fait mention dans cet Ouvrage.

PARIS, aujourd'hui Capitale de la France, a eu, ainsi que les célébres Villes d'Athenes & de Rome, son commencement & ses révolutions. Peu considérable dans son origine, tant qu'elle a paru trop petite on a travaillé à son accroissement: étant parvenue à une certaine grandeur, on a cherché ce qui pouvoit contribuer à son embellissement; enfin lorsqu'on a eu lieu d'appréhender que son aggrandissement ne lui devînt préjudiciable, on a tâché de la renfermer dans de justes limites. Nous nous proposons de rapporter dans ce Chapitre les différens états par lesquels elle a passé successivement, après avoir fait observer qu'il y a cinq considérations également essentielles qui concourent à rendre une Ville florissante; 1°. l'avantage de sa situation; 2°. la facilité d'avoir des matériaux propres au bâtiment; 3°. la fertilité de ses environs abondans en grains & en bestiaux pour la subsistance de ses habitans; 4°. le génie pacifique & industrieux des Citoyens; 5°. la sagesse & la douceur de son gouvernement. Paris s'est trouvée heureusement pourvûe de tous ces avantages. Les forêts dont elle est environnée & qui venoient autrefois jusqu'à ses portes; les carrieres à plâtre & à chaux, celles de pierres & de moilons qui se trouvent jusques dans son sein; les terres glaises de son voisinage propres à faire des carreaux, de la tuile & de la brique; enfin les mines de fer qui n'en sont pas fort éloignées, lui ont fourni & lui fournissent encore abondamment tous les secours nécessaires pour bâtir. D'un autre côté les campagnes fertiles de l'Isle de France, de la Picardie, du Vexin, & de la Beauffe, les collines de ses environs chargées de vignes & d'arbres fruitiers, auroient seules suffi pour sa subsistance, sans se servir d'autres voitures que des charrois par terre. Outre cela la Seine, qui traverse cette Ville, grossie de dix-sept

Causes qui ont occasionné l'aggrandissement de Paris.

autres rivieres ou canaux portant batteaux, qui s'y rendent de toutes les Provinces du Royaume, lui apporte en grande quantité & avec beaucoup plus de facilité toutes les choses nécessaires pour la vie. Enfin l'Océan & la Méditerranée, par les embouchures de ces mêmes fleuves, & au moyen des canaux de communication, remplissent ses ports de ce qu'il y a de plus utile & de plus rare dans les autres parties du monde. D'ailleurs le naturel laborieux de ses habitans entretient chez eux l'abondance; la sagesse des loix soutenue de l'attention & de la vigilance des Magistrats qui y président au bon ordre ne laissent rien à désirer dans sa police & dans son gouvernement. Avec tant d'avantages réunis, est-il surprenant que cette Capitale soit devenue non-seulement la plus grande, mais encore la plus commode, la plus magnifique & la plus heureuse Ville de l'Univers ?

Origine de la Ville de Paris & son premier état sous Jules César & les Empereurs Romains.

Les Parisiens, dont le pays connu sous le nom de *Parisis* comprenoit aussi celui des Meldois ou de Meaux, étoient originairement un de ces peuples des Gaules qui formoient autant de petits Etats séparés, gouvernés chacun par un Magistrat particulier. Ils ne reconnoissoient au-dessus d'eux que les Etats Généraux de la nation qui s'assembloient tous les ans dans le pays Chartrain pour le gouvernement de toutes les Gaules. Cette grande Province étoit alors composée de soixante & quatre de ces peuples. La Capitale des Parisiens se nommoit *Lutece*; son origine est assez incertaine, tout ce que l'on en sçait c'est qu'elle subsistoit déja depuis long-tems lorsque Jules César fit la conquête des Gaules, l'an du monde environ 4000, & avant Notre Seigneur 56 ans. *Camulogene* en étoit alors Gouverneur ou premier Magistrat. Cette petite Ville étoit renfermée dans une des Isles de la Seine, qui est à présent *l'Isle du Palais* ou *la Cité*. Du côté du Nord elle étoit environnée de marais & de bois, & vers le Midi elle étoit entourée partie de prés partie de marais & de bois de haute futaye. Deux ponts de bois facilitoient l'entrée de l'Isle, l'un appellé *le grand Pont*, situé au Nord de la Ville, où est à présent le Pont au Change; l'autre appellé *le petit Pont*, regardant le Midi, & qui porte encore aujourd'hui le même nom. On ignore quelle étoit la forme des maisons de Lutece, mais on sçait en général qu'elles étoient petites & rondes, sans cheminées, bâties de bois & de terre, & couvertes de paille & de roseaux.

Comme la coutume des Anciens Gaulois étoit d'aller adorer leurs fausses Divinités dans les forêts & sur les montagnes, il n'y avoit aucun Temple dans la Ville, mais hors de ses murs, du côté du Midi, vers la gauche du bas de la riviere, on voyoit un Temple dédié à *Isis* ou *Cerès*; on y bâtit depuis l'Eglise de *St. Vincent* aujourd'hui *St. Germain des Prés*. Un peu plus avant, en s'éloignant de la Ville & de la riviere, du même côté, étoit un autre Temple dédié à *Mitra* ou *Mercure*, au haut du mont *Lucotitius*; c'est à présent *Notre Dame des Champs* ou *les Carmelites* au Fauxbourg St. Jacques. Enfin vers le Nord de la Ville étoit encore un Temple dédié à *Heus* ou *Mars*, au milieu d'un bois, sur la montagne appellée (jadis *le Mont de Mars*), aujourd'hui *Montmartre*.

Siége & prise de Lutece par Jules César.

Les Gaules ayant été conquises par Jules César, les Romains mirent de fortes garnisons dans les principales Villes de cette Province pour s'en assurer la possession. La petite Ville de Lutece, Capitale du pays des Parisiens, fut alors soumise à ces nouveaux vainqueurs, & César, après y avoir séjourné quelque-

Siége & prise de Paris par César.

tems, en trouva la situation si avantageuse qu'il y transféra les Etats Généraux des Gaules. Ayant été ensuite obligé de repasser les Alpes, la Gaule Belgique se souleva contre les troupes qu'il y avoit laissé; cet exemple fut bien-tôt après suivi des autres peuples, & les Parisiens peu accoutumés à ce joug étranger firent tous leurs efforts pour s'en dégager. César y accourut en diligence, & tandis qu'il étoit occupé à soumettre une partie des Gaules, il envoya contre les Parisiens Labienus un de ses Lieutenans. Ce Général ayant d'abord assiégé Lutece du côté du Midi, fut contraint d'en lever le siége. Quelque tems après, la prise de la Ville de Melun le rendit maître de la riviere & lui facilita la réussite des vûes qu'il conservoit toujours sur cette Capitale des Parisiens. Y étant donc revenu avec un renfort de nouvelles troupes, & muni d'une grande quantité de batteaux, il l'assiégea du côté du Nord. Les Parisiens, dans le dessein de l'empêcher de s'emparer de leur Ville & de profiter des munitions qu'ils pouvoient y avoir, y mirent le feu, en sortirent tous en armes, & en ayant rompu les ponts, s'avancerent vers le camp des Romains pour leur présenter la bataille. Labienus étonné de tant d'intrépidité, fut contraint de recourir à la ruse; il feignit de décamper pendant la nuit, & partagea son armée en trois corps afin de pouvoir envelopper les ennemis, s'ils se hazardoient de le poursuivre. L'effet répondit à son attente, les Parisiens donnerent dans le piége, & furent défaits après un combat sanglant & des plus opiniâtres: ainsi les Romains se virent une seconde fois maîtres de leur Ville & de tout le pays qui en dépendoit. Lutece n'étoit plus qu'un monceau de cendres: il n'y restoit que quelques masures que le feu pouvoit avoir épargné. Mais sa situation étoit trop intéressante pour être négligée, c'est pourquoi César contraignit les Parisiens de la rebâtir; on vit donc en peu de tems cette Ville renaître de ses cendres & devenir plus considérable qu'elle n'étoit auparavant, par le grand nombre d'édifices dont elle fut augmentée.

Premiere enceinte de Paris sous Jules César.

César la fit ensuite fortifier par une enceinte de tours & de murailles au-dedans de l'Isle qui la renfermoit alors, & par deux Châteaux ou Forteresses qu'il fit construire à la tête des deux ponts de bois qui donnoient entrée dans la Ville; c'est ce qu'on appelle à présent *le grand & le petit Châtelet*. Ce dernier ayant été détruit depuis par les Normands en 887, fut rebâti sous le regne de Charles V, l'an 1369, en l'état qu'il se voit aujourd'hui. Ces nouveaux ouvrages firent que Lutece fut nommée, selon Boëce, *la Cité de Jules César*, & qu'Ammian Marcellin l'appelle *le Château ou la Forteresse des Parisiens*.

L'estime que Jules César avoit témoigné pour la Ville de Lutece fut conservée par les Empereurs Romains qui lui succederent, quelques-uns même y ont passé leur quartier d'hiver avec les troupes qu'ils commandoient, & c'est ce qui a donné lieu aux premiers accroissemens de cette Ville: autrement il eut été impossible à ces Princes de tenir leur Cour dans une Isle de si petite étendue & fort peuplée d'ailleurs, si dès lors Lutece n'avoit eu quelques Fauxbourgs hors de son enceinte.

Conversion des Parisiens, & fondation des premieres Eglises de Lutece par St. Denys & ses Compagnons.

St. Denys vient prêcher la Religion Chrétienne dans les Gaules.

Les premiers Chrétiens ayant obtenu des Empereurs le libre exercice de leur Religion, le Pape St. Fabien, ou selon d'autres, St. Clément, profitant de cette occasion favorable, sacra sept Evêques qu'il envoya dans les Gaules, l'an 250 après J. C., accompagnés d'autres Missionnaires Apostoliques, pour entreprendre la conversion des Gaulois qui étoient ensevelis dans les ténébres de l'Idolâtrie. St. Denys eut en partage le pays des Parisiens, & établit son siége épiscopal dans la petite ville de Lutece, leur Capitale. Il y fit de si grands progrès qu'il se trouva bientôt en état de convertir en Eglise le Temple de Mercure, au mont *Lucotitius*, & ce fut-là qu'il se logea avec son petit Clergé. On croit qu'il fit aussi élever vers le même endroit deux autres Eglises, l'une qu'il dédia à la Ste. Trinité, & l'autre sous l'invocation de St. Etienne, premier Martyr. Ce sont aujourd'hui *St. Benoist*, & *St. Etienne des Grès*. Quelques-uns ajoûtent qu'il fit encore bâtir deux Chapelles dans les bois qui couvroient la ville du côté du Nord, l'une sous l'invocation de la Ste Vierge, qui a été depuis jointe à l'Eglise de *Ste. Opportune*, & l'autre sous celle de St. Pierre, qui fait à présent partie de *St. Médéric* ou *St. Merry*. C'est de-là, dit-on, que ces deux Chapelles ont retenu le nom de Notre-Dame & de St. Pierre *des bois*.

Les persécutions ayant recommencé sous l'Empire d'Aurelien, St. Denys s'y trouva enveloppé avec St. Rustique, Prêtre, & St. Eleuthere, Diacre, compagnons de ses travaux Apostoliques, & ils reçurent ensemble la couronne du Martyre sur la montagne où étoit un Temple dédié à Mars, environ l'an 275. Les trois endroits qui avoient été sanctifiés par la prison, la torture, & la mort de ce St. Evêque & de ses compagnons, furent consacrés en trois Eglises aussitôt que les fideles eurent la liberté de le faire, & ces lieux portent encore aujourd'hui des noms qui témoignent l'autenticité des faits que nous rapportons. Ces trois Eglises sont St. Denys de la Chartre (*de carcere*), St. Denys du Pas (*à passione ejus*), & St. Denys de Montmartre (*à monte Martyrum*). Martyre de S.Denys & des compagnons.

La paix ayant été enfin rendue pour toujours à l'Eglise par la conversion du grand Constantin, l'an 312, le paganisme fut presqu'entierement aboli dans les Gaules. On bâtit alors, à la pointe Orientale de l'Isle qui renfermoit la Ville de Lutece, une Eglise Cathédrale sous l'invocation de la Ste. Vierge, de St. Etienne, premier Martyr, & de St. Denys, Apôtre & premier Evêque de cette Ville. Les Parisiens se distinguerent d'ailleurs tellement par leur zele & la pureté de leur foy que les Evêques des Gaules firent choix de leur Ville pour y tenir un concile contre les Arriens l'an 362. Origine de N. Dame de Paris.

Depuis Jules Cesar jusqu'à l'Empereur Julien, surnommé l'Apostat, c'est-à-dire pendant environ 400 ans, Lutece, quoique toujours renfermée entre les bras de la Seine, ne laissa pas que de s'aggrandir au dehors de son Isle. Il s'étoit formé une nouvelle Ville du côté du Nord, au delà de la riviere; ce qui fit donner le nom de *la Cité* à l'ancienne. Dans cette nouvelle Ville on construisit un four bannal proche la forteresse du grand Châtelet; on y fit aussi une place pour un Marché. Il se forma ensuite du côté du Midi un Fauxbourg assez considérable au delà du petit pont. Julien ayant séjourné quelque tems dans Lutece, fit bâtir dans ce Faubourg un Palais avec des bains & des étuves. Il fut nommé *le Palais des Thermes*. On prétend que ce sont les jardins de ce Palais qui subsistent encore aujourd'hui à l'Hôtel de Cluny, rue des Mathurins, & que ce sont aussi les restes de cet édifice qu'on voit dans une maison au haut de la rue de Harpe, à l'enseigne de la croix de fer. Premier accroissement de Paris.

Conquête des Gaules par les Francs, & accroissemens de la Ville de Paris sous la premiere & la seconde race de nos Rois.

Il y avoit cinq cens ans que les Gaules étoient sous la domination des Romains lorsque des Peuples originaires d'une Province d'Allemagne nommée *la Franconie* passerent le Rhin pour venir s'établir dans ce pays. Pharamond, premier Roi des Francs, (c'étoit le nom de ces Peuples) & après lui Clodion, firent les premieres tentatives pour s'en rendre maîtres, mais ils furent toujours repoussés par les Généraux des Romains. Méroué, le troisiéme de nos Rois, acheva cette glorieuse expédition par la conquête de Lutece ou *Paris*, de Sens, & d'Orléans, ainsi que des pays circonvoisins, environ l'an 450: il y établit sa demeure, & donna le Conquête des Gaules par les Francs.

Tome I.   X x

nom de *France* à cette partie des Gaules qu'il venoit de conquérir. Childeric, son Successeur, dans le séjour qu'il fit à Paris, y fit construire un cirque à l'endroit appellé autrefois *le clos des arenes*, où sont à présent les Peres de la Doctrine Chrétienne. Après lui, Clovis ayant renoncé au paganisme, à la sollicitation de Ste. Clotilde son épouse, fut baptisé, avec trois mille de ses sujets, par St. Remy Evêque de Rheims, l'an 496. Quelques années ensuite, ayant fixé sa résidence dans Paris, qu'il déclara Capitale de ses Etats, il fonda sur le haut du mont *Lucotitius* une Eglise Collégiale sous l'invocation de *St. Pierre & St. Paul*, aujourd'hui Ste. Genevieve. Clovis & sa femme habitoient alors dans le Palais des Thermes; mais en ayant fait depuis bâtir un nouveau proche l'Eglise qu'ils venoient de fonder, ils s'y transporterent : c'est où l'on a érigé ensuite la maison Abbatiale de Ste. Genevieve. Ce Roi étant mort l'an 511, fut enterré dans cette Eglise. Au bas de la même montagne, proche les portes de la ville, étoit un Monastere où St. Severin eut pour disciple en 550, St. Cloud, petit fils de Clovis. On y a bâti depuis l'Eglise Paroissiale de *St. Severin*. La Basilique ou le Monastere de *St. Julien le pauvre* étoit à peu près vers le même endroit, & fut fondé dans le même tems.

Paris déclarée Capitale du Royaume, sous Clovis.

Childebert I, Successeur de Clovis, abolit les restes du paganisme par un Edit célebre qui fut publié l'an 554. Ce fut vers ce tems qu'il fit bâtir hors des murs de la Ville, du côté du Midi, une Abbaye sous le nom de *Ste. Croix* & de *St. Vincent*, aujourd'hui *St. Germain des Prés*. Aux environs de cette Abbaye, il se forma peu à peu un Bourg qui fut appellé *le Bourg St. Vincent*, & depuis *le Faubourg St. Germain*. Il fit encore bâtir de l'autre côté de la riviere une Collégiale sous l'invocation du même *St. Vincent*; c'est à présent *St. Germain l'Auxerrois*. Il se forma aussi un bourg près de cette nouvelle Eglise, & il s'en éleva ensuite un second par-de-là le premier. Celui-ci retint le nom de *Bourg St. Germain l'Auxerrois*, & l'autre fut appellé *le nouveau Bourg*; il s'étendoit jusqu'à deux Chapelles succursales de St. Germain, à la place desquelles on a érigé depuis les Eglises Paroissiales de *St. Eustache* & de *St. Sauveur*. Un peu plus loin, à l'Occident de ceux-ci, se forma la Ville-l'Evêque. Il est fait mention, sous le regne de ce même Prince, d'un Monastere de St. Laurent, depuis nommé *St. Lazare*, qui fut fondé l'an 560. Childebert, ainsi que sa femme Ultrogothe, fit sa demeure au Palais des Thermes où il mourut : il fut inhumé dans l'Abbaye de St. Vincent.

Extinction totale du Paganisme en France.

Dagobert I fit élever plusieurs Eglises, entr'autres celle de *St. Denys* en France, dont le chœur fut couvert de tables d'argent (a). Sous le regne de ce même Prince, St. Eloy son Thrésorier, & depuis Evêque de Noyon, fit bâtir l'Eglise de *St. Paul* hors les murs de la ville, vers l'an 640 : le *Bourg St. Eloy* se forma aux environs de cette Eglise. *Le Bourg-l'Abbé* qui s'accrut dans le même tems, fut ainsi nommé parce qu'il étoit situé sur la censive de l'Abbaye de St. Martin des champs. *Le Beau-Bourg* s'étendoit encore bien au-delà, du côté du nord de la ville : c'étoit le plus considérable de tous. *Le Bourg Tiboust* prit son nom d'une famille de Paris qui commença à y faire bâtir. Guillaume Tiboust, qui fut depuis Prevôt de cette ville en 1299, étoit de cette ancienne famille. L'an 664, St. Landry, Evêque de Paris, fonda l'Hôtel-Dieu proche l'Eglise Cathédrale, & attenant le Palais où l'Evêque faisoit sa résidence : il y avoit dans le même endroit des écoles de Théologie. Vers le même tems, Archambauld, Maire du Palais, ayant donné à cette Cathédrale un ancien Palais des Comtes de Paris, elle y fit bâtir l'Eglise de *St. Christophe*. C'est ainsi que cette Capitale s'augmentoit de jour en jour, & que le projet de sa future splendeur s'accomplissoit insensiblement.

(a) En 651, sous le regne de Clovis II, St. Landry étant alors Evêque de Paris, la famine fut si grande dans cette Capitale que le Roi fut obligé de dépouiller le chœur de l'Eglise de St. Denys de l'argent dont son pere Dagobert l'avoit fait couvrir, pour l'employer en aumônes qui furent distribuées au peuple par Aigulfe Abbé de St. Denys.

Deuxiéme clôture de Paris sous les Rois de la seconde race.

Paris s'aggrandit si considérablement, sur-tout du côté du Nord, sous les Rois de la premiere race, que cette partie seule formoit déja une nouvelle ville plus étendue que la premiere. Il n'en fut pas de même des regnes de Pepin, de Charlemagne & de ses Successeurs, parce que cette Capitale fut alors souvent attaquée & ravagée par les Normands (*b*), & que d'ailleurs les Rois de France ne firent point leur résidence dans Paris (*c*). C'est ce qui occasionna la seconde clôture de cette Ville, indépendamment de l'ancienne qui subsistoit toujours & qui entouroit la Cité. De là ces deux parties de Paris prirent chacune un nom différent, parce qu'en effet chacune alors avoit son enceinte particuliere. Ainsi l'ancien Paris, qui ne s'étendoit point au-delà de l'isle du Palais, retint le nom de *Cité* : & l'accroissement qui s'étoit formé du côté du Nord, ayant été entouré de murailles, fut appellé *la Ville*. Quoique l'époque de cette nouvelle enceinte paroisse assez incertaine, & qu'il soit difficile de la fixer, on peut néanmoins la rapporter au huitiéme ou au neuviéme siécle. Elle consistoit en une forte muraille flanquée de tours rondes & quarrées, élevées de distance en distance, ainsi qu'il se pratiquoit avant l'invention de la poudre. Cette seconde clôture, qui formoit un demi-cercle, commençoit à la porte de Paris, vers le pont au Change, continuoit le long de la rue St. Denys, où il y avoit une porte, proche la rue des Lombards. Elle passoit ensuite entre cette rue & la rue Trousse-vache, jusqu'au cloître St. Médéric, où il y avoit une autre porte. Elle tournoit par la rue de la Verrerie, entre les rues Bardubec & des Billettes, descendoit par la rue des deux portes, traversoit la rue de la Tixeranderie & le Cloître St. Jean, proche duquel étoit une troisiéme porte, (la porte Baudoyer) & elle alloit se terminer sur le bord de la riviere, entre St. Jean & St. Gervais. Nous ne nous servons de ces noms modernes que pour mieux faire comprendre quelle étoit l'étendue de cette seconde enceinte.

Seconde clôture de Paris.

Il est à propos de faire observer que l'intérieur de l'ancien Paris ou *la Cité* étoit déja orné de plusieurs édifices considérables ; l'Eglise Cathédrale, comme on l'a vû ci-devant, étoit bâtie depuis long-tems, aussi bien que le Palais où demeuroit l'Evêque. Il y avoit encore dans le même endroit l'Hôtel-Dieu proche Notre-Dame, & une place publique qui servoit de marché. Enfin on avoit élevé du côté opposé à la pointe Occidentale de l'Isle, la Cathédrale, un Palais qui fut habité par plusieurs de nos Rois.

Description & accroissement de Paris après la seconde clôture.

Après que la Ville de Paris eut reçu l'accroissement d'une nouvelle enceinte du côté du Nord, ainsi que d'un Fauxbourg, d'un Palais & de quelques Eglises du côté du Midi, elle se trouvoit aggrandie considérablement, mais elle étoit toujours extrêmement bornée par les bois & les marais dont elle étoit environnée vers le Nord, aussi bien que par les prés & les vignes qui occupoient la

---

(*b*) En 884 les Normands vinrent assiéger Paris & entrerent dans la Seine avec 700 barques, de sorte que la riviere en étoit couverte sur une étendue de plus de deux lieues. Ils la tinrent ainsi assiégée pendant trois années. Gausselin Evêque de Paris & grand Capitaine, conjointement avec l'Abbé Eudes, Comte de Paris & Duc de France, & Robert son frere, assistés de plusieurs vaillans Chevaliers, les repousserent si vivement qu'ils furent contraints de se retirer. Cependant s'étant ensuite retranchés dans l'enclos de l'Abbaye St. Germain des Prés, ils s'y deffendirent avec tant d'opiniâtreté que Charles le gras n'en pouvant venir à bout autrement, les engagea à se retirer, moyennant sept cens livres d'argent qu'il leur fit payer.

(*c*) Le 12 Avril 955 le Roi Lotaire qui tenoit son siége à Laon, où il étoit né, fut mené à Paris par Hugues le grand Comte de Paris, qui se démit de cette dignité en sa faveur. Depuis quatre vingt ans les Rois de France n'avoient point entré dans cette Capitale, parce que les Comtes de Paris s'en étoient rendus les maîtres.

<small>Nouveaux accroissemens de Paris.</small>

plus grande partie de son territoire du côté du Midi. Cependant plusieurs Rois de France voulant laisser à la postérité des marques de leur piété & de leur magnificence, firent bâtir aux environs de cette Capitale diverses Eglises, Monasteres & Abbayes qu'ils doterent des terrains qui se trouvoient dans leur voisinage. Proche de ces Eglises il se forma insensiblement des maisons & des habitations ; on leur donna le nom de Bourgs. C'est ainsi que les environs des Abbayes de Ste. Génevieve, de St. Victor, de St. Germain des Prés, &c, se trouverent peuplés & habités par les soins que prirent leurs Abbés de donner les héritages qui relevoient d'eux à cens & à rentes à divers particuliers, à condition d'y construire des logemens & d'en cultiver le terrain. Le Palais des Thermes bâti par l'Empereur Julien, & devenu la demeure de nos Rois, paroissoit comme une forteresse entourée de murailles. Un peu plus loin, au haut de la montagne, on voyoit le Palais bâti par Clovis, proche l'Abbaye de Sainte Génevieve fondée par le même. L'Hôtel de Vauvert, où sont à présent les Chartreux, étoit un édifice considérable élevé dans le même endroit. Vers le bas de la montagne étoit une Chapelle dédiée à Saint Clément ; Saint Marcel, Evêque de Paris, y ayant été enterré, on rebâtit à la place de cette Chapelle une Eglise sous l'invocation de ce saint Evêque, & Roland Comte de Blaye, neveu de Charlemagne, l'érigea en Collégiale vers la fin du huitiéme siécle. Aux environs de cette Eglise il se forma un Bourg si considérable qu'il a porté long-tems le nom de *Ville Saint Marcel*. L'Abbaye de Notre Dame des Champs, occupée à présent par les Carmelites, les Eglises ou Chapelles de St. Pere, aujourd'hui *la Charité*, de S. Etienne des Grès, de St. Bache ou St. Benoît, de St. Etienne du Mont, de St. Sulpice, &c, subsistoient déja hors des murs de la Ville. Le Château du Louvre avoit été bâti par Louis le gros, au commencement du douziéme siécle, pour servir de principal manoir aux fiefs relevans de la Couronne : les Ducs de Bretagne faisoient leur demeure derriere ce Château, c'est où l'on a bâti depuis *St. Thomas du Louvre*. Ce même Prince fonda l'an 1113 l'Eglise & *l'Abbaye de St. Victor*. Il y avoit eu anciennement vers le Nord de Paris, bien au-delà de sa nouvelle enceinte, une Abbaye qui étoit tombée en ruines ; Henri I. l'avoit fait rétablir sous le titre du Prieuré de *St. Martin des Champs*, dès l'an 1056. L'Ordre des Templiers ayant commencé l'an 1118, peu d'années après il s'en établit une Commanderie à Paris vers le même côté de la Ville, & ces Chevaliers firent bâtir le Temple, qui étoit comme une forteresse entourée de hautes murailles.

Tous ces lieux, ainsi que plusieurs autres qu'il seroit trop long de décrire ici, avoient des prés, des vignes ou des terres labourables qui les environnoient ; chacun s'efforça de les mettre en valeur, soit en les faisant cultiver, soit en les donnant à rentes à diverses personnes pour y élever des bâtimens. Les Seigneurs & les Courtisans s'approcherent des Palais & des maisons de plaisance que nos Rois avoient hors de Paris ; les Marchands & les Artisans vinrent aussi s'établir dans ces différens endroits à mesure qu'ils y trouverent quelque avantage. C'est de cette maniere que se formerent par succession de tems dix Bourgs considérables aux environs de cette Ville, sçavoir six du côté du Nord & quatre vers le Midi, sans compter un Fauxbourg de ce même côté, qui commençoit par-delà le petit Pont.

Etat & description de Paris au commencement du Regne de Philippe Auguste.

Entre ces Bourgs & la Ville & dans l'intervalle d'un Bourg à l'autre subsistoient toujours du côté du Nord de grandes campagnes, des marais qui furent desséchés, & des bois que l'on défricha ; le tout fut ensemencé ou converti en jardins. Du côté du Midi il y avoit des prairies le long de la riviere, & des vignes

gnes vers le Mont *Lucotitius*, que nous appellerons déformais *la Montagne Ste. Géneviève* ; plusieurs propriétaires les firent enclorre de hayes & de fossés ; c'est de là que viennent ces noms de *culture*, *couture*, & *courtille*, vieux mots qui signifient des jardins enclos & des endroits cultivés. Ce nom est encore resté à plusieurs Quartiers de Paris, quoiqu'ils ayent été depuis couverts de maisons ; tels sont la *Culture St. Eloi*, aux environs de St. Paul, *la Culture Ste. Catherine*, celle *de St. Gervais*, *de St. Lazare*, *la Courtille du Temple*, &c. Au milieu de ces jardins & courtilles vers le Nord, il restoit encore une étendue de terrain qui s'appelloit *les champeaux* ou *les petits champs*. Comme il n'étoit pas permis autrefois d'enterrer dans l'intérieur des Villes, les premiers Rois avoient sacrifié une partie de ce terrain pour y faire le cimetiere de Paris ; sur l'autre partie se tenoit le marché aux bestiaux. Philippe Auguste fit bâtir dans ce marché deux grandes *halles*, & les fit clorre de murs, ainsi que le cimetiere de la Ville, connu aujourd'hui sous le nom de *cimetiere des Saints Innocens*.

<small>Description de Paris sous Philippe Auguste.</small>

Du côté du Midi le long de la Seine, il y avoit un grand vignoble appellé la *terre de Laas* ; elle appartenoit aux Abbayes de St. Germain des Prés & de Ste. Géneviéve : on trouvoit ensuite *le clos Bruneau* relevant du Chapitre de St. Marcel ; ceux de *St. Symphorien* & de *Ste. Géneviève* étoient proche le clos Bruneau, sur le sommet de la montagne Ste. Géneviéve. *Les deux clos du Chardonnet*, ainsi nommés à cause de la grande quantité de chardons qui y croissoient, étoient sur le revers de cette montagne, entre les Fauxbourgs St. Marcel & St. Victor. *Le clos du Roi*, où est à présent St. Jacques du haut pas, ainsi que *le clos des Franc-mureaux*, aux Fauxbourgs St. Jacques & St. Michel, étoient du domaine du Roi. Tous ces clos étoient plantés en vignes & rapportoient de fort bon vin ; le pressoir étoit construit où est à présent *le College de Lizieux*.

Tel est l'état où se trouvoit Paris lorsque Philippe Auguste, qui avoit extrêmement à cœur l'embellissement & l'aggrandissement de cette Capitale, forma le vaste projet de réunir sous une même enceinte la plus grande partie de ses Bourgs, malgré l'éloignement où ils étoient les uns des autres, & de faire ensuite couvrir de bâtimens ces espaces vuides, pour la rendre la plus grande & la plus magnifique Ville de l'Univers. Dans cette intention, il en avoit déja fait paver les rues & les Places publiques dès l'an 1184, quoique ses prédécesseurs eussent regardé cette seule entreprise comme au-dessus de leurs forces ; il avoit aussi achevé vers le même tems de rebâtir l'Eglise Cathédrale dont l'édification avoit été commencée pour la troisiéme fois sous Hugues Capet, & il avoit fait ouvrir *la rue neuve Notre-Dame* en face de cette Cathédrale. La nouvelle enceinte qu'il fit faire autour de Paris fut commencée l'an 1190, quoiqu'en l'absence de Philippe Auguste qui venoit d'entreprendre un voyage en Palestine à la tête d'une puissante armée : pour cet effet il créa un Prévôt des Marchands & des Echevins de la Ville de Paris, & les chargea de faire exécuter ce grand ouvrage ; on y travailla sans interruption pendant vingt années, & la clôture se trouva achevée l'an 1211.

Troisiéme enceinte de Paris sous Philippe Auguste.

Pour mieux faire comprendre l'étendue de cette nouvelle enceinte, nous en indiquerons la route par des noms modernes. Elle commençoit vers le bas de la riviere du côté du Nord, & passoit entre l'Eglise de St. Germain l'Auxerrois & le Louvre dont elle traversoit l'avant-cour ; elle passoit entre les rues du Louvre & du Cocq, traversoit celles de St. Honoré, d'Orléans & de Grenelle, l'Hôtel de Soissons, la rue Coquilliere & la rue Montmartre, où il y avoit une Porte. Elle continuoit sa route entre la rue Tiquetone & la pointe St. Eustache, & traversoit la rue Montorgueil. De là cette clôture passoit entre les rues Pavée, du petit

<small>Troisiéme enceinte de Paris.</small>

Troisième enceinte de Paris.

Lyon & Mauconseil, & traversoit la rue St. Denis, un peu au-dessus de St. Jacques de l'Hôpital. Il y avoit en cet endroit une Porte que l'on nomma *la Porte aux Peintres*, parce que (dit M. de la Mare) les Peintres s'assembloient ordinairement dans une maison proche de cette porte pour y travailler ensemble & se perfectionner dans leur art. Ce mur passoit ensuite entre les rues du Heurleur & aux Ours, traversoit les rues Bourg-l'Abbé & St. Martin, continuoit le long de la rue Grenier St. Lazare, traversoit la rue Beaubourg, passoit dans la rue Michel-le-Comte, traversoit la rue Ste. Avoye, où il y avoit une Porte de même nom, & la rue du Chaume, proche les Peres de la Mercy. Cette enceinte tournoit ensuite, traversoit la rue de Paradis, & passoit dans la vieille rue du Temple par le milieu du Couvent des Blanc-Manteaux. De là elle alloit, toujours en tournant, entre les rues des Franc-Bourgeois & des Rosiers, proche l'Hôtel de Lorraine, l'Hôtel de St. Paul, & l'Eglise de Ste. Catherine; elle traversoit la rue St. Antoine, vis-à-vis les Jésuites, où il y avoit une Porte qui prit le nom de l'ancienne *Porte Baudets* ou *Baudoyers*: cette enceinte continuoit au travers de la Maison Professe des Jésuites, de la rue de Jouy, du Couvent de *l'Ave Maria*, & de la rue de la Mortellerie, & se terminoit sur le bord de la riviere, du côté d'Amont.

Du côté du Midi cette même clôture commençoit aussi sur le bord de la Seine à l'endroit où est aujourd'hui la Tournelle, vis-à-vis celui où elle finissoit de l'autre côté de la riviere: elle continuoit en tournant par derriere le College du Cardinal le Moine & celui des Bons Enfans, traversoit la rue St. Victor, montoit le long de la rue des Peres de la Doctrine Chrétienne, jusqu'à la Porte St. Marcel. De là elle passoit par devant les Portes St. Jacques & St. Michel, descendoit le long de la rue des Fossés de Mr. le Prince & de la rue de la Comédie Françoise, traversoit la rue Mazarine, & venoit finir sur le bord de la riviere vers l'ancien Hôtel de Nesle, où étoit la Porte de même nom; on y a bâti depuis le College Mazarin ou des quatre Nations (*d*).

Outre cette nouvelle enceinte, & les Tours dont elle étoit accompagnée de distance en distance, on éleva encore quatre grosses Tours sur le bord de la riviere, à l'endroit où venoient se terminer les murs de la Ville. Ces quatre Tours étoient, vers l'Occident, la Tour du Bois proche le Louvre, & la Tour de Nesle qui lui faisoit face de l'autre côté de la riviere; & à l'autre extrémité de la Ville, vers l'Orient, la Tour de Billy proche l'Arcenal, & la Tournelle qui étoit vis-à-vis.

Nouveaux édifices sous Philippe Auguste.

Philippe Auguste vécut encore douze ans après l'achevement de ces grands travaux, & il eut la satisfaction de voir couvrir d'édifices une partie des terrains qu'il venoit de renfermer dans cette nouvelle enceinte. Il avoit fait rebâtir le Château du Louvre qui fut achevé l'an 1214, ainsi qu'une grosse tour qu'il fit élever dans le milieu de la cour, pour y renfermer les prisonniers d'Etat. Il se plaisoit si fort dans ce Quartier qu'il fit encore bâtir une maison de plaisance dans le voisinage du Louvre, attenant l'Hôtel des Ducs de Brétagne, avec un grand jardin & un bois, ce qui fit nommer ce nouvel édifice *le Chateau du bois*. Ce fut encore sous le regne de ce grand Prince que fut fondé *l'Hôpital de la Trinité*, l'an 1202, & *l'Eglise Collégiale de St. Honoré* l'an 1204, par Renoul Cherey & Sibille sa femme, sur neuf arpens de terres qui étoient situés proche les murs de Paris, sur le chemin de la Ville-l'Evêque & de Clichy. Vers le même tems *St. Thomas du Louvre* fut fondé & érigé en Collégiale par Robert I, Comte de Dreux, quatriéme fils de Louis le gros. Philippe Auguste fit aussi construire au-dessus du pont au Change un autre pont qui fut nommé *le pont aux Colombes*. Ce fut lui qui assigna un emplacement aux Juifs dispersés dans la Ville,

(*d*) Voyez la description de ce College dans le second Volume, Liv. III. Chapitre premier.

ARCHITECTURE FRANÇOISE, Liv. I. 179

& il leur fit faire des logemens qui formoient six petites rues, proches les Halles. L'*Hôtel de Ville* étoit alors située proche le grand Châtelet, au même endroit où étoit auparavant *le Parloir aux Bourgeois* qui en tenoit lieu : *la Place de Greve* existoit déja depuis long-tems proche la Chapelle de St. Jean-Baptiste, & elle avoit été déclarée Place publique par Lettres Patentes de Louis le Jeune, l'an 1140. Voila l'état où se trouvoit Paris à la mort de Philippe Auguste, qui arriva en 1223, après avoir regné glorieusement pendant plus de quarante ans.

Nouveaux accroissemens de Paris depuis Philippe Auguste jusqu'à Charles V.

Une partie de la terre de Garlande, vers le petit pont, & les environs de St. Jean de Latran étoient encore en vignes l'an 1238 : on ne commença à bâtir dans les clos du Chardonnet que vers l'an 1243 : la terre de Laas, vers St. Germain des Prés, ne fut entierement couverte d'édifices qu'en 1263 : la culture de St. Paul, en 1269 : les environs de St. Honoré, en 1281 : & la culture de S. Martin, en 1282 : enfin le clos de St. Etienne des Grès étoit encore un vignoble l'an 1295, & l'on n'acheva de bâtir dans le clos de St. Symphorien & dans celui de St. Genevieve, qu'en 1355. Ainsi lors du decès de Philippe Auguste les dedans de Paris se trouvoient encore assez déserts, principalement cette partie du côté du Midy qui n'avoit été close que sous son regne. Mais le choix que les Sçavans & les gens de lettres firent de ce Quartier, pour y faire leur séjour, à cause de la salubrité de l'air qu'on y respiroit, contribua beaucoup à le rendre peuplé en peu de tems. L'*Université de Paris*, fondée par Charlemagne dès l'an 814, y ayant transporté ses écoles, le concours de Professeurs dans toutes les Sciences qui vinrent y demeurer fut si grand que ce Quartier prit le nom d'*Université*, pour le distinguer de *la Cité* & de *la Ville*. Robert de Sorbon, Confesseur de St. Louis, y fonda l'an 1250 le College qui porte son nom (*e*). Cet exemple fut suivi par les Bernardins, les Prémontrés, & les Bénédictins qui en firent bâtir pareillement pour les Etudians de leurs Ordres. Un Thrésorier de la Cathédrale de Rouen en fonda un autre en faveur de douze pauvres écoliers de sa Patrie. Le College de Calvy & celui de Harcourt furent ensuite bâtis sous le regne de Philippe le Hardy. Le College des Cholets, ceux de Bayeux, de Laon, de Montaigu, de Narbonne, & de Marmoutier, furent fondés sous Philippe le Bel : & celui de Navarre par Jeanne de Navarre, son épouse, l'an 1297. Des établissement si utiles, & les grands priviléges que St. Louis accorda à l'Université de Paris, acheverent d'attirer en cet endroit tous les étudians qui étoient répandus dans la Ville : chacun s'empressa d'y faire bâtir, & l'on couvrit d'édifices tous ces grands vuides qui restoient sur la Montagne Ste. Genevieve, dans le clos de Garlande, le clos Bruneau, les terres du Chardonnet, & dans celles de Laas, & les autres qui se trouvoient renfermées dans l'enceinte de Philippe Auguste. Le nombre des Eglises & des Parroisses s'augmenta à proportion : St. Louis en fit bâtir plusieurs, entr'autres la Ste. Chapelle dans l'enclos du Palais en la Cité, & l'Hôpital des Quinze-vingt. (*f*)

Fondation de divers Colleges dans le quartier de l'Université.

Il arriva à peu près la même chose dans la Ville, du côté du Nord. Le Château du Louvre rebâti & aggrandi sous Philippe Auguste : le Marché des Halles qu'il rétablit : les nouveaux bâtimens que Philippe le Bel fit faire dans l'enclos du Temple, après en avoir chassé les Templiers (*g*) : le Palais des Tournelles, &

(*e*) Voyez sa description dans le second Volume, Livre III. Chapitre XVI.

(*f*) L'Hôpital des Quinze-vingt fut fondé par St. Louis l'an 1269 ; au retour de son premier voyage de la Terre Sainte, en mémoire de trois cens Chevaliers captifs en Palestine, auxquels les Infideles avoient crevé les yeux.

(*g*) L'Ordre des Templiers fut aboli sous Philippe le Bel en 1311, à la priere du Pape Clement V, après avoir été condamnés dans un Concile tenu à Vienne la même année. Le Grand Maître & les principaux de l'Ordre furent brûlés à Paris, malgré la protestation qu'ils firent de leur innocence, & témoignerent un courage extraordinaire pendant leur supplice.

l'Hôtel de St. Paul, vis-à-vis ce Palais, bâtis par Charles V, le Parlement rendu sédentaire à Paris en 1297, & qui établit sa résidence dans le Palais de la Cité, bâti par les soins d'Enguerrand de Marigny, Ministre d'Etat sous Philippe le Bel, furent autant de motifs pour attirer dans tous ces endroits grand nombre de Courtisans & de Seigneurs, ainsi que quantité de Marchands, d'Ouvriers, & de Négocians. C'est ce qui occasionna de couvrir de bâtimens les vuides qui restoient entre les deux Bourgs de St. Germain l'Auxerrois, & ceux de la culture l'Evêque proche St. Honoré, de la terre de Champeaux, ou des petits Champs, aux environs des Halles, des cultures de St. Paul, de St. Magloire, de St. Martin, de St. Lazare, &c, ainsi qu'une partie des cultures du Temple, de Ste. Catherine, & de Ste. Anastase.

Pendant que les dedans de Paris se peuploient ainsi, il se forma de nouveaux Faubourgs dans ses environs. L'Abbé de St. Germain donna une partie de ses prés & de ses vignes, avec sa garenne entiere, pour faire construire des maisons aux environs de l'Abbaye. Evrard de Loursine & quelques autres firent bâtir aux environs de St. Marcel, & dans le terroir de Mouffetard, qui étoit en vignes. L'Evêque de Paris, les grosses Abbayes, & les convents de Religieux, en firent autant des terres de leur dépendance. C'est ainsi qu'en moins de quarante ans la plûpart de ces endroits vuides se trouverent habités & couverts de bâtimens.

Quatriéme enceinte de Paris.

Les guerres fréquentes que l'on eut à essuyer contre les Anglois vers l'an 1356, la perte de la bataille de Poictiers, la captivité du Roi Jean, en Angleterre, & le bruit qui se répandit alors que les ennemis, qui se trouvoient au milieu de la France, se disposoient à venir assiéger Paris, firent penser sérieusement à la sûreté de cette Capitale. On n'avoit plus assez de tems pour entreprendre des fortifications régulieres ; c'est pourquoi on se borna à l'entourer seulement de fossés & & de contrefossés. Ceux du côté de l'Université furent creusés au pied de l'ancienne enceinte ; à l'égard des Faubourgs de cette partie de Paris, ils furent jugés de si peu de conséquence, qu'on négligea de les mettre à couvert des insultes de l'ennemi ; mais pour les empêcher de s'y retrancher, on ruina les bâtimens qui s'y trouvoient.

Quatriéme enceinte de Paris.

Il n'en fut pas de même de l'autre côté de la Ville : les Fauxbourgs étant beaucoup plus considérables vers le Nord, & plus proches des murs, on en renferma une partie dans l'enceinte des fortifications. Aussitôt que la paix fut faite, Charles V, Régent du Royaume pendant la captivité du Roi Jean, son pere, entreprit d'accompagner de remparts & de fossés, cette partie de la Ville, sans rien changer au côté de l'Université. La conduite en fut donnée en 1367 à Hugues Aubriot, Prevôt de Paris, qui fit clorre de murs le côté de la Ville qui regarde le Nord, depuis le bord de la riviere, à l'endroit où est aujourd'huy l'Arcenal, jusqu'au-delà du Louvre, en y renfermant ce Château & les autres Faubourgs. Cette grande entreprise ne fut achevée que l'an 1383, sous le regne de Charles VI. Ce fut en travaillant à ces fortifications qu'on fit construire *le Fort de la Bastille*, en 1371. Charles V fit élever dans le même tems *le Palais des Tournelles*, où est à présent la Place Royale, & vis-à-vis ce Palais une autre maison de plaisance accompagnée de Jardins, & entourée de murailles : elle fut appellée *l'Hôtel de St. Paul*. Ce Prince fonda aussi plusieurs Monasteres, entr'autres celui des Célestins, à Paris. Ce fut lui qui érigea *la Cour des Aides*, vers l'an 1375. Il fit encore bâtir le Château de *St. Germain en Laye*, &c.

Ce troisiéme accroissement de Paris obligea d'y construire deux nouveaux ponts pour faciliter la communication des différens quartiers de la Ville & de la Cité avec ceux de l'Université. Ces deux ponts sont, le pont St. Michel (*h*) du côté de l'Université, & le pont Notre-Dame (*i*) du côté de la Ville.

Quatrième enceinte de Paris.

L'enceinte dont il est question, commençoit (comme on vient de le dire) au bord de la riviere, vers l'Arcenal, & continuoit par les portes St. Antoine, St. Martin, & St. Denys. Delà elle passoit par les rues de Bourbon, des petits Carreaux, Montgorgueil, Neuve St. Eustache, au travers de la Place des Victoires, de l'Hôtel de la Vrilliere & du Palais Royal. Elle traversoit ensuite la rue St. Honoré, où est aujourd'hui la Boucherie des Quinze-vingt, continuoit le long de la rue S. Nicaise, & finissoit sur le bord de la Seine. Par ce nouvel accroissement, le Quartier de St. Paul, la culture Ste. Catherine, le Temple, l'Abbaye de St. Martin des Champs, les Filles-Dieu, St. Sauveur, St. Honoré, les Quinze-vingt, & le Louvre, qui avoient jusqu'alors été dans les Faubourgs de Paris, se trouverent renfermés dans l'intérieur de la Ville.

Depuis le regne de Charles VI jusqu'à François I, la Ville de Paris ne s'accrut que médiocrement au-delà des limites de sa derniere clôture. Cette Capitale qui demeura ainsi qu'une grande partie de la France sous la domination des Anglois : les troubles de l'Etat, & les guerres continuelles qu'on fut obligé de soutenir contre cette Nation & contre les Bourguignons : l'absence de Louis XI & de Charles VIII, qui séjournerent presque toujours dans leurs Châteaux d'Amboise & du Plessis-lès-Tours : la guerre que Charles VIII & Louis XII son Successeur, porterent en Italie, furent cause que ces Princes n'ajouterent que très-peu de choses à ce qui avoit été fait par leurs Prédécesseurs pour la sûreté & l'embellissement de cette grande Ville. Il ne se passa donc rien de remarquable pour Paris pendant cet espace de tems, si ce n'est *l'établissement des Postes*, sous le regne de Louis XI, l'an 1480.

Accroissement & embellissement de Paris sous François Premier.

Le goût pour l'Architecture ne se réveilla en France que sous le regne de François I. Ce Pere & ce Restaurateur des Arts & des Sciences reprit tous les grands projets formés par ses Prédécesseurs pour l'embellissement de cette Capitale, & y en ajoûta de nouveaux. Il commença par le Château du Louvre qu'il fit abbattre en 1530, & qu'il fit rebâtir avec plus de magnificence & de régularité. Les anciens Hôtels des Ursins, de Bourgogne, d'Artois, de Fescamp, de Flandres, &c, qui défiguroient l'intérieur de la Ville par leur structure Gothique, furent démolis, & l'on ouvrit des rues sur le terrain qu'ils occupoient. Entrons dans un détail plus circonstancié des principaux accroissemens qui furent faits dans Paris sous le regne de ce Prince & sous celui de ses Successeurs, jusqu'à Henry IV.

Accroissement de Paris sous François I.

En 1520, un élû de Paris, nommé Albiac, vendit le clos du Chardonnet attenant les murs de l'Université. Les Acquéreurs ayant arraché les vignes qui y étoient plantées, y continuerent la rue Mouffetard, ainsi que les petites rues Françoise, d'Ablons, St. Medard, & quelques autres qui y aboutissent : par ce moyen la ville ou bourg St. Marcel se trouvant jointe à la Ville de Paris, devint un de ses Faubourgs.

(*h*) Le Pont St. Michel fut commencé à bâtir l'an 1378 sous la conduite de Hugues Aubriot, qui y employa les joueurs, vagabonds & autres gens sans aveu. Ayant été emporté plusieurs fois par les glaces & les débordemens de la Seine, on le rebâtit en pierres pour la derniere fois en 1618, & l'on éleva alors les maisons qu'on y voit encore aujourd'hui.

(*i*) Le Pont Notre-Dame fut bâti pour la premiere fois l'an 1412 ; Charles VI lui donna le nom de *Pons Notre-Dame*. Etant tombé en Novembre 1499, on commença la même année un nouveau pont de pierre qui fut achevé en 1507, & les maisons bâties dessus en 1512. Les façades intérieures de ce pont furent ornées de Termes & de guirlandes de fleurs en 1660, pour l'entrée de la Reine Marie-Thérèse d'Autriche, épouse de Louis XIV. On voit encore à présent des vestiges de cette décoration.

Voyez aussi ce qu'on dit de ces deux ponts au commencement du II Volume, Livre III. Chapitre III.

Accroissemens de Paris sous François I.

L'an 1536, François I fit construire une porte sur le bord de la riviere, au bout de la rue St. Nicaise, à l'endroit où finissoient les murs de la Ville : elle fut appellée *la porte neuve*.

En 1546, les Jacobins de la rue St. Jacques obtinrent du Roi la permission de donner à titre de cens & rentes un clos de vignes qui étoit derriere leur Monastere, & qui contenoit neuf arpens, à la charge d'y élever des bâtimens. Ce terrain renferme les rues St. Dominique, St. Thomas, St. Hiacinthe, &c, qui furent achevées l'an 1549. Le clos du Roi, au Faubourg St. Jacques, ceux des Bourgeois & des Francs-mureaux, dans le même Quartier, qui étoient plantés en vignes, furent aussi couverts de maisons en 1558.

Une partie de la rue de la Bucherie, le bas de la Place Maubert, & le Quai de la Tournelle, qui étoient encore des lieux vagues & vuides de maisons, furent commencés à bâtir l'an 1548, & achevés quatre ans après. En 1558, on ouvrit le Quai entre le petit pont & le pont St. Michel, & l'on en fit une Place pour servir de Marché au Quartier de la Cité : c'est à présent *le Marché neuf*.

Vers l'an 1544, le Prieur & les Religieux de Ste. Catherine vendirent à différentes personnes ce qui restoit de leur culture, consistant en terres & en jardins, à condition d'y bâtir & d'y ouvrir des rues ; ce qui fut exécuté les années suivantes. En 1563, on ouvrit dans le même Quartier les rues Barbette, des trois Pavillons, & du Parc Royal, sur les ruines de l'ancien Hôtel Barbette. Dès l'an 1545, l'Hôtel de St. Paul, bâti par Charles V, & qui occupoit le grand espace de terre (la culture S. Eloy) qui est entre la rue St. Antoine & la riviere, avoit été vendu à divers particuliers. Tout ce terrain ayant été divisé en rues, on commença d'y bâtir en 1551, & il se trouva entierement couvert de maisons l'an 1564. Il restoit encore dans le même Quartier le Palais & le clos des Tournelles qui n'étoit séparé de l'Hôtel de Saint Paul que par la rue Saint Antoine. Après la mort de Henry II, Charles IX, son Successeur, ordonna en 1566 que ce Palais seroit démoli, & le terrain vendu pour y bâtir des maisons.

Fortifications & nouveaux accroissemens de Paris.

Fortifications de Paris.

Les guerres fréquentes que François I eut à soutenir contre l'Empereur Charles-Quint, & les approches des ennemis qui vinrent jusqu'en Picardie, lui avoient fait prendre la résolution de fortifier Paris de ce côté. Cette entreprise avoit déja été tentée & abandonnée plusieurs fois. Henry II la fit mettre à exécution, commençant sur le bord de la riviere, au dessous de la Bastille. La premiere pierre en fut posée le 11 Août 1553, & les travaux en furent continués jusqu'au-delà de la porte St. Antoine. Cette fortification ne fut achevée jusqu'à cet endroit qu'en 1559, & les maisons de ce Quartier furent taxées pour en payer la dépense. Elle consiste en une courtine flanquée de deux bastions, le tout solidement construit & bordé de fossés fort larges. Quelque tems après l'*Arcenal* ayant été bâti proche les Célestins, les armes & les munitions de guerre, qui jusqu'alors avoient été conservées dans le Louvre, y furent transportées l'an 1572. Henri IV fit faire en 1600 un nouveau bastion au bout du Jardin de l'Arcenal, pour joindre les fortifications qui avoient été faites de ce côté jusqu'à la porte St. Antoine. On peut placer ici la construction de l'Hôtel-de-Ville (*k*), & l'établissement des Juges-Consuls de la Ville de Paris, cette Jurisdiction ayant été érigée sous Charles IX, l'an 1563.

En 1566, la porte neuve qui étoit entre le Louvre & le Palais des Thuilleries

---

(*k*) En 1357 le Prévôt des Marchands & les Echevins de Paris transporterent leur Hôtel-de-Ville à la place de Greve dans une maison qu'ils acheterent de la somme de 2880 livres parisis ; elle s'appelloit l'*Hôtel Dauphin*, parce qu'elle avoit autrefois appartenu aux Dauphins de France. Ensuite la Ville ayant acquis l'an 1532 plusieurs maisons bourgeoises qui tenoient à son Hôtel, elle en fit construire un nouveau beaucoup plus considérable que l'ancien, sur les desseins & sous la conduite de *Dominique Boccadoro* ou *de Cortonne*. Après diverses interruptions & quelques changemens, cet édifice fut enfin achevé en 1605 sous la Prévôté de François Miron, qui étoit aussi Lieutenant Civil au Châtelet de Paris.

fut reculée jusqu'à l'extrémité du jardin de ce Palais : elle fut nommée depuis *Porte de la Conférence*. La même année le Roi Charles IX posa la premiere pierre au baſtion qui étoit proche de cette porte, pour continuer la clôture de Paris de ce côté, & y renfermer le Palais des Thuileries que la Reine Catherine de Médicis avoit fait bâtir quelques années auparavant. Ce baſtion fait connoître qu'on avoit deſſein dès-lors de renfermer le Faubourg St. Honoré dans l'enceinte de la Ville. Comme ce côté de Paris eſt agréable, dans le voiſinage des maiſons Royales, & ſur le chemin de St. Germain en Laye, où la Cour faiſoit ſa réſidence, le nombre des édifices s'y multiplia conſidérablement. Chacun s'empreſſa d'y former un établiſſement, de ſorte qu'en 1578 il ſe trouva ſi peuplé, qu'on fut obligé d'y bâtir une Chapelle ſuccurſale de St. Germain l'Auxerrois, ſous l'invocation de St. Roch, pour la commodité des nouveaux habitans de ce Quartier qui ſe trouverent alors trop éloignés de cette Parroiſſe. Ce nouvel accroiſſement détermina Henry III, en 1581, à faire continuer les nouveaux murs depuis le baſtion de la porte neuve juſqu'à l'extrémité de ce Faubourg, vers la porte St. Honoré.

Il n'y avoit point encore de bâtimens conſidérables dans le Faubourg St. Germain, tous les Palais & les Hôtels des principaux Seigneurs ſe trouvant dans le Quartier de la Cour. On commença cependant d'ouvrir dans ce Faubourg la rue du Colombier, & quelques autres rues voiſines, & y ayant bâti pluſieurs beaux édifices ils furent occupés par des perſonnes de diſtinction. Ces deux grands Quartiers de St. Honoré & de St. Germain des Prés ſe trouverent peu à peu augmentés conſidérablement ; ce qui rendit le commerce de l'un à l'autre beaucoup plus fréquent. Il eſt vrai que la communication en étoit très-incommode, ne pouvant ſe faire que par batteaux, ou par le ſeul pont St. Michel, qui en étoit fort éloigné. C'eſt ce qui détermina Henry III à faire bâtir un pont à la pointe de l'Iſle du Palais. Il en poſa la premiere pierre du côté du Quai des Auguſtins, en May 1578 ; mais les guerres civiles qui ſurvinrent firent ceſſer cet ouvrage, & il ne fut achevé que ſous le regne ſuivant. Henry III fonda & fit édifier pluſieurs Egliſes & Monaſteres, entr'autres ceux des Capucins & des Feuillans, à Paris, & celui des Minimes du Bois de Vincennes. Ce fut lui auſſi qui inſtitua l'Ordre du St. Eſprit : la premiere promotion des Chevaliers de cet Ordre ſe fit le 31 Décembre 1578 dans l'Egliſe des grands Auguſtins, à Paris.

Accroiſſemens de Paris ſous le regne de Henry IV.

Au commencement du regne de Henry IV, il reſtoit encore dans l'enceinte de Paris de grands eſpaces de terres labourables, des prés, des jardins, & des marais vuides de maiſons. L'Iſle de Notre-Dame, diviſée en deux parties par un petit bras de la riviere, étoit encore une prairie dont la partie du côté de l'Orient ſe nommoit *l'Iſle aux vaches*. Ces deux Iſles appartenoient originairement à l'Evêque & au Chapitre de l'Egliſe Cathédrale de Paris. La plûpart des environs du Temple étoit en terres labourées & en marais : le parc du Palais des Tournelles étoit en friche & inhabité. Juſqu'ici on n'avoit preſque rien fait pour la décoration de cette Capitale. Il n'y avoit pour toutes Places publiques que celles de la Greve, des Halles, du Chevalier du Guet, de Ste. Opportune, du parvis Notre-Dame, de la Croix du Trahoir, le Marché neuf, & la Place Maubert. Ce n'eſt que depuis le regne de ce Prince que tous ces lieux vuides dont nous venons de parler, furent couverts de bâtimens, & que l'on commença à y élever des Places publiques d'une Architecture réguliere.

Il en fut de même des dehors de la Ville : la grande rue du Fauxbourg St. Antoine ayant été bâtie en 1634, ainſi que les rues adjacentes, ce Faubourg s'accrut tellement, qu'il s'étendit juſqu'aux villages de Reuilly & de Pincourt, qui en

Accroiſſement du Fauxbourg S. Germain

Etat où ſe trouvoit Paris au commencement du regne de Henry IV.

étoient auparavant très-éloignés. Il se forma de nouveaux Fauxbourgs au-delà des portes du Temple, de Montmartre, & de Richelieu; ceux de St. Martin & de St. Denys s'accrurent de moitié. *La Villeneuve sur gravois*, appellée aussi la *Nouvelle France*, qui étoit demeurée en masures depuis sa destruction en 1593, pendant les guerres & les troubles de l'Etat, fut rebâtie en 1624, ainsi que sa Parroisse sous le titre de *Notre-Dame de bonne nouvelle*, sur les démolitions de l'ancien Faubourg. Tout le terrain compris entre ce Quartier & le Faubourg St. Honoré, & qui étoit alors en prés ou en marais, fut couvert de beaux édifices, entre lesquels on ouvrit de grandes rues. Le derriere de la Chapelle de Saint Roch, où il s'étoit formé une butte des terres qu'on avoit tirées des fossés creusés autour de la Ville, lorsqu'il fut question de la fortifier de ce côté, fut applani & couvert de maisons magnifiques. De l'autre côté de la riviere, le Faubourg St. Germain qui s'augmentoit de jour en jour, s'accrut si considérablement qu'il étoit aussi grand que le Quartier de l'Université, en sorte qu'on peut dire qu'en très-peu de tems Paris s'accrut de plus d'un tiers.

Construction du Pont neuf.

Aussitôt que les troubles du Royaume furent appaisés, Henry IV songea à faire continuer les travaux du *Pont neuf*, & il fut achevé en 1604 (*l*). On avoit projetté d'y élever des maisons comme sur le Pont Notre-Dame, & dans cette intention l'on avoit ménagé des caves dans l'épaisseur de chaque pile; mais le Roi changea de dessein dès qu'on lui eut fait entendre que cela lui auroit ôté une grande partie de la vûe du Louvre, & l'on boucha les ouvertures de ces caves. En 1615, Louis XIII fit placer la Statue Equestre du Roy Henry IV, son pere, à la pointe de l'Isle qui sépare le Pont neuf en deux parties. C'est le premier monument de cette nature qui ait été érigé en France à la gloire de nos Rois. Vis-à-vis l'entrée de ce pont, sur le Quai des Augustins, il y avoit eu autrefois un Hôtel des Abbés de St. Denys. Cet édifice ayant été détruit par le tems étoit abandonné depuis quelques années, en sorte qu'on n'y voyoit plus que des masures & un jardin qui étoit en friche. Après l'achevement du Pont neuf, Henry IV fit ouvrir en cet endroit, & sur une portion du jardin des Augustins, une grande rue de trente-six pieds de largeur, qui fut nommée *la rue Dauphine*. On accompagna en même tems cette rue, des rues d'Anjou, Christine & de la Contrescarpe, qui y aboutissent.

Construction de la Place Royale.

Construction de la Place Royale.

On a vû ci-devant que le Palais des Tournelles ayant été démoli en partie, plusieurs particuliers y avoient élevé quelques édifices, mais tout cela sans ordre ni simétrie. Le Roi voulant établir en France une Manufacture d'étoffes de soye, d'or & d'argent, y attira deux cens Ouvriers qu'il fit venir des Pays étrangers, & il les logea dans ce qui restoit encore du Palais des Tournelles. En 1605, ceux qui avoient l'intendance de cette Manufacture firent élever un grand & magnifique bâtiment faisant face à une grande Place qui restoit de l'ancien parc de ce Palais. Cette idée plut si fort à Henry IV, qu'il résolut de faire continuer le bâtiment, & de faire de tout cet emplacement une Place publique qui porteroit le nom de *Place Royale*. Il en fit faire aussitôt un plan qui se trouva contenir 5184 toises quarrées, chaque côté en ayant 72 de longueur (*m*). Ce Prince fit bâtir à ses dépens un des quatre côté de cette Place, qu'il vendit ensuite à différens Particuliers, ainsi que l'emplacement des trois autres côtés, à la charge de se conformer aux desseins qui leur seroient fournis. Cette Place étant achevée, le Roi fit percer quatre rues, dont deux la traversent par le milieu, & ayant laissé un espace suffisant au pourtour de l'intérieur de la Place pour les voitures & les gens de

(*l*) Voyez la description de ce Pont au commencement du second Volume de cet Ouvrage, Liv. III. Chap. III.

(*m*) Voyez la description & le plan de la Place Royale dans le second Volume, Liv. IV. Chapitre XXXVIII.

pied

pied, il fit renfermer le reste du terrain par une grille de fer, & fit orner ce grand quarré d'un tapis de gazon divisé par des allées sablées, pour servir de promenade aux habitans des environs.

Construction de la Place Dauphine.

A peine la Place Royale fut-elle achevée, que Henry IV forma le dessein de bâtir vers l'extrémité occidentale de l'Isle du Palais, d'y ouvrir des rues, d'y faire une Place publique, & de couvrir ses Quais de maisons. Cette extrémité étoit autrefois coupée par un petit bras de la riviere ; ce qui formoit une très-petite Isle, nommée *l'Isle de Bussi*, à la pointe de celle du Palais. Cette partie de l'Isle du Palais étoit occupée par les Jardins du Palais Royal de la Cité, & par un *Hôtel des Etuves* que nos Rois avoient fait bâtir à la pointe de l'Isle pour eux & les Seigneurs de leur Cour. Henri II avoit donné cet Hôtel aux Ouvriers de la Monnoye lorsqu'on commença d'en fabriquer au balancier. Ces deux Isles furent jointes ensemble sous Henri III, lorsque ce Prince fit commencer le Pont-neuf. Henri IV fit présent à M. le premier Président de Harlay de cette partie de l'Isle du Palais, à condition qu'il y feroit bâtir, suivant les plans & les devis qui lui seroient communiqués par le grand Voyer de France.

Construction de la Place Dauphine.

Pour cet effet on fit d'abord le long des murs du jardin du Palais une rue de maisons uniformes qui traverse toute cette pointe de l'Isle, & qui aboutit d'une part au *Quai des Orfevres*, & de l'autre à celui de *l'Horloge du Palais*; cette rue fut appellée *rue de Harlay*. Du reste de l'Isle on fit une place triangulaire qui fut environnée de maisons à double corps de logis, toutes simétrisées, & couvertes d'ardoise, ayant vûe d'un côté sur la Place & de l'autre sur les Quais que nous venons de nommer. Elle fut nommée *la Place Dauphine*. Pour faciliter l'abord & le commerce de cette partie de l'Isle avec le reste de la Cité, on bâtit en même tems un Quai qui fut nommé *Quai des Orphevres*, beaucoup de Marchands & d'Ouvriers de cette profession étant venus s'y établir. La continuation de ce Quai jusqu'au Pont St. Michel fut nommée *la rue St. Louis*. A l'opposite de ce Quai on en bâtit un autre dans la même Isle depuis la pointe jusqu'au Pont au Change, on l'appella *le Quai de l'Horloge du Palais*, ou *des Morfondus*, à cause de son exposition au Nord.

Construction de l'Isle Notre-Dame & des Ponts qui y donnent entrée.

Ces magnifiques entreprises étant exécutées, le Roi forma le dessein de faire bâtir sur le terrain de l'Isle Notre-Dame, & de joindre cette Isle à la Ville de Paris. Le Duc de Sully, grand Voyer de France, avoit déja reçu de Henry IV les Ordres d'en dresser le plan, lorsqu'une mort violente arrachant ce Prince, en 1610, d'entre les bras de ses sujets, couvrit de deuil & d'affliction cette Capitale & la France entiere. La minorité de Louis XIII, son successeur, n'interrompit que pour un tems les projets de Henri le grand pour l'embellissement de cette Ville, puisqu'en 1611 le Roi prit la résolution de faire exécuter celui qui avoit été formé pour l'Isle de Notre-Dame. Christophe Marie, Entrepreneur général des Ponts & Chaussées, fut choisi pour cette entreprise, & l'on nomma des Commissaires pour acquérir du Chapitre de l'Eglise de Paris l'Isle Notre-Dame & l'Isle aux Vaches qui y étoit adjacente. Marie & ses associés s'engagerent l'an 1614 de joindre ces deux Isles pour n'en former qu'une seule, de l'environner de quais revêtus de pierre de taille, d'y bâtir des maisons, d'y ouvrir des rues, & de construire un pont vis-à-vis la rue des Nonaindieres, le tout dans l'espace de dix années. S'étant ensuite rebutés des difficultés qui survinrent de la part du Chapitre de Notre-Dame qui s'opposoit à l'exécution de ce traité, ils cederent leur marché en

Construction de l'Isle N. Dame.

1623 à Jean de la Grange. Quelques années enſuite Marie reprit le même marché, & il fut encore obligé de l'abandonner une ſeconde fois par les nouveaux obſtacles que formerent les habitans de l'Iſle, & ce ne fut qu'en 1647 que ces projets furent enfin achevés d'exécuter.

On entre à préſent dans cette Iſle par trois ponts dont deux ſont de pierre & un de bois. *Le Pont Marie* (n) ainſi appellé du nom de ſon Entrepreneur, eſt le plus ancien des trois; il fut commencé en 1613 & achevé l'an 1635. Le ſecond eſt *le Pont de la Tournelle* (o) qui fut conſtruit en pierre l'an 1656. *Le Pont de bois* (p) eſt le troiſiéme ; il fut bâti pour communiquer de l'Iſle Notre-Dame à celle du Palais, & il aboutit derriere le cloître Notre-Dame.

L'Egliſe Paroiſſiale de cette Iſle, connue ſous le nom de *St. Louis dans l'Iſle*, n'étoit dans ſon origine qu'une Chapelle particuliere qui fut érigée en Paroiſſe par *Jean-François de Gondy*, premier Archevêque de Paris, l'an 1623. Cette Chapelle étant devenue trop petite pour les habitans de l'Iſle dont le nombre augmentoit de jour en jour, on fut obligé d'y ajoûter un Chœur, ce qui fut achevé d'exécuter l'an 1679. Enſuite la diſproportion de ces deux édifices & la vétuſté de l'ancienne Chapelle firent qu'on ſe détermina à l'abbattre & à rebâtir une nef qui pût s'accorder avec l'Architecture du chœur. Le Cardinal de Noailles poſa la premiere pierre de cet édifice le 7 Septembre 1702; la nef fut achevée en 1723, à la réſerve de la coupole qui ne le fut que deux ans après. Cette Egliſe commencée ſur les deſſeins de Louis le Veau, Architecte du Roi, a été continuée par Gabriel le Duc qui a donné ceux du principal portail. Cette Iſle s'appelle auſſi *Iſle St. Louis*, du nom de la Paroiſſe.

Henri IV, après avoir embelli la Ville de Paris de la Place Royale, du Pont neuf, ainſi que des rue & Place Dauphine, ſe diſpoſoit encore à faire bâtir une autre Place dans le Quartier du Marais ; on devoit l'appeller Place de France, & les rues qui devoient y aboutir devoient porter le nom d'une des principales Provinces du Royaume. Sa mort ayant arrêté l'exécution de ce projet, Louis XIII le fit faire en partie, en 1626, par l'ouverture des rues de Bourgogne, d'Orléans, de Berry, de Poitou, de Touraine, &c, qui remplirent le reſte du terrain qui ſe trouvoit encore vuide dans ce Quartier, & le joignirent à celui de Ste. Avoye.

Cinquiéme enceinte d'une partie de la Ville de Paris.

En 1633, on commença à travailler par ordre du Roi à une nouvelle enceinte, qui fut ſeulement d'une ſixiéme partie de la circonférence de cette grande Ville. L'ancienne porte St. Honoré, proche les Quinze-vingt, ayant été abbatue depuis quelque tems, on en avoit élevé une nouvelle en 1631, à environ 400 toiſes de l'ancienne. Ce fut à cette porte que l'on commença cette enceinte, au même endroit où l'on en étoit reſté des Fortifications que Henri III avoit fait faire de ce côté de la Ville. Cette clôture étoit formée par des courtines flanquées de baſtions de diſtance en diſtance, avec un foſſé au-devant ; elle renfermoit le Fau-

---

(n) Ce Pont eſt de pierres de taille ; on y avoit élevé cinquante maiſons uniformes de quatre toiſes de profondeur ſur deux de face ; mais un débordement extraordinaire de la riviere ayant emporté en 1658 deux arches de ce pont, les maiſons qui étoient au-deſſus furent renverſées dans l'eau, & il y périt 50 à 60 perſonnes. On rétablit enſuite les deux arches qui étoient tombées, mais ſans y rebâtir de nouvelles maiſons, ſe contentant de laiſſer ſubſiſter celles que le débordement avoit épargnées.

(o) Le Pont de la Tournelle a pris ſon nom d'une Tour appellée *la Tournelle*, ſituée proche la Porte St. Bernard, & qui avoit été conſtruite, ainſi que la Tour de Billy, placée vis-à-vis pour deffendre l'accès de la riviere. On n'a point élevé de maiſons ſur ce pont, il a ſeulement une banquette de chaque côté pour la commodité des gens de pied.

(p) Ce Pont, après pluſieurs oppoſitions de la part du Chapitre de Notre-Dame, fut enfin conſtruit en 1642 ſur quatre toiſes de largeur, avec des parapets de chaque côté. En 1710, comme il commençoit à menacer ruine, il fut démoli, & l'on en conſtruiſit un nouveau pareil à l'ancien, qui fut achevé l'an 1718. Voyez ce qui eſt dit de ces ponts au commencement du ſecond Volume, Liv. III. Chap. III.

bourg St. Honoré & le Faubourg Montmartre où il fut aussi construit une nou- · Cinquié-
velle porte à plus de 200 toises de l'ancienne, que l'on démolit. Elle fut conti- me enceinte de Paris.
nuée par derriere la Ville-neuve, & vint se terminer à la porte St. Denis. On
bâtit ensuite dans l'espace qu'elle renfermoit les rues de Clery, du Mail, neuve
St. Eustache, des Fossés, St. Augustin, des Victoires, neuve des petits Champs,
de Richelieu, Ste. Anne, neuve St. Honoré, &c. Toutes ces nouvelles rues furent en peu de tems ornées de belles maisons & de grands Hôtels qui rendent
ce quartier un des plus beaux de Paris. A peine cette clôture fut-elle achevée,
qu'on fit construire une si grande quantité d'édifices hors la nouvelle Porte St.
Honoré, que le Faubourg considérable qui s'y forma se trouva joint au Village
du Roule.

Le côté de l'Université reçut pareillement de nouveaux accroissemens par les
bâtimens qui furent élevés dans le Faubourg St. Germain. Les Religieux de cette
Abbaye ayant vendu un jardin de trois arpens qui étoit renfermé dans leur enclos, on y ouvrit les rues St. Benoît, & les autres rues voisines. On fit encore plusieurs édifices au bout des rues de Grenelle, St. Dominique, du Colombier, &
en quelques-autres lieux de ce Faubourg.

Cette passion de bâtir au-delà des Faubourgs de Paris augmentant de plus en · Limites de
plus, on jugea enfin à propos d'y prescrire des bornes. Henri II s'y étoit déja la Ville de Paris.
opposé par un Edit publié en Novembre 1549, « qui fait deffenses de bâtir de neuf
« dans les Faubourgs de Paris, à peine de confiscation du fonds & des bâtimens
« qui s'y trouveroient élevés ; » mais cet Edit étoit demeuré sans effet, & il fut même révoqué en partie en 1558. Louis XIII ordonna donc par un Arrêt de son
Conseil du 15 Janvier 1638, qu'on poseroit des bornes d'espace en espace dans
toute la circonférence de la Ville, & qu'on ne pourroit plus bâtir au-delà de
ces limites sans une permission expresse. Cependant les habitans du Faubourg St.
Honoré obtinrent l'année suivante la permission de prolonger leur Faubourg &
de l'unir au Village nommé *la Ville l'Evêque*, qui fut alors érigé en Paroisse de
Paris.

Cette même année le Cardinal de Richelieu fit fondre une Statue Equestre en
bronze, représentant Louis XIII qui régnoit alors, & il la fit poser au milieu de
la Place Royale sur un piédestal de marbre blanc orné de trophées, de bas-reliefs,
& d'inscriptions à la gloire de ce Monarque. Le même Cardinal avoit déja signalé
son zele & sa libéralité par le rétablissement du College de Sorbonne dont l'édifice tomboit en ruines, & qu'il fit rebâtir à ses dépens avec une somptuosité digne
de la magnificence de ce grand Ministre. Ce College fut reconstruit en 1629 sur
les desseins de Jacques le Mercier, Architecte du Roi, ainsi que son Eglise qui ne
fut commencée qu'en 1635. *Voyez les desseins & la description de ce monument dans le
second Volume, Liv. III. Chap. XVI.*

Dernier accroissement & embellissement de Paris sous le regne de Louis XIV.

Le regne de Louis le Grand a été si long & si glorieux qu'il étoit comme im- · Dernier
possible que la Capitale de son Empire ne se ressentît de la splendeur d'un si beau accroisse-
siécle. On reprit donc les projets de Henry IV & de Louis XIII pour l'embellis- Paris sous
sement de Paris, & on les perfectionna. Ce qui restoit de places vuides fut couvert Louis XIV.
de maisons : la clôture du côté de l'Université fut démolie & ses fossés comblés,
& par-là les Faubourgs St. Germain, St. Jacques, St. Marcel, & St. Victor, se
trouverent joints à la Ville. Les ponts au Change & de la Tournelle, qui n'étoient
que de bois, ainsi que le pont Rouge bâti en 1632 vis-à-vis le Palais des Thuileries, furent reconstruits en pierres de taille : ce dernier fut nommé alors *Pont*

Royal (q). Tout ce qui avoit été fait dans les derniers siécles pour la sureté de cette Capitale lui devenant inutile, ses remparts & ses bastions furent démolis, ses fossés comblés furent convertis en promenades & en cours plantés d'arbres. Ses portes abbatues se métamorphoserent en Arcs de triomphe, tels que les portes Saint Antoine, Saint Denys, Saint Martin, & Saint Bernard, qui sont autant de monumens de la magnificence de la Ville & de la gloire du Monarque pour qui ils ont été érigés. On a construit des ports pour la facilité du transport des Marchandises, on a élevé des pompes & des fontaines publiques qui fournissent de l'eau aux Quartiers les plus reculés de la Ville. On a bâti l'Hôtel des Invalides, l'Observatoire, &c, & quantité d'autres grands édifices qu'il seroit trop long de rapporter ici. Sans parler de la Place des Victoires qui fut élevée en 1684 par les soins de Mr. de la Feuillade, & ornée d'une Statue pédestre du Roi couronné par la victoire : & de la Place de Vendôme, ou de Louis le Grand, qui fut achevée en 1698, au milieu de laquelle la Ville de Paris fit placer une Statue équestre de Sa Majesté, fondue en bronze d'un seul jet, ouvrage le plus considérable qui ait jamais été fait en ce genre. Voyez la description particuliere & les desseins de ces deux Places dans le troisiéme Volume, ainsi que le détail de la plus grande partie de ces nouveaux embellissemens répandus dans les quatre premiers Volumes de cet Ouvrage.

Récapitulation de ce Chapitre, & divisions de Paris en différens Quartiers.

Division de Paris en Quartiers suivant leur ancienneté

Lutece, lorsqu'elle fut conquise par Jules Cesar, n'étoit pas d'une assez grande étendue pour être susceptible d'aucun partage. Son premier accroissement, dont le tems est incertain, se fit hors de l'isle, du côté du Nord. Ce ne fut qu'après cet accroissement qu'on commença à la partager entre les Officiers préposés pour le bien Public. Ce partage se fit d'abord en quatre parties, d'où dérive le nom de *Quartier* qu'on a donné à chacune d'elles ; sçavoir, les Quartiers de la Cité, de St. Jacques, de la Verrerie, & de la Greve. Le second aggrandissement entrepris par ordre de Philippe Auguste l'an 1190, & achevé sous le regne de ce même Prince en 1211, fut beaucoup plus considérable. Il renfermoit dans sa nouvelle enceinte tout le côté du Midi, appellé depuis l'Université, & vers le Nord, la nouvelle Ville, contenant le Bourg St. Germain l'Auxerrois, le Bourg l'Abbé, le Beau-Bourg, & le Bourg-Tiboust. Paris fut alors augmenté de quatre nouveaux Quartiers, sçavoir ceux de St. Germain l'Auxerrois & de Ste. Opportune, du côté du Nord, & les Quartiers de St. André & de la Place Maubert, vers le Midi.

Le troisiéme accroissement commencé par Charles V, & qui ne finit que sous Charles VI, en 1383, fut encore plus grand que le précédent, mais il ne s'étendit que du côté du Nord. Il fournit à la Ville de Paris les huit nouveaux Quartiers de St. Antoine, St. Gervais, Ste. Avoye, St. Martin, St. Denys, les Halles, St. Eustache, & Saint Honoré. De cette maniere Paris se trouva partagé alors en seize Quartiers ou *Régions* qui conserverent néanmoins le nom de Quartier, relativement au nombre de leur premiere division.

Ce partage de Paris avoit été fait d'abord avec assez d'égalité, mais les nouveaux accroissemens qui se firent sous les regnes suivans, se trouvant joints aux Quartiers des extrémités de la Ville, les avoient rendus d'une bien plus grande étendue, tandis que ceux de son intérieur demeuroient toujours renfermés dans leurs

---

(q) Le Pont rouge se trouvant situé à l'endroit le plus large & le plus rapide de la Seine, n'y subsista pas longtems entier, & il eut plusieurs fois quelques arches d'emportées par les glaces & les débordemens de cette riviere. Ayant enfin été totalement renversé dans le grand dégel de l'année 1684, on se détermina à y en construire un de pierre. Voyez dans le Volume suiv. Liv. III. le Chapitre ci-devant cité à l'occasion des autres Ponts de Paris.

St.

ARCHITECTURE FRANÇOISE, Liv. I.

anciens limites. Le Quartier de St. André fut celui dont l'accroissement parut le plus sensible; c'est ce qui obligea de le partager en deux parties, l'an 1642, & de faire un nouveau Quartier du Faubourg St. Germain. Ainsi Paris fut divisé en dix-sept Quartiers.

Cependant les nouveaux bâtimens des Cultures de St. Eloy, de Ste. Catherine, de St. Anastase, du Temple, de la Ville-neuve, de la butte St. Roch, & les anciens Faubourgs qu'on venoit de renfermer dans la nouvelle enceinte, avoient tellement accrû les Quartiers de St. Antoine, de Ste. Avoye, de St. Martin, de St. Eustache, & de St. Honoré, que chacun d'eux valoit une ville de Province pour leur étendue & le nombre de leurs habitans. Enfin le Faubourg St. Germain, nouvellement érigé en l'un des Quartiers de la Ville, avoit été depuis augmenté de plusieurs nouvelles rues bordées de grands Hôtels & de bâtimens magnifiques, en sorte qu'il étoit devenu beaucoup plus considérable qu'aucun des autres. Cet accroissement fit encore ajoûter aux précédens trois nouveaux Quartiers, sçavoir celui du Luxembourg, & celui de St. Benoît, & le quartier Montmartre.

Nouvelle division de Paris en vingt Quartiers.

Malgré l'augmentation de trois Quartiers que l'on venoit de faire à Paris, la même inégalité subsistoit toujours entre les anciens & les nouveaux; il s'en trouvoit plusieurs de ceux-ci qui renfermoient plus de soixante rues, tandis que les autres en contenoient à peine dix ou douze; ce qui étoit sujet à beaucoup d'inconvéniens, & rendoit bien plus difficile l'exercice de la Police, ainsi que la perception des droits du Roi & des impositions publiques. Pour y remédier, Sa Majesté ordonna qu'il seroit fait une nouvelle division de Paris & de ses Faubourgs en vingt Quartiers distribués le plus également qu'il seroit possible. En voici les noms, (r) tels qu'ils furent arrêtés au Conseil, suivant l'Edit publié à cet effet le 14 Janvier 1702. Les Quartiers de la Cité, de St. Jacques de la Boucherie, de Ste. Opportune, du Louvre ou de St. Germain l'Auxerrois, du Palais Royal, de Montmartre, de St. Eustache, des Halles, de St. Denys, de St. Martin, de la Greve, de St. Paul ou de la Mortellerie, de Ste Avoye ou de la Verrerie, du Temple ou du Marais, de St. Antoine, de la Place Maubert, de St. Benoît, de St. André, du Luxembourg, & de St. Germain des Prés.

Nouvelle division de Paris en 20 Quartiers.

(r) On a crû nécessaire de donner ici l'ordre & l'étendue de ces vingt Quartiers pour faciliter l'intelligence de l'emplacement des édifices dont nous allons donner la description dans les Livres suivans.

1. *Le Quartier de la Cité* s'étend depuis la pointe Orientale de l'Isle Louviers jusqu'à la pointe Occidentale de l'Isle du Palais; il comprend les Isles du Palais, de Notre Dame ou de S. Louis, l'Isle Louviers & tous les ponts de ces Isles.

2. *Le Quartier de St. Jacques de la Boucherie* est borné à l'Orient par les rues Planche-Mibray, des Arcis, & de St. Martin, exclusivement; au Septentrion par les rues aux Oues, ou aux Ours, exclusivement; à l'Occident par la rue St. Denys, depuis la rue aux Ours jusqu'à la rue de Gêvres, y compris le Marché de la Porte de Paris & le grand Châtelet, au Midi par la rue & le Quai de Gêvres exclusivement.

3. *Le Quartier de Ste. Opportune* est terminé à l'Orient par le Marché de la Porte de Paris & la rue St. Denys exclusivement; au Septentrion par la rue de la Ferronerie, y compris les Charniers des Saints Innocens, & par une partie de la rue St. Honoré, y compris la rue de la Ferronerie jusqu'aux coins des rues du Roule & des Prouvaires; à l'Occident par les rues du Roule & de la Monnoye, & par le Carrefour des trois Maries jusqu'à la riviere, le tout exclusivement; au Midi par les Quais de la vieille Vallée & de la Mégisserie.

4. *Le Quartier du Louvre ou de St. Germain l'Auxerrois* finit à l'Orient par le Carrefour des trois Maries & par les rues de la Monnoye & du Roule inclusivement; au Septentrion par la rue & le Cloître St. Honoré inclusivement; à l'Occident par la rue Frementeau jusqu'à la riviere, & au Midi par la riviere.

5. *Le Quartier du Palais Royal* est borné à l'Orient par les rues Frementeau & des bons Enfans exclusivement; au Septentrion par la rue neuve des petits Champs exclusivement; à l'Occident par les extrémités des Faubourgs de St. Honoré & du Roule inclusivement; au Midi par la riviere.

6. *Le Quartier de Montmartre* s'étend à l'Orient & au Septentrion jusqu'à l'extrémité des Faubourgs; à l'Occident jusqu'aux marais des Porcherons; au Midi jusqu'au bout de la rue neuve des petits Champs, de la Place des Victoires & des rues des Fossés Montmartre & neuve St. Eustache, le tout inclusivement.

7. *Le Quartier de St. Eustache* se termine à l'Orient par les rues de la Tonnellerie, Comtesse d'Artois, & Montorgueil exclusivement; au Septentrion par les rues neuve de St. Eustache, des Fossés Montmartre, & la Place des Victoires exclusivement; à l'Occident par la rue des

Tome I.   Bbb

Comme la plus grande partie de cet Ouvrage a pour objet de repréſenter les principaux monumens de cette Capitale, nous avons crû, avant que de paſſer à la deſcription des édifices dont elle eſt décorée, devoir donner une idée ſuccinte de ſon origine & de ſes accroiſſemens, conformément à ce qui avoit été promis par le *Proſpectus*. Dans cette intention, nous n'avons fait choix que de ceux qui peuvent contribuer à faciliter la connoiſſance de l'Architecture Françoiſe nommée *Moderne*, notre deſſein n'étant point d'entrer dans le détail des Bâtimens Antiques & Gothiques que cette Ville renferme, mais de donner des préceptes utiles & intéreſſans ſur l'art de bâtir, d'après les exemples des Egliſes, Palais, maiſons Royales, Hôtels, &c, de Paris, dont la plûpart ont été élevés ſous le regne de Louis XIV, par les plus habiles Architectes qu'il y eut alors en Europe.

bons Enfans incluſivement; au Midi par la rue St. Honoré excluſivement.

8. *Le Quartier des Halles* eſt renfermé à l'Orient par la rue St. Denys excluſivement; au Septentrion par la rue Mauconſeil excluſivement; à l'Occident par les rues Comteſſe d'Artois & de la Tonnellerie incluſivement; au Midi par la rue de la Ferronnerie & une partie de la rue St. Honoré excluſivement.

9. *Le Quartier de St. Denys* eſt borné à l'Orient par la rue St. Martin & par celle du Faubourg de même nom excluſivement; au Septentrion par les extrémités des Faubourgs St. Denys & St. Lazarre incluſivement; à l'Occident par les rues Ste. Anne, des Poiſſonniers, & Montorgueil incluſivement; au Midi par les rues aux Ours & Mauconſeil incluſivement.

10. *Le Quartier de St. Martin* finit vers l'Orient aux rues Bardubec, de Ste. Avoye, & du Temple excluſivement; vers le Septentrion aux extrémités du Faubourg incluſivement; vers l'Occident à la rue St. Martin, & à celle du Faubourg de même nom; vers le Midi à la rue de la Verrerie incluſivement.

11. *Le Quartier de la Greve* eſt terminé à l'Orient par la rue Geoffroy Lânier & par la vieille rue du Temple excluſivement; au Septentrion par les rues de la Croix blanche & de la Verrerie excluſivement; à l'Occident par les rues des Arcis & Planche-Mibray incluſivement; au Midi par les Quais Pelletier & de la Greve.

12. *Le Quartier de St. Paul ou de la Mortellerie* s'étend à l'Orient juſqu'aux remparts; au Septentrion juſqu'à la rue St. Antoine excluſivement; à l'Occident juſqu'à la rue Geoffroy Lânier incluſivement; au Midi juſqu'à la riviere.

13. *Le Quartier de Ste. Avoye ou de la Verrerie* eſt renfermé à l'Orient par la vieille rue du Temple excluſivement; au Septentrion par les rues des quatre Fils & des vieilles Audriettes excluſivement; à l'Occident par les rues Ste. Avoye & Bardubec incluſivement; au Midi par les rues de la Verrerie & de la Croix blanche incluſivement.

14. *Le Quartier du Temple ou du Marais* comprend à l'Orient les remparts & la rue du Menil-montant; au Septentrion les Faubourgs du Temple & de la Courtille; à l'Occident la grande rue des mêmes Faubourgs & la rue du Temple; au Midi les rues des vieilles Audriettes, des quatre Fils, de la Perle, du Parc Royal, & neuve St. Gilles.

15. *Le Quartier de St. Antoine* eſt borné à l'Orient par les extrémités des Faubourgs; au Septentrion par les mêmes Faubourgs & par les rues du Meril-montant, neuve St. Gilles, du Parc Royal & de la Perle excluſivement; à l'Occident par la vieille rue du Temple incluſivement; au Midi par la rue St. Antoine incluſivement.

16. *Le Quartier de la Place Maubert* finit vers l'Orient aux extrémités des Faubourgs; vers le Septentrion aux Quais de la Tournelle & de St. Bernard; vers l'Occident à la rue Pavée de la Place Maubert, au Marché de la même Place, à la Montagne Ste. Génévieve & aux rues Bordet, Mouffetard & de Lourſine; vers le Midi à l'extrémité du Faubourg St. Marcel, le tout incluſivement.

17. *Le Quartier de St. Benoit* eſt renfermé à l'Orient par la rue Pavée de la Place Maubert, la Montagne Ste. Génévieve, les rues Bordet, Mouffetard, & de Lourſine excluſivement; au Septentrion par la riviere, y compris le petit Châtelet; à l'Occident par les rues du petit Pont & St. Jacques incluſivement; au Midi par l'extrémité du Faubourg St. Jacques incluſivement, juſqu'à la rue de Lourſine.

18. *Le Quartier de St. André* ſe termine à l'Orient par les rues du petit Pont & St. Jacques excluſivement; au Septentrion par la riviere depuis le petit Châtelet juſqu'à la rue Dauphine; à l'Occident par la rue Dauphine incluſivement; au Midi par les rues de la Comédie Françoiſe, des Foſſés de Mr. le Prince, des Franc-Bourgeois, & St. Hyacinthe, Porte St. Michel, excluſivement.

19. *Le Quartier du Luxembourg* eſt borné à l'Orient par la rue du Faubourg St. Jacques excluſivement; au Septentrion par les rues St. Hyacinthe, des Franc-Bourgeois, des Foſſés de Mr. le Prince & de la Comédie Françoiſe incluſivement; à l'Occident par les rues de Buſſy, du Four, & de Seve incluſivement; au Midi par les extrémités du Faubourg St. Germain incluſivement.

20. *Le Quartier de St. Germain des Prés* s'étend à l'Orient juſqu'aux rues Dauphine, de Buſſy, du Four, & de Sévres excluſivement; au Septentrion juſqu'à la riviere, y compris le Pont Royal & l'Iſle aux Cignes; à l'Occident & au Midi juſqu'aux extrémités de ce Faubourg depuis la riviere juſqu'à la rue de Sévres.

Fin de l'Introduction.

ARCHITECTURE
FRANÇOISE.

LIVRE SECOND.
DES PRINCIPAUX EDIFICES
DU FAUBOURG SAINT GERMAIN.

CHAPITRE PREMIER.

Description de l'Hôtel Royal des Invalides, situé à une des extrémités de Paris, à l'entrée de la plaine de Grenelle.

E tous les édifices qui se sont élevés sous le règne de Louis XIV, il n'en est point de plus considérable que l'Hôtel Royal des Invalides; on ne voit pas même dans les Auteurs Grecs & Romains que les Héros dont ils ont écrit l'histoire, ayent fait aucun établissement public pour le soulagement des militaires que leurs travaux & leurs blessures avoient mis hors d'état de servir. En France, avant ce grand Prince, les Soldats & les Officiers blessés étoient envoyés dans des Abbayes & des Prieurés de fondation Royale, pour y recevoir les secours spirituels & temporels. C'est en 1670 que ce Monarque fit, sous le ministere de M. de Louvois, ériger ce superbe monument (*a*), &

Hôtel des Invalides.

(*a*) On voit par un Edit de 1600 que Henri IV avoit voulu faire un pareil établissement; pour cet effet il choisit la Maison Royale de la Charité Chrétienne située rue de l'Arbalêtre, Fauxbourg St. Marceau, mais comme ce projet n'eut pas de suite, il la donna depuis aux Apoticaires qui y font leurs expériences de Botanique.
On voit aussi par un Edit du mois de Novembre 1633 que Louis XIII voulut fonder un semblable édifice, mais comme les fonds n'étoient pas suffisans, ce nouvel établissement n'eut pas plus de succès que celui d'Henry IV.

Hôtel des Invalides.

ce fut aux mois d'Avril 1674 & Février 1682 qu'il fixa d'une maniere immuable les revenus (*b*) nécessaires à cet Hôtel pour l'entretien & la nourriture d'environ 6000 hommes, y compris nombre de personnes destinées à la discipline & au bon ordre, tant du dehors que du dedans de cette maison. (Voyez l'histoire de cet Hôtel par Granet.)

Après que ce Monarque eut conçu un projet si digne de sa piété, il choisit ce qu'il y avoit de plus célébres Architectes pour l'exécution de ce magnifique édifice. Ce fut Liberal Bruant qui donna les desseins de la premiere Eglise & des bâtimens qui composent ce grand Hôtel, élevé à l'entrée de la plaine de Grenelle sur un terrain contenant environ 18 arpens de superficie. Après que ces bâtimens furent construits, Jules Hardouin Mansard (*c*) fit les desseins pour la nouvelle Eglise située au bout de celle élevée pour les Soldats; monument qui surpasse tout le reste de cet édifice & qui montre d'une maniere bien éclatante la capacité de ce grand Architecte dont les ouvrages dans les tems les plus reculés feront honneur à la nation Françoise. Après Mr. Mansard, les augmentations & l'entretien de tous ces bâtimens ont été confiés à Robert De Cotte, premier Architecte du Roi, homme d'un mérite fort éminent, & dont nous parlerons dans son lieu; M. De Cotte le fils en est aujourd'hui Controlleur, & le Sieur Franque, Architecte, premier Inspecteur.

C'est sous la conduite de ces deux derniers Architectes que viennent d'être érigés les nouveaux bâtimens & les jardins marqués A, Planche premiere. Tout cet Hotel est précédé d'une place d'armes soutenue de fossés revêtus de maçonnerie, garnis de plusieurs piéces d'artillerie & de guérites pour les sentinelles; une grille de fer défend l'entrée de ce bâtiment à la porte duquel sont toujours deux soldats qui y montent la garde.

Plan général au rez-de-chaussée des bâtimens, avenues, cours & jardins de l'Hôtel Royal des Invalides, Planche premiere.

Cette Planche offre en général tous les bâtimens & dépendances de cet Hotel vûs au-dessus des combles, avec une partie des rues du Faubourg St. Germain qui conduisent à cet édifice, distant de la riviere de Seine d'environ 360 toises, y compris la place d'armes, qui a de profondeur 68 toises sur 102 de largeur. Du coté de la plaine sont exprimées deux avenues qui s'étendent jusqu'auprès du grand chemin de Vaugirard. De cet endroit on apperçoit le frontispice du dome de la nouvelle Eglise qui forme un des plus beaux coups d'œil qu'il soit possible d'imaginer. Comme la distribution des principaux bâtimens de cet Hotel est exprimée dans la Planche suivante, nous n'en dirons rien ici.

Plan au rez-de-chaussée de tous les bâtimens de l'Hôtel Royal des Invalides.
Planche II.

Cette Planche offre la distribution générale des bâtimens dont nous parlons, le plan de l'ancienne Eglise, & celui du dôme; mais comme ce dernier édifice mérite une attention particuliere, nous en donnerons la description & le plan plus en grand sur la Planche VI.

(*b*) Les revenus principaux de cette maison sont de 3 deniers pour livre pris sur tous les payemens qui sont faits par les Tresoriers généraux de l'ordinaire & extraordinaire des guerres, ce qui souvent a produit un revenu si considérable, qu'en 1714 il en revint 125000 liv.

(*c*) C'est à cet habile homme que nous sommes redevables de presque tous les plus beaux édifices érigés sous le regne de Louis XIV, tels que le Château de Versailles,

celui de Trianon, de Marly, de Clagny & une infinité d'autres bâtis à Paris sur ses desseins Il étoit fils d'une sœur de François Mansard, nâquit à Paris en 1645, & mourut à Marly presque subitement le 11 Mai 1708. Il étoit Surintendant & Ordonnateur général des Bâtimens, Arts & Manufactures de S. M. & Chevalier de l'Ordre de St. Michel.

La

La principale face du bâtiment marquée A A, donnant sur la Place d'armes du côté de la riviere, est exposée au Nord, & a 101 toises de longueur. Elle contient des bâtimens simples de 34 pieds de profondeur, & une gallerie de toute la longueur de cette aile de bâtiment, qui communique à couvert d'un côté au logement du Gouverneur & à ses basses-cours, & de l'autre à l'appartement du Lieutenant de Roi. Au milieu de ce corps de bâtiment est le Porche qui sert d'entrée principale à tout ce monument, & qui communique aux galleries B qui conduisent à couvert à tous les corridors de cet Hôtel.

Hôtel des Invalides.

De ce Porche, sous lequel passent les carosses, on entre dans la cour Royale qui a 53 toises sur 32, non compris la largeur des galleries B (*d*) dont nous venons de parler, lesquelles sont trop étroites, eu égard au diamétre de cette cour, & au passage continuel des soldats & des étrangers qui viennent visiter cet Hôtel. Au fond de la même cour est un vestibule qui sert d'entrée à l'Eglise de la maison : aux deux côtés de ce vestibule sont deux galleries de 24 pieds largeur, qui, prolongées par les corridors C, communiquent dans leur extrémité à de grandes cours qui servoient de promenoir avant qu'on eut planté des avenues entre la Place d'armes de cet Hôtel & la riviere. Les galleries B, allignent aussi les corridors D, & sortent dans des cours collatérales à l'ancienne Eglise, qui aboutissent à une grande Place en face du nouveau portail, fermée du côté de la campagne par un fossé avec un pont-levis qui conduit à une avenue, ainsi qu'on le voit exprimé Planche premiere.

Les enfilades observées dans tout ce plan, la simétrie de tous les bâtimens, la distribution des cours, leurs dégagemens, leurs différentes issues, rendent les masses de cet édifice très-régulieres ; seule considération importante à observer dans un monument de cette espece, où la simplicité & les commodités relatives à son usage sont préférables à la magnificence de la décoration.

Aux deux côtés de la cour Royale en sont distribuées quatre plus petites, deux de chaque côté, séparées l'une de l'autre par deux ailes de bâtiment simples, & au rez-de-chaussée desquelles sont placées les cuisines & les réfectoirs des Officiers. Ces cours sont séparées de la cour Royale par quatre grands réfectoirs pour les soldats, chacun de 25 toises de long, sur 27 pieds de large, sur les murailles desquels sont peintes par Martin les batailles les plus remarquables du regne de Louis XIV. En face de ces réfectoirs sont opposés en simétrie d'autres ailes de bâtimens, dans lesquels sont distribuées au rez-de-chaussée, des chambres pour les soldats que leurs infirmités empêchent de monter dans celles qui sont pratiquées aux entresoles, & aux autres étages au-dessus.

Ces quatre cours, qui ont 18 toises de largeur sur 23 de profondeur, donnent entrée à d'autres cours, l'une dite de l'Apoticairerie, & l'autre dans laquelle est pratiqué un Jardin pour les Prêtres de la Congrégation de St. Lazare, chargés de l'administration du Spirituel de cette maison. Les logemens de ces Ecclésiastiques sont distribués tant au rez-de-chaussée, que dans les entresoles & au premier étage dans un aile de bâtiment parallele à l'Eglise des soldats, & qui simétrise avec l'aile qui lui est opposée, & dans laquelle est placée la Boulangerie qui forme un des côtés de la cour de l'Apoticairerie. Ces nouvelles cours ont pour base une autre aile de bâtiment qui aligne le corridor C C : celui-ci traverse le vestibule & les galleries qui donnent entrée à l'ancienne Eglise. Dans ces deux ailes de bâtiment sont pratiquées des salles pour la lingerie, des chambres pour les Sous-Inspecteurs des bâtimens de cet Hôtel, des réfectoirs pour les Officiers, &c.

Tous les bâtimens dont nous venons de parler ont quatre étages d'élévation, y compris les entresoles, & sont exprimés plus noir dans cette Planche, au lieu que tous ceux qui sont plus pâles, n'ont que deux étages, tels que les infirmeries des

(*d*) Les planchers de ces galleries sont de charpente, au lieu qu'il auroit été plus convenable dans un bâtiment de cette espece de les voûter, non-seulement pour plus de solidité, mais encore pour prévenir les accidens du feu.

Tome I.   C c c

Hôtel des Invalides. soldats & des Officiers, lesquelles sont distribuées convenablement pour leur usage, & contiennent environ 600 lits, y compris ceux pour les domestiques malades, &c. Ces infirmeries sont accompagnées de bâtimens séparés pour la Pharmacie & l'Apoticairerie, avec des logemens pour les Chirurgiens & les Sœurs grises qui sont chargées du soin & des médicamens des malades. Elles ont en particulier leur cuisine, leur réfectoir, & leur Buanderie de plain-pied à ce rez-de-chaussée, dont la distribution se trouve à la gauche de ce plan général. A la droite, sont distribués, dans des bâtimens opposés à ceux dont nous venons de parler, les principaux logemens & les atteliers des Ouvriers, tels que les Vitriers, les Cordonniers, &c, & divers magasins dont les noms écrits dans ce plan, suivant l'usage de chaque piece, tiendront lieu d'une plus longue explication.

A l'extrémité de l'ancienne Eglise de la maison, bâtie par Bruant, est située celle élevée sur les desseins de Hardouin Mansard dont la forme générale est un quarré de 25 toises & demi hors œuvre, dans l'intérieur duquel est distribuée une grande coupole, deux Chapelles principales, une nef, un sanctuaire où est placé le maître Autel & quatre Chapelles particulieres, dont les percés, les enfilades & la simétrie sont un chef-d'œuvre de la distribution Françoise, & dont nous donnerons les détails en parlant de la VI°. Planche exprimée sur une plus grande échelle, la petitesse de celle-ci ne permettant pas une description assez circonstanciée.

Aux bâtimens que nous venons de décrire, ont été ajoutés depuis peu ceux marqués E construits pour loger deux cent Officiers, chacun dans des pieces particulieres. On y a aussi placé un grand réservoir & un puits dans lequel sont des corps de pompes qui élevent l'eau dans le réservoir, d'où elle est ensuite distribuée dans les cuisines & offices par des aqueducs construits en 1738, & pratiqués dans les souterrains de cet édifice, de façon qu'ils viennent ensuite se décharger dans la riviere.

A l'une des extrémités du cimetiere, on a fait deux glacieres pour l'usage des principaux Officiers de cet Hôtel, & à l'autre une aile de bâtiment pour les Ouvriers nécessaires dans la maison, tel qu'un Serrurier, un Maréchal, un Charron, &c.

Tout ce monument a été construit avec une dépense incroyable & une solidité à toute épreuve; dans les fondations pratiquées au-dessous des grands réfectoirs sont les caves au vin des Officiers & des soldats; sous les cuisines, les caves au bois; sous l'aile des Prêtres, d'autres caves à leur usage, & sous l'Apoticairerie & l'appartement du Chirurgien des caves particulieres au bois & au vin pour les malades.

Distribution des Entresoles pratiquées dans la plus grande partie du principal corps de bâtiment de cet Hôtel, avec le premier étage du bâtiment des infirmeries & de celui qui lui est opposé. Planche III.

Les murs de refend & de face de ce plan sont élevés à plomb de celui du rez-de-chaussée: on a pris soin d'exprimer par une teinte toutes les pieces qui percent du rez-de-chaussée dans cet étage, de maniere que tout ce qui n'est pas teinté est distribué à l'usage des principaux Officiers & des soldats. Aux deux côtés du porche qui monte de fond, sont pratiqués deux appartemens dont l'un est occupé par l'Intendant de cet Hôtel: ils ont leur escalier particulier ayant son issue au rez-de-chaussée sous le porche qui donne entrée à cet édifice. Dans cette aile de bâtiment, à gauche, est distribué l'appartement du Gouverneur, & à droite celui du Lieutenant de Roi: ces appartemens ont leur dégagement par des corridors fermés de grilles, pour en ôter la communication aux gens de la maison, & ont leurs escaliers particuliers situés au bout des extrémités de cette même aile, & qui du rez-de-chaussée montent jusques aux combles.

Les deux grandes ailes en retour, aux extrémités de cet édifice, sont occupées par les chambres des soldats, ainsi que les deux en retour d'équerre. Toutes ces chambres sont séparées par des corridors placés au milieu de la largeur des ailes du bâtiment qui les contient. Une partie des cellules des prêtres sont pratiquées aussi en entresoles au-dessus de leur cuisine & de leur réfectoir particulier. Au-dessus de la Boulangerie se trouve l'appartement du Controlleur qui est presque de plain-pied au premier étage de l'Infirmerie, de maniere qu'il est au milieu de tout son département, pour maintenir le bon ordre, & veiller à l'œconomie nécessaire dans une maison d'un aussi grand détail que l'est cet Hôtel. Au-dessus des salles de l'Infirmerie sont distribués des greniers pour étendre & sécher le linge des malades, &c.

Distribution du premier étage. **Planche IV.**

On peut remarquer dans ce plan tous les corps de bâtiment qui s'élevent de fond jusqu'à l'extrémité supérieure de cet édifice, que nous avons dit être de quatre étages, la couverture des combles de ceux qui n'en ont que deux étant exprimée ici. Les principaux corps de bâtimens dans cet étage sont destinés pour la plus grande partie aux chambres des soldats, attenant desquelles sont toujours dans tous les étages de cette maison, des chambres pour les Officiers qui ont droit de veiller sur eux ; c'est aussi dans le même étage qu'on a pratiqué une Infirmerie particuliere pour les Prêtres, avec leur parloir, leur oratoire, &c, ainsi que les appartemens du Lieutenant de Roi, du Major, & des deux Aides-Major, celui du Commissaire & du Thrésorier, la salle du Conseil, les gardes-meubles, la Bluterie, la Boulangerie, le magasin des farines, celui des habits & autres ustenciles à l'usage des Officiers & soldats de cet Hôtel.

Entre plusieurs escaliers qui conduisent à ce premier étage, on en remarque deux principaux placés aux extrémités de la gallerie attenant le vestibule du rez-de-chaussée ; ils sont particulierement construits pour la communication de toutes les pieces du plan dont nous parlons.

Distribution du second étage. **Planche V.**

Cet étage est occupé pour la plus grande partie par les chambres des soldats & Officiers invalides, ainsi que par quatre salles à plomb des grands réfectoirs, par des magasins, des garde-meubles, & diverses chambres pour les Prêtres, les Tailleurs, les Vitriers, &c. On y remarque aussi les chauffoirs placés dans tous les étages de ce bâtiment pour la commodité des soldats, ainsi que les latrines qui descendent jusques dans les fondations.

Au-dessus de cet étage sont ménagés dans les combles de grands greniers à bled pour la provision de cette maison, ainsi que plusieurs magasins & quelques chambres particulieres pour les domestiques des principaux Officiers.

Les personnes qui seront curieuses de connoître particulierement l'institution de cette maison, ses différens reglemens & sa discipline, pourront avoir recours à l'Histoire de cet Hotel publiée par M. Granet Avocat en Parlement, dans laquelle on trouvera les Edits & Déclarations du Roi, & le dénombrement de tous les Directeurs & Administrateurs qui ont eu & ont le département de cet Hotel. Cependant comme on n'y trouvera point la description des bâtimens, ni le jugement qu'on doit porter des beautés que cet édifice renferme, relativement à l'Architecture, nous allons en parler après avoir décrit le plan de la nouvelle Eglise que Louis XIV y a fait élever.

Plan particulier de la nouvelle Eglise. Pl. VI.

Hôtel des Invalides.

Cette Planche donne sur une échelle plus en grand le plan de la nouvelle & de l'ancienne Eglise. La disposition de la premiere pourroit être regardée comme un chef-d'œuvre de l'art, si la communication de l'une avec l'autre étoit mieux amenée. On peut avancer que c'est peut-être le seul reproche qu'on puisse faire à Mansard concernant la distribution de cet édifice ; encore faut-il convenir que les passages marqués A par lesquels on arrive de l'ancienne Eglise dans celle-ci, doivent être regardés comme des dégagemens & non comme des issues, l'entrée principale de tout ce nouveau monument étant du coté de la campagne, par la porte Royale marquée B. Cependant comme cette porte ne s'ouvre que lorsque Sa Majesté vient visiter cette Eglise, les étrangers que la curiosité attire, & qui ignorent cette circonstance, sont tous étonnés d'être obligés d'entrer par les passages A dont nous venons de parler. Au reste leur étonnement est bien tôt converti en admiration lorsqu'une fois ils sont parvenus au centre C, car de ce point on découvre pour ainsi dire d'un seul coup d'œil les enfilades B D, E F, M O, N L, & l'ordonnance du dôme ornée de colonnes dans ses pans coupés, au bas desquelles régnent circulairement sept marches de marbre blanc qui rendent cette coupole plus basse de trois pieds que le reste de l'intérieur de cette Eglise. Ces enfilades donnent à ce monument une simétrie réguliere dans ses plans & dans ses élévations qui a peu d'exemples, tant il est vrai que cette partie dans l'Architecture doit en être regardée comme le principe fondamental. A cette simétrie si heureusement concertée ajoûtons que tout le sol de ce Temple est pavé de marbre d'un très-beau compartiment de diverses couleurs, & sur lequel semble s'élever avec majesté toute l'Architecture qui le décore. Elle est construite de pierre de liais d'une exécution & d'un appareil achevé, sans parler de la Sculpture, de la Peinture, & de la Dorure de l'intérieur de ce monument dont nous ferons la description en son lieu ; nous nous contenterons seulement de faire remarquer ici qu'au coup d'œil de ces enfilades & à la beauté de la distribution, si l'on joint l'aspect de toute cette ordonnance & la hauteur de la voûte qui a 189 pieds d'élévation, & qui est ornée de Peintures par les plus habiles maîtres, toutes ces beautés rassemblées avec tant de proportion, de goût & de richesse ne peuvent qu'étonner & surprendre tout spectateur éclairé & non prévenu.

Outre ce coup d'œil si intéressant, il en est encore quatre autres aussi satisfaisans, sçavoir ceux des points L, M, N, O, qui ensemble forment un quarré régulier des angles duquel l'on jouit de l'enfilade des diagonales, de maniere qu'après avoir consideré toutes les masses en général, & en avoir examiné les détails chacun à part, on profite encore par intervalle des coups d'œil principaux, ce qui excite à passer alternativement du tout aux parties & des parties au tout. Cette curiosité réitérée & même involontaire qui arrive à tous les hommes fait seule l'éloge du monument & celui du célebre Architecte qui a conçu un aussi beau dessein.

Les quatre Chapelles auxquelles les points L, M, N, O servent de centre, sont autant de chef-d'œuvres tant par leur distribution que par leurs formes ; d'ailleurs la maniere dont elles sont éclairées, la beauté de leur exécution, & la perfection de leur décoration est beaucoup supérieure à tout ce que cette description pourroit en publier.

Le plan de l'ancienne Eglise se trouve aussi gravé sur cette même Planche avec une partie des bâtimens qui l'environnent ; mais nous nous dispenserons d'en parler ici l'ayant déja fait en expliquant la Planche II sur laquelle ils se trouvent dessinés plus en petit.

Elévation

Elévation du côté de l'entrée, regardant la riviere. Pl. VII. Fig. premiere.

Cette façade, qui a de longueur 101 toises, a trois étages de hauteur, dont deux sont des Attiques élevés sur un rez-de-chauffée décoré d'arcades dans lesquelles sont enfermées des croisées; toute cette ordonnance est tenue simple, genre d'Architecture convenable à cet édifice, construit comme le sont ordinairement des corps de Casernes. Les deux pavillons A flanquent assez heureusement les extrémités de ce bâtiment; il seroit seulement à désirer qu'une arcade en occupât le milieu, à la place du trumeau qui s'y remarque. Il est vrai d'un côté que ces pavillons réduits à trois arcades auroient peut-être paru trop étroits, eu égard à l'immensité de cette façade, & de l'autre que leur en ayant donné cinq ils auroient été hors de proportion par rapport à leur hauteur. C'est cette considération sans doute qui a déterminé l'Architecte à les faire de quatre arcades, devant préférer les masses générales aux parties dans un bâtiment, & principalement lorsqu'il s'agit d'un édifice d'une aussi grande importance que celui dont nous parlons. Cette réflexion nous porte à croire qu'on auroit dû éviter les petits avant-corps B, qui étant à une seule croisée sont beaucoup trop étroits pour leur hauteur, & divisent en de trop petites parties l'étendue de cette façade; d'ailleurs ils ne sont d'aucune utilité à la distribution intérieure puisque les arcades de deux de ces avant-corps n'auroient pas moins donné l'entrée aux cours qui se remarquent dans la Planche deuxième. Les lucarnes qui décorent l'extrémité supérieure de cette façade sont trop ornées pour la simplicité de ce bâtiment, & leur distribution n'est gueres plus agréable. Le grand comble qui regne sur toute la longueur de ce bâtiment fait un assez bon effet, un édifice militaire de cette espece pouvant être couronné convenablement par des combles dont la hauteur annonce de grands greniers capables de contenir des aprovisionnemens, des lieux vastes pour étendre le linge, des magasins, &c.

Le milieu de toute cette façade est marqué par un grand avant-corps de 59 pieds de large sur 78 de hauteur; flanqué de deux tours creuses qui unissent cet avant-corps avec les ailes de ce bâtiment; deux pilastres d'Ordre Ionique élevés sur un piédestal commun soutiennent un grand arc en plein ceintre qui sert de fronton à ce frontispice. Cet arc est accompagné de trophées d'armes dont la forme circulaire n'est pas approuvée, ces ornemens demandant à tomber à plomb ou à être enfermés dans des tables: autrement ils paroissent postiches & éloignés de toute idée de vraisemblance.

Entre les pilastres Ioniques & sous ce grand plein ceintre s'éleve un stilobate percé d'une grande porte & de plusieurs croisées, qui soutient sur un piédestal particulier la Statue équestre de Louis XIV en bas-relief, aux pieds duquel & à côté du piédestal sont assises la justice & la prudence qui piramident d'une maniere heureuse avec les figures de ronde bosse (*e*) de Mars & de Minerve qui sont placées au bas des pilastres Ioniques. En général, toute l'Architecture de ce frontispice a trop peu de saillie & ne marque pas assez pour l'espace immense qui environne cet édifice; d'ailleurs il faut être trop près pour en appercevoir les détails qui sont d'une très belle exécution.

Coupe & profils pris sur toute la longueur du bâtiment. Fig. 2, même Planche.

Ce dessein contient la coupe & les profils du frontispice dont nous venons de parler, l'un des côtés des bâtimens en aile de la cour Royale de cet Hôtel, la

---

(*e*) Toute cette sculpture, qui n'a été achevée qu'en 1739, est de l'exécution de Guillaume Coustou, pere, ainsi que la tête d'Hercule qui est au-dessus de la porte.

Hôtel des Invalides.

coupe fur la longueur de l'Eglife de la maifon, &c, le tout bâti fur les deffeins de Bruant ; enfuite eft exprimée la coupe de la grande Eglife nommée *le Dôme* ou la coupole des Invalides, bâtie par Hardouin Manfard, avec les profils de fon portail.

La coupe marquée A fait voir le profil du frontifpice du côté de la riviere, & le développement de fon intérieur, au rez-de-chauffée duquel on apperçoit le porche qui donne entrée à cet Hotel, & qui fert à dépofer les armes des fentinelles. Au-deffus de ce veftibule eft la falle du Confeil ayant vûe fur la Place d'armes, & ayant fon entrée par la gallerie commune a tout le pourtour de la cour Royale, tant au premier étage qu'au rez-de-chauffée de ce bâtiment.

L'élévation marquée B exprime l'une des ailes ou faces latérales de la cour Royale, compofée de deux rangs d'arcades dans fa hauteur, & couronnée d'un comble à la Françoife, dans lequel font percées des lucarnes ornées d'attributs militaires ; au milieu de cette façade eft un avant-corps C terminé par un fronton triangulaire. La proportion de cet avant-corps, celle des arrieres-corps, les arcades & les entablemens de cette façade, font d'une ordonnance convenable à l'efpece de ce bâtiment, où une Architecture mâle, mais réguliere, convient plus que dans tout autre genre d'édifice. Il feroit feulement à défirer que les pavillons marqués D fuffent un peu plus confidérables, & que les architraves des corniches euffent plus de faillie, eu égard à l'expreffion folide de l'ordonnance de cette cour & à la grandeur de fon diametre, ayant de longueur 53 toifes fur 33. Nous avons déja blâmé ce peu de relief, en parlant de l'Architecture du frontifpice, comme un défaut qu'il faut éviter abfolument, étant néceffaire de forcer les parties d'un édifice, à raifon de l'air qui l'environne. Sans cela, quelques belles que foient les maffes, le point de diftance déterminé pour remarquer le tout enfemble ne pouvant être le même pour en examiner les détails, & toutes les beautés qui le compofent ne pouvant s'appercevoir d'un feul coup d'œil, l'admiration du Spectateur fe trouve partagée, de maniere qu'il ne conçoit qu'une idée médiocre d'un ouvrage qu'il auroit avoué beau fans le défaut d'accord qu'il remarque entre les parties & le tout.

Le côté oppofé à cette élévation lui eft tout-à-fait femblable, ainfi que les deux principales faces en retour ; l'avant-corps dont on voit le profil marqué E, eft auffi femblable à celui C ; mais celui qui lui eft oppofé marqué F, eft beaucoup plus orné, étant enrichi de deux Ordres élevés l'un fur l'autre, dont le premier eft Ionique (*f*) & l'Ordre fupérieur Corinthien. Ces Ordres, qui n'ont que peu de diametre, paroiffent trop chétifs pour celui de cette cour, & il femble qu'il auroit mieux valu faire regner l'uniformité de l'Architecture, plutôt que d'affecter à cette partie une richeffe qui en interrompt l'ordonnance générale, & qui paroît moins tolérable dans ce monument que dans tout autre édifice.

Les appuis ou baluftres des arcades du premier étage, qui pour plus de folidité ne font pas évuidés, rendent la hauteur de ces arcades un peu courtes par rapport à leur largeur ; un focle fans baluftres auroit peut être fait un meilleur effet, & auroit été plus vraifemblable, parce qu'en général les baluftres ainfi que les colonnes engagées, préfentent toujours à l'œil du Spectateur une Architecture imparfaite dont on ne doit ufer dans l'ordonnance de ces bâtimens qu'avec beaucoup de retenue. Ici l'on fent bien la néceffité de n'avoir pas percé à jour les appuis, ce qui les auroit rendu trop fragiles : donc, un focle ou une retraite continue auroit été plus convenable, & pour fatisfaire à la proportion des arcades, on auroit dû leur donner plus de hauteur aux dépens de leur claveaux qui fe trouveroient encore affez élevés en ayant 15 ou 18 pouces de moins.

(*f*) Les volutes du chapiteau de cet Ordre font des cornes d'abondance, & fon tailloir au lieu de rofe eft orné d'un foleil, devife de Louis XIV : on en verra le deffein dans le huitiéme Volume. En général ce chapiteau eft pefant & fans graces.

Sur l'extrémité supérieure & dans les angles saillans des quatre pavillons quarrés, dont deux se voyent dans cette élévation, marqués DD, sont des groupes de sculpture, composés de chevaux & de trophées d'armes qui, quand à la masse, font un assez bon effet, mais dont l'allégorie est peu refléchie, n'étant pas naturel de placer ces especes d'ornemens sur le cheneau du comble d'un édifice.

À la suite de cette aile de bâtiment, se voit le vestibule marqué G qui donne entrée à l'Eglise de la maison, lequel communique aux galleries latérales de cette grande cour : au-dessus de ce vestibule en est un autre qui conduit aux orgues & aux Tribunes qui regnent sur la longueur des bas côtés de cette Eglise. Ces Tribunes, qui rarement sont bien dans les édifices sacrés, parce qu'elles divisent la hauteur des Ordres de la nef en parties égales, semblent nécessaires dans ce lieu-ci à cause de la surface réitérée qu'elles procurent au nombre de soldats que leurs incommodités empêchent de descendre, & qui continuellement y sont en exercice de piété. Cette Eglise a de longueur 30 toises sur 11 de largeur, y compris les bas côtés : sa hauteur sous clef est de 11 toises 3 pieds : la nef est décorée d'un grand Ordre Corinthien avec des arcades, au-dessus desquelles est un appui orné d'entrelas, enfermés dans des arcs surbaissés qui composent les tribunes dont nous venons de parler : un grand entablement couronne cet Ordre d'Architecture, au-dessus duquel regne un piédestal continu qui reçoit la retombée de la voûte en plein ceintre qui termine cette nef. A plomb de chaque pilastre se trouve un arc doubleau revêtu de tables saillantes : entre ces arcs doubleaux sont pratiqués de grands vitraux en plein ceintre, formant lunette dans la voûte, & qui répondent à plomb de chaque arcade. Toute cette Eglise est construite de pierre dure, d'un fort bel appareil & d'une exécution digne des ouvrages qui se sont érigés sous le regne de Louis XIV. Au-dessus de cette voûte s'éleve un comble à deux égouts, de 41 pieds de hauteur, & dont on apperçoit la croupe au-dessus de l'avant corps & de la lanterne du vestibule marqué G.

À l'extrémité de cette Eglise, bâtie par Bruant, se voit celle qui a été elevée sur les desseins & sous la conduite de Jules Hardouin Mansard, réunie au cœur de l'ancienne par une grande arcade percée en face du frontispice (*g*) ; mais comme le nouveau sanctuaire est élevé de quelques pieds au-dessus du sol afin de raccorder la hauteur des Ordres de la coupole avec ceux de la nef, on a incliné la corniche H pour unir l'architrave de l'un des Ordres avec la corniche de l'autre, ce qui n'est pas perceptible dans l'exécution. Dans ce sanctuaire est situé le rétable d'Autel marqué I, dont on voit ici le profil. Cet Autel est orné de six colonnes torses (*h*), dont on n'en apperçoit que quatre vûes de face surmontées d'un entablement régulier, & faisant retour sur trois colonnes distribuées de chaque côté. Au-dessus de cet entablement & sur les deux colonnes du grand entrecolonnement s'éleve un baldaquin surmonté d'un globe & d'une croix soutenue par des génies célestes ; sur les colonnes latérales de cette principale façade sont deux Anges portant des encensoirs. Au pied de ce monument est un coffre d'Autel, dont la forme simple devroit être imitée dans tous les ouvrages de ce genre ; la noblesse dans les compositions d'un édifice consacré à la Religion devant à tous égards être préférée à tous les ornemens capricieux & chimériques, qui sont plus propres aux Théâtres qu'à la décoration d'un lieu saint, & qui ne servent le plus souvent qu'à détourner la piété des fideles. Toute la sculpture de ce baldaquin, qui est d'une très-belle exécution, est l'ouvrage de Guillaume Coustou ; les ornemens des arcs doubleaux du sanctuaire ont été sculptés par Paul Boutet. La voûte a été peinte par Coypel, aussi bien que le dessus de l'arcade qui joint ces deux Eglises ; les embrasures des croisées ont été peintes par Boulogne.

(*g*) Voyez le plan particulier de ces deux Eglises Planche VI.
(*h*) On trouvera le dessein en grand de ce rétable d'Autel dans le huitiéme Volume.

Hôtel des Invalides.

La coupole, ainsi que nous l'avons déja observé, peut être regardée comme un chef-d'œuvre. La distribution des quatre Chapelles qui accompagnent ce dôme, les degrés qui descendent sur le sol orné d'un beau compartiment de marbre, la décoration, le choix des ornemens, enfin l'entente avec laquelle l'Architecture, la Sculpture, la Peinture, la Dorure & le marbre se trouvent mariées ensemble, présentent au spectateur le coup d'œil le plus satisfaisant qu'il soit possible d'exprimer.

La sincérité avec laquelle nous nous expliquons sur les choses qui ne sont pas généralement approuvées, doit donner quelque confiance à notre apologie touchant les ouvrages que nous avouons mériter le suffrage des connoisseurs; c'est pourquoi nous dirons de concert avec tous les esprits non prévenus qu'à l'exception de quelques licences glissées dans les parties de la décoration intérieure de cette nouvelle Eglise, (& dont l'auteur ne s'est sans doute permis l'usage que pour rendre les masses générales plus estimables,) on doit regarder ce monument comme l'ouvrage le plus parfait pour la distribution, la décoration & la construction que Jules Hardouin Mansard & aucun de nos Architectes François ayent élevé sous le régne d'un Prince dont la mémoire sera toujours chere à la postérité la plus reculée. En effet quelle idée ne doit-on pas se former du sçavoir de ce grand Architecte lorsqu'on considere l'art avec lequel il a introduit le cul de four en lunette L enfermé dans la voûte (i) surmontée M, & qui d'en-bas paroît n'en faire qu'une, de maniere qu'il faut être instruit de cette double voûte pour s'en appercevoir. Ce prestige est d'autant plus ingénieux que la peinture de cette calotte par ce moyen est éclairée derriere la lunette par les croisées de l'Attique qui soutient avec autant de hardiesse que d'industrie la courbe extérieure qui couronne ladite coupole, & dont on voit ici le développement avec celui de la lanterne qui sert d'amortissement à tout cet édifice : nous parlerons de sa proportion & de ses ornemens extérieurs en décrivant la façade du côté de la campagne.

Le cul de four dont nous venons de parler est orné de douze arcs doubleaux dorés d'or mat, & enrichis de cassettes avec des rosaces. Entre ces arcs doubleaux sont peints par Jouvenet les douze Apôtres soutenus sur des nues, de maniere que tout ce cul de four d'accord avec la voûte paroît percé à jour, & ne former qu'un même sujet de peinture; idée aussi convenable qu'intéressante, & qui fait également honneur à l'Architecte qui l'a conçue & aux grands Peintres qui l'ont exécutée.

Toute cette magnifique voûte est soutenue par un Ordre de pilastres composites accouplés, couronnés d'un entablement régulier & soutenus par un stilobate continu ou ceinture ornée de médaillons & de mosaïque; entre ces pilastres sont pratiquées douze croisées bombées ornées de chambranles à crossettes surmontées d'agrafes. Sous ce stilobate est un entablement composé, orné de mutules en console qui rachetent la saillie du larmier supérieur de la corniche. Cet entablement, ainsi que toute l'Architecture qui est au-dessus, est circulaire & forme la coupole qui est soutenue par quatre pannaches placés au-dessus des tribunes & qui rachetent la forme circulaire du dôme. Ces tribunes sont portées par les colonnes distribuées dans les pans coupés des quatre angles du sol de ce dôme, ainsi qu'on le peut voir sur le plan. Pl. VI. Les quatre panaches sont décorés de tableaux enfermés dans de grandes bordures de métal doré, dans chacune desquels sont peints par La Fosse les quatre Evangélistes. Il semble qu'on auroit dû préférer des bas-reliefs aux tableaux, ainsi qu'on l'a observé au Val-de-Grace; ces sujets coloriés & leur bordure dorée placée dans un édifice construit tout de pierre en ôtent l'unisson,

---

(i) Cette voûte est peinte par LaFosse. Cet habile Peintre y a représenté St. Louis revêtu des ornemens de sa Royauté, qui présente à Jesus-Christ l'épée dont il a triomphé des ennemis du nom Chrétien. Cet ouvrage en peinture à fresque dont les principales figures ont neuf pieds de proportion, est d'un dessein admirable & d'un coloris qui jusqu'à présent s'est soutenu sans aucune altération.

&

& quoiqu'ils soient d'une grandeur assez considérable, ils produisent à l'œil de trop petites parties ; défaut qu'on doit absolument éviter dans un vaisseau aussi vaste que l'est celui-ci, dont le diamétre est de 12 toises & demi sur 31 toises & demi d'élévation sous la clef de la voûte.

Hôtel des Invalides.

Au-dessous de ces panaches se trouvent dans chacun des quatre pans coupés dont nous venons de parler, deux colonnes d'Ordre Corinthien derriere lesquelles sont à angles obtus des pilastres doublés. Au-dessus de ces colonnes est pratiquée une balustrade de métal doré, qui étant assujettie à la grandeur humaine n'a aucun rapport avec la proportion de l'ordonnance qui la soutient. Ces colonnes & leurs balustrades ont été destinées pour des tribunes où l'on pût placer la Musique, mais non-seulement elles se sont trouvé trop élevées du sol, l'Ordre ayant 48 pieds, mais aussi les différens échos que produisent les percés de cette Eglise, & l'élévation de la voûte, ont rendu ces tribunes impraticables. A la place de ces balustrades on pourroit continuer le piédestal qui régne sur tout l'entablement & qui sert à recevoir la retombée de l'arc de la voûte qui soutient la coupole. D'ailleurs ces colonnes ainsi placées & sur lesquelles retourne l'entablement formant des angles aigus dans le retour des quatre grandes faces de ce dôme sont un effet désagréable à l'œil, & peuvent être mises au nombre des licences dont nous avons parlé dans l'Introduction. A la vérité ces licences semblent être effacées par l'harmonie générale de toute la masse, mais il n'en est pas moins vrai que la pénétration des entablemens & des modillons qui se remarque ici doit s'éviter dans toutes les ordonnances régulieres.

Entre ces colonnes sont pratiquées de grandes arcades en voussure qui occupent toute la hauteur de l'Ordre, & dont la proportion est trop svelte ; dans ces arcades sont comprises des portes en plein ceintre ornées de chambranles qui laissent de part & d'autre jouir de l'enfilade (k) des Chapelles situées dans les quatre angles de cet édifice. Au-dessus de ces quatre portes sont des claveaux en cartel, de bronze doré d'or moulu, dans lesquels sont les chifres qui annoncent le nom du Saint auquel sont dédiées chacune de ces Chapelles, & au-dessus de ces cartels sont des bas-reliefs en pierre d'une grande correction de dessein & autant de chefs-d'œuvre d'Antoine Flamant, de Nicolas Coustou l'ainé, d'Antoine Coisevox, & de Corneille Vancleve.

Sur la longueur de cette coupe sont exprimées deux petites arcades N, O ; l'arcade N donne entrée à la Chapelle de S. Grégoire, & l'autre marquée O à celle de St Jérôme. Au-dessus de ces portes, ainsi que sur toutes celles qui donnent entrée à ces Chapelles, sont des bas-reliefs enfermés dans des tables soutenues par des Chérubins & couronnées par des cartels ornés de trophées ; toutes ces sculptures ont été faites par Philippe Magnier, François Spingola, Simon Hutrel, &c.

Dans le milieu & au fond de cette coupe se voit la Chapelle de la Vierge qui fait face à celle de Ste. Thérese qui lui est opposée ; ces Chapelles sont éclairées par des vitraux bombés enfermés dans de grandes arcades à ceintre surbaissé, dont la proportion paroît trop écrasée & la forme ingrate, étant élevées sur une courbe elliptique par son plan. Au-dessus de l'entablement & de l'Ordre Corinthien qui régne dans tout le pourtour de cet édifice, s'éleve un grand arc doubleau en voussure au milieu duquel est un vitrail percé dans le second Ordre des faces latérales de ce monument. Ce vitrail qui est nécessaire parce qu'il répand beaucoup de lumiere dans cette Eglise, est d'une proportion trop racourcie & ne paroît excusable ici que parce qu'on sent visiblement la nécessité de cette croisée ; attention essentielle à observer lorsqu'on est obligé d'user de licences, afin que le spectateur, au premier coup d'œil, puisse s'appercevoir du motif qui a porté l'Architecte à en user ainsi.

Sur le sol & au bas de la croisée bombée est élevé un coffre d'Autel surmon-

( ) Voyez le plan, Planche VI.

té d'un Attique servant de piédestal à la figure de la Vierge sculptée par Corneille Vancleve. Dans cet Attique est un bas-relief par le même, & sur des piédestaux qui accompagnent l'Autel sont deux Anges adorateurs, l'un sculpté par Guillaume Coustou & l'autre par Poirier; au-dessus de l'arc surbaissé sont placées la justice & la force, par les mêmes.

On peut dire que tous les Artistes qui ont travaillé à la décoration de ce Temple semblent avoir été animés du même zele pour concourir à faire de ce monument un édifice également estimable dans les parties de la Sculpture comme dans les masses de l'Architecture qui le composent, ce qui joint au soin qu'on prend pour son entretien le rend le lieu du monde le plus digne de la curiosité des étrangers & de l'admiration des connoisseurs.

Le profil du portail du côté de la campagne, marqué P, termine la longueur de cette coupe; on en verra le frontispice sur la Planche suivante.

Pour donner une idée plus parfaite des détails & de la perfection des ouvrages dont nous venons de parler, on trouvera sur la Planche huitiéme, Figure 6, une coupe & profil prise sur la longueur de la ligne L M marquée dans le plan (Planche 6.), mais avant que d'en parler, nous allons donner l'élévation extérieure de tout cet édifice du côté de la campagne.

Elévation du Portail & du Dôme des Invalides du côté de la campagne. Pl. VIII.

Ce Portail, qui a 25 toises & demi de largeur sur 16 toises de hauteur, est décoré de deux Ordres d'Architecture, l'un Dorique & l'autre Corinthien. Le premier Ordre est distribué sur trois avant-corps & l'Ordre supérieur sur deux seulement, à côté & à l'extrémité desquels est un Ordre Attique terminé par une balustrade dont la tablette aligne le dessous de l'entablement de l'Ordre Corinthien. Au-dessus de ce dernier Ordre s'éleve un fronton qui termine ce portail. Il est aisé de remarquer dans cette élévation où l'effet des ombres exprime passablement le jeu de ces avant-corps, à quel point Mansard possédoit l'étendue de son art, puisqu'il a si bien réussi par les différentes saillies du plan à donner à ce monument tant d'élégance & tout ensemble tant de fierté, qu'il est difficile de réunir l'un avec l'autre sans une expérience consommée. Il est vrai que ce grand Architecte, pour arriver à cette excellence, a cru pouvoir sacrifier quelques parties, & introduire dans les détails des licences quelquefois tolérables quand elles y sont employées par un homme aussi sage que prudent, autrement l'usage de ces licences dans les productions d'un Artiste médiocre dégenere en vice plus ou moins considérable selon qu'elles sont plus ou moins hazardées.

Au nombre de ces licences, on peut compter l'irrégularité des métopes & la pénétration des bases en quelques endroits de l'Ordre Dorique, le peu d'ouverture de la baye de la porte principale qui auroit été mieux en plein-ceintre que bombée, la largeur considérable de l'arcade du dessus dont l'extrémité supérieure est en cul de four, sous laquelle s'annonce un vitrail d'une proportion vicieuse, & à laquelle on auroit pû remedier en enfermant cette arcade dans une niche quarrée, & en affectant à cette arcade un double vitrail, qui en masquant le cul de four, n'auroit pas empêché la lumiere de pénétrer dans l'intérieur. Voyez la Coupe, Pl. VII. Fig. 2.

L'Attique introduit à côté de l'Ordre Corinthien & élevé au-dessus des colonnes Doriques qui terminent la largeur de ce portail, est encore une licence dont il ne faudroit pas faire usage inconsidérément; non seulement cet Ordre paroît hors d'œuvre ici, mais la corniche qui le termine, & dont la hauteur n'a aucun rapport avec le principal avant-corps de ce portail, est blamable. Il faut cependant convenir que cet Attique considéré à part, est d'une proportion très-élégante : voyez ce que nous avons dit de cet Ordre dans l'Introduction, page 83 & suivantes.

Quelques-uns regardent encore comme licences les pilastres en arriere-corps placés dans les petits entrecolonnemens qui soutiennent l'extrémité du fronton, à la place desquels des parties lisses auroient été préférables, & trouvent qu'un seul

Ordre qui eut embraffé les deux étages, auroit annoncé plus de grandeur. Mais nous croyons devoir faire obferver que cet Ordre, alors coloffal, auroit rendu celui du dôme trop petit, & que la proportion de celui-ci paroît néanmoins bien en rapport avec le diametre de cette coupole.

Aux extrémités de la largeur de ce frontifpice font deux corps liffes & unis qui flanquent toute cette façade, & fur lefquels s'annonce d'une maniere fatisfaifante le relief de l'Architecture & de la Sculpture de ce monument. Nous dirons à cette occafion que cette derniere, non feulement eft d'un exécution admirable, mais qu'elle eft diftribuée avec tant d'intelligence que conjointement avec l'Architecture elle forme un tout qui ne pourroit être défuni fans interrompre l'harmonie qui regne dans tout ce frontifpice.

Au-deffus du portail, fe remarque la coupole de cette Eglife, qui en eft éloignée de 48 pieds, raifon pour laquelle l'Ordre de colonnes Compofites qui la décore eft exhauffé fur un piédeftal de 12 pieds de hauteur, afin que vûe d'en bas, le fuft des colonnes fe puiffe appercevoir. Au-deffus de cet Ordre eft un Attique qui foutient le dôme extérieur de cette Eglife. Ce dôme qui s'eleve de 39 toifes au-deffus du fol, non compris la lanterne qui en a 12 & demie avec la croix, annonce extérieurement la grandeur de ce monument, laquelle jointe à fon élégance, à fa richeffe, & au choix de fes ornemens, attirent les fuffrages de tous les Etrangers qui font forcés d'avouer qu'il n'eft point d'édifice en Europe qui mérite plus d'eftime de la part des connoiffeurs. En effet, cette coupole, dont le galbe eft un chef-d'œuvre, & qui eft furmontée d'une corniche en amortiffement avec un congé, peut être regardée comme l'affemblage le mieux conçu dans ce genre. Sa proportion, dont la hauteur eft à fa largeur comme 3 eft à 4, doit être propofée pour exemple à tous ceux qui ont occafion d'ériger des amortiffemens de cette efpece. Il eft aifé de fe convaincre de cette vérité, par la comparaifon qu'on peut faire de celui dont nous parlons avec ceux du Val-de-Grace, de la Sorbonne, des Quatre Nations, des Filles Ste. Marie, des grands Jefuites, &c, dont les formes, à beaucoup près, n'ont ni la grace, ni la beauté qu'on remarque à celui des Invalides.

La lanterne qui couronne ce dôme paroît pefante, étant réduite géométralement dans ce deffein felon les hauteurs exactes de l'exécution, confidération pour laquelle on ne fçauroit trop admirer les regles d'optique que Manfard a obfervé dans ce couronnement. Car on ne peut douter que ce ne foient ces regles qui l'ont fait parvenir fi heureufement à connoître les différences fenfibles qui fe remarquent entre les hauteurs réelles & les hauteurs apparentes de cet objet qu'on apperçoit d'une diftance fort éloignée & à une grande hauteur. Nous dirons à cette occafion que cette connoiffance eft indifpenfable à un Architecte, & que néanmoins elle ne peut s'acquérir par la feule théorie; c'eft ce qui doit le déterminer à recourir aux lumieres de l'expérience, par l'examen des monumens antiques & modernes que l'Italie & la France étalent avec profufion aux yeux des amateurs, foit par la comparaifon des édifices de même genre approuvés par les connoiffeurs, foit par la recherche des chofes mêmes reconnues pour médiocres, afin d'imiter les unes & d'éviter l'abus qui fe remarque dans les autres.

Après avoir applaudi aux maffes générales qui compofent toute l'ordonnance de cette fuperbe coupole, paffons aux parties, & difons qu'il feroit à défirer que l'Attique qui eft élevé fur l'Ordre Compofite, lui eut au contraire fervi de foutien en forme de foubaffement, au lieu que la hauteur du dôme femble écrafer ce petit Ordre, qui déja court par fes proportions, paroît être affaifé fous fon poids. D'ailleurs l'Ordre Compofite, ainfi élevé, fe feroit découvert en entier du point de diftance où l'on doit confidérer cette façade; au lieu qu'on ne voit que cet Attique, à moins que d'être fi éloigné, qu'alors on n'apperçoit plus que les maffes générales de tout l'édifice. On en a ufé ainfi que nous le recommandons à St. Pierre de Rome, à la Sorbonne, au Val-de-Grace, & aux Quatre Nations, à l'exception d'un ftilobate continu qu'on a obfervé à quelques-uns de ces monumens, & qui réuffit beaucoup mieux. Sans doute Manfard a préféré cet Attique, pour que les croifées de ce petit étage éclairaffent la double voûte dont nous avons parlé, page 200, Planche VII, Figure II. En effet cette lumiere, ainfi que nous l'avons déja obfervé, paroît auffi néceffaire que l'idée en eft ingénieufe; ce qui doit apprendre à ne jamais juger d'un ouvrage d'Architecture qu'on n'ait pénétré les raifons qui ont porté l'Architecte à ufer de certaines licences, lorfque par leur moyen il en réfulte un bien réel dans les parties les plus effentielles de fon édifice.

Il eft vrai que cette maniere d'ufer de licences dans l'Architecture demande de la retenue principalement quand elles tombent fur les parties principales d'un bâtiment, & qu'il faut qu'il en réfulte de grandes beautés pour en dédommager. Auffi n'appartient-il qu'à un homme d'un mérite éminent d'ofer les rifquer, encore ne doivent-elles jamais être imitées dans d'autres occafions, parce qu'étant déplacées elles deviennent plus ou moins vicieufes. Le trumeau placé dans le milieu de cette rotonde eft encore une inadvertance d'autant moins tolérable que la néceffité n'en eft ni vifible ni apparente; & qu'elle n'a de fondement, felon le fentiment de quelques-uns, que par la difficulté d'avoir pû ajufter la décoration du dedans de cette coupole d'une maniere convenable.

Aux deux côtés & au rez-de-chauffée de ce frontifpice, fe voyent en ailes tenues fort baffes, d'un côté les bâtimens de l'Infirmerie, & de l'autre ceux deftinés aux principaux ouvriers de la maifon, au-deffus & derriere lefquels fe remarque la hauteur en retour des principaux corps de bâtimens de cet Hôtel, dont nous avons parlé en expliquant la Planche II. Ces bâtimens ne font exprimés ici que pour donner une idée de l'immenfité de cet édifice, car leur ordonnance n'a rien de commun avec celle du portail que nous venons de décrire, & qui a été élevé depuis, beaucoup plus pour la magnificence que pour l'utilité de cette maifon.

La Figure II fait voir le plan de la rotonde, pris fur la ligne AB, où il eft aifé de remarquer le trumeau placé dans les quatre axes principaux de ce dôme, fans doute ou pour les raifons que nous venons de rapporter, ou pour raffembler la force des contreforts qu'expriment les colonnes qui fe trouvent placées dans les diagonales, formant autant de points d'appui & entretenant l'équilibre, le poids, & la pouffée de la premiere voûte qui termine intérieurement cette rotonde.

La Figure III prife fur la ligne CD fait voir le plan de la baluftrade qui couronne cet Ordre, & la faillie des arcs-boutans en confole, qui retiennent la pouffée de la feconde voûte extérieure.

La Figure IV prife fur la ligne EF, fait voir les maffifs qui foutiennent le dôme extérieur de ce monument, lequel eft conftruit de charpente couverte de plomb doré, & dont le développement intérieur s'obferve dans la coupe, Pl. VII, Fig. 2.

La Fig. V prife fur la ligne GH donne la couverture de ce dôme en vûe d'oifeau avec le compartiment des côtes ou arcs doubleaux qui le décorent extérieurement.

La Figure VI fait voir le plan de la lanterne, pris fur la ligne IK, dans laquelle font pratiqués des trumeaux où devroient être des percés, ainfi que nous l'avons remarqué en parlant de la coupole.

La Figure VII donne la coupe des Chapelles de St. Gregoire & de St. Ambroife, prife fur la ligne ML, Planche VI, avec l'élévation du maître autel commun aux deux Eglifes. Ce deffein, quoiqu'en petit, prefente une idée des merveilles dans tous les genres dont cet édifice eft compofé. Ces Chapelles, ainfi que celle de St. Auguftin & celle de St. Jerôme, marquées dans le plan dont nous venons de parler, font peintes par Boulogne l'aîné, par Corneille, Boulogne le jeune, & toutes les ftatues, figures, bas-reliefs, trophées, &c, ont été fculptées par Barois, Fremin, Le Lorrain, Poultier, Couftou, Slodtz, Bertrand, Le Pautre, Flamant, Hardy, Maziere, Granier, &c, & comme nous l'avons déja remarqué, font autant de chef-d'œuvres qui nous portent à confeiller d'en aller voir l'affemblage fur les lieux, la defcription ne pouvant rendre que très-imparfaitement ce miracle de l'art qui fait tant d'honneur à la Nation Françoife.

CHAP.

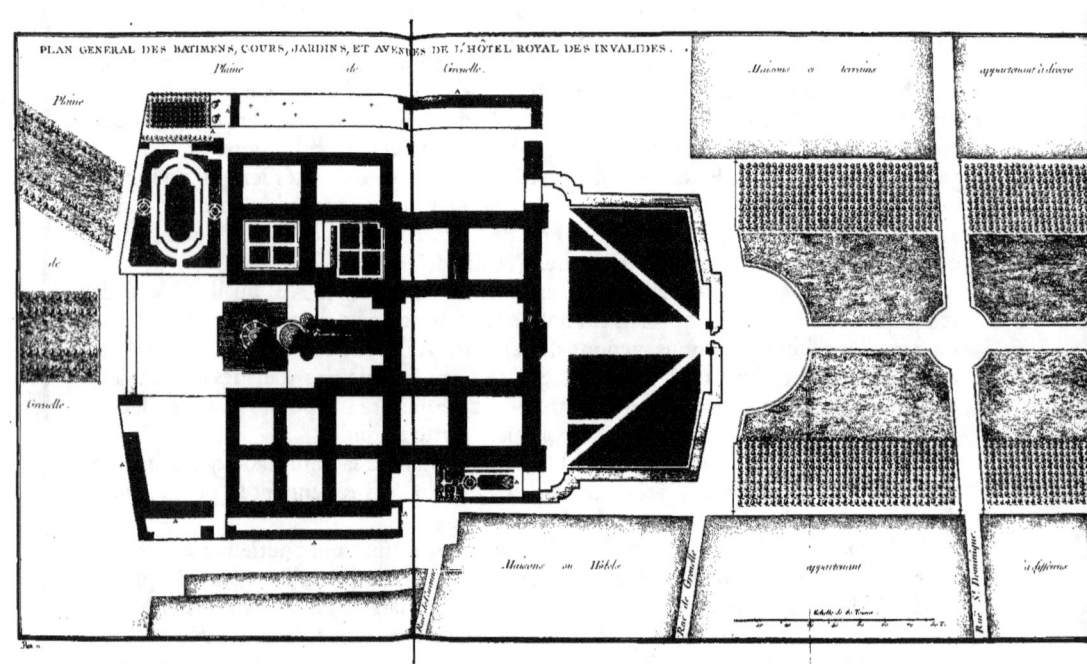

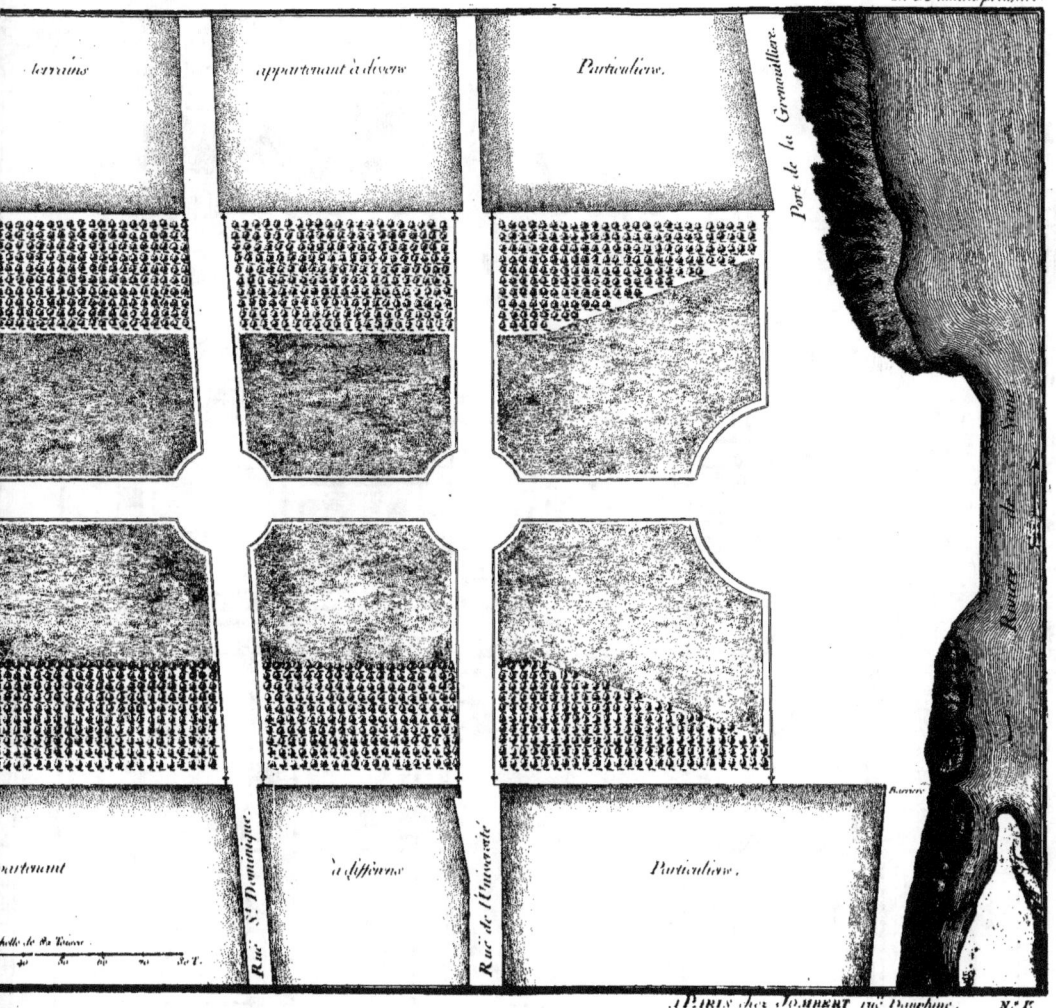

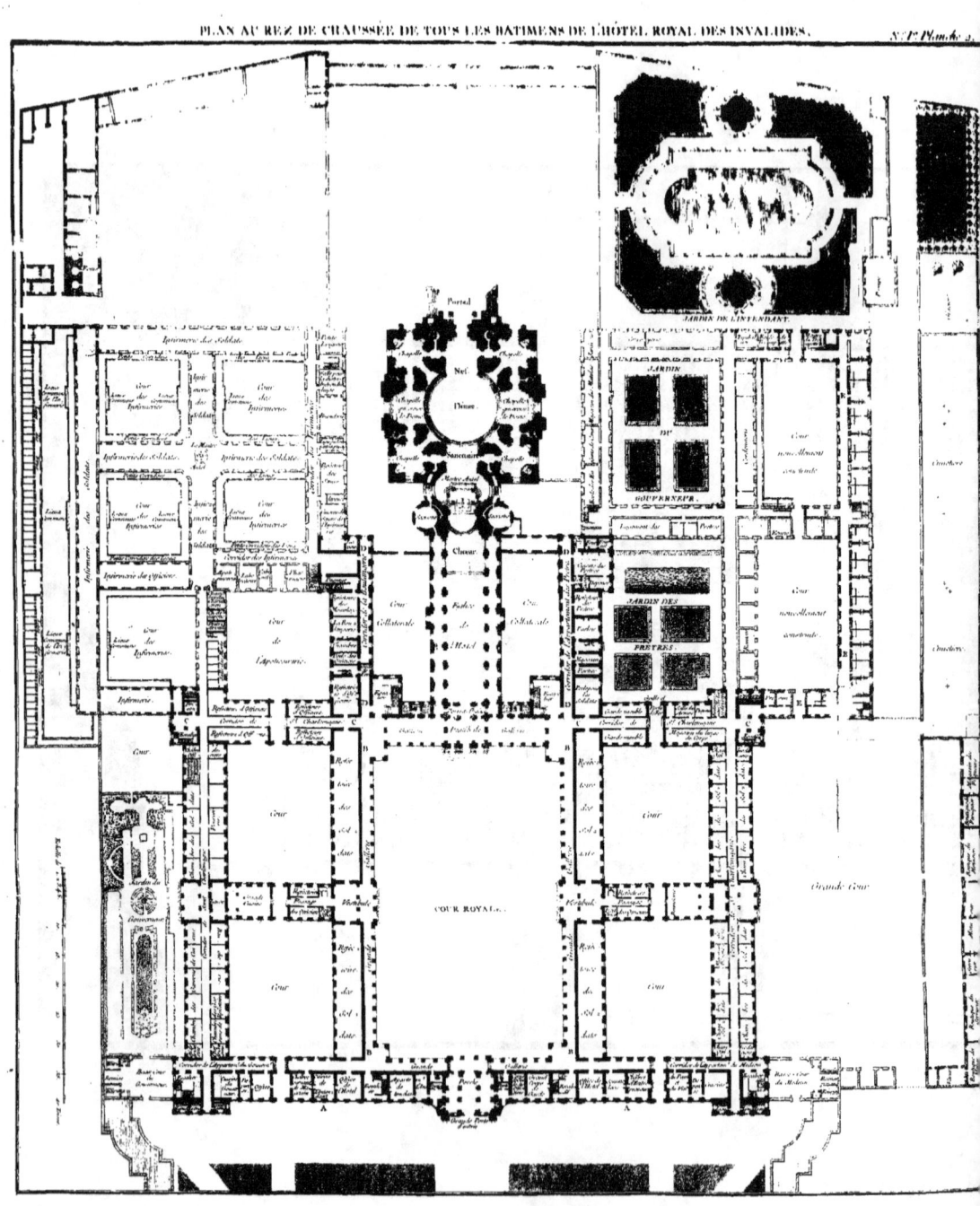

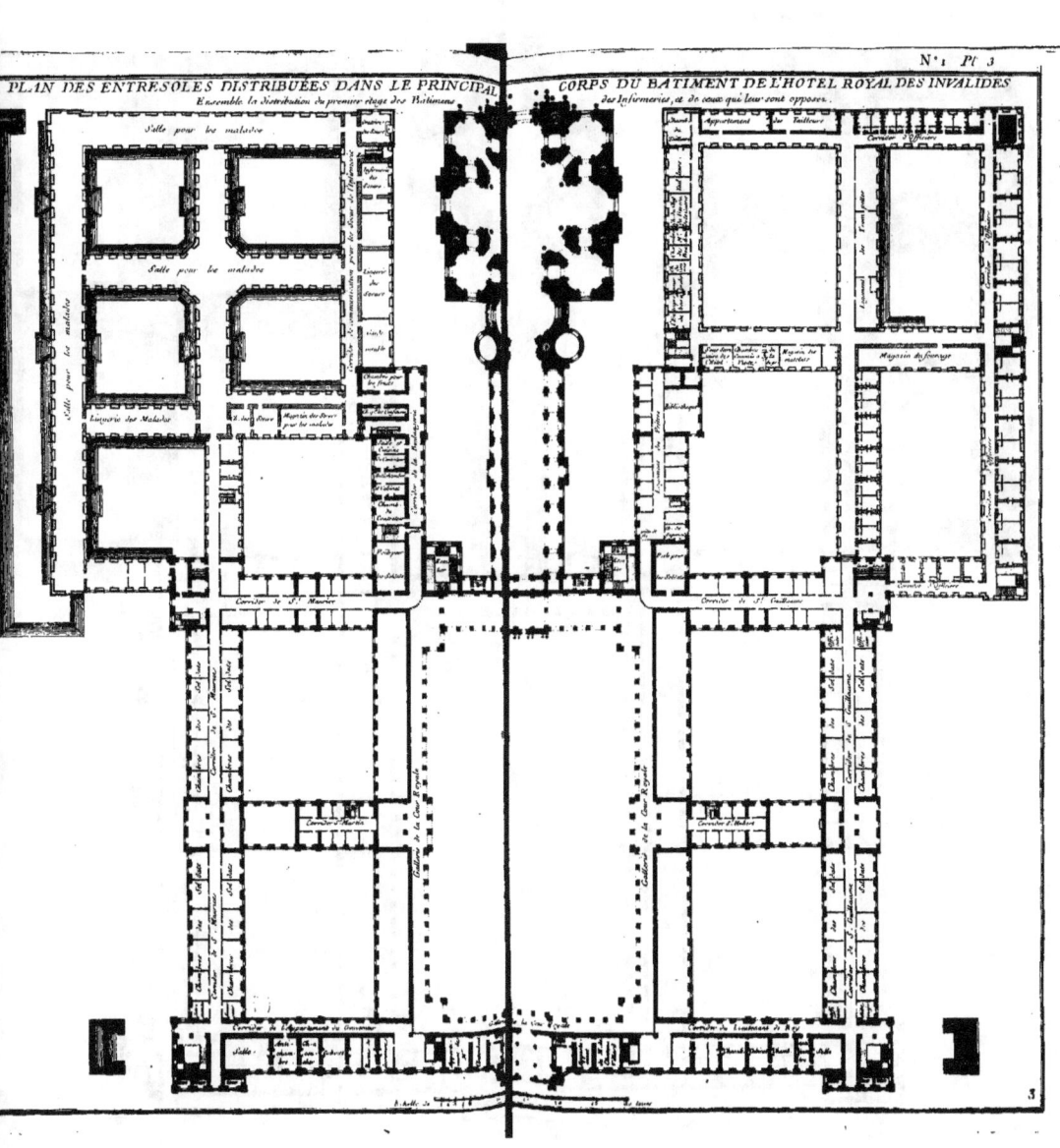

PLAN DU SECOND ETAGE DU PRINCIPAL CORPS DE BATIMENT DE L'HOTEL ROYAL DES INVALIDES.

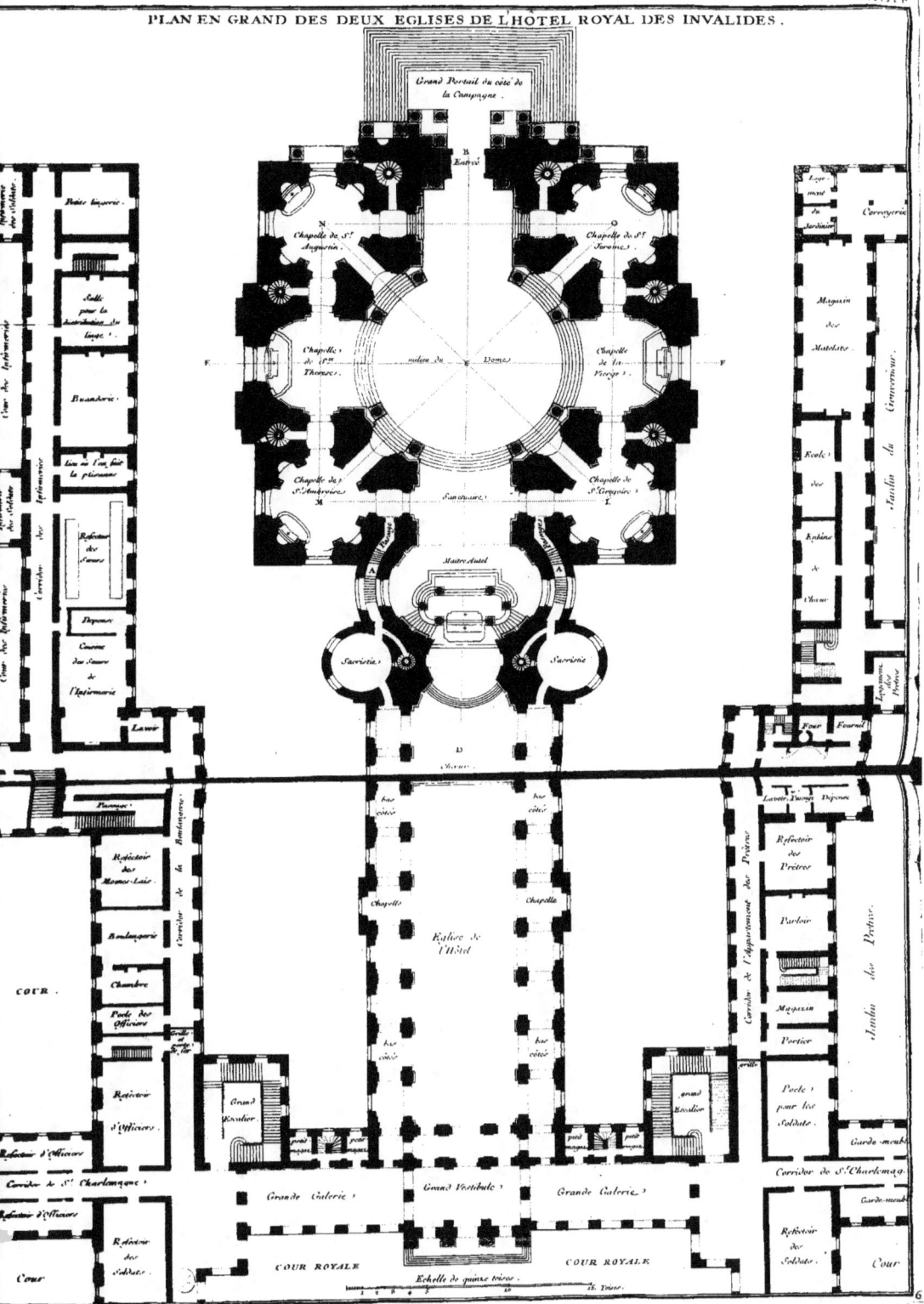

CHAPITRE II.

Description de l'Hôtel de Madame la Duchesse du Maine, situé rue de Varennes, Faubourg St. Germain, près les Invalides.

CET Hôtel a été bâti en 1728 sur les desseins de M. Gabriel le pere, premier Architecte du Roi, & sous la conduite de M. Aubert, Architecte, pour M. Perrin de Moras, Maître des Requêtes. En 1736, sa veuve l'a vendu à vie à Madame la Duchesse du Maine, veuve de S. A. S. Louis-Auguste de Bourbon, Duc du Maine, pour le prix de cent mille livres en especes, & cinquante mille livres qui seroient employées à la construction d'un bâtiment pour les Officiers de sa Maison, qui après la mort de S. A. rentrera à Madame de Moras, ce que Madame la Duchesse du Maine a exécuté. En conséquence elle a fait construire dans le potager à l'endroit marqué O (Pl. I.) une aile de batiment qui lui a couté quatre-vingt mille livres, dans laquelle demeurent Mrs. les Ecuyers, Intendans, Aumônier, Médecin, Secretaires, &c. Nous n'avons point fait cette addition, ce bâtiment n'ayant pour objet que la commodité, dont nous aurons occasion de parler plus d'une fois dans la suite de ce Traité.

<small>Hôtel de Madame la Duch. du Maine.</small>

Plan général. Planche premiere.

L'emplacement de cet Hôtel a de longueur 100 toises sur 54 de large, & est occupé du côté de l'entrée par une grande cour de 16 toises de largeur sur 24 de profondeur, à la droite de laquelle sont pratiquées plusieurs basses-cours destinées à l'usage des cuisines, des offices, écuries, & remises, lesquelles dégagent par une porte particuliere donnant sur la rue. Le mur qui sépare la grande cour d'avec les basses-cours est percé & décoré de deux piédroits qui simétrisent avec une grille qui lui est opposée & qui donne entrée à plusieurs bosquets A faisant partie des jardins de propreté.

Au fond de la grande cour & en face de la porte d'entrée D s'éleve le principal corps de logis qui a de longueur 21 toises deux pieds, sur 10 toises de profondeur, lequel est isolé & élevé sur une terrasse B de 6 pieds d'élévation. Comme ce bâtiment a plus d'étendue que la largeur de la cour, les murs C sont peu élevés, de maniere qu'ils n'empêchent pas de cette cour de jouir de toute la longueur du bâtiment. Au pied de la terrasse B est pratiqué un grand boulingrin E qui renferme deux parterres de gazon découpé, leur forme paroît dans ce dessein un peu longue pour leur largeur, mais dans l'exécution il n'en est pas de même, l'Optique raprochant toujours les parties éloignées, de maniere qu'il faut avoir égard à cet effet de l'Optique lors de la composition d'un plan pour disposer la proportion de ces pieces de verdure à raison de la distance & selon la hauteur dont elles doivent être apperçues, en observant néanmoins d'en user avec plus ou moins de retenue selon que ces pieces se trouvent distribuées sur une surface plane, inclinée, ou enfoncée. Cette derniere considération auroit pû néanmoins engager à rendre ces parterres moins oblongs, le sol des appartemens F étant plus élevé que le fond du boulingrin d'environ 12 pieds: pratique qui auroit rendu plus large la terrasse G qui paroît ici trop étroite, étant bon d'ailleurs d'observer autant qu'il est possible dans un jardin un grand espace libre qui puisse rassembler une nombreuse compagnie.

<small>Préceptes sur le jardinage.</small>

Aux deux côtés & sur la longueur de ce boulingrin sont plantés des arbres qui produisent du couvert aux deux grandes allées H, I, dont celle H traverse toute la profondeur du jardin. Aux deux côtés de ces allées, dans la longueur du boulingrin, sont pratiqués des bosquets, des salles de verdure, des cabinets, &c, qui rendent cette maison une des plus riantes des extrémités de Paris. A côté des retours de la terrasse B sont placés deux petits parterres à l'Angloise K entourés d'arbres qui produisent du couvert au sortir du bâtiment, & auxquels on arrive par les petits escaliers marqués L; à gauche de ce jardin de propreté est placé un po-

Tome I.   Fff

tager garni de plate-bandes pour les légumes, & d'environ 140 toises de murs en espalier. Au bout de ce potager, du côté de la rue, vers l'endroit marqué O, sont pratiquées les nouvelles basse-cours & le bâtiment des Officiers dont nous avons parlé.

Dans la basse-cour P sont pratiquées des écuries pour 33 chevaux, huit remises, des logemens au rez-de-chaussée & en entresoles pour les Officiers, avec des cuisines & des offices qui dégagent par l'escalier M dans les souterrains du principal corps de logis, pour arriver de ce bas étage dans le rez-de-chaussée & y servir à couvert pendant l'hiver, ce qui malgré son incommodité est préférable à placer les cuisines sous les appartemens de maîtres. Ce désagrément ne peut s'éviter qu'en en usant ainsi, ou en faisant joindre par un corridor ou autrement l'aile des cuisines avec le principal corps de logis, ce qu'on auroit pû pratiquer ici en sacrifiant une partie de la piece marquée N, & en changeant de place la premiere rampe du grand escalier qui est mal située du côté des croisées, comme nous le dirons en son lieu.

Plan de l'étage souterrain. Planche II.

Cette Planche exprime l'étage souterrain de cet Hôtel dans lequel sont distribuées une Chapelle, une salle à manger pour les Officiers, des caves, des buchers, &c. Le passage marqué A est celui qui conduit sous terre à l'escalier M pratiqué dans l'aile des cuisines, Planche premiere, & par lequel on peut servir à manger pendant l'hiver dans le bel étage par le grand escalier de ce plan marqué B. Tous les murs de refend & de face sont assujettis à la distribution du rez-de-chaussée, à l'exception de ceux marqués C, pratiqués exprès pour empêcher la voûte du milieu de ces fondations d'être trop surbaissée & d'avoir une trop grande poussée, comme cela seroit arrivé si elle eut pris naissance sur les deux murs D D; au lieu qu'étant partagée, chaque voute est en plein ceintre, & l'on évite la dépense d'une plus grande épaisseur aux murs D D. Tout cet étage est éclairé par des soupiraux pratiqués dans la hauteur de la retraite qui sert d'empattement aux murs de face; mais comme ils ont peu d'ouverture, principalement du côté de la cour, les pieces distribuées dans ce souterrain sont peu salubres, & même d'une humidité qui les rend impraticables.

Plan au rez-de-chaussée. Planche III.

La distribution de ce plan est très-réguliere, & quoique ce bâtiment n'ait que 21 toises deux pieds de face, sur 10 toises quatre pieds de profondeur, non compris les avant-corps, les appartemens qui le composent sont susceptibles de toute l'élégance & de la commodité qu'on exige ordinairement dans un grand Hôtel.

Les enfilades AB, CD, EF, GH, IK, & LM sont ménagées avec art & selon les regles de la distribution la plus exacte, celle AB est heureusement terminée par les deux cabinets placés aux deux extrémités de ce bâtiment dont la forme intérieure est ingénieuse, mais qui ne réussit pas si bien dans les dehors, ainsi que nous le remarquerons ailleurs.

Le Vestibule qui donne entrée aux appartemens est un peu spacieux pour le sallon, ne pouvant servir d'antichambre que l'été à cause des arcades qui annoncent l'escalier. C'est pour cette raison que depuis que Madame la Duchesse du Maine occupe cet Hôtel on a fermé ces arcades par des portes croisées, afin de pouvoir de cette piece faire une antichambre pour la livrée, & condamné la porte qui conduisoit de cette piece dans le sallon. Sans doute la grandeur de la cage de l'escalier a déterminé la forme quarrée de ce vestibule, & l'on peut observer à cette occasion que non-seulement il étoit possible de la faire plus petite mais aussi qu'il auroit mieux valu que la rampe O eut été placée en P, parce qu'elle se seroit mieux présentée en entrant dans ce vestibule, & que les marches de la premiere rampe placées du côté des croisées font toujours un assez mauvais effet. Il est vrai que par la disposition de cet escalier la rampe supérieure qui se seroit trouvée du côté du mur de face auroit aussi interrompu la proportion de la hauteur des croisées, mais il falloit surmonter cette difficulté en faisant régner le grand pallier du premier étage le long du mur de face, d'où il feroit résulté une communication bien plus commode entre la droite & la gauche du bâtiment.

Hôtel de Madame la Duch. du Maine.

A la gauche de ce vestibule est placée une salle à manger servant aujourd'hui de seconde antichambre, du milieu de laquelle, au point N, les enfilades E F & L M se rencontrent exactement, aussi bien que toute la distribution de ce plan qui est simétrique par la disposition des pieces, leur forme, & leur proportion, & à l'exception de quelques petits cabinets que Mad. la Duchesse du Maine y a fait distribuer & décorer avec beaucoup de goût & d'élégance, ce plan est le même que du tems de M. de Moras. Ces changemens consistent dans un oratoire, des toilettes, des garde-robes, &c, qui ne font pas une augmentation considérable, & les pieces principales n'ayant de différence que dans leur usage, la salle de compagnie tenant lieu d'antichambre pour les Officiers, & la salle d'assemblée qui lui est opposée, servant de chambre à coucher de parade. On a aussi pratiqué à l'endroit marqué P, sous le pallier du grand escalier, une Chapelle, celle des soûterrains étant aussi incommode que celle-ci est placée peu convenablement.

Tous ces appartemens sont décorés avec une très grande magnificence, & sont ornés de glaces, de dorures, de sculptures de goût, & de meubles de prix.

Plan du premier étage. Pl. IV.

Cet étage est composé de quatre appartemens de Maîtres dont le diametre des pieces est assujetti à celui du rez-de-chaussée. Celui A, considéré comme petit appartement, auroit été mieux annoncé si le pallier du grand escalier se fût trouvé du côté des croisées, comme nous l'avons proposé, au lieu qu'il faut, pour y arriver, passer par le petit escalier B. Cet escalier est pratiqué ici pour monter aux combles, & dégage dans le rez-de-chaussée, ainsi que ceux marqués C, D, & tous trois montent de fond. Ces appartemens (dont la plûpart étoient de commodité, & qui aujourd'hui servent de logement aux Dames d'honneur de Madame la Duchesse) sont décorés avec plus de simétrie que de magnificence: ils ont aussi été sujets à quelques changemens, mais qui n'étant pas considérables, ne sont point exprimés ici, ayant préféré de laisser cette distribution telle qu'elle a été composée par Mr. Gabriel. On observera que la marche de pallier du premier étage porte à plomb des arcades du vestibule au rez-de-chaussée, de maniere que la cloison E porte à faux sur le plancher, qui par sa grande portée devient peu solide. Toute la construction de ce bâtiment a été d'ailleurs fort négligée, ainsi que son appareil qui est exécuté avec assez peu de soin, comme le sont la plûpart des édifices de nos jours qui sont érigés trop rapidement, & où l'on préfere une possession prompte & instantanée à l'avantage de bâtir pour la postérité.

Elévation du côté de la cour. Pl. V.

Comme dans son origine ce bâtiment étoit une maison particuliere, il a été décoré dans les dehors avec autant de simplicité qu'on avoit introduit de faste dans les dedans. Un avant-corps composé de trois arcades à chaque étage, couronné d'un fronton, deux pavillons de deux croisées & deux arrieres-corps forment l'étendue de cette façade qui a de longueur 21 toises 2 pieds, sur 7 toises 1 pied de hauteur, terminé par des combles à deux égouts, qui sans doute auroient été mieux continus que divisés en trois parties. Il auroit aussi été nécessaire qu'un chéneau regnât sur tout le pourtour de l'entablement, afin d'éviter par-là que les eaux du comble ne tombent au pied du bâtiment: ce qui rend les soûterrains fort humides, ainsi que nous l'avons observé. Quelque œconomie dont on veuille user en apparence, la conservation des fondations, & l'humidité que les eaux du Ciel procurent au rez de chaussée lorsqu'elles tombent au pied du bâtiment, doivent être une raison assez forte pour mettre dans toutes les occasions les chéneaux en usage. D'ailleurs, lorsque l'on veut, par nécessité ou autrement, pratiquer au-dessus de l'entablement, des croisées, des lucarnes en pierre, ou quelques ouvrages de Sculpture, il convient que ces amortissemens soient élevées sur un corps de même matiere, & qu'ils paroissent faire unité avec la façade. Par cette raison un socle ou retraite en pierre eut été préférable à un chêneau de plomb, ce premier paroissant alors couronner la façade, & servir de soutien à l'amortissement pour ne former qu'un tout. La diversité des matieres ne présente jamais à l'esprit cette unité, ainsi qu'on peut l'observer dans les couronnemens des pavillons du côté du Jardin de ce bâtiment, aussi bien que ceux des angles de la cour Royale des Invalides, à la principale façade du College des Quatre Nations du côté de la riviere, aux Places de Vendôme, des Victoires, &c.

<small>Hôtel de Madame la Duch. du Maine.</small>

La suppression d'un chêneau continu dans ce bâtiment est sans doute une des raisons qui ont obligé l'Architecte d'introduire un fronton dans les avant-corps du milieu de ces façades, afin d'empêcher par-là l'eau des combles de tomber sur le perron qui sert d'entrée aux appartemens, les corniches inclinées de cette espece d'amortissement rejettant les eaux à droite & à gauche de l'avant-corps. Cependant dans une maison particuliere dont la décoration est tenue simple, il ne faut pas faire un trop fréquent usage des frontons, ce genre de décoration devant être reservé pour les frontispices des édifices sacrés, ou pour servir de couronnement à un bâtiment civil du premier ordre. Au reste on pourroit dire que les arrieres-corps de cette façade sont trop étroits, que la forme des croisées n'est pas d'un beau choix, non plus que les arcades de l'avant-corps du milieu, au premier étage ; que les trumeaux de celle du rez-de-chaussée sont trop étroits, & en général que la distribution & la décoration intérieure sont beaucoup supérieures à l'aspect des façades ; défaut qui n'est que trop commun dans la plûpart de nos bâtimens François.

Elévation du côté des Jardins. Pl. VI.

Cette façade est aussi composée de trois avant-corps, mais pour éviter le trumeau du milieu qui se remarque dans les pavillons du côté de la cour, on a dans cette élévation arondi les angles de ceux-ci, & placé une seule croisée dans le milieu ; ce qui réussit mieux dans l'intérieur que dans l'extérieur, parce que la proportion de l'avant corps du milieu de ces pavillons est trop svelte, pendant qu'au contraire les tours rondes qui l'accompagnent, rendent toute la masse de ces mêmes pavillons trop pesante. Les arcades du premier étage ne sont pas traitées avec plus de succès, & le grand balcon, soûtenu par des consoles, qui se remarque dans l'avant-corps du milieu, n'exprime pas une bonne Architecture ; il est des moyens plus raisonnables de pratiquer une saillie convenable aux balcons extérieurs. Voyez ce que nous en dirons en parlant de l'élévation de l'Hôtel de Belle-isle du côté de la cour, Chap. XXIX.

Il est aisé de s'appercevoir du mauvais effet que produisent les amortissemens des pavillons des extrémités de cette façade, dont non seulement la masse est trop foible pour l'Architecture qui les reçoit, mais qui prenant naissance sur l'égout des combles, semblent postiches, & n'avoir aucun rapport avec le reste du bâtiment. Je n'hésite point d'avancer à ce sujet qu'on devroit supprimer la Sculpture dans un édifice lorsque cette derniere ne peut contribuer à relever l'éclat de l'Architecture. Voyez ce que nous avons dit ci-devant dans l'Introduction, pages 116 & 117, à l'occasion du trop grand usage que l'on fait de la Sculpture dans les édifices.

Coupe & profils pris sur la longueur du bâtiment. Planche VII.

Cette coupe donne en petit la décoration des pieces du milieu du rez-de-chaussée & du premier étage de ce bâtiment, avec le développement de la charpente, l'épaisseur des murs de face, de refend, des planchers, &c. aussi bien que le profil d'un des pavillons du côté des jardins, au-dessus desquels est exprimé l'un des amortissemens dont nous avons parlé, & où il est aisé de remarquer qu'ils ont peu de liaison avec l'Architecture qui les soutient.

CHAP.

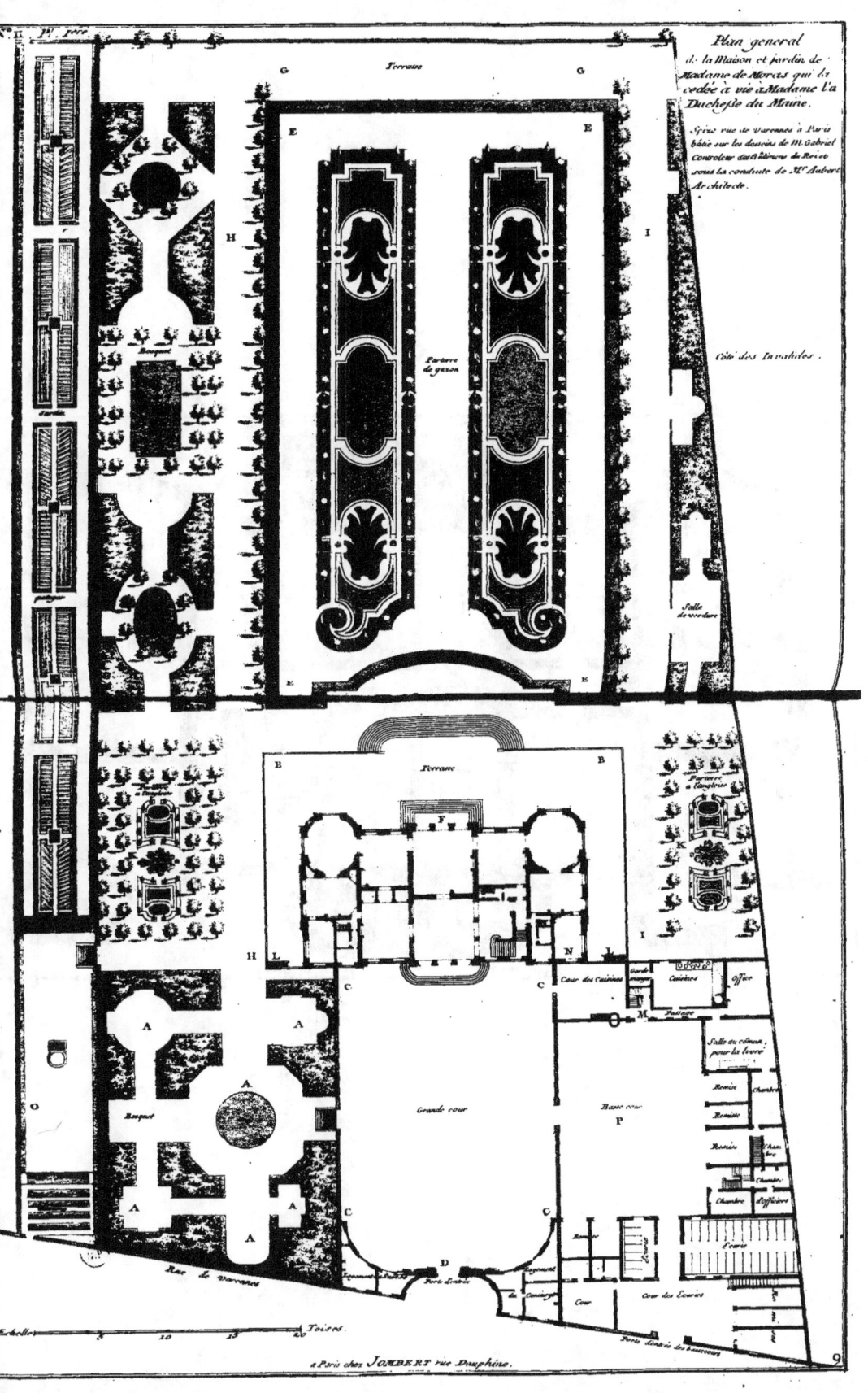

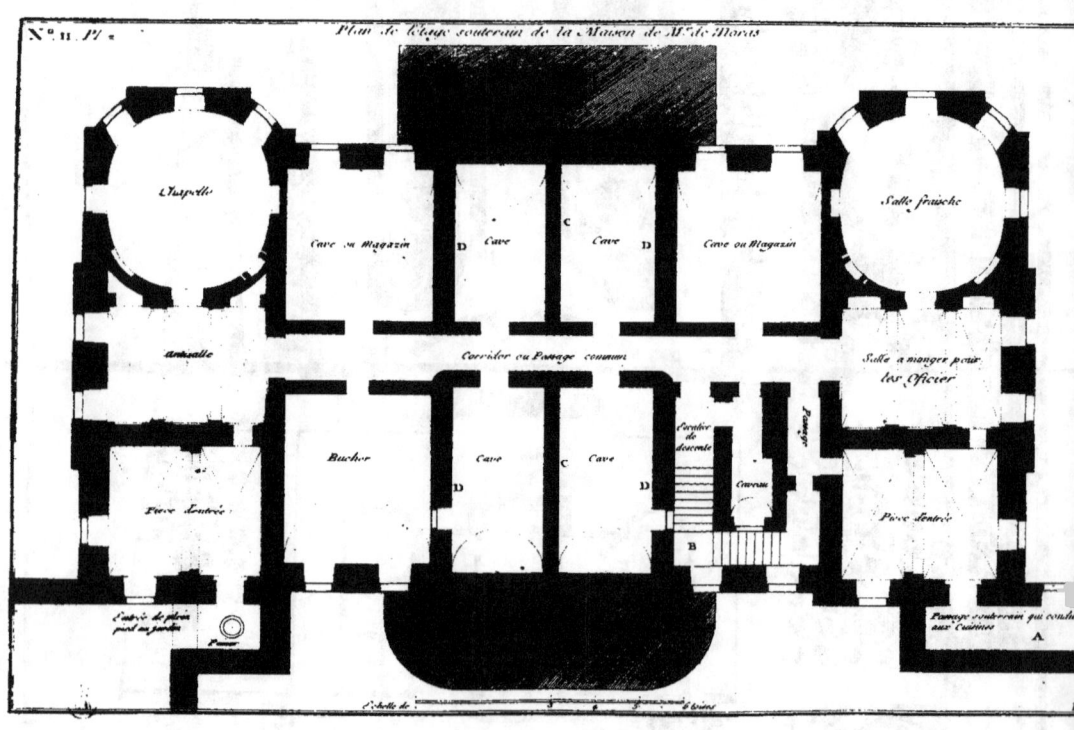

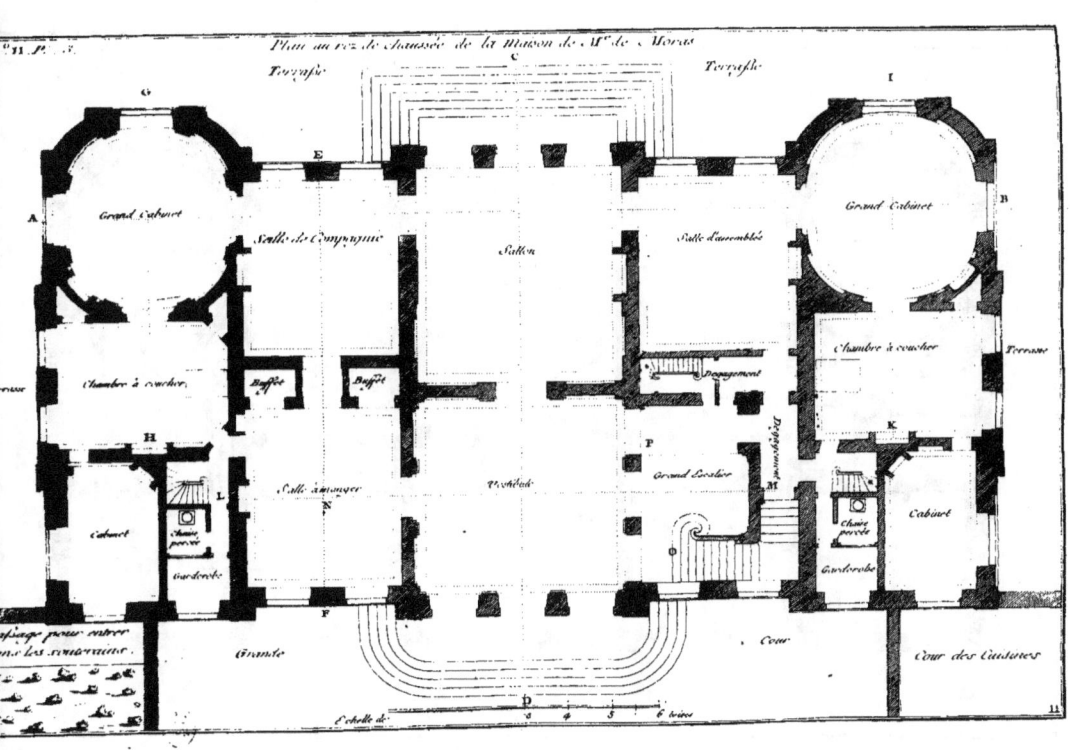

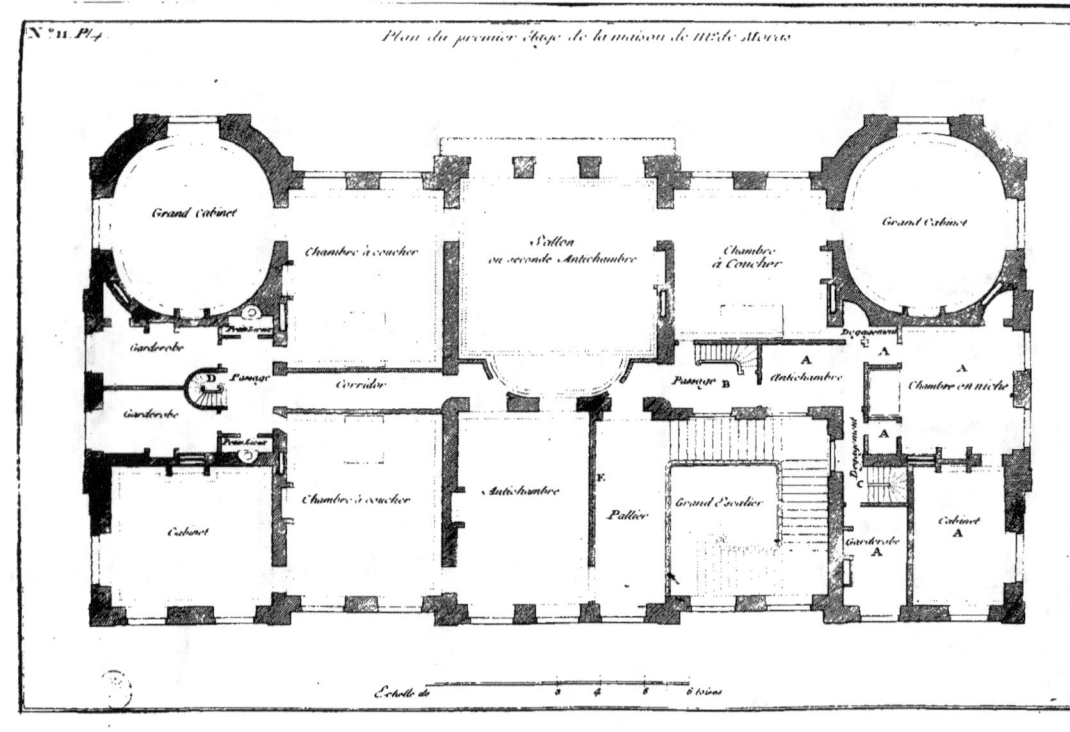

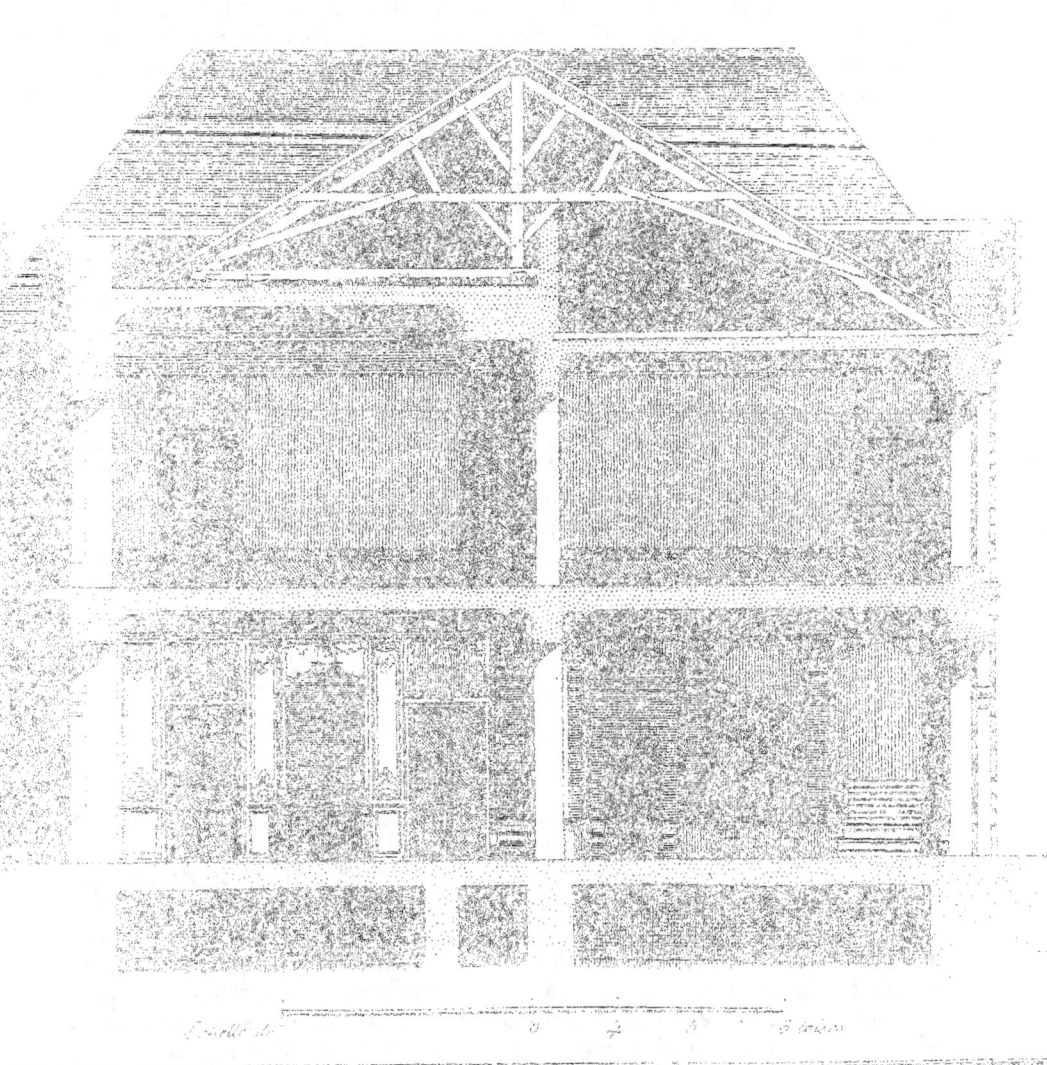

CHAPITRE III.

Description de l'Hôtel de Clermont, situé rue de Varennes, Faubourg St. Germain, près l'Hôtel du Maine.

CET Hôtel a été commencé en 1708 & fini de bâtir en 1714, sur les desseins & sous la conduite d'Alexandre Le Blond, (*a*) Architecte, pour Madame la Marquise de Sessac, veuve du Marquis de Sessac, de la Maison de Clermont-Lodeve, qui l'occupe encore aujourd'hui.

Hôtel de Clermont.

Plan du rez-de-chaussée. Planche premiere.

Le principal corps de logis de ce bâtiment, qui est double, est élevé sur un terrain d'environ 101 toises de longueur sur 18, hors œuvre (*b*). Ce bâtiment a de face toute la largeur du terrain sur huit toises de profondeur, & est situé entre cour & jardin, éloigné de la rue de Varennes d'environ 30 toises. Cet espace est occupé par une avant-cour dans laquelle d'un côté est placée une écurie & de l'autre des remises. Au bout de ces deux ailes de bâtimens qui sont composées d'un rez-de-chaussée & d'une mansarde, sont deux pavillons dans lesquels sont distribuées les cuisines & offices. Cette avant-cour est de forme circulaire du côté de l'entrée & en tour creuse sur la rue, ce qui forme entre ces deux portions de cercle de petites cours particulieres & un logement pour le Suisse. A l'autre extrémité de cette premiere cour & en face de la porte d'entrée est un mur d'appui (*c*) qui la sépare d'avec la cour principale dont la forme barlongue est corrigée par deux terrasses latérales ornées d'arbres & de tapis de verdure qui décorent l'issue de cette maison. Dans le commencement qu'elle fut bâtie elle étoit une des plus riantes du Faubourg St. Germain par la disposition générale de ses bâtimens, leur distribution & leur ordonnance, parties aussi difficiles qu'essentielles à observer dans la composition d'un plan, & que le Blond possedoit à un degré supérieur.

Le principal corps de logis est composé d'un rez-de-chaussée & d'un Attique au dessus ; ce dernier contient des appartemens de commodité & un grand cabinet en forme de gallerie. Le rez-de-chaussée est composé d'un bel appartement de société & d'un appartement de parade, qui ont été disposés & decorés avec beaucoup de goût lors de l'édification de ce bâtiment, mais qui depuis ont été changés, de sorte qu'on n'y voit plus la gallerie qui se remarque ici, à la place de laquelle est un sallon & plusieurs pieces distribuées avec assez peu de goût & de commodité.

L'heureuse disposition que le Blond avoit sçu donner à ce bâtiment relativement à son peu d'étendue, & où il convenoit néanmoins qu'il y eut des appartemens sortables, devant être habité par une personne du premier ordre, peut seule enseigner combien un Architecte doit sçavoir les regles de la convenance, afin que dans les occasions les moins importantes en apparence on remarque dans

---

(*a*) Voyez ce que nous avons dit de cet Architecte dans notre Introduction, page 55.

(*b*) Depuis près de 30 ans Madame de Sessac a acquis à la gauche de ce bâtiment environ 12 toises de terrain en largeur sur 100 de longueur ; ce terrain a été acheté des créanciers de feu Mr. de Law ; cette acquisition a donné lieu de pratiquer des basses-cours, d'ajoûter un appartement & une Chapelle de plain-pied à ceux du principal corps de logis, & de procurer un jardin potager à cette maison ; mais comme toutes ces augmentations n'ont rien de bien remarquable, nous ne les donnerons point ici.

(*c*) Ce mur d'appui a été détruit, l'avant-cour & la cour sont communes à présent ce qui rend cette issue sans proportions. Il faut aussi observer qu'actuellement les écuries sont à la place des remises & les cuisines à la place des offices, soit que ce plan ait été gravé à gauche, soit qu'effectivement on ait changé depuis la disposition de ces bâtimens.

ses productions une certaine magnificence toujours proportionnée au motif qui lui fait mettre la main à l'œuvre.

Au pied de ce bâtiment du côté des jardins est une terrasse de 42 pieds de largeur soutenue par un grand talud de gazon qui descend dans le jardin, dans lequel au lieu de parterres sont distribués en face du bâtiment des bosquets de charmille recepés à compartimens, & à leur extrémité des allées d'arbres de haute futaye qui produisent un couvert agréable sans masquer la vûe.

Elévation de la façade du côté de l'entrée, & d'une des ailes de l'avant-cour.
Planche II.

La Figure premiere représente la face du côté de la rue, composée de deux pavillons dans lesquels sont comprises d'un côté les écuries & de l'autre les remises, de la porte cochere, & de deux murs de clôture qui séparent cette porte d'avec les pavillons. Toute cette ordonnance est réguliere, d'une forme, & d'une proportion agréables. La porte est d'une Ordonnance Ionique (*d*) couronnée d'une corniche architravée, surmontée d'un socle, & terminée par les armes & les supports de cette maison, ajustés avec des trophées d'armes d'une composition fort ingénieuse, exécutés par François Dumont, de l'Académie de Peinture & de Sculpture, homme fort habile, & dont les ouvrages sont très-estimés.

L'extrémité supérieure de cette porte est bombée : forme à laquelle devroit être préférée une corniche horisontale, ce genre de courbe formant un jarret avec les extrémités droites de la corniche qui ne sont pas agréables, quoique moins vicieuses que les arcs en plein-ceintre. La crainte de se repéter & l'essai qu'on veut faire de son art font souvent hasarder des formes qu'on évite dans la suite par reflexion ; ces raisons doivent rendre un Architecte attentif sur ses productions, afin de n'avoir pas le désagrément après que l'ouvrage est fait de laisser pour exemple des compositions qui, quoiqu'ingénieuses d'ailleurs, ne semblent pas faites pour être imitées.

Cette porte est enfermée dans une tour creuse qui rachete le biais du mur, genre de forme assez en usage pour corriger les obliquités trop communes par l'alignement des rues qui ne sont pas toujours percées d'équerre dans une grande Ville. Cette tour creuse n'excede pas la hauteur des murs de clôture, ce qui laisse piramider l'ordonnance de la porte, & lui donne cette élégance qu'on remarque dans son tout ensemble.

La Figure II présente l'élévation d'une des ailes, située dans l'avant-cour, faisant simétrie à celle qui lui est opposée ; au-dessus de l'étage à rez-de-chaussée (*e*) de ces deux ailes sont pratiquées des mansardes dans lesquelles sont distribués de petits appartemens pour les Officiers de la maison, des chambres pour les domestiques, des greniers, &c. Ces bâtimens sont isolés du principal corps de logis & tenus d'une hauteur & d'une ordonnance moins considérables, afin de laisser au premier une marque distinctive de sa supériorité sur tout ce qui l'environne ; attention qu'il faut observer, étant de convenance de donner un air de prééminence au bâtiment principal destiné à la résidence des Maîtres, qui pour cette raison doit surpasser par son élévation & l'élégance de ses proportions tous ceux qui ne sont destinés que pour les hommes subalternes ; ce qui a été négligé au Palais Bourbon, ainsi que nous le dirons en son lieu.

(*d*) Il y a apparence que ce bâtiment a été gravé sur le projet de le Blond & non depuis l'exécution, car au lieu d'un Ordre Ionique qui se voit sur cette Planche, c'est un Ordre Composite ; & au lieu de lions pour support ce sont des licornes, avec des génies d'un dessein fort élégant, &c ; les consoles & les enfans exprimés ici ne sont pas non plus dans l'exécution.

(*e*) A la place des portes & des croisées quarrées qui se remarquent dans cette élévation, on a pratiqué des arcades dans lesquelles sont enfermées des croisées, mais cette nouvelle décoration est si négligée & d'ailleurs si peu importante, qu'on a cru ne pas devoir observer ces changemens dans cette Planche.

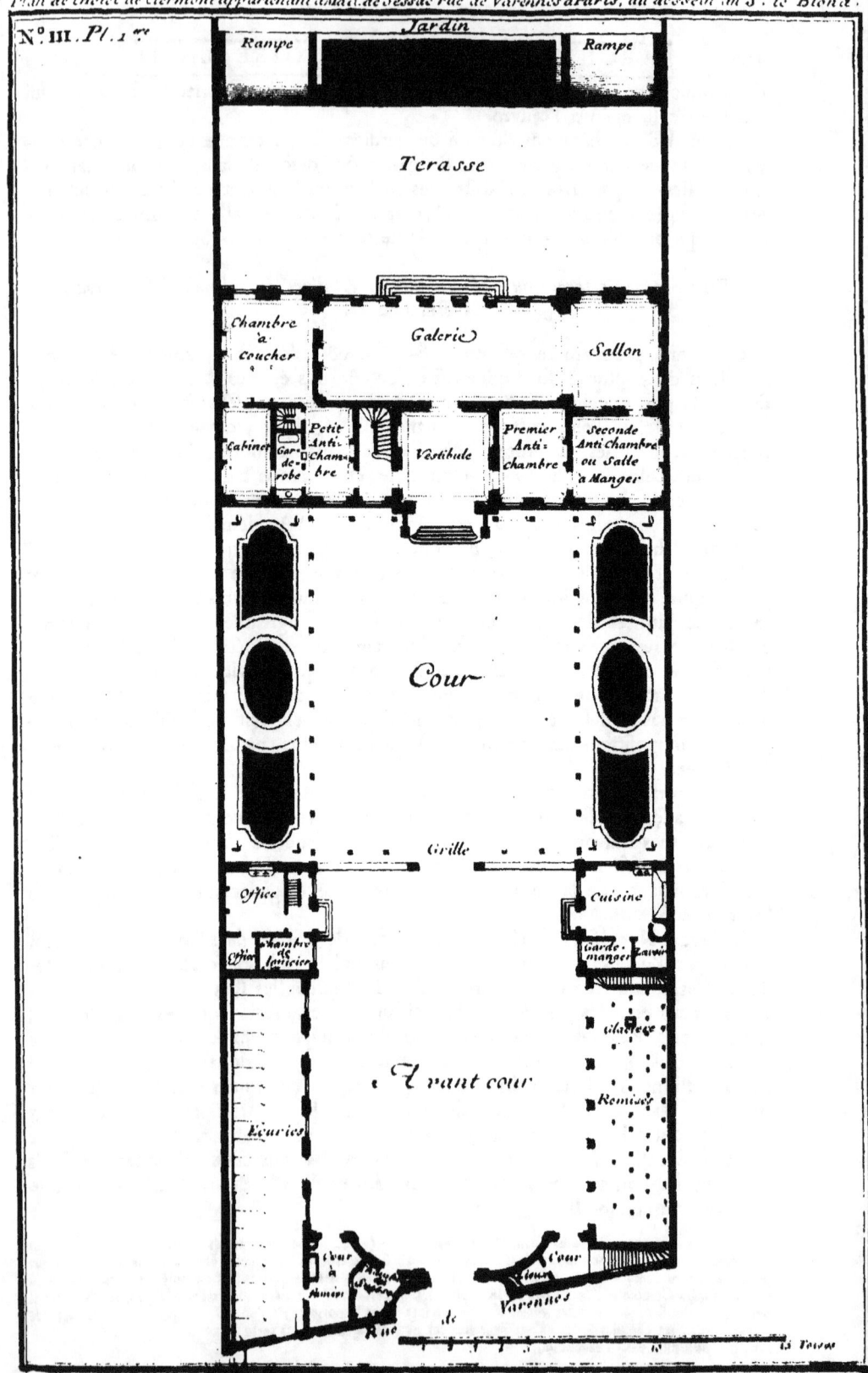

ARCHITECTURE FRANÇOISE, Liv. II.

Elévation du côté de la cour, & Façade du côté des Jardins. Planche III.

La façade du côté de la cour, Figure I, est composée d'un avant-corps dans le milieu, & de deux arrieres-corps, qui ensemble ont environ 18 toises de longueur hors œuvre : l'avant-corps à rez-de-chaussée est décoré d'un Ordre de pilastres Doriques, irrégulier. Sans doute l'Architecte, eu égard au peu d'importance de son bâtiment, a crû pouvoir se dispenser de suivre scrupuleusement la régularité de cet Ordre ; ce qui n'est pas sans exemple à la vérité, mais qui pour cela n'en doit pas moins être regardé comme une licence dont il ne faut pas abuser. Ces pilastres sont couronnés d'une corniche architravée au lieu d'entablement, qui forme une platebande dans le grand entrecolonnement de cet Ordre, & laisse un libre espace à l'entrée du vestibule. Cette grande ouverture dans une maison bâtie à la Ville, ne doit se pratiquer qu'avec quelque circonspection à cause de l'air froid qu'elle procure dans l'hiver aux appartemens (*f*) ; considération qui n'a pas lieu dans les maisons de plaisance qui ne sont habitées pour la plûpart que dans la belle saison. Néanmoins pour la décoration il faut faire attention que dans quelque genre de bâtiment qu'on fasse usage de ces entre-colonnes au lieu de portes croisées, l'ordonnance du premier étage n'étant pas évuidée, ce massif sur un vuide a toujours mauvaise grace, principalement quand l'étage supérieur n'est qu'un Attique, comme dans le bâtiment dont nous parlons, parce que cet Ordre déja court par ses proportions, rend difforme l'espace du grand entrecolonnement de l'Attique qui compose une Architecture peu correcte, pour ne pas dire vicieuse. Au moins dans ce cas faut-il éviter de placer un fronton sur cet Attique, qui semble par sa largeur écraser l'ordonnance de l'avant-corps, & présente un aspect peu agréable. Il ne faut pas non plus faire usage inconsidérément de l'Ordre Attique, quoique dans ce bâtiment il réussisse assez bien, principalement dans les arrieres corps de cette façade, & dans toute celle du côté des Jardins, Figure II, où il paroît d'autant plus vraisemblable, que le rez-de-chaussée exprime le bel étage, pendant que l'Attique ne semble être fait que pour lui servir d'amortissement ou de couronnement, ainsi que pour contenir des logemens inférieurs à ceux des appartemens distribués de plainpied aux Jardins.

Les deux pavillons qui sont aux extrémités de l'élévation du côté du Jardin, Figure II, forment une agréable diversité avec l'ordonnance de la façade du côté de la cour. Il seroit seulement à souhaiter que les arcades qui regnent dans le grand arriere-corps du milieu fussent observées dans ces deux pavillons. Cette face auroit été plus agréable & plus du ressort de l'ordonnance des pilastres qui décorent ces avant-corps. Il seroit bon aussi d'éviter les tables qui sont dans les piédroits ou trumeaux des arcades, & de ne jamais faire retourner les archivoltes sur les impostes, cette multiplicité de membres d'Architecture dans une ordonnance d'ailleurs simple, fait un mauvais effet. En général la balustrade qui couronne ce bâtiment est beaucoup trop élevée, elle ne doit avoir de hauteur que le quart moins un sixiéme de celle de l'Ordre Dorique de dessous, comme appartenant à un Attique, au lieu que si elle couronnoit un Ordre régulier, elle pourroit au contraire avoir le quart plus un sixiéme.

Au reste ces balustrades terminent heureusement tout ce bâtiment, nommé à l'Italienne, parce que l'on n'en apperçoit pas les combles qui sont brisés en plusieurs parties, pour n'être pas vûs d'en-bas.

(*f*) Pour éviter cet inconvénient depuis que ce bâtiment est élevé, on a fermé ce grand entrecolonnement par des croisées, ainsi qu'on le pratique, au moins pendant l'hiver, dans les vestibules qui sont percés par des colonades.

CHAPITRE IV.
Description de l'Hôtel de Villeroy, situé rue de Varennes.

Hôtel de Villeroy.

CETTE maison fut bâtie il y a environ 30 ans dans l'état où elle est représentée par les planches II, III & IV, sur les desseins de M. Aubry, (*a*) Architecte, pour Mademoiselle Desmares. Après sa mort elle fut vendue à Mr. le Duc de Villeroy qui l'habite aujourd'hui, & qui vers 1746 l'a fait restaurer & aggrandir telle que nous la voyons, Planche premiere, sur les desseins de feu M. Le Roux (*b*), Architecte du Roi.

Plan général des bâtimens & jardins de l'Hôtel de Villeroy. Pl. premiere.

En comparant ce plan avec celui de la Planche II, il sera aisé de juger des acquisitions que M. le Duc de Villeroy a faites depuis qu'il occupe cette maison, aussi bien que de l'augmentation des basses-cours, des cuisines, des offices, des écuries & remises, &c, dont il a aggrandi son bâtiment, sans oublier la salle à manger circulaire & les dégagemens qui l'accompagnent, que ce Seigneur y a fait construire sur les desseins de M. Le Roux, Architecte; on trouvera la décoration intérieure de ce sallon dans le septiéme Volume, & sa façade extérieure à la suite de ce plan, Planche V, Figure 2.

Cette salle à manger n'occupe que la hauteur du rez-de-chaussée au-dessus duquel est pratiquée une terrasse; l'on y sert à manger à couvert des cuisines, & l'on communique de cette salle dans les appartemens par la seconde anti-chambre A qui dégage par un passage B, dont la forme irréguliere n'est pas agréable & présente assez mal l'entrée de la salle à manger. On auroit pû avancer le mur de face C jusqu'en E, il en seroit résulté deux avantages; le premier, que la portion circulaire F auroit été moins grande & l'avant-corps G moins petit; le second, que l'entrée de cette salle, au lieu d'être dans les angles, auroit été pratiquée en H, ce qui auroit fait un meilleur effet, auroit rendu le passage B plus régulier, & procuré des glaces dans les arcades I, qui aujourd'hui servent de portes. Ordinairement les additions qu'on fait aux anciens bâtimens ne sont pas assez réfléchies, la plupart de nos Architectes n'ont pour objet que la nouvelle bâtisse dont ils sont chargés; cette négligence neanmoins n'est pas pardonnable, & si lorsqu'il ne s'agit que de la restauration ou de l'augmentation de quelques maisons particulieres, cette inadvertance peut avoir lieu, du moins devroit-on y faire plus d'attention lorsqu'on est chargé de faire quelque suplement considérable dans les edifices d'importance.

Vis-à-vis de cette salle à manger, dans les jardins de cet Hôtel, sont plantés des quinquonces qui procurent du couvert en sortant du bâtiment. La distribution des jardins est assez agréable & forme un genre de beauté qui ne peut se remarquer dans le dessein : c'est pour cette raison qu'un homme qui veut réussir dans le jardinage doit visiter dans la belle saison les differens jardins particuliers pour se former un goût juste & précis de cette partie de l'Architecture; c'est là qu'il apprendra à concilier les sujettions du terrain avec celles du bâtiment, & qu'il pourra étudier le choix des formes les plus convenables pour parvenir à tirer avantage d'un espace limité, & observer des parties découvertes, en procurant cepen-

(*a*) Mr. Aubry est un Architecte de réputation qui a beaucoup fait bâtir à Paris, & dont l'expérience lui a attiré la confiance d'une infinité de grands Seigneurs. Entre les bâtimens considérables qu'il a fait ériger l'on peut compter la Chambre des Comptes, dont il a été Controlleur, & qui a été finie en 1740, l'Hôtel de Bouillon, sur le Quai des Théatins, l'Hôtel de la Vrilliere, &c.

(*b*) Mr. le Roux, un des Architectes modernes qui ait été le plus employé de son tems, étoit éleve de Mr. Dur- bay; il avoit beaucoup de génie & excelloit principalement dans la partie de la décoration des appartemens. Cet Architecte a bâti plusieurs beaux Hôtels à Paris, entr'autres l'Hôtel de Mazarin, aujourd'hui l'Hôtel de Rohan-Chabot, l'Hôtel de Roquelaure, aujourd'hui l'Hôtel de Molé. Il a décoré la gallerie de l'Hôtel de Villars & une infinité de belles maisons de plaisance. Il est mort vers 1740, Architecte du Roi, âgé d'environ 69 ans.

dant

dant de l'ombrage, selon l'étendue du terrain & ses différentes situations.

Si l'on avoit percé dans la salle à manger les portes H au lieu de celles I, & si l'on avoit mis deux croisées dans la longueur du nouveau mur de face K, une de ces croisées, qui auroit enfilé les portes H, auroit engagé à placer le milieu de l'allée de tilleuls en portique marquée L, vis-à-vis ce nouveau percé, & l'on auroit procuré à cette salle à manger un bien différent coup d'œil.

Les diverses réflexions que nous nous proposons de faire dans la quantité des bâtimens qui composent cet ouvrage seront sans doute de quelque utilité à ceux qui veulent faire leur profession de l'Architecture, & c'est en faveur de ceux-ci que nous faisons ces observations ; c'est pourquoi je prie le Lecteur de ne pas croire que les jugemens que je suis obligé de porter sur chacun de ces édifices soient dictés par un esprit de critique, mais de considérer qu'il ne m'est pas possible d'instruire la plupart de ceux pour lesquels ce Livre est fait, sans leur donner des moyens de rectifier ou d'éviter les licences ou les fautes que l'on peut y reprendre.

Plan au rez-de-chaussée de la maison de Mademoiselle Desmares, faisant partie aujourd'hui de l'Hôtel de Villeroy. **Planche II.**

Le principal corps de bâtiment entre cour & jardin, qui dans son origine étoit destiné pour une maison particuliere, n'a que 11 toises de face sur 8 toises 4 pieds de profondeur. Relativement à sa premiere destination, il peut être regardé comme une des meilleures distributions qu'on puisse faire dans ce genre, étant composé au rez-de-chaussée d'une antichambre, d'une salle à manger, d'un sallon de compagnie, d'une chambre à coucher, de plusieurs garderobes, d'entresoles, &c. Toutes ces pieces sont d'une grandeur bien proportionnée, distribuées avec simétrie & décorées avec goût. Pour parvenir à tirer parti de cette distribution, telle qu'on la voit ici, l'Architecte a placé le grand escalier dans le vestibule, de maniere que pour arriver au sallon, il faut passer par les deux pieces qui le précedent ; ce qui, lorsqu'on a peu d'appartemens d'enfilade, donne un air de magnificence à un bâtiment qui seul peut dédommager de l'agrément de ranger toutes les pieces de parade & de société sur un même alignement. Si l'on avoit voulu placer cet escalier à droite, à la place des garderobes A, l'on auroit été privé de ces dernieres qui font tout le mérite d'un appartement ; alors le vestibule auroit servi d'antichambre, celle-ci de salle à manger, & la seconde antichambre auroit donné un cabinet à la gauche du sallon, qui du côté du jardin & dans la principale enfilade, auroit peut-être été préférable à une salle à manger. D'ailleurs ce vestibule, à la place de l'escalier, auroit donné une entrée au sallon, mais cette entrée auroit exigé qu'on eût évité dans ce même sallon le trumeau qui se voit dans le milieu de l'avant-corps du côté du jardin ; défaut que nous avons déja blâmé, & qui à peine est tolérable dans une maison particuliere. Il est vrai que dans une face d'aussi peu d'étendue, il auroit été difficile de placer 7 croisées ; d'ailleurs trois arcades pour éclairer ce sallon lui auroient donné trop de diametre & trop peu aux deux pieces d'à côté ; au contraire si l'on n'en eut fait qu'une pour ce sallon, il auroit reçu trop peu de lumiere : d'où l'on peut conclurre que dans la nécessité d'employer ce trumeau, il est mieux de n'avoir pas donné entrée à cette piece par le vestibule, parce que le défaut du trumeau est moins choquant dans l'intérieur des appartemens, que si l'on eut cherché à aligner le percé du côté de la cour avec le plein qui se trouve au mur de face du côté du jardin.

Le bâtiment sur la rue comprend aussi deux étages. Dans le rez-de-chaussée sont distribuées les remises, les cuisines, & un dégagement qui communique aux basse-cours des écuries, qui dans le tems que ce bâtiment n'étoit qu'une maison particuliere, contenoient suffisamment de commodités. Au dessus du rez-de-chaussée de ce corps de logis sur la rue, est distribué un assez bel appartement dont on voit le plan, Planche III, Figure II. La Figure I exprime la distribution du premier étage du principal corps de logis situé entre cour & jardin, dont les pieces ont la même grandeur que celles du rez-de-chaussée.

Hôtel de Villeroy.

La Figure III de cette même Planche offre l'élévation du coté de la cour du corps de logis sur la rue, dont l'ordonnance, quoique simple, est fort agréable. Le rez-de-chauffée comprend la hauteur des remises avec des entresoles au-dessus, & le premier étage, en forme d'Attique, contient la distribution de l'appartement dont nous venons de parler.

La Figure I de la Planche IV offre l'élévation du côté de la cour, composée d'un avant-corps orné d'une espece d'Ordre Dorique, couronné d'un entablement architravé, surmonté d'un Ordre Ionique & terminé par un fronton. La porte du rez-de-chauffée est bombée dans sa partie supérieure, & est en tour ronde par son plan, aussi bien que le membre supérieur de la corniche architravée qui porte le balcon du premier étage. Cette ordonnance est susceptible de quelques reproches en ce que l'Ordre Dorique est mutilé, que les consoles qui portent la saillie du balcon sont postiches, les entre pilastres trop grands, & les piédroits de l'arcade du premier étage trop pesants. D'ailleurs, l'imposte continu entre les pilastres Ioniques produit des tables trop courtes pour cette ordonnance, & les trumeaux des croisées des arriere-corps sont trop étroits ; enfin l'on peut remarquer que la hauteur de tout le bâtiment, y compris les combles, paroît trop grande par rapport à sa largeur. Au reste le peu d'étendue du terrain & la nécessité de multiplier les étages dans un espace borné, est souvent la cause du défaut de proportion que l'on remarque dans les dimensions générales d'un bâtiment. C'est sans doute cette nécessité qui a contraint l'Architecte d'en user ainsi, & il auroit évité cette licence dans une ordonnance plus importante ; du moins est-il essentiel d'y faire attention, ainsi que nous l'avons recommandé dans notre Introduction, page 67.

La Figure II, même Planche, représente la façade du côté du jardin. Cette Ordonnance est plus simple que la précédente ; toutes les croisées sont en forme d'arcade ; celles du rez-de-chauffée, qui sont en plein ceintre avec des bandeaux, paroissent massives, & celles du premier étage ont des archivoltes & des impostes ; mais ces derniers qui sont continus dans toute l'étendue de cet étage, en divisent la hauteur & produisent des membres d'Architecture d'une légereté qui n'a aucun rapport avec le massif des trumeaux, celui du milieu de l'avant-corps réussit mal, ainsi que nous l'avons déja observé. D'ailleurs les extrémités de cet avant-corps sans accompagnement d'aucun membre d'Architecture, sont trop peu ressenties ; les balcons, leur appui & les petites consoles qui les soûtiennent, produisent en général une décoration mesquine, qui avec les masses assez pesantes de ce bâtiment, ne seroit pas tolérable dans tout autre édifice qu'une maison particuliere.

La Figure I de la Planche V présente la coupe du principal corps de logis entre cour & jardin, marquée L M, Planche I. Dans cette coupe on voit le dévelopement de l'escalier, la décoration de la salle de compagnie, & celle de la chambre à coucher du premier étage du côté du jardin, dans laquelle devroit être exprimée une cheminée suivant l'indication du plan, Fig. I. Pl. III, ce qui sans doute est une inadvertance de la part du Graveur, ou une addition faite depuis dans ce bâtiment, & que l'on n'a pas crû devoir corriger, la petitesse du dessein rendant indifférent le choix des formes de la décoration intérieure.

La Figure II de la même Planche offre la façade latérale, aux pieds de laquelle a été construite la nouvelle salle à manger bâtie sur les desseins de M. Le Roux, & dont nous avons parlé Planche I, en observant que la portion circulaire étoit trop grande pour les parties droites, &c. D'ailleurs l'arcade du milieu, en ceintre surbaissé, en comparaison avec celles en plein ceintre, l'inégalité de la largeur des corps de refend de cette façade, les consoles & les claveaux, ne présentent rien de bien régulier, & offrent seulement une addition érigée au hazard, comme cela arrive assez souvent, sans refléchir néanmoins que le coût de la bâtisse, l'emploi des matériaux, & le tems nécessaire à les mettre en œuvre, devroient, dans quelques occasions que ce puisse être, être précédés des principes de l'art, toutes les productions d'un Architecte devant annoncer l'étude, le goût & l'expérience.

CHAPITRE V.

Description de l'Hôtel d'Etampes, actuellement Hôtel de Rohan, situé rue de Varennes.

CET Hôtel fut bâti vers 1704 fur les defseins du Duc Fornari (*a*), pour Mr. le Marquis d'Etampes ; après fa mort cet Hôtel fut vendu à Madame de Mézicre qui le fit reftaurer & embellir fous la conduite de Mr. Dullin (*b*), Architecte : il appartient aujourd'hui à Mr. le Prince de Montauban, & eft occupé par Mr. le Prince de Rohan.

Hôtel d'Etampes.

Plan du rez-de-chauffée. Planche I.

La façade du principal corps de logis eft de 16 toifes 2 pieds ; la cour a de largeur 12 toifes, fur 16 & demi de profondeur, y compris la tour creufe du côté de la rue : aux deux côtés de la grande cour en font pratiquées deux autres pour les remifes, les écuries & les cuifines. Ces bafses-cours devroient avoir des ifsues particulieres dans la rue pour les équipages, & les domeftiques, qui autrement font obligés d'avoir une entrée commune par la porte principale. Le corps de logis eft double; le veftibule, & l'efcalier (qui devroit plûtôt être placé à droite qu'à gauche) occupent un trop grand efpace, eu égard à la grandeur des appartemens, principalement par rapport au fallon, qui comme piece principale, devroit avoir un plus grand diametre. Il eft vrai qu'ici ayant à fa droite & à fa gauche une chambre à coucher, il fait plutôt l'office d'une antichambre que d'un fallon ; fi la falle à manger avoit été placée où eft l'efcalier, elle auroit été plus près des cuifines, & la chambre à coucher A auroit fervi de falle de compagnie qui manque dans ce plan, n'ayant point de fallon qui en puifse tenir lieu.

Le premier étage de ce bâtiment eft diftribué de même que le rez-de-chauffée, ce qui fait que nous ne le donnons pas ici. Il eft deftiné à des appartemens de commodité, ceux de parade & de fociété fe trouvant en afsez grand nombre dans l'étage inférieur, pour une maifon qui n'a que feize toifes de face.

Elévation du côté de la cour. Planche II.

Ce bâtiment eft à deux étages avec une manfarde au-defsus : le rez-de-chauffée eft en forme de foubafsement ; le premier étage eft décoré, dans l'avant-corps, d'un Ordre Ionique & furmonté d'un Attique. Ce foubafsement eft trop orné pour l'Ordre de defsus, & pour la porte du milieu qui eft tenue fort fimple. Quoique les refends foient afsez du refsort de la décoration des foubafsemens, au moins faut-il éviter de les mettre en ufage avec des croifées à bandeau ; ils ne vont bien qu'avec les arcades, ou lorfqu'on veut les introduire dans une décoration percée par des croifées, il faut fupprimer les chambranles & les crofsettes à ces dernieres, car les refends exprimant les joints de la hauteur des afsifes, il femble alors que les

---

(*a*) Mr. le Duc Fornari, Sicilien, né à Mefsine, avoit beaucoup de goût pour l'Architecture. Dans le même tems qu'il bâtit cet Hôtel pour Charles d'Etampes, il donna le defsein de l'Hôtel de Vendôme, depuis l'Hôtel de Mazarin, enfuite l'Hôtel Talmon, & aujourd'hui de Rohan-Chabot. Cet Hôtel, dont nous n'avons pû donner les defseins (le Seigneur qui en eft propriétaire, quelqu'inftance qu'on ait faite auprès de lui, n'ayant point voulu fe prêter à en laifser lever les plans,) eft une de nos maifons particulieres à Paris décorée intérieurement avec le plus de magnificence, les ornemens & les meubles font d'une grande beauté & traités dans le goût le plus moderne ; les curieux font intérefsés à vifiter cet Hôtel dont la reftauration & les embellifsemens, tels qu'on les voit aujourd'hui font de Mr. le Roux Architecte du Roi, dont nous avons déja parlé, & furent faits en 1735 lorfque Madame Françoife de Mailly, Duchefse de Mazarin, y voulut faire fa réfidence. Après fa mort cet Hôtel fut vendu à la Princefse Talmon, & enfuite a pafsé, comme nous venons de le remarquer, à Mr. le Comte de Rohan Chabot.

(*b*) Mr. Dullin a été regardé comme un de nos bons Architectes du commencement de ce fiècle ; nous avons de lui les defseins de plufieurs bâtimens dans cet Ouvrage, tels que la maifon de Mr. du Noyer, Fauxbourg St. Antoine, celle de Mr. Galpin, à Auteuil, l'Hôtel de Lambert, &c.

piédroits des tableaux des croisées sont posés en délit & d'une seule pierre ; ce qui est non-seulement contre la vraisemblance, mais qui concourt à allier deux genres de décoration qui ne sont pas faits pour aller ensemble. La retraite du rez-de-chaussée est trop peu élevée ; cela donne au soubassement une trop grande élévation ; il ne doit avoir, ainsi que nous l'avons dit ailleurs, que les deux tiers de l'Ordre supérieur. Les têtes qui expriment les claveaux devroient être comprises dans les bandeaux & non au-dessus. Le linteau de la porte du milieu a trop peu de hauteur ; cela rend le plein qui est au-dessus trop maigre, & ne marie pas d'une maniere satisfaisante l'Architecture de dessous avec celle de dessus.

L'Ordonnance du premier étage est plus réguliere, mais la croisée du milieu de l'avant-corps paroît de mauvais goût ; pour ne lui pas donner une forme quarrée comme aux autres, on auroit pû la faire en plein ceintre. Toutes les croisées de cet étage sont trop sveltes, il falloit affecter un socle audessus du plinthe du soubassement ; en donnant une retraite à ce premier étage, il auroit procuré un appui aux croisées, & leur auroit donné la proportion qui leur convient. L'Attique au-dessus de cet avant-corps est trop élevé, il ne doit pas avoir plus de la moitié de l'Ordre de dessous : l'ayant fait plus bas, il n'auroit pas excédé la hauteur de la mansarde, avec laquelle il devoit faire unité ; le fronton qui couronne cet Attique est chétif, & les mansardes d'une proportion trop élégante.

Les deux petites ailes du bâtiment qui sont aux deux côtés de cette façade sont les élévations des basses-cours, qui n'étant pas vûes de l'entrée principale, ne sont pas tenues d'avoir aucun rapport d'ordonnance avec le principal corps de logis.

Elévation du côté du Jardin. Planche III.

La décoration de cette façade en général est plus estimable que celle du côté de la cour, mais le trumeau du premier étage, dans l'avant-corps du milieu, n'est pas tolérable ; d'ailleurs les deux pilastres des extrémités de cet avant-corps ne marquent pas assez. La porte en plein-ceintre du rez-de-chaussée est trop basse & trop écrasée ; l'Attique terminé d'un fronton circulaire qui est déja trop élevé, contribue à rendre tout cet avant-corps trop svelte ; les croisées des ailes sont assez bien, malgré l'inégalité de leurs trumeaux, que les tables qui les divisent & la simétrie de leur côté opposé rendent néanmoins supportables.

Les faux combles de ce bâtiment semblent considérables quant à la hauteur, mais il faut observer que le talud de ce comble à deux égouts paroît en œuvre bien moins élevé que dans ce dessein, n'ayant de hauteur que les deux septiemes de sa base, ainsi qu'on peut le remarquer dans la coupe.

Coupe & profils pris sur la profondeur du bâtiment. Planche IV.

La Planche IV montre le développement de l'intérieur du principal corps de logis, le revêtissement d'un des murs qui sépare la grande cour d'avec la basse-cour, la partie circulaire, & le profil de la porte d'entrée de cet Hôtel. La décoration des appartemens n'offre rien d'intéressant en comparaison de celle de la plûpart de nos édifices modernes, & prouve, ainsi que nous l'avons déja remarqué, que depuis 50 ans cette partie de l'Architecture a considérablement changé de face. Les murs de la cour qui sont revêtus d'arcades feintes, servent d'accompagnement au principal corps de logis, & paroissent comme deux ailes de bâtiment qui donnent à cet Hôtel une apparence assez considérable ; mais comme on a été obligé de percer quelques croisées réelles dans ces arcades feintes, il auroit été mieux d'en affecter dans toutes les arcades ; ce qui auroit donné à cette décoration un air d'habitation qui auroit produit un bon effet. Au reste ces arcades sont toujours bien dans une grande cour, principalement quand on est contraint d'en observer réellement une pour le passage des voitures, comme celle marquée A, mais en même tems il est bon de les couronner d'une balustrade ou au moins d'un socle, qui en servant d'amortissement, indique une terrasse au-dessus.

CHAP.

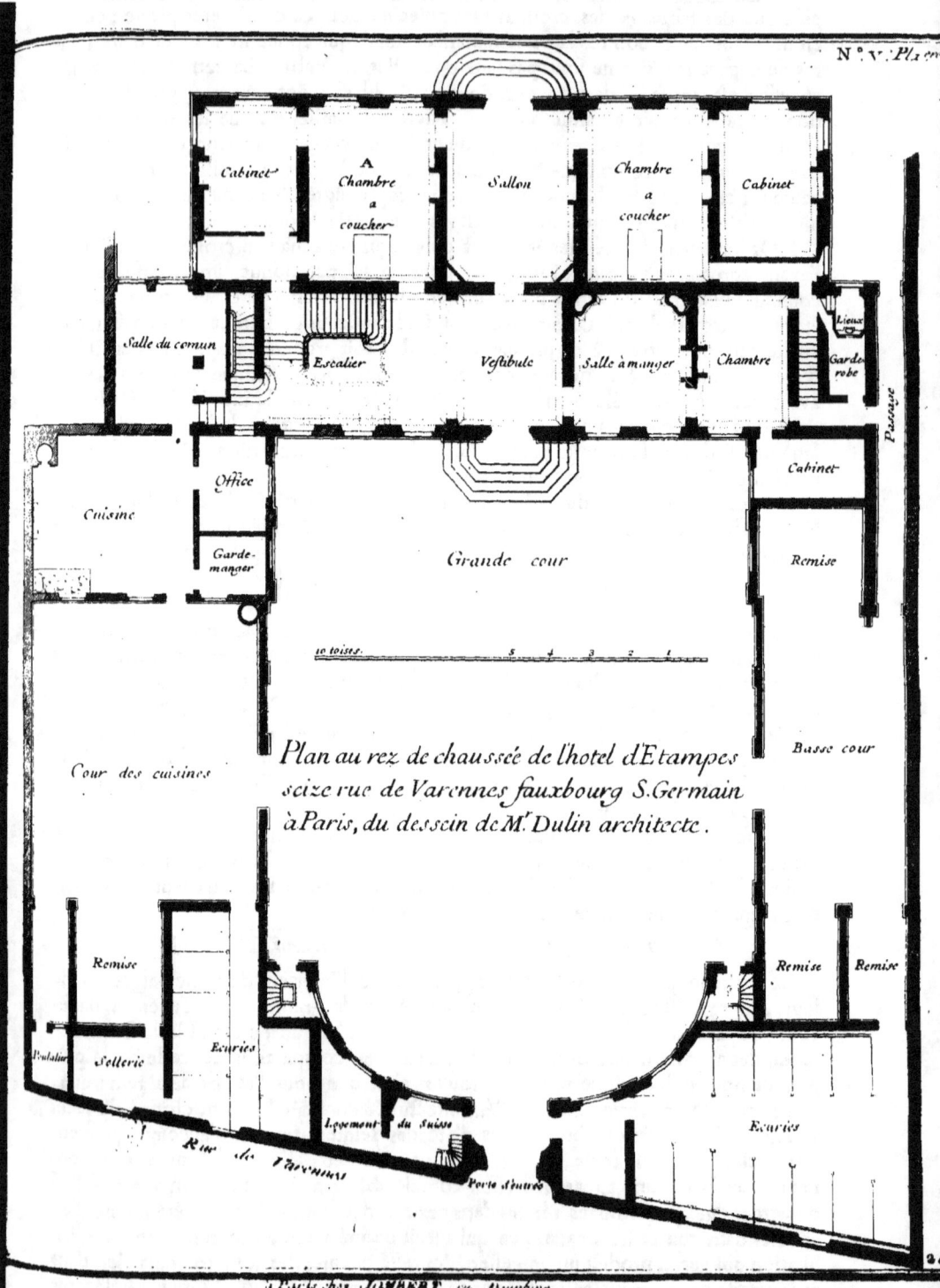

CHAPITRE VI.

Description de l'Hôtel de Matignon, situé rue de Varennes.

CET Hôtel fut bâti en 1721 sur les desseins & sous la conduite de M. Courtonne, (a) Architecte du Roi, pour M. le Prince de Tingry, connu sous le nom de Maréchal de Montmorency, & fut vendu n'étant pas encore achevé, en 1723, à M. de Matignon, Comte de Torigny; il a passé ensuite à M. le Duc de Valentinois son fils, & appartient aujourd'hui à M. le Prince de Monaco.

Hôtel de Matignon.

Plan au rez-de-chaussée. Planche premiere.

Le principal corps de logis de cet Hôtel a de longueur 29 toises sur environ 12 de profondeur, & est composé d'un rez-de-chaussée où sont distribués les appartemens de parade, & d'un premier étage terminé par une balustrade derriere laquelle s'éleve un comble à la Françoise continu dans tout le pourtour de ce corps de logis. La grande cour de cet édifice a environ 14 toises de large sur 22 de profondeur, & est entourée de bâtimens qui n'ont qu'un rez-de-chaussée orné d'arcades en plein ceintre. Cet édifice en général peut passer pour un des beaux Hôtels de Paris, soit par sa grandeur, sa disposition & la régularité de sa distribution, soit par la richesse des meubles, la collection des tableaux, des bronzes, bijoux, &c, dont nous parlerons en son lieu.

La difference de l'alignement A B du milieu de la cour avec celui C D du milieu du jardin, ont produit dans la distribution de ce plan d'assez grandes difficultés qui néanmoins ont été surmontées avec beaucoup de succès par l'Architecte, car autrement les basses-cours seroient devenues trop serrées, ayant été distribuées en deux parties à chaque côté de la grande cour, au lieu que par ce moyen les écuries, les remises, & les cuisines sont situées & disposées dans une basse-cour commune avec les commodités que leur usage semble exiger, & de l'autre côté on a seulement pratiqué une aile de peu de profondeur, moins pour avoir quelques logemens que pour corriger l'obliquité du mur mitoyen M, ce qui donne à cette cour une forme réguliere & une proportion qui jointe à sa forme circulaire du côté de l'entrée, annonce la magnificence de cet Hôtel. La principale enfilade E F est aussi très-exactement observée, mais il auroit été bon qu'elle eut traversé le milieu du sallon par son grand diametre, ou bien au contraire qu'elle eut été remontée d'environ 18 pouces, ce qui se pouvoit facilement sans rien changer à la distribution intérieure ni à la décoration extérieure, ce dernier changement auroit permis de placer la cheminée sur la longueur de ce sallon, de maniere qu'à la place où elle est ici on auroit pû ouvrir une porte qui auroit communiqué à la salle à manger, au lieu de celles qui sont pratiquées dans les pans coupés. Cette communication paroît d'autant plus nécessaire que ce sallon peut être regardé comme une salle de compagnie où l'on se retire après le repas, & qu'autrement on est obligé de passer par des pieces destinées à la livrée, ou par les portes de ces pans coupés qui ne présentent que des dégagemens & non des issues convenables pour les maitres.

A l'égard de l'enfilade G H elle auroit dû être allignée avec plus de précision en observant que le milieu des croisées extérieures des murs de face répondit à

(a) Cet Architecte a donné en 1725 un Traité de Perspective fort estimé; il est mort Professeur de l'Académie Royale d'Architecture. Ce fut lui qui succéda à Mr. Bruant dans cette place. Après sa mort, M. Jossenet l'a remplacé, & c'est aujourd'hui Mr. Loriot qui en est Professeur.

Indépendamment de l'Hôtel de Matignon dont nous faisons ici la description, nous donnerons, Chapitre XI, l'Hôtel de Noirmoutier qui est du même Architecte; les autres ouvrages bâtis sous la conduite ou sur les desseins ne sont pas parvenus jusqu'à nous.

celui des portes à placard de l'intérieur. C'eſt abſolument de cette relation que dépend le ſuccès de la diſtribution, autrement on ne doit pas s'attendre à l'approbation publique. Au contraire lorſqu'un Architecte obſerve cette relation reconnue indiſpenſable dans la diſtribution de ſon plan, il eſt preſque ſûr de faire naître dans l'ame du ſpectateur un plaiſir ſecret qu'il ne ſçait à quoi attribuer, parce qu'il ne peut ſur le champ rendre raiſon de la ſatisfaction qu'il reſſent, n'appercevant d'abord dans ce qu'il admire que des croiſées, des portes, des enfilades qu'il a remarqué dans bien d'autres bâtimens ſans néanmoins avoir ſenti la même émotion.

Il faut convenir cependant que toutes les enfilades ne ſont pas également eſſentielles à obſerver dans un bâtiment; il ſeroit même dangereux d'en vouloir uſer trop fréquemment; 1°. il en réſulteroit ſouvent des défauts conſidérables dans la diſpoſition des differentes pieces, pour les cheminées & les meubles principaux. En ſecond lieu il convient de négliger celles qui par la ſimétrie naturelle de l'édifice ſe trouvent obligées de traverſer les pieces deſtinées aux hommes du commun, tel que les veſtibules, les antichambres, les eſcaliers, les dégagemens, les garde-robes, &c; l'on peut même ne pas affecter cette ſimétrie dans les enfilades latérales telles que celles G H dont nous parlons, principalement lorſque celles A B, E F qui ſont indiſpenſables, ſont obſervées exactement.

Le diametre des differentes pieces de ce plan comparées les unes avec les autres ſe trouve aſſez bien proportionné, à l'exception de la ſalle du Dais qui paroît grande en comparaiſon du ſallon; mais comme cette piece avoit été faite pour ſervir de ſalle à manger en cas de nombreuſe aſſemblée, on a cru ne pouvoir la rendre trop ſpacieuſe. Nous dirons à cette occaſion qu'il faut éviter de placer les ſalles à manger dont on fait un continuel uſage, dans l'enfilade des principaux appartemens, parce que le tems où les domeſtiques ſont obligés de faire leur ſervice dans cette piece interrompt la communication de celles-ci avec celles qui ſont deſtinées à la ſociété, & prive ces dernieres du coup d'œil de l'enfilade générale. D'ailleurs l'humidité, l'odeur des fruits & des viandes dans toutes les ſaiſons de l'année ſe communique trop facilement dans tous les appartemens voiſins, en ternit les meubles, les dorures, les bronzes, &c : conſidération trop eſſentielle pour ne pas éviter de les placer ainſi, à moins, comme nous venons de le dire, que ce ne ſoit par extraordinaire, & en pareil cas les ſallons les galleries, les ſalles de compagnie, &c, peuvent ſervir à cet uſage.

Le veſtibule qui donne entrée à cette ſalle d'aſſemblée eſt conſtruit tout de pierre; il eſt orné de huit pilaſtres Ioniques couronnés d'un ſeul architrave qui lui ſert d'entablement, au-deſſus duquel s'éleve une voûte ſphérique auſſi de pierre, de 24 ſur 21 pieds de diametre. La hauteur de cette voûte ſphérique n'eſt que de 16 pouces, ce qui l'a fait regarder comme une piece de trait aſſez hardie, ainſi que la voûte du grand eſcalier dont la marche du pallier, qui a 32 pieds de longueur, eſt ſoutenue par un arc de cloître fort ſurbaiſſé qui ſuſpend en l'air cette grande portée avec autant de ſurpriſe que de ſolidité.

Plan du premier étage, Planche II. Figure premiere, *& Elévation de la porte d'entrée.*
Figure 2.

La Figure premiere offre le plan du premier étage de cet Hôtel compoſé de deux grands appartemens ſéparés par le ſallon qui forme l'avant-corps du milieu du jardin & par l'antichambre qui forme un des arriere-corps du côté de la cour. Le pallier du grand eſcalier, dont nous venons de parler, donne entrée à deux antichambres qui dégagent les deux grands appartemens. Il ſemble néanmoins qu'il eut été convenable de percer dans cet étage une porte qui communiquât du ſallon dans l'antichambre A afin d'éviter de ſortir d'un appartement pour rentrer dans l'autre; cependant il faut avouer que la disposition des appartemens dépend le plus souvent de l'usage qu'en doit faire le propriétaire qui fait bâtir, de maniere qu'il n'est gueres possible de distribuer pour un particulier un bâtiment qui dans la suite puisse convenir à un autre dans le cas d'acquisition ou autrement. Tout ce que l'Architecte peut prévoir en pareille occasion c'est de ne jamais placer des cheminées où il est raisonnable de placer des portes, quoiqu'il y soit contraint par la volonté de celui qui le met en œuvre, parce qu'alors cette inadvertance est presque sans remede, à moins que de démolir ces cheminées de fond en comble, ce qu'il est sur-tout essentiel d'éviter, principalement dans les maisons à loyer, susceptibles de changer souvent de maîtres.

Hôtel de Matignon.

L'élévation de la porte d'entrée, Fig. 2, est décorée d'un Ordre Ionique couronné d'un entablement régulier qui retourne sur les colonnes accouplées, mais dont la frise & l'architrave sont interrompues par une table dans laquelle est écrit le nom de cet Hôtel. Cette discontinuité est toujours un abus dont il faut se garder dans une Architecture réguliere. Le même entablement est surmonté d'un amortissement, & à plomb de chaque groupe de colonnes sont distribués des trophées d'armes. Cette partie supérieure qui n'est pas de M. de Courtonne, pour des raisons qu'il rapporte dans son *Traité de Perspective*, page 112, & dont il blâme l'usage, pourroit cependant réussir assez bien s'il étoit élevé sur un socle un peu plus considérable. Il est vrai que la principale cause qui lui fait blâmer cet amortissement provient de ce que celui-ci semble, dit-il, se répeter avec celui du couronnement de l'avant-corps qui est au milieu de la façade de la cour, ce qui a quelque fondement. Il seroit à souhaiter qu'un Architecte fut assez raisonnable, ou eut la délicatesse lorsqu'il est appellé après coup pour remplacer son prédécesseur, de refuser cette occasion d'être employé, ou au moins, en cas de quelque circonstance particuliere, de le consulter & suivre les premieres intentions. Une pareille condescendance seroit toujours préférable au fol entêtement de faire un morceau neuf qui n'ayant souvent rien de commun avec l'ouvrage entier, désunit les masses pour ne composer que des parties qui n'ont aucune harmonie entr'elles. Voyez ce que l'Auteur dont je viens de parler a dit touchant le défaut de conciliation qui regne parmi la plupart de ceux qui font leur profession de l'Architecture, & ce que j'ai dit dans le premier Volume de l'Encyclopédie à l'article *Architecte*.

La balustrade qui regne sur les murs qui accompagnent cette porte auroit dû être supprimée, l'amortissement & l'entablement en auroient dominé avec plus de succès; principe qu'il est nécessaire d'observer dans toutes les occasions qu'on a de mettre la main à l'œuvre, les formes piramidales contribuant toujours à donner de l'élégance à un ouvrage d'Architecture tel qu'il puisse être.

Elévation du côté de la cour. Planche III.

Cette façade est composée d'un avant corps, de deux pavillons, & de deux arriere-corps: l'avant-corps du milieu est distribué dans les deux extrémités de sa largeur par deux tours rondes, & est orné au premier étage d'un balcon posé sur des consoles. Au-dessus de ce balcon sont deux corps d'Architecture revêtus de tables dont la hauteur coupée par l'imposte qui continue, forme de trop petites parties, ainsi que les ornemens qui étant divisés par l'imposte composent une ordonnance chétive qui n'a aucune correspondance avec la proportion solide de tout le reste de cette façade. Sur l'entablement supérieur de cet avant-corps sont placées en amortissement les armes de Montmorency avec des supports; ces ornemens sont quelquefois préférables aux frontons, principalement quand la largeur des avant-corps est trop étroite & qu'ils sont fort élevés, ainsi qu'on le remarque à celui-ci. Il auroit été à désirer qu'on eut supprimé la balustrade qui regne sur tout le bâtiment ou qu'on eut élevé cet amortissement au-dessus, parceque cette balustrade dont la hauteur vient mourir sur les côtés de cet ouvrage de sculpture semble le couper & n'être pas faite pour aller ensemble. Il est vrai que d'un côté cet amortissement élevé sur la balustrade auroit trop exhaussé l'avant-corps, mais de l'autre elle paroît entiérement inutile, les combles qui sont derriere n'annonçant pas que cet édifice soit terminé en terrasse : idée qu'on doit se former quand on couronne l'extremité supérieure d'un édifice par une balustrade, & cette considération auroit dû déterminer à n'y mettre qu'un socle continu de deux pieds de haut, lequel en ayant tenu lieu auroit servi de soutien à l'amortissement qui dans l'exécution paroît poser sur la corniche.

Les croisées de tout ce bâtiment sont trop élégantes, & s'accordent mal avec le peu de richesse de leur bandeau ; la largeur des trumeaux, & la simplicité qui regne dans toute cette ordonnance, sembloient exiger que la proportion des croisées du rez-de-chaussée fut Dorique, & celle du premier étage Ionique ; parce qu'ayant une fois choisi une expression dans les Ordres, on ne devroit jamais s'en écarter dans un bâtiment. Cependant nous n'avons que trop d'occasions de remarquer qu'on néglige souvent dans nos édifices, contre toute idée de vraisemblance, ce rapport que les Maîtres de l'art ont considéré comme indispensable, & sans lequel on ne peut décorer un édifice suivant les loix du bon goût & selon les principes de la convenance.

Cette façade est comprise entre la distance I K, (plan du rez-de-chaussée, Planche I.) Les bâtimens à droite continués de K en L (même Planche) n'étant pas d'une même ordonnance, & ne paroissant pas faire partie de cette élévation, de maniere qu'il n'y a que les deux pavillons des extrémités de cette façade qui se remarquent du milieu de la cour, lesquels sont flanqués par les ailes en retour qui déterminent la largeur de cette derniere, & dont les coupes sont exprimées dans l'élévation dont nous parlons. Ces pavillons sont composés au premier étage de deux arcades en plein-ceintre séparées par un trumeau ; ce qu'il faut éviter comme un abus plus ou moins condamnable, selon que ce trumeau se trouve placé dans une partie du bâtiment plus ou moins intéressante. C'est cette diversité d'applications émanée d'un même précepte qui fait qu'on exige beaucoup d'expérience dans un Architecte, afin qu'il sache éviter selon le besoin une Ordonnance qui pourroit faire un bon effet dans un bâtiment, & dégénérer en licence, ou même devenir une défectuosité dans une autre occasion. Ce défaut d'application est la source de presque toutes les fautes qui se remarquent dans les édifices érigés par quelques Architectes modernes ; elles ne proviennent sans doute que de ce qu'étant trop peu instruits des principes de leur art, ils imitent servilement ce qu'ils ont apperçu dans nos édifices de réputation, sans faire attention que les licences qu'ils y ont remarqué, n'avoient été tolérées par leur Auteur que par une nécessité indispensable, ou pour faire valoir la totalité de leur Ordonnance, au lieu que ceux-ci, imitateurs sans discernement, ont adopté indifféremment ces licences, pour en composer les parties les plus essentielles d'un bâtiment.

Elévation du côté du Jardin. Planche IV.

Toute cette façade qui a de longueur 28 toises 3 pieds, ne s'apperçoit du côté du jardin que depuis A jusqu'à B. Cette partie forme un avant-corps considérable sur tout le reste, étant élevée sur une terrasse de neuf pieds & demi de hauteur. Le milieu de cette façade est orné d'un avant-corps à pans coupés, dont les saillies, sur les murs de face, ne marquent pas assez. D'ailleurs la largeur de ces saillies paroît trop maigre pour leur hauteur, étant taillées de refends. Le milieu de cet avant-corps est trop svelte, & le fronton qui le couronne sert encore à le faire paroître d'une plus grande élévation. Ce fronton, dont la corniche horizontale est interrompue, non seulement contribue à donner à cet avant-corps cet air svelte,

mais

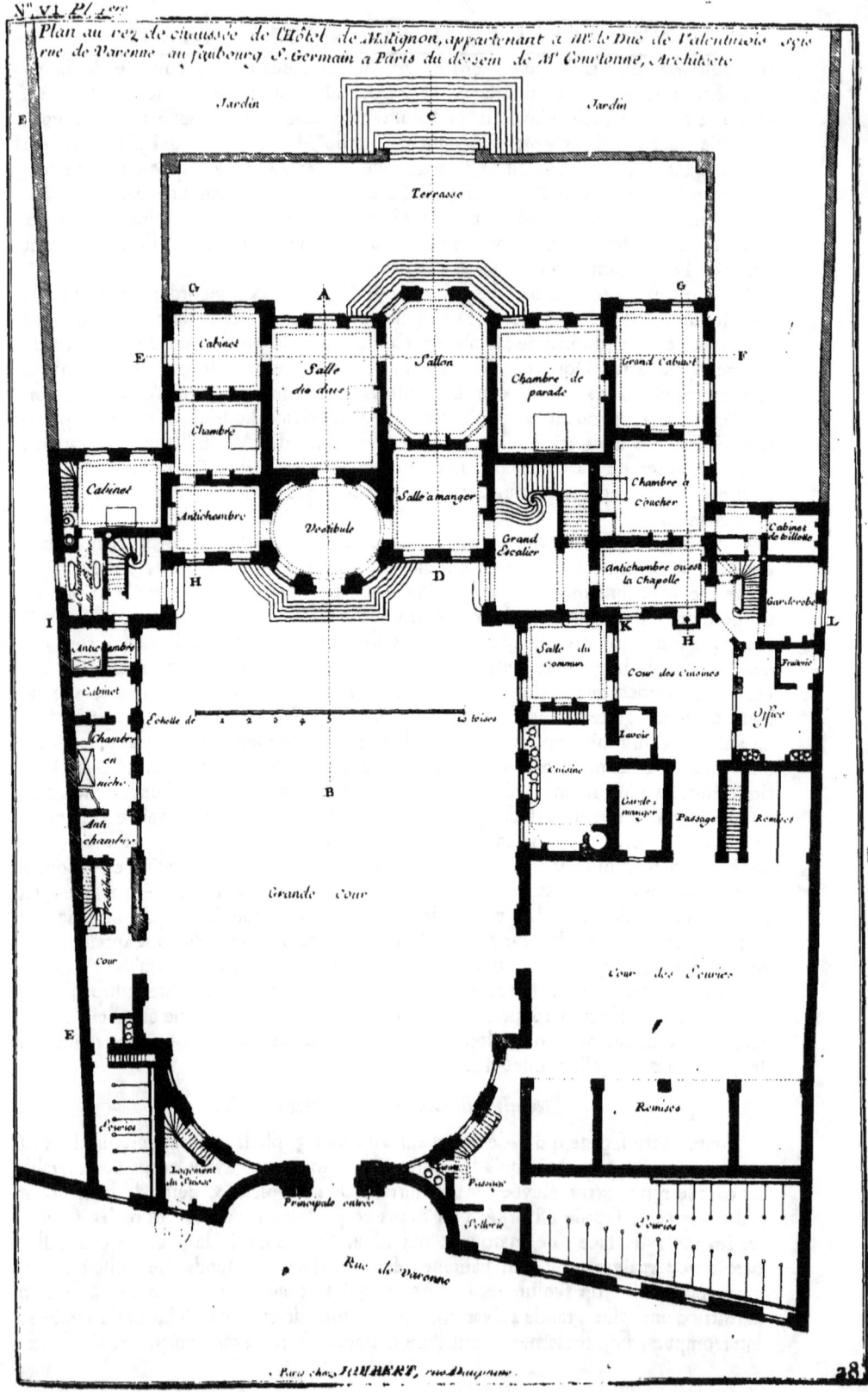

mais aussi doit être regardé comme un des plus grands abus qui se soient glissés dans l'Architecture à cet égard. Cet abus est d'autant plus vicieux que l'on interrompt ce que l'Architecture a de plus régulier, pour ne placer que des armoiries dont l'affectation réitérée dans toutes les façades d'un bâtiment est aussi condamnable que la modestie est blessée de les voir répéter inconsidérement dans les ornemens de chaque piece d'un appartement, dans les meubles, &c. *Hôtel de Matignon.*

Les croisées des pans coupés de cet avant-corps devroient être en plein ceintre & non bombées, celles des arriere-corps qui sont sans bandeau, faute de dosserets, sont trop nues en comparaison de celles du milieu de ces mêmes arriere-corps où l'on en a observé avec des ressauts particuliers qui montent de fond. Les trumeaux des pavillons, qui ont de largeur une fois & demi celle de la baye des croisées, sont trop massifs : enfin les corps de refend sont trop étroits pour leur grande élévation. Toutes ces parties qui n'ont aucun rapport ensemble, rendent l'Architecture de toute cette façade médiocre, & prouvent qu'on a donné la préférence à la distribution de ce bâtiment, sans égard pour les loix de la proportion extérieure. Je ne puis trop le répéter, lorsqu'on voudra regarder les principes de l'Architecture comme arbitraires, & sacrifier les dedans au dehors, ou ceux-ci à l'intérieur, soit pour éviter l'étude ou autrement, il ne faut pas s'attendre à rencontrer dans un édifice cette correspondance de formes, de proportion & de convenance, sans laquelle cependant on ne peut atteindre à l'excellence de l'art ; mais au contraire on doit être assuré qu'à la place du beau on verra du médiocre, & que souvent à la place de celui-ci on ne trouvera que des parties défectueuses.

Coupe & profils. Planche V.

Cette Planche offre le développement intérieur du principal corps de logis pris sur la ligne A B. Pl. I. Il faut observer que la voussure en pierre qui termine le plafond du vestibule, & dont nous avons parlé, n'est pas marquée ici, & qu'en général les décorations exprimées dans cette coupe y sont rendues avec trop peu de fidélité. Au reste la magnificence de l'intérieur de cet Hôtel consiste moins dans la beauté des lambris que dans une collection considérable de tableaux & de curiosités de prix, très-digne d'attirer les amateurs & les étrangers qui recherchent en France les thrésors de ce genre.

La décoration de l'une des ailes qui regnent sur la longueur de la cour principale se remarque sur cette Planche. Elle est composée d'arcades en plein ceintre, & d'une porte bombée qui donne entrée à la basse-cour. Cette variété selon quelques-uns est préférable à l'uniformité d'une longue suite d'arcades continues dans une grande étendue de bâtiment ; j'estime cependant que le seul motif qui peut porter à cette diversité de formes, doit naître de la nécessité où l'on se trouve de faire ces ouvertures d'un diamétre inégal, lorsqu'une d'elles est destinée à laisser passer des équipages, & que pour éviter de la faire surbaissée, (la hauteur des claveaux & des impostes devant être la même sous une largeur différente), on préfére la forme bombée à celle surbaissée qui est moins agréable. Néanmoins ici l'on peut observer qu'aucunes de ces arcades ne sont réelles, & que d'ailleurs le rez-de-chaussée du principal corps de logis étant orné de croisées & non d'arcades, il paroissoit naturel de n'en affecter aucunes dans ces ailes, la vraisemblance étant une partie essentielle à observer dans l'ordonnance d'un bâtiment. Deux arcades visiblement nécessaires peuvent autoriser à en feindre dans toute la longueur d'une façade ; mais rien ne doit déterminer, ce me semble, à faire plutôt usage d'une arcade que d'une croisée, quand la nécessité ne paroit pas l'autoriser. L'aile du côté du jardin de l'Hôtel de Bellisle, les écuries de Chantilly, & plusieurs autres bâtimens en France, examinés avec des yeux connoisseurs, peuvent convaincre du mauvais effet de ce défaut de vraisemblance.

CHAPITRE VII.

Description de la Maison de M. de Janvry, située rue de Varennes, Faubourg St. Germain.

Maison de M. de Janvry.

CETTE Maison appartient à M. de Janvry, Secretaire du Roi, & fut bâtie en 1732 fur le terrain de l'Hôpital des Convalescens, par Mr. Cartaud, (*a*) Architecte de l'Académie, qui en a donné les desseins.

L'Ordre des bâtimens de la rue de Varennes nous donne occasion de parler de celui-ci ; dans toute autre circonstance l'on eut préféré de donner de suite les bâtimens de même genre. Peut-être aussi cette diversité d'édifices produira-t-elle une sorte d'agrément dans ce Recueil qui fera plaisir au Lecteur ; d'ailleurs la maison dont nous allons parler, quoique simple, est distribuée & décorée d'une maniere satisfaisante, & le nom seul de l'Architecte en fait l'éloge.

Plan du rez-de-chaussée. Planche premiere.

Cette Maison est distribuée en un corps de logis double, de 15 toises de face dans œuvre, situé entre cour & jardin, & composé d'un bel étage au rez-de-chaussée & d'un étage Attique au-dessus. La cour a 8 toises de largeur sur 12 toises 4 pieds de profondeur, dans les deux côtés de cette cour sont distribuées des ailes à un seul étage avec des entresoles au-dessus : dans ces ailes au rez-de-chaussée sont pratiquées les écuries, les remises, les cuisines, &c, dont les pieces dans un lieu si serré sont bien ménagées & pourvûes des commodités nécessaires pour le service des domestiques.

L'entrée du principal corps de logis étant située à gauche dans l'un des pavillons du côté de la cour, donne lieu à une belle salle à manger placée dans le milieu du bâtiment, ce qui n'auroit pû se pratiquer, si l'on avoit voulu y mettre le vestibule & placer l'escalier à sa droite, comme on le remarque dans la plupart de nos bâtimens où le terrain plus vaste permet d'en user ainsi, mais cela ne se pouvoit ici sans perdre une grande partie du terrain qui se trouve employé avec beaucoup d'art. D'ailleurs comme au-dessus de ce rez-de-chaussée il n'y a qu'un étage Attique, il n'étoit pas besoin d'un grand escalier, à la place duquel on en a préféré deux petits qui dégagent avec beaucoup plus de commodité les appartemens supérieurs.

La salle à manger donne entrée au sallon qui tient lieu de salle de compagnie, mais son issue principale est par la seconde antichambre. A côté de ce sallon à droite est une chambre à coucher suivie d'un cabinet qui donne entrée à un serre-papier voûté & fermé avec sureté. Derriere la chambre à coucher sont pratiquées des garderobes qui tirent leur jour par une petite cour semblable à celle qui a été ménagée à la gauche de cette maison. Plusieurs Architectes blâment l'usage de ces petites cours prises dans la cage d'un bâtiment ; en effet lorsque ces derniers sont élevés à une certaine hauteur, ces cours produisent une humidité considérable à toutes les pieces qui les environnent ; mais lorsque l'édifice a peu de hauteur, tel que celui dont nous parlons, dont les murs n'ont que 34 pieds d'élévation & où les cours ont 15 pieds de diametre, elles peuvent se mettre en pratique. Au reste l'incommodité d'être obligé d'éclairer les garderobes par des

---

(*a*) M. Cartaud est un de nos plus célèbres Architectes ; il est de la premiere classe de l'Académie ; sa capacité & sa probité lui ont attiré la confiance de M. le Duc d'Orléans, dont il est l'Architecte.

C'est sur les desseins de cet habile homme qu'ont été bâtis la maison de M. Crozat le jeune à Paris & sa maison de plaisance à Montmorency, le Château de Bourneville, le portail des Petits Peres, celui des Barnabites, &c.

faux jours jette souvent dans l'irrésolution ou de préférer ces garderobes ainsi éclairées, ou de faire usage de petites cours, de maniere que pour prendre son parti à cet égard il faut consulter la convenance, en observant néanmoins lorsqu'on préfere les cours, de les éloigner toujours le plus qu'il est possible des appartemens destinés à l'habitation journaliere.

On sort du sallon sur une terrasse découverte qui a trente pieds de largeur sur toute la longueur du bâtiment, au milieu de laquelle est un perron en pierre & dont les côtés sont soutenus par des taluds de gazon. Ce perron descend dans un jardin d'une grandeur proportionnée au bâtiment dont la décoration & la simétrie sont fort agréables.

Plan du premier étage. Planche II.

Nous avons dit que cet étage étoit en Attique, pour cette raison les pieces ont un bien moindre diametre, étant d'ailleurs destinées à des appartemens de commodité qui ont des communications différentes par les deux escaliers & par un corridor. Comme c'est une maison particuliere & qu'elle est occupée par un seul propriétaire, le principal corps de logis du côté du jardin ne monte de fond que dans la longueur de sept croisées de face. Les deux cabinets des extrémités dans le rez-de-chaussée n'occupant que la hauteur d'un étage, ainsi qu'on peut le remarquer sur la Planche IV, aux ailes de la cour on voit seulement l'espace qu'occupent les greniers au-dessous desquels sont placés les logemens des domestiques en entresoles, comme il se voit dans la coupe sur la Planche III. Toutes ces commodités montrent assez que cet édifice, quoique renfermé dans un petit espace, est pourvû de toutes les pieces nécessaires à un plus grand bâtiment, étant composé au rez-de-chaussée d'une assez grande cour, d'une petite cour à fumier, d'une écurie pour dix chevaux, de quatre remises, d'un logement pour le Portier, d'une grande cuisine, d'un commun, d'un lavoir, d'un garde-manger, aussi bien que de logemens assez considérables pour les domestiques, de greniers vastes, &c, de deux escaliers, d'un appartement de société au rez-de-chaussée avec un appartement à coucher muni de toutes ses garderobes, & enfin de trois appartemens de commodité au premier étage. Au reste cette distribution prouve qu'avec de l'expérience & du sçavoir un Architecte peut mettre en usage la place la plus ingrate & tirer parti d'un lieu serré plutôt qu'un autre qui dans un terrain assez considérable perd le plus grand espace en porches, vestibules, antichambres, &c, de sorte qu'à peine remarque-t-on dans son bâtiment une ou deux belles pieces principales, qui même le plus souvent n'ont ni garderobes ni dégagemens pour en faciliter le service.

Elévation du côté de la cour. Planche III.

L'ordonnance de ce bâtiment en général est d'une proportion très-convenable à sa simplicité, on y remarque visiblement un heureux rapport entre les hauteurs & les largeurs des masses principales; il est vrai que les parties semblent être un peu plus négligées, c'est-à-dire, que la proportion des croisées est un peu trop svelte, eû égard à l'expression de l'Architecture qui annonce un caractere Dorique. D'ailleurs la plûpart des trumeaux paroissent trop foibles par rapport au vuide des croisées, celle en plein ceintre que l'on voit au milieu de cette façade ne réussit pas à côté des autres qui sont bombées, & même elle nuit à la simétrie de la salle à manger, étant toujours plus ou moins condamnable que l'extrémité supérieure de trois croisées soit dissemblable dans l'intérieur d'une piece. Sans doute l'Architecte a eu pour objet, en faisant cette seule croisée ceintrée du côté de la cour, de la

Maison de M. de Janvry.

rendre fimétrique dans les dedans avec celle du côté du jardin qui enfile le bâtiment par la porte du mur de refend de la falle à manger. Il ne fuffit cependant pas d'obferver la fimétrie des dedans, il faut que les dehors foient réguliers, & il ne paroît pas qu'on dût héfiter alors de faire du côté de la cour les trois croifées de l'avant-corps en plein ceintre, & de préférer les archivoltes & les impoftes aux bandeaux, parce que premierement l'impofte auroit divifé la hauteur du piédroit ; fecondement les bandeaux fupprimés auroient moins fubdivifé ces mêmes trumeaux ; reffource néceffaire à mettre en pratique lorfqu'on ne peut parvenir à faire les pleins en rapport avec les vuides.

Sur tout le principal corps de logis regne un comble à la Françoife fans chéneau fur l'entablement, à l'exception de l'avant-corps qui eft couronné par un focle de pierre enrichi de vafes. Ce focle auroit dû non feulement continuer tout au pourtour de l'édifice, pour empêcher l'eau de la couverture de tomber au pied du bâtiment ; mais il étoit indifpenfable d'obferver la même chofe dans les pavillons qui font retour & qui donnent entrée au rez-de-chauffée dans les deux efcaliers dont nous avons parlé, Planche I, parce que les carroffes ne pouvant conduire les Maîtres que jufqu'au pied des perrons qui fe trouvent à découvert, & l'égoût du comble tombant fur leur pallier, cela rend l'iffue des appartemens très-incommode. Il femble qu'on faffe peu de cas en France de cette obfervation, ce défaut fe rencontrant à Paris jufques dans les maifons de quelque importance, quoique prefque tous les Architectes & les Propriétaires fentent la néceffité d'éviter ce désagrément ; voyez ce que nous avons dit à ce fujet en parlant de la maifon de Mr. de Moras, Chapitre II.

Aux deux extrémités de cette élévation on voit la coupe des ailes qui forment la largeur de la cour, & dans lefquelles font placées les remifes, &c ; au-deffus de ces remifes font les entrefoles avec des greniers pratiqués en manfarde, pour leur donner plus de hauteur, & pour procurer par-là plus d'efpace pour les chofes qu'ils doivent contenir.

Elévation du côté du Jardin. Planche IV.

L'ordonnance de cette élévation eft très-agréable malgré fa fimplicité, & fait affez connoître qu'il n'y a point de bâtiment dont on ne puiffe tirer parti lorfqu'on fçait mettre en ufage les proportions de l'Architecture & conferver une expreffion uniforme dans fa décoration qui foit relative à l'ordonnance dont on a fait choix fuivant le caractere du bâtiment.

L'avant-corps du milieu eft compofé de 3 arcades, & les arriere-corps chacun de deux croifées, qui toutes enfemble fe trouvent furmontées d'un Attique, au lieu que les deux arcades qui terminent la largeur du bâtiment n'ont de hauteur que le rez-de-chauffée ; ce qui donne à toute cette façade une maffe piramidale, tant par les corps de maçonnerie que par la forme du comble, qui réuffit très-bien, & donne au bâtiment un air d'élégance préférable à une plus grande richeffe.

Les trois arcades de l'avant-corps du milieu font entourées de bandeaux, à la place defquels il femble que des archivoltes & des impoftes auroient dû être employées, premierement parce que les bandeaux ou les chambranles font plus du reffort des croifées que des arcades ; en fecond lieu, parce que (ainfi que nous l'avons remarqué en parlant de l'élévation du côté de la cour) les trumeaux déja étroits & qui fe trouvent divifés par les montants des bandeaux, auroient paru plus larges revêtus d'impoftes, qui auroient empêché la continuité du bandeau. Les arcades des extrémités de cette façade font dans le même cas, mais comme elles ont des piédroits d'une largeur convenable, ce genre de décoration paroît plus arbitraire.

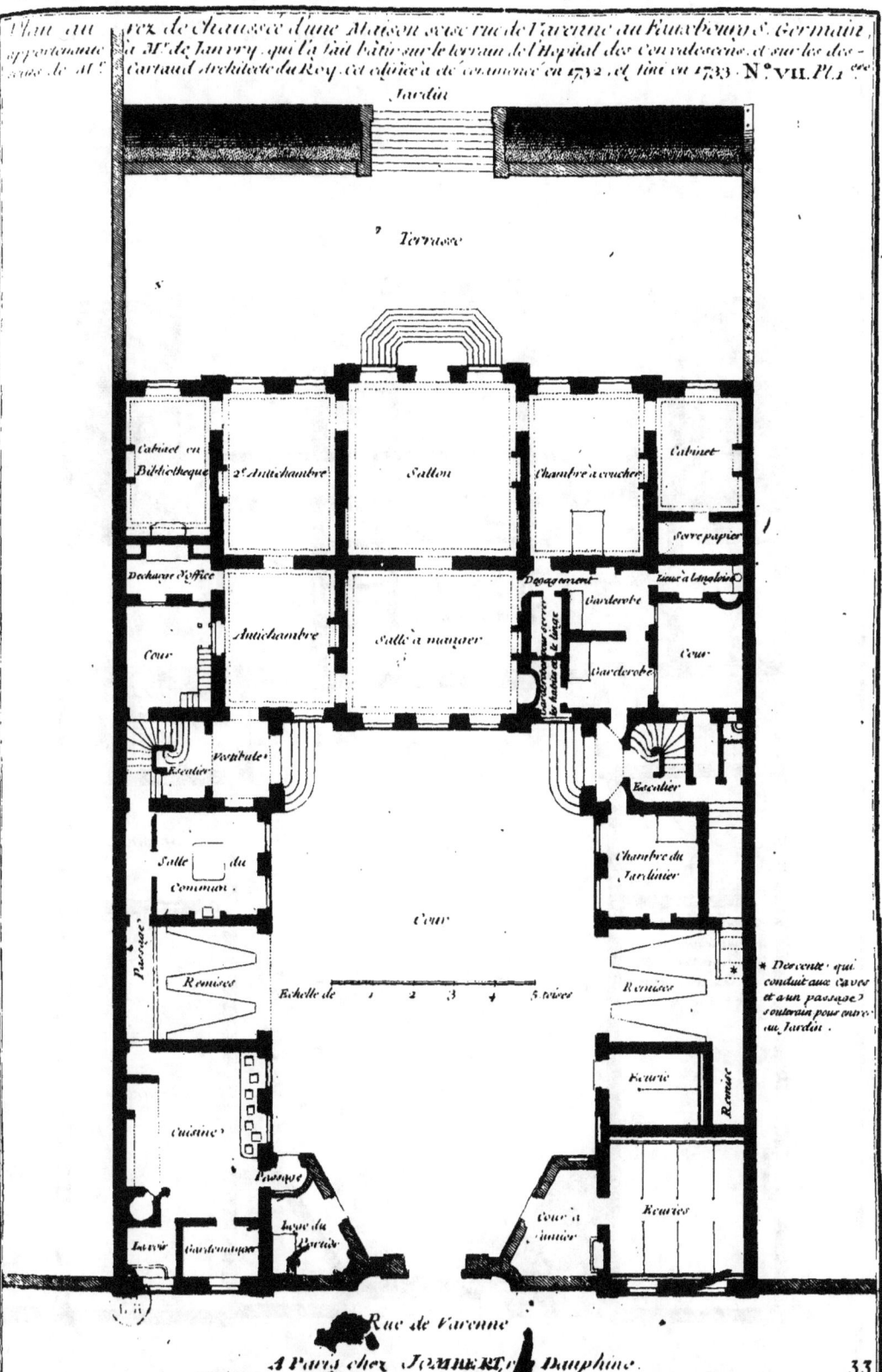

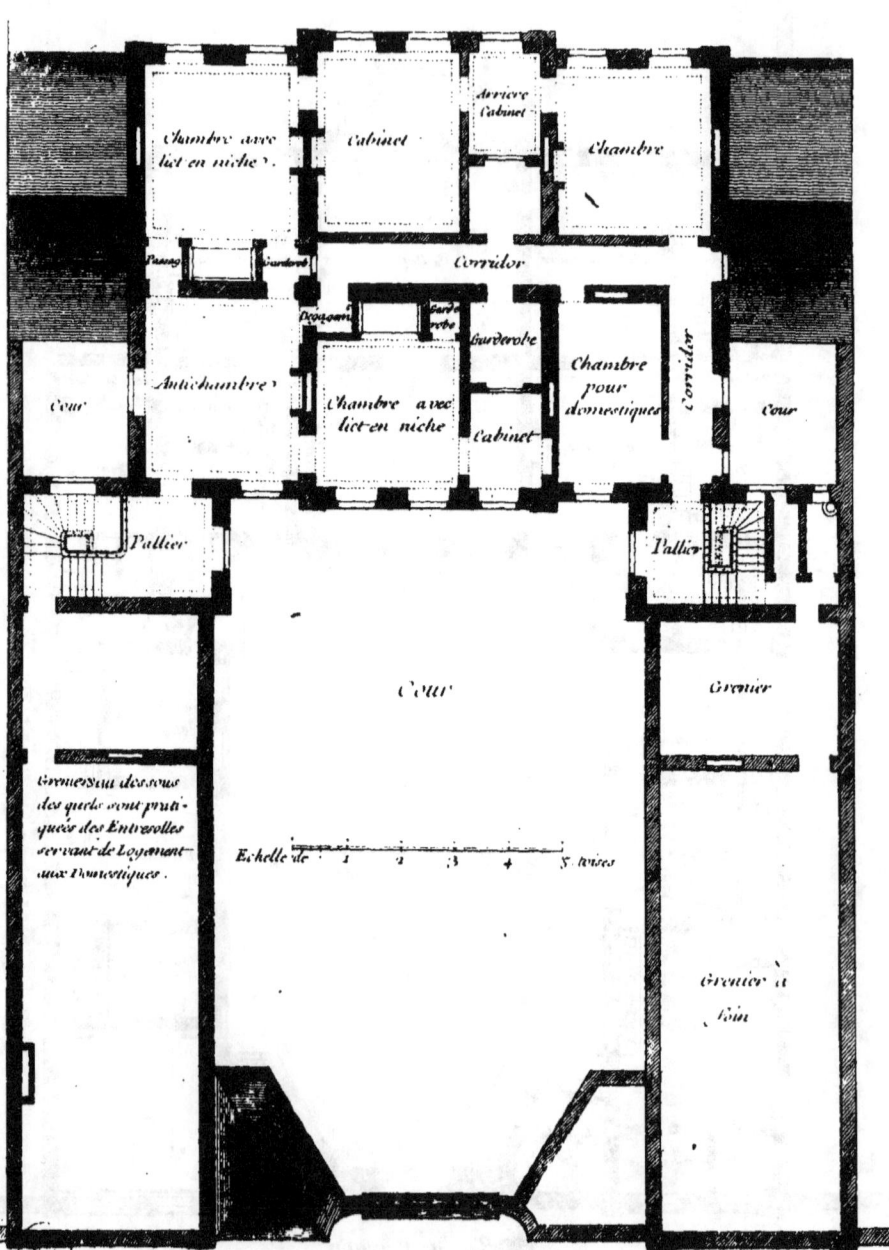

Plan du premier étage en attique, de la Maison de M. de Jaurry.

Coupe & profil pris sur la profondeur du bâtiment. **Planche V.**

Cette coupe fait voir l'intérieur des appartemens, tant au rez-de-chauffée qu'au premier étage, du principal corps de logis de ce bâtiment, le retour d'un des pavillons qui donnent entrée aux appartemens du rez-de-chauffée & à l'escalier qui monte au premier étage, l'élévation de l'aile des cuisines, & le profil de la porte cochere. Au milieu de cette aile de bâtiment est une grande arcade dont la partie supérieure est feinte, & renferme des entresoles; le dessous sert de remise pour deux carosses. L'espace qu'occupent ces deux voitures a contraint de donner à cette arcade une largeur considérable, & pour cette raison elle ne peut avoir aucune proportion avec sa hauteur; circonstance gênante quand il s'agit d'accorder la nécessité avec les regles de l'Architecture, & sur laquelle on prend son parti lorsqu'il n'est question que d'une maison particuliere. Cependant dans toute autre occasion de pareilles licences ne seroient pas tolérables, & c'est pour les éviter que l'on place les remises & les autres lieux soumis à l'usage, dans des basse-cours qui ne sont pas partie de l'ordonnance générale du bâtiment, au lieu que dans un terrain où les limites sont bornées il en faut rendre toutes les parties apparentes; ce qui devient une raison de plus pour tâcher de concilier le nécessaire, le commode, & les loix de la proportion. Pour cet effet on feint des arcades tout au tour de la cour, dans quelques unes desquelles on place des remises & dans les autres des croisées pour éclairer l'intérieur des pieces destinées aux différens usages des domestiques & du service de la maison. Ces arcades auroient produit ici une parfaite uniformité, & auroient empêché que dans le pourtour du rez de-chauffée de cette cour l'on n'eut apperçu sous un même plinte trois différentes proportions d'arcades & d'une largeur dissemblable, qui dans tout autre bâtiment qu'une maison particuliere, ne seroient pas recevables.

Il est vrai que relativement à l'importance de son bâtiment un Architecte peut sortir plus ou moins des regles de son art lorsque par ce moyen il trouve de l'œconomie & de la commodité, qui sont préférables dans la construction d'une maison particuliere à une sévérité qui n'appartient qu'à un grand édifice, & que ces écarts bien souvent font honneur à son expérience. Mais ces licences ne doivent partir que d'un homme consommé dans sa profession; d'autres moins versés dans l'art, ou prendroient ces exemples pour des autorités, ou pour satisfaire à l'ordonnance de leur décoration, traiteroient une maison Bourgeoise comme un Hôtel, celui-ci comme un Palais, & ce dernier comme une maison Royale, &c. Mr. Cartaud est trop éclairé pour n'avoir pas senti ces licences. Ce que nous avons de lui nous confirme assez sa capacité, & si je les ai remarquées ici c'est pour faire comprendre à ceux qui se vouent à l'Architecture, que selon la diversité des occasions, il faut sçavoir se plier à la nécessité, pourvû néanmoins lorsque ces sujetions apportent quelque irrégularité aux principes de la bonne Architecture, qu'elles soient visibles & apparentes, & servent en quelque sorte de témoins irréprochables qu'on n'a pû tirer meilleur parti de la distribution, de la décoration, & de la construction.

CHAPITRE VIII.

Description de la Fontaine de la rue de Grenelle, près la rue du Bacq, Fauxbourg St. Germain.

Fontaine de la rue de Grenelle.

LA premiere pierre de cet édifice fut posée sur la fin de l'année 1739 sous la Prevôté de Mr. Turgot Prevôt des Marchands, dont la mémoire sera toujours chere aux citoyens de cette Capitale par le nombre, la grandeur & l'utilité des ouvrages dont il l'a embellie. Ce Magistrat, & Messieurs du Bureau de la Ville choisirent pour l'exécution & la conduite de ce monument Mr. Bouchardon (*a*) Sculpteur du Roi, qui en donna les desseins, fit un modele, & se chargea d'exécuter de sa main les statues, les bas-reliefs & les ornemens; ce qu'il a fait avec un succès & un applaudissement universel. On auroit bien désiré pouvoir donner en particulier & d'une grandeur convenable ces chef-d'œuvres de l'art; mais indépendamment de ce qu'il auroit fallu que ce fut cet habile homme qui en eut fait lui même les desseins, peu de Graveurs, à l'exception de l'illustre M. Cochin, (trop occupé par les ouvrages du Roi) se seroient trouvés en état de rendre la touche, la finesse, & les graces séduisantes de ces merveilles de notre siécle: nous nous contenterons d'en donner à part la description, ensuite sur deux Planches une élévation vûe de face, une latérale, une coupe, & les plans.

Elévation géométrale de la Fontaine de la rue de Grenelle. Planche I.

Cette Planche, qui a été gravée d'après le dessein de M. Bouchardon, présente la décoration développée de la Fontaine de la rue de Grenelle; sur la Pl. II, Fig. I, on a exprimé une partie du plan du soubassement, & la Figure II offre celui pris à la hauteur du fust inférieur de l'Ordre Ionique: ces deux plans annoncent la tour creuse que forme cette façade, qui n'est indiquée dans l'élévation dont nous parlons, que par les ombres. Mr. Bouchardon ayant préféré de développer toute cette portion circulaire dans ce dessein, afin qu'on pût appercevoir la proportion de chacune de ses parties, dont autrement la plûpart ne se seroient vûes qu'en racourci. Les plus grands Maîtres se sont toujours servis d'un pareil moyen lorsqu'il a été question de présenter aux yeux des hommes intelligens l'ensemble & les détails d'un ouvrage d'une très-grande importance.

Cette tour creuse a deux objets également intéressants. Premierement, la rue en cet endroit étant peu large (*b*), ce renfoncement rend l'accès de ce monument plus facile, en formant une place au-devant; secondement, par ce moyen cette forme circulaire donne du mouvement à son ordonnance, en étend la surface, & fait valoir la partie droite de l'avant-corps qui occupe le milieu de cet édifice, de

---

(*a*) Le sieur Edme Bouchardon est né à Chaumont en Bassigny, & mérite à bon droit d'être mis en parallele avec les plus célebres Sculpteurs qui ont vécu sous le regne de Louis XIV. Sa haute capacité lui a attiré la confiance des plus grands personnages de l'Europe, particulierement celle de S. M. Louis XV, pour lequel cet excellent Artiste a fait des ouvrages du premier mérite; il travaille actuellement à un modele de la statue équestre de ce Monarque, & l'on ne sauroit douter que la composition de ce monument lorsqu'il sera exécuté, ne soit un chef-d'œuvre. Aux talens supérieurs de la Sculpture M. Bouchardon joint dans un très-grand degré de perfection l'art du dessein, l'histoire, la connoissance de la bonne Architecture & une infinité d'autres talens qui concourent à orner l'esprit humain, ce qui fait rechercher la société de cet habile Artiste par les hommes de la plus haute considération; l'étendue de ses lumieres, son affabilité, & la douceur de ses mœurs lui procurent autant d'amis que de connoissances.

(*b*) M. Turgot qui veilloit incessamment à l'utilité publique & qui vouloit procurer au Faubourg St. Germain des eaux pour les habitans de ce quartier aujourd hui si peuplé, après avoir tenté en vain plusieurs emplacemens peut-être plus apparens, mais qui rencontroient de grandes difficultés pour leur acquisition, se détermina à achepter celui-ci qu'on a pu acquérir plus facilement, & faisant partie d'un plus grand terrain appartenant aux Dames Religieuses Recollettes. Nous avons cru devoir rapporter ces circonstances pour satisfaire ceux qui souhaiteroient qu'un ouvrage si intéressant fut placé dans un plus grand jour.

maniere que quoiqu'il n'ait réellement que 14 toiſes & demie de longueur ; cette Fontaine de la rue de Grenelle. tour creuſe ayant 15 pieds de profondeur, lui donne l'apparence d'une plus grande étendue, & un point de diſtance plus convenable pour en appercevoir les maſſes générales.

Le rez-de-chauſſée de cet Edifice eſt formé par un ſoubaſſement de 15 pieds de hauteur, dans les tours creuſes duquel ſont des portes terminées en ceintre ſurbaiſſé, qui donnent entrée dans l'intérieur de ce monument, ainſi que nous le dirons en ſon lieu. Le milieu de cet édifice eſt décoré d'un avant-corps quarré dans le ſoubaſſement duquel ſont pratiqués quatre maſcarons de bronze qui fourniſſent une eau abondante. Cet avant-corps ſert de ſoutien à trois figures coloſſales de marbre blanc qui compoſent la principale richeſſe de cette fontaine : ſon maſſif eſt décoré de refends continus & enrichi de deux arrieres-corps à ſes extrémités & d'un avant-corps élliptique dans ſon milieu dont la partie ſupérieure eſt ornée d'une table de marbre noir contenant une inſcription Françoiſe, aux côtés de laquelle ſont deux conſoles d'où pend un feſton de fruits en marbre blanc. Voici cette inſcription, qu'on trouvera peut-être n'avoir dû être donnée qu'après celle compriſe dans le grand entre-colonnement Ionique ; mais l'ordre de la deſcription d'un édifice qui exige qu'on parle des parties qui ſoutiennent avant que d'annoncer celles qui ſont ſoutenues, ſans doute ſervira ici d'excuſe.

1739.
DU REGNE DE LOUIS XV.

De la cinquiéme Prevôté de Meſſire MICHEL-ETIENNE TURGOT, *Chevalier, Marquis de Souſmons, &c ; de l'Echevinage de* LOUIS-HENRY VERON, *Ecuyer, Conſeiller du Roy & de la Ville,* EDME-LOUIS MENY, *Ecuyer, Avocat au Parlement, Conſeiller du Roy, Notaire,* LOUIS-LE-ROY DE FETEUIL, *Ecuyer, Conſeiller du Roy, Quartinier,* THOMAS GERMAIN, *Ecuyer, Orfévre du Roy. Etants* ANTOINE MORIAU, *Ecuyer, Procureur & Avocat du Roi & de la Ville,* JEAN-BAPTISTE-JULIEN TAITBOUT, *Greffier en chef,* JACQUES BOUCOT, *Chevalier de l'Ordre du Roy, Receveur.*

Cette Fontaine a été conſtruite ſur les deſſeins d'Edme Bouchardon, Sculpteur du Roy, né à Chaumont en Baſſigni. Les Statues, bas-reliefs & ornemens ont été exécutés par lui.

Au-deſſus du plinthe ou cordon qui couronne ce maſſif eſt un ſocle de marbre blanc, orné de congelations : c'eſt ſur ce ſocle que ſont poſées les trois Figures de marbre blanc dont nous venons de parler. Celle du milieu, qui eſt élevée ſur un piédeſtal de même matiere, repréſente la Ville de Paris aſſiſe ſur une proue de vaiſſeau, un ſceptre à la main, & couronnée de tours ; aux deux côtés, ſont d'une part la Seine, qui comme fleuve eſt repréſentée ſous la figure d'un homme robuſte qui tient un aviron, & qui eſt poſé ſur une urne ; de l'autre, la Marne déſignée par une femme tenant une écréviſſe, & appuyée auſſi ſur une urne : ces deux figures ſont accompagnées de roſeaux & d'attributs relatifs au ſujet. Ce groupe eſt au-deſſus de toute deſcription. Nous dirons ſeulement que les perſonnes les plus eclairées ſont pénétrées d'admiration par la nobleſſe de l'attitude de la figure de la Ville, & par la maniere dont elle eſt drapée qui leur rappelle cette belle ſimplicité de l'antique. Elles ſont également ſatisfaites de la fermeté de deſſein qu'on remarque dans la figure du fleuve, & des graces naïves qu'on obſerve dans la Nimphe, de maniere que l'on peut dire que ſous la dureté du marbre on apperçoit dans ce morceau de ſculpture, la délicateſſe & la ſenſibilité de la chair.

Au-deſſus de ce magnifique ouvrage s'éleve ſur un plan plus reculé un frontiſpice formé par quatre colonnes d'Ordre Ionique couronnées d'un entablement, lequel continue dans toute l'étendue de ce bâtiment : ces colonnes ſont cannelées, les

Fontaine de la rue de Grenelle.

bafes en font Attiques, les chapiteaux antiques, & les proportions de cette Ordonnance, felon Vignole : fur cet Ordre s'éleve un fronton, dans le tympan duquel font les armes du Roy fur un écuffon, & accompagnées de branches de lauriers.

Tout cet avant-corps fert de fond au groupe dont nous venons de faire mention, & femble mettre la figure de la Ville à l'entrée d'un Temple qui paroît lui être dédié. Derriere & au-deffus de cette figure, dans le grand entrecolonnement de l'Ordre Ionique eft placée une table de marbre noir entourée d'un chambranle orné de croffettes : cette table contient une infcription (*c*) latine, en lettres initiales de bronze, qui conçue dans le ftile lapidaire, donne l'époque de ce monument, & fait également l'éloge du Prince fous le regne duquel il a été élevé.

> DUM LUDOVICUS XV.
> POPULI AMOR ET PARENS OPTIMUS,
> PUBLICÆ TRANQUILLITATIS ASSERTOR,
> GALLICI IMPERII FINIBUS
> INNOCUE PROPAGATIS,
> PACE GERMANOS RUSSOSQUE
> INTER ET OTTOMANOS
> FELICITER CONCILIATA,
> GLORIOSE SIMUL ET PACIFICE
> REGNABAT,
> FONTEM HUNC CIVIUM UTILITATI
> URBISQUE ORNAMENTO
> CONSECRARUNT
> PRÆFECTUS ET ÆDILES,
> ANNO DOMINI
> M. DCC. XXXIX.

Aux deux côtés de ce frontifpice font les deux ailes en tour ronde qui s'élevent à la même hauteur que la partie du milieu, mais dont l'ordonnance tenue plus fimple fert à faire valoir la richeffe de l'avant-corps; les refends qui ornent le maffif qui porte le groupe de marbre régnent dans toute la longueur du foubaffement, au-deffus duquel s'éleve un piédeftal continu de la même hauteur que celui qui foutient les colonnes Ioniques; fur ce piédeftal fe voyent quatre corps d'Architecture liffe, dans les intervalles defquels font placées des niches & des tables rentrantes. Ces dernieres font enfermées dans des chambranles, & contiennent les Armes de la Ville fur des écuffons accompagnés de feftons d'une compofition & d'une exécution dont on ne fçauroit trop louer le travail; (voyez-en le deffein plus en grand, Planche II Fig. 5.) Les quatre niches qui fe voyent ici contiennent autant de ftatues repréfentant les quatre faifons; l'une d'elles eft le printems fous la figure d'un jeune homme paré de guirlandes de fleurs & accompagné d'un bélier. Un autre génie qui regarde fixement le foleil & qui tient un fefton d'épis exprime l'été; on voit à fes pieds un cancer. Des balances & des raifins entre les mains du troifiéme génie défignent l'automne. Enfin celui de l'hiver eft couvert d'une draperie & accompagné du capricorne. Ces quatre génies ont des ailes qui repréfentent celles du tems qui fait la courfe rapide des faifons & qui les entraîne dans le cercle de leur révolution; au bas de ces ftatues dans

---

(*c*) Cette Infcription eft l'ouvrage de feu Mr. le Cardinal de Fleury, qui l'ayant compofée, l'envoya à Mr. de Boze comme un cannevas, le chargeant d'y faire les changemens qu'il jugeroit nécessaires; mais ce dernier n'y trouva pas un feul mot à redire. Nous tenons cette anec-dote de Mr. Mariette, Membre honoraire de l'Académie Royale de Peinture & de Sculpture, qui a bien voulu nous communiquer les traits les plus intéreffans de l'hiftoire de ce monument.

des tables renfoncées comprises dans la hauteur du piédestal qui régne au-dessus du soubassement, sont quatre bas-reliefs allégoriques aux figures placées dans les niches. Toute cette sculpture est d'une composition très-estimée & d'une touche aussi spirituelle que recherchée, quoiqu'exécutée en pierre de Tonnerre dont le grain à la vérité est très-fin & d'une grande blancheur.

Fontaine de la rue de Grenelle.

Ce monument est couronné d'une espece d'Attique de la proportion d'une balustrade dans lequel sont exprimées des tables, à plomb de chaque grand intervalle; il est bâti en pierre des carrieres de Conflans-Sainte-Honorine d'une si belle exécution & d'un appareil si exact qu'il n'est pas possible d'appercevoir les joints des assises qui sont toutes de hauteur égale, de maniere qu'il n'y a à Paris pour la construction que le bâtiment de l'Observatoire & le Péristyle du Louvre qui puissent être mis en parallele avec l'édifice dont nous parlons.

Plan, coupe & profil de la Fontaine de la rue de Grenelle. Planche II.

La Figure premiere représente une partie du plan du rez-de-chaussée dans lequel on remarque une des portes qui donne entrée au réservoir; l'autre qui ne se voit point ici & qui lui est opposée sert d'issue particuliere au Monastere des Religieuses Récollettes.

La Figure deuxiéme offre le plan qui, comme nous l'avons dit plus haut, est pris un peu au-dessus des bases des colonnes Ioniques; il fait voir les ressauts des membres d'Architecture qui ornent la tour creuse, la saillie de l'avant-corps, l'accouplement des colonnes & l'empattement du massif qui soutient le groupe de marbre élevé au-dessus du soubassement.

La Figure troisiéme fait voir la saillie de l'avant-corps du frontispice derriere lequel s'éleve la décoration de la tour creuse; on y remarque aussi le développement d'une partie de cet édifice qui, comme nous l'avons déja observé, est adossé au terrain des Dames Religieuses Récollettes, ce développement est pris sur la ligne A B de la Planche II Figure 2. On auroit pû exprimer ici une partie du groupe de marbre vû par le profil; mais comme la figure de la Ville se seroit trouvée masquée en partie par la saillie des colonnes, & que celle du fleuve auroit été vûe fort en racourci, on a cru devoir s'en dispenser; la grandeur de l'échelle d'ailleurs n'auroit permis de rendre que très-imparfaitement l'excellence du travail de ce magnifique ouvrage. On a par la même raison négligé d'exprimer la coupe de ce même groupe dans la Figure 4, même Planche, qui par cette suppression laisse voir les nuds de l'Architecture dont la pureté, l'élégance & la proportion nous ont parus plus intéressantes ici. Nous dirons à cette occasion, à la gloire du célébre Artiste à qui nous devons ce monument, qu'à l'exemple de Michel Ange & du Cavalier Bernin, il a réuni dans cet ouvrage l'Architecture & la Sculpture au point d'honorer notre siécle, d'illustrer son auteur, & d'immortaliser le Magistrat éclairé qui a sçu choisir un génie si rare & si excellent.

CHAPITRE IX.

Description de l'Hôtel d'Estrées, rue de Grenelle, Faubourg S. Germain.

Hôtel d'E-
strées.

CET Hôtel fut bâti en 1704 sur les desseins de Robert De Cotte, (*a*) premier Architecte du Roi, & a porté le nom d'Hôtel de Richelieu, jusques à ce que ayant passé ensuite au Duc d'Estrées, Pair & Maréchal de France, il en a pris le nom qu'il porte encore aujourd'hui, étant occupé par la veuve de ce Maréchal.

Plan au rez-de-chaussée. Planche I.

Le principal corps de logis du côté de la cour a 19 toises de face, & du côté du jardin seulement 16 toises 3 pieds. Ce bâtiment est double & a son entrée principale par un premier vestibule qui conduit à un second. Ils sont ouverts tous les deux par une grande arcade surbaissée qui découvre le grand escalier placé à la gauche du bâtiment. Cet escalier auroit été préférable à droite, parce que la salle à manger se seroit trouvée alors à la place du second vestibule & plus près des cuisines, ainsi que nous l'avons observé à l'Hôtel d'Etampes. Le premier vestibule donne entrée à une grande antichambre qui peut servir de sallon ou de salle d'assemblée. Les pieces de l'appartement à droite sont d'une assez belle proportion, mais celles de la gauche sont trop petites, & les garde-robes sont trop grandes en général & sans commodité, ainsi qu'on les pratiquoit il y environ 50 ans. On en a changé quelques-unes dans ce bâtiment depuis 7 ou 8 ans, mais comme ces changemens ne sont pas considérables, nous ne les avons pas marqués ici, afin de présenter dans la diversité des édifices que nous offrons, les différens genres de distributions dont on a fait usage en France depuis le commencement de ce siécle.

L'aîle des cuisines tient au principal corps de logis, ainsi qu'on le voit sur l'élévation du côté du jardin, Planche IV ; mais dans l'exécution elle ne se remarque pas, tant à cause de la différente ordonnance d'Architecture, que par la disposition des allées du jardin dont nous ne donnons point le dessein, n'étant pas assez considérable, ni d'une forme assez intéressante pour être rapportée ici.

Les remises & les écuries de cet Hôtel sont placées dans les basses-cours du côté de la rue : ces basse-cours n'ont d'autre issue que par la grande cour ; il auroit cependant été nécessaire d'en pratiquer une sur la rue, dans la basse-cour des remises, qui puisse donner entrée aux charois & autres équipages, sans être obligé d'avoir leur communication par la porte principale.

La Figure I de la Planche II offre la distribution du premier étage du principal corps de logis, où il est aisé de remarquer que dans le tems où cet Hôtel a été bâti, la forme des pieces n'intéressoit pas autant qu'elle le fait aujourd'hui relativement à leur propriété ; les chambres à coucher, les cabinets, les salles d'assemblée, &c, étoient indifféremment quarrées, barlongues ou oblongues, sans avoir égard à leur destination particuliere, au lieu que suivant la distribution d'à présent, la grandeur, la proportion & les parties qui composent chaque piece, doivent varier selon leur usage.

La Fig. II présente l'élévation de la porte cochere du côté de la rue ; elle est revêtue d'un Ordre Dorique dont les colonnes sont flanquées & couronnées d'un amortissement à qui l'Architecture semble servir de soutien. Cette ordonnance est d'une assez belle proportion, & peut être regardée comme une des meilleures parties de la décoration de cet Hôtel. Les pavillons des deux extrémités de cette façade, sont trop simples, & quoiqu'ils servent de murs de face à des basses-cours, l'on devroit avoir

(*a*) Cet habile Architecte a succédé à Hardouin Mansard dans les bâtimens du Roi, & a été regardé comme un des habiles hommes que nous ayons eu dans son art. Son intégrité & sa capacité lui ont attiré la confiance de tous les grands Seigneurs & le suffrage de ses contemporains. Il a été si fort occupé dans la conduite des travaux de S. M. que nous avons peu d'édifices en France de ce grand Architecte, à l'exception de l'Hôtel dont nous parlons, de l'Abbaye de S. Denys, de l'Hôtel du Ludes, de l'Hôtel du Duc du Maine, de la gallerie de l'Hôtel de Toulouse, du portail de S. Roch, &c.

Il a laissé un fils qui est aujourd'hui Contrôleur des bâtimens du Roi, & Directeur général de la Monnoye des médailles.

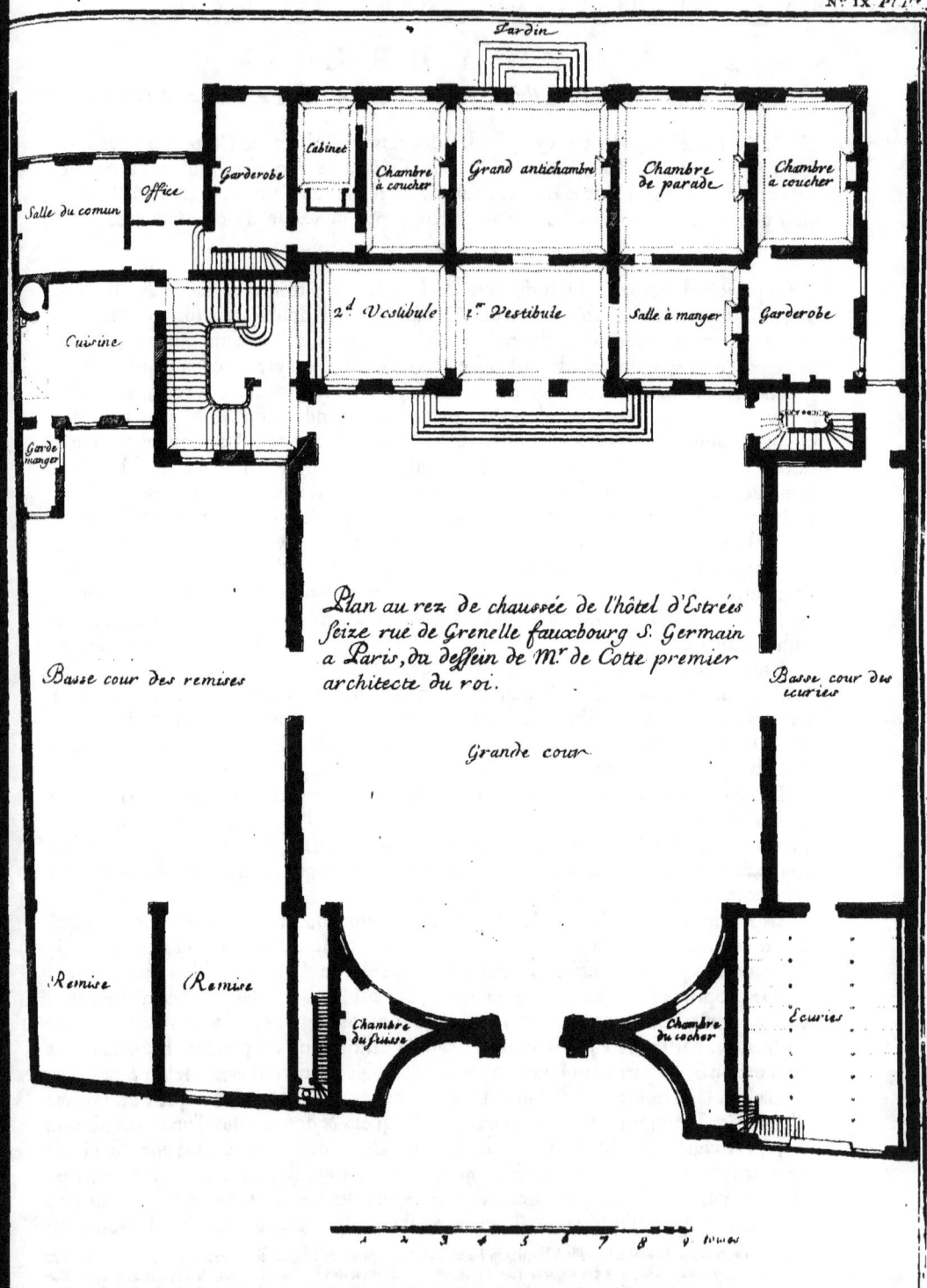

attention que faisant partie de la totalité d'un Hôtel, & donnant sur la rue, il seroit Hôtel d'Estrées. nécessaire de s'intéresser davantage à la magnificence d'une Capitale. Cette considération est trop négligée par la plûpart des Propriétaires, pendant que la richesse intérieure de leur appartement est souvent poussée jusqu'à la profusion.

Elévation du côté de la cour. Pl. III.

La décoration de cette façade est réguliere & d'un goût d'Architecture convenable à la grandeur du bâtiment; l'avant-corps du milieu est décoré de pilastres Ioniques au premier étage, surmonté de l'entablement de cet Ordre, qui régne sur toute la façade. Cet avant-corps est terminé par un fronton qui auroit pû occuper toute sa largeur, en groupant deux pilastres dans chacune de ses extrémités, au lieu des petits corps de refend qui s'y remarquent. Les piédroits des arcades de cette ordonnance Ionique sont trop étroits; ce qui rend les impostes & les archivoltes trop maigres. Le rez-de-chaussée de cet avant-corps est décoré de refends, & tient lieu de soubassement au premier étage; cependant il auroit été bon d'observer à ce dernier une retraite ou socle plus élevé sous les bases des pilastres, & qui eut continué dans tout le pourtour du bâtiment. Les pavillons ont un trumeau dans le milieu, mais comme la cour n'a de largeur qu'environ 12 toises, les murs A qui ont onze pieds de haut, masquent la plus grande partie de ces pavillons, conséquemment il étoit peu important d'observer un percé dans leur milieu.

Elévation du côté du Jardin. Planche IV.

Cette façade est moins réguliere que celle du côté de la cour. La porte en plein ceintre du rez-de-chaussée de l'avant corps & les croisées bombées qui sont à côté, ne vont point ensemble pour les raisons que nous avons rapportées Chapitre VII, Planche III. D'ailleurs les consoles qui portent le balcon du premier étage sont postiches, & les piédroits des trois arcades en plein ceintre du premier étage trop sveltes. Ils n'auroient pas eu ce défaut si (comme nous l'avons remarqué du côté de la cour) on eut observé une retraite d'environ deux pieds & demi, qui en exprimant le fruit qu'on doit donner à un mur de face, sert d'empatement & de socle à tout l'étage supérieur. Les croisées des arrieres-corps qui sont inégalement espacées, prouvent assez que la décoration extérieure a été sacrifiée à la distribution des pieces, inattention de la part des Architectes du commencement de ce siécle qu'on ne souffre plus aujourd'hui, ayant reconnu que l'Architecture consistoit dans l'accord des différentes parties d'un édifice d'où naît la simétrie. Les chaînes de refend sont trop étroites pour leur hauteur; il ne suffit pas d'exprimer extérieurement par ces corps l'épaisseur du mur qui fait retour dans l'intérieur du bâtiment, il faut sçavoir que leur largeur doit exprimer deux pilastres accouplés qui s'observent assez ordinairement quand on fait usage des Ordres, dans l'intention d'ajoûter à la solidité réelle une solidité apparente dans les encoignures d'un avant-corps ou dans les extrémités de la façade d'un édifice, ce qui alors donne un air de vraisemblance à l'ordonnance totale, sans laquelle un bâtiment déplait sans qu'on puisse d'abord se rendre compte du dégoût qu'on ressent à son aspect, quoique souvent l'on ne soit pas muni des principes de l'art, parce qu'il suffit pour cela d'avoir seulement ceux du bon gout en général.

Tout ce bâtiment est couvert d'un comble à la Françoise, qui n'ayant point de lucarnes, n'annonce pas d'habitation au dessus du premier étage. Cette raison auroit pû déterminer à faire ces combles moins élevés; néanmoins malgré leur hauteur, ils paroissent préférables aux mansardes dans une maison de quelque importance, ainsi que nous l'avons dit ailleurs.

L'intérieur de ce bâtiment n'offrant point une décoration intéressante, l'on n'en a point donné de coupe, son développement étant d'ailleurs semblable à beaucoup d'autres qui se trouvent dans ce volume.

CHAPITRE X.

Description de l'Hôtel de Rotelin, situé rue de Grenelle.

Hôtel de Rotelin.

CET Hôtel fut bâti pour Mr. le Marquis de Rotelin, vers l'an 1700, sur les desseins de Mr. de Lassurance (*a*), Architecte du Roi; ensuite il passa à M. Audier qui en fit l'acquisition. Depuis il a été acheté par Mademoiselle Louise-Anne de Bourbon, ci-devant connue sous le nom de Mademoiselle de Charolois, qui y a fait des embellissemens considérables dans le principal corps de logis, & qui a acquis un nouveau terrain dans lequel sont construits aujourd'hui des basse-cours & des bâtimens pour des cuisines, écuries, remises, &c, dont l'irrégularité & la simplicité nous ont dispensé d'en donner les distributions.

Plan du rez-de-chaussée. Planche premiere.

Ce bâtiment est semi-double, il a 29 toises de longueur du côté du jardin, dont 12 toises trois pieds s'élevent à deux étages, ainsi qu'on peut le remarquer Pl. III. Comme le premier étage n'est composé que de quelques pieces de commodité, il n'a pas été nécessaire de pratiquer un grand escalier, celui qu'on observe dans ce plan à la droite du vestibule étant suffisant. Cet édifice n'a du côté de la cour que 19 toises de face, ce qui le fait paroître de peu d'importance du côté de l'entrée, mais ce rétrecissement procure de grandes basse-cours dans lesquelles on a pratiqué, depuis qu'il appartient à Mademoiselle, toutes les commodités qui y manquoient, telles que des cuisines, &c. Les appartemens du côté du jardin se communiquent par une grande enfilade commune à toutes les pieces de ce bâtiment, dont la distribution & la décoration intérieure sont fort bien entendues & ornées avec beaucoup de magnificence. La cour quoique petite est d'une bonne proportion, & comme c'est ce qui se présente d'abord au spectateur en entrant dans un Hôtel, on ne sçauroit prendre trop de précautions pour parvenir par une disposition générale à donner une bonne idée du bâtiment dont la beauté des dehors excite à visiter les dedans. C'est pourquoi, à l'exception des maisons particulieres, j'estime qu'on ne doit rien épargner pour donner à la cour principale une proportion & une grandeur relatives à l'idée que l'on veut donner aux étrangers de l'importance de l'édifice.

Les basse-cours n'ont pas non plus les dégagemens dans la rue que nous avons désirés ailleurs & que nous ne sçaurions trop recommander, car à l'exception des maisons œconomiques où il est essentiel qu'un maître voye sous ses yeux ce qui se passe dans son domestique, il est désagréable que les voitures, les charois, les provisions, les ouvriers & les gens du dehors soient obligés d'entrer par la cour principale d'un édifice occupé par un homme du premier ordre.

Elévation du côté de la cour. Planche II.

La face du principal corps de logis est décorée au rez-de-chaussée d'un Ordre Ionique & d'un Attique au-dessus; ce dernier est un peu trop élevé pour l'Ordre

---

(*a*) M. de Lassurance étoit éleve d'Hardouin Mansard; sa capacité l'a fait parvenir à être Controlleur des bâtimens du Roi : c'est de tous les Architectes François celui qui a le plus bâti à Paris, car indépendamment de l'Hôtel dont nous parlons, il a fait élever celui de Bethune, le Palais Bourbon, l'Hôtel de Montbason, celui de Roquelaure, de Maisons, d'Auvergne, des Marais, de Noailles, le Château de Petit-Bourg, &c.

M. de Lassurance, son fils, qui lui a succédé est Controlleur des bâtimens du Roi à Marly; son expérience & ses talens supérieurs lui ont acquis la confiance de S.M. pour l'édification de plusieurs bâtimens qui viennent d'être érigés sous ses ordres, & pour la récompense desquels il a été fait Chevalier de l'Ordre de S. Michel : marque de dignité accordée au mérite, & dont Mrs. Mansard, de Cotte, Lassurance le pere & plusieurs autres ont été décorés.

de

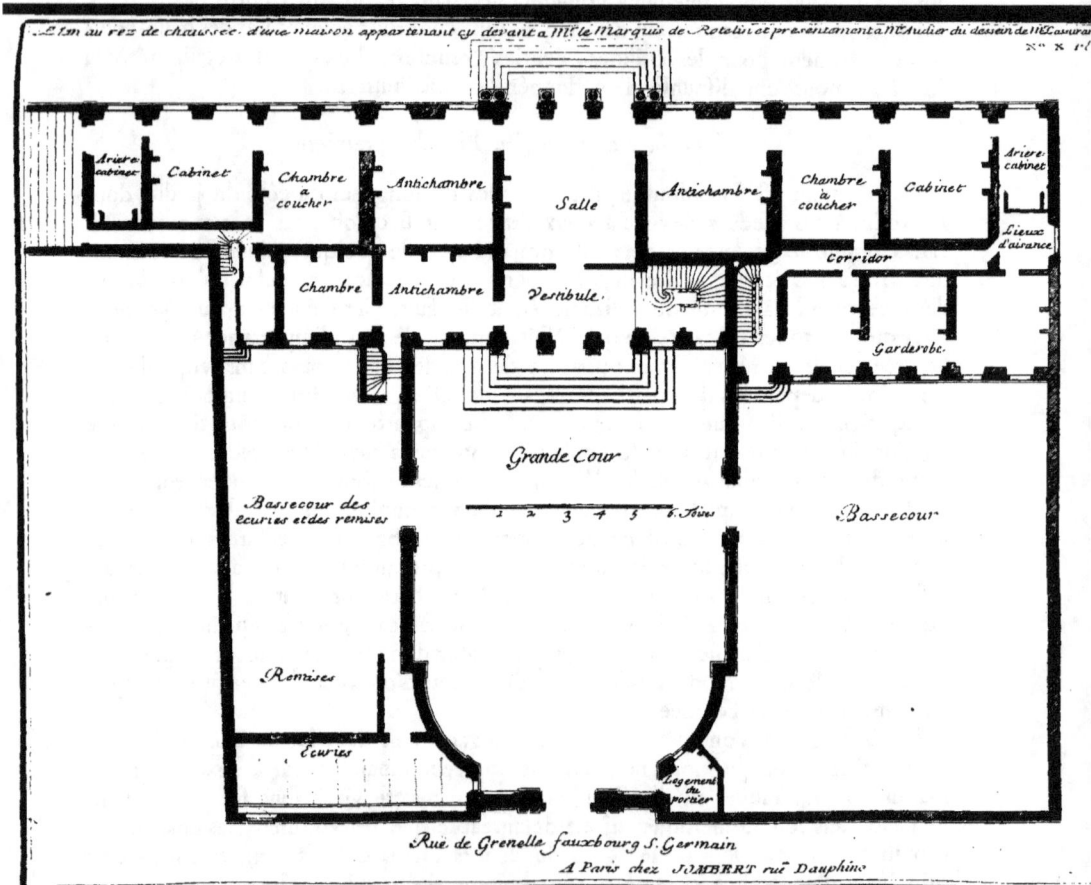

de deſſous dont il ne doit avoir que la moitié de la hauteur. D'ailleurs cette or- Hôtel de Rotelin. donnance eſt réguliere, d'une bonne Architecture, & paroît être bien terminée par le comble à la Françoiſe qui couronne tout cet édifice. L'élévation des baſſe-cours eſt décorée avec ſimplicité & convenablement à leur uſage ; les croiſées en plein ceintre du premier étage ſont tolérables dans ces genres de bâtimens, mais on ne ſçauroit applaudir à la croiſée bombée du milieu de l'avant corps du principal corps de logis qui étant plus élevée que les autres ſans néceſſité, interrompt la corniche horiſontale du fronton, & rend cette partie chétive, ce qu'il faut toujours éviter comme le plus grand des abus ; cette licence eſt la même du côté du jardin.

Elévation du côté du jardin. Planche III.

Cette façade, ainſi que nous l'avons déja obſervé, a 29 toiſes de longueur, mais ne s'éleve à deux étages que dans l'étendue de 12 toiſes trois pieds, le reſte eſt compoſé de deux ailes, qui n'ont qu'un rez-de-chauſſée, percées chacune de 5 croiſées dont la proportion & celle des trumeaux font un bon effet. Les tables pourroient être ſupprimées, elles ont ſans doute été miſes ici pour ſubdiviſer la largeur de ces trumeaux qui excede le vuide de ces croiſées d'environ un ſixiéme. Cette largeur en général eſt un peu trop conſidérable principalement dans une ordonnance où l'Ordre Ionique préſide. Ceux des arriere-corps des croiſées du principal corps de logis ſont encore plus larges & rendent cette Architecture maſſive, pendant au contraire que les entre-colonnes Ioniques qui ſont fort ſerrés donnent une proportion ſvelte aux arcades qui ne va point avec ces ſolides. Le rétreciſſement de ces entrecolonnemens provient de l'accouplement des colonnes dans les extrémités de l'avant-corps, qui font pourtant aſſez bien, quoiqu'en général on puiſſe conſidérer que ces ſix colonnes élargiſſent trop conſidérablement cette partie du milieu du bâtiment, eu égard à ſa hauteur, ce qui peut ſe comparer avec celui du côté de la cour, qui n'en ayant que quatre dans ſa largeur rend la totalité de ſa maſſe plus élégante ; cependant en comparant ſa largeur avec les arriere-corps, ces derniers paroiſſent trop ſerrés, ne laiſſant à leurs trumeaux que les deux tiers du vuide des croiſées, pendant que tous ceux du côté du jardin ſurpaſſent leur totalité. Il eſt eſſentiel d'éviter de pareilles contradictions dans un bâtiment, quoique dans des façades différentes, principalement lorſqu'on a fait choix d'une même ordonnance d'Ordre : il eſt vrai qu'on peut ſe diſpenſer de cette ſujettion dans un édifice qui n'eſt pas iſolé, lorſque les diſtributions intérieures exigent l'inégalité des trumeaux dans les murs de face ; mais il n'eſt gueres poſſible de ſurmonter cette difficulté dans un bâtiment qui n'eſt entouré d'aucun corps qui interrompe les faces latérales, ainſi que nous aurons occaſion d'en parler ailleurs.

CHAPITRE XI.

Description de l'Hôtel de Noirmontier, rue de Grenelle.

Hôtel de Noirmontier.

CET Hôtel fut bâti en 1724 pour feu Antoine de la Tremouille, Duc de Noirmontier, par Mr. Courtonne (*a*) Architecte du Roi. Après la mort de ce Duc il a été vendu à vie à S. A. S. Elizabeth Alexandrine de Bourbon, connue sous le nom de Mademoiselle de Sens, qui l'occupe aujourd'hui, & qui y a fait faire des changemens assez considérables dans les basses-cours, consistant en cuisines, remises, écuries, &c, que nous ne donnons pas ici, ces bâtimens étant de peu d'importance.

Plan du rez-de-chaussée. Planche premiere.

La distribution de ce bâtiment est double, & peut être regardée comme très-reguliere quoique la forme du sallon soit barlongue, & que la salle à manger n'ait aucune communication avec les appartemens de Maîtres ; mais comme dans ce plan la premiere piece qui donne entrée à tout le rez-de-chaussée est une antichambre & non un vestibule, celle-ci peut servir de salle à manger. Au-dessus des petites pieces du côté des basse-cours, sont pratiquées des garderobes en entresoles qui procurent beaucoup de commodité au grand appartement. Les cuisines, les écuries & les remises sont fort peu considérables, c'est pourquoi nous n'en parlerons point ici. D'ailleurs cet édifice a été gravé & décrit par l'Auteur dans son *Traité de Perspective*, & se trouve compris dans les distributions de l'*Architecture Moderne*, T. II. Nous observerons seulement que par économie, lorsque M. le Duc de Noirmontier occupoit cet Hôtel, on avoit ménagé à droite de la grande cour sur la rue une enclave, dans laquelle se trouve distribuée une petite maison particuliere, ainsi qu'on le remarque dans ce plan ; autrement ce terrain auroit procuré de trop grandes basses-cours relativement aux intentions de ce Seigneur qui en avoit formé, pour ainsi dire, le projet lui-même, ayant eu pendant sa vie, quoique privé de la vûe, un goût singulier pour les beaux arts. Aujourd'hui à la place de cette petite maison on a pratiqué des écuries, des remises, &c, & l'on a distribué aussi de beaucoup plus grandes cuisines dans l'autre basse-cour du côté de la rue à la place où sont exprimées les écuries.

Comme le bel étage de ce bâtiment est au rez-de-chaussée, il est tenu plus élevé du sol de la cour de trois pieds & demi, & de celui du jardin de près de huit pieds ; le premier étage du principal corps de logis n'est destiné que pour des chambres particulieres, renfermées sous une hauteur d'Attique, à l'exception d'un appartement principal du côté de la cour, qui auroit néanmoins mieux été situé du côté des jardins, ainsi qu'on peut l'observer, Figure I, Planche II.

La Figure II, même Planche, offre la décoration de l'intérieur des appartemens, & le développement de la coupe prise sur la ligne A B (Pl. I.); l'on voit du côté de la cour l'un des pavillons en retour, qui donnent entrée aux escaliers qui montent du rez-de-chaussée à l'étage Attique. Au dessus des deux murs de face, est exprimée la coupe des frontons qui couronnent les avant-corps des façades, & qui viennent racheter la pente du comble à deux égouts, qui couronne ce bâtiment.

On observera qu'à la place de la cheminée exprimée dans l'antichambre du rez-de-chaussée, il faut une table de marbre, la cheminée de cette piece étant du coté opposé à ce mur de refend.

(*a*) Voyez ce que nous avons dit de cet Architecte, Chap. VI.

Plan au rez de chaussée de l'Hôtel de Noirmoutier, scis rue de Grenelle au faubourg S.t Germain à Paris du dessein de M.r Cortonne Architecte du Roy

Elévation du côté de la cour. Planche III.

Cette élévation a quinze toises de face, & représente la longueur du principal corps de logis, n'ayant pas exprimé au rez-de-chaussée les ailes des bâtimens des cuisines & des remises qui ne font pas partie de l'ordonnance de cet Hôtel. Les deux pavillons des extrémités de cette façade se trouvent compris dans les basses-cours, la largeur de la cour principale n'ayant que dix toises dans œuvre. Entre ces deux pavillons sont distribués deux arrieres-corps chacun de deux croisées bombées, & un avant-corps d'une porte en plein ceintre & de deux croisées aussi bombées, qui sans contredit auroient été mieux toutes trois en plein ceintre, puisqu'elles éclairent une même piece dans l'intérieur du bâtiment, & que toutes trois forment un avant-corps désigné par le ressaut qu'elles font sur le nud du mur de face & par le fronton qui les termine. Au dessus du rez-de chaussée & à plomb de chaque trumeau on a caractérisé des pilastres Attiques assez inutilement, puisqu'on a soustrait les Ordres dans toute l'ordonnance de cet édifice. D'ailleurs, en supposant que ces pilastres puissent faire un bon effet, c'étoit aux pilastres des angles de l'avant-corps à porter les extrémités du fronton, & non aux corps qui sont derriere; cette licence n'est pas excusable non plus que le balcon du milieu soutenu par deux consoles qui ont l'air postiche, & qui sont plus propres à exprimer la tribune d'une décoration théatrale, qu'à désigner la croisée du premier étage d'un bâtiment civil.

Elévation du côté du Jardin. Planche IV.

Cette élévation est moins licentieuse que la précédente; néanmoins il est difficile d'applaudir à la petitesse de l'avant-corps du milieu flanqué par deux arriere-corps, qui non seulement ont trop peu de relief, mais qui divisent le milieu de cette façade en parties presqu'égales, & occupent un trop grand espace considéré avec les deux extrémités du principal corps de logis de ce bâtiment, dont tous les trumeaux paroissent inégaux malgré les corps de refend qui les divisent. Ce double avant-corps dans le milieu du bâtiment a sans doute été causé par la forme barlongue du sallon intérieur; mais cette forme déja licentieuse devient encore plus blâmable lorsqu'elle contribue à négliger l'ordonnance extérieure d'un édifice d'importance qui dans tous les cas doit être soumis aux regles de l'art. Les croisées des deux basses ailes des extrémités de cette façade sont mal distribuées; les trumeaux en sont trop étroits, les croisées trop élevées, & paroissent n'avoir aucune relation avec le reste du bâtiment. Au reste la proportion de la hauteur avec la longueur du principal corps de logis est assez agréable, & la balustrade qui en couronne l'extrémité supérieure y fait un bon effet aussi bien que le comble à la Françoise qui termine tout ce bâtiment, tant du côté de la cour que du côté des jardins.

Le perron de la terrasse est trop étroit, les premieres marches auroient dû avoir au moins la largeur des dernieres de celui de dessus; trop d'œconomie dans un bâtiment de cette espece est un défaut essentiel; & quand ce tiran du goût nous fait la loi, au lieu de marches de pierres & de murs de terrasse de maçonnerie, il faut avoir recours aux taluds & aux gradins de gazon; la matiere doit être comptée pour rien, la beauté des masses, la proportion des parties & la réunion du tout ensemble, sont les premieres considérations qu'on doit avoir dans l'Architecture pour ce qui concerne l'ordonnance.

CHAPITRE XII.
Description de l'Hôtel de Pompadour, situé rue de Grenelle.

CET Hôtel a été bâti pour Mr. l'Abbé de Pompadour, sur les desseins de M. de la Maire (a) Architecte; ensuite il a passé à Madame la Duchesse de Boufflers, & est occupé aujourd'hui par M. l'Evêque de Rennes.

Plan du rez-de-chaussée. Planche I.

La distribution de ce plan est fort ingénieuse, & elle est très-différente en cela de l'ordonnance des façades, dont la décoration ne paroît pas être faite par le même Architecte, ainsi que nous le remarquerons dans son lieu.

Le principal corps de bâtiment est double; il a 11 toises 4 pieds de face sur 7 toises 4 pieds de profondeur. La porte du milieu du bâtiment du côté de la cour n'est pas dans le milieu du côté du jardin, mais l'enfilade générale A B n'en est pas moins bien observée à quelque chose près. Par le moyen de cette enfilade qui traverse une des extrémités de ce bâtiment, les appartemens à droite ne sont point interrompus par des pieces de dégagement, ni par celles qui sont destinées aux domestiques. A la gauche du vestibule est un petit appartement qui compose avec deux chambres à coucher, pratiquées dans le principal corps de logis, trois appartemens très-logeables pour une maison aussi peu étendue, & qui d'ailleurs n'a qu'un seul étage avec quelques entresoles distribuées sur les plus petites pieces. Si dans ce bâtiment l'on eut voulu préférer un bel appartement de société, & seulement deux chambres à coucher, il auroit fallu alors faire de la piece C une salle à manger qui auroit donné entrée dans celle D qui seroit devenue salle de compagnie, faire une chambre de parade de la piece E, & un grand cabinet de celle F qui conserveroit toujours une entrée principale dans la chambre à coucher G; les garde-robes pourroient rester toujours dans leur même situation, sans rien changer aux murs de face, ni à ceux de refend. En général l'usage de ces différentes pieces dépend du nombre des Maîtres qui habitent un bâtiment, de la quantité des étrangers qu'ils sont obligés de recevoir chez eux, & du nombre de domestiques qu'ils ont à leur service.

Un autre avantage de l'alignement A B pris environ dans le tiers de la largeur de la totalité du terrain, c'est qu'on a pratiqué une aile de bâtiment à gauche, de 13 pieds dans œuvre, & dans laquelle sont placées les cuisines & les offices d'un espace suffisant pour la grandeur de cet Hôtel, & qu'à la droite on a distribué un grande basse-cour contenant des remises, des écuries, une sellerie, &c, avec des logemens en entresoles au-dessus pour les domestiques, de maniere que cet Hôtel, considéré comme une maison particuliere, a néanmoins un air de grandeur qu'il convient de donner à un bâtiment habité par une personne de distinction.

Elévation de la façade du côté de la cour. Pl. II.

Cet Hôtel, ainsi que nous l'avons déja observé, n'a qu'un seul étage, & cette façade n'est susceptible de quelque décoration que dans l'étendue de 8 toises 3 pieds, qui est la même largeur que celle de la cour principale, le reste étant traité avec beaucoup plus de simplicité, comme ne faisant pas partie de la même élévation. Nous avons déja annoncé que les décorations extérieures étoient bien infé-

---

(a) Mr. de la Maire a été regardé comme un excellent Architecte: il a bâti à Paris l'Hôtel de Soubise, celui de Rohan, de Duras, & celui dont nous donnons la description. Cet Architecte s'étoit consacré au cabinet les dernieres années de sa vie pour écrire sur l'Architecture, mais la mort l'a surpris il y a environ 12 ans avant que ses productions fussent en état d'être rendues publiques, & l'on ignore entre les mains de qui ces manuscrits sont passés. C'est sans doute une perte pour notre art, car cet Architecte étoit généralement reconnu pour avoir une très grande théorie de l'Architecture, & il a dû en écrire fort pertinemment.

rieures

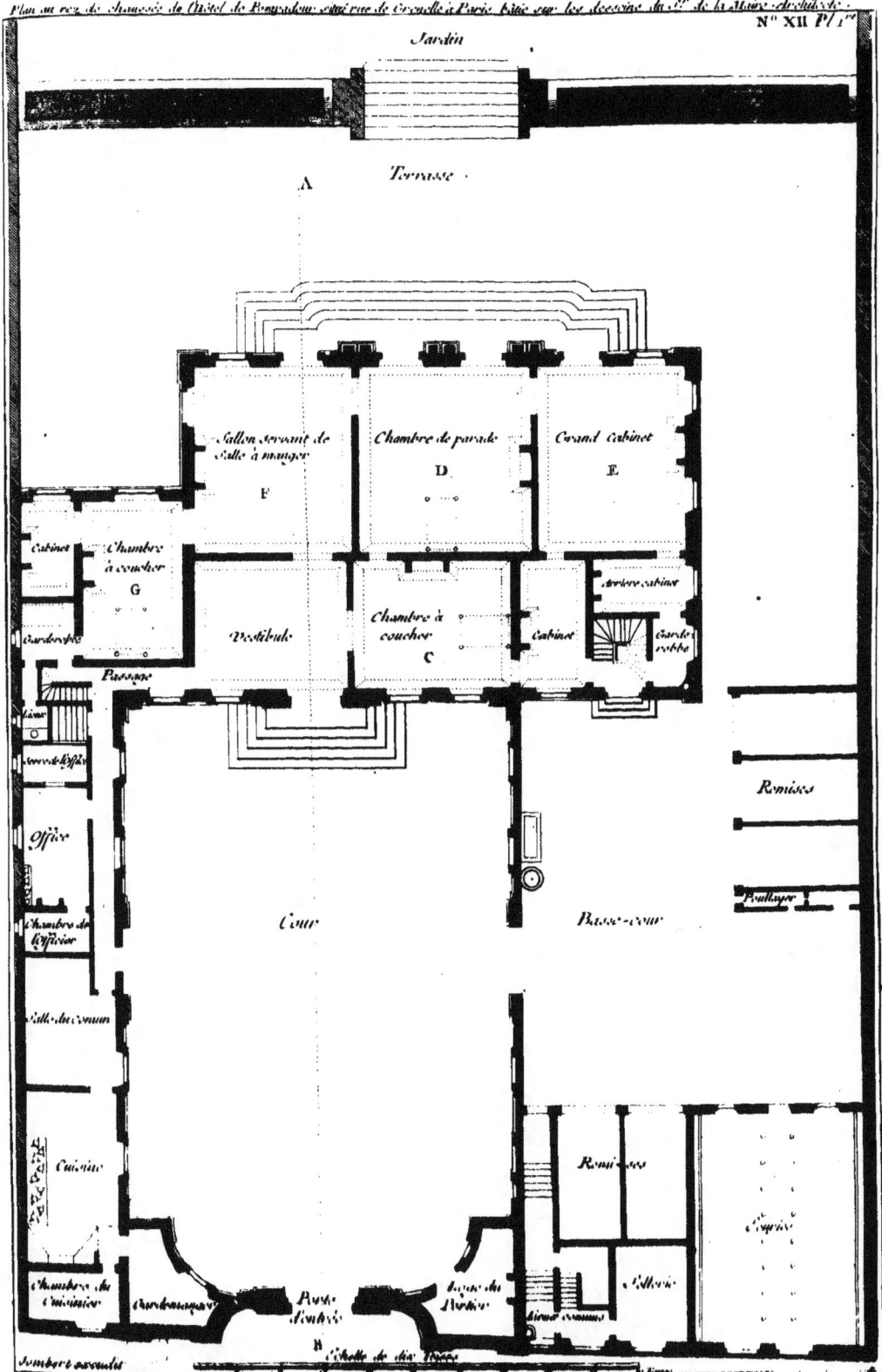

rieures aux diftributions des dedans ; en effet l'avant-corps du milieu eft décoré　Hôtel de
d'une maniere contraire aux principes de la bonne Architecture, l'impofte, qui　Pompa-
coupe la hauteur de l'étage en deux également, n'a aucune proportion ni avec la　dour.
porte, ni avec l'archivolte de cette même porte ; les refends qui accompagnent
cet avant-corps, font trop maigres, les trophées qui couronnent la baluftrade font
trop élevés, & fes parties acceffoires n'ont aucune analogie avec les maffes générales. Les quatre croifées des arrieres-corps font moins vicieufes, mais elles font trop
élégantes pour la proportion de la porte & pour l'ordonnance totale de l'édifice ;
l'entablement eft mal profilé, & la faillie de la corniche, dans l'exécution, cache
la hauteur du focle de la baluftrade, laquelle feroit mieux fur ce bâtiment fi les
combles n'en étoient pas auffi élevés ; ce qui auroit pû s'obferver en les brifant en
deux parties fur la profondeur du bâtiment.

Elévation du côté du jardin. Planche III.

Cette façade eft beaucoup plus ornée que celle que nous venons de décrire ;
un Ordre Corinthien accouplé en décore l'avant-corps, mais le trumeau qui fe
trouve dans le milieu n'eft pas tolérable ; tout cet avant-corps, y compris les refends des extrémités, ayant affez d'efpace pour y placer trois arcades qui auroient
été préférables à des portes bombées, telles que les deux qui fe voient ici. D'ailleurs ces efpeces de portes ne vont point avec des Ordres d'Architecture, & à la faveur de la richeffe Corinthienne qui ne fe trouve pas continue dans toute la façade,
elles exigeoient que les percés des entrecolonnemens fuffent de forme différente.
Les arrieres-corps d'ailleurs font affez bien, à l'exception des buftes qu'on n'eft
plus en ufage de mettre dans la décoration des façades, refervant ce genre d'en-
richiffement pour les veftibules, les périftiles, les galleries, & autres lieux à couvert. La terraffe qui eft au pied de ce bâtiment fait un bon effet ; elle exhauffe l'é-
difice, qui n'ayant qu'un étage, eft apperçu en amphithéâtre de l'extrémité des
jardins ; ce qui forme toujours un afpect fatisfaifant, lorfque le terrain le permet
ainfi. Le perron qui defcend des appartemens fur la terraffe auroit dû être continu
dans toute la longueur de la façade. Pour avoir voulu œconomifer 6 pieds de
longueur de marches de chaque côté des extrémités de ce perron, il en eft réfulté
deux défauts qui ont peu d'exemples ; le premier eft que les deux portes comprifes dans les arrieres-corps font plus larges que les croifées qui font à côté, ce
qui eft un défaut beaucoup plus confidérable que d'avoir obfervé les mêmes largeurs à toutes ces quatres ouvertures, & fouffert que celles qui defcendent fur le
perron fuffent plus hautes d'un pied ou 18 pouces que les autres, quoiqu'à la rigueur ce genre de licence ne foit tolérable que dans les parties acceffoires & non
dans celles regardées comme principales dans un bâtiment. L'autre abus eft d'avoir
chantourné les marches de ce perron, de maniere qu'en defcendant par l'enfilade AB,
on trouve la rencontre des marches circulaires avec les droites qui forment autant
d'embûches à ceux qui veulent monter ou defcendre cet efcalier. D'ailleurs le pallier
eft en général fi étroit, qu'il femble qu'on foit obligé d'aligner chaque milieu de
porte pour en faire ufage : voyez la Planche I.

Toutes ces inadvertances, que nous fommes obligés de relever ici, en faifant la defcription d'un bâtiment, dont les deffeins ont été donnés par un homme de mérite, nous coûtent fans doute à faire remarquer, mais comment pouvoir inftruire & fe taire fur des défauts auffi apparens ; c'eft pourquoi je prie le
Lecteur de ne point prendre ces obfervations en mauvaife part. Je prouverai
en parlant de l'Hôtel de Soubife, bâti par ce même Architecte, que je fçais
applaudir à ce qui eft véritablement beau, & que ce n'eft pas fans difficulté qu'on
peut parvenir à accorder le nom de citoyen avec les lumieres de l'Artifte, lorfqu'il
s'agit d'écrire d'une maniere intéreffante pour les Amateurs & pour ceux qui ont
befoin d'acquérir la connoiffance du bon, du médiocre & du défectueux.

Tome I. Ooo

CHAPITRE XIII.

Description de l'Hôtel de Conty, situé rue St. Dominique, Faubourg St. Germain.

Hôtel de Conty.

CET Hôtel est composé de deux grandes maisons qui n'en font plus qu'une; la plus grande fut bâtie sur les desseins de Monsieur Aubry, Architecte, pour Françoise de Mailly veuve en premiere nôces de Louis Philipeaux Marquis de la Vrilliere Secretaire d'Etat, & en secondes nôces de Paul-Jules de la Porte Mazarini Duc de la Mailleraye, Pair de France. La Duchesse de Mazarini Dame d'atour de la Reine la vendit en 1732 à S. A. S. Louise-Elisabeth de Bourbon-Condé, Princesse Douairiere de Conty.

L'autre fut construite pour le Président Duret Secretaire du Cabinet du Roi, l'homme de son tems qui a le plus bâti; cette maison après avoir plusieurs fois changé de maître fut achetée par Charles-Maurice de Broglio, Abbé de Baulné-les-Moines, qui l'a vendue à la Princesse Douairiere de Conty.

Ces deux maisons jointes ensemble composent un très-grand Hôtel qui fut restauré comme on le voit aujourd'hui par le sieur Simonet Juré Expert, Architecte de S. A. S. & les jardins exécutés sur les desseins de M. le Clerc.

Plan général. Planche premiere.

Le principal corps de bâtiment, & qui étoit anciennement l'Hôtel de la Vrilliere, a 32 toises quatre pieds de face sur 26 toises deux pieds de profondeur, & est composé d'un corps de logis double du côté des jardins, d'une cour principale d'assez belle proportion, & de deux basse-cours, l'une pour les cuisines, l'autre pour les écuries, remises, &c. A la gauche de cet Hôtel est l'ancien Hôtel de Broglio (*a*) qui contient 16 toises de profondeur sur autant de largeur, & qui sert à présent à loger les Officiers de la Maison de Madame la Princesse de Conty. Il est composé de deux ailes simples & d'une double, au milieu desquelles est pratiquée une cour assez spacieuse qui dégage dans la rue S. Dominique.

La distribution des jardins est plus singuliere que belle, les formes en général sont bizarres, & l'on peut dire que si nos Architectes François depuis 50 ans semblent avoir formé un nouvel art de la distribution des bâtimens; on s'apperçoit au contraire que celle de nos jardins a beaucoup dégénéré depuis la mort des célébres le Nautre & Desgots (*b*). En effet, on ne remarque presque plus dans la plupart de nos jardins modernes que des allées tortueuses, des formes captieuses, des découpures, des entortillemens désagréables, sans graces dans les parties, & souvent sans proportions dans les masses, beaucoup de nos Architectes voulant se mêler du jardinage sans en avoir les moindres notions.

Quoiqu'il n'y ait que le bosquet F qui soit élevé de haute futaye, & qu'il n'offusque point la vûe du bâtiment, étant enclavé dans un des angles du jardin, il n'en est pas moins vrai que les massifs & les cabinets de charmille récepée qui environnent le bosquet I ont trop de profondeur, ce qui donne une proportion

---

(*a*) Le nouvel Hôtel de Broglio est à présent vis-à-vis celui dont nous faisons la description; c'est une fort belle maison qui fut bâtie en 1704 pour M. le Comte du Révol. On y remarque entr'autres un Péristyle orné de colonnes qui soutiennent le plancher du premier étage, qui feroit un très-bon effet si ce plancher étoit plus élevé. Cette maison appartenu depuis au Sr. Poulain de Beaumont payeur des rentes de l'Hôtel-de-Ville, qui en 1721 y fit faire de nouveaux embellissemens sur les desseins de Mr. Boffrand; Il a passé ensuite au Comte de Broglio,

mort Maréchal de France, & c'est sa veuve qui l'occupe aujourd'hui.

(*b*) Mr. Garnier Dille, gendre de M. Desgots, Architecte & Controlleur des bâtimens du Roi, se distingue aujourd'hui dans cette partie de l'Architecture; Mr. Contant Architecte du Roi l'entend aussi très-bien; & ce que l'on voit de lui dans ce genre à St. Cloud & dans plusieurs autres maisons de plaisance, est généralement estimé.

trop racourcie au parterre & produit une forme à découvert trop quarrée en face du bâtiment. Le jardinage n'est pas plus exemt de la proportion des formes que toutes les autres parties de l'Architecture ; la distribution d'une salle de verdure, d'un sallon, d'un cabinet ; celle des parterres, des esplanades, des vertugadins, des taluds, des gradins, & généralement toutes les parties qui composent un jardin de propreté, doivent être soumises aux régles de l'art & aux loix du bon goût qui exigent une simplicité noble dans la composition d'un plan. C'est pourquoi à l'exception des petites pieces, qui sont aux bosquets ce que les garderobes sont aux pieces principales d'un appartement, il faut peu de mouvement dans les contours, mais seulement de la variété & de l'opposition dans la hauteur des palissades, & l'on doit autant qu'il est possible affecter de l'inégalité dans le plain-pied des salles, soit en pratiquant des boulingrins, soit en élevant des vertugadins, des taluds, des gradins, &c, ainsi qu'il s'en remarque dans les jardins de Choisy, de Marly, de Trianon, & dans bien d'autres Maisons Royales, exécutées sur les desseins du fameux le Nautre, entre lesquels celui des Thuilleries à Paris, & le grand parterre du Tibre à Fontainebleau, sont capables d'inspirer le goût & la simplicité qu'il convient d'observer dans le jardinage en général.

Hôtel de Conty.

Dans l'un des angles de ce terrain, au coin des rues de l'Université & de Bourgogne est placé un petit pavillon dont la situation est très-agréable, étant élevé sur une terrasse soutenue par un talud de gazon.

Plan du rez-de-chaussée de l'Hôtel de la Vrilliere, aujourd'hui le bâtiment principal de l'Hôtel de Conty. Planche II.

La distribution de ce plan est la même que la précédente, mais celle-ci est exprimée plus en grand, & le nom des pieces y est désigné, ce qui nous dispensera d'une description qui peut se suppléer aisément par ces indications ; nous remarquerons seulement en général que les pieces sont d'une belle proportion, que l'enfilade A B & celle G F sont directes, & que les principaux appartemens sont pourvûs des commodités qui sont relatives à leurs usages. On peut remarquer encore que pour aggrandir le petit appartemens des bains C on a construit une nouvelle aile de bâtiment dans le jardin (marqué B dans le plan général Planche premiere,) celui-ci lui servant seulement de garderobe ; & que la remise D est aujourd'hui un passage pour communiquer au petit Hôtel de Conty, autrefois celui de Broglio, ainsi que nous l'avons déja observé.

Plan du premier étage du principal corps de logis de ce bâtiment. Planche III.

La Figure I présente la distribution du premier étage, qui consiste seulement en un grand appartement de parade où l'on arrive par un fort bel escalier placé à la gauche de ce bâtiment, & qu'il eut cependant été indifférent de pratiquer à droite sans rien changer dans la construction des murs de refend. Tout le reste de la partie qu'occupent les pieces de Maître au rez-de-chaussée est exprimé ici par le dessus des combles, n'ayant qu'un seul étage, & n'étant surmonté d'un premier que dans ce qui est énoncé dans ce plan, ainsi qu'on peut le remarquer dans l'élévation, Planche IV.

La Figure II, même Planche, offre l'élévation du côté de la cour, qui dans la largeur de cette derniere a deux étages : à l'égard des pavillons qui donnent sur les basses-cours, ils n'ont seulement qu'un rez-de-chaussée dont la décoration extérieure est plus simple, comme n'étant pas apperçue de la cour principale. Un avant-corps de trois arcades décore le milieu de cette façade ; un Ordre de pilastres Doriques couronné d'une corniche architravée, surmonté de pilastres Ioniques &

Hôtel de Conty. terminé d'un fronton, en forment la décoration. Les largeurs des arcades de cet avant-corps, & des croisées bombées de dessus sont inégales entre elles; défaut qu'il faut éviter, principalement lorsqu'il s'agit d'arcades en plein ceintre dont les impostes étant de même hauteur, produisent des courbes de formes différentes qui font un mauvais effet, ainsi qu'on peut le remarquer dans les deux arcades plus étroites de cet avant-corps. Les arcades des arrieres-corps sont ornées de bandeaux au lieu d'impostes, à la place desquels des croisées à plate-bande auroient sans doute fait un meilleur effet. Les claveaux des croisées du second Ordre sont trop considérables, & font paroître ces dernieres courtes, quoiqu'elles aient de hauteur près de deux fois & demi leur largeur; pour éviter cet inconvénient il auroit fallu supprimer les banquettes de fer, & faire regner un appui de pierre, qui en l'ayant élevé, auroit remonté le sommet des croisées, & rendu cette Architecture plus régulière.

La longueur de cette façade est à sa hauteur comme 2 est à 1, & produit un assez bel effet, mais la largeur de l'avant-corps, qui est à la totalité du bâtiment comme 5 est à 12, paroît trop considérable, & auroit mieux réussi si elle n'eut eu que le tiers; proportion qui ne peut s'accorder dans une façade de 14 toises, & qui auroit dû engager à pratiquer seulement deux pavillons aux extrémités, chacun d'une croisée, & cinq en arriere-corps. Afin que ces pavillons ne fussent pas devenus trop étroits pour la hauteur du bâtiment, il auroit aussi fallu donner plus de hauteur au rez-de-chaussée, comme le bel étage, & ne faire qu'un Attique au dessus, qui ne comprend qu'un seul appartement.

Ces observations ne sont point faites ici dans un esprit de critique, & ce bâtiment a des beautés qui en sont exemptes; mais notre but est de prouver que dans un édifice on peut s'y prendre de diverses manieres pour arriver à la perfection; d'ailleurs ces especes de dissertations me paroissent nécessaires pour fertiliser l'imagination de ceux qui veulent parcourir cet Ouvrage dans l'intention de s'instruire.

Elévation du côté du Jardin. Planche IV.

La face du principal corps de logis est décorée de même que la précédente, à l'exception des croisées du rez-de-chaussée des arrieres-corps qui sont bombées, & que nous avons déja desiré dans l'autre façade, être en plate-bande.

Les ailes qui flanquent ce corps de logis sont percées chacunes de cinq arcades en plein-ceintre dont les deux dernieres de chaque extrémité servent de portes croisées. J'estime que des ouvertures bombées comme aux arrieres-corps du principal corps de logis auroient été préférables, elles auroient conservé par cette forme, une unisson avec toute la façade dont les dehors auroient annoncé alors la même enfilade d'appartement qu'elle renferme intérieurement, au lieu qu'à en juger par l'extérieur, il semble que ces ailes contiennent séparement quelques logemens qui n'ont aucune relation avec ce principal corps de logis. Ces ailes sont couronnées d'une balustrade dont la hauteur dissemblable des appuis des balcons servent encore à persuader du défaut d'analogie qui se remarque entre l'ordonnance des ailes & le corps du bâtiment.

Un comble à la Françoise, sans lucarne ni œil de bœuf, termine la partie supérieure de cette façade avec assez de succès, & un chéneau de plomb porté sur la saillie de l'entablement empêche les eaux de la couverture de tomber au pied du bâtiment; nous avons recommandé plus d'une fois cette attention dont on peut remarquer ici le bon effet pour en faire usage dans tous les édifices de quelque importance.

CHAP.

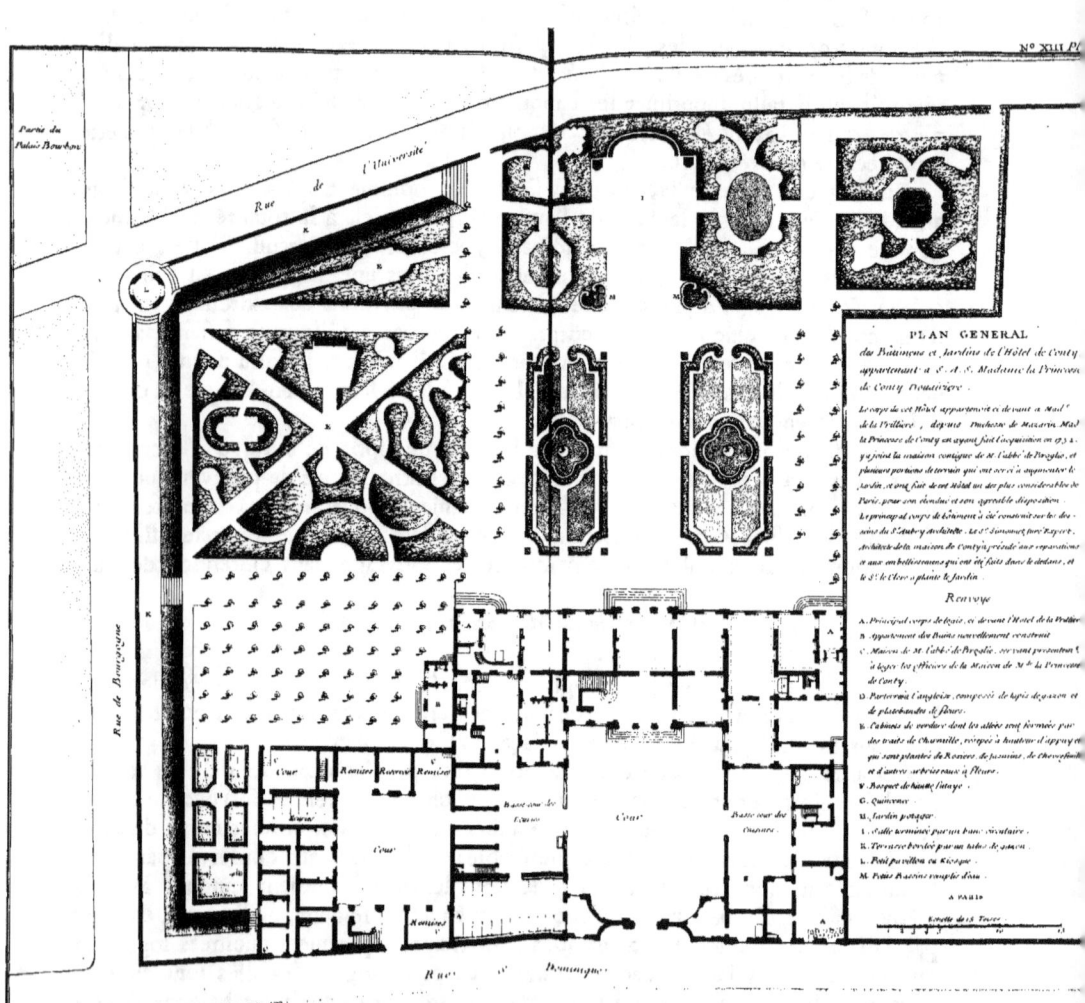

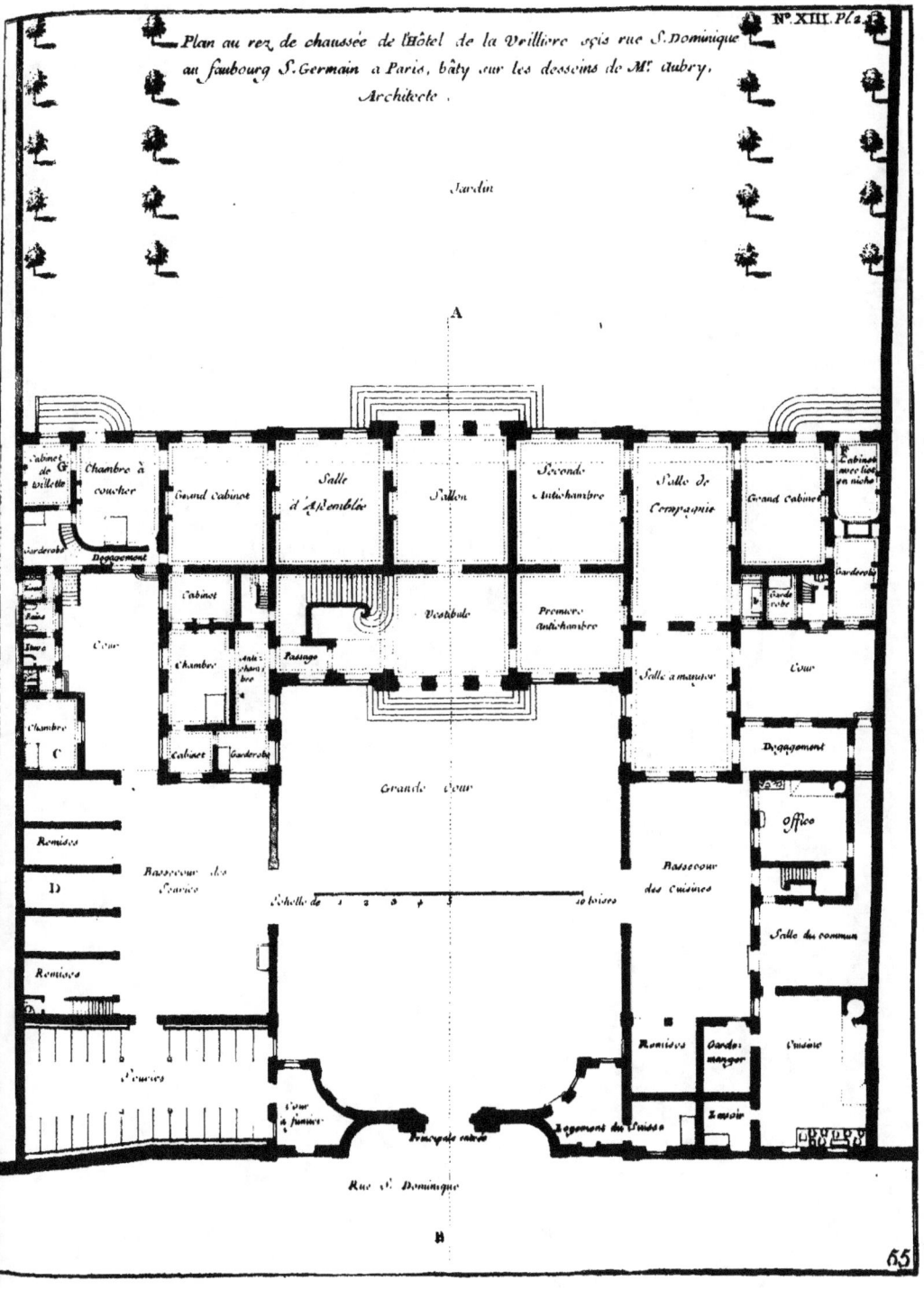

CHAPITRE XIV.

Description de la Maison de Madame de Varangeville, rue S. Dominique.

CETTE Maison fut bâtie en 1704 pour Madame la Marquise de Varangeville, sur les desseins de Mr. Gabriel (*a*) Architecte ordinaire du Roi, & Controlleur Général de ses bâtimens. Elle est occupée aujourd'hui par Madame Marie-Marguerite Dalegre, veuve du Comte de Rupelmonde dont cet Hôtel porte le nom.

Maison de Madame de Varangeville.

Plan du rez-de-chaussée. Planche I.

Cette maison a 18 toises de face du côté du jardin ; elle consiste en un corps de logis simple, avec une aile en retour sur la cour, & en un semi-double sur les basse-cours, qui donne au principal appartement toutes les commodités d'un appartement double. La basse cour a un dégagement dans la rue, & contient des bâtimens situés de ce côté, dans lesquels sont comprises des écuries & des remises en assez grande quantité pour l'étendue du bâtiment. La proportion des pieces du principal corps de logis est assez belle & la simétrie y est exactement observée. Cet appartement a son entrée dans l'angle de la cour à gauche par une premiere antichambre succédée d'une seconde, & suivie d'une chambre de parade, &c. La salle à manger est placée dans l'aile en retour, & n'a qu'une entrée par le cabinet situé entre les deux chambres à coucher. Cette entrée a son dégagement par un petit escalier, le seul qui se remarque dans ce bâtiment pour monter au premier étage, & qui est trop peu considérable & trop ignoré de l'entrée principale de la grande cour, de sorte que pour arriver aux appartemens pratiqués au-dessus du rez-de-chaussée, il faut passer par les basses-cours ou traverser les principaux appartemens d'en bas ; ce qui péche contre les loix de la distribution, qui exigent, lorsqu'il y a un premier étage dans un édifice, ne fût ce qu'un Attique, que l'escalier qui doit y conduire soit apperçu des étrangers qui y sont attirés pour les affaires personnelles du Maître, ou seulement pour faire sa société.

Plan du premier étage, Planche II.

La distribution de ce premier étage est composée de plusieurs petits appartemens de peu d'importance, lesquels sont renfermés dans la hauteur d'un étage Attique. Sans doute c'est cette derniere considération qui a fait négliger à l'Architecte de pratiquer un escalier plus considérable ; mais du moins convenoit-il de le placer dans un lieu plus apparent. Car quoiqu'il puisse être vrai que le Propriétaire l'ait voulu ainsi, (n'ayant pas besoin pour son usage des pieces du premier étage), il en résulte que, lorsqu'un bâtiment vient à changer de Maître, faute de trouver les commodités essentielles dans une maison, il en faut abattre la plus grande partie ; ce qui très-souvent diminue de beaucoup le prix d'un édifice, lorsqu'on vient à l'acquérir. Cette considération auroit pû faire placer l'escalier dont il s'agit à la place de la salle du commun, (voyez la Planche premiere) & cette derniere à la place de l'escalier B ; alors il auroit été un peu plus grand, & auroit évité le petit

---

(*a*) Mr. Gabriel a succédé à Mr. de Cotte en qualité de premier Architecte du Roi, & a été regardé comme un des habiles Architectes du commencement de ce siécle. Il a été considérablement occupé dans les travaux de Sa Majesté & nous avons quelques édifices de lui à Paris, tels que l'Hôtel dont nous donnons ici la description, & celui de Fouquiere, Faubourg Saint Honoré, qui se trouvera dans le corps de cet Ouvrage, aussi bien que le Château de Choisy, qui a été bâti sur les desseins de cet habile Architecte.

Mr. Gabriel son fils lui a succédé dans la place de premier Architecte du Roi, & a montré dans plus d'une occasion son expérience, sa capacité & son désintéressement : qualités qui non-seulement lui ont attiré la confiance de S. M. mais l'ont fait choisir par ce Monarque pour donner les desseins du bâtiment considérable de l'École Militaire, qui vient d'être commencé de bâtir au mois de Mars dernier à l'extrémité du Faubourg St. Germain au-delà des Invalides.

escalier A. On auroit même pû placer cet escalier à la place de la salle à manger; la premiere antichambre C en auroit tenu lieu dans le cas où l'on ne se seroit pas soucié de servir à couvert, ce qui néanmoins dans une maison particuliere, est d'une grande commodité.

De la décoration des façades, & de la coupe prise sur l'un des côtés de la cour.
Planche III.

Sur cette Planche sont exprimées la façade du côté jardins, Figure 1, la façade du côté de la cour, Figure 2, & la coupe sur la profondeur du bâtiment, Figure 3. Le rez-de-chaussée de tout ce bâtiment compose le bel étage, & est couronné seulement d'un Attique surmonté d'un comble à la Françoise, le tout d'une ordonnance très-simple, & dont nous ne dirons rien ici. Nous observerons seulement qu'il semble qu'on a voulu tenir la façade du côté du jardin un peu plus riche, ayant caractérisé l'Ordre Attique par des pilastres dans l'avant-corps du milieu; & que les avants & les arrieres-corps, dont tous les milieux sont masqués par des trumeaux, font un mauvais effet, ayant dû observer à leur place, des croisées ou des arcades, qui doivent désigner chacun d'eux, ou au moins celui du milieu. Nous l'avons remarqué ailleurs, la décoration d'un bâtiment étant en quelque sorte étrangere à la commodité & à la solidité; il est nécessaire ou d'affecter une simplicité uniforme dans une maison particuliere, ou bien lorsqu'on y veut donner quelque relief, relativement à la dignité de la personne qui l'habite, il faut faire en sorte que la décoration soit traitée d'une maniere satisfaisante, & selon les principes de l'art les plus approuvés.

CHAPITRE XV.
Description de l'Hôtel Amelot, situé rue St. Dominique.

CET Hôtel fut bâti sur les desseins de Mr. Boffrand (a) pour Mr. Amelot Secretaire d'Etat; il fut acquis ensuite par Christian-Louis de Montmorency Maréchal de France, connu sous le nom de Prince de Tingry, & a été vendu depuis à Mr. le Comte de Guerchi qui l'habite aujourd'hui.

Plan au rez-de-chaussée. Planche premiere.

La distribution de ce plan est fort ingénieuse; la cour de forme elliptique fait un très bon effet & ne nuit en rien à la régularité des appartemens. Un des principaux mérites de l'ordonnance de ce bâtiment (qui ne se remarque pas dans les plans ni même dans les élévations, à moins que d'en être prévenu,) est que de la porte d'entrée le principal corps de logis marqué AB, qui s'éleve à deux étages enfermés dans un seul Ordre, domine en hauteur sur les deux ailes AC, BD, & que ces dernieres surpassent le reste du pourtour de cette cour, compris depuis C jusqu'en D, à l'exception de la porte d'entrée qui s'éleve en formant une espece de porche EF décoré d'Ordre Ionique, comme on peut le remarquer par la coupe, Planche IV; ainsi toute cette ordonnance compose une forme piramidale qui exprime d'une maniere bien sensible la capacité de l'Architecte, qui non-

---

(a) Mr. Boffrand a donné dans son Livre d'Architecture, page 59, les plans & élévations de cet Hôtel en quatre Planches, mais comme celles que nous offrons avoient été gravées bien avant les œuvres de cet excellent Architecte, nous n'avons pas cru devoir en priver le public. D'ailleurs Mr. Boffrand dont la modestie est sans exemple, a dit très peu de choses sur les beautés de ce bâtiment; la reconnoissance ne nous permet pas de garder, comme lui, le silence sur les productions d'un génie si excellent, dont l'on trouvera dans cet Ouvrage plusieurs bâtimens, tels que la nouvelle distribution de l'Hôtel de Soubise, la Maison de Mr. Dargenson, l'Hôtel de Seignelay, l'Hôtel de Torcy, la Maison du Prince de Rohan à St. Ouen, &c.

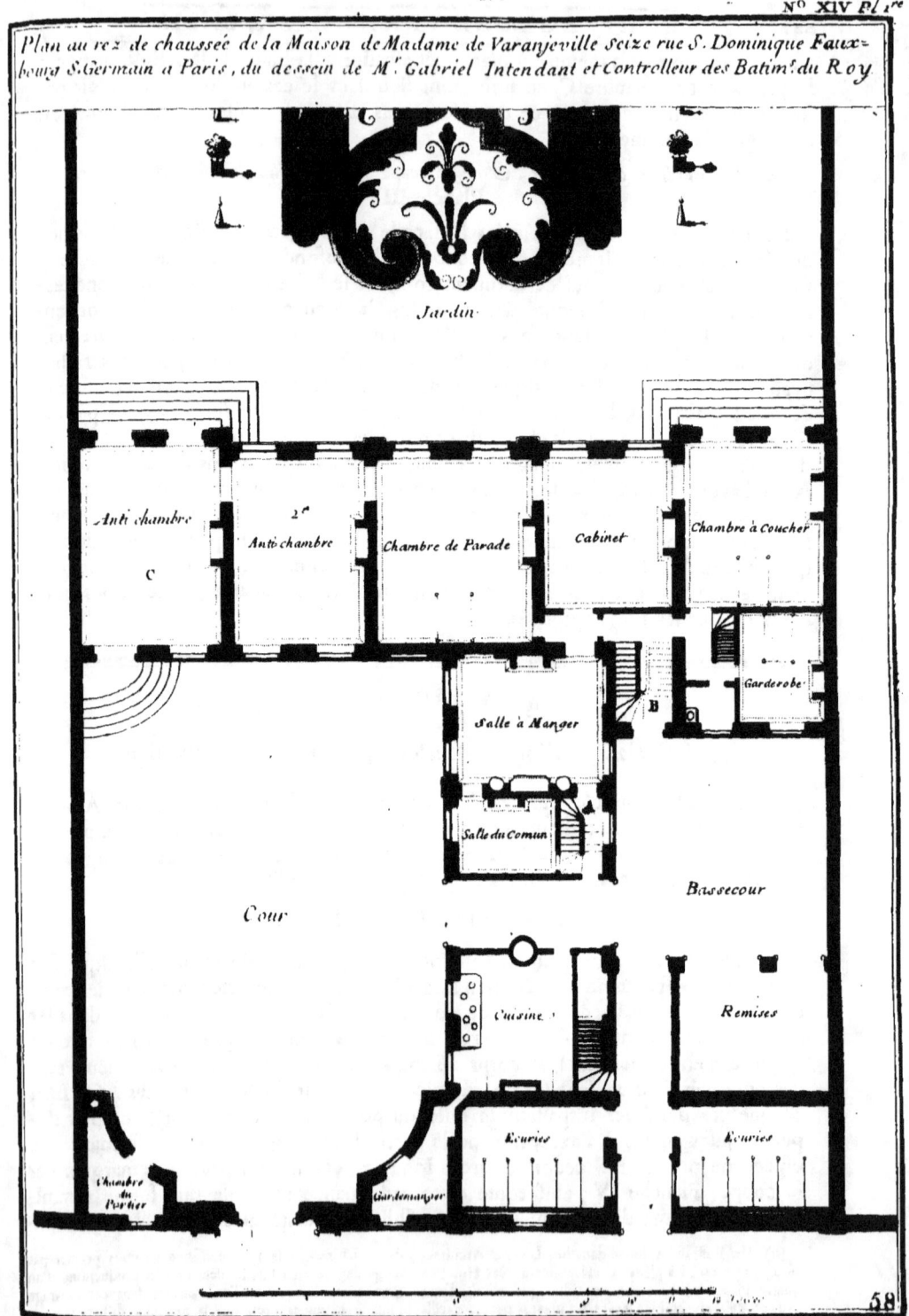

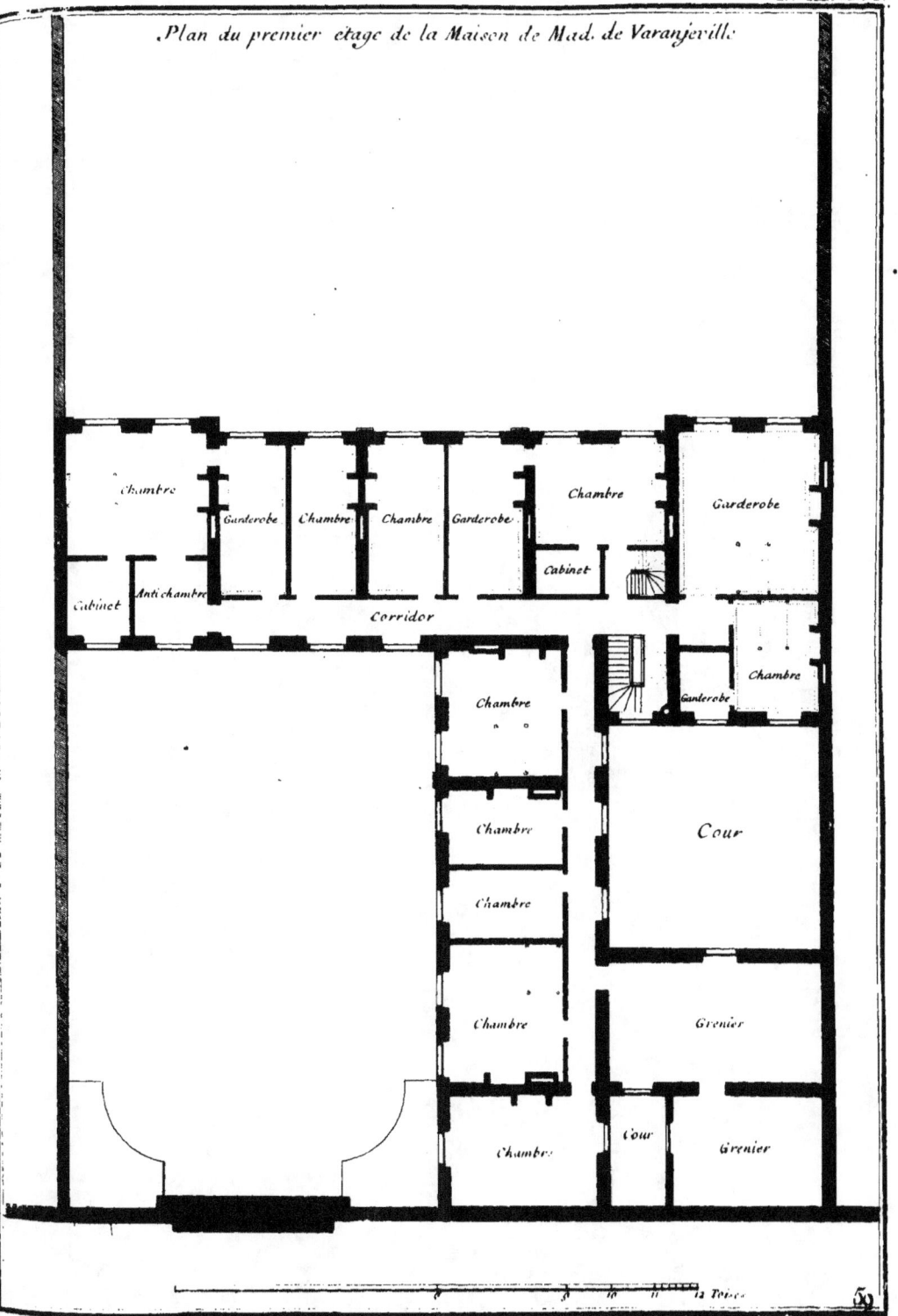

seulement a voulu donner un air de magnificence à cet Hôtel, mais encore a évité par la différente hauteur de ces trois genres de bâtimens A B, B D, D F, &c, que cette cour ne fut trop ferrée & par conséquent obscure, ce qui feroit arrivé si tous les bâtimens euffent eu la même hauteur.

Hôtel Amelot.

L'escalier dans ce plan se trouve à gauche du vestibule, mais comme il n'a aucune communication avec les appartemens du rez-de-chauffée, il a été pratiqué ainsi pour donner l'entrée des appartemens à droite, de maniere que pour arriver au principal appartement situé à la gauche de ce plan, il faut traverser la premiere & la seconde antichambre ou falle d'affemblée, le fallon, &c, ce qui oblige de parcourir plusieurs pieces assez considérables avant que de parvenir à la personne du maître : cérémonial nécessaire dans un Hôtel habité par un grand Seigneur, quoique propriétaire d'un bâtiment de peu d'étendue.

La falle à manger est placée à la droite de la seconde antichambre & a son dégagement dans la cuisine par le petit escalier marqué G.

Le vestibule semble un peu petit, mais comme il communique avec la cage du grand escalier par une arcade surbaiffée, cela se fait paroître plus grand ; d'ailleurs il faut observer qu'il ne donne entrée à droite qu'à la premiere antichambre & non au fallon ; autrement il auroit été nécessaire qu'ayant donné entrée à une piece d'importance il eut été plus spatieux, mais il en feroit résulté alors que ce fallon n'auroit été qu'un passage, au lieu qu'il devient ici la troisième piece, ce qui se rapporte davantage avec les observations que nous avons faites sur les égards dûs à la dignité du propriétaire de cet Hôtel. A la droite & à la gauche de la grande cour sont distribuées des basse-cours & des bâtimens pour les cuisines, les remises & les écuries, qui procurent à cette maison tous les dégagemens & toutes les commodités d'un édifice construit dans un terrain beaucoup plus considérable.

Plan du premier étage. **Planche II.**

La distribution de ce premier étage est auffujettie aux murs de refend du plan du rez-de-chauffée, & est composée d'un vestibule & de deux grandes antichambres qui donnent à droite entrée à un cabinet, &c, & de l'autre côté à deux chambres à coucher, dont l'une est suivie d'un cabinet & d'une garderobe qui dégagent par un escalier pour monter aux combles. Au-deffus des écuries & des cuisines sont distribués à droite un appartement particulier, & à gauche des garderobes & des chambres pour les Officiers : du côté de la rue l'on voit le deffus des combles fous lesquels sont pratiqués des greniers à foin & des galetas pour les domestiques de la maison.

Elévation du côté de la cour. **Planche III.**

Nous avons déja obfervé que le principal corps de logis s'élevoit plus que tout le reste du bâtiment, fa décoration est formée par un grand Ordre Composite qui embraffe deux étages, & qui est couronné d'un entablement qui a le cinquiéme de la hauteur des pilastres ; M. Boffrand a fouvent mis en pratique ce genre d'ordonnance dans plusieurs de ses édifices, ainsi qu'on peut le remarquer dans la plupart des bâtimens de fon Livre d'Architecture. Les entre-pilastres se trouvant un peu ferrés ici, eu égard au peu d'étendue du bâtiment, n'ont pas permis de faire les arcades du rez-de-chauffée plus grandes, ce qui auroit produit moins de hauteur aux croifées du premier étage, ces croifées dans un Ordre Coloffal ne devant repréfenter que des mezanines ou des croifées Attiques, ainsi qu'on l'a obfervé à Paris & ailleurs dans une infinité de bâtimens décorés dans ce genre. L'on voit en racourci dans cette Planche les ailes de bâtiment M, N marquées A C, B D dans le plan du rez-de-chauffée (Planche premiere), & dont le développement est exprimé O (Planche cinquiéme), l'élévation que nous

Hôtel Amelot.

nous décrivons étant élevée géométralement. Cette maniere d'exprimer un deſſein altere toujours les formes réelles, mais on en eſt dédommagé par la réitération des élévations. Pour éviter cette altération on ſe détermine quelquefois à développer un bâtiment circulaire ſur une ligne droite, ainſi que l'Architecte dont nous parlons l'a obſervé dans les deſſeins de cet Hôtel qu'il a donnés dans ſon Livre d'Architecture, & qu'il en a uſé pour la décoration intérieure de l'Hôtel de Soubiſe qui ſe trouve dans le même Ouvrage. Mr. Bouchardon a affecté le même développement dans le deſſein de la Fontaine de Grenelle, dont on a vû ci-devant la deſcription, Chap. VIII de ce Volume.

Après ces deux corps A C, B D vûs en racourci, l'on voit les deux murs en retour des baſſe-cours des écuries & remiſes, l'élévation de cette Planche étant priſe dans le plan du rez-de-chauſſée ſur la ligne H I.

Sur tous ces bâtimens ſont élevés des manſardes avec des lucarnes d'un bon goût de deſſein; ces manſardes ſemblent être néceſſaires pour multiplier les logemens des domeſtiques, ſur-tout dans un terrain auſſi reſſerré que l'eſt l'emplacement ſur lequel eſt bâti cet Hôtel, mais dans tout autre cas, principalement lorſqu'il s'agiroit d'une maiſon d'importance, il ſeroit mieux de les ſupprimer, ainſi que nous l'avons obſervé ailleurs.

Elévation du côté du jardin. Planche IV.

Cette façade differe de la précédente en ce que le premier étage eſt déſigné par un plinthe continu; ſon ordonnance en général eſt fort ſimple, néanmoins il eſt aiſé de remarquer l'élégance & les formes piramidales qui y ſont obſervées auſſi bien que le mouvement que l'Architecte a ſçu donner aux plans des avant- & arriere-corps de cette élévation dont le milieu eſt en forme d'ellipſe, afin que par l'étendue de cette courbe l'on puiſſe trouver la place de trois percés, ſans être obligé de donner trop de largeur à cet avant-corps. Il ſeroit à ſouhaiter néanmoins qu'on eut pu dans les angles rentrans de cet avant-corps elliptique former des retours d'équerre qui auroient rendus les trumeaux des encoignures plus nourris, & auroient évité de faire la ſaillie des corniches d'un profil trop camus. Cette maniere d'élever des corps circulaires a cependant été obſervée par nos plus célèbres Architectes dans des édifices d'une aſſez grande importance, tels qu'à Montmorency par M. Cartaud, au Château de Rincy par M. le Vaux, à la Ménagerie de Sceaux par Mr. Laguipiere, &c, néanmoins ces licences ne peuvent paſſer pour des autorités.

L'Attique qui eſt élevé ſur l'avant-corps du milieu eſt tenu droit, de maniere que la portion circulaire de deſſous forme terraſſe au-deſſus de l'entablement du ſecond étage, laquelle eſt terminée par un balcon de fer qui n'eſt pas exprimé ici, ne faiſant pas partie de l'ordonnance. Aux deux côtés de cet Attique ſont pratiquées des manſardes tenues plus élevées que celles des arriere-corps, ce qui donne à l'Architecture de cette façade la forme piramidale que nous avons déja fait remarquer.

Coupe du principal corps de logis. Planche V.

Ce deſſein offre le développement intérieur du principal corps de logis, une partie de l'extérieur de la façade du côté de la cour, une des ailes où ſont placées les écuries, les arcades qui donnent entrée à leur baſſe-cour & le profil du porche & de la porte qui donne entrée à cet Hôtel, de maniere que par l'examen de ces différentes Planches il ſera facile de raſſembler toutes les parties de la diſtribution & de la décoration de cet édifice, qui à bien des égards peut être conſidéré comme un des plus beaux bâtimens particuliers qui ſoient contenus dans ce Volume.

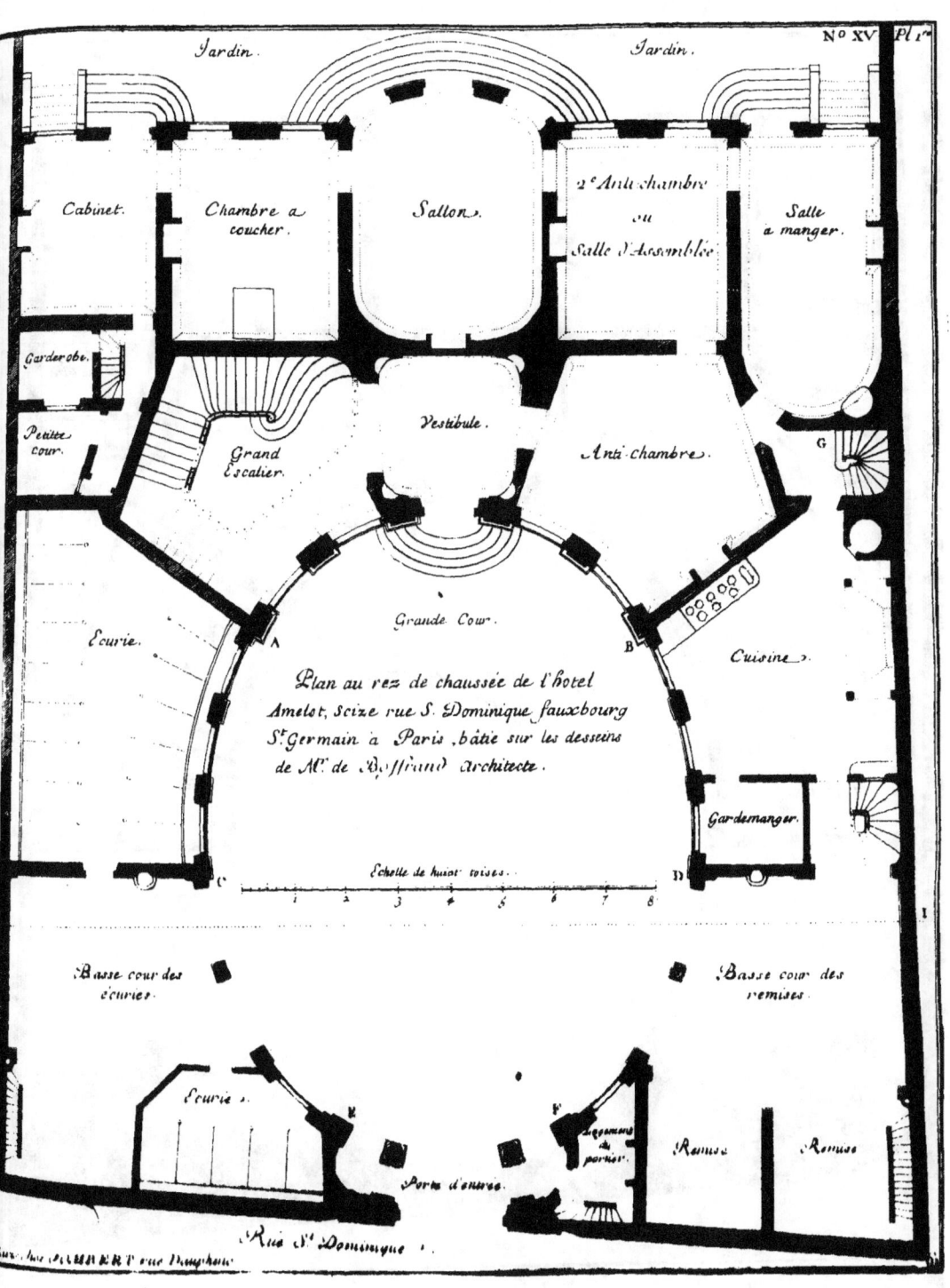

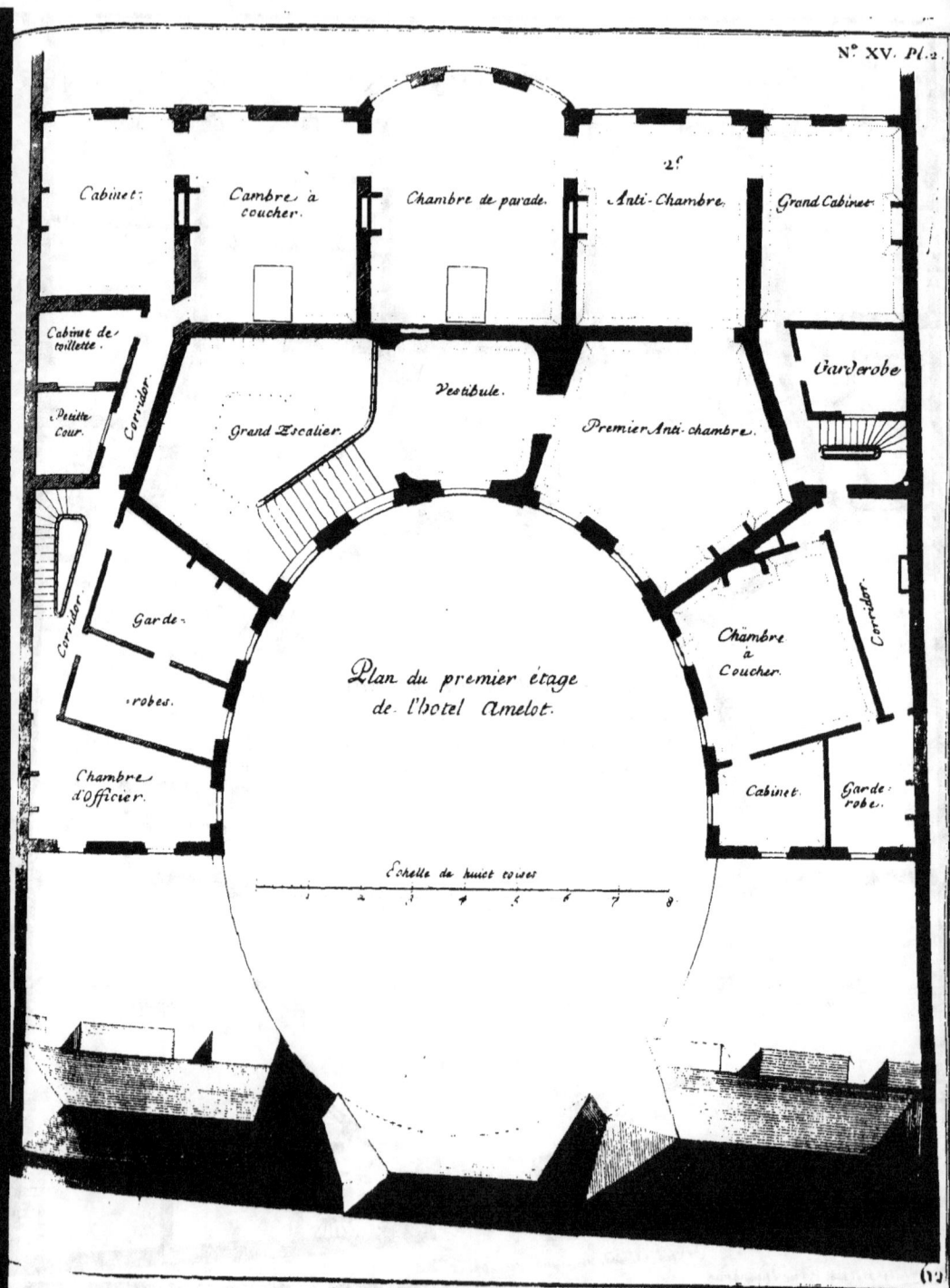

CHAPITRE XVI.

Description de l'Hôtel de Roquelaure, situé rue St. Dominique.

CET Hôtel fut bâti en 1722 sur les desseins de Mr. de Lassurance Architecte du Roi, & continué & décoré intérieurement en 1733 par M. le Roux pour Antoine-Gaston-Jean-Baptiste de Roquelaure, Pair & Maréchal de France; après sa mort les Princesses de Leon & de Pont, ses filles, l'ont vendu à Mr. Molé, Président à mortier du Parlement de Paris qui l'occupe aujourd'hui.

Hôtel de Roquelaure.

Plan général. Planche I.

L'emplacement de cet Hôtel est assez irrégulier ; cependant la distribution du jardin est disposée de maniere qu'on ne s'apperçoit pas de cette irrégularité, & il ne laisse pas, quoique dans un espace borné, que d'avoir des allées d'une certaine étendue, une grande partie découverte occupée par un grand parterre, des pieces de verdure, des cabinets, des palissades & une orangerie, dont le service du Jardinier se fait par la rue de l'Université, sans être obligé de passer par le principal corps de bâtiment ; on a fait voir ici les combles du bâtiment de cet Hôtel, la distribution intérieure en étant exprimée dans le plan au rez-de-chaussée.

Plan au rez-de-chaussée. Planche II.

Ce plan est composé d'un principal corps de logis double entre cour & jardin, & d'un aile de bâtiment donnant aussi d'un côté sur le jardin, & de l'autre sur la basse-cour des écuries & remises. Cette aile qui forme un grand arriere-corps semble avoir été ajoutée par supplément à cet Hôtel, pour contenir un appartement de commodité ; car autrement il auroit paru plus naturel de faire la face du côté du jardin continue sur une même direction, en y observant quelques avant-corps, comme on le remarque dans la plûpart de nos édifices en France. Il y a même apparence que le mur de face du principal corps de logis du côté du jardin a été conservé d'une ancienne maison lors de la réédification de cet Hôtel du tems de Mr. Lassurance, car cet Architecte étoit trop éclairé pour avoir fait les trumeaux de cette élévation inégaux entr'eux, sans pour cela que les écoinçons de la salle d'assemblée soient simétrisés. Au reste la décoration de cette façade est si contraire aux regles de l'art, que cette conjecture paroit bien fondée, n'ayant rien pû apprendre d'ailleurs de positif à ce sujet dans la maison. La plûpart des Propriétaires se prêtent difficilement à ces éclaircissemens, & comme ils ne concernent pas les loix de l'Architecture & n'ont pour objet que l'histoire des bâtimens que nous donnons ici, cela m'a fait plus d'une fois renoncer au désagrément d'une recherche aussi pénible qu'inutile aux progrès de l'art de bâtir.

Toute la distribution de ce plan du côté du jardin, qui est exprimée par des ombres plus fortes, a de longueur 27 toises 3 pieds hors œuvre sur environ 9 toises de profondeur. Elle n'est composée que de 2 chambres à coucher sur le jardin, & d'un petit appartement de commodité sur la cour ; en sorte qu'à l'exception du sallon & d'une salle d'assemblée, tout le reste est occupé par des vestibules, des premieres & des secondes antichambres. Ces sortes de pieces, à la vérité, annoncent la magnificence d'un Propriétaire, mais néanmoins elles ne doivent être en aussi grande quantité dans un bâtiment que lorsque des pieces d'importance sont annoncées par ces antichambres. Ici, cependant, la seconde antichambre du côté du jardin pourroit faire

Tome I. Qqq

Hôtel de Roquelaure.

une salle d'assemblée, & celle-ci un cabinet; mais il n'en seroit pas moins vrai qu'alors il n'y auroit pas assez de pieces pour contenir les personnes du dehors qui doivent être reçues ou attendre l'audience du maître séparément dans des lieux proportionnés à leur distinction, toutes celles qui sont amenées à la maison d'un grand Seigneur ne parvenant pas toujours à son cabinet, ni même à son appartement de parade ou de société.

L'élévation du côté de la cour, & la coupe du principal corps de logis annoncent un premier étage, & cependant dans ce plan on ne remarque aucun grand escalier, celui A ne pouvant être suffisant pour arriver aux appartemens de Maîtres distribués dans le plan de l'étage supérieur. Ce défaut se trouve dans une infinité de maisons assez considérables, tel qu'aux Hôtels de Noirmontier, du Ludes, Varangeville, &c; au contraire, dans certains autres ils occupent un trop grand espace, ainsi qu'on le peut observer aux Hôtels d'Estrées, d'Humieres, du Maine, de Torcy, &c.

La cour de cet Hôtel est une des plus belles de Paris, tant par rapport à sa proportion qui a de largeur une fois & demie sa longueur, qu'à cause de sa régularité; le mur qui sépare les deux cours est décoré d'un côté de la même ordonnance que l'aile des cuisines & offices qui lui est opposée. La tour creuse du côté de la cour est accompagnée de ressauts qui, par leur angles droits, donnent une fierté peu commune à son Architecture qu'on ne peut trop imiter. La tour creuse du côté de la rue est irréguliere à cause de l'obliquité de la rue, mais cette inégalité est heureusement rachetée par les corps de refends qui décorent sa façade extérieure, ainsi qu'on peut le remarquer Planche III, Figure 1. Cette partie est de Mr. le Roux.

Les basse-cours, quoiqu'irrégulierement distribuées, sont pouvûes des bâtimens nécessaires à une grande maison. Il auroit été à souhaiter cependant que les cuisines y eussent été contenues, leur usage demandant une cour & une communication extérieure qui ne soit pas la même que celle de la principale entrée de l'Hôtel; mais lorsqu'on ne peut en user ainsi, il vaut mieux préférer une basse-cour particuliere pour les écuries & les remises, parce qu'elle exige beaucoup plus de terrain, & ces bâtimens un détail plus considérable que les cuisines & offices. Dans ce plan ces dernieres se trouvent placées près de la salle à manger; mais elle ne doit être considéré dans cette distribution que comme celles des Officiers, l'antichambre marquée B devant servir de salle à manger pour les maîtres, & la salle du commun d'aide de cuisine, toute cette aile de bâtiment suffisant à peine pour contenir ces genres de pieces malgré les entresoles pratiquées au-dessus pour leur servir de décharge.

Elévation du côté de l'entrée. Planche III.

La porte de cet Hôtel est décorée d'un Ordre de colonnes Doriques accouplées, surmontées d'un entablement régulier, couronné de trophées & des armes de M. le Maréchal de Roquelaure. La porte est en plein-ceintre, ornée d'un claveau au-dessus duquel est un cartel qui reçoit une inscription. Ce cartel interrompt la distribution des triglyphes, & peut être regardé comme une licence qui n'est pas à imiter. Cette inscription auroit sans doute été mieux placée sur le socle qui est au-dessus de la corniche, en l'ayant élevé davantage à cause de la saillie de l'entablement. Les ornemens de l'amortissement ne sont pas assez liés les uns avec les autres, & composent trois parties séparées qui auroient mieux réussi en ne faisant qu'un tout. Les colonnes Doriques sont accouplées, & conséquemment les métopes en sont irréguliers contre le sentiment des Anciens qui ont fait consister la beauté de cet Ordre dans la simétrie des membres de son entablement, ainsi que nous le rapportons dans un des Chapitres du huitième Volume. L'imposte de l'arcade qui passe derriere les colonnes & qui vient s'arrêter sur l'arriere-corps qui reçoit ces colonnes divife la hauteur de cette ordonnance en deux parties trop égales, cette égalité de hauteur eft tout-à-fait contraire aux loix de la bonne Architecture.

Hôtel de Roquelaure.

Les ailes qui accompagnent cette porte font trop élevées ; il feroit mieux que le frontifpice parût dominer fur le refte, ou au moins que les parties A B, C D, euffent été d'une moindre hauteur que les pavillons E, F ; ce qui n'auroit pas empêché que les logemens intérieurs de la cour qui font adoffés à cette élévation, n'euffent reftés à leur place en étant moins élevés que le refte de cette façade. Nous l'avons dit ailleurs, la diftribution devroit être affujettie à la décoration, & celle-ci à la commodité des dedans ; il étoit d'autant plus facile ici de concilier ces deux parties de l'art de bâtir, que les pieces qui font derriere les murs dont nous parlons, font de peu d'importance. C'eft pourquoi il n'y avoit pas à héfiter de donner la préférence à l'ordonnance de cette façade, qui ayant eu plus d'élégance, auroit annoncé extérieurement la demeure du grand Seigneur pour lequel il a été élevé, ainfi qu'on l'a obfervé aux Hôtels de Clermont, d'Eftrées, de Torcy, &c, que l'on peut comparer au contraire aux Hôtels de Matignon, de Béthune, d'Humieres, &c, conftruits dans le même genre que celui dont nous donnons la defcription.

La Fig. 2 de cette Planche offre la décoration extérieure de l'Orangerie de cet Hôtel, fituée dans l'un des angles du jardin du côté de la rue de l'Univerfité dont nous avons parlé Pl. I. Comme l'ufage de ces bâtimens exige une folidité réelle, il eft néceffaire que leur extérieur exprime une ordonnance d'une apparence mâle, ce que l'Architecture de cette façade ne rend pas, les arcades ayant de hauteur deux fois & demi leur largeur, les chaines de refend étant de beaucoup trop fveltes, la corniche qui termine cette élévation étant trop maigre, & l'avant-corps du milieu trop étroit. Il auroit fallu fupprimer cet avant-corps auffi bien que l'amortiffement qui le couronne dont la maffe eft trop chétive, fupprimer auffi les corps de refends en général, & faire retourner à angle droit les pans coupés des extrémités qui, formant des angles obtus faillants, font un effet défagréable à l'œil.

Élévation du côté de la cour. Planche IV.

Cette façade eft flanquée de deux pavillons de 26 pieds de faillie, à l'extrémité defquels du côté de la cour font les murs qui déterminent la largeur de cette derniere. Entre ces deux pavillons fe remarque l'élévation oppofée à l'entrée de cet Hôtel, percée de 9 croifées de face tant au rez-de-chauffée qu'au premier étage ; ce dernier eft une efpece d'Attique, les grands appartemens étant fitués au-deffous ; un avant-corps de trois croifées occupe le milieu de cette façade, il eft terminé par deux chaines de refend & couronné d'un fronton ; cet avant-corps divife la longueur de cette élévation en trois parties égales, ce qui auroit dû déterminer à le fupprimer tout-à-fait, parce que fi on l'eut fait d'une feule croifée, il feroit devenu trop étroit par rapport à la hauteur du bâtiment ; en général la proportion des croifées eft un peu trop fvelte, ainfi que les trumeaux des arrieres-corps qui, comparés avec ceux des pavillons qui n'ont qu'une ouverture, fervent encore à les faire paroître plus étroits, auffi bien que ceux des retours de ces mêmes pavillons que l'on peut remarquer, Planche V. L'ufage dans lequel font nos Architectes de faire leurs deffeins géométraux qui préfentent chaque façade en particulier eft fouvent la caufe de la plûpart des inadvertances dans lefquelles ils tombent, parce qu'ils négligent de comparer l'effet que fera le retour des ailes avec les principales façades, ce que la perfpective annonce inévitablement, raffemblant dans un feul deffein l'afpect général de tout l'édifice & le rapport des parties au tout tel qu'on le voit au pied du bâtiment. Toute cette façade eft couronnée d'une baluftrade, derriere laquelle s'eleve un comble à deux égouts

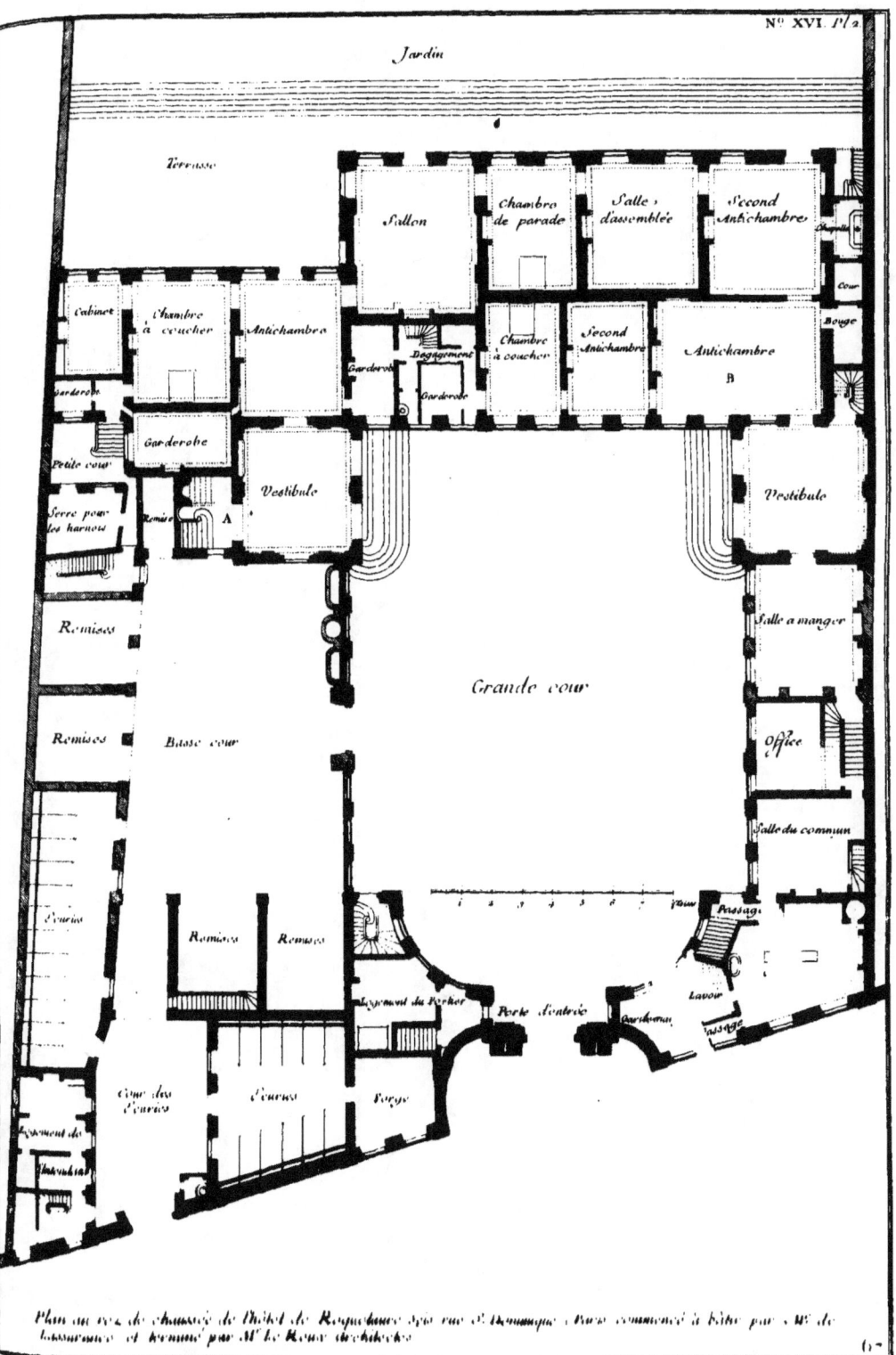

CHAPITRE XVII.
Description de l'Hôtel de Béthune, situé rue St. Dominique.

CET Hôtel fut bâti au commencement de ce siecle par Mr. de Lassurance Architecte du Roi, qui le fit élever pour Mr. de Neufchatel; il passa ensuite à Mr. de Béthune, & appartient aujourd'hui à M. le Duc de Châtillon.

Hotel de Béthune.

Plan au rez-de-chaussée. Planche premiere.

La distribution de cet Hôtel est fort ingénieuse, & est disposée de maniere à être imitée dans tous les terrains dont la profondeur est peu considérable, & dont la longueur au contraire est fort étendue. Cette considération a fait placer les deux plus beaux appartemens au rez-de-chaussée en aile & en face des jardins, de sorte qu'il n'y a que le bâtiment du fond de la cour qui s'éleve à deux étages, & qui par son peu d'apparence donne par dehors une foible idée de l'importance de cette maison ; circonstance qui fait quelquefois une des parties essentielles de la convenance d'un bâtiment, selon les différens motifs qui donnent lieu à son édification.

La cour qui donne entrée à cet Hôtel a de largeur environ neuf toises sur treize de longueur. A droite est placée une basse-cour pour les remises & les écuries, & pour le dégagement des cuisines & offices. Il manque une sortie dans la rue à cette basse-cour & une plus grande écurie que celle qu'on voit ici, qui auroit pû être double aux dépens de la basse-cour, ou en faisant les remises moins profondes.

Les cuisines & les offices sont au fond de cette basse-cour; l'office tire son jour d'un petit jardin potager, & la cuisine sur une petite cour particuliere dont le mur mitoyen A A étant peu élevé lui procure une lumiere suffisante; au-dessus de ces pieces sont pratiquées des entresoles. A côté de la cuisine est la salle à manger où l'on sert à découvert par le jardin potager, & de ce jardin par la premiere antichambre, dont l'entrée principale du côté de la grande cour est pratiquée dans l'un des angles de cette piece. Comme il n'y a un double étage dans tout ce bâtiment que sur la salle à manger & sur la premiere antichambre, l'on a sans doute crû que le petit escalier B seroit suffisant; cependant (ainsi que nous l'avons remarqué dans la maison de Madame de Varangeville, Chapitre XIV) non-seulement cet escalier est trop ignoré, mais sa cage est trop petite, l'étage attique pouvant contenir un assez bel appartement de maître, dont nous ne donnons point ici le plan, étant facile à concevoir. Cet escalier auroit pû être placé sous les remises, vers C ; il auroit alors servi de passage pour la cuisine, l'entrée de cette derniere étant trop éloignée des basses-cours ; ce qui est fort incommode pour le service des domestiques.

La premiere antichambre conduit à gauche dans l'aile du côté des jardins, & donne entrée à une seconde antichambre qui communique à deux appartemens, au-dessus des petites pieces desquelles sont distribués des entresoles. L'on entre de la seconde antichambre & de la salle d'assemblée dans le jardin par un grand perron qui occupe toute la largeur de l'avant-corps de la façade élevée de ce côté.

Elevation du côté de la rue, & façade du côté du jardin. Pl. II.

La Fig. 1 présente l'élévation de la porte cochere du côté de la rue, dont l'ordonnance n'est pas à imiter. La corniche circulaire est une de ces licences dont nous avons parlé dans l'Introduction ; d'ailleurs elle est mal soutenue par de beau-

Tome I. Rrr

Hôtel de Béthune.

coup trop petites confoles, l'arriere vouffure en tour creufe eft trop baffe & trop écrafée ; & la multiplicité de fes ceintres les uns fur les autres eft un abus dont on ne fçauroit raifonnablement autorifer l'ufage, étant auffi contraires aux préceptes de l'art qu'inutiles, puifque la porte réelle, qui eft ici d'une affez belle proportion, pouvoit paffer fous la corniche de toute la façade, fans que celle-ci reçut aucune interruption. Les murs de face qui accompagnent cette porte ne font pas traités avec plus de fuccès ; les croifées qui font placées au milieu de deux grandes tables, paroiffent auffi pofticles que peu utiles à la diftribution intérieure ; enfin les corps de refends des extrémités font beaucoup trop élevés pour leur largeur. Nous fommes forcés de faire remarquer tous ces défauts afin d'accoutumer les jeunes Architectes à difcerner la médiocrité qui fe rencontre dans quelques-uns des bâtimens que nous décrivons, en les comparant avec les beautés de ceux dont nous applaudiffons l'ordonnance, le choix des formes, & l'élégance des proportions.

La Figure 2, même Planche, offre l'élévation du côté du jardin. Ce bâtiment n'a de ce côté qu'un feul étage, il eft terminé par une baluftrade qui cache la plus grande partie de la hauteur du comble ; fon ordonnance eft Ionique, & l'avant-corps du milieu eft décoré de huit colonnes accouplées deux à deux ; les colonnes paroiffent courtes, il auroit fallu mettre un focle fous les bafes qui fût plus élevé. Malgré l'opinion des anciens qui pofoient les colonnes immédiatement fur les perrons, & même qui les employoient fouvent fans bafes ; il eft certain néanmoins qu'une retraite continue fait toujours un bon effet, parce qu'elle exprime un empatement qui affure la folidité de l'édifice. Il eft vrai que ce focle ajoûté n'auroit pû être pris qu'aux dépens de la hauteur des colonnes, mais il en feroit réfulté un bon effet, parce qu'en diminuant le diamétre des colonnes, cela auroit procuré plus de largeur aux piédroits des arcades qui n'ont ici qu'un demi module au lieu d'un module qu'ils devroient avoir felon le fiftême des Auteurs qui ont écrit le plus pertinemment fur l'Architecture. On pouvoit encore remédier à la proportion trop écrafée de cet avant-corps, en lui donnant plus de hauteur ; ce qui auroit produit un bien général pour toute la façade, qui n'étant compofée que d'un feul étage, femble exiger une proportion plus coloffale que lorfque dans un bâtiment on éleve plufieurs Ordres l'un fur l'autre. Cette hauteur auroit pû même n'être que de celle de la retraite propofée ; par ce moyen la groffeur des colonnes feroit reftée la même, & l'on auroit pû donner plus de largeur aux piédroits des arcades, fans rien changer à la largeur totale de l'avant-corps qui eft déja confidérable par rapport aux arrieres-corps. Les colonnes des extrémités auroient pû être reculées vers les deux reffauts marqués A, qui ont chacun un pied de largeur & cet efpace étant rejetté fur les 6 piédroits des arcades, leur auroit donné à chacun quatre pouces de largeur de plus, & les auroit mis en rapport avec le diamétre des colonnes. Enfin comme cet avant-corps auroit été plus large de deux pieds, & que la bafe du fronton fe feroit trouvée augmentée de ces deux pieds, il auroit fallu le fupprimer, n'étant pas déja fupportable parce qu'il couronne un avant-corps dont la largeur eft trop confidérable pour fa hauteur, de maniere qu'un pareil fronton ne peut être admis dans une Architecture réguliere que pour couronner le milieu d'un frontifpice qui feroit décoré de plufieurs Ordres furmontés les uns fur les autres, comme au Château de Maifons, au Portail de Saint-Gervais, &c.

Les arrieres-corps & les pavillons des extrémités de cette élévation font trop fimples pour la richeffe de l'avant-corps ; il faut effentiellement conferver de l'analogie entre les différentes parties d'une façade ; autrement elles ne paroiffent pas faites l'une pour l'autre ; ce qui caufe une diffonnance défagréable dans la maffe générale qui n'a nul droit de plaire, quelque genre de richeffe qu'on ait affecté en particulier dans chacune de fes parties.

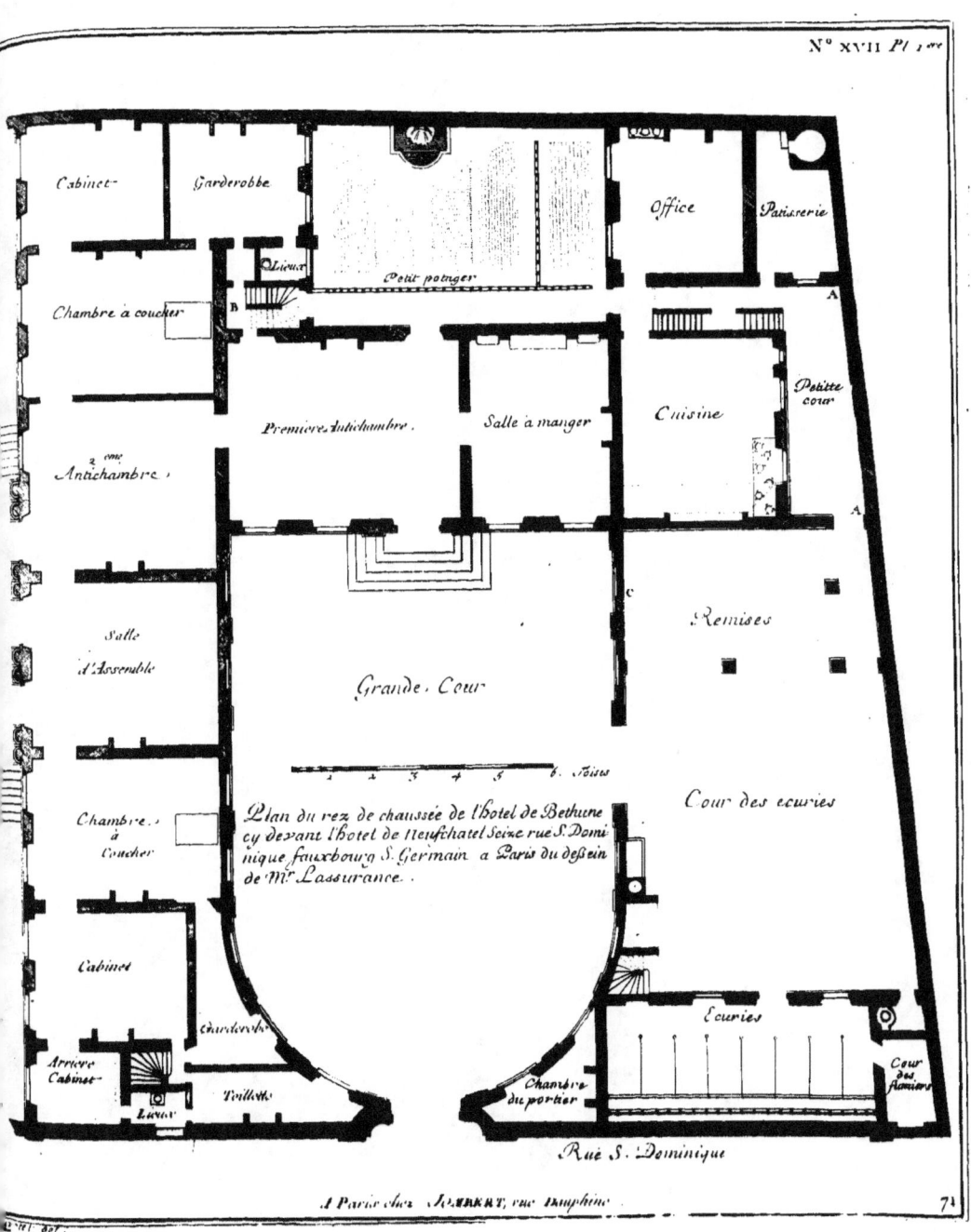

Façade du côté de la cour. Pl. III.

Par cette élévation l'on reconnoit, ainsi que nous l'avons déja remarqué, que ce bâtiment du côté de l'entrée paroît de peu d'importance, n'ayant que 9 toises 2 pieds de face. Elle est composée d'un rez-de-chaussée surmonté d'un Attique, dont l'ordonnance est assez réguliere ; les murs de la cour sont revêtus d'arcades & de croisées feintes, formant un tout assez agréable pour une maison particuliere (voyez la Pl. IV.) Le milieu de cette façade est marqué par un avant-corps percé au rez-de-chaussée d'une arcade ornée d'un bandeau dont on auroit dû se passer, tout cet étage étant revêtu de refends qui simétrisent avec ceux des revêtissemens des murs de la cour. Pour cette raison il auroit peut-être mieux valu que les quatre croisées des arriere-corps de cet étage eussent été formées par des arcades qui auroient rendu le pourtour de toute la cour d'une décortion uniforme; les croisées de l'étage attique sont d'une bonne proportion, mais l'avant-corps du milieu de cet attique paroît trop fréquemment subdivisé par des tables ; ce genre de décoration paroît imiter la Menuiserie ; c'est pourquoi il faut en user avec plus de prudence dans les murs de face, dont la matiere exige une richesse qui soit relative à sa solidité naturelle.

Hôtel de Béthune.

A la gauche de cette élévation l'on voit l'intérieur de la salle d'assemblée dont la couverture est à deux égoûts, ainsi que sur toute la longueur de ce bâtiment ; l'on voit aussi marqué A, le profil de l'avant-corps du côté du jardin dont les colonnes sont engagées dans le mur de face ; au-dessus se remarque la coupe du fronton dont la hauteur égale le faitage du comble. A la droite est exprimé le bâtiment des remises & des entresoles qui sont pratiquées au-dessus, & dont la décoration simple n'est pas apperçue de la grande cour, l'un de ses murs de revêtissement en masquant la hauteur.

Coupe & profil pris sur la longueur du bâtiment. Planche IV.

Par cette Planche l'on voit l'ordonnance du mur qui sépare la grande cour d'avec la basse-cour & qui simétrise avec le mur de face qui lui est opposé. L'arcade qui donne entrée à cette basse-cour est tenue beaucoup plus large que les autres pour le passage des équipages ; mais comme tous les impostes sont à la même hauteur, l'arc de cette grande arcade est corrompu, ce qui auroit dû les faire supprimer à toutes ces arcades, puisqu'elles sont décorées de refends, de sorte que par ce moyen l'inégalité des coussinets auroit été masquée par l'uniformité générale des assises, au lieu que cet imposte rend perceptible la difformité de l'arc de cette grande porte qui dans ce cas auroit peut-être mieux réussi en ceintre surbaissé, ainsi qu'on l'a observé à l'Hôtel de Soubise : cependant en général il faut éviter dans une même suite d'arcades des formes dissemblables. Au bout de cette aile feinte, s'éleve la coupe du principal corps de logis prise dans la premiere antichambre, au-dessus de laquelle se remarque l'intérieur de l'étage attique, couvert d'un comble à la Françoise. Derriere ce bâtiment l'on voit ceux des offices qui donnent sur le jardin potager dont nous avons parlé en décrivant le plan du rez-de-chaussée de cet Hôtel, Planche I.

CHAPITRE XVIII.
Description de l'Hôtel du Ludes, situé rue St. Dominique.

Hôtel du Ludes.

CET Hôtel fut bâti en 1710 sur les desseins de M. de Cotte premier Architecte du Roi, pour Mr. Duret Président à la Chambre des Comptes & Secretaire du Cabinet du Roi, qui le vendit à vie à Marguerite-Louise de Béthune, Duchesse Douairiere du Ludes. Après la mort de cette Dame il revint au Président Duret, qui l'a vendu (a) à Mr. Bonnier de la Mosson, Trésorier général des Etats de Languedoc, à la famille duquel il appartient aujourd'hui, quoiqu'il soit occupé par Mr. le Duc de Biron.

Plan au rez-de-chaussée. Planche premiere.

La distribution de ce plan est simple du côté du jardin, ainsi que dans les deux ailes de la cour principale, & double sur la basse-cour; la face sur le jardin a 29 toises, & compose un appartement de sept pieces d'enfilade, qui pour une maison particuliere peut être regardé comme très-considérable. Au premier étage il y en a une pareille qui sans doute lors de la bâtisse de cet Hôtel ne devoit servir que pour des garde-meubles ou pour des pieces destinées aux domestiques, ne remarquant dans ce plan aucun escalier capable de conduire à de beaux appartemens. Comme depuis on a voulu rendre le premier étage logeable, principalement du tems de M. Bonnier qui l'avoit destiné à recevoir toutes les curiosités dont il étoit possesseur, l'on a pratiqué un grand escalier dans les trois pieces marquées A, qui est annoncé par le vestibule B; on a aussi fait une porte à la place de la croisée du milieu de la seconde antichambre & l'on a supprimé celle du vestibule C, à la place de laquelle on a fait une croisée, de maniere que cette piece sert de buffet à la grande antichambre, & celle-ci de salle à manger à la place de celle qui se remarque dans ce plan, & qui ayant ses vûes sur la basse-cour, présentoit un aspect peu intéressant; par ce moyen toute la distribution de cette maison devient très-commode & l'usage & la proportion des pieces fort bien entendus; les basse-cours ont un dégagement sur la rue & sont pourvûes des bâtimens & des commodités nécessaires dans une grande maison. La cour principale a 10 toises de largeur sur environ 13 de longueur; on a profité de l'obliquité de la rue pour pratiquer à gauche un logement de portier, ce qui en corrigeant cette irrégularité donne une forme assez agréable à la cour.

Le plan du premier étage que nous ne donnons pas ici parce qu'il est distribué comme le rez-de-chaussée, est décoré avec quelque magnificence & par la situation de l'escalier composé à sa droite un appartement complet & une aile à sa gauche, sans pour cela être obligés l'un & l'autre d'avoir de communication, ce qu'il est essentiel d'observer dans la distribution des appartemens qui ne sont destinés seulement qu'à la commodité.

Elévation du côté de la cour. Planche II.

La décoration de cette façade est traitée avec beaucoup de simplicité, ainsi que tout l'extérieur de ce bâtiment en général; deux étages réguliers couverts d'un comble à la Françoise ou à deux égouts en composent la hauteur; un avant-

---

(a) C'est dans cet Hôtel & du tems de M. Bonnier qu'on a vû pendant plusieurs années cette fameuse collection de machines & d'histoire naturelle, qui faisoit une des plus belles curiosités de Paris, & qui après la mort de cet amateur a été dispersée tant dans plusieurs beaux cabinets de Paris, que dans les pays étrangers.

corps

corps de trois croifées couronné d'un fronton diftingue le milieu de ce bâtiment. Au rez-de-chauffée fe remarque une arcade qui renferme une croifée ; c'eft cette derniere qu'on a démoli, & l'on s'eft fervi de l'ouverture de l'arcade pour donner l'entrée aux appartemens diftribués du côté du jardin ; les ornemens qui accompagnent cette porte compofent de trop petites parties pour la grandeur de l'avant-corps, & ce dernier paroît trop confidérable pour l'étendue de la façade qui n'a que 10 toifes de longueur, de même que celle de la cour dont on voit ici la coupe des deux ailes dans lefquelles font comprifes d'un côté les cuifines & de l'autre les remifes.

Hôtel de Ludes.

A gauche de cette élévation l'on voit la façade de l'appartement double dont nous avons parlé, & qui ne faifant pas partie de l'ordonnance générale du bâtiment & n'en étant pas apperçue, eft tenue beaucoup plus fimple.

Elévation du côté du Jardin. Planche III.

Cette façade a les mêmes proportions que la précédente pour la hauteur des étages, corniches, croifées, bandeaux, &c, & ne differe que par fon étendue qui étant beaucoup plus grande auroit exigé que l'avant-corps du milieu eut eu la largeur de celui de la cour que nous venons de trouver trop grand pour le peu d'étendue de fa façade, pendant que celui-ci eft trop peu confidérable, n'ayant que deux croifées & préfentant un trumeau dans le milieu qui pouvoit s'éviter en faifant cet avant corps de trois ouvertures & les pavillons de deux feulement, ce nombre étant moins condamnable dans les extrémités d'une façade que dans le milieu d'un avant-corps ; alors les pavillons auroient eu deux croifées, l'avant-corps en auroit eu trois, & les arriere-corps quatre, ce qui auroit mieux réuffi que 2, 4, 3, les parties des extrémités d'un bâtiment devant céder à celle du milieu, & celle-ci être inférieure à l'étendue des ailes. L'inégalité qui fe remarque dans les trumeaux des arriere-corps doit toujours s'éviter, la diftribution des pieces devant être affujettie à la décoration extérieure ; c'eft une des qualités effentielles de la fimétrie, & cette partie de l'Architecture a feule droit de plaire dans une ordonnance fimple. Il eft vrai que cette fujettion rencontre quelque difficulté dans la compofition générale d'un édifice, mais cette étude procure à un Architecte le moyen de développer fon art, & de faire voir la fupériorité que l'Artifte doit avoir fur les Artifans d'un bâtiment.

Coupe fur la longueur de la cour principale. Planche IV.

La Figure deuxiéme offre l'une des ailes de bâtiment de la grande cour, la coupe du principal corps de logis & celle de la porte d'entrée dont l'on voit l'élévation extérieure, Figure premiere même Planche. Cette aile de bâtiment eft divifée en deux parties, celle qui eft adoffée au principal corps de logis eft à double étage, & celle du côté de la rue n'en a qu'un. Dans toute la longueur de ces deux ailes au rez-de-chauffée font des arcades ; celle A entre dans le veftibule qui conduit au grand efcalier ajoûté dans ce bâtiment, ainfi que nous l'avons déja obfervé ; celle B, eft le paffage pour les voitures dans la baffe-cour, les autres font feintes & l'on y a renfermé des croifées réelles. Les arcades A, B, font tenues plus larges que les autres, celle qui conduit aux baffe-cours étant obligée d'avoir une ouverture relative à fon ufage, mais cette néceffité nuit à l'ordonnance, elle altere la proportion, corrompt la forme des archivoltes, & produit à l'œil une irrégularité qu'il faut toujours éviter dans l'Architecture. Puifque l'on a voulu affecter des arcades dans cette aile de bâtiment où il n'en eft pas befoin, il auroit été convenable de les faire continuer dans le rez-de-chauffée de la façade du principal

Hôtel du Lude.

de logis, cela auroit procuré une uniformité intéressante qui se seroit accordée avec l'arcade qui se remarque du côté de la cour, & l'on auroit évité par là les croisées quarrées (voyez la Pl. II) qui paroissent n'avoir aucune analogie avec les arcades ornées d'archivoltes & d'impostes dont cette aile est décorée. Nous avons déja remarqué cette inadvertance dans plusieurs de nos bâtimens, & certainement une pareille négligence ne provient que du peu d'attention qu'on a d'observer la relation que doit avoir l'ordonnance d'une façade principale avec le retour des ailes, de maniere que les différens genres d'Architecture qu'on y affecte, présentent au spectateur la pénétration de plusieurs corps de bâtimens qui n'ont aucun rapport entr'eux. Défaut encore plus condamnable que lorsque dans la décoration des édifices où les Ordres président on voit des pilastres & des colonnes se pénétrer, être doubles, jumeaux, &c. Sans autre motif que de donner à son bâtiment de l'élégance & un air de nouveauté qui semble autoriser l'Architecte à s'écarter des principes de l'art les mieux établis qui exigent premierement de la convenance, ensuite de la simétrie, & toujours de la proportion.

La Figure deuxiéme donne la décoration extérieure de la porte du côté de la rue, sa hauteur générale est trop élevée par rapport à sa largeur, & sa corniche circulaire qui cause sa plus grande hauteur est aussi inutile que sa forme est désagréable; elle est inutile parce qu'elle ne sert dans sa demi circonférence qu'à recevoir les Armes du maître, qui auroient pû être mieux situées sur un socle posé sur un entablement horisontal, comme on le remarque à la porte de l'Hôtel d'Estrées, & elle est désagréable non-seulement parce que ce genre de corniche est contraire aux régles de la bonne Architecture, mais encore parce que cette corniche du dedans du bâtiment masque l'aspect des dehors & rend l'intérieur de cet édifice triste & renfermé, contre le goût en général de nos bâtimens modernes en France, où l'on affecte beaucoup de percés, des cours vastes, &c, ce qui rend les lieux plus salubres, & répand dans une maison un air de gayeté qui influe sur le tempéramment des personnes qui l'habitent.

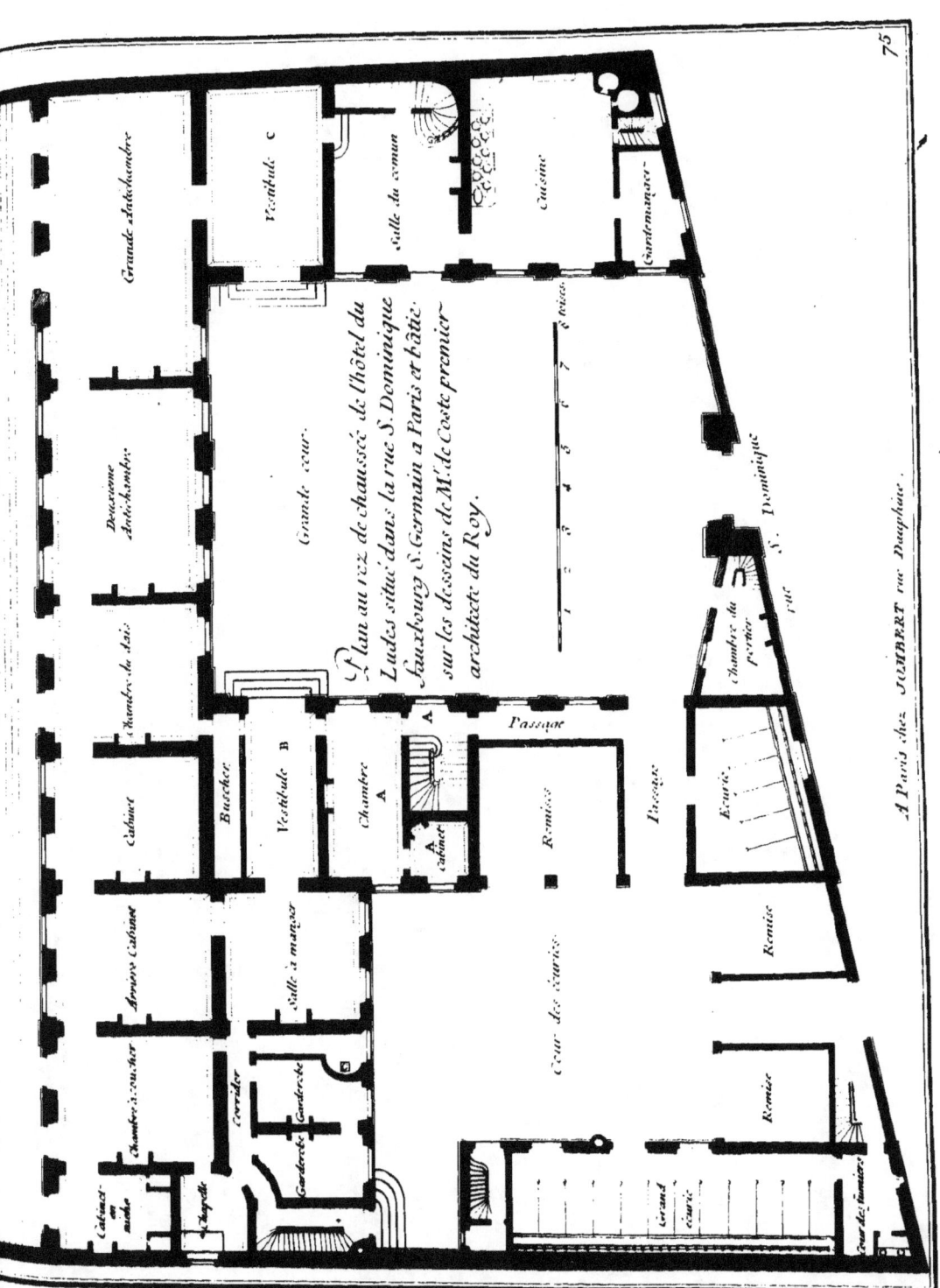

CHAPITRE XIX.

Description de l'Hôtel de Luynes, de la Maison occupée par M. le Marquis de Galifé, & de l'Hôtel de Pons.

Hôtel de Luynes, rue Saint-Dominique, vis-à-vis les Jacobins.

CET Hôtel fut bâti vers l'an 1650 sur les desseins de le Muet (a), pour Marie de Rohan-Montbason, Duchesse de Chevreuse dont cet Hôtel a porté le nom. Il appartient aujourd'hui à la maison de Luynes qui l'occupe; depuis environ 40 ans on y a fait des augmentations considérables qui rendent cette maison très-spacieuse, la façade du côté des jardins ayant 32 toises au lieu de 25 qu'elle a dans le plan que nous donnons ici, Planche I. Les basse-cours sont aussi fort augmentées & contiennent de nouvelles écuries, des remises, un manege découvert, &c. Le jardin a de profondeur 26 toises sur environ 45 de largeur & est orné de parterres, de bosquets, de cabinets de verdure, &c. Le grand escalier a été peint en 1748 par Mrs. Brunetti pere & fils, & est un morceau digne de la curiosité des connoisseurs, tant par l'ordonnance de l'Architecture qui y préside, que pour la vigueur du coloris & les regles de la perspective qui y sont observées.

_{Hôtel de Luynes.}

La distribution des pieces a souffert peu de changemens tant dans ce plan que dans celui du premier étage, à l'exception de la gallerie marquée sur les Planches II & III, à la place de laquelle sont des mansardes, cette grande piece ayant été supprimée.

Les Planches III & IV donnent l'une l'élévation du côté de la cour, l'autre celle en aile de la même cour avec la coupe ou profils du principal corps de logis qui est simple & seulement élevé de deux étages, couvert en mansarde qui regne aussi du côté de la cour sur les deux gros pavillons dans lesquels sont pratiqués les escaliers marqués dans les Planches I & II. L'ordonnance de l'Architecture des dehors n'a rien de recommandable que la simétrie, & sert seulement à prouver combien il faut s'éloigner de l'abus d'introduire sans nécessité des frontons, des crossettes, des appuis continus, &c, qui forment de petites parties dans une ordonnance simple, & dont les trumeaux étant tenus larges composent un tout dont les parties ne paroissent plus faites pour aller ensemble. Il faut convenir néanmoins que la régularité de l'exécution & la correction des profils de ce bâtiment, ainsi que tous ceux exécutés dans le siécle dont nous parlons, a de quoi satisfaire & nous confirme combien la beauté de l'appareil & l'art de profiler sont essentiels dans l'Architecture, puisque ces deux parties qui seules dominent dans ces édifices semblent nous dédommager de cette grace, de cette élégance, & sur-tout de la convenance qu'on affecte depuis dans nos édifices modernes.

Maison appartenante à l'Hôtel-Dieu de Paris, rue St. Dominique, proche les Jacobins.

Cette Maison qui est du dessein de Mr. le Duc Architecte, fut bâtie vers l'an 1630, & est occupée aujourd'hui par Mr. le Marquis de Galifé. Le principal corps de logis situé entre cour & jardin est double, & contient 8 toises trois pieds de lar-

---

(a) Cet Architecte qui est mort en 1680, étoit chargé de la conduite des desseins & des travaux de fortification de la Province de Picardie, & a donné au public en 1645 un Livre d'Architecture qui traite de la maniere de bâtir, & qui a été imité par Tiercelet dans l'Architecture moderne imprimée chez Jumbert en 1729 en deux Volumes in-quarto; c'est aussi cet Architecte qui en 1654 succéda à Mansard & à le Mercier pour la conduite du Val-de-Grace.

Maison de l'Hôtel Dieu. geur sur autant de profondeur. La cour qui le sépare d'avec le bâtiment sur la rue, est quarrée, les cuisines sont dans les souterrains du corps de logis, & le bâtiment sur la rue contient quatre remises, deux écuries & des petits escaliers qui montent aux entresoles & aux mansardes pratiquées au-dessus. Il n'est gueres possible de distribuer une maison particuliere avec autant de commodité dans un terrain aussi peu spacieux, sur-tout les appartemens & les escaliers étant d'une grandeur convenable & d'une régularité qui surpasse toutes les distributions de ce tems-là, ainsi qu'on peut le remarquer Planche V. Sur cette même Planche se voit aussi la façade du côté de la rue, dont l'ordonnance de la porte est massive & pesante en comparaison de l'élégance de l'Architecture qui décore le principal corps de logis, comme on le peut voir sur l'élévation du côté de la cour, Planche VI qui est la même que celle du côté du jardin, à l'exception qu'au rez-de-chaussée au lieu de colonnes ce sont des pilastres Doriques. Le milieu de l'avant-corps au rez-de-chaussée est occupé par des colonnes accouplées au-dessus desquelles s'éleve un trumeau ou des pilastres Ioniques aussi accouplés. Une pareille licence n'est pas recevable, ainsi que nous l'avons dit ailleurs, principalement ce trumeau n'étant soutenu que par ces deux colonnes qui paroissent n'avoir été placées ici que parce que l'architrave ayant trop de portée & étant chargé du poids du trumeau de dessus, semble avoir obligé après coup d'introduire ces deux supports. Au reste à l'exception de cette licence, l'Architecture est traitée avec beaucoup d'art, de soin & d'élégance, ce qui doit engager à visiter cette maison. Il est vrai que cette curiosité n'intéresse que les hommes du métier, & qu'elle affecte moins les amateurs de la bonne Architecture qu'un édifice plus considérable qui satisfait davantage ; mais comme nous écrivons ici pour toutes les personnes en général qui ont du goût pour l'art de bâtir ; ceux qui en voudront faire leur profession ne doivent négliger aucune occasion de s'instruire, & sans doute nous sçaurons quelque gré de leur indiquer & de leur faire observer ce qui peut contribuer à leur donner les lumieres nécessaires pour se distinguer dans cet art.

Vûe de l'Hôtel de Pons du côté de l'entrée, sis rue de l'Université, Faubourg S. Germain.

Hôtel de Pons. Cet Hôtel a été bâti sur les desseins de Louis le Veau premier Architecte du Roi, pour Antoine Tambonneau Président à la Chambre des Comptes ; depuis il a appartenu au Comte de Marsan, de la Maison de Lorraine, ensuite au Comte de Matignon ; enfin en 1724 il fut retrait par le Prince de Pons qui en jouit actuellement, & qui l'a donné à loyer à l'Ambassadeur d'Espagne ; le Secretaire d'Ambassade l'occupe aujourd'hui depuis la mort de son Excellence.

La Cour de cet Hôtel est grande & spacieuse, deux ailes de bâtiment à un seul étage en occupent la longueur, & au fond est le principal corps de logis à deux étages dont le rez-de-chaussée est Dorique & le premier étage est Ionique terminé par une balustrade & des combles à la Mansarde, voyez la Planche VII. Le côté du jardin est décoré d'un grand Ordre Ionique qui embrasse deux étages, élevé sur un soubassement. L'ordonnance de l'Architecture de cet édifice est réguliere, d'une belle exécution & mérite l'attention des connoisseurs, mais la distribution a le défaut de celles du siécle dernier, c'est-à-dire est peu commode & assez mal éclairée.

Le jardin de cet Hôtel est fort spacieux, mais triste, étant enfermé par des murs & des arbres qui en rétrecissent l'espace : Piganiol prétend que c'est dans ces jardins que M. de la Quintinie fit la premiere épreuve des découvertes qu'il avoit faites dans la culture des arbres fruitiers.

CHAP.

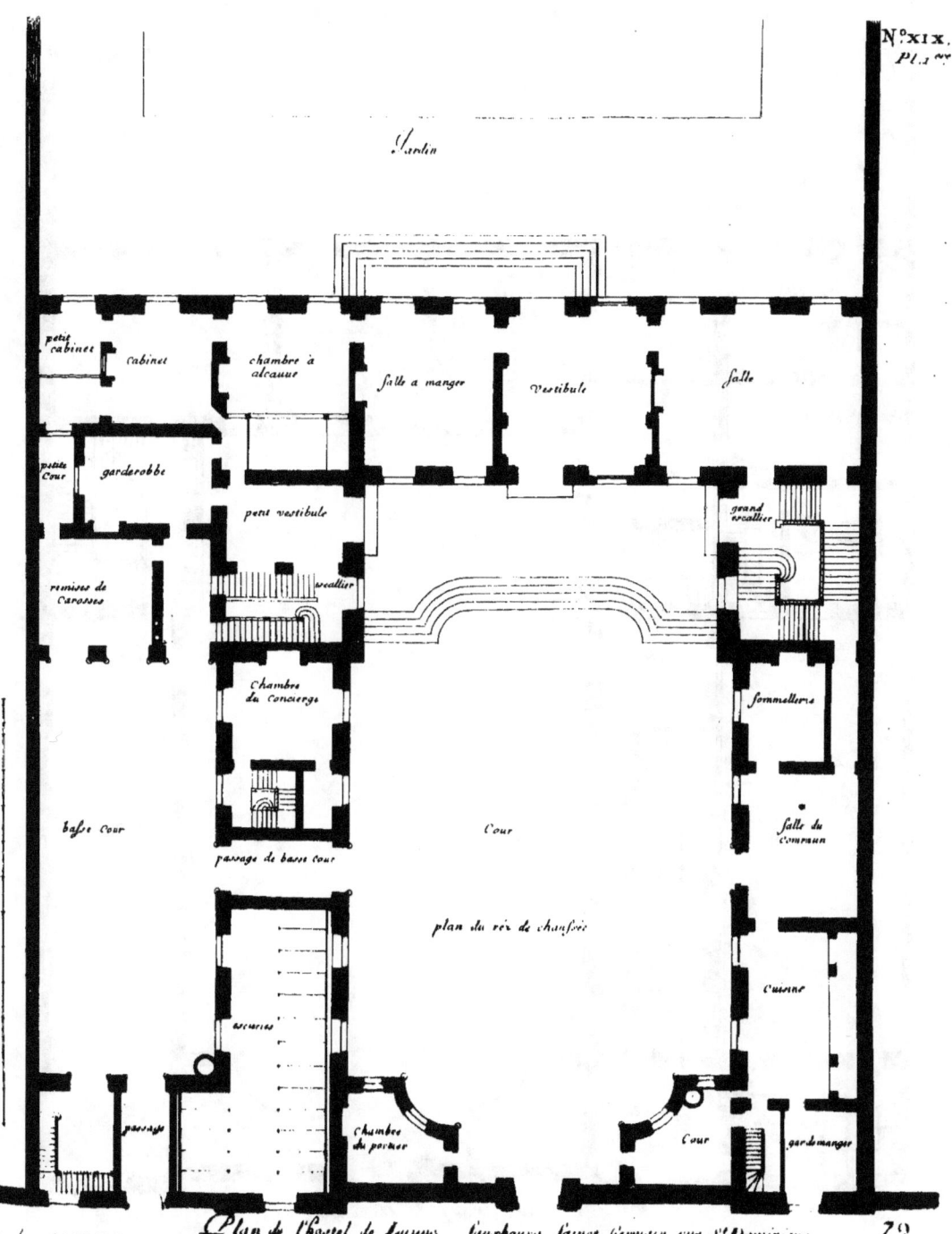

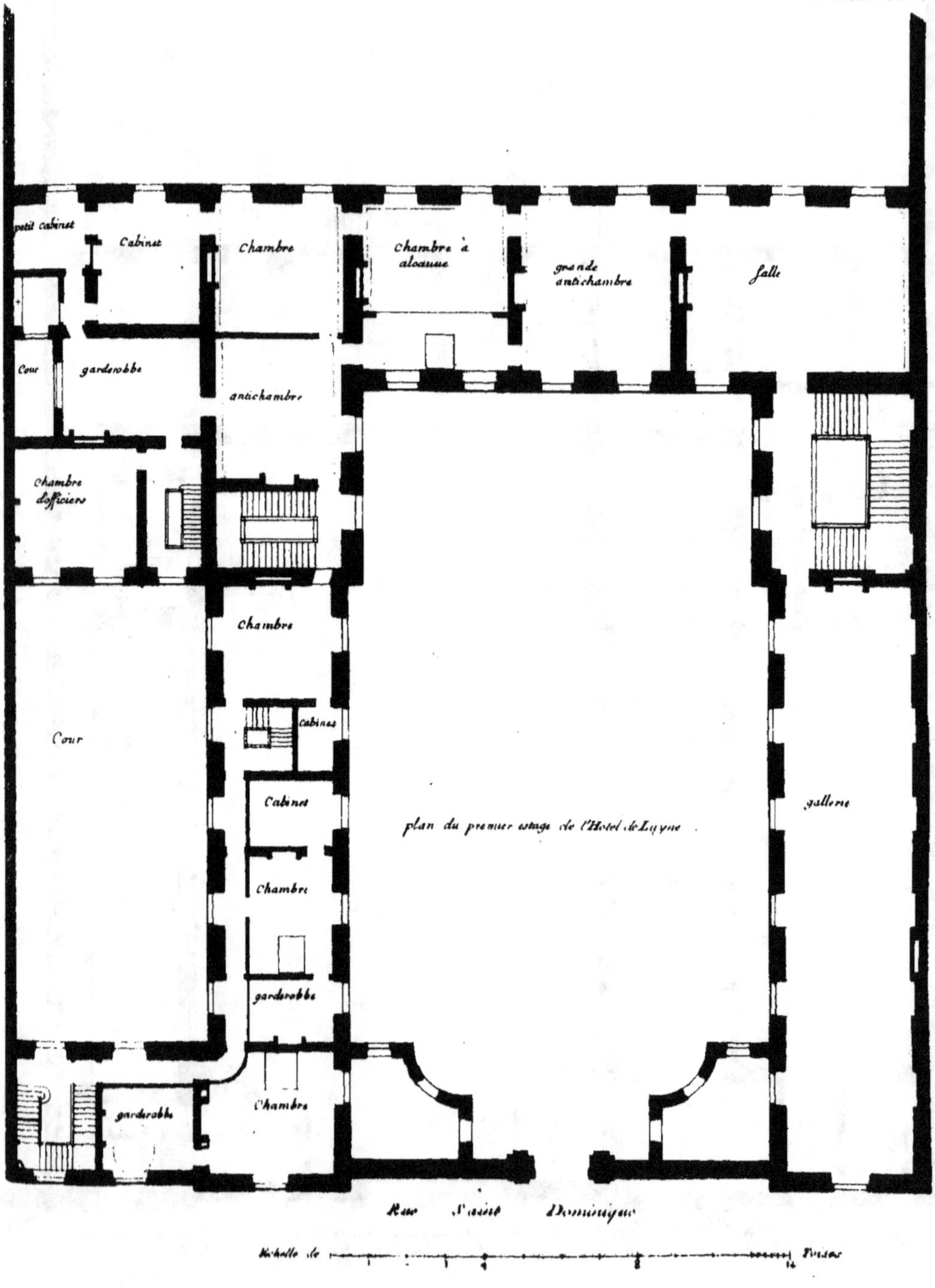

N.º XIX. Pl. 2.

petit cabinet
Cabinet
Chambre
Chambre à alcouve
grande antichambre
Salle

Cour
garderobbe
antichambre

Chambre d'officiers

Cour

Chambre

Cabinet

Cabinet

Chambre

garderobbe

garderobbe

Chambre

plan du premier estage de l'Hotel de Luyne

gallerie

Rue Saint Dominique

Echelle de ... Toises

CHAPITRE XX.

Description de l'Hôtel de Maisons, situé rue de l'Université.

CET Hôtel fut bâti en 1708 sur les desseins de Mr. de Lassurance, pour M. le Marquis de Maisons, Président à Mortier au Parlement de Paris; il a passé ensuite à M. le Marquis de Saucourt à qui il appartient aujourd'hui, & qui vient d'y faire de très-grandes augmentations sur les desseins de Mr. Mouret (a) Architecte. Ces changemens ont rendu cet Hôtel un des plus considérables qui soit à Paris pour une maison particuliere; c'est ce qui nous a déterminé à en donner un nouveau plan du rez-de-chaussée (Planche IV) tel qu'il existe à présent, mais nous n'en parlerons qu'après avoir décrit les plans & élévations de cet Hôtel tels qu'ils furent composés d'abord par Mr. de Lassurance.

Plan du rez-de-chaussée. Planche premiere.

Comme cet Hôtel fut bâti dans la même année que l'Hôtel d'Auvergne qui lui est contigu, & par le même Architecte, c'est ce qui l'a déterminé à ne pratiquer qu'un pavillon du côté du jardin qui a la même saillie & qui simétrise en quelque sorte avec la façade du bâtiment de l'Hôtel d'Auvergne, dont l'avant-corps A est exprimé dans cette Planche, & devient mur mitoyen avec le bâtiment dont nous parlons.

La cour de cet Hôtel est à peu près de forme quarrée & pour corriger l'obliquité du mur sur la rue, l'on a affecté un petit contre-mur qui simétrise avec le côté qui lui est opposé. Un vestibule ouvert par un grand entrecolonnement donne entrée aux appartemens de parade distribués du côté du jardin; à la gauche de ce vestibule est situé le grand escalier, que l'on a sans doute préféré de placer de ce côté à cause qu'il se trouve au milieu des appartemens distribués au premier étage. A la gauche de la grande cour est pratiquée une basse-cour commune aux bâtimens des écuries, des remises, des cuisines & offices. Cette basse-cour est de forme très irréguliere, mais le mur mitoyen à gauche de cet Hôtel a occasionné une partie de son obliquité, & ordinairement lorsqu'il ne s'agit que d'une maison particuliere on ne porte pas la simétrie de ces bâtimens trop loin; cependant en général il faut sçavoir qu'on est obligé d'observer toujours de la régularité dans les masses de ces bâtimens lorsqu'ils appartiennent à un édifice considérable, quoique tenu simple, les plus petites parties ne devant jamais être négligées lorsqu'il s'agit de la disposition totale d'un Hôtel bâti à neuf.

La salle à manger dans ce plan n'est pas située avantageusement, elle est trop voisine des basse-cours & trop peu éclairée, d'ailleurs l'on est obligé de servir à découvert des cuisines & de passer trop de dégagemens irréguliers pour y arriver, il faut autant que faire se peut faciliter les accès de ces sortes de pieces.

(a) Mr. Mouret né à Moussi le vieux, à cinq lieues de Paris l'an 1705, est un Architecte qui s'est acquis beaucoup de réputation par les différens bâtimens qu'il a élevés à Paris, tel que l'Hôtel d'Auvergne rue & barriere St. Dominique, l'Hôtel de Vertu rue de Bourbon, l'Hôtel de St. Simon, &c. C'est aussi à cet habile Architecte que nous sommes redevables de la construction de deux Manufactures assez considérables aux environs de Paris, la premiere est celle de teinture à St. Denys, élevée en 1736 & 1737 dans la bâtie de laquelle on remarque une expérience & une intelligence très-estimable principalement dans la construction des fourneaux, des magasins, ateliers, lavoirs, moulins à foulon, fribulas, presses, pompes, &c; l'autre la Manufacture Royale des rubans à la Vilette, érigée en 1746 & 1747, où entr'autres ouvrages intéressans la méchanique des métiers mérite une attention particuliere de la part des connoisseurs.

Le bâtiment de Mr. le Marquis de Beaufremont près Besançon, dans le parc duquel on remarque une très-grande quantité de canaux, de fontaines, de cascades, &c. est aussi de cet Architecte. C'est pareillement sur les desseins que l'on vient de commencer à bâtir en 1751, l'Hôtel-Dieu de Madrid en Espagne près le Retiro, édifice d'une grandeur & d'une magnificence supérieures à tout ce que nous avons encore vû jusqu'à présent dans ce genre.

Hôtel de Mafons.

le service des domestiques ne pouvant être trop commode, & l'issue d'une salle à manger trop bien annoncée des appartemens de maîtres, en observant néanmoins de ne jamais les placer dans les principales enfilades pour les raisons que nous en avons dit ailleurs. Consideration pour la quelle la grande antichambre ne pourroit servir de salle à manger à moins d'une occasion extraordinaire, & qu'elle ne se trouveroit placée convenablement qu'en faisant de l'arriere-cabinet & de la garderobe une seule piece pour la salle à manger. Cependant il en résulteroit encore deux inconvéniens, l'un qu'on seroit alors privé de ces deux petites pieces qui font toute la commodité de l'appartement distribué de ce côté; l'autre que cette salle à manger ainsi placée seroit trop éloignée des cuisines : circonstance qui auroit dû faire disposer tout autrement la partie droite de ce bâtiment, ainsi qu'on le verra exprimé, Planche IV.

Plan du premier étage. Planche II.

La distribution de ce plan est assujettie en quelque sorte à celle du rez-de-chaussée, à l'exception de la cloison qui sépare les deux antichambres du côté du jardin qui porte à faux sur le plancher de la grande antichambre du rez-de-chaussée. Tout le principal corps de logis de cet Hôtel au premier étage est composé de quatre appartemens dont deux sont assez considérables & deux sont de commodité, l'un pratiqué dans le semi-double du côté de la cour, & l'autre en aile pratiqué au-dessus des remises. Ces petits appartemens servent de dégagemens aux pieces principales, & leurs garderobes leur sont communes ; au-dessus des écuries, des remises & des cuisines sont distribués des logemens pour les domestiques de cet Hôtel, sur lesquels sont pratiqués les greniers pour les fourages, &c.

De la décoration extérieure de cet Hôtel. Planche III.

La Figure premiere présente l'élévation du côté de la cour, contenant 15 toises dans œuvre, non compris la partie A qui représente un arrachement des bâtimens des basse-cours, & qui pour cette raison est tenue d'une ordonnance plus simple.

Dans le milieu de cette façade est exprimé un avant-corps, dont le rez-de-chaussée est décoré de colonnes Doriques couronnées d'un entablement architravé. Cet Ordre est surmonté d'un Corinthien couronné par un fronton dont la corniche horizontale est interrompue pour laisser élever une arcade en plein ceintre dont la hauteur est contre les regles de la bonne Architecture, aussi bien que cette espece de fronton. Les croisées des arriere-corps du premier étage sont d'une proportion trop racourcie & d'une ordonnance trop simple pour la richesse de l'avant-corps ; celles du rez-de-chaussée sont mieux en rapport avec l'Ordre Dorique. Ces deux arriere-corps sont couronnés d'une balustrade qui vient se terminer contre les extrémités du fronton, on auroit dû affecter de ne pas faire la balustrade plus élevée que la cimaise supérieure de l'entablement Corinthien, autrement ces membres qui n'ont aucune relation entr'eux, composent une Architecture irréguliere, plus ou moins condamnable, selon que l'édifice exige plus ou moins de sévérité.

La Figure deuxiéme présente l'élévation du côté du jardin, à l'une des extrémités de laquelle se remarque le pavillon en avant-corps qui simétrise avec le bâtiment de l'Hôtel d'Auvergne (voyez l'Hôtel d'Auvergne, Planche III Fig. 2) élevé sur le même alignement, à peu près de la même hauteur & de la même ordonnance que celui B ; l'inégalité des trumeaux de celui-ci n'est pas tolérable, la distribution des dedans cependant n'auroit pas souffert quand on auroit

rendu la décoration extérieure simétrique. L'avant-corps du milieu de cette fa- | Hôtel de
çade est décoré d'assez bon goût, les ressauts dont il est composé produisent un | Maisons.
aussi bon effet qu'ils sont ingénieux, mais il semble qu'on auroit dû préférer une
croisée quarrée ou bombée au premier étage à celle en plein cintre, qui se trouvant seule dans cette façade à côté de deux à plate-bande dans un même avant-
corps & beaucoup plus élevée que les autres, réussit mal ; d'ailleurs l'astragale qui
tient lieu d'architrave à l'entablement se trouve interrompu au-dessus de cette arcade, licence toujours vicieuse, lorsqu'aucune nécessité indispensable n'y a contraint. Les consoles qui portent la corniche du dessus de la porte du rez-de-chauf-
sée sont trop petites, elles disputent avec les claveaux qui les environnent ; en
général elles doivent être regardées comme un ornement qui ne devroit être admis dans l'Architecture qu'avec beaucoup de prudence. Les observations que
nous faisons sur les bâtimens qui composent cet ouvrage sont déduites cependant d'après l'exécution & non d'après les desseins que nous offrons, la plupart
des gravures des Planches étant assez négligée ; défaut auquel on n'a pu remédier
la plus grande quantité ayant été faite il y a plusieurs années, & dans un tems
où l'on n'avoit pas pour objet un examen aussi severe ni aussi intéressant pour le
progrès & les connoissances de l'Architecture.

Nouveau plan de l'Hôtel de Maisons, aujourd'hui l'Hôtel de Saucourt. Pl. IV.

Il est aisé de s'appercevoir par ce nouveau plan des changemens considérables
qui ont été faits à cet Hôtel, en comparant celui ci avec la Planche premiere où
l'on s'appercevra que l'escalier a été transporté à droite, & qu'à la place de l'ancien l'on a pratiqué la salle à manger que nous avons trouvé mal située dans la
distribution précédente ; le vestibule qui communiquoit au sallon par une porte
qui perçoit tout le milieu du bâtiment est masqué aujourd'hui malgré le bien qui
résulte ordinairement de ces principales enfilades ; sans doute que quelque considération particuliere a prévalu sur cette loi générale, soit pour procurer plus de
recueillement aux appartemens qui sont pratiqués du côté des jardins, soit pour
occasionner à parcourir plus de pieces de parade pour parvenir à celles qui sont
habitées par les maîtres, soit enfin pour éviter cette porte à côté de la cheminée
du sallon, qui ici étant de compagnie & appartenant à un bâtiment qui s'habite
l'hiver, demande à être moins percé que tout autre qui ne seroit habité à la Ville
ou à la campagne que dans la belle saison.

Une des principales augmentations qui ait été faite dans le rez-de-chaussée du
principal corps de logis de cet Hôtel, après les changemens du grand escalier, est
l'aile de bâtiment du côté du jardin composée d'une bibliothéque d'un cabinet &
d'un appartement des bains dont le percé des portes intérieures se joignant à celui des anciens appartemens, procure une enfilade de dix pieces de plain-pied,
d'environ 37 toises de longueur, qui forment un coup d'œil très-considérable, &
dont la magnificence de la décoration & l'élégance des meubles rendent cette
maison un des plus beaux Hôtels qui soit à Paris.

Comme les augmentations que nous venons d'observer donnent à cette maison
six appartemens de maître & plusieurs de société, il étoit indispensable d'en augmenter les dépendances, a cet effet l'on a joint à la cuisine, un office avec une
entre-sole au-dessus pour l'officier ; l'on a pris la cage de cette nouvelle piéce dans
l'un des angles de la cour principale, & on a formé à son côté opposé un logement
pour le suisse ; ces pavillons qui sont peu élevez ne nuisent pas considérablement
à la grandeur de la cour & procurent beaucoup de commodités. Aulieu de 6 remises qui se remarquent dans le premier plan, il s'en voit icy 14 dont 3 sont prises aux dépens de la grande écurie qui a présent se trouve divisée en deux parties

Hôtel de Maisons

l'une pour dix-sept chevaux l'autre pour dix, quantité suffisante pour une maison élevée dans une Capitale & qui lors qu'elle est habitée par plusieurs maîtres, quoique composant la même famille, dont les interêts ne sont pas toujours communs, est preferable, afin que le service des différens domestiques ne soit pas confondu : au dessus de tous ces bâtimens sont distribués très ingénieusement en entre-soles des logemens pour les domestiques au nombre de 24 chambres dont la plupart sont a deux lits, & pourvûes de dégagements, de corridor, & d'escalier dérobé d'une trés grande commodité, nous ne donnons point icy le plan de ces entresoles non plus que le plan du premier étage de tout cet Hôtel, nous étant borné a une certaine quantité de planches n'aiant pû raisonnablement entrer dans ce détail pour tous les bâtimens de ce recueil où il se rencontre dans la plûpart, des changements presqu'aussi considerables que dans cet Hôtel, mais qui étant moins interessants nous ont porté à donner seulement le rez-de-chaussée de celui-cy, d'ailleurs les pieces du principal corps de logis au premier étage sont assujeties par leur diamettre à celles du rez-chaussée, nous observerons seulement que les nouvaux bâtimens en aile du côté du Jardin n'ont qu'un rez-de-chaussé & forment une terrasse au premier étage, & que sa façade qui se trouve separée en quelque sorte d'avec l'ancien corps de logis par des arbres de haute futaye empêche qu'on ne remarque l'inégalité de hauteur de ces deux corps de logis batis sur un même alignement.

Nous remarquerons aussi que lors qu'on a voulu décorer tout l'interieur de cet édifice, démolir l'ancien escalier & ajouter la nouvelle aile, comme les planchers se trouvoient trop bas, on leur a donné plus d'élévation, ayant aujourd'huy 21 pieds sous planches, de sorte que cette hauteur à corrigé exterieurement, celle de la croisée du premier étage qui se remarque dans l'avant corps du milieu du côté de la cour Pl. III Fig. I, & que l'on a restauré aussi toutes les façades, de maniere que cet Hôtel paroît avoir été rebati à neuf & presente aux étrangers un aspect qui les invite à visiter les dedans dont la décoration ne peut que les satisfaire.

CHAP.

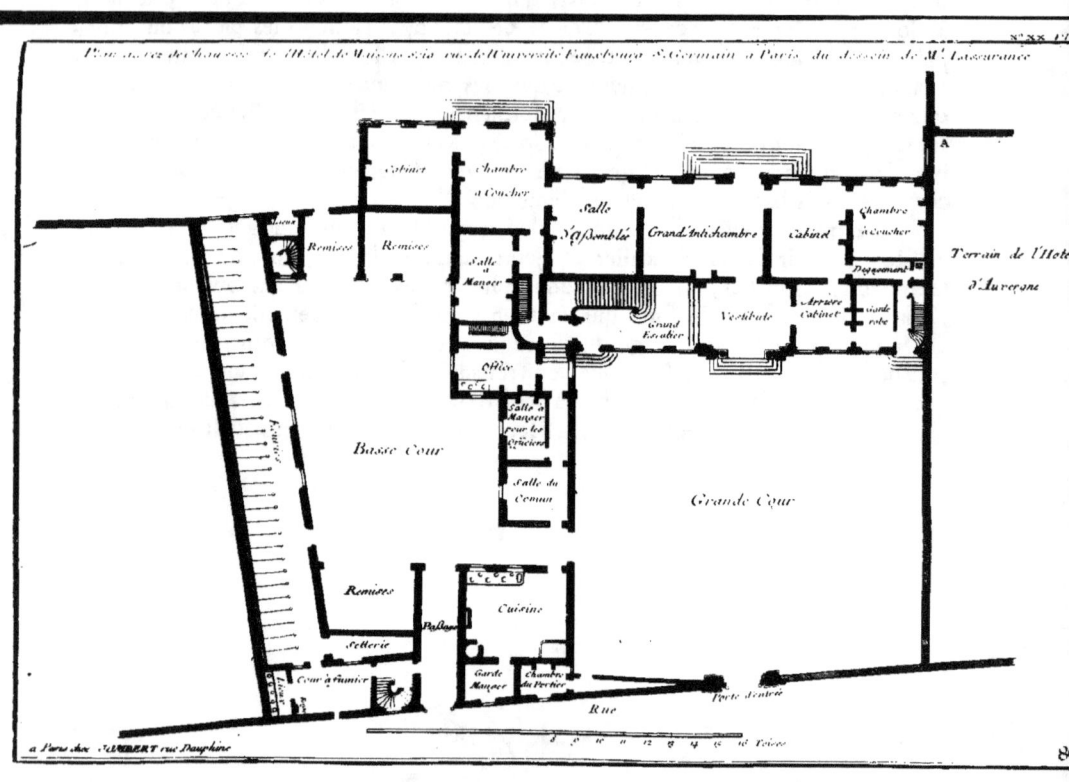

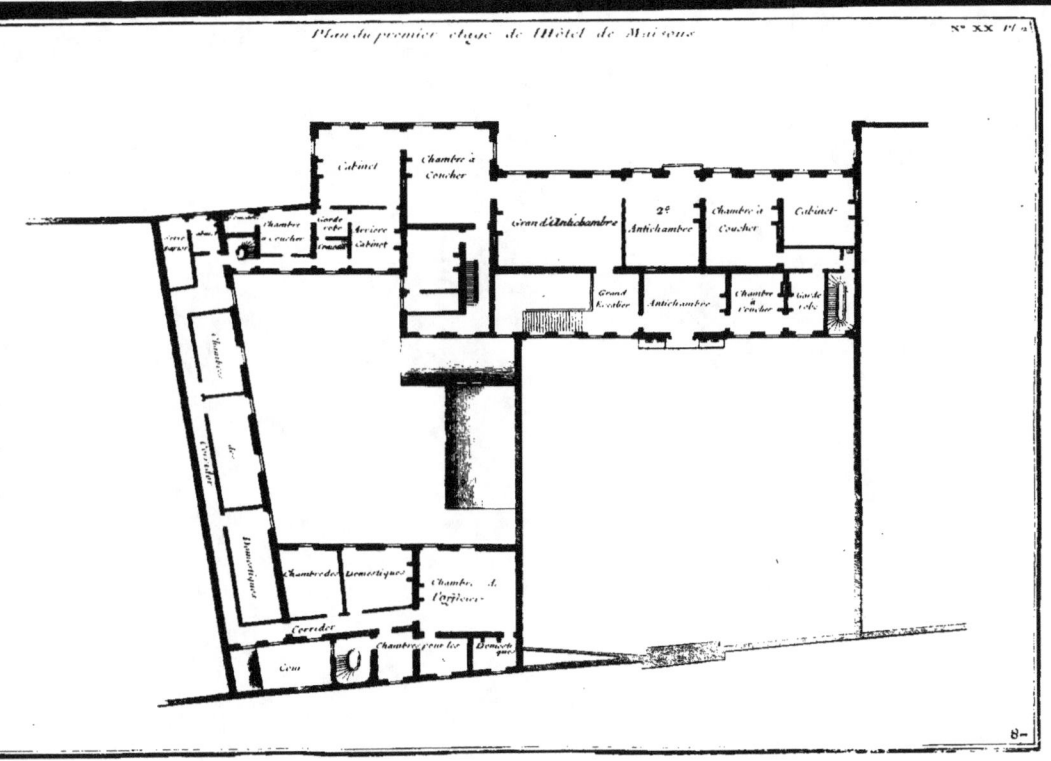

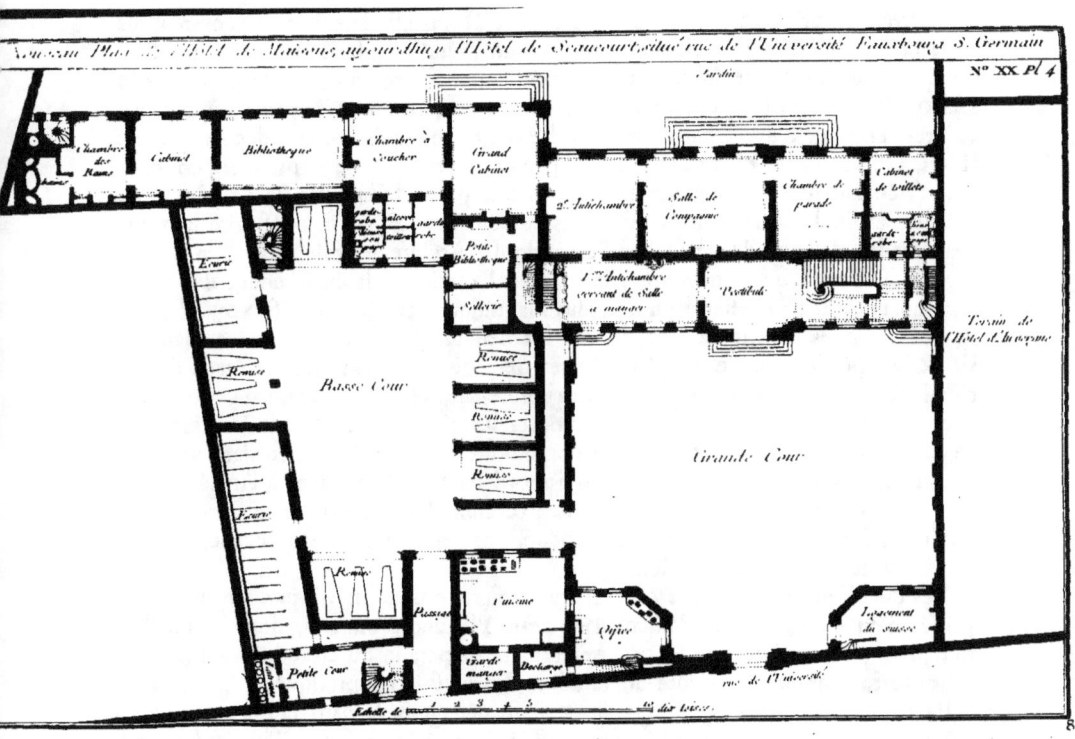

CHAPITRE XXI.
Description de l'Hôtel d'Auvergne, situé rue de l'Université.

CET Hôtel finit d'être bâti en 1708, sur les desseins de M. de Lassurance, pour Mr. le Comte d'Auvergne, Colonel Général de la Cavalerie légere de France, pere du Cardinal de ce nom, qui y a fait sa résidence jusques à sa mort. Il a été occupé depuis par Mr. le Cardinal de Tencin, & est aujourd'hui par Madame la Comtesse de Morville.

Hôtel d'Auvergne.

Distribution du plan au rez-de-chaussée. Planche premiere.

L'entrée du principal corps de logis de cet Hôtel est dans l'une des extrémités de la cour, à droite ; elle est annoncée par un grand vestibule décoré de pilastres Ioniques, lequel donne issue à une grande antichambre, à une salle à manger & à un petit escalier, qui ne montant que dans un appartement de peu d'importance au premier étage, avoit paru suffisant à l'Architecte ; mais comme depuis que cet Hôtel a été bâti, il s'est trouvé occupé par des personnes de la premiere considération, & que le premier étage est devenu une partie essentielle de ce bâtiment, Mr. le Cardinal d'Auvergne fit jetter bas cet escalier, & en fit construire un nouveau sur les desseins du Chevalier Servandoni, Architecte célebre, qui a si bien profité du terrain que sans nuire à la bâtisse ni diminuer la basse cour, il a élevé dans un endroit très-resserré un des plus magnifiques escaliers qui se voyent à Paris, ce qui nous détermine à en donner les desseins particuliers dans les Planches IV & V, où l'on trouve les plans du rez-de-chaussée & du premier étage de cet escalier, avec les deux coupes les plus intéressantes ; il sera facile d'y voir avec quel art cet habile Architecte a sçu surmonter les difficultés de la construction dans ce genre d'ouvrage, en accordant la commodité avec l'ordonnance dans une partie qui naturellement ne présente rien d'abord de bien satisfaisant à l'imagination ; ce qui prouve combien ce génie rare & excellent sçait imprimer le caractere de noblesse & de grandeur à toutes ses productions, même dans les occasions qui en paroissent les moins susceptibles.

Les développemens de cet escalier que nous avons donnés à part nous ont dispensés d'en exprimer le suplément dans cette Planche premiere, dont la distribution principale consiste dans un bel appartement de parade du côté du jardin & dans un appartement privé du côté de la cour. La basse-cour pratiquée à la droite de celle d'entrée est grande & spacieuse & a un dégagement dans la rue, dont nous avons déja observé plusieurs fois la nécessité. Les bâtimens des cuisines, des remises & des écuries, à qui cette basse-cour est commune, sont fort spacieux & munis de toutes les commodités nécessaires à leurs usages, ce qui rend cet Hôtel une des maisons particulieres la plus logeable du Faubourg St. Germain.

Plan du premier étage. Planche II.

La distribution de ce premier étage est composée d'un grand & d'un petit appartement du côté du jardin, & d'un appartement privé du côté de la cour, dont on peut supprimer le corridor qui est derriere, ayant un dégagement par le petit escalier marqué A. L'on verra dans la quatriéme Planche l'addition dont nous avons déja parlé concernant le grand escalier. Les bâtimens sur la rue & en ailes sont destinés pour les domestiques, les greniers à foin, &c.

Tome I.

Décoration extérieure de ce bâtiment. Planche III.

La **Figure** premiere de cette Planche préfente la façade du principal corps de logis du côté de la cour avec la coupe du veftibule & de l'antichambre qui étoit au-deffus, avant que le nouvel efcalier dont nous avons parlé fut conftruit. Ce bâtiment eft compofé de deux étages réguliers; dans l'avant-corps du côté du jardin & du côté de la cour, eft exprimé un Ordre Dorique, couronné d'une corniche architravée qui eft furmontée d'un Ordre Ionique terminé par un fronton dont l'entablement qui lui fert de bafe eft entrecoupé; nous avons déja blâmé cette licence dans l'Introduction qui précéde ces defcriptions. Au refte les croifées de ces façades, leur ouverture, & les trumeaux font d'une affez belle proportion. Tout cet édifice eft terminé par un comble à deux égouts lequel auroit été mieux foutenu par un entablement régulier que par une feule corniche. Il auroit auffi été bon qu'un chéneau couronnât cet entablement pour empêcher les eaux du comble de tomber aux pieds du bâtiment, ainfi que nous l'avons obfervé en parlant de l'Hôtel de Madame la Ducheffe du Maine, Chapitre II.

Plans, coupes & profils du nouvel Efcalier de l'Hôtel d'Auvergne. Pl. IV & V.

La **Figure** premiere, Planche IV, donne le nouveau plan de l'efcalier que nous avons dit avoir été exécuté fur les deffeins de Mr. Servandoni. Quoique cet efcalier ne paroiffe pas ici d'une grande importance, néanmoins en le comparant avec celui de la Planche premiere, il fera aifé de remarquer la différence que l'on doit faire de celui dont nous parlons d'avec l'ancien, ce dernier n'ayant de longueur de marche que quatre pieds & le nouveau en ayant 13, avec des palliers fréquens, tels qu'on peut l'obferver Figure deuxième; d'ailleurs fon ordonnance & fa difpofition dans un terrain borné nous ont autorifés à en donner les développemens en particulier fur deux Planches qui contiennent deux plans & deux coupes principales.

Auparavant le veftibule étoit trop confidérable pour l'efcalier, aujourd'hui il annonce la magnificence de ce dernier. Sept marches E placées en face de la falle à manger communiquent fur un pallier F, lequel forme un fecond petit veftibule ou porche orné de quatre colonnes Ioniques portant un cul de four avec quatre panaches (telles que l'expriment les coupes de ce porche marquées F dans les Figures premiere & feconde de la Planche V.) De ce premier pallier on trouve une rampe G de 14 marches, un pallier H & une autre rampe de 10 marches marquée I, (voyez la Fig. 2 Pl. IV, & la Fig. premiere de la Pl. V,) un grand pallier marqué K, & enfin une deuxième rampe L de neuf marches qui arrive fur un grand pallier au premier étage.

Les lettres qui font indiquées dans ces plans font les mêmes que dans les élévations, afin de faire connoître les rapports de ces différentes Figures dont le feul coup d'œil, doit tenir lieu d'une plus ample defcription.

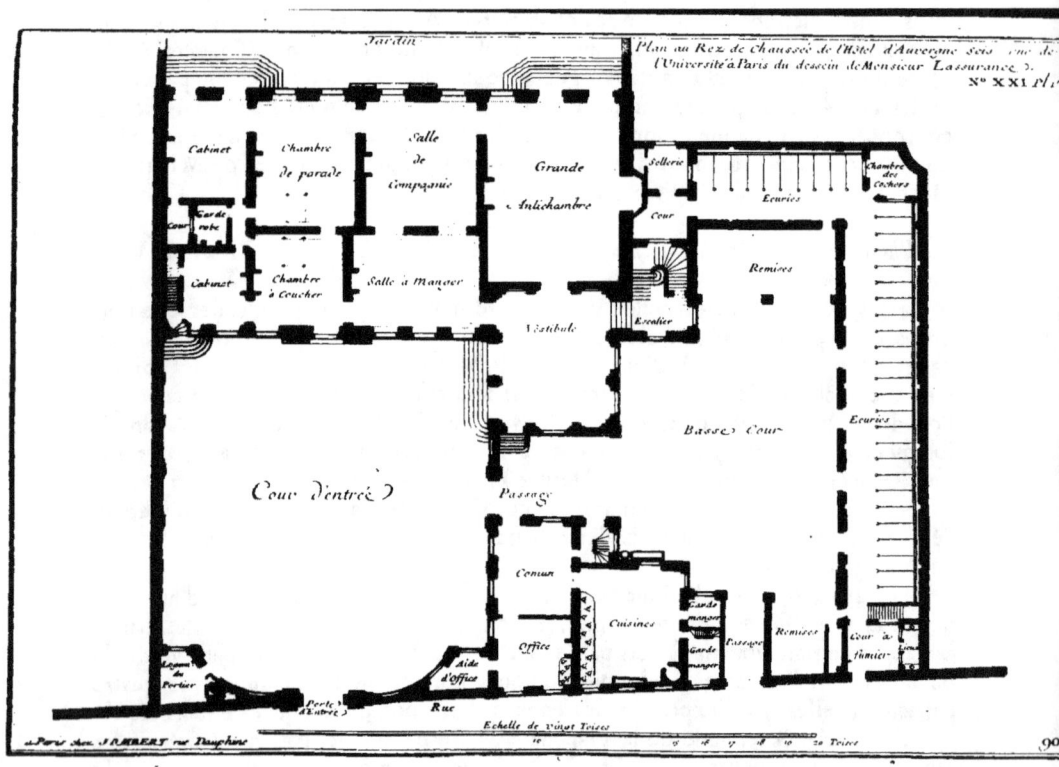

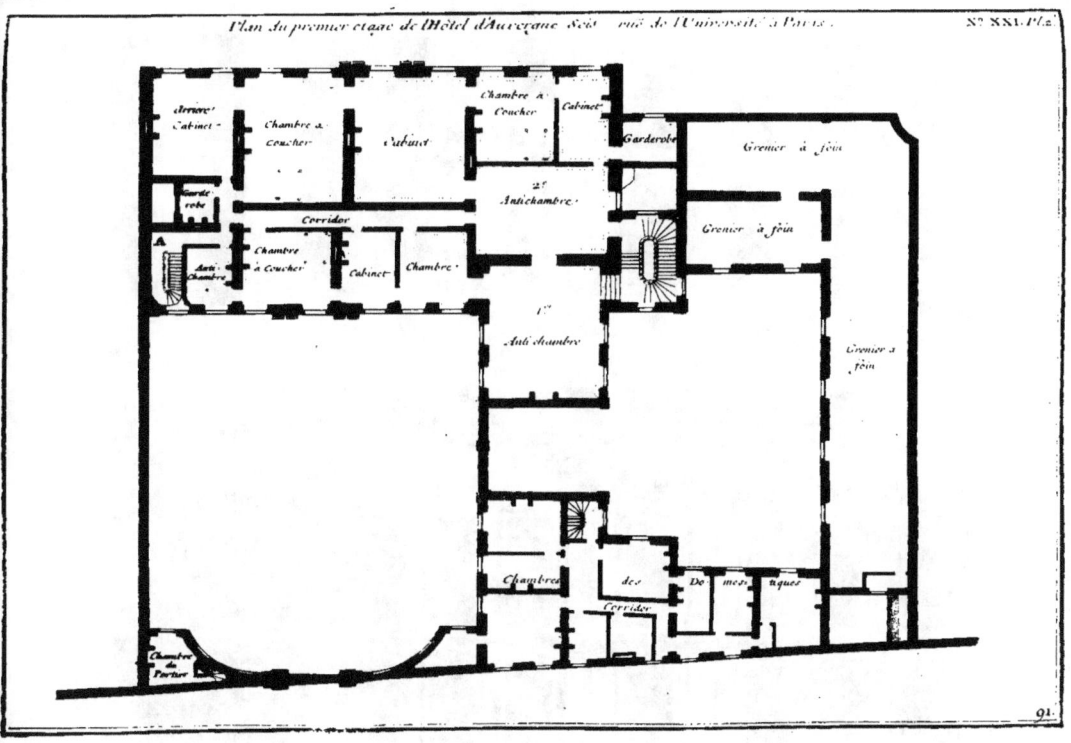

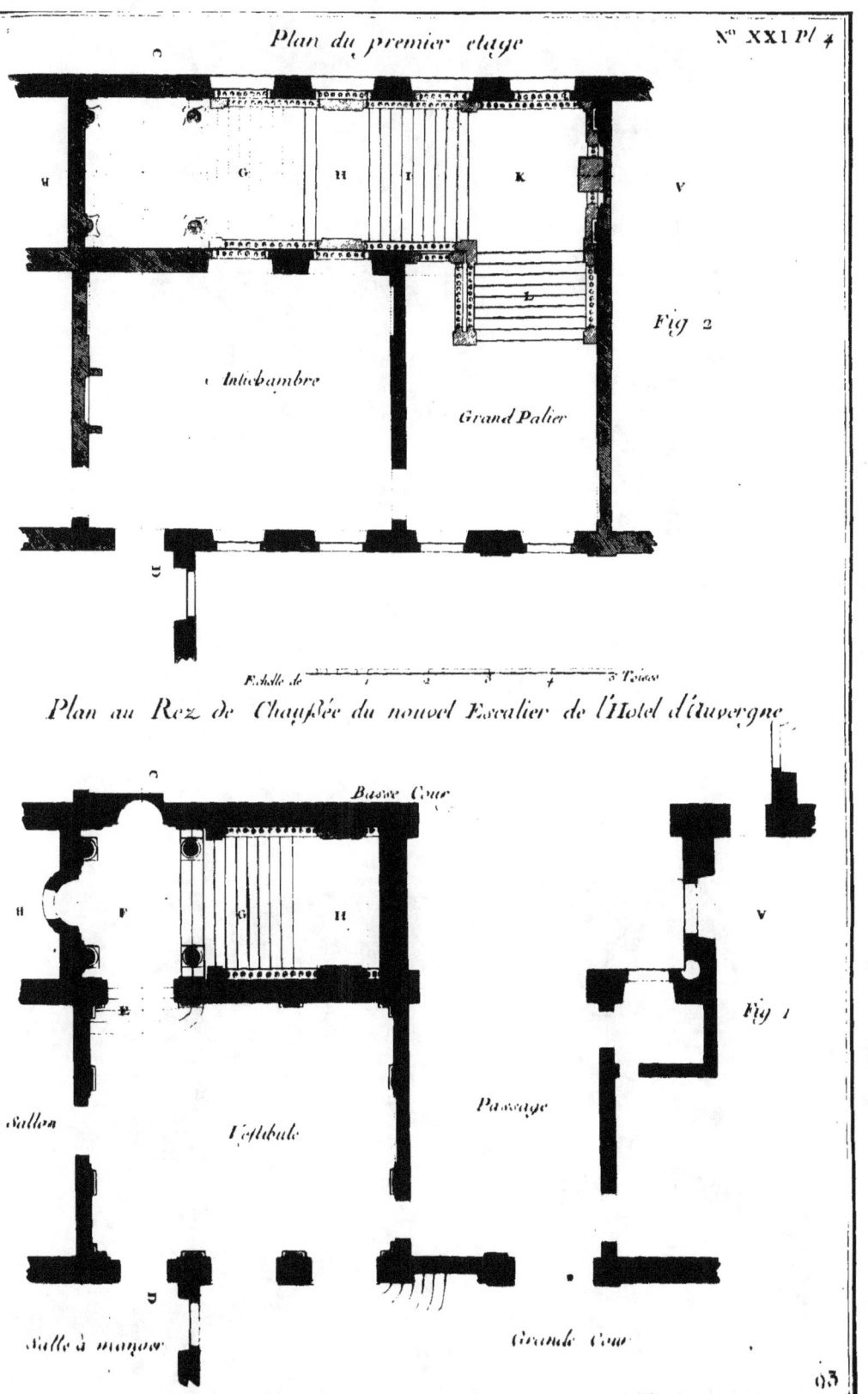

Coupe prise sur la ligne AB

CHAPITRE XXII.

Description de l'Hôtel de Lambert, situé rue de l'Université.

CETTE Maison fut bâtie vers l'an 1730, sur les desseins de M. Dullin, pour Mr. le Marquis de Laumaria, Lieutenant Général des Armées du Roi; elle appartient à Mr. le Marquis de Lambert qui l'occupe aujourd'hui.

Hôtel de Lambert.

Plan au rez-de-chaussée & du premier étage. Planche premiere.

La disposition des appartemens du rez-de-chaussée de cet Hôtel, qui sont très-réguliers, ne se ressent en aucune maniere de l'inégalité des murs de clôture qui les renferment, & peut être regardée comme une des plus ingénieuses distributions qui ait été faite dans un terrain aussi irrégulier. La cour principale a 18 toises 3 pieds, & est de forme quarrée; elle donne entrée à un grand vestibule qui communiquant à droite à une antichambre, conduit à un bel appartement du côté du jardin, dont la régularité des pieces & les commodités qui les accompagnent rendent cette maison très-logeable. A la gauche du vestibule est pratiquée une salle à manger qui sert d'antichambre à un petit appartement distribué en aile du côté de la cour. Le grand escalier est placé de maniere qu'il ne nuit en rien à la distribution des appartemens ce qui le rend en quelque sorte ignoré de l'entrée du bâtiment, quoique sa premiere rampe se trouve placée en face d'une des arcades principales du vestibule. Cet escalier tire son jour d'une cour particuliere qui éclaire aussi les garderobes adossées aux pieces principales.

Les cuisines, les écuries & les remises sont distribuées très-convenablement, & si l'on avoit évité le pan coupé qui se remarque dans la basse-cour, les dépendances de ce bâtiment seroient tout-à-fait régulieres, quoiqu'il soit peu d'exemples d'un terrain aussi singulier. Au reste l'on n'affecte pas toujours une simétrie scrupuleuse dans les basses cours, & ce n'est que lorsqu'elles sont apperçues de la cour principale qu'il faut, autant qu'il est possible, en rendre le coup d'œil satisfaisant.

La distribution des jardins est fort simple; un grand boulingrin en occupe le principal espace; des allées d'arbre forment du couvert au sortir des appartemens, & une lisiere de charmille qui forme des niches, des avant-corps, & des arriere-corps variés, achevent de redresser l'obliquité des murs de clôture, & fournissent d'une part un petit jardin potager, & de l'autre quelques pieces de verdure qui ajoûtent beaucoup d'agrément à ce bâtiment.

Le plan du premier étage est composé de deux beaux appartemens, avec des garderobes munies de leurs dégagemens nécessaires; l'on n'a exprimé ici que les pieces du principal corps de logis, le premier étage des bâtimens des basse-cours étant destiné pour les Officiers, les domestiques, les garde-meubles, &c.

De la décoration extérieure de cet Hôtel. Planche II.

Ce bâtiment est décoré en général avec beaucoup de simplicité; il est composé de deux étages réguliers; la façade sur la cour (Figure premiere) est formée d'un avant-corps & de deux arriere-corps. L'avant-corps du milieu est terminé par un fronton dont la corniche horizontale élevée plus que celle des arriere-corps lui donne un air de prééminence sur le reste de la façade, ce qui peut être de quelque autorité, mais cette corniche seule paroit maigre. Il auroit été mieux de faire régner une architrave à la place des petites corniches qui couronnent les trois croisées bombées placées au-dessous du fronton, ce qui auroit formé un entablement régulier qui réuſſit toujours bien à l'extrémité ſupérieure d'un bâtiment. Il auroit auſſi été préférable de faire ces croiſées quarrées, & les portes du rez-de-chauſſée en plein ceintre, leur ſimplicité ne s'accordant pas avec les croiſées des arriere-corps qui étant de même forme auroient dû être ſans bandeau préférablement à celles de l'avant-corps, celles-ci devant être plus ornées comme faiſant partie du milieu de cette façade, qui pour cette raiſon auroit dû l'emporter en richeſſe ſur les arriere-corps, ſur-tout ayant affecté de lui donner plus de hauteur, & étant enrichie d'un fronton, ainſi que nous venons de l'obſerver.

Les baluſtrades qui régnent au-deſſus des arriere-corps ſont tout-à-fait blâmables; non-ſeulement il eſt eſſentiel d'obſerver de mettre des piédeſtaux à plomb de chaque trumeau, mais il faut auſſi éviter de mettre une trop grande quantité de baluſtres ſous une même tablette, leur nombre ne devant gueres excéder celui de onze ou treize au plus. Voyez ce que nous en avons dit dans notre Introduction en parlant des baluſtrades, page 90.

La Figure deuxième offre la façade du côté du jardin, encore plus ſimple que la précédente; les trumeaux inégalement ſimétriques ici, peuvent en quelque ſorte être autoriſés; mais il ſemble du moins que les trumeaux les plus larges devroient être placés aux extrémités du bâtiment plutôt que dans le milieu, afin que la ſolidité parut en être l'objet. D'ailleurs quoiqu'il n'y ait pas d'avant-corps dans le milieu d'une façade, il eſt toujours bon d'obſerver un percé dans le milieu de l'édifice, au lieu d'un trumeau; il ſemble auſſi qu'il auroit été mieux de déſigner la ſortie de ce bâtiment dans le jardin par une ou pluſieurs portes croiſées, l'iſſue marquée A dans le plan du rez-de-chauſſée, Planche premiere, ne paroiſſant pas ſuffire, & étant trop ignorée. Il eſt bon d'obſerver que le mur marqué B C dans le même plan a été ſuppoſé ſupprimé ici pour laiſſer voir l'élévation de l'aile gauche de la grande cour dont l'on voit dans cette Planche la décoration traitée dans un genre de ſimplicité relative à toute l'ordonnance de ce bâtiment & à l'uſage des diſtributions intérieures des baſſe-cours.

Les baluſtrades qui couronnent la façade du côté du jardin ont le même défaut que celles du côté de la cour.

CHAPITRE XXIII.

Description du Palais de Bourbon & de l'Hôtel de Lassay, situés à l'extremité de rue de Grenelle, Fauxbourg S. Germain.

PALAIS DE BOURBON.

CET édifice a été bâti par ordre de S. A. S. Louise de Bourbon, légitimée de France, Duchesse de Bourbon. Il fut commencé en 1722 sur les desseins du sieur Giardini Architecte Italien, continué par Mr. de Lassurance, & ensuite par Mrs. Gabriel & Aubert. Ce Palais est actuellement occupé par Mr. de Caunitz, Ambassadeur de S. M. Impériale, qui le tient à loyer, pendant son séjour en France, de Mr. le Comte de Charolois tuteur de S. A. S. le Prince de Condé, à qui ce Palais appartient aujourd'hui.

Palais de Bourbon.

Distribution générale des Bâtimens & Jardins du Palais de Bourbon. Pl. premiere.

La distribution du principal corps de bâtiment de ce Palais est double, accompagnée de deux ailes simples en retour du côté de la cour, & dont les extrémités sont terminées par deux pavillons. Cet édifice a 36 toises de face sur 13 de profondeur, non compris les ailes. Tout ce corps de bâtiment est à un seul étage, décoré d'un Ordre Corinthien & couronné d'une balustrade, ainsi que nous le dirons en son lieu.

La principale cour de ce Palais a 18 toises de largeur sur environ 24 de profondeur, & est précédée d'une avant cour à pans coupés de 35 toises sur 30, ornée d'allées de maronniers qui donnent à cet édifice un aspect fort agréable, les murs de séparation T T n'étant qu'à hauteur d'appui & percés d'entrelas.

Les bâtimens C, B, D servent d'entrée & de frontispice à ce Palais, ils contiennent d'un côté des logemens pour quelques Officiers de la maison, & de l'autre des cuisines pour ces mêmes Officiers, celles des maîtres étant dans les souterrains au-dessous du principal corps de bâtiment. Les deux pavillons marqués C, D sont élevés de trois étages, dont quelques-uns sont divisés par des entre-soles, au lieu que la partie B n'a qu'un rez-de-chaussée; voyez la Planche II.

Les écuries, les remises & les principaux logemens des Officiers sont enclavés dans toute la partie du terrain qui est commun à ce Palais & à l'Hôtel de Lassay qui lui est contigu, & dont on voit la distribution générale dans cette Planche, où les bâtimens dont nous parlons sont exprimés en E. Toutes les autres parties marquées par des lettres dans ce plan étant dans le renvoi, nous n'en dirons rien ici non plus que de la partie du jardinage, ayant occasion d'en parler plus particulierement en faisant la description du jardin des Thuileries, du Palais Royal, du Luxembourg, &c.

Elévation de la façade du côté de l'entrée. Planche II. Figure I.

Nous avons dit que les pavillons du côté de l'entrée étoient composés de trois étages, & nous croyons pouvoir avancer, qu'indépendamment de ce que l'Ordre Ionique qui se trouve sur le Dorique est exécuté avec trop peu de sévérité, il semble hors de convenance d'avoir affecté une si grande hauteur à cette façade, le principal corps de logis n'ayant qu'un seul étage. Cette affectation ne sert qu'à faire paroître l'ordonnance du Palais basse & écrasée, de maniere qu'il est à craindre que l'entrée de cet édifice ne présente plutôt l'idée d'une maison par-

Hôtel de Bourbon. ticuliere que le frontispice d'un bâtiment de cette importance. En supposant que la nécessité de pratiquer des logemens pour quelques Officiers dans les bâtimens dont nous parlons, ait prévalue, il semble qu'il auroit été plus convenable d'étendre ces bâtimens en aile à la place des allées de maronniers ; alors en évitant la hauteur de ces pavillons, on auroit rendu la largeur de l'avant-cour d'une forme moins vicieuse. D'ailleurs ces allées d'arbres masquent totalement les deux pavillons V V, de sorte que de l'entrée B l'on n'apperçoit que la profondeur de l'arriere-corps X X, ce qui réduit l'étendue de ce bâtiment environ à 18 toises de face, ne pouvant être apperçu dans sa totalité que du point de distance Y. Voyez la Pl. I.

Il est aisé de se convaincre du peu de correction de l'Ordre Ionique dont nous venons de parler par la frise & l'architrave qui se trouvent coupées par les secondes croisées ; c'est un défaut contraire aux régles de la bonne Architecture, lequel rend cet Ordre chétif & montre qu'on ne doit jamais faire usage de deux rangs de croisées l'un au-dessus de l'autre dans un même Ordre, lorsqu'il n'est pas colossal.

L'Ordre Dorique qui soutient ce double étage a les métopes de son entablement irréguliers, à cause de l'accouplement des pilastres qui sont aux extrémités de ces pavillons. Nous ne craignons point de dire que cet Ordre, qui selon le principe des anciens doit être régulier, paroît ici trop négligé, ainsi que dans la plupart de nos édifices modernes. Voyez dans le huitième Volume les différens sistêmes de quelques Architectes François & le moyen dont ils se sont servis pour accoupler cet Ordre.

Les croisées de l'ordonnance Dorique sont aussi beaucoup trop hautes pour leur largeur ; cette élégance est contraire à l'expression solide de cet Ordre aussi bien qu'aux principes de la convenance, qui semblent exiger qu'on affecte une mutuelle correspondance entre les parties & le tout.

La tour creuse dans laquelle se trouve la porte d'entrée fait un assez bel effet, ainsi que l'ordonnance de la décoration de cette même porte. La sculpture qui est du dessein & de l'exécution de Guillaume Coustou est fort estimée, mais le cartel & les supports qui coupent l'entablement Dorique dont la corniche est réduite en plinthe pour donner plus de place au cartel (a), semblent postiches. Il seroit un meilleur effet placé au-dessus de la balustrade en forme d'amortissement, parce qu'alors l'Architecture lui tiendroit lieu de soubassement, & cette ordonnance paroîtroit plus réguliere, malgré l'exemple de plusieurs de nos édifices où l'on en a usé ainsi, tel qu'à la Chambre des Comptes, &c ; car quelque bien que soit cette sculpture, il est contre la bienséance que cette derniere interrompe l'Architecture. C'est celle-ci qui doit donner le ton à toute l'ordonnance du bâtiment, afin que l'une & l'autre de concert concourent également à former un bel ensemble, autrement ainsi que je l'ai dit ailleurs & que je ne me lasserai point de le répéter, elles ne présentent que des parties estimables chacune à part & souvent un tout désagréable.

Quoiqu'il semble que les principales entrées des bâtimens fermées seulement par des grilles ne conviennent qu'aux maisons de plaisance, ne pourroit-on pas regarder comme un abus d'élever pour frontispice à un bâtiment de quelqu'importance un ouvrage d'Architecture qui masque le principal corps de logis, ainsi qu'on le remarque à Paris au Palais du Luxembourg, à l'Hôtel de Soubise, & ailleurs ? Ne seroit-il pas plus raisonnable, contre toute idée de prévention, que l'on fît usage de piédroits ornés de colonnes, ou de pilastres, comme à l'Orangerie de Versailles, ou d'arcades comme à l'Hôtel de Bouillon, à l'Hôtel de Vartenaer, &c, pour annoncer à découvert le principal corps de l'édifice, sur-tout lorsqu'il se trouve isolé entre cour & jardins ! Je conviens néanmoins qu'il ne faudroit pas mésuser de ce genre d'ordonnance pour toutes les espèces de bâtimens, la plupart semblant

___

(a) Dans l'Ecusson de ce cartel sont les armes de Bourbon supportées par des Anges, les deux figures qui sont sur les colonnes représentent l'une Minerve & l'autre l'abondance.

exiger d'être clos de murs principalement dans l'intérieur des Capitales ; mais dans celui dont nous parlons situé à une des extrémités de Paris, & dont le principal corps de logis n'a qu'un étage, une issue percée à jour auroit peut-être été préférable à un frontispice qui semble disputer en hauteur avec le Palais, lequel naturellement doit dominer sur tout le reste de l'ordonnance. L'on trouvera le dessein des ventaux de la porte cochere dans le septiéme Volume.

La Figure deuxiéme de cette Planche est une répétition plus en grand de la distribution du frontispice de ce Palais déja exprimée dans la Planche premiere.

Distribution au rez-de-chaussée du principal corps de logis. Planche III.

L'intérieur de ce bâtiment est composé de deux grands appartemens de parade, de deux appartemens de commodité, & d'un appartement des bains. L'entrée principale des deux premiers est à droite, pratiquée dans l'un des pavillons qui est à la tête d'une des ailes dont nous avons parlé. Les loix générales de la distribution sont exactement observées dans ce plan, c'est-à-dire que les enfilades A B, C D & E F se rencontrent exactement vis-à-vis les portes & les croisées tant intérieures qu'extérieures, que les écoinçons sont égaux, les cheminées exactement placées dans le milieu des pieces ou dans les angles en simétrie avec ce qui leur est opposé, les lits placés en face des croisées, &c. Mais l'on ne sçauroit applaudir à la situation de la chambre à coucher G dont le trumeau en face du lit empêche l'enfilade I K, qu'il auroit été essentiel de conserver, pour que de la rue de l'Université, par la porte d'entrée B (voyez la Planche premiere), l'on eut apperçu au travers de ce corps de logis la riviere au bord de laquelle est situé ce bâtiment sur un jardin en terrasse de 140 toises de longueur, dans un point de vûe aussi agréable qu'intéressant.

Quelques-uns prétendent que S. A. S. lors de la construction de ce Palais a désiré sa chambre à coucher au milieu de cet édifice du côté de l'entrée, & qu'un trumeau de glace fut opposé au lit. Cette raison toute puissante qu'elle paroît, n'est d'aucune autorité dans l'Architecture, parce qu'il est contre les regles de la bienséance de masquer le milieu d'un bâtiment par un trumeau, & cette considération auroit dû déterminer à faire de cette chambre à coucher un grand cabinet, & du cabinet H une chambre à coucher, en ayant supprimé les garderobes qui sont derriere pour les ranger ailleurs. De cette complaisance il arrive souvent, mais trop tard, que la plupart des grands Seigneurs se repentent d'avoir gêné leur Architecte, & que ces derniers se reprochent leur facilité, principalement lorsqu'il s'agit de l'ordonnance d'un édifice considérable, où les loix de la distribution & de la décoration doivent être observées avec plus de rigueur que dans toute autre occasion.

Les deux appartemens de commodité & l'appartement des bains situé dans l'aile gauche de ce bâtiment sont distribués avec toute la commodité requise & sont décorés avec toute l'élégance possible, aussi bien que les grands appartemens qui sont ornés avec une très-grande magnificence, ainsi qu'on en pourra remarquer quelques décorations particulieres dans le septiéme Volume. Au-dessus de ces deux petits appartemens sont pratiqués des entresoles comme au-dessus du cabinet H, de l'arriere-cabinet qui lui succede & des garderobes qui sont derriere, auxquelles on arrive par les escaliers L, O. Le corridor P dégage ces deux appartemens de parade & tire ses jours par les combles ; le plancher des entresoles qui divise le corridor étant percé à jour avec beaucoup d'industrie, à propos de quoi nous observerons que ce bâtiment est le premier en France où l'on ait imaginé ces genres de commodité qui font tant d'honneur à nos Architectes François, quoique depuis cet édifice on ait encore poussé plus loin l'art de rendre la distribution commode, ainsi que nous le dirons en son lieu.

Elévation du côté de l'entrée. **Planche IV.**

Palais de Bourbon.

Cette élévation montre visiblement le défaut d'un trumeau placé dans le milieu d'un bâtiment; & quoiqu'on ait voulu pallier ce massif par un avant-corps dont la forme générale paroît dominer, le vice n'en est pas moins apparent. La masse prodigieuse de l'espece de fronton éllyptique qui est au-dessus de cet avant-corps, ainsi que son timpan (*b*), ne servent qu'à rendre ce trumeau plus chétif & toute cette ordonnance hors de convenance, malgré la beauté de la sculpture dont elle est revêtue; tant il est vrai que le ciseau le plus habile ne peut dédommager du défaut de situation le plus bel ouvrage de sculpture, lorsque l'Architecte n'a pas sçu lui assigner une place convenable.

Les pavillons de cette façade ne sont pas composés avec plus de succès, le trumeau immense qui se trouve dans le milieu n'est pas plus recevable, malgré la richesse qu'on lui a affectée, & quoiqu'il semble moins condamnable de négliger les deux extrémités d'un bâtiment que la partie du milieu, cette négligence ne peut avoir lieu dans un édifice de quelque considération; la sujettion des enfilades intérieures ne peut même servir d'excuse à cet égard, car lors de la composition d'un plan on doit prévoir les vices que la distribution pourroit apporter dans les élévations, afin que de concert l'on parvienne à rendre la distribution intérieure relative à l'extérieur, principalement lorsqu'il s'agit d'un bâtiment de l'importance de celui-ci. En effet, puisque la décoration extérieure n'est introduite dans l'Architecture que pour distinguer les Palais des grands Seigneurs d'avec les maisons des Particuliers, les premiers doivent être exempts non-seulement de défauts essentiels, mais même de toutes licences.

Les portes & les croisées de cette façade sont beaucoup trop sveltes, ayant de hauteur trois fois leur largeur, au lieu qu'elles ne doivent jamais avoir plus de deux fois & demi dans l'Ordre Corinthien, suivant les principes de la bonne Architecture. Il semble aussi que dans les croisées d'un bâtiment où les ordres président, les appuis ou balustrades doivent être préférés aux balcons; les ouvrages de fer & ce genre d'ornemens paroissant trop grêle & ne pouvant entrer en comparaison avec une ordonnance régulière, & dont la construction toute de pierre demande de la noblesse & de la fierté.

Toute cette façade est élevée sur une espece de soubassement qui a de hauteur environ le tiers des colonnes, mais les soupiraux qui sont percés dans ce soubassement ne font pas un bon effet: les cuisines & offices qu'ils annoncent ne paroissent pas non plus du ressort d'un bâtiment de cette espece, où il ne convient pas de placer au-dessous des appartemens de maîtres des pieces destinées à cet usage, & qui deviennent incommodes par les exhalaisons du charbon & les odeurs qui se communiquent toujours aux appartemens, quelque précaution dont on use, ce qui les rend peu salubres & ternit par succession de tems les dorures & les meubles des pieces de parade.

Ce Palais en général est terminé par une balustrade qui masque en partie la hauteur des combles. Plusieurs Architectes ont semblé désirer qu'au-dessus de ce bâtiment il fut élevé un Ordre Attique; c'étoit aussi l'avis du sieur Giardini qui avoit donné les premiers desseins de cet édifice; sans doute quelque raison particuliere en a empêché l'exécution, car nous estimons que cet Attique proposé auroit empêché ce bâtiment, qui a trente-six toises de longueur, de paroître si bas, &

(*b*) Ce timpan est orné d'un bas-relief dont le principal sujet représente la terre sous la figure de Cibele avec des génies & des attributs relatifs au sujet. Au-dessus est un groupe de sculpture représentant le soleil sur son char, des génies qui désignent les quatre saisons tiennent les rênes des chevaux qu'ils y viennent d'atteler; sur les piédestaux à plomb des groupes de colonnes, sont d'autres génies qui ont pour symbole les signes du Zodiaque. Tous ces ouvrages sont d'une très-belle exécution, & ont été faits par Guillaume Couftou.

dont

sa forme en général, à l'exception de l'Ordre Corinthien qui y préside, paroissant plus propre pour une Orangerie que pour la décoration d'un Palais.

Palais de Bourbon.

Elévation du côté de la riviere. Planche V.

Cette façade est plus réguliere que celle dont nous venons de parler, c'est-à-dire que les principaux percés en sont mieux observés, les proportions de l'ordonnance d'ailleurs étant les mêmes ; néanmoins il faut remarquer que la largeur des trumeaux des arriere-corps paroît trop considérable, étant égale à celle des arcades, & que l'espace qu'occupent les pilastres accouplés dont ils sont revêtus rend les piédroits trop étroits par rapport à la grandeur du diametre des pilastres, & eu égard à la hauteur des claveaux qui ont trois modules, & dont l'espace rempli par des ornemens d'une proportion trop massive, n'a aucun rapport avec cette ordonnance. Les piédroits de l'avant-corps du milieu sont mieux proportionnés ; ceux des arcades des pavillons sont trop pesans, ayant un diametre. Il faut éviter cette différence dans les membres d'Architecture d'une même espece, les préceptes de la bonne Architecture ne souffrant rien d'arbitraire, mais assignant au contraire à chaque partie une proportion relative à l'expression de l'Ordre qu'on a choisi dans un bâtiment, suivant les loix de la convenance.

Elévation de la face latérale. Planche VI.

Cette façade, qui n'a que vingt-cinq toises de longueur, est mieux proportionnée, par rapport aux masses, que les précédentes, & les deux pavillons des extrémités sont plus simétriques à cause des portions circulaires qui les accompagnent de chaque côté ; mais les piédroits des arcades sont encore trop pesans, défaut auquel on auroit pû remédier en affectant une niche quarrée, qui sans rétressir ces piédroits en auroit au moins divisé la largeur.

Le milieu de cette façade est aussi masqué par un trumeau revêtu de deux pilastres accouplés ; il est toujours essentiel d'éviter ce défaut (qui cependant est moins considérable ici que dans une face principale) sur-tout lorsque ce trumeau a beaucoup plus de largeur que les autres, car lorsqu'ils sont uniformes cette licence est moins condamnable.

Coupe du principal corps de logis, & élévation d'une des ailes de ce bâtiment du côté de la cour. Planche VII.

Cette coupe montre le développement & la décoration intérieure du grand cabinet du côté de la riviere, & celle de la chambre à coucher située du côté de l'entrée. Entre ces deux pieces on peut voir le corridor P, qui dégage les appartemens, dont nous avons parlé, lequel tire son jour primitif par la lucarne Q, & en second par le plancher de l'entresole marqué R.

Le pavillon N est un de ceux qui donnent entrée à ce bâtiment ; il faut remarquer que la porte, dont la largeur est de 12 pieds, occupe trop d'espace & que sa proportion trop courte n'a aucune relation avec l'ordonnance legere de cet édifice ni avec celle des croisées. D'ailleurs la plate-bande de l'architrave paroît trop massive & avoir trop de portée, malgré la précaution qu'on a prise d'engager les colonnes qui la soutiennent, au lieu que dans tout le reste du bâtiment ces dernieres sont isolées.

Les fondations marquées S expriment les offices qu'on a pris soin de placer sous la chambre à coucher, pour éviter sous cette piece le bruit & l'odeur des cuisines.

La décoration intérieure des lambris du grand cabinet & de la chambre à coucher, quoique deffinée ici en petit & affez imparfaitement, donne cependant une idée des formes générales des revêtiffemens de ces deux pieces. On trouvera dans le feptiéme Volume le développement de quelques décorations intérieures de ce Palais, qui étant exprimées plus en grand annonceront une partie de la magnificence avec laquelle on en a embelli l'intérieur.

HOTEL DE LASSAY.

Hôtel de Laffay.

Ce bâtiment, qui eft auffi à un feul étage, a été conftruit en 1724 fur les deffeins de Mr. de Laffurance & fous la conduite de Mr. Aubert, par ordre de feu Mr. de Laffay. Il appartient aujourd'hui à Madame de Laffay, & fe trouve enclavé dans le terrain du Palais de Bourbon dont il n'eft féparé du côté de la terraffe que par une grille marquée O dans le plan général, Planche premiere, dans laquelle fe voit l'avenue de cet Hôtel, la cour principale, la baffe-cour des écuries marquée I, celle des cuifines H, &c, ainfi que les bofquets & parterres de ce jardin.

La cour principale a de largeur 28 toifes fur 21 de profondeur; elle eft ornée de deux allées de maronniers qui en rétreciffent la largeur. L'avenue qui conduit à cette cour & qui a de longueur 45 toifes eft ornée auffi d'une grande allée & de deux contre-allées de maronniers. A l'entrée de cette allée du côté de la rue de l'Univerfité eft la principale porte de cet édifice.

Décoration de la porte d'entrée. Planche VIII.

L'ordonnance de cette porte eft Ionique; elle eft pofée fur un focle de deux pieds & demi de haut & couronnée d'un entablement dont la corniche eft enrichie de modillons. Cette corniche eft de forme elliptique, ainfi que le focle qui reçoit l'amortiffement, lequel eft compofé de deux écuffons en cartel accompagnés de deux Sauvages, fupport des armes de la Maifon de Laffay. L'extrémité fupérieure de la porte cochere eft bombée, & au-deffus eft un cartouche dans lequel eft écrit le nom de cet Hôtel. L'exécution de la fculpture dont nous parlons eft d'un cifeau fier & hardi & d'une perfection fort au-deffus de l'Architecture que l'on voit ici, qui eft fans proportions & fans graces: les colonnes font trop petites & paroiffent accablées par la corniche circulaire & le maffif du deffus de la porte. Il faut faire attention en général lorfqu'on veut introduire des colonnes dans quelque ordonnance que ce foit, qu'elles commandent au refte, & ne pas affecter cette richeffe inconfidérément, principalement dans le frontifpice d'un Hôtel dont l'ordonnance du bâtiment eft tenue fimple, & où par œconomie ou autrement on a fupprimé les Ordres d'Architecture. On peut encore remarquer que le mur de clôture eft trop peu élevé, & que le plinthe qui le couronne n'excédant guéres plus de la moitié de la hauteur des colonnes femble les couper en deux, de maniere que tous les membres principaux qui compofent cette ordonnance, faute d'avoir une forte d'unité entr'eux, tournent l'admiration du fpectateur du côté de la fculpture, & ne lui laiffent que de l'indifférence pour l'Architecture qui la reçoit.

Plan au rez-de-chauffée du principal corps de logis de l'Hôtel de Laffay. Planche IX.

La longueur de ce bâtiment eft de 23 toifes 4 pieds, non compris deux petites ailes de 14 pieds chacune, ajoûtées après coup, l'une à colonade, marquée A, fous laquelle eft un jardin fleurifte, l'autre marquée B dans laquelle eft diftribué un petit appartement. Ce bâtiment a de profondeur 10 toifes 4 pieds; fa diftribution eft double & compofée de quatre appartemens; le premier à gauche eft de fo-

ciété, & comprend un vestibule, un grand cabinet, une gallerie, un arriere-ca- Hôtel de
binet & une petite chambre en niche servant de méridienne ; le second qui est de Lassay.
parade a le vestibule & le salon qui lui sont communs, & est composé d'une chambre à coucher, d'un cabinet & de garderobes en entresoles qui dégagent par le
petit escalier E. Les deux autres appartemens sont de commodité & séparés par le
vestibule qui leur est aussi commun & qui donne entrée à l'escalier F C pour monter à d'autres entresoles de maîtres pratiquées sur toute la surface de ces appartemens de commodité. L'escalier D a son entrée du côté de la cour pour monter à
des entresoles particulieres dans lesquelles sont pratiqués des logemens pour les
valets de chambre, &c.

 La distribution du vestibule est quadrangulaire; il est pavé de marbre à compartimens,
on trouvera sa décoration dans le septiéme Volume. Ce vestibule est orné de pilastres Corinthiens canelés, & décoré d'arcades en plein ceintre dans quatre desquelles sont enfermées des portes à placard, couronnées d'ornemens en forme
de dessus de porte. Toute cette décoration est construite de pierre dure, & la
sculpture en est traitée avec assez de convenance, ainsi que celle de tous les appartemens de cet Hôtel qui sont décorés avec magnificence, & ornés de meubles
de goût & de tableaux de prix.

Façade du côté de l'entrée. Pl. X.

 Cette façade est composée de trois avant-corps & de deux arriere-corps ; ces
derniers sont occupés par trois croisées ornées de chambranles & couronnées d'a-
graphes de sculpture. Les trois avant-corps sont décorés d'arcades en plein ceintre
avec des résends continus, ce qui donne à cette façade une expression Dorique qui
ne s'accorde pas avec l'entablement qui est d'un genre Ionique ainsi que la balustrade qui le couronne, ni avec la richesse des chambranles des croisées & leur
proportion, ayant de hauteur près de trois fois & demi leur largeur ; proportion
qui est contraire à toute ordonnance réguliere. Il est vrai que selon le sentiment
de quelques Architectes, lorsque les Ordres ne président pas dans un bâtiment,
on n'est pas tenu à la rigueur d'observer les proportions des croisées établies pour
l'ordonnance des colonnes ou pilastres, mais du moins ne faut il pas s'en écarter
avec excès, ainsi qu'on en use tous les jours. En effet la liberté qu'il semble qu'on
a dans l'Architecture de composer à son gré l'ordonnance de ses bâtimens lorsqu'ils sont sans Ordres, n'autorise que trop l'abus d'allier les contraires ensemble,
sans aucun égard pour la vraisemblance qui enseigne à conserver inviolablement
dans toutes ses productions un accord parfait entre toutes les parties de la décoration d'une façade de bâtiment. J'ajouterai que si d'un côté cette sujétion met
un Architecte dans quelque contrainte, de l'autre les principes qu'il doit avoir
l'éclairent & lui fournissent des moyens pour surmonter tous les obstacles qu'il
peut rencontrer.

 On peut remarquer aussi qu'il se trouve trop d'égalité entre les pavillons
des extrémités & les arriere-corps de cette façade, il semble que pour l'éviter il
auroit fallu réduire les pavillons à une seule arcade, ce qui auroit aggrandi les
arriere-corps, & fait éviter le trumeau de ces pavillons. Il est vrai qu'il s'en seroit ren-
contré un dans les arriere-corps, mais il auroit été plus supportable. Sans doute
la distribution a contraint d'en user ainsi à cause de la gallerie, qui par rapport
à sa longueur auroit été trop peu éclairée d'une croisée à chacune de ses extrémités ; motif qui en faveur de la distribution doit déterminer à éviter la multiplicité des avant-corps dans un bâtiment de peu d'étendue.

 Les combles qui se remarquent dans cette élévation géométrale s'apperçoivent
à peine du pied du bâtiment, de maniere que les vases & les groupes qui cou-

ronnent cet Hôtel font un effet très-agréable & une diversité d'ornemens nécessaire à observer pour distinguer les avant-corps d'avec les autres parties qui doivent leur céder, & qui ordinairement ne sont employées dans l'Architecture que pour faire valoir les masses principales.

Façade du côté de la riviere. **Planche XI.**

Cette façade est composée de la même quantité d'avant-corps que celle du côté de l'entrée, mais la décoration en est plus élégante, les refends n'étant pas continus. Ordinairement on affecte d'en user ainsi du côté des jardins d'un bâtiment, à moins que quelque considération particuliere ne l'exige autrement. Ici cette façade donnant sur la riviere sembloit demander cette légereté, aussi peut-on la regarder comme une ordonnance bonne à imiter dans le cas d'un édifice à un seul étage, en observant néanmoins de donner un peu plus de largeur aux corps de refends qui paroissent trop sveltes & qui étant rélargis auroient rétreci les piédroits qui deviennent un peu pesans, & en évitant la pesanteur du trumeau du milieu des pavillons qui paroît massif en comparaison de ceux de l'avant-corps du milieu de cette façade.

Les deux petits pavillons C, D exprimés aussi dans l'élévation du côté de l'entrée, sont les retours des pignons ou faces latérales des ailes adossées à ce bâtiment, & qui sont marquées A, B dans le plan du rez-de-chaussée de cet Hôtel.

Coupe & face latérale. **Planche XII.**

La coupe est prise sur la ligne G H de la Planche IX, & présente la décoration en petit du vestibule & du salon de cet Hôtel avec les développemens des murs de face & de refend aussi bien que de la charpente du milieu de ce bâtiment.

La face latérale offre le pignon du principal corps de logis de cet Hôtel du côté du Palais de Bourbon & à laquelle est adossée une colonnade d'Ordre Toscan marquée A dans le plan du rez-de-chaussée. Cette colonnade est couronnée d'une corniche architravée & terminée à ses deux extrémités par des corps de refend qui sont retour sur les principales façades. Le côté opposé de ce pignon est un mur de face au lieu de colonade, parce que cette aile renferme de petits appartemens, ainsi que nous l'avons observé, Pl. IX. Cette dissemblance n'est pas perceptible des principales façades, à la faveur des corps de refend en retour dont nous venons de faire mention.

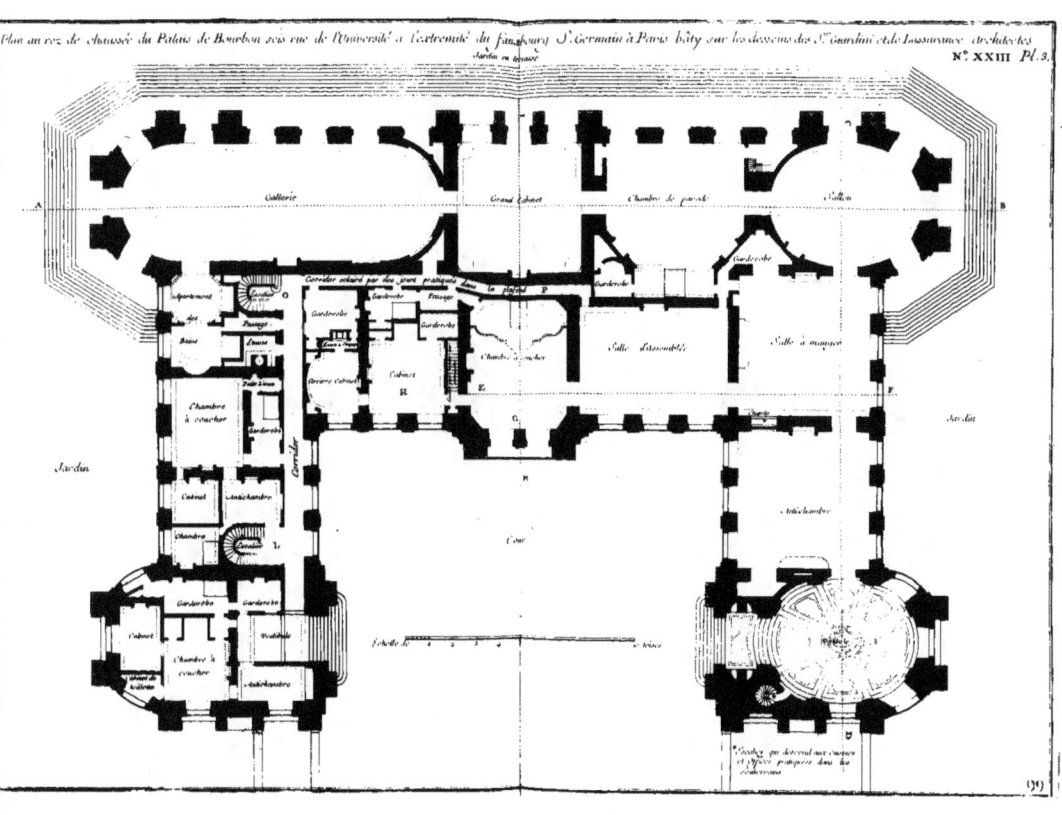

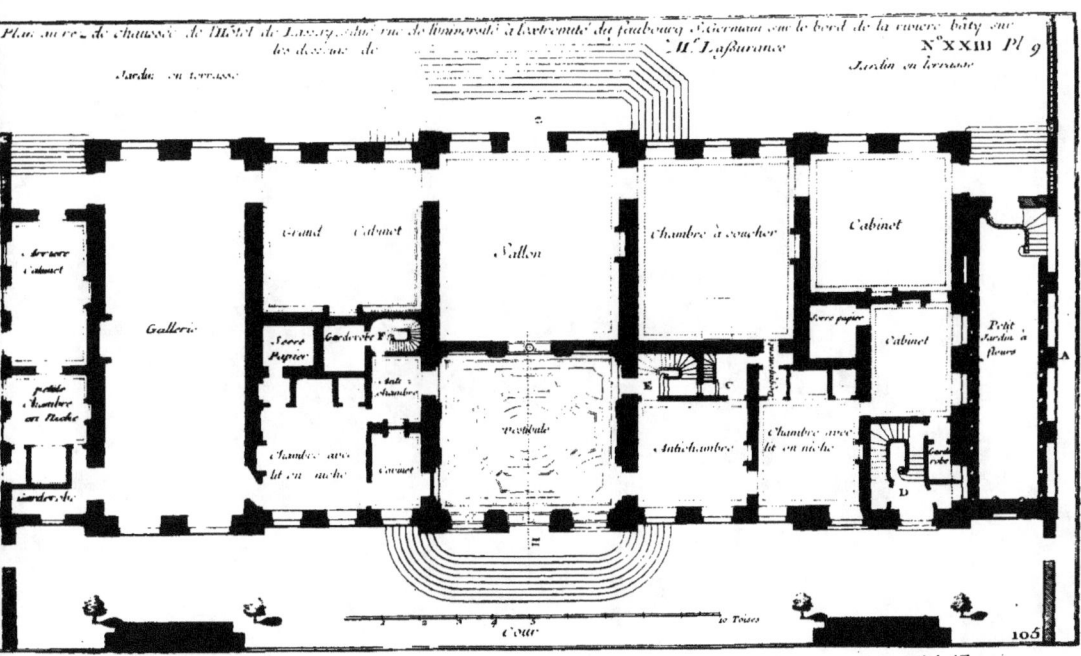

CHAPITRE XXIV.

Description de l'Hôtel d'Humieres, situé rue de Bourbon.

CET Hôtel a été bâti au commencement de ce siécle sur les desseins de Mr. Molet (a) Architecte, pour Mr. le Duc d'Humieres qui l'habite aujourd'hui.

Hôtel d'Humieres.

Plan du rez-de-chaussée. Planche premiere.

Le principal corps de logis de cet Hôtel est double & a de face sur le jardin 20 toises; la façade du côté de la cour est la même, mais il n'y en a de décoré que 12 toises qui composent la largeur de la cour principale, le reste donnant dans la basse-cour des cuisines & étant adossé en partie contre un pavillon destiné au rez-de-chaussée à ce dernier usage. A la gauche de la cour principale est distribuée une assez grande basse-cour pour les écuries & remises qui ont un dégagement dans la rue; les cuisines qui sont ici un peu bornées sont agrandies par une rôtisserie placée sur la rue du côté opposé aux écuries, & les salles du commun & les offices sont pratiquées sous le rez-de-chaussée. La cour est d'une belle proportion; elle est terminée du côté de la rue par deux portions circulaires & décorée d'un porche d'une assez bonne ordonnance.

Aux deux côtés des murs d'alignement des faces latérales sont deux espaces qui déterminent la largeur du terrain au milieu duquel est planté ce bâtiment; ce terrain contient environ 30 toises de largeur dans œuvre, & sa longueur s'étend jusques au bord de la riviere, ce qui procure à cet Hôtel une des plus belles vûes de Paris.

Tout le rez-de-chaussée du principal corps de logis est élevé de cinq pieds & demi du sol de la cour, de maniere que la cuisine, qui est de niveau au pavé, communique à la salle à manger par un passage enfoncé de quelques marches qui conduit sous toutes les pieces du côté de la cour le long du mur de refend & sous la premiere rampe du grand escalier pour arriver dans le vestibule par celui B, & dans la cuisine par une porte à la place marquée A qui lui sert d'issue.

Cette salle à manger se trouve située du côté du jardin, mais comme elle est placée à une des extrémités de la principale enfilade C D, elle est plus tolérable que si elle eut divisé cette enfilade. Elle eut été néanmoins préférable à la place de la chambre à coucher du côté de la cour, l'antichambre E placée au milieu du bâtiment auroit alors servi de salle de compagnie ou de sallon, le sallon F d'antichambre, & la salle à manger G de cabinet ou de chambre à coucher en niche, pratiquée ainsi pour avoir des garderobes qui auroient dégagé par l'antichambre proposée F.

Le grand escalier sert de vestibule & est fort spacieux, bien éclairé, pourvû de repos fréquens, & fort doux à monter; il est annoncé du côté de la cour par trois entrecolonnemens d'Ordre Ionique, mais cet espace toujours ouvert procure un froid considérable l'hiver dans tous les appartemens. C'est pourquoi l'on doit éviter ce genre d'ordonnance dans un bâtiment élevé dans une Capitale, cette maniere n'étant bonne à mettre en œuvre que dans une maison de plaisance qui ordinairement n'est habitée que dans la belle saison, malgré l'exemple de plusieurs Hôtels bâtis à Paris dans ce genre, tels que ceux de Clermont, de Charost, de Noailles, &c. Aussi dans plusieurs endroits a t-on rempli par des chassis à verre

(a) Indépendamment de l'Hôtel dont nous parlons, nous avons dans cet Ouvrage l'Hôtel d'Evreux & le Château de Stain bâtis par cet Architecte.

Hôtel d'Humieres.

ces entrecolonnemens, mais n'étant pas faits pour les recevoir, ils produisent un effet désagréable dans l'ordonnance de la décoration.

Plan du premier étage & décoration extérieure de la porte d'entrée. Planche II.

Le premier étage, Figure premiere, contient deux appartemens à coucher, un petit appartement des bains, une Chapelle & quelques pieces principales; le reste est occupé par des garderobes, des dégagemens, & par un petit escalier qui monte de fond en comble pour le service des domestiques dont les principaux logemens sont pratiqués dans les mansardes qui régnent sur tout le premier étage de ce bâtiment.

La Figure deuxiéme, même Planche, offre la décoration extérieure de la porte d'entrée de cet Hôtel, élevée dans une tour creuse, & ornée de deux colonnes Toscanes couronnées d'un entablement régulier surmonté d'un socle & amorti par les armes & les suports de la Maison d'Humieres. La baie de la porte est terminée en ceintre surbaissé, ce genre de courbe est assez convenable à l'Ordre Rustique, comme plus massive que celle en plein ceintre; mais ce qui empêche l'ordonnance de cette porte de paroître agréable, c'est d'une part que le claveau est trop peu élevé, & de l'autre que les colonnes sont posées sur un socle de trois pieds neuf pouces, qui en diminuant la hauteur de ces dernieres, affoiblit leur diamétre, de sorte qu'elles paroissent grêles, étant isolées, n'étant pas accouplées & ayant un trop grand entrecolonnement, ce qui fait que leur écartement semble les rendre incapables de porter non-seulement le poids de l'entablement, mais encore l'amortissement. Ces observations prouvent assez clairement qu'il ne suffit pas d'employer les Ordres dans une décoration, ni même les membres principaux & les formes qui leur sont analogues, mais que la science de l'Architecture consiste dans le rapport de ces mêmes parties, qui ne sont véritablement estimables qu'autant qu'elles approchent le plus qu'il est possible de la proportion relative à l'Ordre qu'on a choisi. Elles démontrent encore que quoiqu'on ne fasse choix que de l'Ordre le plus simple dans un bâtiment, il est contre les principes de l'art de se croire autorisé à en négliger les dimensions générales & particulieres; que c'est au contraire dans ce cas qu'il faut être exact jusques au scrupule, autrement l'on éleve de la maçonnerie au hazard, bien loin de donner des marques de son expérience & de sa capacité. Cette digression est d'autant plus nécessaire ici qu'on peut remarquer que dans l'ordonnance de cette porte il n'est point de licences absolument condamnables, c'est-à-dire qu'on n'y voit ni fronton brisé, ni corniche circulaire, ni entablement interrompu, &c, & que cependant faute de rencontrer dans ce frontispice un rapport direct entre les parties & le tout, & une proportion uniforme & relative à l'Ordre Rustique, cet ouvrage ne peut mériter le suffrage des connoisseurs. Tant il est vrai qu'il ne s'agit pas seulement d'éviter le défectueux, mais qu'il faut chercher à répandre dans ses productions cette conformité & cette harmonie qui unit ensemble les détails avec les masses générales: union qui ne peut se rencontrer heureusement que par le choix & l'accord de chaque membre en particulier, & qui seule peut produire un enchaînement agréable d'où naissent les beautés de la proportion.

On peut remarquer encore que l'Ordonnance Toscane choisie ici de préférence à toute autre paroît un défaut de convenance, cet Ordre Rustique étant peu propre à exprimer la magnificence d'un Hôtel habité par un homme du premier ordre, malgré les exemples qu'on en voit au Palais du Luxembourg, au Palais Royal, &c. Ce genre d'Architecture ne devroit être employé raisonnablement que dans des ouvrages qui non-seulement ont besoin d'une solidité réelle, mais encore d'une rusticité apparente ; d'ailleurs l'Ordre Ionique qui décore le rez-de-chaussée de la façade du côté de la cour, considéré comme Ordre moyen, sembloit exiger le Dorique & non le Toscan dans la décoration de la porte de cet Hôtel.

Hotel d'Humieres.

Elévation du principal corps de logis du côté de la cour. Planche III.

Nous avons déja remarqué que cette élévation n'étoit susceptible de quelque décoration que dans l'espace qu'occupe la largeur de la cour. Cette étendue est divisée en trois parties, celle du milieu est décorée d'un Ordre Ionique au rez-de-chaussée, sçavoir de deux colonnes isolées & de deux pilastres angulaires, le tout surmonté d'un Ordre de pilastres Corinthiens. Pour éviter le porte à-faux des trumeaux supérieurs l'on a donné aux piédroits des arcades si peu d'épaisseur qu'il auroit peut-être été préférable de les supprimer tout-à-fait. Le vestibule du premier étage sembloit autoriser ce genre d'ordonnance : par là on auroit évité l'inégalité de ces arcades dont deux sont trop étroites, & qui étant en plein ceintre à côté de celle du milieu qui est surbaissée, composent une Architecture médiocre & des trumeaux trop délicats. Cette irrégularité est d'autant plus apparente ici que les arriere-corps de cette façade étant traités d'une maniere solide & d'une assez belle proportion, font sentir combien ces deux genres d'Architecture à côté l'un de l'autre sont peu propres à aller ensemble. On peut observer aussi que l'entablement Ionique auroit dû continuer sur les arriere-corps, le plinthe qu'on y a substitué étant trop foible & détruisant en quelque sorte le caractere grave de ces arriere-corps. Les croisées du premier étage qui sont à plate-bande droite auroient été préférables au rez-de-chaussée, & celles bombées, dans la partie supérieure, étant reconnues d'une forme plus légere & conséquemment plus du ressort d'un Ordre délicat. Le socle qui porte les bases des pilastres Corinthiens est trop bas, la saillie de la corniche de l'Ordre Ionique les efface dans l'exécution ; les chapiteaux de l'Ordre supérieur sont Attiques, & cependant le fust des pilastres a dix diamétres. Son entablement n'a que le cinquiéme, & pour être élevé à près de 40 pieds de hauteur, auroit dû avoir au moins entre le quart & le cinquiéme, si on ne lui eut pas voulu donner le quart, selon le sentiment de Vignole. La mansarde qui couronne ce bâtiment est d'une assez bonne proportion, mais les lucarnes sont un peu grandes & leur chapeau trop foible pour leurs piédroits ; d'ailleurs leur forme en plein ceintre semble peu propre à ces especes de croisées, la forme bombée leur convient d'avantage. Les deux yeux de bœuf qui se voyent ici sont postiches, & ne peuvent être autorisés que lorsque le comble forme des ressauts à plomb des avant-corps qui les reçoivent.

A la gauche de cette façade se remarque l'élévation du bâtiment qui donne sur la basse-cour des cuisines, qui est tenue beaucoup plus simple, pour ne pas sembler faire partie du principal corps de logis ; néanmoins il faut considérer que comme cette derniere façade ne forme pas d'arriere-corps sensible & que les murs de la cour sont fort peu élevés (voyez le plan du rez-de-chaussée) cette façade est apperçue de l'entrée de cet Hôtel, raison pour laquelle dans ce cas il auroit été nécessaire de la rendre plus ornée, ou de tenir les murs de clôture de la cour plus élevés.

Elévation du côté du Jardin. Planche IV.

Cette façade est composée de deux étages réguliers & d'une mansarde, de trois avant-corps & de deux arriere-corps ; ces derniers ont trois croisées dont la proportion, quoiqu'un peu trop élégante aussi bien que celle des trumeaux, est ce qu'il y a de mieux dans cette élévation. Les trumeaux des deux avant-corps des extrémités font trop massifs étant comparés avec ceux-ci, & principalement avec ceux de l'avant-corps du milieu ; leurs écoinçons & la proportion des croisées du premier étage ne sont pas supportables, non plus que les arcades du rez-de-chaussée dont la petitesse des piédroits, la richesse des impostes, des archivoltes, des consoles & des ornemens qui soutiennent le balcon présentent un assemblage trop confus. L'abus de placer des avant-corps en trop grande quantité dans une façade de peu d'étendue, est la source de toutes les irrégularités que nous n'avons que trop occasion de remarquer ; il semble qu'on ne puisse faire un bâtiment sans fronton, que pour cela il faille un avant-corps, & comme il est encore assez d'usage de terminer un bâtiment par des pavillons, on les y admet indifféremment sans prendre garde aux différens rapports qu'ils doivent avoir entr'eux, ni à leur proportion, qui selon les diverses occasions enseigne à faire choix d'une division relative & à l'ordonnance des dehors & à la distribution intérieure. En effet si deux pavillons & un avant-corps paroissent nécessaires dans un Hôtel de trente à quarante toises de face, faut-il pour cela les admettre dans un bâtiment qui n'en a que vingt ou vingt-quatre ? Dans ce cas il vaudroit mieux, ce me semble, former deux pavillons aux extrémités laissant le reste lisse, ou au contraire placer un avant-corps dans le milieu & faire deux arriere-corps seulement dans le reste de la façade.

CHAPITRE XXV.

Description de l'Hôtel du Maine, situé rue de Bourbon.

CET Hôtel fut commencé en 1716 sur les desseins de Mr. de Cotte, premier Architecte du Roi, par ordre de Madame la Princesse de Conty, seconde Douairiere. En 1719 il fut vendu à Mr. le Duc du Maine qui le fit achever ; il appartient aujourd'hui à Mr. le Prince de Dombes, fils aîné de cette Maison.

Plan du rez-de-chaussée. Planche premiere.

Le principal corps de logis de ce bâtiment est double & a 27 toises de face du côté du jardin sur 9 de profondeur ; à la gauche de la cour est une aile destinée pour les Officiers de la Maison, & à la droite une autre dans laquelle sont distribuées les offices & cuisines. Les écuries & les remises de cet Hôtel sont situées de l'autre côté de la rue, le terrain assez borné n'ayant pas permis de les renfermer de ce côté.

La forme de la principale cour n'est pas heureuse ; nous avons plus d'une fois observé qu'il étoit essentiel qu'elle eut de longueur la diagonale d'un quarré formé sur sa largeur ; nous avons aussi avancé que lorsqu'il n'étoit pas possible de lui donner cette proportion, on pouvoit la faire quarrée, mais qu'il ne falloit jamais sortir de ces deux formes, principalement lorsqu'il s'agissoit de la cour d'une maison de quelque importance. Cependant ici bien loin d'y remarquer l'une ou l'autre de ces dimensions, elle se trouve avoir 19 toises de largeur sur 15 & demi de profondeur, ce qui la rend barlongue au lieu d'être oblongue. On auroit pû éviter cette forme vicieuse en élevant des murs de clôture aux extrémités du grand avant-corps A B ; alors il en seroit résulté deux avantages assez considérables, l'un que cette cour auroit acquis une proportion convenable, l'autre que ces murs élevés seulement de 9 pieds de hauteur auroient masqué la disparité qui se remarque entre les deux ailes placées sur les côtés de cette cour (voyez la Planche III)

dont

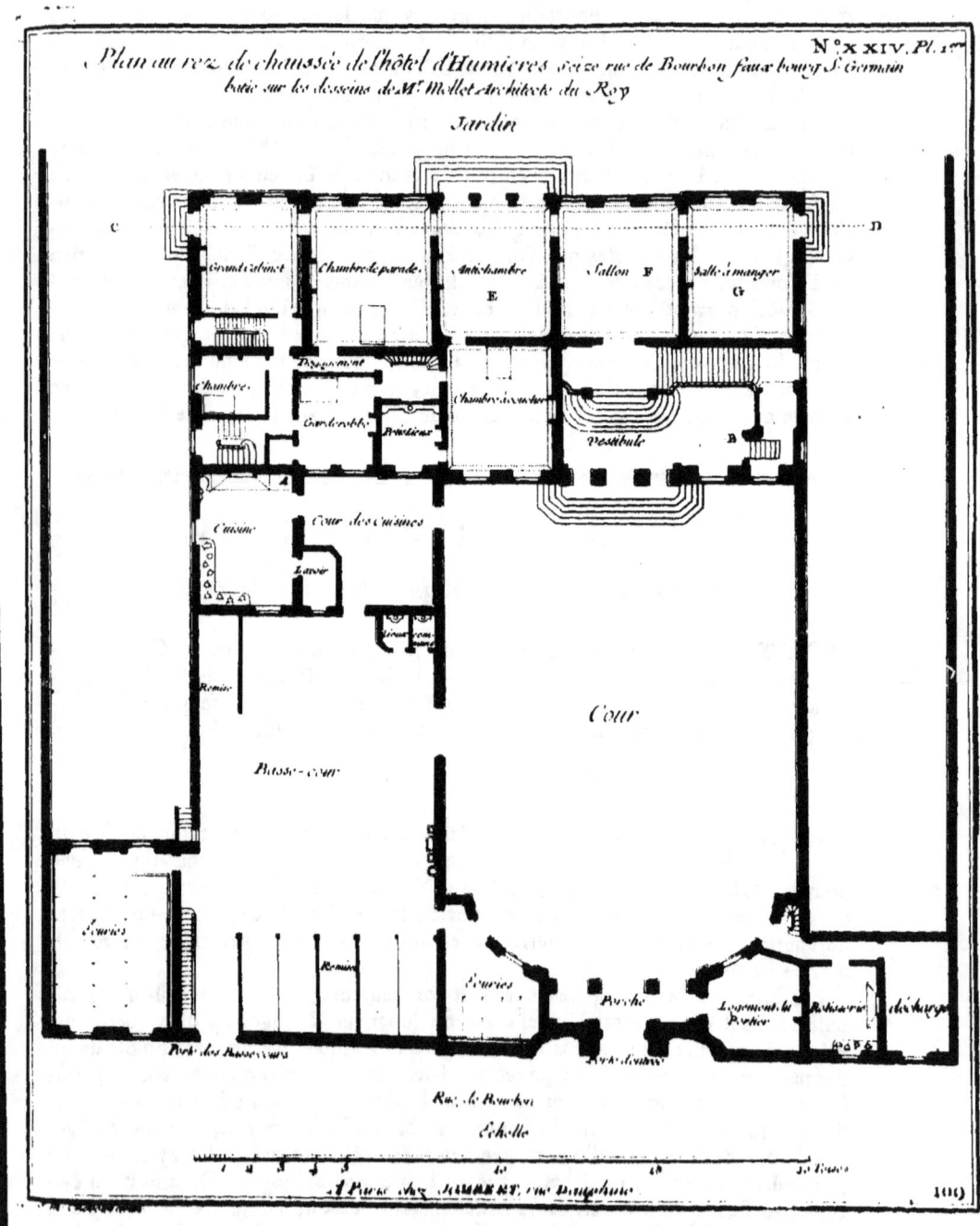

dont celle à gauche a deux petits étages & une mansarde, & celle à droite où Hôtel du sont les cuisines n'a qu'un rez-de-chaussée, à l'exception de deux pavillons sur la Maine. rue qui sont simétriques entr'eux, ainsi qu'on le voit Planche II. Les murs proposés auroient caché ces ailes dissemblables, qui n'ont d'ailleurs chacune à part aucune analogie avec l'ordonnance du principal corps de logis, ce qui auroit dû engager à laisser ignorer ces bâtimens. Cette négligence, qui ne seroit pas tolérable dans une maison particuliere, devient un défaut essentiel de convenance dans un édifice de l'importance de celui dont nous parlons, destiné dès son origine à la résidence d'une personne du premier rang.

Le milieu de ce bâtiment au rez-de-chaussée est occupé par un vestibule sur la cour & par un sallon sur le jardin, qui de ce côté communique à de beaux appartemens ; à la gauche du vestibule en est un autre qui annonce le grand escalier qui monte au premier étage, & à la droite un troisiéme vestibule servant de dégagement pour les Officiers & pour l'aile des cuisines. Il semble que ce dernier vestibule auroit dû avoir une communication libre par des entrecolonnes avec celui du milieu, comme on l'a observé à la gauche, toutes ces pieces d'un facile accès servent à annoncer la magnificence d'un édifice, & contribuent plus que toute autre chose à distinguer la maison d'un grand Seigneur d'avec celle d'un particulier, pourvû néanmoins que le reste du bâtiment ait la grandeur & le nombre des pieces de parade & de société convenable, & que la décoration intérieure & extérieure y répondent, ce qui ne se remarque pas dans cet Hôtel où les façades sont fort simples & où la proportion des pieces n'est pas suivant les loix prescrites par les regles de l'art. Le sallon, par exemple, est trop petit & de mauvaise forme, les chambres à coucher sont trop quarrées, elles ne sont pas assez précédées de pieces d'importance, les garderobes y sont en trop petite quantité, elles sont d'ailleurs éclairées par de petites cours que la hauteur du bâtiment rend sombres & peu salubres. La salle à manger est au premier étage, il n'y a pas même d'endroit convenable pour la placer au rez-de-chaussée, il faut servir à manger à découvert par la petite cour des cuisines ; enfin il n'y a pas assez de commodités dans cet Hôtel, ni pour l'usage des maîtres ni pour le service des domestiques, défaut trop essentiel pour avoir passé sous silence ces observations, & qui me feroit douter que M. de Cotte, dont nous avons d'excellens ouvrages, ait été l'Architecte de ce bâtiment.

Plan du premier étage. **Planche II. Figure premiere.**

Ce plan ne donne que la distribution du premier étage du principal corps de logis, ayant déja observé que l'aile à gauche ne consistoit que dans un rez-de-chaussée & que celle à droite ne composoit que des appartemens particuliers qui au premier étage n'ont aucune communication avec ce plan. Le grand escalier donne entrée dans une antichambre qui conduit à un appartement de société, & dans une seconde antichambre qui mene à deux appartemens complets munis de quelques garderobes, &c. La Chapelle se trouve située dans l'un des angles de ce bâtiment du côté du jardin ; non-seulement elle paroît placée peu convenablement étant au premier étage, mais encore elle est trop près de la salle à manger, ce qui est contre la bienséance, ainsi que nous l'avons observé ailleurs.

Elévation du côté de l'entrée. **Figure deuxiéme.**

Cette Figure représente la façade du côté de la rue, au milieu de laquelle est la porte d'entrée ornée d'un Ordre de pilastres Ioniques surmonté d'une corniche

Tome I. Aaaa

Hôtel du Maine.

& d'une frife circulaires qui renferment un cartel dans lequel eſt une inſcription. Ce genre de décoration dont nous n'avons que trop d'exemples, eſt une licence qui doit s'éviter dans toute ordonnance réguliere, pour les raiſons que nous avons déja obſervées plus d'une fois. Les murs de face qui accompagnent cette porte ſont ornés de chaines de refends dont les intervalles ſont revêtus de tables ſaillantes d'une proportion aſſez convenable à l'Ordre moyen qui préſide dans la décoration de ce frontiſpice. Ces murs ſont couronnés d'une baluſtrade dont la hauteur s'unit avec celle de l'entablement de la porte. A l'égard des pavillons des extrémités de cette façade, ils ſe reſſentent de la négligence qui ſe remarque dans la décoration des ailes de ce bâtiment. Nous avons déja blâmé cette négligence extérieure que l'on apperçoit dans la plupart de nos édifices un peu conſidérables, où la façade du côté de la rue n'annonce point la magnificence intérieure, ce qu'il ſeroit cependant néceſſaire d'obſerver pour la décoration d'une Capitale.

Elévation du côté de la cour. Planche III.

L'avant-corps du milieu de cette façade occupe ſept ouvertures de croiſées; il ſemble beaucoup trop conſidérable pour l'étendue du bâtiment & par rapport aux arriere-corps qui paroiſſent inégaux entr'eux, l'aile droite étant moins élevée que l'aile gauche, ainſi que nous l'avons déja remarqué & qu'on peut le voir dans les deux coupes des extrémités de cette élévation. L'inégalité des trumeaux de l'avant-corps produit un défaut de ſimétrie qui n'eſt pas excuſable, quoique les oppoſés ſoient égaux. Le fronton qui couronne l'Attique & qui n'eſt point ſoutenu dans la hauteur du bâtiment par un corps particulier paroît ajoûté après coup, il falloit laiſſer régner la manſarde, ou continuer l'Attique, comme on l'a obſervé dans la façade du côté du jardin. Au ſurplus l'un & l'autre paroiſſent également inutiles dans ce bâtiment, où il eſt contre la bienſéance d'appercevoir au deſſus des appartemens habités par des maîtres de la premiere importance, des logemens deſtinés à des hommes ſubalternes, ce qui donne à cet Hôtel l'aſpect d'une maiſon particuliere plutôt que celui d'un édifice conſidérable, principalement ici où la décoration n'a rien de recommandable que quelques ornemens diſtribués ſans choix & ſans convenance. D'ailleurs les archivoltes qui retournent ſur les impoſtes ne ſont pas à imiter, non plus que la largeur des corps ou chaines de refend qui eſt ſans proportion, enfin l'on peut obſerver que les combles de ce bâtiment ſont trop conſidérablement élevés relativement à la hauteur de la façade.

Elévation du côté du Jardin. Planche IV.

Cette façade eſt plus réguliere que celle dont nous venons de parler; un avant-corps de trois arcades en occupe le milieu, deux pavillons de trois croiſées en terminent les extrémités, & les arriere-corps en contiennent le même nombre. Cette uniformité eſt cependant peu convenable dans les différens reſſauts d'une façade où le nombre 2, 3, 5 eſt préférable, à moins que l'étendue du bâtiment ne permette pas cette différence, auquel cas il vaut mieux n'affecter qu'un avant-corps dans le milieu ou deux pavillons aux extrémités, autrement cette égalité produit un effet déſagréable, ainſi qu'on peut le remarquer dans cette élévation. Il eſt vrai que les trumeaux d'inégale largeur forment des eſpaces différens dans les arriere-corps; mais comme ce qui ſe remarque eſſentiellement au premier aſpect dans un bâtiment eſt la comparaiſon des pleins avec les vuides, lorſque leur nombre eſt en raiſon d'égalité, l'on fait involontairement abſtraction de la différente largeur des trumeaux pour ne remarquer que les bayes des croiſées, & lorſqu'elles ſe rencontrent les mêmes par-tout, elles produiſent une monotonie qui

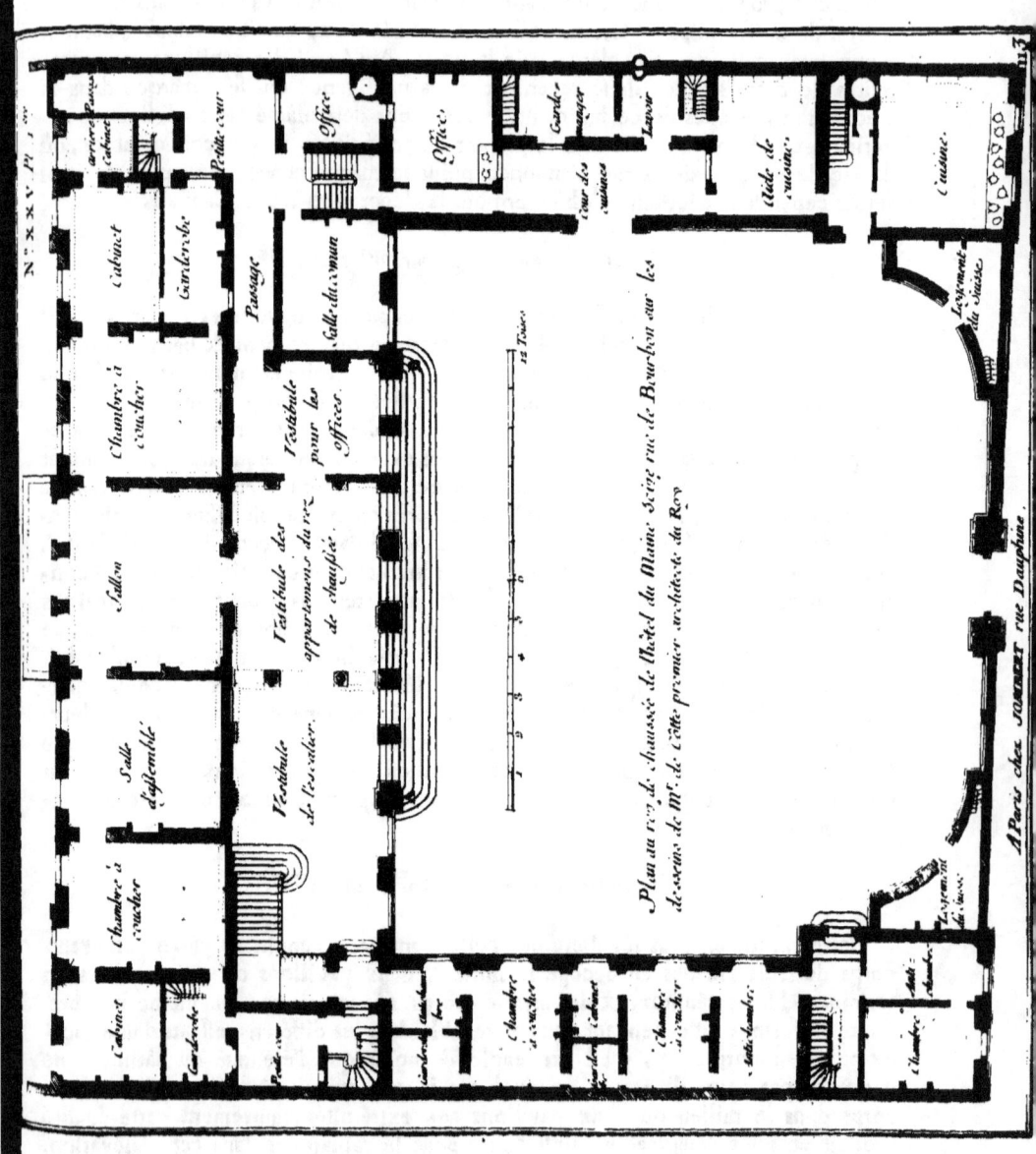

ARCHITECTURE FRANÇOISE, Liv. II.

n'est agréable que dans l'unité d'une façade sans avant-corps, laquelle sans cette uniformité pécheroit contre la simétrie, qui fait une des beautés essentielles de la décoration.

Hôtel du Maine.

Pour masquer l'inégalité des trumeaux dans cette façade, l'on a affecté des tables dans ceux des arriere-corps afin de les subdiviser, mais cela n'y remédie qu'en apparence; les claveaux du premier étage sont aussi beaucoup trop élevés, ils le sont moins du côté de la cour, parce que c'est un entablement qui soutient la mansarde, au lieu qu'ici c'est un plinthe qui sépare cet étage d'avec l'Attique, de maniere qu'il n'y a aucune sorte d'entablement dans cette façade, ce qui compose une Architecture qui a trop peu de relief, & qui est sans graces & sans fierté: les avant-corps d'ailleurs ont trop peu de saillie, & les ornemens qui les décorent n'ont aucune analogie avec la simplicité générale qui régne dans cette élévation.

Coupe & profil pris sur la longueur du bâtiment. Planche V.

Cette Planche dans l'une de ses extrémités offre le développement de l'intérieur du principal corps de logis, où se remarque au rez-de-chaussée la coupe du vestibule, au travers des entrecolonnemens duquel on découvre le grand escalier, ensuite le sallon dont la simplicité de la décoration annonce que cette piece est plûtôt une antichambre ou une espece de vestibule du côté du Jardin, qu'un sallon qui doit indiquer la magnificence des appartemens placés de ce côté.

Au premier étage se voit la seconde antichambre & le sallon, ce dernier est décoré avec quelque richesse, mais son ordonnance d'un goût pesant n'en mérite pas plus d'éloges, les portes étant trop petites, la partie du milieu trop grande & les pilastres d'à côté, d'une proportion trop courte & revêtus d'ornemens peu convenables.

Au-dessus de ces appartemens se voit l'intérieur de l'Attique au-dessus duquel est exprimé le dévelopement des combles construits à deux égouts dans toute la longueur du Bâtiment à l'exception de l'avant corps du milieu du côté du Jardin qui est en platte-forme, & du côté de la cour où à la place de l'Attique on a pratiqué une mansarde, ainsi que nous l'avons déja observé.

L'aîle de Bâtiment qui se remarque ici est celle placée à gauche dans le plan du rez-de-chaussée, PL. I, dont nous avons déja blâmé la simplicité, eu égard à l'ordonnance du principal corps de logis & à celle de la porte d'entrée dont on voit la coupe à l'extrêmité de cette façade du côté de la rue.

CHAPITRE XXVI.
Description de l'Hôtel de Torcy, rue de Bourbon.

CET Hôtel fut bâti en 1714 par Mr. Boffrand, qui est le premier qui ait fait construire dans cette partie du Faubourg St. Germain une maison un peu considérable. Après avoir été bâti il fut vendu à M. le Marquis de Torcy, Ministre & Secrétaire d'Etat, & il est occupé aujourd'hui par la Veuve de ce Ministre.

Plan au rez-de-chauffée des baffes-cours & des caves pratiquées fous le principal corps de logis. Planche premiere.

Le terrain de cet Hôtel est d'environ 23 toises de largeur : au milieu est pratiquée une cour principale de 10 toises sur environ 14 de profondeur ; aux deux côtés sont deux basses-cours qui contiennent des Bâtimens pour les écuries, les remises, & les cuisines distribuées avec assez d'œconomie, eu égard à la grandeur de tout le principal corps de logis. On peut remarquer d'une part que les écuries sont très-nombreuses pour le peu de remises, & de l'autre que les cuisines sont fort éloignées du Bâtiment, ce qui occasionne de servir à découvert. Les offices, les buchers, & les caves au vin sont sous le principal corps de Bâtiment & de 3 pieds de profondeur plus bas que le rez-de-chauffée de la cour. Comme pour arriver au bel étage il faut monter treize marches, ce qui en rend les appartemens très-salubres, cela donne environ 9 pieds de hauteur à ces souterrains.

Plan du rez-de-chauffée du principal corps de logis. Planche II.

La distribution de ce plan est double, un vestibule de forme quarrée donne entrée en face à un salon placé dans le milieu du Bâtiment, d'un côté à un grand escalier pour monter au premier étage, & de l'autre à une salle à manger. A droite sur le jardin est distribué un bel appartement de parade, & à gauche un appartement de société pourvus des commodités qui leur sont nécessaires ; toutes ces grandes pieces sont regulieres, d'une simétrie fort exacte, & d'une proportion très-estimable. Le grand escalier est spacieux & fort bien annoncé du vestibule, il seroit seulement à souhaiter que la premiere rampe fût du côté du mur de refend, plûtôt que sur le mur de face ; premierement elle s'appercevroit mieux du vestibule, secondement l'épaisseur des marches ne couperoit pas la hauteur des croisées, ce qui pouvoit s'éviter ici : le pallier du premier étage auroit même été mieux situé du côté de la cour, ainsi qu'on peut le remarquer sur la Planche suivante.

Plan du premier étage. Planche III.

Les appartemens de ce premier étage sont séparés dans le milieu du Bâtiment par une grande piece qui en occupe toute la profondeur & qui sert de communication à l'appartement placé à sa droite & aux deux qui sont à sa gauche ; ces derniers dégagent par l'escalier A qui monte de fond, ainsi qu'aux entresoles pratiquées sur la garderobe & le petit cabinet. L'escalier B monte aussi de fond, ce qui procure de grandes commodités aux appartemens, de même que l'escalier C qui monte à une entresole pratiquée au-dessus du petit cabinet. Toutes les grandes pieces de ce plan sont assujetties au même diametre de celles du rez-de-chauffée, les murs de refend étant les mêmes ; dans ces derniers sont exprimés les tuyaux de cheminées des appartemens de dessous & des offices.

Elévation

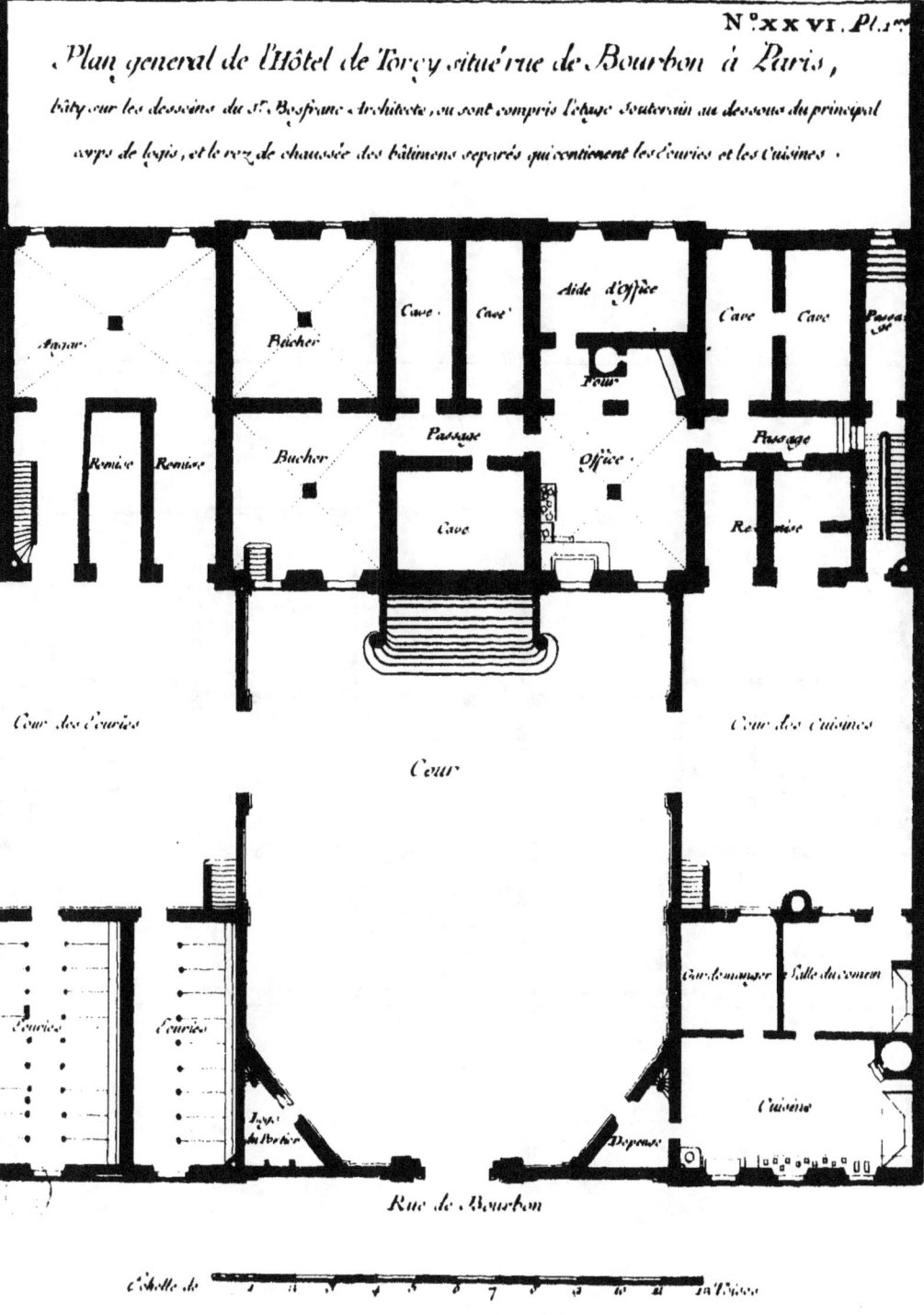

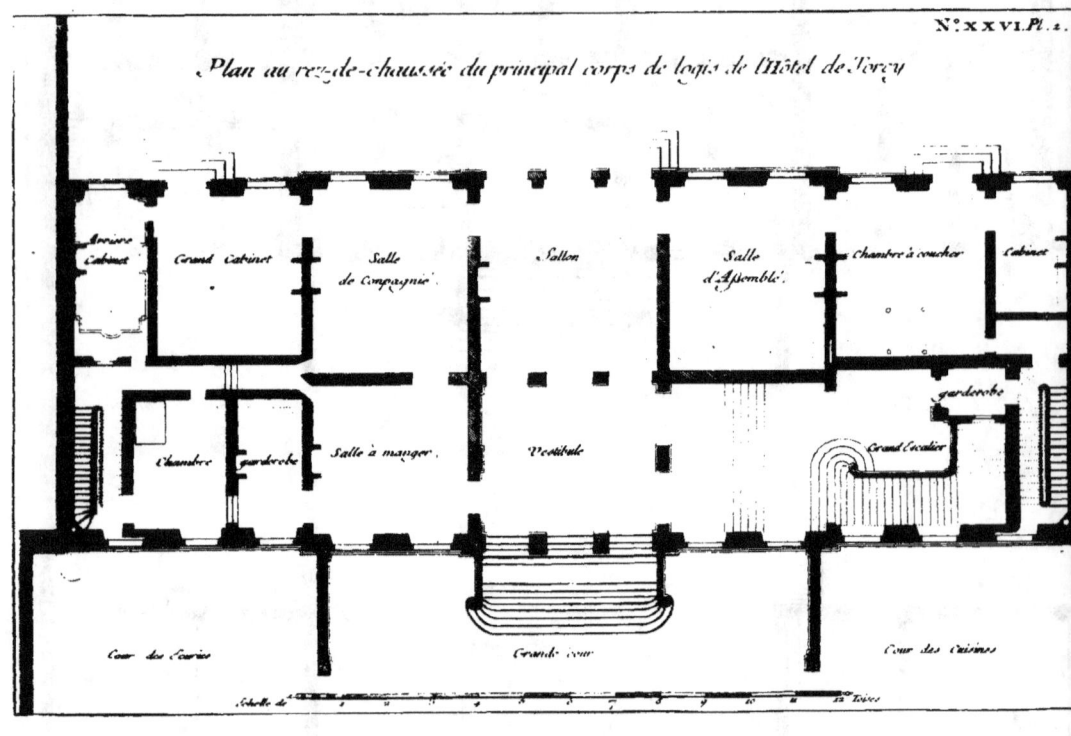

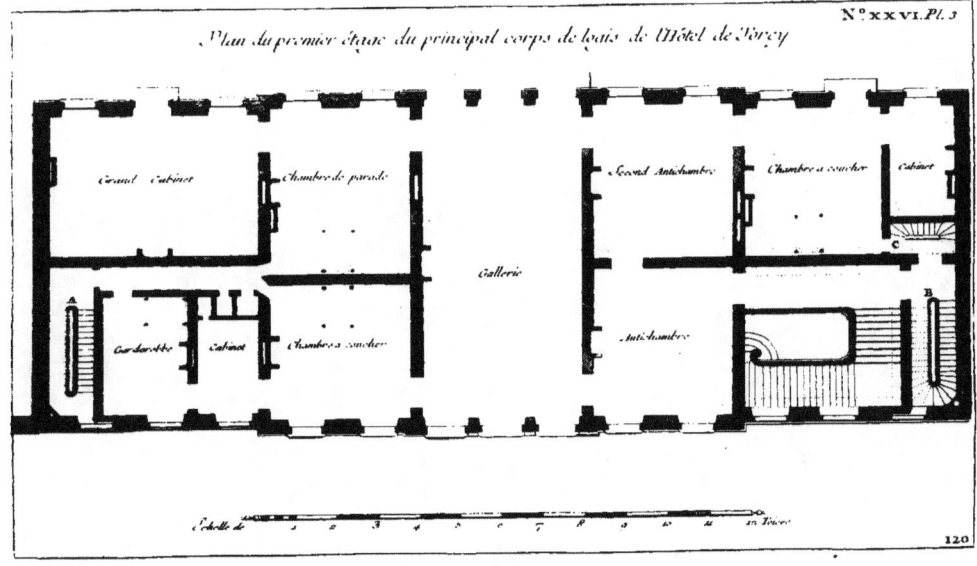

Elévation du côté de la rue. Planche IV.

Le milieu de cette élévation est occupé par la porte qui donne entrée à cet Hô-   *Hôtel de*
tel ; la forme de sa baye est bombée, sa proportion quoiqu'un peu basse est rela-   *Torcy.*
tive au caractere des piédroits qui l'accompagnent. Nous avons dit ailleurs que la
proportion des portes dépendoit en quelque sorte de leur forme, que celles en
plein ceintre exigeoient plus de hauteur que toutes les autres, & qu'en général,
lorsque les Ordres ne présidoient pas dans une ordonnance, on pouvoit quelquefois s'écarter de la sévérité des regles ; mais nous le répétons ici, ce ne doit être
qu'à la faveur d'une grande expérience qu'un Architecte peut franchir les préceptes de l'art. C'est pour cette raison qu'il seroit à désirer que tous les hommes habiles voulussent s'accorder, sur la diversité des proportions, afin que ceux qui n'en
ont qu'une foible connoissance, ne prennent point ces licences pour autant de
beautés positives. Au reste la proportion totale de cette porte est très-bonne à imiter, ayant de largeur les sept huitiémes de sa hauteur ; il seroit seulement à souhaiter que les ornemens y fussent traités avec moins de légéreté, ne devant pas
douter qu'il est indispensable que la masse de ces derniers ait un parfait rapport
avec les membres d'Architecture qui leur donnent occasion. Les deux pavillons
des extrémités de cette façade sont trop simples, & la simétrie y paroît un peu
négligée ; nous avons déja blâmé plus d'une fois cet abus dont on fait un trop
fréquent usage dans la décoration extérieure de nos bâtimens.

Elévation du côté de la cour. Planche V.

La décoration de cette façade quoique traitée avec beaucoup de simplicité est
néanmoins d'une proportion très-agréable, & prouve bien qu'un bâtiment élevé
par un homme d'un vrai mérite n'a pas besoin du secours des ornemens pour plaire aux connoisseurs. On peut remarquer dans l'ordonnance extérieure de cet Hôtel les formes piramidales que nous avons applaudies à l'Hôtel Amelot bâti par
le même Architecte ; celui-ci qui est beaucoup plus simple ne lui cede en rien,
quoique dans un genre différent. Cette façade n'a ni Ordres d'Architecture ni
corps de refend, & ne doit sa beauté qu'à l'élégance & à la proportion des parties qui la composent ; genre d'Architecture trop peu estimé aujourd'hui, & qui
cependant dans une maison particuliere devroit avoir la préférence sur tout ce
que nos Dessinateurs introduisent dans leurs productions.

    Les arriere-corps des extrémités de cette façade sont tenus encore beaucoup
plus simples que la partie qui compose le principal corps de logis, lequel est observé seulement de la largeur de la cour c'est-à-dire d'environ 11 toises ; autrement si
l'on avoit voulu décorer uniformément toute l'étendue de ce bâtiment qui a 23 toises
trois pieds, il en auroit non-seulement fallu changer l'ordonnance, mais encore
diminuer la hauteur pour donner à cet édifice le caractere d'un Hôtel considérable, ce qui auroit été opposé à l'œconomie qu'on s'étoit proposée dans la premiere intention de la bâtisse de celui-ci. Ces considérations font toujours l'é-
loge d'un Architecte, lorsque dans une façade d'une assez grande étendue il sçait
faire régner par le secours des proportions une simplicité agréable, qui en satisfaisant le spectateur, le dédommage d'une décoration plus somptueuse à laquelle
il sembloit devoir s'attendre, & dont cependant il n'a aucun regret, trouvant de
quoi le satisfaire dans ce qui lui cause de l'admiration.

Tome I.   Bbbb

Elévation du côté du jardin. Planche VI.

<small>Hôtel de Torcy.</small>

Cette façade est composée d'un grand avant-corps double & de deux arriere-corps, lesquels sont tenus moins élevés, ce qui donne un air de prééminence à toute la partie du milieu de ce bâtiment qui est très-avantageux. En général cette élévation differe de la précédente en ce que celle-ci est composée de deux étages réguliers & d'un Attique, au lieu que l'autre est formée d'une espece de soubassement de deux étages réguliers & d'une mansarde. L'Attique dont il est ici question forme extérieurement avec le premier étage une hauteur commune qui en ajoûtant de la simplicité à cette ordonnance, lui donne un air de grandeur que Mr. Boffrand a toujours sçu répandre dans toutes ses productions. L'entablement qui soutient la mansarde des arriere-corps désigne la hauteur du plancher intérieur qui sépare dans le principal corps de logis le premier étage d'avec l'Attique, sans pour cela diviser les masses de cette façade par de petites parties. C'est cette considération qui a porté l'Architecte de ce bâtiment à préférer dans bien des occasions un Ordre qui embrasse deux étages, lorsqu'il les a fait présider dans ses édifices, au lieu d'exprimer par des corniches la hauteur de chaque plancher, ce qui suivant ce sistême, peut être applicable à la décoration d'une maison particuliere où la dépense des Ordres ne peut avoir lieu.

Il semble qu'il seroit à désirer qu'on eut supprimé les impostes des arcades dans le principal avant-corps, elles divisent la hauteur des étages qui fait tout le mérite de cette maniere de décorer. Les croisées bombées de l'Attique qui interrompent l'astragale tenant lieu d'architrave à l'entablement supérieur, peuvent aussi être regardées comme une licence que nous remarquons ici bien moins par esprit de critique que pour n'en pas conseiller l'usage inconsidérément ; ces genres de licences perdent toujours à être imitées & ne réussissent que quand elles sont hazardées par un grand maître qui sçait dédommager le spectateur par la beauté des masses, de maniere à ne lui pas donner le loisir de s'appercevoir de quelques parties accessoires qui sont effacées par la beauté de l'ouvrage entier.

CHAPITRE XXVII.

Description de l'Hôtel de Seignelai, situé rue de Bourbon.

CET Hôtel fut élevé par Mr. Boffrand en 1716, qui l'a bâti après l'Hôtel de Torcy & qui l'a vendu ensuite à Mr. le Marquis de Seignelay ; il est occupé aujourd'hui par Madame la Duchesse de Modene. C'est dans cet Hôtel qu'on a vû pendant long-tems la fameuse Bibliotheque de Mr. Colbert.

Plan au rez-de-chaussée. Planche I.

La distribution de ce plan est très-réguliere : une cour d'environ 9 toises de largeur sur 13 de profondeur, donne entrée à un corps de logis double composé d'un très-bel appartement de parade sur le jardin, & d'un appartement de commodité sur la cour principale & sur la basse-cour. Le grand escalier est placé dans le vestibule, lequel est élevé, ainsi que tout le rez-de-chaussée du sol de la cour, de six pieds & demi, ce qui procure au-dessous de cet étage ainsi élevé, les cuisines & offices sous terre qui dégagent par la basse-cour, au bout de laquelle du côté de la rue sont pratiquées des remises & des écuries distribuées d'une maniere fort ingénieuse & qui contiennent au-dessus des chambres pour les domestiques. A la

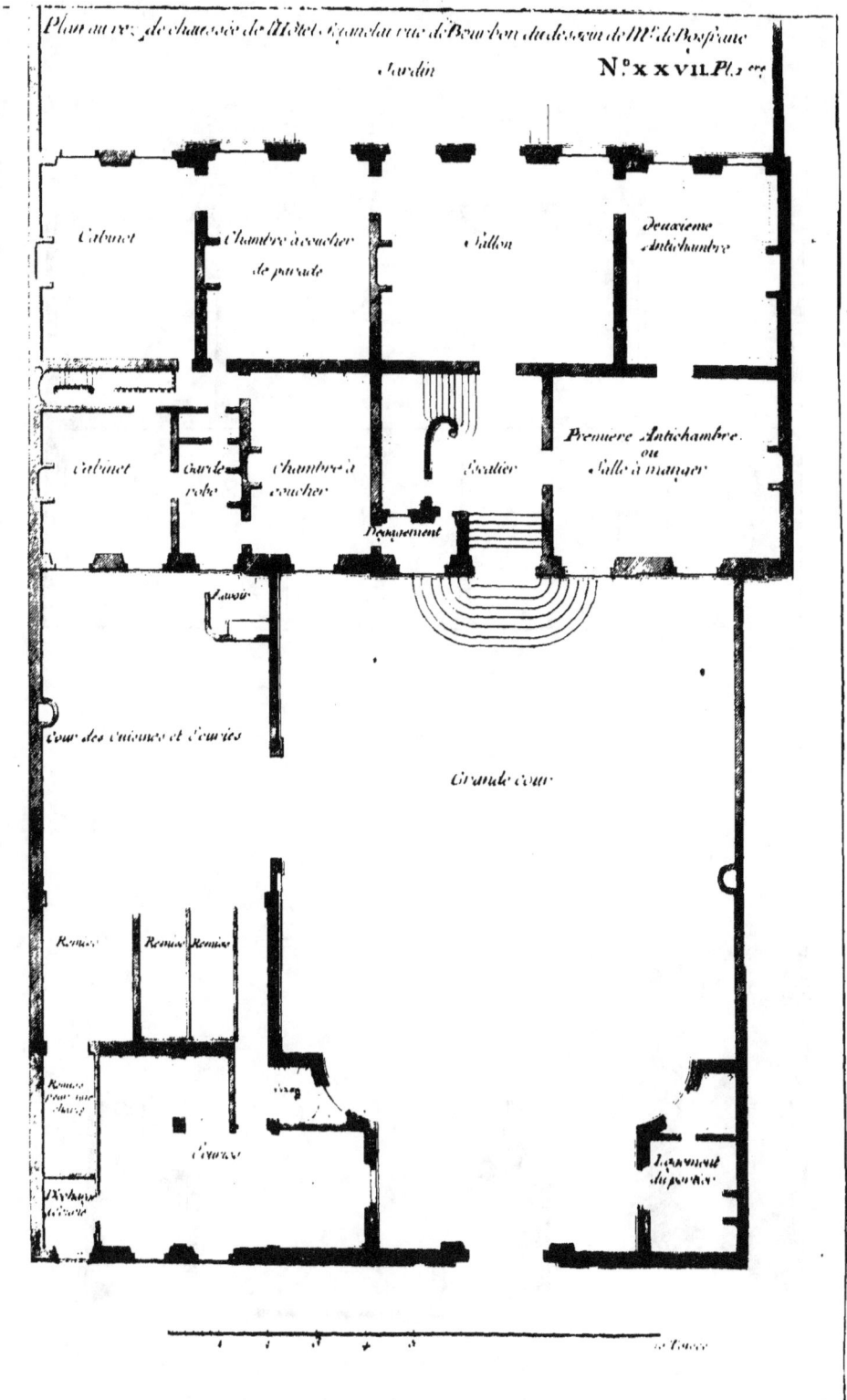

droite de la cour du côté de l'entrée est distribué un logement pour le portier, dont Hôtel de l'extérieur simétrise avec le corps de bâtiment des écuries qui lui est opposé, & Seignelay. qui concourt à donner de l'élégance à la forme de la cour principale.

Plan du premier étage. Planche II.

La distribution du premier étage est absolument la même que celle du plan dont nous venons de parler, à l'exception des bâtimens du côté de la rue dont on voit ici les combles & sous lesquels sont distribués les greniers & au-dessous en entresoles les logemens des domestiques de la basse-cour; ceux des autres domestiques étant dans les mansardes qui terminent la hauteur du principal corps de logis.

Elevation du côté de la cour. Pl. III.

La décoration extérieure de ce bâtiment est dans le même genre que celle de l'Hôtel de Torcy, c'est-à-dire tenue fort simple; mais les proportions, les formes & la simétrie qui y sont exactement observés, tiennent lieu d'une richesse qui souvent ailleurs ne sert qu'à égarer des vrais principes de la bonne Architecture. Toutes les ouvertures de cette façade sont des arcades en plein ceintre, ornées d'impostes & d'archivoltes, à l'exception de la partie qui donne sur la basse-cour qui est percée par des croisées bombées sans bandeau, pour ne pas sembler faire partie de l'ordonnance générale. Ces croisées paroissent trop élevées pour leur largeur, sans doute elles ont été faites ainsi parce qu'éclairant de petits appartemens au-dessus desquels sont des entresoles, ces croisées deviennent communes à ces pieces pratiquées les unes au-dessus des autres, ce qui n'est pas sans autorité, mais néanmoins dont il ne faut user que dans les parties les moins considérables d'un bâtiment, étant toûjours une licence plus ou moins condamnable par rapport à l'ordonnance & aux proportions de l'Architecture.

Toutes les arcades en plein ceintre sont de largeur inégale, ce qui produit une différence dans leur proportion aussi-bien que dans les claveaux; c'est un genre de licence dont il ne faut pas non plus user trop inconsidérément; voyez ce que nous avons dit ci-devant à ce sujet dans l'Introduction à l'Architecture.

Cette façade comprise entre les deux murs qui déterminent la largeur de la cour, est décorée d'un avant corps qui contient trois arcades & qui est surmonté d'un fronton dont l'entablement horisontal est plus élevé que celui des arrieres-corps. Cette élévation donne un air de supériorité au milieu de cette façade qui réussit fort bien, & que l'on remarque, comme nous l'avons déja dit, dans presque tous les Ouvrages de Mr. Boffrand, lequel, ainsi que nos meilleurs Architectes, a toûjours crû devoir donner la préférence aux masses principales, & leur soumetttre toute les autres parties; mais cette maniere n'appartient qu'aux maîtres de l'Art & ne peut être imitée que très-imparfaitement par les hommes superficiels, qui ne s'attachant le plus souvent qu'aux détails ne peuvent dédommager le Spectateur, par un ensemble général, des licences qu'ils ont introduites dans les parties accessoires.

Elévation du côté du Jardin. Planche IV.

Cette façade est composée d'un grand avant-corps de cinq arcades de deux étages & d'un Attique; le premier étage & l'Attique sont communs & terminés par une corniche qui paroît dans l'exécution trop foible pour sa situation qui est très-élevée; les arrieres-corps, au lieu d'Attique, sont terminés par une mansarde, qui fait piramider la partie du milieu, ces arrieres-corps étant inférieurs en hauteur à leur largeur.

CHAPITRE XXVIII.
Description de l'Hôtel d'Ancezune, situé rue de Bourbon.

Hôtel d'Ancezune.

CET Hôtel fut bâti en 1718 sur les desseins de M*** pour M. le Duc d'Ancezune, gendre de M. le Marquis de Torcy, qui l'occupe aujourd'hui.

Plan au rez-de-chaussée. Planche premiere.

Le terrein de cet Hôtel est de 12 toises 1 pied de largeur dans œuvre : le principal corps de logis est entre cour & jardin ; les écuries, les remises & les cuisines sont sur la rue, & situées d'une maniere fort ingénieuse, sans occuper beaucoup de place, de sorte que la distribution de ces bâtimens est bonne à mettre en pratique dans un terrein resserré, & où il n'est pas possible d'avoir des basse-cours particulieres pour le dégagement de ces bâtimens, devant compter pour peu de chose celles qu'on remarque ici. D'ailleurs les eaux de la cuisine auroient pû s'échapper dans la rue aussi-bien que celles des fumiers des écuries, sans avoir pris l'espace de 9 pieds qu'occupent ces petites cours aux dépens de la profondeur de la cour principale, qui devient d'une forme trop peu profonde. Par là on auroit épargné la dépense du double mur de face A, celui de la rue étant suffisant, ce qui auroit procuré des jours plus considérables aux écuries & aux cuisines. Les remises auroient pû aussi être moins profondes, ce qui auroit contribué à faire la cour quarrée, forme la plus convenable lorsqu'on ne peut la pratiquer sur la diagonale, ainsi que nous l'avons recommandé ci-devant. Alors il auroit été mieux d'en supprimer les arrondissemens qui ne réussissent que dans les cours oblongues, & cela auroit apporté plus de simétrie dans la décoration de l'ouverture des remises, sans diminuer de beaucoup l'office, & sans ôter la place de l'auge & du puits qui auroient pû être placés dans l'un des murs mitoyens. Au reste les commodités de ce bâtiment pour ce qui concerne les cuisines, les remises & les écuries sont très-bien observées dans ce plan, & sont distribuées à peu près dans le goût de la maison du dessein de Mr. le Duc, rapportée ci-devant Chapitre XIX, laquelle pourroit bien avoir servi d'exemple à l'Architecte qui a bâti celle que nous décrivons.

La distribution du principal corps de logis est d'une composition fort ordinaire, elle ne laisse cependant pas que d'avoir certaines commodités, quoique toutes les pieces soient d'une grandeur uniforme ; la simétrie y est aussi fort exactement observée, ce qui prouve que l'Architecte de ce bâtiment entendoit mieux les dedans que la décoration extérieure, ainsi que nous allons avoir occasion de le remarquer.

Plan du premier étage. Planche II.

La distribution de ce plan est absolument la même que celle du rez-de-chaussée, le grand escalier donne entrée à deux antichambres, & celles-ci à toutes les pieces de ce premier étage ; du côté de la rue on voit les combles qui couvrent les pieces dont nous avons parlé dans le plan du rez-de-chaussée, & au-dessous des greniers desquelles sont pratiquées des entresoles pour le logement des domestiques des basses-cours, ceux des maîtres ayant les leurs dans les mansardes pratiquées au-dessus du principal corps de logis, où l'on monte par l'escalier à gauche sur la cour exprimé dans ce plan, lequel monte de fond pour le dégagement & le service des domestiques.

Elévation

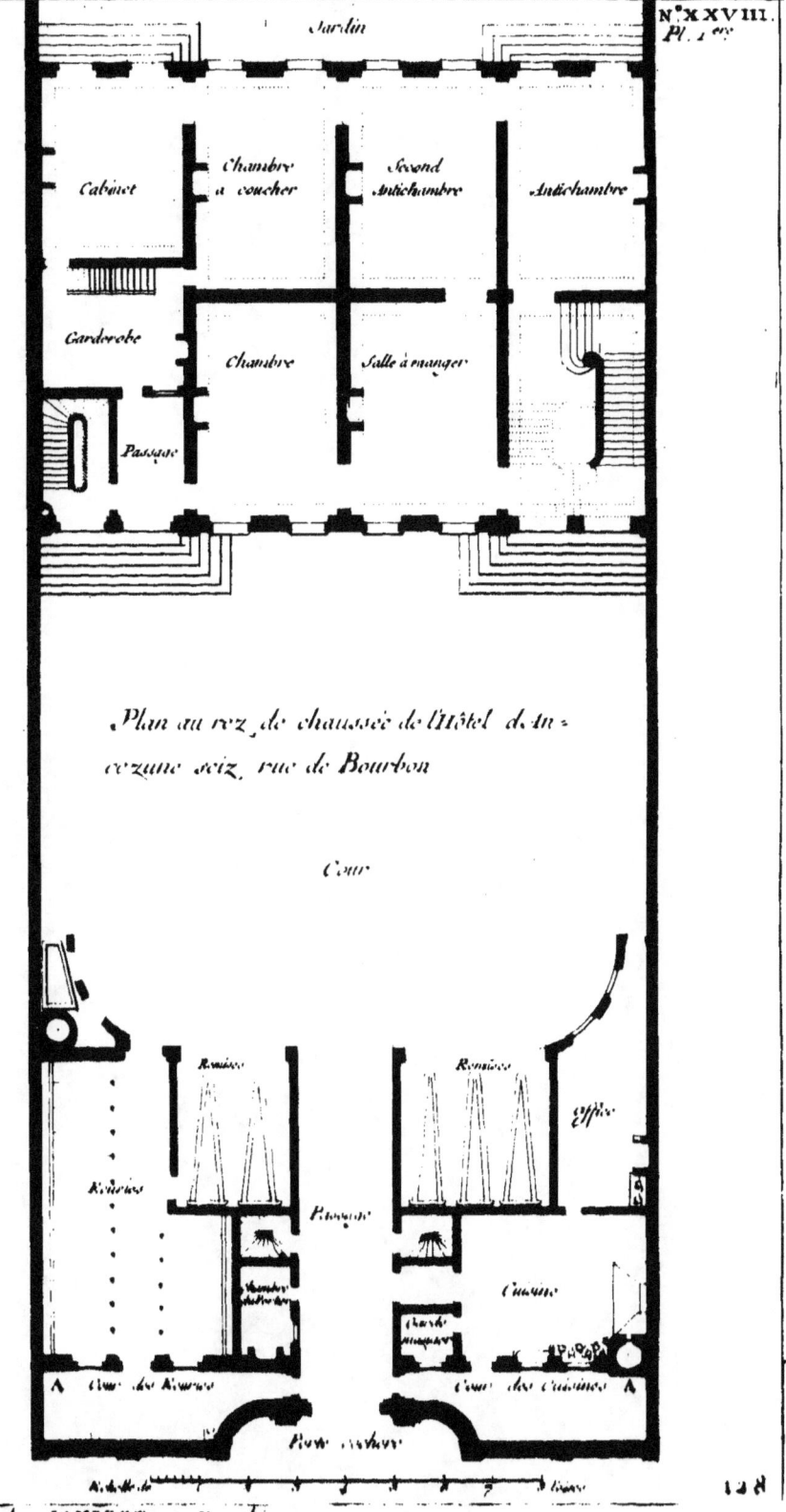

Elévation du côté de la cour. Planche III.

Quelque simplicité qu'on ait lieu d'affecter dans la décoration d'un bâtiment, un bon Architecte ne doit pas être dispensé d'y observer les proportions les plus généralement approuvées. Cependant dans celui-ci où la plus grande partie des distributions sont assez ingénieuses, il semble qu'on ait tâché de s'éloigner des regles de l'Art dans l'ordonnance des façades. En effet, les plinthes & les corniches sont sans graces, les corps de refend sans proportions, les croisées trop sveltes, les mansardes trop surchargées, les piédroits des arcades sans rapport avec les vuides, &c; de maniere qu'il semble que la façade dont nous parlons soit élevée pour donner un exemple des défauts qu'il faut sçavoir éviter pour réussir à bâtir suivant les principes du goût & selon les préceptes des anciens & de nos meilleurs Architectes modernes.

Hôtel d'Ancezune.

Elévation du côté du jardin. Planche IV.

Si les croisées étoient moins sveltes & si les refends des extrêmités de cette façade étoient supprimés, cette ordonnance toute simple qu'elle est seroit préférable à la précédente, quoiqu'en général les profils ni les mansardes n'y soient pas traitées avec plus de succès. Il faut cependant convenir que lorsqu'on ne veut pas employer de richesse dans un édifice, on doit alors avoir recours aux proportions, elles sont seules capables de dédommager d'une grande simplicité, & c'est pour cette raison qu'on ne sçauroit trop s'appliquer à connoître les principes de son Art quand on veut se distinguer dans sa profession, autrement c'est abuser de la confiance de ceux qui nous employent, & rendre méprisable un Art dont l'excellence fait autant d'honneur à un Architecte habile, qu'il avilit celui qui exerce un talent dont souvent il ignore jusques aux élemens.

Elévation de la porte d'entrée. Planche V.

Indépendamment de ce que ce frontispice est trop orné pour les façades de cet Hôtel, l'on ne peut applaudir à son ordonnance dont la proportion de la porte bombée est la seule partie qui soit tolérable, la corniche circulaire, qui est d'une largeur immense, ne pouvant être supportée par les deux pilastres qui en reçoivent la retombée ; d'ailleurs les ornemens sont d'un mauvais choix, & la balustrade qui couronne les murs qui servent d'accompagnement à cette porte est tout-à-fait hors de proportion, & vient se terminer d'une maniere peu convenable contre l'arriere-corps qui reçoit le pilastre, & dont le retour horisontal de la corniche qui le termine devroit retourner sur le fust de ce même pilastre, & non sur son arriere-corps.

Il semble qu'ayant eu si peu de bien à dire sur la décoration extérieure de cet Hôtel, nous aurions dû le supprimer de cet Ouvrage, mais non-seulement il étoit anciennement gravé, mais aussi nous avons averti que nous saisirions avec empressement (non par esprit de critique, mais par la nécessité d'instruire) l'occasion de faire des observations sur les médiocrités afin de les faire éviter en faisant sentir leur abus, de même que nous applaudirions toûjours avec plaisir aux choses que nous reconnoîtrions être bonnes à imiter. C'est cette raison qui nous a fait approuver la plus grande partie des distributions du bâtiment dont nous parlons, comme nous avons dit notre sentiment sur les défauts qui se rencontrent dans la décoration extérieure de ce même édifice.

CHAPITRE XXIX.

Description de l'Hôtel de Belle-Isle, situé rue de Bourbon.

Hôtel de Belle-Isle.

CET Hôtel a été bâti en 1721 sur les desseins de Mr. Bruant, (a) Architecte du Roi, pour M. le Comte de Belle-Isle, petit-fils de M. Fouquet, Surintendant des Finances. Il est composé de trois étages du côté de l'entrée & de deux du côté de la riviere, élevés sur une terrasse, de laquelle on découvre une très-belle vûe. La décoration extérieure est tenue assez simple pour un si grand Hôtel, mais l'intérieur des appartemens est d'une magnificence considérable.

Distribution du plan au rez-de-chaussée. Planche premiere.

Ce bâtiment est composé d'un grand corps de logis double entre cour & jardin, de deux ailes simples, en retour du côté de la cour, d'une autre aile sur la rue, & d'une quatriéme du côté de la riviere. Une grande cour réguliere de treize toises & demi sur environ dix-huit de profondeur, sert d'issue au principal corps de logis & aux ailes distribuées à la droite & à la gauche de cette cour. Derriere ces ailes de bâtiment sont pratiquées deux autres cours, l'une pour les cuisines & l'autre pour les écuries; celle-ci dégage dans la rue de Bourbon par une porte qui donne entrée au petit Hôtel destiné au logement des principaux Officiers, qui ont un escalier particulier marqué A, & leur communication avec les maitres par une des terrasses du premier étage. Tout ce plan du rez-de-chaussée est destiné aux cuisines, aux offices, aux écuries, aux remises, &c. à l'exception d'un appartement des bains placé du côté du Quay, & qui a communication avec le bel appartement au-dessus par l'escalier B, de maniere que le premier étage peut dégager sur le Quay par la porte D, sans être obligé de passer par les principales pieces de cet Hôtel. Cette considération est importante à observer selon les emplois de la personne pour laquelle on bâtit, afin d'affecter des issues étrangeres à la principale entrée pour que le propriétaire éloigné du tumulte puisse expédier ses dépêches à l'insçu du vulgaire, en recevoir de secrettes & y répondre, selon la discretion qu'exigent les négociations qui lui sont confiées.

Comme l'entrée du principal corps de logis n'est pas dans le milieu du bâtiment, & que la distribution du premier étage est composée de deux grands appartemens; à la droite & à la gauche du fond de la cour sont deux grands escaliers, de maniere que l'aile du premier étage peut n'avoir aucune communication avec l'appartement de société distribué dans le milieu de cet édifice (voyez la Pl. II). Cette circonstance est encore nécessaire à observer dans un bâtiment destiné à un homme du premier ordre, afin qu'il puisse traiter de ses affaires particulieres sans être troublé ni empêché par les personnes du dehors qui forment sa société.

Il est vrai que les escaliers ainsi multipliés exigent beaucoup de terrain & de dépense, aussi ne doit-on les mettre en usage que dans un bâtiment de quelque considération; il faut même absolument les éviter dans la distribution d'une maison particuliere, à moins que par quelque circonstance essentielle de situation, ou dans la crainte d'offusquer par un seul escalier principal, une partie du milieu de son édifice (au lieu d'un qui soit spacieux & de plusieurs autres de dégagement) on ne préfére d'en placer deux moyens aux extrémités de l'édifice, ainsi qu'on peut le remarquer dans plusieurs des bâtimens qui composent cet Ouvrage.

(a) Cet Architecte étoit fils de Libéral Bruant qui a bâti les Invalides; c'est lui qui a précédé à l'Académie Mr. de Courtonne en qualité de Professeur d'Architecture. Non-seulement il a donné de doctes leçons aux Eleves de son tems, mais il a été regardé de ses contemporains comme un des Architectes depuis Mansard qui ait le mieux profité.

Distribution du premier étage. Planche II.

Ce premier étage est distribué en trois appartemens, l'un de société marqué A, l'autre de parade marqué B, & le troisiéme de commodité marqué C ; trois principales enfilades y sont observées, celle DD, celle EE, & celle FF. Cette derniere est la plus réguliere, les deux autres n'enfilant point le milieu des croisées qui sont à leur extrémité, défaut considérable dans la distribution intérieure d'un bâtiment, & qui prouve que ce n'est guéres que depuis trente ans qu'on est parvenu à connoître la nécessité qu'il y avoit de concilier la décoration intérieure avec l'extérieure. On peut même remarquer que dans cette distribution la simétrie des pieces a été négligée au point que dans le grand cabinet BB, la cheminée n'est pas vis-à-vis le trumeau de glace qui lui est opposé. Pour y remédier il auroit fallu rendre les écoinçons du mur de face du côté de la terrasse égaux en rapprochant de quelques pouces le lambris, ce qui auroit rendu cette piece réguliere & mis la cheminée au milieu. Il est vrai que ce lambris ainsi rapproché auroit diminué le diamétre de cette piece, mais comme elle est toute ornée de glaces qui par leur réflexion rendent les lieux plus spacieux, cette diminution n'auroit pas été sensible.

L'aile en retour où est placé ce grand cabinet sembloit exiger qu'on en eut affecté une autre qui lui fut opposée. De cette suppression naît un défaut de simétrie qu'il eut été essentiel d'éviter dans l'ordonnance d'un édifice de cette importance. C'est pourquoi lorsque l'étendue du terrain ne permet pas la distribution de deux ailes pour accompagner une façade, il vaut mieux n'en affecter aucune, autrement un édifice, quelque considérable qu'il soit d'ailleurs, paroît toujours imparfait. Sans doute ici l'on s'est apperçu trop tard de ce défaut de simétrie, puisque peu de personnes ignorent que le terrain des deux Hôtels que M. de Cotte a fait bâtir depuis au coin de la rue du Bacq, étoit à acquérir lors de la bâtisse de celui dont nous parlons, & que par cette acquisition de la part de M. de Belle-Isle on seroit parvenu à donner à ce bâtiment toute l'élégance qu'un édifice de cette conséquence sembloit exiger. Nous ajoûterons à cette occasion qu'un grand Seigneur est heureux lorsqu'il sçait faire choix d'un Architecte aussi sage qu'éclairé, qui par la diversité de ses compositions puisse lui présenter un projet sous différentes formes, de maniere qu'après de solides réflexions & avant que de bâtir, le propriétaire & l'Architecte d'accord sur les loix de la convenance, de la proportion & de la simétrie, évitent les remords qui accompagnent presque toujours une entreprise peu réfléchie. Cet abus, qui n'a que trop d'exemples, vient le plus souvent de ce que l'on croit gagner beaucoup en mettant la main à l'œuvre sur le champ, mais cette précipitation entraîne après elle une infinité d'inadvertances dans lesquelles on ne seroit pas tombé si l'on avoit différé la bâtisse de quelques mois, pour occuper ce loisir à faire des développemens, des détails, des devis, des marchés, &c. Bien loin même que l'ouvrage eut souffert de ce retard, l'on peut assurer au contraire que par ce délai, presque toujours nécessaire, la main d'œuvre en va plus vite, & que c'est par ce moyen non-seulement qu'on peut ordonner ensemble les différens genres de construction, mais encore éviter de démolir pour rectifier ce qu'on avoit ordonné légerement. Nous l'avons dit ailleurs, la plus petite inadvertance coute toujours cher dans le bâtiment, soit par rapport à la dépense réitérée, soit par rapport au tems nécessaire pour la reparer ; aussi croyons-nous ne pouvoir trop insister sur cet article, comme le point le plus essentiel de l'art de bâtir, puisque ce défaut de prévoyance est la source de presque toutes les irrégularités qu'on remarque dans la plupart de nos édifices.

Sur la longueur du mur marqué H & en face de l'aile dont nous venons de

Hôtel de Belle-Isle.

Hôtel de Belle-Isle. parler, est un grand treillage en arcade, lequel masque une partie de la hauteur du mur mitoyen qui sépare cet Hôtel d'avec les maisons de M. de Cotte. Du côté de la rue est pratiqué un petit appartement marqué I qui a son dégagement par l'escalier Y, & sa communication avec le principal corps de logis par la terrasse exprimée dans ce plan.

Elévation du côté de la rue. Planche III.

Cette élévation est composée de deux gros pavillons & de la porte qui donne entrée à cet Hôtel. Cette porte, qui étoit exécutée comme on la voit ici, a été changée l'année derniere dans son amortissement; mais comme ce changement ne consiste que dans quelques ornemens, nous en avertissons seulement ici & nous continuerons d'observer que cette porte, dont la forme est bombée, auroit fait un meilleur effet si elle eût été en plein ceintre, d'autant plus que faisant partie du milieu de cette élévation, on auroit par là évité l'uniformité qui se remarque dans toutes les bayes des croisées de cette façade. La hauteur de cette porte est à sa largeur comme deux est à un, proportion trop courte pour l'ordonnance svelte des piédroits qui sont à côté, enrichis de trophées, &c. Au reste les profils de cette façade méritent quelque estime, ainsi que la plupart de ceux qui décorent cet édifice. On ne doit pas négliger l'étude de ces parties de l'Architecture, qui dans toutes les occasions manifestent la capacité d'un Architecte; & comme on n'a pas toûjours lieu d'employer les Ordres dans un édifice, ce n'est souvent que par l'art de profiler qu'on peut donner des marques de son expérience, & se distinguer dans sa profession.

Elévation du côté de la Cour. Planche IV.

Ce bâtiment du côté de la cour a trois étages dont le rez-de-chaussée paroît former un soubassement. On ne remarque aucune entrée dans cette façade, les issues de ce principal corps de logis étant au rez-de-chaussée dans les retours des deux gros pavillons qui flanquent cet édifice. Le bel étage est au premier, dont l'une des trois arcades en plein ceintre éclaire la salle à manger; ces arcades sortent sur un balcon soutenu par des consoles, à la place desquelles des colonnes ou un avant-corps particulier auroient dû être préférées, les consoles devant être supprimées dans un Architecture réguliere, parce qu'elles y paroissent toûjours postiches & d'une solidité peu convenable.

Il est vrai que l'usage des colonnes jette dans une grande dépense, soit par rapport à leur construction, soit par les ornemens qu'elles semblent exiger, ce qui fait qu'on ne doit employer les Ordres pour porter la saillie des balcons, que dans les bâtimens de quelque considération. Mais il n'en est pas moins vrai qu'il faut rejettter la décoration des consoles dans toutes les especes de bâtimens, & leur substituer des avants-corps de maçonnerie au rez-de-chaussée, qui excedent ceux du premier étage d'environ dix-huit pouces, afin que par cette saillie & sur celle de la corniche on puisse trouver une assez grande largeur pour servir de promenoir. Cette maniere de soutenir un balcon paroît la plus naturelle, d'ailleurs sa dépense ne surpasse pas celle des consoles, & donne au bâtiment un air de vraisemblance qui est préférable à tout ce que la sculpture a du plus ingénieux & de plus agréable. Enfin cette décoration qui tient toute de l'Architecture semble plus propre à porter une balustrade de pierre, laquelle convient toûjours mieux qu'un balcon de fer, dans un bâtiment auquel on a affecté un air de solidité. Elle convient également dans une façade où l'on auroit même fait choix des Ordres délicats, ainsi que nous l'avons observé en parlant du Palais de Bourbon, Chapitre XXIII.

L'avant-corps du milieu de cette façade est trop peu saillant, & sa largeur trop égale aux pavillons. Les corps de refend qui terminent cet avant-corps sont trop étroits

Plan du rez-de-chaussée et des souterrains de l'Hôtel de Belleisle sis en rue de Bourbon Faubourg Saint Germain à Paris, bâti sur les desseins et sous la conduite de M.r Bruant Architecte du Roi.

N.º XXIX Pl. 1.ʳᵉ

Plan du Premier étage du côté de la Cour, et du rez de Chaussée du côté de la terrasse de l'Hôtel de Belleisle.
N.° XXIX. Pl. 2

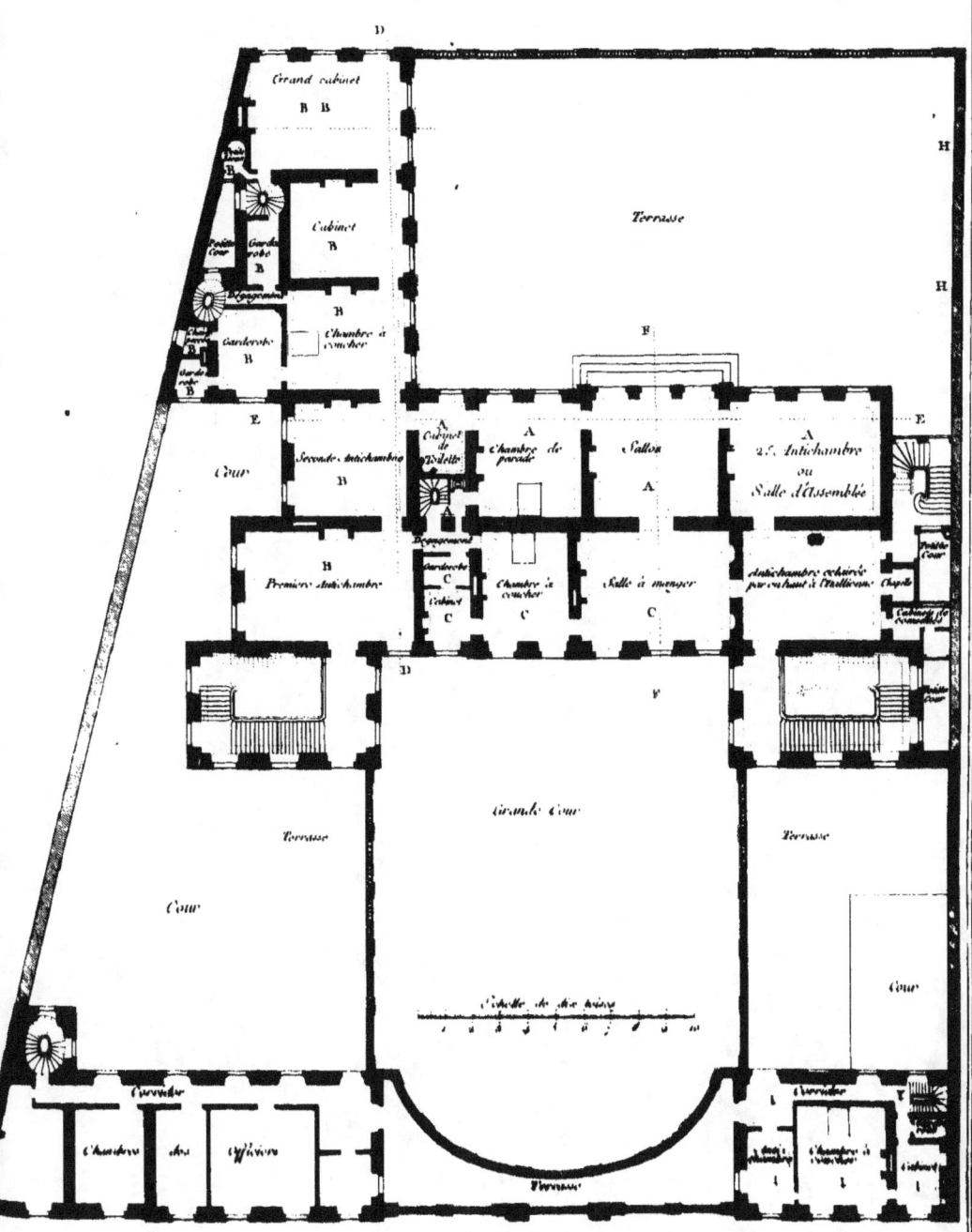

étroits pour leur hauteur; les trumeaux des arcades trop considérables, & la proportion de ces dernieres trop svelte; tout ce bâtiment est couronné par une balustrade & terminé par un comble à deux égouts double, comme on peut le remarquer dans la coupe, Planche VI.

Elévation du côté de la riviere. Planche V.

La hauteur de cette façade est mieux proportionnée par rapport à sa longueur que celle dont nous venons de parler, & quoique l'avant-corps soit composé de trois percés ainsi que les arriere-corps, ces derniers ne laissent pas que d'excéder en largeur sur la partie du milieu; d'ailleurs cette partie principale qui est couronnée d'un fronton, paroît dominer sur le reste du bâtiment, ainsi qu'il est essentiel de l'observer suivant les préceptes de la bonne Architecture.

Cette élévation est aussi couronnée d'une balustrade, laquelle est ornée de vases & de groupes d'enfans, ce qui lui donne une richesse convenable à la décoration d'une façade du côté des jardins, devant toûjours affecter plus de simplicité du côté de l'entrée d'un bâtiment, sans pour cela tomber dans un excès trop opposé.

Sous cette façade est exprimée la terrasse du côté de la riviere qui occupe la hauteur du rez-de-chaussée du côté de la cour, & dans une partie de laquelle on voit les croisées qui éclairent l'appartement souterrein dont nous avons parlé, Planche premiere. A la droite de cette terrasse est exprimé le retour de l'aile que nous avons remarqué être seule dans ce bâtiment, & à l'opposé de laquelle il auroit été nécessaire d'en pratiquer une autre, si lors de la construction de cet édifice on avoit acquis le terrein dont nous avons aussi parlé.

Coupe & profil sur la longueur du bâtiment. Planche VI.

Cette Planche montre le développement sur toute la longueur du bâtiment, depuis la porte d'entrée jusqu'à la terrasse du côté de la riviere; toute la cour au rez-de-chaussée est ornée d'arcades en plein ceintre avec impostes & archivoltes, à l'exception du soubassement de la façade, Planche IV, où il paroît qu'on a préféré les croisées aux arcades, qui cependant auroient fait un meilleur effet, non-seulement par rapport à l'ordonnance de la cour, mais encore parce que ces arcades ainsi pratiquées, auroient annoncé une entrée plus convenable à cet édifice, & auroient mieux caractérisé un soubassement. Nous l'appellons *soubassement*, parce qu'autant qu'il est possible, lorsqu'il s'agit d'une maison de quelque importance, quand on se trouve forcé d'élever trois étages les uns au-dessus des autres, il convient de donner ce caractere à celui du rez-de-chaussée pour éviter d'affecter un genre d'ordonnance qui semble n'appartenir qu'à une maison particuliere.

Chaque édifice doit avoir une expression qui lui soit propre; les palais, les Châteaux à la campagne, les bâtimens de peu d'importance doivent s'annoncer différemment. Il n'appartient qu'à un homme peu consommé dans l'art de bâtir de traiter uniformément toutes ses productions, & quoiqu'elles soient susceptibles à peu près des mêmes parties, on doit remarquer dans chacune une différence relative aux divers motifs qui lui font mettre la main à l'œuvre, tant dans les masses que dans les étages, ou enfin dans la maniere de traiter les pavillons, les avant-corps, les soubassemens, les couronnemens, &c.

L'aile du côté de la terrasse est aussi décorée par des arcades dans lesquelles sont percées des croisées; la largeur de ces dernieres étant déterminée par le diametre des pieces intérieures, on auroit dû dans cette aile préférer la réalité des croisées aux arcades feintes. Leur ordonnance tout-à-fait dissemblable à celle

290   ARCHITECTURE FRANÇOISE, Liv. II.

Hôtel de Belle-Isle. des arriere-corps de la principale façade, fait paroître cette aile ajoutée après coup; l'entablement & la balustrade qui la couronnent n'ont d'ailleurs aucune relation avec la principale élévation, non plus que la proportion des arcades de cette aile de bâtiment, qui paroissent beaucoup trop courtes en comparaison de celles du principal avant-corps; défaut trop marqué pour ne pas l'éviter dans l'assemblage des parties qui composent la totalité d'un édifice.

    La coupe qui se trouve entre ces deux ailes, laisse voir une partie de la décoration intérieure du principal corps de bâtiment, la hauteur des planchers & le développement de la charpente. Nous avons déja dit que la décoration intérieure de cet Hôtel étoit d'une grande magnificence, mais comme dans le nombre des édifices qui composent cet Ouvrage, il s'en trouvera d'une ordonnance plus convenable pour la beauté des formes & le choix des ornemens, on donnera dans le VII. Volume seulement les profils de la plus grande partie de la ménuiserie de cet Hôtel, qui sont autant de chefs-d'œuvre dans ce genre & dans lesquels se trouveront en particulier l'assemblage & le développement de la porte revêtue de glaces, placée à l'endroit marqué A, qui sépare le sallon d'avec la salle à manger. Cette porte ainsi revêtue de glaces du côté du sallon, sert à répéter les objets situés de l'autre côté de la riviere, par les portes croisées qui lui sont opposées.

CHAPITRE XXX.

Description de l'Eglise des Théatins & de son nouveau Portail, situé sur le Quay Malaquais, proche le Pont Royal, & vis-à-vis les guichets du Louvre, à Paris.

Eglise des Théatins. CETTE Eglise en 1648 n'étoit qu'une Chapelle qui fut consacrée en présence de Louis XIV. le 7 Août de la même année; ensuite le Cardinal Mazarin ayant à sa mort legué 300000 liv. pour en bâtir une plus grande, les Religieux de cette Maison firent venir d'Italie un de leurs Peres nommé *Camille Guarini*, qui passoit pour un grand Architecte, & ils firent élever sur ses desseins une partie de celle qu'on voit aujourd'hui. La premiere pierre en fut posée par le Prince de Conty au nom du Roy, le 28 Novembre 1662; mais ce nouveau bâtiment eut le sort de quantité d'édifices, qui pour avoir été d'abord conçus trop considérables restent imparfaits, ou sont abandonnés à la moitié de leur exécution. Celui-ci pour la même raison fut interrompu jusqu'en 1714, qu'il fut continué par le moyen d'une Lotterie que S. M. accorda à ces Religieux; mais il fut réduit à une bien moins grande étendue, celui que nous donnons ici, tel qu'il est exécuté, n'étant que la croisée du projet commencé par le Pere *Guarini*, parce que l'on considéra que non-seulement cette entreprise coûteroit fort cher, mais que ce Vaisseau seroit trop vaste pour la grandeur de l'emplacement où il étoit situé. Cette Eglise alors fut continuée sous la conduite du sieur Lievain Architecte, qui a été obligé de se conformer à la distribution déja commencée.

Plan au rez-de-chaussée de l'Eglise. **Planche I.**

    Nous avons crû devoir donner la distribution de l'Eglise dont nous parlons, tant à cause de sa singularité, que pour prouver en passant que la fécondité de l'imagination ne suffit pas lorsqu'il s'agit de composer une ordonnance qui demande la retenue qu'il convient d'observer dans la décoration d'un Temple. De tous les tems l'Italie a produit, aussi-bien que la France, des genies déréglés qui se sont plû à préférer la bifarrerie des formes à la noblesse, à la simplicité, & aux préceptes de l'Art qui exigent de la proportion dans les masses, du rapport dans les parties, de la sagesse dans les contours, & de la convenance dans les ornemens, ce qui ne se rencontre point dans le monument que nous décrivons. Nous dirons à cette occasion que l'Architecture, dont le premier mérite est d'exprimer la solidité, ayant pour objet la construction, ensuite la commodité rélative à chaque espece de bâtiment, & enfin la décoration qui consiste dans le choix de l'ordonnance de l'édifice en général & dans la répartition de ses ornemens en particulier, doit se manifester dans l'édification d'un monument de cette espece, dont l'aspect doit présenter aux spectateurs la majesté du culte Divin, & inspirer aux Fideles la piété & le récueillement. Il n'y a donc point de doute que c'est pécher contre la convenance du ressort d'un édifice sacré, que d'employer dans sa distribution & dans sa décoration des contours réitérés & licencieux dont on s'éloignoit même du tems de l'Idolâtrie, que les Architectes des derniers siecles évitoient jusques dans leurs bâtimens civils, & dont les le Mercier, les Mansard, les Dorbay, &c, ont sçû se garantir dans les édifices de la Sorbonne, du Val-de-Grace, des Quatre Nations, &c ; sans parler des édifices Gotiques, où à l'exception des ornemens dont la plupart sont déplacés, on remarque une grandeur capable d'inspirer de la vénération au Peuple, & d'attirer les suffrages de la multitude.

On peut dire encore que malgré la frivolité des formes & des ornemens dont usent aujourd'hui quelques-uns de nos Architectes, du moins l'on ne peut reprocher cet excès dans la distribution de la plupart de nos Eglises modernes, telles que celles de St. Roch, de St. Sulpice, de St. Louis dans l'Isle, &c, qui en comparaison du monument dont il s'agit, présentent à bien des égards les principes de la bonne Architecture, & si l'on y apperçoit quelques licences, elles ne s'y rencontrent que dans le choix des ornemens, & sont effacées pour la plupart par l'aspect des percés, la régularité de la distribution & le rapport convenable des hauteurs avec les largeurs, qui donnent une idée assez conforme de la convenance du lieu. Nous parlerons chacun de ces édifices en particulier, & nous en réunirons les observations dans la Table des matieres du huitiéme Volume, où l'on trouvera rassemblés sous un même point de vûe, les préceptes nécessaires pour éloigner les jeunes Architectes d'un déreglement si contraire à la sévérité dont on doit user dans l'édification des monumens sacrés.

Le plan de cette Eglise est environné d'une partie des bâtimens de son Monastere & de plusieurs Maisons particulieres, au milieu desquelles ce monument est enclavé. On y voit aussi du côté du Quai la nouvelle entrée que l'on vient d'y construire, avec le plan du portail bâti à neuf dont nous allons donner la description. Cette nouvelle entrée consiste dans un vestibule décoré de pilastres d'Ordre Dorique couronnés d'un entablement mutulaire composé, & dont les quatre angles sont à pans, flanqués de pilastres pliés. Nous observerons que les grands intervalles des pilastres sont enrichis de tables ornées de cadres, &c.

Description du nouveau portail des Théatins. Planche II.

Ce nouvel édifice fut construit, en 1747, des libéralités de Messire François Boyer, ancien Evêque de Mirepoix, sur les desseins & sous la conduite de Mr. Desmaisons (a) Architecte.

La décoration de ce portail est composée de deux Ordres, l'un Ionique & l'au-

---

(a) Mr. Desmaisons, né à Paris, donna dès l'âge de 19 à 20 ans des preuves de sa capacité par un bâtiment dont il fut l'Architecte en 1733 ; Il est élevé près la Place des Victoires, au coin des rues des petits Champs & de la Vrilliere, & son extérieur en tour ronde forme deux trompes sur le coin ; la proportion de son ordonnance, ainsi que sa distribution intérieure, ont eu l'approbation des connoisseurs. Depuis cet Architecte a bâti rue des

Eglise des Theatins. tre Corinthien. Il est situé dans un lieu très-vaste, mais le terrein sur lequel il est élevé est très-resserré, les bâtimens qui sont à droite n'appartenant pas aux Religieux, & ceux de sa gauche n'ayant pû servir seuls à donner plus de largeur à cet édifice à cause de la sujettion où l'on s'est trouvé de faire que le milieu de ce portail alignât celui d'un des bas-côtés de l'Eglise, ainsi que l'exprime la ligne EF, Planche I.

Il est bon d'être prévenu que par œconomie ou autrement, on a été contraint d'élever deux Ordres l'un sur l'autre à ce portail, le dessus du vestibule étant destiné aux premier & second étages pour des appartemens occupés par des particuliers, de sorte que l'arcade Corinthienne qui extérieurement a la forme d'un vitrail d'Eglise, éclaire intérieurement deux pieces élevées dans la hauteur de cet Ordre supérieur. Il semble néanmoins qu'on auroit pû, selon le sentiment de quelques-uns, à la place des colonnes d'en haut ne mettre que des pilastres qui se seroient trouvées à plomb de ceux qui sont placés derriere les colonnes Ioniques au rez-de-chauffée, ce qui auroit donné un aspect piramidal à cet édifice, tant en face que vû de profil, au lieu qu'étant élevé sur une seule ligne, cette continuité rend sa masse trop svelte. D'ailleurs ce second Ordre en retraite auroit procuré une balustrade à plomb du devant du fust supérieur des colonnes Ioniques, ce qui en servant de soutien à l'Ordre Corinthien, auroit peut-être donné une plus heureuse proportion à son grand entrecolonement, & exprimé un air de solidité & de majesté toûjours convenable dans l'ordonnance de la décoration d'un édifice du genre de celui dont nous parlons. Il est vrai que pour que cette balustrade eut eu lieu, il auroit fallu hausser le socle qui se voit à présent, afin qu'elle eut au moins de hauteur celle de l'entablement de dessous; mais pour que cette augmentation n'eut altéré en aucune maniere la proportion de l'Ordre supérieur, ni augmenté la hauteur totale de ce frontispice (qui n'est déja que trop élevé eu égard à sa largeur) on auroit pû diminuer d'environ un pied la hauteur de chaque Ordre. Cette diminution auroit réduit la hauteur du claveau de l'arcade Corinthienne à une juste proportion, celui du rez-de-chauffée se trouvant, quoique faisant partie d'un Ordre moyen, beaucoup plus leger que celui de l'Ordre délicat. La balustrade que l'on paroît désirer ici auroit porté naturellement à remonter l'intrados de l'arcade que nous trouvons trop pesant, & qui pour être enrichi d'un écusson n'en est pas plus recevable. D'ailleurs ce genre d'ornemens, ainsi que nous l'avons déja dit, paroît déplacé au frontispice d'un Temple, & ne convient en général que dans celui d'un édifice public, ou dans la décoration extérieure d'un Palais. Il semble que dans les monumens érigés à la gloire de Dieu, les ornemens qui flattent la vanité des hommes devroient faire place à des allégories plus conformes à l'usage d'un lieu saint, & si par quelque considération particuliere on se trouve obligé de placer des Armoiries dans un bâtiment de cette espece, du moins doit-on les mettre dans les parties accessoires, ainsi que l'Architecte l'a judicieusement observé ici, ayant placé dans le timpan du fronton, sommet de ce frontispice, les attributs de la Religion Chrétienne, pour marquer la prééminence que doit avoir la vertu céleste sur les marques de la dignité humaine.

Les Impostes que nous avons blâmées plus d'une fois lorsqu'elles passoient derriere les colonnes semblent être autorisées ici parce qu'elles divisent la trop grande hauteur de ce portail, & donnent à cette ordonnance Intérieure un caractere plus mâle, qui sert en même-tems à rendre plus élégante celle qui s'éleve au-dessus.

Petits Champs pour Mrs. du Chapitre de St. Honoré un édifice assez considérable, dans la décoration extérieure duquel on remarque le goût & l'expérience de l'Auteur, aussi bien que dans les nouveaux bâtimens qu'il a élevés aux grands Augustins & dans une infinité de maisons à Paris & à la campagne, dont il a été chargé soit pour la restauration, soit pour la décoration intérieure des appartemens.

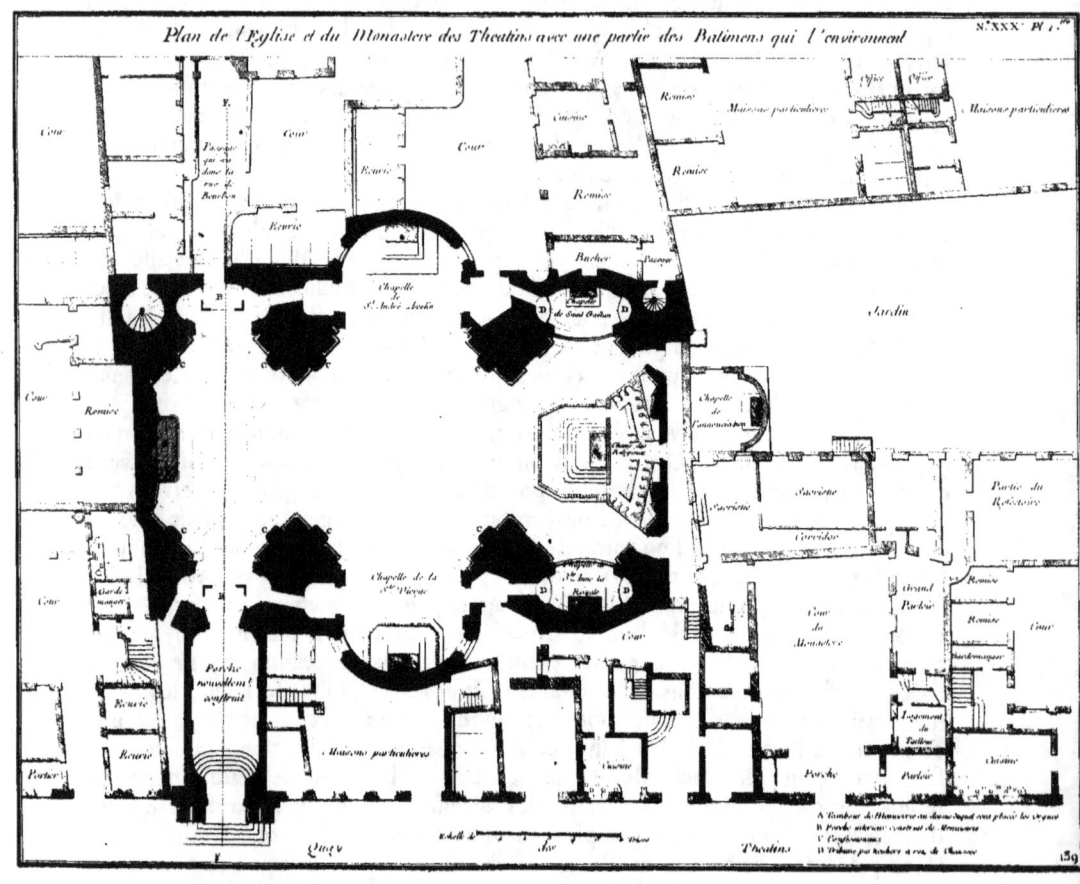

CHAPITRE XXXI.

Description de plusieurs Maisons & Hôtels occupés par différens particuliers.

Maison appartenante à Mr. le Comte de Vartenaer, située Quay Malaquais, au coin de la rue des Sts. Peres.

CETTE Maison fut bâtie en 1613 pour feu Mr. Falconi, ensuite elle fut acquise par Mr. de Marstin, grand Trésorier du Royaume de Pologne, &c; elle appartient aujourd'hui à Mr. le Comte de Vartenaer, Capitaine aux Gardes Suisses. On ne donne point le plan de cette Maison, ni des deux qui lui sont adossées dont l'entrée se trouve dans la rue des Sts. Peres, & qui avoient aussi été bâties pour M. Falconi, parce que ces distributions n'ont rien que de fort ordinaire, n'étant pas susceptibles des commodités ni des agrémens de celles d'à présent, non plus que la plupart des autres comprises dans ce Chapitre. Nous ne donnons ici que la décoration extérieure de ces édifices, notre intention étant de présenter dans ce Recueil une idée des changemens que l'Architecture a reçus depuis environ un siécle en France; on trouvera cependant dans leur ordonnance des parties qui ne sont pas à rejetter & qui peuvent être préférables, quant à la décoration, à la plupart de celles dont quelques-uns de nos Architectes modernes font usage aujourd'hui.

Maison de M. de Vartenaer.

La Planche premiere offre la façade qui donne du côté du Quay, & dans laquelle il n'y a de changement aujourd'hui qu'en ce que les deux tables qui sont à côté de la porte sont percées à hauteur d'appui par des arcades fermées par des grilles de fer, que nous avons cité en parlant du Palais de Bourbon, Chap. XXIII. Ces arcades ont été percées à jour non-seulement pour jouir de la vûe du Quay & de la façade du Louvre, qui est de l'autre côté de la riviere, mais aussi parce que le bâtiment dont nous parlons ayant trois étages de hauteur & la cour n'ayant que trente-sept pieds de largeur sur cinquante-deux pieds de profondeur, avant ces ouvertures les appartemens étoient sombres & d'une tristesse qui les rendoit presque inhabitables, tels que sont tous ceux de nos anciennes maisons que la hauteur des planchers, la grandeur des trumeaux & le peu d'ouverture des croisées rend aussi peu logeables que peu salubres. Cette élévation, ainsi que la plupart de celles de ce Chapitre, est mise en perspective pour éviter la multiplicité des planches, & présenter cependant les différentes faces de ces divers bâtimens, & cela dans le dessein de donner plutôt les détails & les parties de ces édifices que leur proportion : principe que nous expliquons ailleurs avec plus d'avantage. Au reste cela peut jetter plus de variété dans cet ouvrage & une diversité d'autant plus agréable que la plupart de ces planches sont gravées par Marot avec assez de soin, de goût & d'intelligence.

La Planche II offre l'élévation du même Hôtel du côté du jardin ; elle est composée de 3 étages & d'un Attique interrompu lequel est couronné par intervalle de 3 frontons circulaires qui anciennement étoient fort en usage, mais dont la forme & la réitération, ainsi que nous l'avons déja dit, doit être employée avec prudence.

La multiplicité de ces étages élevés les uns au-dessus des autres & le terrain serré sur lequel ce bâtiment est construit, prouve que dès ces tems déja assez reculés ce quartier étoit très peuplé ; car à présent quoique le nombre des Citoyens qui habitent cette Capitale soit considérable, ce n'est guères que dans des maisons de peu d'importance qu'on éleve quatre étages l'un sur l'autre, par la raison que plus l'espace est étroit en faisant les bâtimens fort exhaussés, & plus les appartemens sont obscurs, principalement dans les étages inférieurs.

Maisons appartenantes l'une à M. de Bernage, l'autre à M. le Baron de Montmorency, situées rue des Sts. Peres.

<small>Maison de Mr. de Bernage.</small>

La Planche III présente l'élévation perspective du côté de la rue des Sts. Peres d'une maison qui appartenoit anciennement à Mr. Falconi & qui depuis plusieurs années a été vendue par moitié l'une à Mr. le Baron de Montmorency, l'autre à M. de Bernage, Prévôt des Marchands. Sans doute que de tout tems cette maison avoit été construite pour être habitée par deux propriétaires, ce qui peut se remarquer par ses deux portes si voisines l'une de l'autre; & quoiqu'elles ne subsistent plus précisément comme elles se voyent ici, elles ne laissent pas que de donner entrée en particulier à chacune de ces maisons, lesquelles sont séparées par un mur de clôture à plomb du grand trumeau C. Cette considération est assez importante à observer lorsqu'un propriétaire, dans un terrain d'un certain espace, a intention de construire deux maisons particulieres. Alors pour communiquer la lumiere dans les appartemens, il est bon de ranger les ailes de son bâtiment de maniere que la cour devenant commune & n'étant séparée que par un mur de 9 pieds de hauteur, elle procure un plus grand volume d'air aux deux corps de logis; c'est ce qu'on a observé aux deux maisons de Mr. le Président Chevalier, Faubourg St. Honoré, que nous rapportons dans le troisiéme Volume.

Maison appartenante à l'Hôtel-Dieu, sise rue St. Guillaume, occupée par Mr. le Procureur Général.

<small>Maison rue S. Guillaume.</small>

Cette maison a été bâtie vers l'an 1638, sur le dessein du sieur le Muet, Architecte du Roi, telle qu'on la voit dans les Planches IV & V. Son peu de terrain avoit contraint de se servir d'un emplacement de l'autre côté de la rue pour y construire les basse-cours de cette maison, auxquelles on communique à couvert par un passage vouté qui traverse la rue. Depuis ayant eu occasion d'acquérir un terrain assez considérable on a rendu cet Hôtel plus spacieux en l'augmentant, du côté des jardins, de bâtimens capables de loger des personnes de la premiere distinction, mais dont les nouvelles distributions n'ayant rien de recommandable n'ont pas paru nécessaires à ajouter ici.

Lors de la restauration de cet Hôtel, vers 1720, l'on a aussi fait quelques changemens dans la décoration des façades; mais comme ces changemens consistent plus dans la suppression de quelques ornemens que dans l'ordonnance de l'Architecture, l'on a aussi cru qu'il étoit préférable de laisser ces élévations (Pl. V) telles que le Muet les avoit fait exécuter, ces ornemens y faisant bien & présentant d'ailleurs l'idée de l'Architecture du siécle dernier qui a bien des égards, & selon le sentiment de quelques-uns l'emporte sur celle d'aujourd'hui, principalement lorsqu'elle se trouve exécutée avec autant d'exactitude & de précision que l'est l'édifice dont nous parlons; cette maison est composée de deux étages & d'un Attique dont les proportions sont régulieres, & la distribution des membres & des ornemens assez agréable.

Maison appartenante à M. le Duc de Mortemart, sise rue St. Guillaume, autrefois celle des Rosiers, attenant l'Hôtel dont nous venons de parler.

<small>Maison de M. le Duc de Mortemart.</small>

Cet Hôtel, du dessein du sieur Marot, est occupé aujourd'hui par Madame la Comtesse de Pont-Chartrain, les changemens considérables qui y ont été faits depuis environ 50 ans la rendent méconnoissable; mais comme ce qui y a été ajouté depuis ne vaut pas l'ordonnance de l'Architecture qu'on remarque dans les Planches

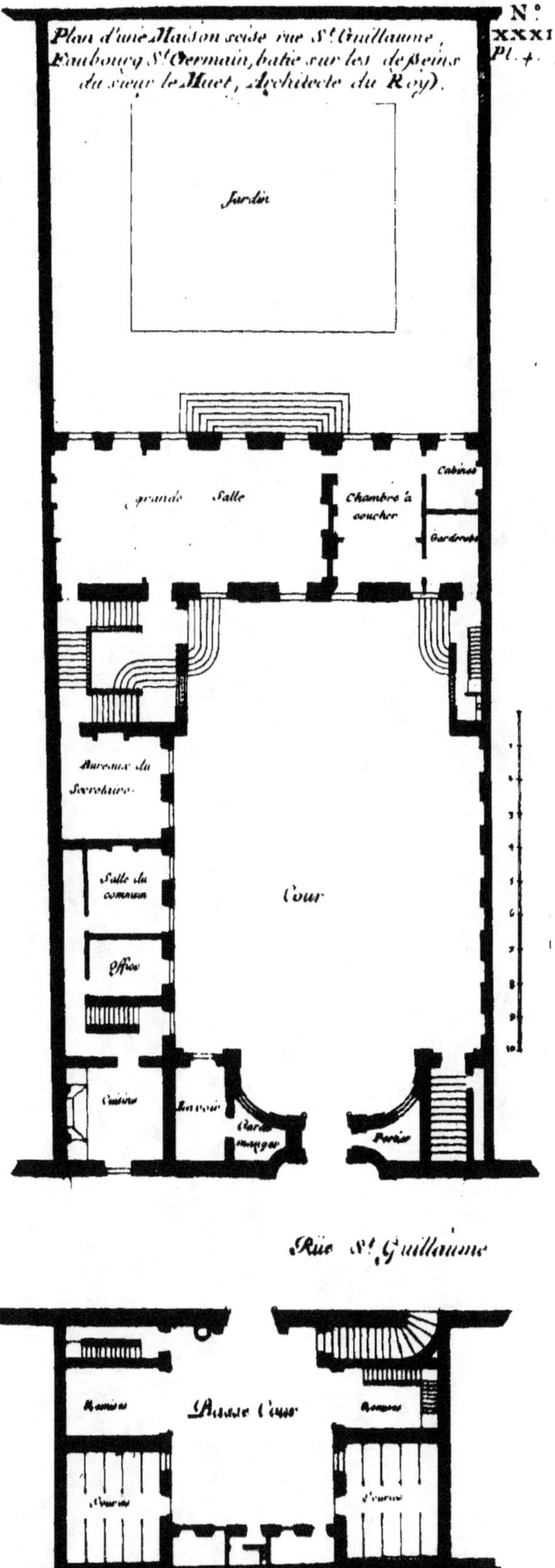

Plan d'une Maison sise rue St Guillaume, Faubourg St Germain, bâtie sur les desseins du sieur le Muet, Architecte du Roy.

N.° XXXI Pl. 4

Jardin

grande Salle — Chambre à coucher — Cabinet — Garderobe

Bureaux du Secretaire

Salle du commun

Office

Cour

Cuisine — Lavoir — Garde manger — Porier

Rue St Guillaume

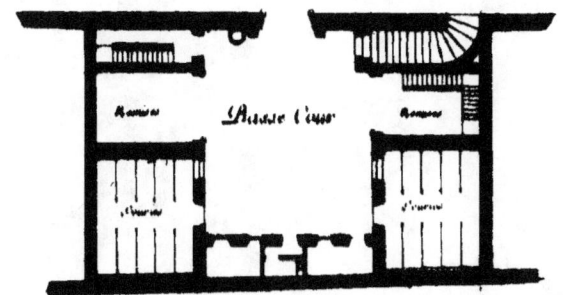

Basse Cour

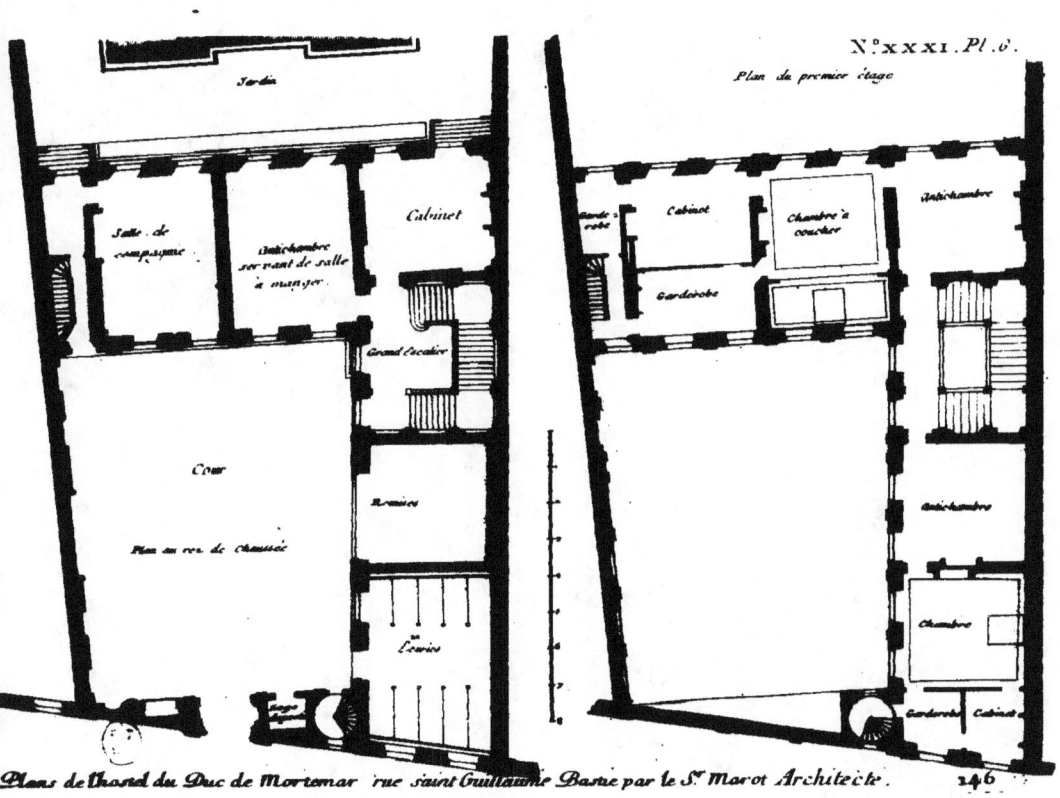

VI & VII, nous n'avons pas cru devoir en faire mention, ayant préféré ces an- Maison de
ciennes décorations extérieures, qui consistent du côté de la cour en un soubassement de Motte-
au rez-de-chaussée, & un Ordre Ionique au premier étage lequel est couronné d'un At- mart.
tique surmonté d'une mansarde. Du côté du jardin se voit un grand Ordre Ionique
qui embrasse deux étages, couronné d'un Attique, &c. Sous ce bâtiment sont pratiquées les cuisines qui sont éclairées par les soupiraux qu'on remarque à la façade du
côté du jardin.

Il faut observer que la coupe marquée A dans l'élévation du côté de la cour
n'est pas exécutée, & qu'elle ne peut pas avoir lieu en comparant les plans. Sans
doute cette aile avoit été projettée, mais faute d'avoir pû acquérir du terrain, cet
Hôtel est resté tel que l'expriment les plans sur la Planche VI.

Hôtel de la Force, rue Taranne, près la fontaine de la Charité.

Cet Hôtel, qui fut bâti en 1644 par le sieur Gittard Architecte, se nommoit au- Hôtel de
trefois *Hôtel de S. Simon*, & fut acheté en 1715 par le Duc de la Force dont il la Force.
porte le nom; l'on en voit seulement ici, Planche VIII, la façade du côté de la
rue Taranne; le reste de cette maison, qui, il y a 50 ans, passoit pour belle,
n'étant aujourd'hui que fort ordinaire quoiqu'assez vaste. Cependant l'on ne peut
disconvenir qu'il n'y ait des beautés, de la régularité & de la simétrie dans l'élévation dont nous parlons, considération qui nous a porté à lui donner une place dans
ce recueil. A côté de ce bâtiment & sur la même Planche, l'on voit en perspective
la fontaine de la Charité, dont l'ordonnance est d'assez bon goût; vrai-semblable-
ment elle fut bâtie dans le même-tems que l'Hôpital de la Charité, au mur duquel
elle est adossée; on y lit dans une table de marbre noir, ces vers de Santeuil.

Quem pietas aperit miserorum in commoda fontem
Instar aquæ largas fundere monstrat opes.

Voyez le dessein géométral de cette Fontaine dans le Tome II de l'Architecture Hydraulique de Mr. Belidor, Livre IV, Chapitre IV, Planche IV.

ARCHITECTURE FRANÇOISE, Liv. II.

donné du jeu à la composition de ce frontispice, & lui auroit procuré de l'élégance, en évitant cependant la maigreur des parties qui le composent, en général occasionnée par la réitération des retours, qui bien loin de faire un bon effet dans un édifice, font souvent perdre l'idée de la masse pour ne remarquer que les détails, lesquels dans quelque occasion que ce puisse être, doivent toûjours être subordonnés au tout. La forme de la croisée de l'Ordre Ionique devroit avoir été reservée pour l'Ordre Dorique; d'ailleurs sa proportion élégante s'accorde mal avec la pesanteur de ses piédroits. Cette pesanteur auroit été masquée par le chambranle & les arriere-corps d'une croisée bombée ou quarrée, qui y auroit été plus convenable, & l'on auroit évité par là la continuité de l'imposte qui passe derriere & se pénetre dans les colonnes.

Ces deux Ordres élevés l'un sur l'autre dans un édifice où il semble qu'un seul auroit pû suffire, exigeoient du moins qu'on affectât un appui ou balustrade au pied du grand entre-colonnement Ionique; d'ailleurs la simplicité des tours creuses, l'arriere corps des piédroits de l'arcade Ionique, la sécheresse des especes de consoles placées dans les arriere-corps de l'Ordre supérieur, la simplicité du nud des murs, & la continuité trop svelte des colonnes Doriques & Ioniques élevées l'une sur l'autre, composent une ordonnance qui en général paroît, à bien des égards, éloignée des principes de la bonne Architecture.

CHAPITRE XXXIII.
Description de l'Hôtel de Choiseuil, situé rue & barriere de Sève.

CET Hôtel fut bâti en 1732 sur les desseins & sous la conduite de M. Gaubier, qui en fut l'Entrepreneur, pour M. le Comte de Choiseuil qui l'habite aujourd'hui.

Plan au rez-de-chaussée. Planche I.

Ce bâtiment est distribué très-régulierement & contient les commodités d'un beaucoup plus grand Hôtel; pour avoir deux antichambres qui précedent le salon, l'on a placé le grand escalier dans le vestibule, & l'avantage d'avoir un des murs latéraux sur la rue St. Romain a procuré les commodités de pratiquer une chambre à coucher de ce côté & des garderobes avec des entresoles au-dessus, qui rendent cet appartement complet. Par ce moyen les trois pieces sur le jardin deviennent des pieces de parade, & la premiere antichambre sur la cour tient lieu de salle à manger, de sorte que dans un bâtiment de 12 toises de face, hors œuvre, sur 10 de profondeur, il n'est guere possible de rencontrer une plus heureuse distribution.

La cour de cet Hôtel est d'une belle proportion & a son entrée par un passage de 13 pieds de largeur, aux deux côtés duquel d'une part sont placées les écuries & de l'autre les remises, avec une loge pour le portier, & un escalier pour monter aux logemens des domestiques & aux greniers construits au-dessus.

Les cuisines & offices sont distribuées dans les souterrains sous le principal corps de logis, dont le rez-de-chaussée est élevé de trois pieds & demi, hauteur qui a laissé la liberté de pratiquer des soupiraux pour éclairer ces souterrains. Voyez la distribution de ces cuisines, Planche II, Figure 3.

Tome I.

Distribution des étages supérieurs. Planche II.

Hôtel de Choiseuil.

La Figure premiere présente le plan du premier étage de ce bâtiment, qui est assujetti à la même distribution que le rez-de-chaussée ; le petit escalier marqué A monte aux mansardes & descend jusques dans les souterrains pour le dégagement des domestiques.

La Figure seconde offre la distribution du plan des mansardes, subdivisées en plusieurs pieces, les unes pour le logement des Officiers, & les autres pour les domestiques, avec un garde-meuble. Toute ces pieces se communiquent & se dégagent par un corridor commun.

Décoration extérieure de cet Hôtel. Pl. III.

Les commodités qu'on a observées dans les plans que nous venons de décrire, & qui sont distribuées dans un terrein si borné, nous ont porté à insérer cette maison dans cet Ouvrage ; mais nous nous trouvons forcés d'avouer que la décoration des façades est bien moins recevable, principalement lorsqu'on considere l'ordonnance des avant-corps dont les piédroits des arcades sont de beaucoup trop étroits, & présentent une Architecture dont la solidité apparente n'est pas vraisemblable. Il auroit mieux valu, du moins du côté de la cour, ne pratiquer qu'un avant-corps d'une arcade pour éviter de mettre un trumeau dans le milieu de la façade, & avoir tout-à-fait supprimé celui du côté du jardin, pour former sept arcades dont quatre auroient été feintes, & dans lesquelles on auroit conservé les croisées comprises dans les deux arriere-corps qui se voyent ici. Alors on auroit évité la petitesse des trumeaux, qui est absolument contraire aux regles de la bonne Architecture ; il est vrai qu'on auroit été obligé de donner un peu plus de largeur au sallon, mais cette largeur auroit pû être prise aux dépens de l'épaisseur des murs, qui est trop considérable pour le diametre des pieces.

On n'a point donné la coupe de cet Hôtel, ni la décoration des façades sur les rues de Sêve & de S. Romain, étant traitées d'une maniere fort simple & d'une ordonnance assez négligée.

Fin du premier Volume.

De l'Imprimerie de J. Chardon, rue Galande à la Croix d'or. 1752.

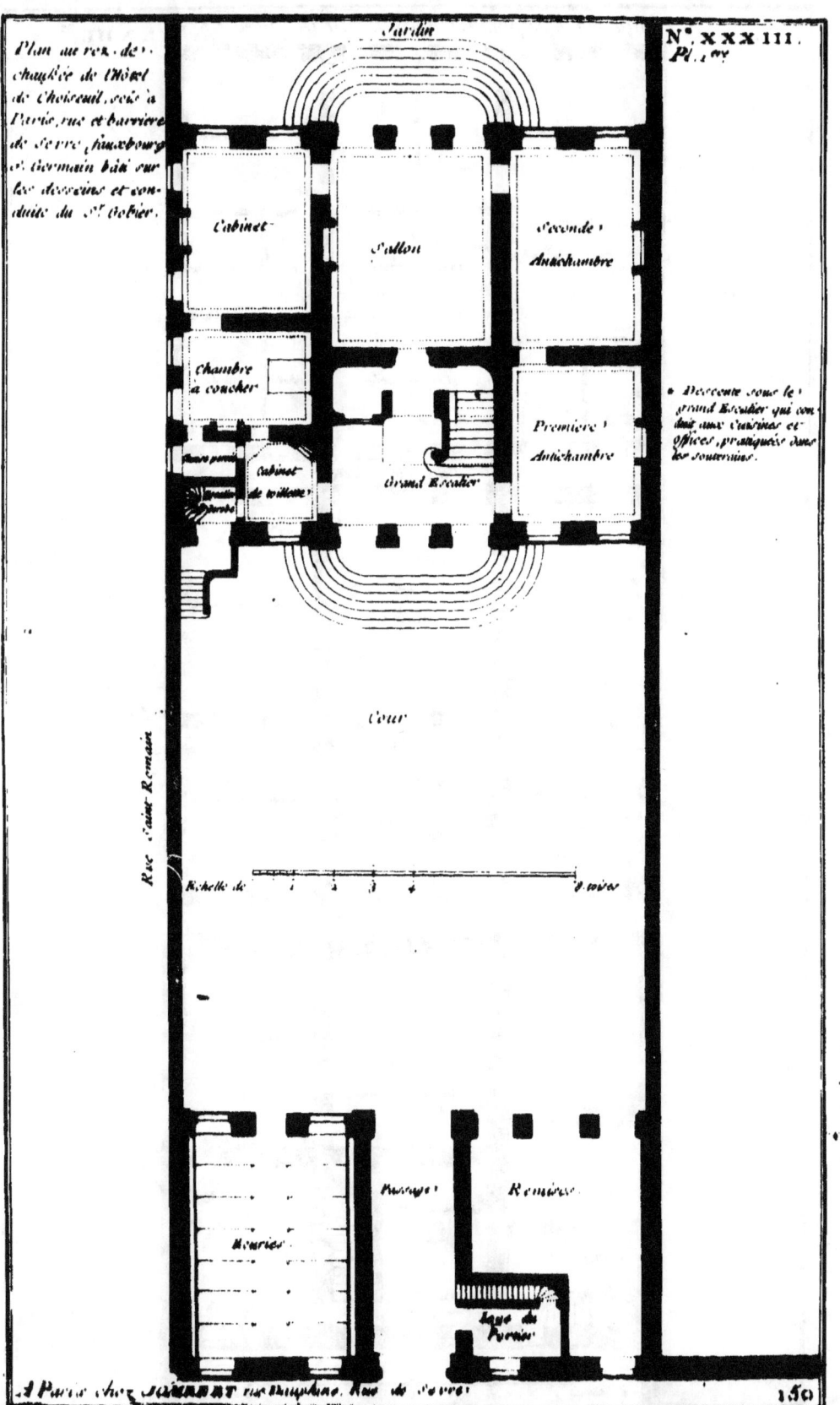

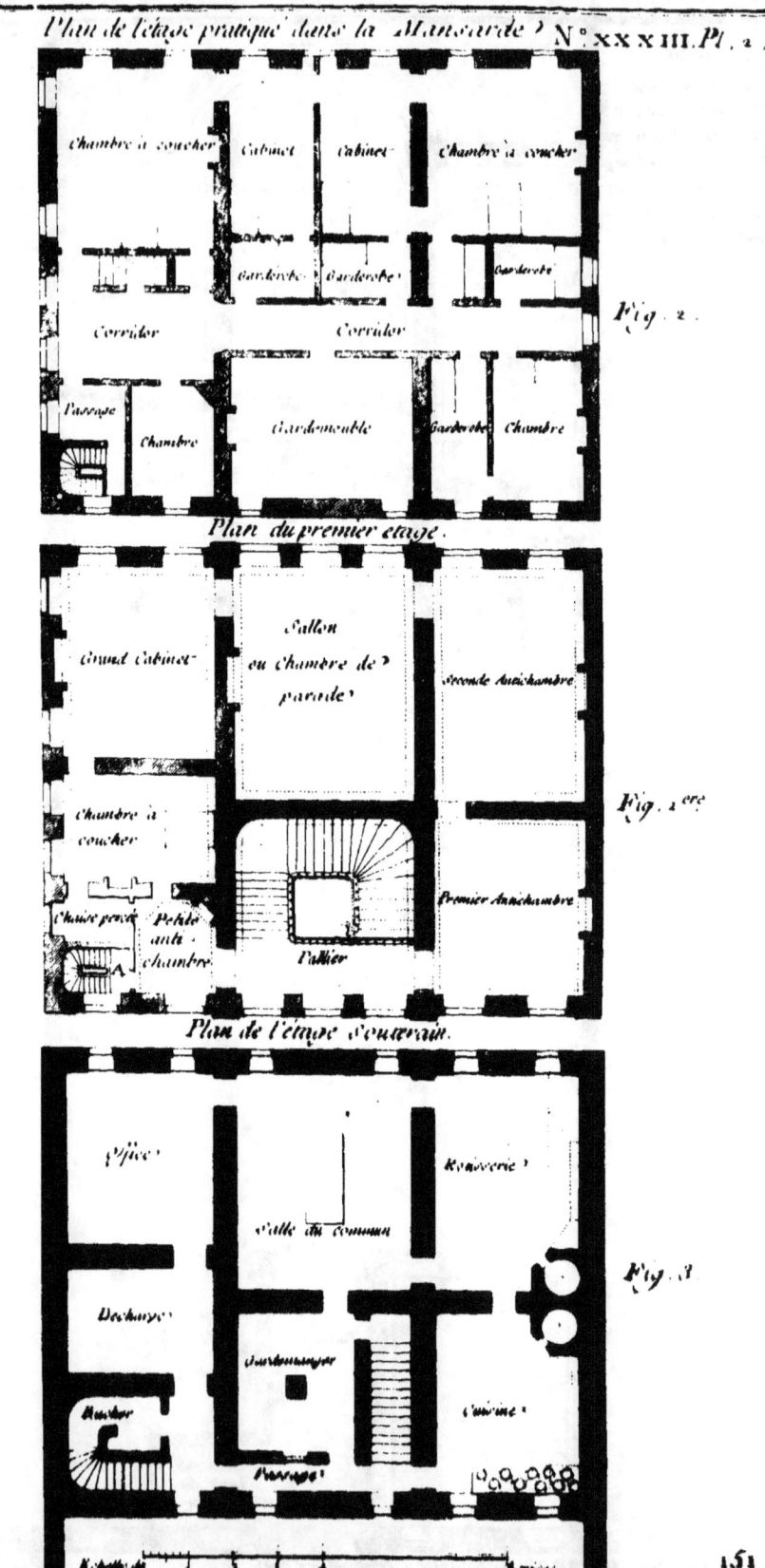

APPROBATION.

J'AI lû par ordre de Monseigneur le Chancelier les deux premiers Volumes de l'*Architecture Françoise*, par Mr. Blondel. Le public connoissoit déja une partie des Planches de ce grand Recueil, mais les augmentations considérables & les descriptions que l'Auteur vient d'y ajoûter en font un Ouvrage tout nouveau. Un Livre de cette nature ne pouvoit gueres se passer d'un examen raisonné, ou d'une critique judicieuse. Il nous a paru que M. Blondel en relevant les défauts dont les meilleures compositions ne sont pas toujours exemptes, s'étoit renfermé dans les bornes de son sujet, & que son travail seroit très utile au progrès de la bonne Architecture. Fait à Versailles le 22 Juillet 1752. LE BLOND.

PRIVILEGE DU ROY.

LOUIS, PAR LA GRACE DE DIEU, ROY DE FRANCE ET DE NAVARRE: A nos amés & féaux Conseillers les Gens tenans nos Cours de Parlement, Maîtres des Requêtes ordinaires de notre Hôtel, Grand Conseil, Prévôt de Paris, Baillifs, Sénéchaux, leurs Lieutenans Civils & autres nos Justiciers qu'il appartiendra, SALUT. Notre amé CHARLES-ANTOINE JOMBERT, notre Libraire à Paris, Nous a fait exposer qu'il desireroit faire imprimer & réimprimer des Ouvrages qui ont pour titre *Architecture Françoise par M. Blondel, Cours d'Architecture par Daviler, avec un Dictionnaire des termes d'Architecture par le même. Méthode pour apprendre le dessein, avec des figures & des Académies, Traité de Stereotomie, par M. Frezier, Architecture Moderne. De la décoration des Edifices par M. Blondel. La Theorie & Pratique du Jardinage, par Alexandre le Blond. Oeuvres de M. Belidor, sçavoir le Cours de Mathématique, la Science des Ingénieurs, le Bombardier François & l'Architecture Hydraulique. Cours de Science Militaire par M. le Blond, contenant l'Arithmétique & la Géometrie de l'Officier, la Fortification, l'Artillerie, l'Attaque & la Defense des Places, la Castramétation, la Tactique, &c. Recueil des Pierres gravées du Cabinet du Roi*. S'il nous plaisoit lui accorder nos Lettres de Privilege pour ce nécessaires. A ces causes voulant favorablement traiter l'Exposant, nous lui avons permis & permettons par ces Présentes de faire imprimer & réimprimer lesdits Ouvrages autant de fois que bon lui semblera, & de les vendre, faire vendre & débiter par tout notre Royaume pendant le tems de dix années consécutives, à compter du jour de la date des Présentes. Faisons défenses à tous Imprimeurs, Libraires & autres personnes, de quelque qualité & condition qu'elles soient, d'en introduire d'impression étrangere dans aucun lieu de notre obéïssance, comme aussi d'imprimer ou faire imprimer, vendre, faire vendre, débiter ni contrefaire lesdits Ouvrages, ni d'en faire aucuns extraits sous quelque prétexte que ce soit d'augmentation, correction, changement ou autres, sans la permission expresse & par écrit dudit Exposant ou de ceux qui auront droit de lui, à peine de confiscation des Exemplaires contrefaits, de trois mil livres d'amende contre chacun des contrevenans, dont un tiers à Nous, un tiers à l'Hôtel-Dieu de Paris, & l'autre tiers audit Exposant ou à celui qui aura droit de lui, & de tous dépens, dommages & intérêts; à la charge que ces Présentes seront enregistrées tout au long sur le Registre de la Communauté des Imprimeurs & Libraires de Paris dans trois mois de la date d'icelles; que l'impression & réimpression desdits Ouvrages sera faite dans notre Royaume & non ailleurs en bon papier & beaux caracteres, conformément à la feuille imprimée attachée pour modele sous le contre-scel des Présentes; que l'Impétrant se conformera en tout aux Réglemens de la Librairie, & notamment à celui du 10 Avril 1725; qu'avant de les exposer en vente les manuscrits & imprimés qui auront servi de copie à l'impression & réimpression desdits Ouvrages seront remis dans le même état où l'Approbation y aura été donnée, ès mains de notre très-cher & féal Chevalier Chancelier de France le Sieur de la Moignon, & qu'il en sera ensuite remis deux Exemplaires de chacun dans notre Bibliotheque publique, un dans celle de notre Château du Louvre, un dans celle de notredit très-cher & féal Chevalier Chancelier de France le Sieur de la Moignon, & un dans celle de notre très-cher & féal Chevalier Garde des Sceaux de France le Sieur de Machault, Commandeur de nos Ordres, le tout à peine de nullité des Présentes; du contenu desquelles vous mandons & enjoignons de faire jouïr ledit Exposant & ses ayant causes pleinement & paisiblement, sans souffrir qu'il leur soit fait aucun trouble ou empêchement. Voulons que la copie des Présentes qui sera imprimée tout au long au commencement ou à la fin desdits Ouvrages, soit tenue pour duement signifiée, & qu'aux copies collationnées par l'un de nos amés & féaux Conseillers Secretaires, foi soit ajoûtée comme à l'original. Commandons au premier notre Huissier ou Sergent sur ce requis de faire pour l'execution d'icelles tous Actes requis & nécessaires sans demander autre permission, & nonobstant clameur de haro, charte Normande & Lettres à ce contraires. Car tel est notre plaisir. DONNÉ à Versailles le vingt-unième jour du mois d'Août, l'an de grace mil sept cens cinquante-deux, & de notre Regne le trente-septième.
Par le Roi en son Conseil, SAINSON.

Registré sur le Registre treize de la Chambre Royale des Libraires & Imprimeurs de Paris, N°. 19. fol. 12, conformément aux anciens Réglemens confirmés par celui du 28 Février 1723. A Paris le 29 Août 1752.
HERISSANT, Adjoint.

AVIS AU RELIEUR

Pour placer les cent cinquante-deux Planches de ce premier Volume.

LES Planches de ce Recueil ne doivent point sortir hors du Livre : celles qui sont tirées sur la feuille entière doivent être pliées en deux par le milieu, en y collant dans le fond un onglet assez large pour qu'elles puissent s'étendre aisément en ouvrant le Volume. A l'égard des Planches qui n'occupent que la demie feuille, celles qui sont tirées deux à deux se coudront dans le fond de même que les feuilles d'impression, & celles qui ne forment qu'un simple feuillet se colleront dans le fond sans qu'il soit besoin d'y ajoûter d'onglet.

LIVRE SECOND.

N°.			Page
I.	Les	8 Planches représentant l'Hôtel des Invalides, se placeront de suite à la page	204
II.	Les	7 Planches de l'Hôtel de Madame la Duchesse du Maine, se placeront à la page	208
III.	Les	3 Planches de l'Hôtel de Clermont, entre les pages	210 & 211
IV.	Les	5 Planches de l'Hôtel de Villeroy, à la page	214
V.	Les	4 Planches de l'Hôtel d'Etampes, à la page	216
VI.	Les	5 Planches de l'Hôtel de Marignon entre les pages	220 & 221
VII.	Les	5 Planches de la Maison de M. de Janvry, entre les pages	224 & 225
VIII.	Les	2 Planches de la Fontaine de la rue de Grenelle, entre les pages	228 & 229
IX.	Les	4 Planches de l'Hôtel d'Estrées, entre les pages	230 & 231
X.	Les	3 Planches de l'Hôtel de Rothelin, entre les pages	232 & 233
XI.	Les	4 Planches de l'Hôtel de Noirmontier, entre les pages	234 & 235
XII.	Les	4 Planches de l'Hôtel de Pompadour, entre les pages	236 & 237
XIII.	Les	4 Planches de l'Hôtel de Conty, à la page	240
XIV.	Les	3 Planches de la Maison de Madame de Varangeville, à la page	242
XV.	Les	5 Planches de l'Hôtel Amelot, à la page	244
XVI.	Les	5 Planches de l'Hôtel de Roquelaure, à la page	248
XVII.	Les	4 Planches de l'Hôtel de Béthune, entre les pages	250 & 251
XVIII.	Les	4 Planches de l'Hôtel du Ludes, à la page	254
XIX.	Les	7 Planches de l'Hôtel de Luynes, &c, à la page	256
XX.	Les	4 Planches de l'Hôtel de Maisons, à la page	260
XXI.	Les	5 Planches de l'Hôtel d'Auvergne, à la page	262
XXII.	Les	2 Planches de l'Hôtel de Lambert, à la page	264
XXIII.	Les	12 Planches du Palais de Bourbon & de l'Hôtel de Lassay, à la page	272
XXIV.	Les	4 Planches de l'Hôtel d'Humieres, à la page	276
XXV.	Les	5 Planches de l'Hôtel du Maine, entre les pages	278 & 279
XXVI.	Les	6 Planches de l'Hôtel de Torcy, entre les pages	280 & 281
XXVII.	Les	4 Planches de l'Hôtel de Seignelay, entre les pages	282 & 283
XXVIII.	Les	5 Planches de l'Hôtel d'Ancesune, entre les pages	284 & 285
XXIX.	Les	6 Planches de l'Hôtel de Belle-Isle, entre les pages	288 & 289
XXX.	Les	2 Planches de l'Eglise des Théatins, à la page	292
XXXI.	Les	8 Planches de ce Chapitre doivent être placées entre les pages	294 & 295
XXXII.		1 Cette Planche doit regarder la page	296
XXXIII.	Les	3 Planches de l'Hôtel de Choiseul se placeront à la page	298

Total... 252 Planches.

www.ingramcontent.com/pod-product-compliance
Lightning Source LLC
Chambersburg PA
CBHW070208240426
43671CB00007B/588